V&R

Novum Testamentum et Orbis Antiquus / Studien zur Umwelt des Neuen Testaments

Herausgegeben im Auftrag des Departments für Biblische Studien
der Universität Freiburg Schweiz von
Max Küchler, Peter Lampe und Gerd Theißen

Band 54

Vandenhoeck & Ruprecht Göttingen
Academic Press Fribourg

Hanna Roose

Eschatologische Mitherrschaft

Entwicklungslinien einer
urchristlichen Erwartung

Vandenhoeck & Ruprecht Göttingen
Academic Press Fribourg

Bibliografische Information Der Deutschen Bibliothek

Die Deutsche Bibliothek verzeichnet diese Publikation in der
Deutschen Nationalbibliografie; detaillierte bibliografische Daten sind
im Internet über <http://dnb.ddb.de> abrufbar.

ISBN 3-525-53955-X (Vandenhoeck & Ruprecht Göttingen)
ISBN 3-7278-1464-0 (Academic Press Fribourg)

Vorwort

Der Traum von Macht – wer hat ihn nicht schon einmal geträumt? Als christliche Tugend gilt er jedoch kaum. Die Demut scheint eher einem christlichen Ideal zu entsprechen. Vielleicht liegt es daran, dass die urchristlichen Belege, die diesen „Traum von Macht" bei den ersten Christen bezeugen, bisher in der Forschung bestenfalls ein punktuelles Interesse erfahren haben. Dabei lassen die urchristlichen Schriften noch erkennen, dass auch die Nachfolger Jesu und die ersten Christen diesen Traum geträumt und um seine Berechtigung gestritten haben. Den traditionsgeschichtlichen Wurzeln, unterschiedlichen Ausprägungen sowie dem Konfliktpotenzial dieser eschatologischen Hoffnung geht das vorliegende Buch nach.

Bei diesem Band handelt es sich um den leicht überarbeiteten 2. Hauptteil meiner Habilitationsschrift, die ich im Oktober 2001 unter dem Titel „Heil als Machtausübung. Zur Traditionsgeschichte, den Ausprägungen und Funktionen eines eschatologischen Motivkomplexes", an der Theologischen Fakultät der Universität Heidelberg eingereicht habe. Der 1. Hauptteil erscheint – erheblich erweitert – als selbständige Monographie unter dem Titel „Teilhabe an JHWHs Macht. Alttestamentlich-jüdische Hoffnungen in der Zeit des zweiten Tempels" in der Reihe „Beiträge zum Verstehen der Bibel".

Mein erster Dank gilt Herrn Professor Dr. Gerd Theißen. Er hat mich während der Entstehung der Habilitationsschrift immer wieder ermutigt, zu neuen Ideen angeregt und konstruktiv unterstützt. Ihm sowie Herrn Professor Dr. Peter Lampe und Herrn Professor Dr. Max Küchler danke ich für die Aufnahme der Arbeit in die Reihe NTOA/ StUNT.
Frau Dr. Annette Weissenrieder hat in mühevoller Arbeit das Literaturverzeichnis Korrektur gelesen. Frau Dr. Reinhilde Ruprecht, Frau Eva Jain und Frau Renate Hartog haben diesen Band von Seiten des Verlages betreut. Ihnen sei ebenfalls herzlich gedankt.

Mannheim, im Dezember 2003   Hanna Roose

Inhalt

1. Einleitung

„Siehe, wir haben alles verlassen und sind dir nachgefolgt! Was wird uns nun zustehen?" (Mt 19,27) Auf diese Frage, die Petrus an Jesus richtet, antwortet dieser: „Amen, ich sage euch: Ihr, die ihr mir nachgefolgt seid, werdet bei der Wiedergeburt, wenn sich der Menschensohn auf den Thron seiner Herrlichkeit gesetzt hat, auch selbst auf zwölf Thronen sitzen und die zwölf Stämme Israels richten." (Mt 19,28). Der matthäische Jesus verheißt seinen Nachfolgern also einen eschatologischen Lohn, der darin besteht, dass sie mitrichten werden.

1.1. Das Thema

Das Thema der vorliegenden Arbeit ist die wenig beachtete soteriologische Vorstellung, nach der eschatologisches Heil im Mitherrschen, Mitrichten oder auch Mitkämpfen besteht. Wahrscheinlich stellte schon der historische Jesus den Mitgliedern seines Zwölferkreises eschatologische Herrschaft in Aussicht (Mt 19,28/ par Lk 22,30). Wem genau diese Zusage galt, war aber schon bald umstritten, denn der Evangelist Markus berichtet, dass Jesus den Zebedaiden ihre Bitte, in der δόξα zu seiner Rechten und Linken sitzen zu dürfen, abschlägt: „Zu sitzen aber zu meiner Rechten oder zu meiner Linken, das steht mir nicht zu, euch zu geben, sondern das wird denen zuteil, für die es bestimmt ist." (Mk 10,40). Der Seher Johannes hingegen betont, dass die Sieger mit Jesus Christus auf seinem Thron sitzen werden (Offb 3,21). Paulus wiederum wehrt sich gegen die Vorstellung, dass (bestimmte) Christen schon herrschen (1Kor 4,8), stellt es aber als selbstverständlich hin, dass die Christen die Welt richten werden (1Kor 6,2). Auch im deuteropaulinischen Bereich stoßen wir auf das Herrschen der Christen. 2Tim 2,12 versichert: „Wenn wir ausharren, werden wir auch mitherrschen." Im Hebräerevangelium wird die Herrschaft dann übertroffen durch das Ruhen:

„Wer staunt, wird zur Herrschaft gelangen; und wer zur Herrschaft gelangt ist, wird ruhen."[1]

Diese kurze und keineswegs vollständige Übersicht zeigt, dass die Erwartung eschatologischer Machtausübung relativ breit bezeugt ist und nicht unumstritten war (vgl. v.a. Mk 10,35–45). Die vorliegende Arbeit versucht erstmals[2], die einzelnen Belege als Teile eines zusammenhängenden Motivkomplexes zu interpretieren. Dabei wird sich zeigen, dass der Zusammenhalt zum einen traditionsgeschichtlich, zum anderen aber auch funktional begründet ist: Viele Einzelbelege weisen untereinander traditionsgeschichtliche Verbindungen auf. Es gibt aber auch den Fall, dass eschatologische Herrschaftsverheißungen, die unterschiedlichen Traditionen zugehören, direkt oder indirekt in Konflikt treten. Das heißt: Die betreffenden Trägergruppen setzen inhaltlich und funktional gleich, was traditionsgeschichtlich u.U. stärker zu trennen wäre. So bricht unter dem Eindruck der Passion und sporadischer Verfolgungen einzelner die Frage auf, ob wirklich die Zwölf (in der Tradition der zwölf Phylarchen) herrschen werden (Mt 19,28*)[3], oder ob nicht die Märtyrer sowie diejenigen, die zum Martyrium bereit sind, (in der Tradition vom leidenden Gerechten und Märtyrer) auf eschatologische Mitherrschaft hoffen dürfen (vgl. Mk 10,35–45[4]; Offb 3,21[5]; 2Tim 2,12a[6]). Die Darstellung der eschatologischen Erwartung von der Teilhabe an der Herr- bzw. Richterschaft Christi legt damit auch ein Stück Problemgeschichte des Urchristentums frei. Dahinter mag letztlich eine allgemein menschliche Sehnsucht nach Macht stehen.[7] Jedoch ist es nicht diese Sehnsucht, die die Einheit des Motivkomplexes begründet[8], sondern die Beobachtung, dass einzelne Trägergruppen Verheißungen eschatologischer Machtausübung, die unterschiedlichen Traditionen angehören, als konkurrierend empfanden. Es liegt damit zwar nicht immer eine traditionsgeschichtliche, wohl aber eine problemgeschichtliche Vermittlung vor. Der

---

[1] Hebr 4a (Clemens Alex., Strom. II 9,45); zitiert NTApo 1, 146.
[2] S.u. zu 1.4. Einordnung in die Forschung.
[3] S.u. unter 2.1.
[4] S.u. unter 3.2.
[5] S.u. unter 3.4.
[6] S.u. unter 3.5.
[7] „Menschen suchen Erlösung vom Übel, das ihnen in vielerlei Gestalt erscheint. ... Und so suchen die Menschen Heilung, die Beseitigung böser Kräfte, das Gefühl, Zugang zur Macht zu haben." (Wilson, Magic, 492).
[8] Barth/ Steck (Exegese, 90) lehnen den „Rekurs auf konstante Bewußtseinsstrukturen" als Grundlage motivgeschichtlicher Arbeit m.E. zu Recht ab: „... der Rekurs auf konstante Bewußtseinsstrukturen ist allenfalls eine Bezeichnung des Problems, aber keine Lösung." Anders verhält es sich jedoch dort, wo aus den Texten erkennbar wird, dass Trägergruppen Motive aus unterschiedlichen Traditionen in ein konkurrierendes Verhältnis setzen, weil sie inhaltliche und funktionale Überschneidungen registrieren.

Zusammenhalt des Motivkomplexes wird also nicht allgemein anthropologisch postuliert, sondern an den Texten belegt.

1.2. Die Methode

Die vorliegende Arbeit schließt sich derjenigen exegetischen Forschungstradition an, die zwischen Rekonstruktion und Aktualisierung unterscheidet.[9] Sie widmet sich der Rekonstruktion. Dabei wird zugestanden, dass sich die Person der Forscherin nicht ausschalten lässt. Mein aktuelles Interesse an der zu behandelnden Fragestellung ist in erster Linie pädagogischer Natur: Das pädagogische Ziel, Schüler und Schülerinnen (u.a. im Religionsunterricht) in ihrem Selbstbewusstsein zu stärken, ließ mich nach jüdisch-christlichen Traditionen suchen, die nicht die Demut des Menschen in den Vordergrund stellen, sondern ihm eine eschatologische Machtfunktion zusprechen. Der diesbezügliche Motivkomplex ließe sich z.B. auch gut von einem befreiungstheologischen Standpunkt befragen. Wichtig ist mir aber die methodische Einsicht, dass die jeweiligen aktuellen Interessen wohl die Fragestellungen, nicht aber die Ergebnisse der exegetischen Arbeit diktieren dürfen. „Abzulehnen ist ... ein direkter Gebrauch der alten Quellen im Dienste einer modernen theologischen oder ideologischen Position."[10] Denn erst dann können den Texten auch Aussagen zugestanden werden, die den eigenen Interessen zuwiderlaufen. Inwiefern die einzelnen Belege tatsächlich meinem aktuellen Anliegen dienen, ist auf einer anderen Stufe der Kritik zu erörtern, die nicht Gegenstand dieser Arbeit ist. Dabei wird für den hier unternommenen Arbeitsschritt der Rekonstruktion keine „Neutralität" oder „vollständige Objektivität" behauptet. Die Darstellung ist aber an dem Ideal des „fair play"[11] ausgerichtet: Ich versuche, Belege, die meinem Anliegen entgegenkommen, auf dieselbe Weise zu behandeln, wie Belege, die ihm zuwiderlaufen.[12]

---

[9] Vgl. dazu Räisänen, Theologie; Berger, Hermeneutik, 1988 und 1999; Theißen, Methodenkonkurrenz.

[10] Räisänen, Theologie, 84.

[11] A.a.O., 82.

[12] „Zur Liebe gehört die Fähigkeit, die dunklen Seiten anderer Menschen und anderer Texte gelten zu lassen – ihre Vorurteile und Fehlleistungen, ohne sie zu billigen. ... Wissenschaftliche Exegese ist applikationsfern und identitätsoffen. Aber sie ist eben deshalb Applikation eines menschlichen Grundwerts, ohne den der wissenschaftliche Exeget seine Identität verliert. Jede menschliche Äußerung verdient es, um ihrer selbst willen verstanden zu werden. Denn jeder

Die vorliegende Arbeit ist in erster Linie einem *traditionsgeschichtlichen* Ansatz verpflichtet. Eine umfassende traditionsgeschichtliche Erschließung der eschatologischen Erwartung von der Teilhabe an der Herr- bzw. Richterschaft Christi steht in der Forschung noch aus. Sie soll in der vorliegenden Arbeit geleistet werden.

Es geht um die Frage, inwiefern es sich bei dieser eschatologischen Erwartung um einen Motivkomplex[13] handelt und wie dieser Komplex strukturiert ist. Im einzelnen sind damit folgende Fragen berührt: In welchen Traditionen ist die Erwartung eschatologischer Machtausübung beheimatet? (Wo) Berühren sich die traditionsgeschichtlichen Linien, innerhalb derer die Erwartung eschatologischer Machtausübung artikuliert wird? Welche Belege stehen sich besonders nah, welche weisen traditionsgeschichtlich untereinander kaum eine Berührung auf? Welche Spielarten der Erwartung eschatologischer Machtausübung sind belegt?[14]

Auf die Art und Weise der traditionsgeschichtlichen Arbeit ist noch näher einzugehen. Mit Tradition ist nicht der Überlieferungsvorgang gemeint, so dass der Begriff der Traditionsgeschichte nicht synonym mit demjenigen der Überlieferungsgeschichte (und Redaktionsgeschichte) verwendet wird. Vielmehr ist Tradition „als überlieferter Sachgehalt"[15] verstanden. Traditionsgeschichte bezieht sich damit „auf das Auftreten geprägter Sachgehalte in Texten und die Geschichte solcher Sachgehalte und Vorstellungen"[16]. Das heißt: „Die TG [Traditionsgeschichte] ... geht von dem für sie konstitutiven Befund aus, daß geprägte Sachgehalte in verschiedenen Texten konstant wiederkehren, *ohne daß* literarische Abhängigkeit nachweisbar oder auch nur wahrscheinlich ist und *ohne daß* dieses Auftreten ausschließlich mit der Aufnahme eines bestimmten Überlieferungsstücks zusammenhängt."[17] Für die Traditionsgeschichte ist typisch, „daß der geistige und vorstellungsmäßige Rückraum eines Textes in Blick genommen wird, also die Elemente geprägter geistiger Welt, die im Text nicht mitformuliert, aber ohne Zweifel mitgedacht, mitgemeint sind ..."[18]

Mensch ist nie ausschließlich Mittel, sondern immer auch Selbstzweck." (Theißen, Methodenkonkurrenz, 138f).

[13] Motive bezeichnen „geprägte Bedeutungsgehalte" (Söding, Wege, 173) und sind „Bausteine von Traditionen" (ebd.). Der Begriff des Motivkomplexes soll anzeigen, dass es sich bei der eschatologischen Machtausübung um ein Bündel mehrerer Motive handelt, die unterschiedlichen Traditionen angehören können, zwischen denen aber traditionsgeschichtliche oder/ und problemgeschichtliche Verbindungslinien erkennbar sind.

[14] Diese Fragen sind unter Abschnitt 6 der Einleitung insbesondere mit der ersten Frage aufgenommen.

[15] Steck, Exegese, 127.

[16] Ebd.

[17] A.a.O., 128; Hervorhebungen im Original.

[18] A.a.O., 131.

Die vorliegende Arbeit beschränkt sich aus Platzgründen auf neutestamentliche und außerkanonische Belege, die den Zeitraum vom historischen Jesus bis zum 2. Jahrhundert n.Chr. beleuchten. Diese Belege greifen auf unterschiedliche alttestamentlich-jüdische Traditionen zurück: z.B. auf die Tradition der Phylarchen oder auf die Tradition vom leidenden Gerechten und Märtyrer. Diese alttestamentlich-jüdischen Traditionen werden dort, wo sie den Rückraum neutestamentlicher Texte bilden, in die Untersuchung einbezogen.

Nun setzt sich dieses – in der neutestamentlichen Wissenschaft gängige – Verfahren dem Vorwurf aus, das Feld der Traditionstexte als Steinbruch zu betrachten, aus dem eklektisch einzelne Stellen herangezogen werden. Ein solches Vorgehen läuft Gefahr, von vornherein nur den neutestamentlichen Text als sinnvolle Einheit wahrzunehmen. Um diese Engführung zu vermeiden, ist es erforderlich, das Traditionsmaterial zunächst für sich zu sichten und zu ordnen. Dem alt- und zwischentestamentlichen Material ist ein vom Neuen Testament unabhängiges Gewicht zuzubilligen.

Um diesen berechtigten methodischen Forderungen gerecht zu werden, sind die alt- und zwischentestamentlichen Belege gesondert darzustellen und auf ihre traditionsgeschichtliche Vernetzung zu befragen. Diese gesonderte Darstellung erfolgt in einer eigenen Monographie, die unter dem Titel „Teilhabe an JHWHs Macht. Alttestamentlich-jüdische Hoffnungen in der Zeit des zweiten Tempels" erscheinen wird. Alttestamentlich-jüdische Traditionen von der Zeit des Exils bis zum 1. Jahrhundert n.Chr., die in dieser Arbeit vereinzelt als Rückraum neutestamentlicher Traditionen in den Blick kommen, werden dort in ihrem Eigengewicht gewürdigt.

Die vorliegende Arbeit und die noch folgende Monographie beschreiben so zum ersten Mal zusammenfassend die vielfältigen traditionsgeschichtlichen Varianten des Motivkomplexes von der Erwartung einer Beteiligung an eschatologischer Machtausübung und deren Geschichte von der Zeit des Exils bis zum Ende des Urchristentums – also vom 6. Jahrhundert v.Chr. bis zum 2. Jahrhundert n.Chr. Der profilierte Wechsel von einer alttestamentlich-jüdischen zu einer neutestamentlich-christlichen Perspektive erlaubt es, zwei traditionsgeschichtliche Fragerichtungen zu berücksichtigen. Zum einen wird – „vorwärts" – die Entwicklung des Motivkomplexes vom Alten zum Neuen Testament verfolgt, zum anderen – „rückwärts" – die Vorgeschichte neutestamentlicher Belege. Diese doppelte Fragerichtung begegnet zwei Gefahren: Eine einseitige Darstellungslinie vom Alten bis ins Neue Testament führt leicht dazu, andere im Neuen Testament aufgenommene Traditionen zu übersehen. Es ist aber damit zu rechnen, dass Traditionen verschiedener Prägung und Herkunft aufgenommen sind. Eine einseitige Darstellungslinie vom Neuen Testament zurück ins Alte neigt dazu, die alttestamentlichen Belege verkürzt, durch die neutestamentliche „Brille", wahrzunehmen. Demgegenüber wird für alt-, zwischen- und neutestamentliche Texte grundsätzlich eine kohärente Traditionsbildung vorausgesetzt.[19] Innerhalb dieses Prozesses können durchaus Brüche und Widersprüche auftreten.[20] Es ist auch nicht gemeint, die Vielfalt der Überlieferungen auf eine „Mitte der Schrift" auszurichten.[21] Leitend ist vielmehr folgende Fragestellung: „Wie verhalten sich die Veränderungen, die die neutestamentlichen Autoren in der Rezeption der Tradition vornehmen, zu den Veränderungen, die die vorchristliche Traditionsgeschichte im Prozeß des allmählichen Werdens der Tradition bereits erkennen läßt?"[22]

In Verbindung mit der traditionsgeschichtlichen Akzentuierung ist auf den *metaphorischen* Charakter der zu untersuchenden Erwartung näher einzugehen. Bei der Artikulation eschatologischer Erwartung in Kategorien der Machtausübung handelt es sich um metaphorische Rede. Unter „Metapher" verstehe ich keine luxuriöse Ausschmückung der Sprache. Die Metapher ist vielmehr „pervasive in everyday life, not just in language but in thought and action"[23]. Das Wesen der Metapher besteht darin, dass Menschen einen Gegenstand anhand eines anderen Gegenstandes erfahren.[24] Diese Art, unsere Umwelt zu beschreiben, ist uns oftmals so vertraut, dass wir sie gar nicht als metaphorisch wahrnehmen. Die tiefe Verankerung der metaphorischen Rede in unserem täglichen Sprechen, Denken und Handeln ist wichtig für die Wirkung religiöser Metaphern: Die wichtigste Antwort auf die Frage, warum religiös-metaphorische Aussagen so überzeugend sind, ist die, dass sie der Art unseres ganz normalen Denkens entsprechen.[25]

Wenn Menschen eschatologische Mitherrschaft in der βασιλεία erwarten, beschreiben sie eschatologisches Heil in den Kategorien von politischer Herrschaft.[26] Bildspender ist die Institution des Königreiches. Nun ist aller-

---

[19] Gese, Erwägungen, 30.

[20] A.a.O., 15f.

[21] Die Prämisse von Gese, nach der sich die Tradition auf ein Telos hin bewegt, das in der Christologie seine Sprachgestalt findet, scheint mir für die exegetische Arbeit problematisch, da sie dogmatisch geprägt ist. Hinsichtlich der Frage einer traditionsgeschichtlichen Methodik ist aber festzuhalten, dass die neutestamentlichen Aussagen in die Linie der alt- und zwischentestamentlichen sowie der apokryphen Texte einzuzeichnen sind.

[22] Kleinknecht, Der Gerechtfertigte, 14.

[23] Lakoff/ Johnson, 3; daher der Titel ihres Buches zur Metapherntheorie: „Metaphors We Live By".

[24] A.a.O., 5.

[25] Vgl. McFague, Theology, 178.

[26] „Politische Herrschaft (polH) ist eine zu angebbaren Zwecken auf Dauer gestellte, an feststehende (Rechts-) Regeln gebundene Beziehung der Über- und Unterordnung innerhalb eines Staates ... Von polH sind solche innerstaatlichen Über- und Unterordnungsbeziehungen zu unter-

dings auffällig, dass die nähere Charakterisierung der βασιλεία oftmals *nicht* anhand von politischer Metaphorik erfolgt. Die βασιλεία ist gleich einem liebenden Vater (Lk 15,11ff) oder gleich einem Samen, der aufgeht (Mk 4,26–29). Dort, wo das eschatologische Heil anhand der *politischen* Metaphorik der βασιλεία τοῦ θεοῦ näher charakterisiert wird, stellt sich die Frage, wie die Herrschaftsrollen verteilt sind. Gängig ist dabei die Vorstellung, dass Gott (und Jesus) richten und herrschen werden. Komplementär fällt den Gläubigen damit die Rolle der Untertanen, Angeklagten und Knechte zu.[27] Unser Interesse gilt den Belegen, die davon wissen, dass den Gläubigen Herrschaftsrollen zukommen. Die komplementären Rollen werden dann entweder den „Heiden" oder dem Rest der Gläubigen zugewiesen. Aus theologischer bzw. christologischer Sicht ist an dieser Konstellation besonders interessant, dass den Gläubigen Rollen zugeteilt werden, die „normalerweise" Gott bzw. Christus ausfüllen. Es wird zu untersuchen sein, inwiefern dieser Aspekt thematisiert oder problematisiert wird. Insbesondere muss jeweils geprüft werden, welche Aspekte des metaphorischen Konzeptes dort aktualisiert werden, wo die Gläubigen (scheinbar) direkt neben Gott bzw. Christus treten. Denn generell gilt für die Metapher: „Es geht dabei nicht darum, den Bildempfänger unter bestimmten Aspekten zu *erkennen*, wie in nicht-metaphorischer Prädikation, sondern zu *sehen, wahrzunehmen, vorzustellen*, zu *erleben*. Vieles ist dabei deutlich, vieles verschwommen, unbewußt angedeutet."[28]

Dieser z.T. unscharfe Charakter metaphorischer Rede zeigt sich bei der Erwartung eschatologischer Machtausübung u.a. darin, dass der Funktionsaspekt der eschatologischen Zusage verblassen kann und nur die Zusage einer besonderen Ehrenposition bleibt. Diese Tendenz findet sich bei bestimmten Motiven und Formulierungen: Das „Erben der βασιλεία" kann sowohl die Bürgerschaft als auch die Herrschaft in ihr bezeichnen (vgl. Exkurs 5). Ähnliches gilt für Formulierungen wie „Die Gottesherrschaft gehört ...", „Ihr werdet die Gottesherrschaft empfangen", „Sie wird euch übergeben werden" etc.[29] Die jeweilige Terminologie lässt hier nicht sicher darauf schließen, ob eschatologische Machtausübung im Blick ist oder nicht. Dasselbe Phänomen ist auf traditionsgeschichtlicher Ebene zu beobachten. Einige Traditionen, insbesondere diejenige vom leidenden Gerech-

---

scheiden, die – wie Macht- und Einflußbeziehungen – nicht zu angebbaren Zwecken auf Dauer gestellt und an feststehende Regeln gebunden, d.h. institutionalisiert sind, sondern die ihre Entstehung unterschiedlichen und wechselnden Ursachen und Konstellationen verdanken." (Mandt, Art. Herrschaft, 373f); zu weiteren Definitionen s.u.

[27] Vgl. Kos-Schaap, Metaphors, 263ff; zur Komplementarität von Rollen aus soziologischer Sicht vgl. Henecka, Soziologie, 86f.

[28] Kurz, Metapher, 22; Hervorhebungen im Original.

[29] S.u. unter 2.2.5.

ten und Märtyrer sowie diejenige vom Gesalbten *können* den Aspekt eschatologischer Machtausübung beinhalten, dieser kann aber auch völlig zurücktreten und etwa dem Ausdruck besonderer göttlicher Nähe Platz machen.

Die Vorstellung vom eschatologischen Heil als Machtausübung ist also weder traditionsgeschichtlich noch terminologisch fest umrissen, sondern weist gleichsam an den Rändern eine „Grauzone" auf. Es ist nicht immer möglich, sicher zu entscheiden, ob ein bestimmter Vers den Aspekt der Machtausübung impliziert oder nicht. Diese Unschärfe ist m.E. nicht (nur) Ausdruck mangelhaften exegetischen Zugriffs, sondern (u.a.) bedingt durch die Eigenart metaphorischen Redens: Metaphern können sich abschleifen und ihren Überraschungsmoment verlieren. Bei der Vorstellung von der Teilhabe an eschatologischer Herrschaft kann sich dieses Abschleifen in dem Verblassen der funktionalen Komponente niederschlagen. Terminologisch soll daher zwischen der Herrschafts*funktion* und dem Herrschafts*symbol*, das keine Funktion implizieren muss, unterschieden werden. Diese Sachlage hat wichtige Konsequenzen für das methodische Vorgehen in dieser Arbeit:

Ziel der vorliegenden Untersuchung kann es nicht sein, einen vollständigen, klar begrenzten „Kanon" von Belegstellen zu erarbeiten, die eschatologisches Heil als Machtausübung explizieren. Der beschriebenen „Grauzone" ist vielmehr dadurch Rechnung zu tragen, dass eindeutige Belegstellen besonders eingehend untersucht und damit ins Zentrum gerückt werden, während zweifelhaften keine Beweislast aufgebürdet wird. Die Beachtung des funktionalen Aspekts ist m.E. deshalb wichtig, weil wir nur dann, wenn er noch „lebendig" ist, Aussagen zum *Objekt* der Machtausübung, zur *Art* der Machtausübung (z.B.: heilvoll oder feindlich), zur *Funktion* der Machtausübung (z.B. ethisch oder ekklesiologisch) und zur *Legitimation* der Machtausübung erwarten dürfen. *Grundsätzlich* soll daher gelten, dass nur solche Belege eingehender geprüft werden, bei denen die Formulierung, Traditionsgeschichte und/ oder der unmittelbare Kontext erkennen lassen, dass es um Machtausübung geht.

Ausgeklammert sind die Belege, in denen von eschatologischer Machtausübung allein durch Gott oder Christus die Rede ist. Ebenfalls ausgeklammert sind Belege, in denen es „nur" um ein bestimmtes Privileg (etwa das Sitzen auf Thronen) geht, ohne dass Machtausübung erkennbar impliziert ist. Die Abgrenzung von Macht und Privileg fällt dabei wie gesagt nicht immer leicht.

Eschatologische Erwartungen, die Heil in Kategorien der Machtausübung beschreiben, entstehen nicht im „luftleeren Raum", sondern sind beeinflusst

von den gesellschaftlichen Machtstrukturen ihrer Trägergruppen und können (auf unterschiedliche Weise) auf sie zurückwirken. Die umfassende
Untersuchung dieser Prozesse gegenseitiger Beeinflussung wäre Gegenstand einer soziologisch bzw. sozialgeschichtlich ausgerichteten Exegese[30],
wie sie von Max Weber und Ernst Troeltsch grundgelegt und seit den 70-er
Jahren intensiv betrieben wird.[31] Die vorliegende Untersuchung ist demgegenüber aus zwei Gründen primär einem traditionsgeschichtlichen Ansatz
verpflichtet:

---

[30] Spätestens hier greifen dann auch soziologisch ausgerichtete Definitionen von Macht und
Herrschaft. Insbesondere die Definitionen von Max Weber, die in den empirischen Sozialwissen-
schaften grundlegend geblieben sind (Maluschke, Art. Macht, 352), haben die soziologische bzw.
sozialgeschichtliche Exegese beeinflusst. Die „klassischen" Definitionen von Weber seien daher
kurz in Erinnerung gerufen:
   „*Macht* bedeutet jede Chance, innerhalb einer sozialen Beziehung den eigenen Willen auch gegen Widerstreben durchzusetzen, gleichviel worauf diese Chance beruht." (Wirtschaft, 28; eigene
Hervorhebung). Macht bezeichnet damit eine Form „asymmetrischer sozialer Beziehungen"
(Büschges/ Abraham/ Funk, Grundzüge, 30). Es handelt sich also um einen relationalen Begriff,
der sich nicht auf absolute Eigenschaften von Personen bezieht. Macht ist – ebenfalls mit Max
Weber – „amorph" (Wirtschaft, 28), „d.h. sie liegt allen konkreten Gestaltungen der Wirklichkeit
voraus" (Gerhardt, Art. Macht, 649) und ist im sozialen Leben allgegenwärtig (Kalberg, Soziolo-
gie, 105).
   „*Herrschaft* ist ... ein Sonderfall von Macht." (Weber, Wirtschaft, 541; eigene Hervorhebung).
„,Herrschaft' soll ... die Chance heißen, für spezifische (oder: für alle) Befehle bei einer angebbaren Gruppe von Menschen Gehorsam zu finden." (a.a.O., 122). Herrschaft bedarf der Legitimation.
Bekanntlich unterscheidet Weber idealtypisch zwischen drei Formen der Herrschaftslegitimation:
der rationalen, der traditionalen und der charismatischen (a.a.O., 124). „Beruht der Legitimitäts-
glaube auf dem Glauben an die Legalität gesetzter Ordnungen, so handelt es sich um eine Herrschaft ,rationalen Charakters', deren Prototyp die gesetzlich geordnete Hierarchie von Beamten ist.
Ist der Alltagsglaube an die Heiligkeit von jeher geltender Traditionen und der durch sie zur Herrschaft Berufenen die Grundlage, so haben wir es mit einer solchen ,traditionalen Charakters' zu
tun. Das historische Beispiel ist die Gefügigkeit der Bediensteten gegenüber dem Herrn. Liegt dem
Glauben schließlich die außeralltägliche Hingabe an Heiligkeit, Heldenkraft oder Vorbildlichkeit
einer Person und der durch sie geschaffenen Ordnungen zugrunde, so haben wir es mit einer solchen ,charismatischen Charakters' zu tun. Typisches Beispiel hierfür ist die persönliche Bindung
der Jünger an den Herrn." (Büschges/ Abraham/ Funk, Grundzüge, 32; vgl. Weber, Wirtschaft,
122ff). Insbesondere die Jesusnachfolge wird oft – wenn auch nicht konkurrenzlos – religionsso-
ziologisch mit dem charismatischen Konzept nach Weber gedeutet (vgl. die Übersicht bei Stege-
mann/ Stegemann, Sozialgeschichte, 171–174).
   Gewalt soll demgegenüber die nicht-legitimierte Form der Machtausübung bezeichnen: „Gewalt ... meint den Anwendungsbereich von Macht im Sinne von Zwang und unrechtmäßigem Vorgehen." (Wischmeyer, Macht, 357).
   Die Übertragung dieser soziologischen Definitionen auf eschatologische Texte darf nicht unkritisch erfolgen, sie ist aber in dem Maße legitim, in dem eschatologische Hoffnungen von soziologischen Verhältnissen beeinflusst sind und auf politische Herrschafts-Metaphorik zurückgreifen.
[31] Weber, Judentum; vgl. dazu: Schluchter, Sicht; Troeltsch, Soziallehren; neuere Beiträge zur
soziologisch orientierten Exegese z.B. gesammelt bei Horrell, Approaches; Schmeller, Brechungen. Zur theoretischen Problematik des Ansatzes vgl. Theißen, Probleme; Schmeller, Brechungen,
46ff.

1) Mit diesem Ansatz soll einem Prinzip der Textauslegung Rechnung ge-
tragen werden, nach dem zunächst „der literarische Sinn eines Satzes
mit allen zur Verfügung stehenden Mitteln erschlossen werden [muss].
Zunächst einmal ist nach der theologischen Bedeutung, Funktion und
Verwendung zu fragen. Erst wenn diese ermittelt ist, darf nach deren soziologischer Funktion gefragt werden. Denn religiöse Texte sind zunächst ihrer Gattung nach zu beurteilen."[32] Eschatologische Erwartungen sind m.E. in ihrem theologischen Eigengewicht am angemessensten
durch einen traditionsgeschichtlichen Zugang zu würdigen.

2) Die soziologisch bzw. sozialgeschichtlich orientierte Exegese setzt ein
zusammenhängendes exegetisches Sachgebiet voraus, um der Gefahr
einer gewissen Beliebigkeit entgegenzuwirken.[33] Die eschatologischen
Erwartungen vom Heil als Machtausübung sind aber bisher noch nicht
als ein zusammenhängender Motivkomplex in den Blick gekommen.
Daher halte ich es für notwendig, zunächst auf traditionsgeschichtlichem
Wege zu ermitteln, inwiefern es sich bei der eschatologischen Erwartung vom Heil als Machtausübung um einen Motivkomplex handelt und
wie dieser Komplex strukturiert ist.

Es sei ausdrücklich vermerkt, dass ich eine anschließende soziologisch bzw.
sozialgeschichtlich orientierte Untersuchung des Komplexes als sinnvolle,
den Rahmen dieser Arbeit jedoch sprengende Ergänzung ansehe. Einzeler-
gebnisse aus diesem Forschungsgebiet werden dort, wo sie zur schärferen
Profilierung der Erwartung vom Heil als Machtausübung beitragen, in die
Untersuchung eingebunden. So setzt die Arbeit an einigen Stellen verbreite-
te sozialgeschichtliche Annahmen wie z.B. die von einem urchristlichen
Wanderradikalismus voraus.[34]

Die traditionsgeschichtliche Methode wird dort, wo es möglich ist, um redaktionsgeschichtliche Fragestellungen erweitert: Welche Prägung, welchen Stellenwert erhält die Erwartung eschatologischer Mitherrschaft im
literarischen Kontext der jeweiligen frühchristlichen Schrift? Hier bietet es

---

[32] Berger, Exegese, 240.

[33] Vgl. die m.E. zutreffende Einschätzung Schmellers (Brechungen, 46): „Die gegenwärtige
Soziologie mit ihrer unerhörten Methodenvielfalt bietet dem exegetischen Entdeckungs- und
Spieltrieb ein schier unerschöpfliches Feld. Dabei scheint mir bisher die Reihenfolge ... so zu sein,
daß man zuerst das soziologische Modell, dann das damit zu klärende neutestamentliche Problem
entdeckt. Es wird sicher notwendig sein, diesen Vorgang umzukehren. Dazu sind Leute erforderlich, die wirklich soziologisch wie exegetisch geschult sind und die auf der einen Seite ein Kom-
pendium der für die Exegese in Frage kommenden soziologischen Ansätze zusammenstellen, andererseits einen Überblick über die für eine soziologische Fragestellung besonders geeigneten
exegetischen Sachgebiete geben können."

[34] Vgl. Theißen, Wanderradikalismus; Schmeller, Brechungen; in dieser Arbeit s.u. unter
3.3.2./ 3.4.).

sich auch an, die Konzeptionen einzelner Schriften miteinander zu vergleichen, um ihr jeweiliges Profil möglichst pointiert herauszustellen.

1.3. Die Texte

Der Berichtszeitraum reicht vom historischen Jesus bis zum Ende des Urchristentums. Damit ist bekanntlich keine feste zeitliche Abgrenzung markiert, „da die Kräfte der neuen Zeit schon in der vorhergehenden angelegt sein können"[35]. Die vorliegende Arbeit legt den Schwerpunkt auf neutestamentliche Texte, schaut aber über die Kanongrenze hinaus, weil die zu untersuchenden Texte aus einer Zeit stammen, als es diese Grenze noch nicht gab.[36] Die Schriften der Apostolischen Väter werden einbezogen, diejenigen der Apologeten hingegen ausgeklammert.[37] Die Schriften von Nag Hammadi stellen für die Zuordnung zum Urchristentum ein besonderes Problem dar, da dieser Corpus christlich-gnostische, nichtchristlich-gnostische und christlich überarbeitete nichtchristliche Schriften umfasst. Die vorliegende Arbeit gibt einen Ausblick auf einzelne prominente Texte aus Nag Hammadi, die den neutestamentlichen Traditionen nahe stehen und eine neue Facette des Motivkomplexes vom Heil als Machtausübung aufzeigen.

1.4. Einordnung in die Forschung

Eine Zusammenstellung, Ordnung und umfassende Würdigung derjenigen Belege, die eschatologisches Heil in Kategorien der Machtausübung beschreiben, fehlt bisher. Sie soll hier geleistet werden, und zwar unter besonderer Berücksichtigung der traditionsgeschichtlichen Fragestellung. Zu den einzelnen Aspekten dieses Themas kann in sehr unterschiedlichem Maße

---

[35] Eckert, Art. Urchristentum, Sp. 464. Der Begriff des Urchristentums birgt die Gefahr, die erste Epoche des Christentums als normativ vorauszusetzen (a.a.O.). Dies soll nicht impliziert sein.

[36] Zur Bedeutung des Kanons aus hermeneutischer Sicht vgl. Berger, Hermeneutik (1999), 82, sowie Berger/ Nord, NT, 12–15.

[37] Im Gefolge von Overbeck, der „den Anfang der altkirchlichen Literatur in der Apologetik" sieht, „die sich profaner Formen bedient und an Nichtchristen wendet", Vielhauer, Geschichte, 2; vgl. Overbeck, Anfänge.

auf bisherige Forschung zurückgegriffen werden. Zu einigen der für uns relevanten alttestamentlich-jüdischen Traditionen gibt es z.T. detaillierte Vorarbeiten. Dies gilt für die Traditionen vom Jahwekrieg[38], vom leidenden Gerechten[39], vom Märtyrer[40], vom Gesalbten. Abgrenzung und inhaltliche Füllung des Begriffs „Messianismus" sind in der Forschung umstritten. Während die klassische Forschung mit „Messianismus" recht einheitlich eine spezifische (herrscherliche) Funktion verband, setzt die neuere Forschung oftmals beim Begriff der „Salbung" selbst an und versucht, dessen Vielschichtigkeit aufzuzeigen.[41] Nun ist die Messiasfrage in all ihrer Komplexität nicht Thema dieser Arbeit. Ihr geht es um eschatologische (Mit-) Herrschaft. Daher ist zu fragen, wie kollektive Salbung und kollektive Herrschaft zusammenhängen. Zur Verdeutlichung der terminologischen Problematik sollen exemplarisch zwei Ansätze, ein funktional „herrschafts-zentrierter" (Gerd Theißen) und ein terminologisch „salbungszentrierter" (Martin Karrer)[42], kurz dargestellt werden. Beide Exegeten kommen darin überein, dass Salbung und Herrschaft nicht deckungsgleich sind.[43] Während Karrer die Herrschaft als *einen* Traditionsstrang innerhalb der Salbungs-thematik betrachtet, sieht Theißen in der Salbung *eine* Form der charismati-schen Herrschaftslegitimation. Messianismus meint also Unterschiedliches:

---

[38] Hier geht es insbesondere um die Frage der menschlichen Beteiligung. Sie wird v.a. von Bauckham, Book, und – aus einer anderen Perspektive – von Schwier, Tempel, behandelt.

[39] Ruppert, Der Gerechte; ders., Feinde; ders., Jesus; Kleinknecht, Der Gerechtfertigte.

[40] Zur Forschungsgeschichte vgl. z.B. Henten, Entstehung.

[41] So Karrer (Der Gesalbte, 12–47), der einen detaillierten Forschungsüberblick bietet; fast zeitgleich mit Karrer wählt Sacchi (Apocalyptic) einen stark funktionalen Ansatz. Er definiert „Messianismus" folgendermaßen (a.a.O., 150): „Messianism is a category of Jewish thought com-prised of two basic elements. The first is the certainty of the coming of a blessed world in some indefinable future moment. The second element, closely linked with the first, is the conviction that this blessed future world will not be the work of human force alone, but also of a mediator, en-dowed by God with particular charisms. We will call the figure of any mediator of salvation, whatever its nature, messiah." Bei dieser Definition fällt der Salbungsaspekt also ganz heraus. Die Beschränkung auf den funktionalen Ansatz verstellt m.E. aber den Blick für die Frage, welche (unterschiedlichen) Traditionen die Vorstellung hervorbringen, dass Einzelfiguren Heil vermitteln. Daher ist es notwendig, das Verhältnis von Herrschafts- und Salbungsaussagen zu ermitteln. Diese Verhältnisbestimmung berührt sich z.T. mit der Frage, welches Gewicht der davidischen Messias-hoffnung bei der Gesalbtenerwartung zukommt (vgl. Collins, Scepter, 11–14.65f.95.209; Schrei-ber, Gesalbter, 7).

[42] So auch Schreiber (Gesalbter, 19): „Der Begriff χριστός ist von der soziokulturellen Situie-rung Jesu, seiner Anhänger und der ersten christlichen Gruppen her im Kontext frühjüdischer Gesalbtenerwartungen vor und während des 1. Jh. n. Chr. zu verstehen, und daher muß an die terminologisch als Gesalbten-Texte faßbaren Zeugnisse bzw. die sich darin niederschlagenden Erwartungen die Frage gerichtet werden, welche Termini und Vorstellungen in ihnen zutage tre-ten."

[43] Vgl. dazu auch Hahn, Messias-Erwartung, 131f.

zum einen Salbung[44] (die Herrschern gelten kann), zum anderen monokratisch-charismatische Herrschaft, die durch Salbung legitimiert sein kann[45]. Konsequenterweise fallen für Karrer alle Herrschaftsaussagen ohne Salbungsbezug aus der Messiasthematik heraus, ebenso wie für Theißen alle Salbungsaussagen ohne Herrschaftsbezug. Sofern hier ein reines „Etikettierungsproblem" vorliegt, braucht es uns nicht weiter zu beschäftigen. Salbung und Herrschaft bilden je eigene Vorstellungskreise, die sich teilweise überschneiden. Umstritten – und für unsere Fragestellung letztlich unerheblich – ist, welchem Vorstellungskreis die Bezeichnung „Messianismus" zukommt. Thema dieser Arbeit sind Belege, die Heil in Kategorien der Machtausübung beschreiben, ob mit oder ohne Salbungsbezug. In Verbindung mit der Salbungsthematik stellt sich also die Frage, wo es in Verbindung mit der Kollektivierung des Gesalbtenbegriffs zu kollektiven Herrschaftszusagen kommt. Es geht um den funktionalen Aspekt des kollektivierten Gesalbtenbegriffs. Das Ergebnis sei schon hier vorweggenommen: M.E. ist die Kollektivierung des Gesalbtenbegriffs nicht mit Herrschaft, sondern mit Leid und Schutzbedürftigkeit verbunden.[46]

Zu dem Logion aus Mt 19,28 liegen detaillierte Einzeluntersuchungen vor, u.a. von Broer (Ringen), Dupont (Logion), Hampel (Menschensohn) und Theißen (Gruppenmessianismus). Besonders umstritten ist der traditionsgeschichtliche Hintergrund, der für das Logion in Anschlag zu bringen ist und der hier über die Bedeutung von κρίνω entscheidet: Die Mehrheit der Forschung leitet das Logion von der Tradition des Gerichts der Gerechten her (Broer, Dupont, Hampel). Gemeint sei eine (straf-) richterliche Tätigkeit,

---

[44] Karrer, Der Gesalbte, 34: „Was die Untersuchung des Christusbegriffs im engen Sinn angeht, wird die Forschung immer stärker allein auf die Salbungstradition zurückgeworfen."
[45] Theißen, Gruppenmessianismus, 258: „Unter ‚Messianismus' wird dabei die charismatische Herrschaft eines Königs, Priesters oder Priesterkönigs verstanden, seisie als utopische Erwartung die Menschen beflügelt, sei es dass einzelne Charismatiker beanspruchen diese Erwartung zu erfüllen. Ihre charismatische Legitimation kann rituell, dynastisch oder ideell erfolgen: entweder rituell durch ein Salbungscharisma, das dem Messianismus den Namen gegeben hat ...; oder dynastisch durch Anspruch eines Gentilcharismas, wenn der Messias als Nachkomme Davids gilt; oder auch ideell durch Erfüllung von Verheißungen bzw. durch Nachahmung von ‚Modellen' wie David: Wer die ‚Taten des Messias' (Mt 11,2) tut, kann als die erwartete Heilsgestalt angesehen werden." Dass in der Tat nicht nur Könige, sondern auch Priester herrschen, ist im AT und NT belegt (vgl. Ex 19,6; 1QS 8,1; Test12Patr; 1Petr 2,9; Offb 1,6 „königliche Priesterschaft"; Jer 5,31; Offb 20,6). Überzeugend ist auch, dass charismatische Legitimation nicht nur durch Salbung erfolgen kann. Doch die Möglichkeit, dass Salbung nicht mit Herrschaft verbunden ist (sondern z.B. mit besonderer Gottesnähe), kommt zu wenig in den Blick. Die von Karrer angeführten Belege für eine Kollektivierung des Gesalbtenbegriffs sind nicht ungeprüft heranzuziehen, um die These einer Kollektivierung der Herrschaft zu stützen. Diese Prüfung soll im Folgenden geleistet werden.
[46] S.u. unter Exkurs 1.

ähnlich Weish 3,8; Dan 7,22 9, LXX.[47] Theißen hingegen sieht hier einen Beleg für die Übertragung messianischer Herrschaft auf eine Gruppe (vgl. den Titel seines Aufsatzes: „Gruppenmessianismus"). Die Zwölf werden danach heilvoll (wie der Gesalbte nach PsSal 17,26) über Israel herrschen. Die hier vorgelegte Untersuchung folgt Theißen darin, dass es sich um eine heilvolle Herrschaft handelt, die derjenigen aus PsSal 17,26 nahe steht. Ich messe jedoch den Zwölfen, denen Jesus – m.E. exklusiv – eschatologische Herrschaft zuspricht, für die Bestimmung des traditionsgeschichtlichen Hintergrundes größere Bedeutung bei.[48]

Die in der Forschung mehrheitlich vertretene Auslegung der jesuanischen Verheißung als „Variante der Konzeption des Gerichts der Gerechten" versteht das Logion m.E. von seiner späteren Wirkungsgeschichte, nicht von seiner ursprünglichen Bedeutung, her und verstellt so den Blick dafür, dass die Nachfolger Jesu die Verheißung ihres Herrn nachösterlich maßgeblich uminterpretiert haben: Aus der exklusiven, bedingungslosen Verheißung an die Zwölf machten sie unter dem Einfluss der Tradition vom leidenden Gerechten und Märtyrer und unter dem Eindruck sporadischer Verfolgungen einzelner einen eschatologischen Lohn, der Märtyrern zukommt.

Klaus Berger beschreibt in seiner Theologiegeschichte eine Tradition, die er mit „Nachfolge als Martyrium" bezeichnet. Danach „gewinnen Jünger/ Christen die Zugehörigkeit zu Jesus, die Teilhabe an ihm, die Mitgenossenschaft an seiner Herrlichkeit und den Zugang dazu durch das Martyrium" (vgl. Lk 22,28–30; 2Tim 2,11f; 1Petr 4,13; 5,1; Offb 20,4.6; Röm 8,17; Lk 23,42f)[49]. Dahinter steht der Grundsatz: „Jeder, der am Messias Anteil haben will, geht denselben Weg."[50] Der Weg ins Martyrium ist die „genuin jesuanische" Taufe (vgl. Mk 10,38b.39b; Lk 12,50).[51] „Ziel ist jeweils das Mitregieren mit Christus."[52] Der historische Sitz im Leben dieser Tradition „ist die Verfolgung der Judenchristen durch die nicht-christlichen Juden, wie sie sich besonders bis zum Jahre 70 ereignete"[53]. Aufgrund ihrer

---

[47] Dupont, Logion; Broer, Ringen, 163; Schulz, Nachfolgen, 122f; Hampel, Menschensohn, 148: „eine modifizierende Variante der Konzeption des Gerichts der Gerechten".

[48] S.u. unter 2.2.5. In der Überarbeitung dieses Aufsatzes von 2003 misst auch Theißen den im Frühjudentum belegten (12-köpfigen) Leitungsgremien für das Verständnis von Mt 19,28* Bedeutung bei. Diese Leitungsgremien wurden insbesondere von Horbury, Twelve; Baumgarten, Courts; und Weinfeld, Pattern, untersucht.

[49] Theologiegeschichte des Urchristentums, 326.

[50] Ebd.

[51] A.a.O., 327.

[52] Ebd.

[53] A.a.O., 331.

Radikalität wurde die Tradition entweder kritisiert (Mk 10,35–45) oder metaphorisiert (Röm 6,2–8). „Im Gefolge der Metaphorisierung werden nun aber auch Aussagen über das zukünftige Märtyrergeschick (Leben, Herrlichkeit, Auferwecktsein, Verherrlichtsein, Sein im Himmel) in die Gegenwart der Getauften gezogen ... " (vgl. Kol 2,12f; Eph 2,5f).[54]

Diese These ist m.W. der einzige Versuch, die neutestamentlichen Belege, die von einer eschatologischen Machtausübung einzelner Gläubiger wissen, in einer Tradition zu bündeln. Nach dieser Darstellung hätten alle einschlägigen neutestamentlichen Belege denselben traditionsgeschichtlichen Hintergrund, nämlich die „Nachfolge als Martyrium". Die Vorstellung, dass Leiden, Martyriumsbereitschaft und das Martyrium selbst mit eschatologischer Herrschaft belohnt werden, hat auch in der vorliegenden Arbeit erhebliches Gewicht. Allerdings scheint es mir möglich, hier stärker die Tradition des leidenden Gerechten zu veranschlagen, der von Gott ins Recht gesetzt wird und von ihm eine eschatologische Funktion zugesprochen bekommt (vgl. z.B. Weish 3,8; Passionsdarstellung). Der Bezug zur (Todes-) Taufe ist dann nicht zwingend; er ist ja auch nur für einen Teil der einschlägigen Belege bezeugt (Mk 10,38b.39b.; Kol 2,12f; Eph 2,5f). Ob die paulinische Taufe von der Metapher der Todestaufe her zu verstehen ist oder aus den Mysterienreligionen kommt, soll im Rahmen dieser Arbeit offen bleiben. Bezogen auf die Frage der eschatologischen Machtausübung ist aber interessant, dass diese Vorstellung bei Paulus und im Eph eine andere Ausprägung und damit auch eine andere Funktion hat als bei den übrigen neutestamentlichen Belegen. Bei Paulus scheint mir wichtig, dass er Herrschaftskategorien auf Abstrakta wie Sünde/ Gnade und Tod/ Leben anwendet (Röm 5,12ff). In diese Gegensätze wird auch die Rede von der Taufe eingebunden (Röm 6,1ff). Aber Sünde und Gnade, Tod und Leben können auch unabhängig von der Taufe gegenübergestellt werden. Diese Vorstellung ist m.E. entscheidend für die paulinische Aussage, dass „die Lebenden herrschen werden" (Röm 5,17).

Grundsätzlich gilt, dass der Untersuchungsgegenstand der vorliegenden Arbeit nicht deckungsgleich ist mit der Tradition „Nachfolge als Martyrium". Denn:

1) Einerseits erwähnen nicht alle von Berger aufgeführten Belege explizit eine eschatologische Machtausübung (1Petr 4,13; 5,1; Röm 8,17; Lk 23,42f). M.E. geht es in der von ihm beschriebenen Tradition nicht durchgehend um Machtausübung, sondern allgemeiner um den Kontrast von gegenwärtigem Leid und zukünftiger Herrlichkeit. Diese Herrlichkeit kann unterschiedlich aussehen, die Übertragung einer eschatologi-

---

[54] A.a.O., 328.

schen Machtfunktion ist hier nur *eine* Möglichkeit. Vielleicht konnte sich auch die „Abmilderung" des Martyriums ins Leiden verbinden mit einer „Abmilderung" der „Belohnung", so dass Herrschaft beispielsweise zu (funktionsloser) Ehre wurde (1Petr). Die vorliegende Arbeit konzentriert sich auf diejenigen Belege, die erkennbar von einer Machtausübung sprechen.

2) Andererseits sind m.E. – unabhängig von der traditionsgeschichtlichen Verortung der paulinischen Taufe – nicht alle neutestamentlichen Belege auf die Tradition „Nachfolge als Martyrium" zurückzuführen. In Mt 19,28 ist uns m.E. ein Logion des historischen Jesus überliefert, das den Zwölfen eschatologische Macht zuspricht, ohne (ursprünglich) im Kontext von Leid oder Martyrium zu stehen.[55] Daher war es möglich, dass nicht nur die Märtyrer die Verheißung im Zuge der Passion Jesu und der Verfolgung einzelner Judenchristen (mit Berger) auf sich beziehen konnten, sondern auch Wanderradikale (vgl. Mt 19,27–30), die Nachfolge nicht primär als Weg ins Martyrium, sondern als Leben in Besitzlosigkeit verstanden.

Jürgen Wehnert vertritt in seinem Aufsatz[56] die These, dass Mk 12,1–9 ursprünglich von eschatologischer Mitherrschaft handelte. Hier deutet sich an, dass nach der Erwartung eschatologischer Machtausübung vermehrt auch außerhalb der „klassischen" Belegstellen gesucht wird. M.E. ist es jedoch zunächst erforderlich, die eindeutigen Belege im Verbund detailliert zu untersuchen, um ein tragfähiges Fundament für weitere Arbeiten zu erhalten. Dieses Fundament möchte die vorliegende Untersuchung legen. Insbesondere bei einigen Gleichnissen ist – schon aufgrund der Gattung – schwer zu entscheiden, ob sie eschatologische Machtausübung verheißen.[57]

Ansonsten ist die Forschungslage im neutestamentlichen Bereich dadurch gekennzeichnet, dass die zentralen Belege für die Erwartung eschatologischer Machtausübung (1Kor 4,8; 6,2f; Röm 5,17; Mk 10,35–45; Mt 19,28 par Lk 22,28–30; Offb 3,21; 5,10; 20,4–6; 22,5) oftmals listenartig zusammengestellt werden, ohne dass die Belege in ihrer jeweiligen Eigenart gewürdigt werden. Demgegenüber versucht die vorliegende Untersuchung, die zentralen Belege nach inhaltlichen, traditionsgeschichtlichen und funktionalen Kriterien zu gruppieren, um zu zeigen, dass zwischen ihnen durchaus unterschiedliche Grade an Nähe bestehen.

---

[55] S.u. unter 2.
[56] Teilhabe, 81–96.
[57] Vgl. Exkurse 5 und 6.

1.5. Zum Gang der Untersuchung

Die Arbeit gliedert die einschlägigen Belege primär nach ihrer traditionsge-schichtlichen Zugehörigkeit, berücksichtigt aber auch chronologische und redaktionsgeschichtliche Gesichtspunkte, um so ein Stück Zeit- und Theo-logiegeschichte des Urchristentums freizulegen. Als fruchtbar erweist sich die Frage, wie eschatologische Herrschaft jeweils charakterisiert wird.

Das zweite Kapitel (2.) beschäftigt sich mit der Verkündigung des histo-rischen Jesus, der den Zwölfen (bedingungslos) eschatologische Herrschaft verheißt (Mt 19,28*). Das dritte Kapitel (3.) nimmt die Belege in den Blick, die – unter Einfluss der Tradition vom leidenden Gerechten und Märtyrer (3.1.) – eschatologische Herrschaft als Lohn (für Märtyrerleid bzw. gottge-fälliges Leben) betrachten. Das Zebedaidengespräch (Mk 10,35–45; 3.2.) zeigt, dass sich diese Einschätzung eschatologischer Herrschaft erst allmäh-lich in Teilen des Urchristentums durchsetzen konnte. Unter den Synopti-kern (3.3.) vertritt nur Lukas diese Konzeption. Der Apokalyptiker Johan-nes verallgemeinert die Verheißung, insofern er in allen Christen potentielle Märtyrer sieht und ihnen als Siegern eschatologische Herrschaft zusagt (3.4.). Der 2Tim (3.5.) bezieht die eschatologische Herrschafts-Verheißung auf die Gemeindeleiter, von denen er gleichzeitig die Bereitschaft zum Mar-tyrium fordert. Polykarp (3.6.) hingegen „demokratisiert" die Zusage: Er „korrigiert" 2Tim 2,12a dahingehend, dass er die Verheißung an alle Gläu-bigen richtet und klarstellt, dass nicht die Martyriumsbereitschaft, sondern das gottgefällige Leben über die Zusage eschatologischer Herrschaft ent-scheidet (PolPhil 5,2). In gnostisch beeinflusstem Milieu (3.7.) kann die eschatologische Mitherrschaft auch als Lohn für die wahre Erkenntnis cha-rakterisiert und durch die (Erkenntnis der) eschatologische(n) Ruhe überbo-ten werden.

Das vierte Kapitel (4.) behandelt die paulinischen Briefe und den Eph. Dabei zeigt sich, dass Paulus (4.2.) im Römerbrief zu einer Konzeption vordringt, die eschatologische Herrschaft und eschatologisches Leben gleichsetzt (Röm 5,17). Die Tradition vom leidenden Gerechten verliert damit allmählich ihren Einfluss auf die Erwartung eschatologischer Herr-schaft (etwas anders noch 1Kor 4,8; 6,2f): Sie ist nicht mehr exklusiver Lohn für ein bestimmtes Verhalten, sondern kommt allen Christen aufgrund der Heilstat Christi zu. Der Eph (4.3.) bindet diese Konzeption in die Leib-Metapher ein und kommt zu der Aussage, dass die Christen bereits in der Gegenwart (durch die Taufe?) leben und herrschen (Eph 1,20b–23; vgl. 2,5f).

Es bilden sich also im Urchristentum zwei unterschiedliche Spielarten der Erwartung eschatologischer Herrschaft aus: einerseits Herrschaft als exklusiver Lohn, den es sich durch Leid, Besitzlosigkeit oder Erlangen der wahren Erkenntnis zu verdienen gilt; andererseits Herrschaft als eschatologisches Geschenk, das (als ein eschatologischer Zustand/ in der Taufe?) allen Christen zugesprochen wird. Konflikte um die Verheißung eschatologischer Machtausübung treten entweder dort auf, wo die Erwartung durch Heranziehung eines anderen traditionsgeschichtlichen Hintergrundes umgeprägt wird (Mk 10,35–45), oder dort, wo unterschiedliche Ausprägungen der Erwartung aufeinanderprallen (1Kor 4; 2Tim 2,12a.18). Auf diese (direkt oder indirekt) bezeugten Konflikte werde ich im Rahmen der Behandlung der jeweiligen Texte eingehen.

1.6. Zielsetzung und Leitfragen

Die *Zielsetzung* der Arbeit liegt in dem Nachweis eines geschichtlich zusammenhängenden Motivkomplexes, der bisher m.W. nirgendwo als zusammengehörend herausgestellt wurde.

Folgende *Fragen* leiten die Untersuchung der einschlägigen Belege:
1) Welche *Traditionen* können die Erwartung eschatologischer Machtausübung beinhalten?
2) *Wem* wird eschatologische Mitherrschaft in Aussicht gestellt?
3) *Welche Formen* der Machtausübung werden in Aussicht gestellt (z.B. Richten, Herrschen, Kämpfen)?
4) Wie wird die eschatologische Machtausübung *legitimiert*?
   Durchgängig ist hier von einer göttlichen Legitimation auszugehen: Die Macht ist dem Subjekt von Gott bzw. Christus übertragen worden, sie ist also – theologisch gesprochen – göttlich legitimiert.[58] Unterschiedlich wird aber darüber geurteilt, welche menschlichen Eigenschaften eine Person für diese göttliche Zusage qualifizieren.
5) Welche *Funktionen* hat die Verheißung eschatologischer Machtausübung?

---

[58] Hier zeigt sich (u.a.) der Unterschied zwischen einem traditionsgeschichtlichen und einem soziologischen Zugang: Es ist keine Orientierung an den drei idealen Formen der Legitimation von Herrschaft intendiert, wie Weber sie vorgestellt hat. Vielmehr ist auch hier primär eine theologische – genauer: eine traditionsgeschichtliche Ausrichtung angestrebt: Wie wird Machtausübung im Rahmen bestimmter Traditionen legitimiert?

Hier ist insbesondere mit einer ethischen („Wenn du das tust, wirst du mit Herrschaft belohnt; also: tu es!") und einer ekklesiologischen („Wer im Eschaton herrschen wird, darf auch in der Gemeinde herrschen.") Funktion zu rechnen.[59]

6) Wie verhält sich die eschatologische Machtausübung durch einzelne, Gruppen und Kollektive zur eschatologischen Machtausübung Gottes und Jesu Christi? Kommt es hier möglicherweise zu einer Konkurrenz, die die Erwartung eschatologischer Mitherrschaft zurückdrängt?

---

[59] Inwieweit sich die Frage nach der jeweiligen (intendierten und tatsächlichen) Wirkung einer Metapher im Einzelfall beantworten lässt, hängt wesentlich davon ab, ob der Text einer konkreten historischen Situation zugeordnet werden kann.

2. Eschatologische Mitherrschaft als (messianische) Beauftragung: Mt 19,28* im Kontext der Verkündigung des historischen Jesus

Am Übergang vom alttestamentlich-jüdischen Traditionsbereich zum Urchristentum steht der historische Jesus. Die neuerliche Methodendiskussion in der Forschung zu diesem Thema zeigt, dass die Beurteilung des Verhältnisses Jesu zum Judentum recht unterschiedlich ausfällt. So nimmt bei Jürgen Becker in seinem 1996 erschienenen Lehrbuch zu „Jesus von Nazaret" das Differenzkriterium noch den ersten Platz ein: „Das Einstiegs- und Fundamentalkriterium ... ist das Differenzkriterium."[1] Theißen/ Merz hingegen kritisieren dieses Differenzkriterium in ihrem ebenfalls 1996 erschienenen Lehrbuch „Der historische Jesus" als verkappten Dogmatismus: *„Das Differenzkriterium ist verkappte Dogmatik*: Jesu Einzigartigkeit und Unableitbarkeit steht a priori fest. ... Das Differenzkriterium begünstigt so z.B. die Entstehung eines antijüdischen Jesusbildes."[2]

Die vorliegende Untersuchung legt methodisch die Kriterien des „third quest"[3] zugrunde.[4] „Was im jüdischen Kontext plausibel ist und die Entstehung des Urchristentums verständlich macht, dürfte historisch sein."[5]

Im Folgenden soll die These begründet werden, dass der historische Jesus mit diesem Logion dem Zwölferkreis die heilvolle, eschatologische Herrschaft über Israel ankündigt.[6]

---

[1] Becker, Jesus, 17.

[2] Theißen/ Merz, Jesus, 117; Hervorhebung im Original; vgl. zur Problematik des Differenzkriteriums Theißen/ Winter, Kriterienfrage.

[3] Vgl. dazu Theißen/ Merz, Jesus, 29f.

[4] Eine Übersicht, Erläuterung und kritische Diskussion zu diesen Kriterien bieten Theißen/ Merz, Jesus, 116–120.

[5] A.a.O., 29.

[6] Wie ordnet sich diese These in die Forschungslage zu Mt 19,28 ein? Zwei Aspekte sind hier zentral:

1) Ob das Logion aus Mt 19,28 der Verkündigung des historischen Jesus zuzuordnen ist, wird in der Forschung unterschiedlich beurteilt: Becker (Jesus) und Gnilka (Jesus) berücksichtigen das Logion nicht in ihrer Darstellung der Botschaft des historischen Jesus. Schulz (Nachfolgen) lehnt eine Zuschreibung des Logions zum historischen Jesus explizit ab (ebenso Tödt, Menschensohn, 59; Trautmann, Handlungen, 197ff; zur kritischen Auseinandersetzung mit ihrer Interpretation vgl. Sanders, Jesus, 104). Gegen die Echtheit des Logions werden insbesondere vier Einwände geltend gemacht (vgl. zur Diskussion Riniker, Gerichtsverkündigung, 354–357):

2.1. Der ursprüngliche Bestand des Logions

Das Logion ist uns bei Mt und bei Lk in differierenden Fassungen überliefert[7]:

Mt 19,28	Lk 22,28–30
Ὑμεῖς	*Ὑμεῖς* δέ ἐστε
οἱ ἀκολουθήσαντές μοι	οἱ διαμεμενηκότες μετ᾽ ἐμοῦ ἐν τοῖς
	πειρασμοῖς μου
	κἀγὼ διατίθεμαι ὑμῖν καθὼς διέθετό μοι ὁ
	πατήρ μου βασιλείαν
	ἵνα ἔσθητε καὶ πίνητε ἐπὶ τῆς τραπέζης
	μου

(a) Es bestehe ein Widerspruch zu Mk 10,35–45par. (Tödt, Menschensohn, 59). Dagegen hat Colpe geltend gemacht: „Das Richten der zwölf Stämme selbst braucht man nicht ... zur Abweisung der Zebedaidenbitte (10,43–45) [sic] in Spannung zu setzen, da es dort nicht um das Richten oder Herrschen als solches, sondern um den Anspruch auf Vorzugsplätze geht." (Art. ὁ υἱὸς τοῦ ἀνθρώπου, 451 Anm. 341). Die unter 3.2. entwickelte Interpretation zu Mk 10,35–45 versucht demgegenüber zu zeigen, dass das Zebedaidengespräch ein Stück „Konfliktgeschichte" zu dem Logion aus Mt 19,28 spiegelt.

(b) Die Erwähnung des Zwölferkreises weise in die nachösterliche Zeit. Zumindest die Anschauung, „daß die *Zwölf* die endzeitliche Gemeinde, die Kirche als das wahre Israel repräsentieren", habe sich erst nach Ostern herausgebildet (Tödt, Menschensohn, 58; Hervorhebung im Original); Vielhauer, Gottesreich, 68–71; Schille, Kollegialmission, 111–148; Simonis, Jesus, 61–65; Theisohn, Richter, 257 Anm. 51; Schneemelcher, Urchristentum, 89).

(c) Jesus dränge „die heilsgeschichtlichen Traditionen seines Volkes in den Hintergrund ... und [zeichnet] die Gottesherrschaft betont in den Horizont geschöpflicher Wirklichkeit ein." (Becker, Jesus, 158). Für das Logion aus Mt 19,28 ist aber die heilsgeschichtliche Vorstellung der Sammlung der zwölf Stämme konstitutiv (s.u. unter 2.2.1.). Folgerichtig berücksichtigt Becker das Logion daher nicht bei seiner Darstellung der Botschaft des historischen Jesus.

(d) Es sei nicht vorstellbar, dass Jesus seine eigenen Volksgenossen (straf-) gerichtlich verfolgen lasse (Schulz, Nachfolgen, 122f.; Trautmann, Handlungen, 199).

(2) Der zweite Aspekt hängt eng mit der Frage nach der traditionsgeschichtlichen Verortung des Logions zusammen. Sie wird mehrheitlich dahingehend entschieden, dass die Tradition vom Gericht der Gerechten im Hintergrund stehe. Diese Verortung hat dann auch Konsequenzen für die Bedeutung von κρίνω. Gemeint sei eine (straf-) richterliche Tätigkeit, ähnlich Weish 3,8; Dan 7,22 θ, LXX (Dupont, Logion; Broer, Ringen, 163; Schulz, Nachfolgen, 122f; Trautmann, Handlungen, 199; Hampel, Menschensohn, 148: „eine modifizierende Variante der Konzeption des Gerichts der Gerechten").

Die hier zu entfaltende Auslegung versucht zu zeigen, dass Mt 19,28* mit einiger Wahrscheinlichkeit der Verkündigung des historischen Jesus zuzurechnen ist und – entgegen der Mehrheit der Forschung – eine *heilvolle* Herrschaft der Zwölf über die Stämme verheißt. Sie folgt in diesem entscheidenden Punkt Theißen (Gruppenmessianismus; zur Auseinandersetzung mit Theißens Auslegung s.u. unter 2.4.).

[7] Die kursiv gesetzten Passagen haben mit großer Sicherheit zum ursprünglichen Bestand des Logions gehört. Diese These ist im Folgenden zu begründen.

ἐν τῇ παλιγγενεσίᾳ
ὅταν καθίσῃ ὁ υἱὸς τοῦ ἀνθρώπου
ἐπὶ θρόνου δόξης αὐτοῦ,
καθήσεσθε καὶ ὑμεῖς ἐπὶ δώδεκα
θρόνους κρίνοντες τὰς δώδεκα
φύλας τοῦ Ἰσραήλ.

ἐν τῇ βασιλείᾳ μου

καὶ καθήσεσθε ἐπὶ θρόνων τὰς δώδεκα
φύλας κρίνοντες τοῦ Ἰσραήλ.

Über den ursprünglichen Wortlaut des Logions wird kaum mehr letzte Sicherheit zu gewinnen sein. Folgende Ergebnisse haben jedoch einen gewissen Konsens in der Forschung gefunden:

1) Das ὅταν καθίσῃ ὁ υἱὸς τοῦ ἀνθρώπου ἐπὶ θρόνου δόξης αὐτοῦ stellt eine redaktionelle Hinzufügung des Matthäus in Anlehnung an Mt 25,31 dar.[8] Sie erfolgte per Stichwortverbindung ad vocem, da im traditionellen Logion von Thronen die Rede war.[9] Es ist kaum wahrscheinlich, dass wir es mit einem traditionellen Menschensohnlogion zu tun haben, denn in der lukanischen Fassung deutet nichts darauf hin.[10]

2) Ursprünglich war von zwölf Thronen die Rede (vgl. Mt).[11] Lukas hat die Zahl „zwölf" vor den Thronen getilgt, weil im Kontext des LkEvs der Verrat des Judas eng voraufgeht (22,3–6).[12] Lukas bringt damit zum Ausdruck, dass Judas nicht zu den eschatologischen Herrschern zu zählen ist.[13] Wahrscheinlich ist auch V 28 vor diesem Hintergrund zu interpretieren: Judas gehört nicht zu denen, die bei Jesus ausgeharrt haben.[14]

3) Das οἱ ἀκολουθήσαντες ist gegenüber dem οἱ διαμεμενηκότες μετ᾽ ἐμοῦ ἐν τοῖς πειρασμοῖς μου ursprünglicher.[15] Denn das Logion ist durch Stichwortverbindung ad vocem an seinen jetzigen Ort im MtEv gelangt (vgl. 19,21.27). Ob das οἱ ἀκολουθήσαντες allerdings schon zum jesuanischen Bestand des Logions gehört hat, ist nicht mehr zu entscheiden.[16]

---

[8] Schürmann, Abschiedsrede, 43f; Theisohn, Richter, 167f.174.181f; Broer, Ringen, 152.165; Hampel, Menschensohn, 146.

[9] Theisohn, Richter, 167.

[10] Hampel, Menschensohn, 146. Die theoretisch denkbare These, dass Matthäus in 25,31 auf eine traditionelle Formulierung aus Mt 19,28 zurückgreift, ist daher unbegründet.

[11] Zur Forschungslage vgl. Hoffmann, Q 22:28,30, 380–425.

[12] So mit der Mehrheit der Forschung, vgl. Hoffmann, Q 22:28,30, 382–411.

[13] Vgl. stellvertretend für viele andere Hampel, Menschensohn, 150; gegen Hoffmann, Herrscher, 262.

[14] Hampel, Menschensohn, 151; über die Ursprünglichkeit des οἱ διαμεμενηκότες μετ᾽ ἐμοῦ ἐν τοῖς πειρασμοῖς μοι ist damit allerdings noch nicht entschieden, denn diese Wendung ist auch ohne Bezug auf Judas verständlich.

[15] Hoffmann, Herrscher, 262.

[16] Gegen Hampel, Menschensohn, 141f, der sich hier für die Zugehörigkeit zum jesuanischen Bestand entscheidet. Auf die Frage, ob die zwölf Regierenden noch weiter qualifiziert werden, wird zurückzukommen sein.

4) Der Ausdruck ἐν τῇ παλιγγενεσίᾳ geht auf das Konto des Matthäus und hat eine ganz eigene Traditionsgeschichte aufzuweisen.[17] Schwierig ist das ἐν τῇ βασιλείᾳ zu beurteilen. Handelt es sich um eine lukanische Hinzufügung? Dafür könnte sprechen, dass βασιλεία in Lk 22,30a anders verwendet wird als in Lk 22,29: in V 29 im Sinne von Herrschaftsausübung, in V 30a im Sinne eines Bereichs.[18] Diesem Argument hat allerdings Hampel widersprochen. Er sieht in ἐν τῇ βασιλείᾳ einen Semitismus, der mit „wenn ich König sein werde" zu übersetzen sei.[19] Der Semitismus spreche dafür, dass es sich um ein Wort des historischen Jesus handele[20] und dass Jesus sich als Messias zu Israel gesandt wusste[21]. Diese Schlussfolgerungen, insbesondere die letzte, scheint mir jedoch zu weit zu gehen. Aufgrund der Unsicherheiten sowohl hinsichtlich der korrekten Übersetzung als auch hinsichtlich der Zugehörigkeit der Formulierung zum ursprünglichen Bestand kann das ἐν τῇ βασιλείᾳ m.E. nicht die Beweislast dafür tragen, dass Jesus sich selbst explizit als (messianischen) König bezeichnet hat.

5) Die Verbindung der Inthronisationszusage mit der Mahlverheißung ist sekundär. Denn die Bilder von Thron und Mahl gehören im Judentum nicht zusammen.[22] Allerdings ist zu berücksichtigen, dass in Offb 3,20f dieselbe Kombination vorliegt. Dieser Umstand könnte so gedeutet werden, „daß Offb 3,20f als Weiterbildung von Lk 22,28–30 angesehen werden muß"[23]. Auf jeden Fall stehen sich Offb 3,20f und Lk 22,28–30 traditionsgeschichtlich nahe. Die Kombination von Inthronisationszusage und Mahlverheißung könnte nahe gelegen haben, weil Jesus die zu-

---

[17] „Der griechisch geprägte Ausdruck bezieht sich natürlich nicht auf die individuelle Wiedergeburt (wie Tit 3,5), sondern auf das Eschaton, aber darüber hinaus deutet der Text nicht an, woran zu denken ist." Luz, Mt, EKK I/ 3, 129) Möglich sind Deutungen auf die Totenauferstehung (vgl. Philo, Post C 124; Cher 114; LegGai 325; so Derrett, Palingenesia, 53; vorsichtig Luz, Mt, EKK I/ 3, 129), auf die Neuschöpfung der Welt (vgl. Philo, VitMos 2,65 – Wiederherstellung der Welt nach der Sintflut; so z.B. Sim, Meaning) oder auf die endzeitliche Wiederherstellung des Zwölfstämmevolkes (vgl. JosAnt 11,66: Wiederherstellung Israels nach dem Exil; so z.B. Vögtle, Zukunft, 165f). Die dritte Möglichkeit hat m.E. entscheidend den unmittelbaren Kontext (Mt übernimmt die Rede von den zwölf Stämmen) und den traditionsgeschichtlichen Hintergrund des ursprünglichen Logions für sich, das mit Sicherheit von der Restitution der zwölf Stämme sprach. Vgl. außerdem Burnett (Παλιγγενεσία, 60–72), der vorsichtig versucht, die drei Vorstellungskomponenten zu kombinieren und παλιγγενεσία als „Fenster zur mt Gemeinde" zu verstehen.

[18] Vgl. Schulz, Q, 332; Grundmann, Lukas, ThHK, 403f.

[19] Hampel, Menschensohn, 145 unter Berufung auf Jeremias, Theologie, 101 Anm. 8.

[20] Hampel, Menschensohn, 148 mit weiteren Argumenten.

[21] A.a.O., 150f.

[22] Schulz, Q, 332; Broer, Ringen, 150.

[23] Hampel, Menschensohn, 144 Anm. 418. Vorsichtiger Riniker, Gerichtsverkündigung, 354: „Unser Logion scheint auch in Apk 3,20f anzuklingen, doch sollte man m.E. auf die Benutzung dieser Stelle bei der Rekonstruktion verzichten, ..." (anders z.B. Theisohn, Richter, 168–173).

künftige βασιλεία mit zwei unterschiedlichen Bildern ausmalte, die durchaus widersprüchlich waren: Zum einen stellte er das endzeitliche Heil als großes Gastmahl dar. „Es ist das ‚soziale' Bild, das bis heute am stärksten Macht- und Statusgefälle zurücktreten läßt."[24] Hierher gehören die Logien, die den Herrschafts- und Statusverzicht predigen (z.B. Mk 10,43f; Mt 18,1–5).[25] Zum anderen verhieß er den Zwölfen eschatologische Herrschaft auf Thronen. Die urchristliche Tradition fügte beide Bilder trotz ihrer Widersprüchlichkeit zusammen, weil es in beiden um die Ausmalung der βασιλεία geht. Es ist durchaus denkbar, dass sich diese Entwicklung unabhängig voneinander in unterschiedlichen Traditionssträngen vollzog. Zur Rekonstruktion des ursprünglichen Wortlautes ist Offb 3,21 dennoch nicht heranzuziehen, da der Vers in seiner Formulierung in das Schema der Siegersprüche gegossen ist.

Mit einiger Sicherheit können wir damit folgende Fassung als (Bestandteil der) ursprüngliche(n) Fassung annehmen: Ὑμεῖς καθήσεσθε ἐπὶ θρόνων τὰς δώδεκα φυλὰς κρίνοντες τοῦ Ἰσραήλ.[26] Diese Fassung wird im Folgenden mit Mt 19,28* gekennzeichnet; sie bildet die Argumentationsbasis für die folgenden Ausführungen.

Warum darf bei dem Logion angenommen werden, dass es auf den historischen Jesus zurückgeht? Dazu wird zunächst die historische Kontextplausibilität des Logions geprüft. „*Historische Kontextplausibilität* haben Jesusüberlieferungen, wenn sie in den jüdischen Kontext des Wirkens Jesu passen und innerhalb dieses Kontextes als individuelle Erscheinungen erkennbar sind."[27] Innerhalb der Kontextplausibilität bilden die kontextuelle Korrespondenz und die kontextuelle Individualität komplementäre Elemente.

Das heißt: Es gilt zu zeigen, inwiefern alttestamentlich-jüdische Traditionen das Logion prägen und inwiefern das Logion im Rahmen dieser Traditionen Individualität besitzt.

---

[24] Theißen/ Merz, Jesus, 248.
[25] S.u. unter Exkurs 3.
[26] Zu einem ähnlichen Ergebnis kommt Riniker, Gerichtsverkündigung, 352.
[27] Theißen/ Merz, Jesus, 119; Hervorhebung im Original.

2.2. Der traditionsgeschichtliche Hintergrund des Logions

2.2.1. Die Sammlung der 12 Stämme

Das Logion setzt die Sammlung der zwölf Stämme voraus. Es greift damit eine jüdische Tradition auf, die im Judentum der damaligen Zeit weit verbreitet war. Schon dem Alten Testament war die Vorstellung vertraut (Jes 49,5f; 56,8; 60,3–7.10–14; 66,18–24; Micha 4; Ez 34; 37,15ff; 47,13–48,29). Spätere Belege zeigen, dass sie lebendig blieb und ausdifferenziert wurde.[28] So kann die Sammlung der Stämme nun auch vom Gesalbten oder von Elia durchgeführt werden (ohne Messias: 2Makk 1,24–29; 2,18; Bar 2,34f; 4,36f; 5,5–9; Tob 13,11–18; 14,4–7; 11QTemple 18,14–16; vgl. 57,5f; PsSal 11; TestMos 3,4; 4,4 mit Messias: PsSal 17; mit Elia: JesSir 48,10). In JesSir 36,13 wird explizit der Bogen zur „Vorzeit" geschlagen: „Sammle alle Stämme Jakobs, dass sie ihr Erbteil einnehmen wie in den Tagen der Vorzeit." (vgl. schon Ez 37,25; 47,13–48,29). Die Kriegsrolle aus Qumran setzt die Sammlung der zwölf Stämme voraus, denn geschlossen treten sie gegen die Feinde an (1QM 2,2f.7f; 3,13; 5,1). Nicht alle diese Texte nennen explizit die zwölf Stämme. Dennoch wird man annehmen dürfen, dass die Sammlung Israels die Sammlung der zwölf Stämme implizierte und die Wiederherstellung Israels meinte. „If not every text which looks forward to the vindication of Israel explicitly mentions the number twelve, it is nevertheless true that the expectation of the reassembly of Israel was so widespread, and the memory of the twelve tribes remained so acute, that the ,*twelve* ' *would necessarily mean* ,*restoration*'."[29] Matthäus macht diesen Aspekt wieder explizit, wenn er von der παλιγγενεσία spricht.

Für die Interpretation von Mt 19,28* ist nun folgende Beobachtung von entscheidender Bedeutung: Grundsätzlich handelt es sich bei der Vorstellung der Sammlung der zwölf Stämme um eine *Heilsvorstellung*.

---

[28] Vgl. Evans, Thrones, 158f.

[29] Sanders, Jesus, 98; Hervorhebung im Original; zu diesem Themenkomplex vgl. auch Evans, Thrones, 158f und Becker, Jesus, 109–111; anders als in der hier vorgelegten Interpretation ist Becker (Jesus, 158) allerdings der Ansicht, dass Jesus „die heilsgeschichtlichen Traditionen seines Volkes in den Hintergrund drängt und die Gottesherrschaft betont in den Horizont geschöpflicher Wirklichkeit einzeichnet". Konsequenterweise hält Becker weder Mt 19,28* noch das Tempelwort für Logien des historischen Jesus. Mag er mit seiner grundsätzlichen Akzentuierung recht haben, so wird man doch gerade im Hinblick auf diese beiden Logien anders entscheiden müssen (zum Tempellogion vgl. v.a. Sanders, Jesus, 61–76; Theißen, Tempelweissagung, 142–159; Schwier, Tempel; Ådna, Tempel).

Das gilt auch für die Verkündigung Jesu. Denn dort, wo er andernorts ganz Israel das Gericht androht, benutzt er eine andere Formulierung: „dieses Geschlecht" (Lk 11,31f [30]).

Selbst wenn grundsätzlich gilt, dass die Rede von den zwölf Stämmen zur Zeit Jesu nicht mehr notwendigerweise den Rückführungsmythos implizierte, sondern einfach die Ganzheit meinen konnte, so ist der differenzierte jesuanische Sprachgebrauch unbedingt zu beachten: Die Ganzheit im Hinblick auf das Strafgericht belegt Jesus mit einem anderen Ausdruck: „dieses Geschlecht".

Dieser differenzierte Sprachgebrauch ist alttestamentlich vorgeprägt. Die kollektiv abqualifizierende Bezeichnung „dieses Geschlecht" findet sich für das Volk Israel bereits in Gen 7,1; Dtn 1,35; 32,5; Ps 95,10 und Jub 23,14–16. Das Bild der zwölf Stämme ist – zumal im eschatologischen Horizont – stets positiv besetzt.[31]

Wenn aber zutrifft, dass die Rede von den zwölf Stämmen eine Heilsvorstellung impliziert, dann hat das wichtige Konsequenzen für das Verständnis von κρίνω in Mt 19,28*. Hier ist vorausgesetzt, dass sich die zwölf Stämme bereits gesammelt haben. Wenn es dann heißt, dass sie gerichtet werden sollen, kann es dabei nicht mehr um die *Durchsetzung* des Heils gehen.[32] Die mit κρίνω bezeichnete Tätigkeit soll vielmehr in der *vollendeten* Heilszeit stattfinden.[33] Es kann sich daher nur um eine eschatologische *Heils*tätigkeit handeln, also – zumindest ursprünglich[34] – *nicht* um ein Straf- oder Vernichtungsgericht.[35] Um diese umfassende Heilsqualität zu verdeutlichen, werde ich κρίνω in diesem Fall mit „heilvoll regieren" übersetzen.[36]

---

[30] Rekonstruktion der ursprünglichen Fassung und Begründung für die Zuordnung zum historischen Jesus bei Becker, Jesus, 81.

[31] Vgl. die oben genannten Belege.

[32] Etwas anders verhält es sich in der Kriegsrolle. Hier werden die zwölf Stämme gesammelt, um dann das Heil mit Gottes Hilfe auf kriegerischem Weg gegen ihre Feinde durchzusetzen. In Mt 19,28* geht es jedoch um ein Richten, das Israel selbst, nicht die Feinde, betrifft. Und Israel hat mit der Sammlung der Stämme den Heilszustand erreicht (vgl. auch 11QTemple 57,2).

[33] „Eine Wende zum Heil ist schon vollzogen." Theißen, Gruppenmessianismus, 267.

[34] Wie wir sehen werden, hat Mt das Logion uminterpretiert in ein forensisches Gerichtslogion mit doppeltem Ausgang (vgl. 25,31). Selbst bei ihm ist aber – trotz seiner bekanntlich nicht gerade judenfreundlichen Haltung – an dieser Stelle kein Antijudaismus zu erkennen (s.u. unter 3.3.2.).

[35] Wenn Schulz (Nachfolgen, 122f) eine Zuschreibung des Logions zum historischen Jesus mit der Begründung ablehnt, es sei nicht vorstellbar, dass Jesus seine eigenen Volksgenossen (straf-) gerichtlich verfolgen ließe, so krankt diese Argumentation daran, dass der heilsgeschichtliche Kontext und die daraus resultierende Bedeutung des κρίνω verkannt sind. Den heilsgeschichtlichen Horizont übersieht auch Broer (Ringen), der das Logion als Ausdruck des Ringens der Urchristen mit Israel interpretiert.

[36] Zur Übersetzungsproblematik vgl. den folgenden Exkurs 2. Die Exegeten sind sich uneinig darüber, ob κρίνω in Mt 19,28 mit „richten" oder mit „herrschen" übersetzt werden sollte. Die Forschungslage ist zum einen dadurch gekennzeichnet, dass mit einer verkürzten Alternative gear-

2.2.2. Dan 7 und das Gericht der Gerechten?

Die Mehrheit der Forschung sieht in Dan 7 samt der Tradition des Gerichts der Gerechten den für das Verständnis von Mt 19,28* relevanten traditionsgeschichtlichen Hintergrund.[37]
In Dan 7, einem Text, der die jüdische und die christliche Eschatologie wesentlich beeinflusst hat[38], begegnet uns als metaphernspendender Bereich „der Thron- und Audienzraum eines herrscherlichen Palastes"[39]. Wichtiges richterliches Attribut ist der Thron, auf dem der Alte Platz nimmt (7,9f). Die jüdische Tradition lässt von Dan 7 aus zwei Wege erkennen, die zu der Aussage führen, dass das Gottesvolk richtet: zum einen die Rede von den „Thronen" in Dan 7,9 (1), zum anderen die griechische Übersetzung der Hinzufügung in 7,21f.

1) Auffällig ist, dass in Dan 7 von mehreren Thronen die Rede ist. Auf ihnen soll das Gerichtsgremium Platz nehmen. Wer genau – außer dem „Hochbetagten" – diesem Gremium angehört, bleibt unklar. „Ce ne peut être ni le ‚Fils de l'homme', ni les ‚saints du Très Haut' en faveur desquels la sentence va être rendue, ni les myriades angéliques qui se tiennent debout dans l'attitude qui convient à des serviteurs."[40] Die Frage, wem die übrigen

---

beitet wird (vgl. Exkurs 2), zum anderen dadurch, dass nicht immer zwischen der ursprünglichen Bedeutung des Verbs und seiner Bedeutung im mt bzw. lk Kontext unterschieden wird.
Für die Bedeutung von κρίνω als „heilvolles Regieren" votieren auch Büchsel, κρίνω, 922; Bauer-Aland, κρίνω, Sp. 918; Zahn, Mt, KNT, 604f; Bornkamm, Jesus, 192 Anm. 13; Tödt, Menschensohn, 57f, Pesch, Lohngedanke, 74 und Theißen, Gruppenmessianismus, 267 samt Anm. 11 und 12.
Nach Gnilka (Mt, HThK, 171f) geht es um die Mitwirkung beim Strafgericht (redaktionell?). Reiser votiert ebenfalls für die Bedeutung „richten": „Gegen die Bedeutung ‚herrschen' an unserer Stelle spricht schon eine Grundregel der Semantik, nach der ein Wort grundsätzlich in seiner Hauptbedeutung auftritt. Eine von der Hauptbedeutung abweichende aktuelle Bedeutung muß durch den Kontext angezeigt sein. ... In unserem Fall besteht kein Grund, von der Hauptbedeutung abzuweichen." (Reiser, Gerichtspredigt, 248f). M.E. zeigt die Rede von den versammelten zwölf Stämmen jedoch eindeutig an, dass es sich um ein heilvolles Geschehen handelt. Dupont (Logion, 378.381) nimmt für Jesus ebenfalls die Bedeutung „richten" an, ebenso für Matthäus. Bei Lk übersetzt er mit „herrschen".
Ich halte für Jesus (vgl. Exkurs 2) und Lukas (s.u. unter 3.3.3.) die Übersetzung „heilvoll regieren" für angemessen, bei Matthäus die Übersetzung mit „richten" (s.u. unter 3.3.2.).
[37] Broer, Ringen, 155–158; Reiser, Gerichtspredigt, 249; Dupont, Logion, 381–386.
[38] „Dan 7 has made an important contribution to early Jewish and Christian eschatology." (Evans, Thrones, 156). „Gerichtsthrone, Gerichtsbücher, das Gericht durch Feuer und die Heiligen des Höchsten als Richter sind Elemente der Danieltraditionen." (Berger, Auferstehung, 13).
[39] Berger, Theologiegeschichte, 332.
[40] Dupont, Logion, 382.

Throne zugedacht sind, hat die jüdische Auslegungstradition schon früh beschäftigt.[41] Mehrere Antworten sind uns überliefert.[42]

Im Midrasch Tanhuma[43] ist überliefert, dass der eine Rabbi (Jose?) der Meinung war, Gott nehme auf dem einen Thron Platz und benutze den anderen als Fußschemel. Der andere Rabbi (Akiba?) hingegen deute das Verb *rmy* im Sinne von „zerstören". Gemeint seien die Throne weltlicher Herrscher, die von Gott zerstört würden. Für uns ist insbesondere der Fortgang dieses Midrasch interessant:

„Die Rabbanan aber sagten: Was bedeutet ‚Throne'? In der Zukunft wird Gott sitzen, u. die Engel stellen Throne für die Großen Israels hin, u. diese setzen sich (auf sie), u. Gott sitzt wie ein Gerichtspräsident bei (mit) ihnen, u. (dann) richten sie die Völker der Welt, wie es heißt: Jahve kommt ins Gericht mit den Ältesten seines Volks u. seinem Fürsten Jes 3,14. ‚Wider' ... die Ältesten seines Volks steht hier nicht geschrieben, sondern ‚mit' ... (= in Gemeinschaft mit) den Ältesten; das lehrt, daß Gott (in Gemeinschaft) mit den Ältesten u. den Fürsten Israels sitzen u. die Völker der Welt richten wird."[44]

„Unsere Rabbiner" werden mit der Meinung zitiert, die Throne, die aufgestellt würden, seien für die Ältesten seines Volkes und seine Fürsten. Diese Auslegung[45] bezieht sich zum einen auf Jes 3,14, deutet den Vers aber explizit um: Ursprünglich ist bei Jesaja das göttliche Gericht über seine Ältesten und Fürsten gemeint. Der Midrasch weist nun darauf hin, dass nicht die Präposition „gegen" (עֲל־), sondern „mit" (עַם) gebraucht sei. Es gehe um das Gericht über die heidnischen Völker, an dem die Ältesten und Fürsten als Mitrichter (auf Thronen) teilnehmen. Zur Stützung dieser Interpretation wird zum anderen Ps 122,5 herangezogen: „Denn dort standen einst Throne zum Gericht, Throne des Hauses Davids."

Diese Auslegung unter Hinzuziehung von Jes 3,14 ist auch für Rabbi Abbin aus dem 4. Jahrhundert überliefert: „Dereinst wird Gott die Ältesten Israels nach der Art einer Tenne (d.h. halbkreisförmig) aufstellen, u. er wird an der Spitze von ihnen allen wie ein Gerichtspräsident sitzen, u. (dann) werden sie die Heiden richten; ..."[46]

Das heißt: Der Plural in 7,9 *konnte* in der jüdischen Tradition dahingehend verstanden werden, dass Gruppen des Gottesvolkes das eschatologische Richteramt erhalten. Betont wurde, dass dieses Gericht nicht über das Gottesvolk, sondern über die heidnischen Völker ergeht. Jes 3,14 wurde

---

[41] Offb 20,4–6 „übernimmt" interessanterweise diese Unklarheit (s.u. unter 3.4.).

[42] Vgl. die Belege bei Strack-Billerbeck, Kommentar IV/ 2, 1103ff.

[43] Vgl. Strack-Billerbeck, IV/ 2, 871.1103.1210.

[44] Strack-Billerbeck IV/ 2, 1103.

[45] Vgl. zur Interpretation Evans, Thrones, 164f und Dupont, Logion, 384f.

[46] Strack-Billerbeck, IV/ 2, 1103.

dazu explizit um- bzw. neu gedeutet. Wenn so großer Wert darauf gelegt wurde, dass nicht etwa das eigene, sondern ausschließlich fremde Völker Gegenstand des Gerichts sein würden, dann lässt das erkennen, dass primär an ein Strafgericht gedacht war. Damit wurde der Grundtenor von Dan 7 *gegen* Ps 122,5[47] beibehalten. Dieses Ergebnis ist für die traditionsgeschichtliche Verortung von Mt 19,28* von erheblicher Bedeutung.

Reiser[48] hat im Gefolge von Dupont[49] erwogen, ob Mt 19,28 von dieser tannaitischen exegetischen Tradition zu Dan 7,9 her zu verstehen sei: „Der Midrasch nun deutet dieses Gericht auf das eschatologische Gericht über die heidnischen Völker und sieht in den Beisitzern des ‚Hochbetagten' aufgrund von Jes 3,14 ‚die Großen Israels'. Die Möglichkeit, daß Jesus diese exegetische Tradition zu Dan 7,9 kannte und darauf anspielte, ist nicht auszuschließen."[50] Reiser bestimmt den entscheidenden Einfluss der tannaitischen Tradition auf Mt 19,28 nun dahingehend, dass jeweils ein Strafgericht gemeint sei.

Gegen diese traditionsgeschichtliche Verortung von Mt 19,28* spricht m.E. jedoch entscheidend, dass es in Dan 7,9 um ein Gericht an fremden Völkern, in Mt 19,28* jedoch um ein Gericht am eigenen Volk, nämlich an den zwölf Stämmen, geht. Der besondere, heilvolle Charakter des Gerichts aus Mt 19,28*, das Mitgliedern des *eigenen* Volkes zugute kommt, läuft dem rabbinischen Anliegen zuwider. Denn die rabbinische Tradition betont gerade, dass das (Straf-) Gericht *nicht* über das Gottesvolk, sondern über die heidnischen Völker ergeht.

In Mt 19,28 geht es um ein Geschehen am *eigenen* Volk. Hält man dennoch an Dan 7,9 als Verstehenshorizont von Mt 19,28* fest, so müsste man annehmen, dass Jesus die Vorstellung insofern zuspitzt, als „das Gericht ... nicht über die heidnischen Völker, sondern über Israel selbst gehalten werden [wird]"[51]. Es würde sich also um ein Strafgericht am eigenen Volk handeln. Diese Vorstellung passt jedoch nicht zum Heilsbild der zwölf Stämme.

2) Andere Exegeten führen Mt 19,28* nicht speziell auf die tannaitische Tradition zu Dan 7,9 zurück, sondern berufen sich – allgemeiner – auf die breiter bezeugte Tradition vom Gericht der Gerechten. Sie schlägt sich in den griechischen Übersetzungen von Dan 7 in den VV 21.22 nieder.

---

[47] Kraus interpretiert das שׁלמ aus Ps 122,5 als „heilvolle[n], gedeihliche[n] und gute[n] Zustand aller Dinge" (Psalmen, BKAT XV/ 2, 1020).
[48] Gerichtspredigt, 249.
[49] Logion, 381–386. Dupont selbst bezeichnet die These als „téméraire", also gewagt.
[50] Reiser, Gerichtspredigt, 249.
[51] Ebd.

In Dan 7 erscheint die Vernichtung des vierten Tieres (samt der übrigen Tiere, V 12) durch die Vorschaltung der VV 9f als das Resultat eines göttlichen forensischen Gerichtsaktes. In den griechischen Fassungen von Dan 7,21f (LXX und ϑ) wird den Heiligen des Höchsten nun eine Mitwirkung an diesem forensischen Gericht in Aussicht gestellt.[52] So übersetzt die LXX: καὶ τὴν κρίσιν ἔδωκε τοῖς ἁγίοις τοῦ ὑψίστου; bei ‚Theodotion‘[53] heißt es: · καὶ τὸ κρίμα ἔδωκεν ἁγίοις ὑψίστου; V 22). Dan 7,21f LXX, ϑ sprechen den Heiligen des Höchsten, also – im Kontext von Dan 7 insgesamt – dem gesamten Volk Gottes – die Mitwirkung am eschatologischen Gericht zu.

Dieser Beleg steht nicht isoliert im damaligen Judentum. Die Tradition, nach der bestimmten Menschen eine Mitwirkung am eschatologischen Gericht verheißen wird, findet sich seit dem späten zweiten Jahrhundert v.Chr. in weit gestreuten Belegen. Sie ist im Alten Testament (Dan 7,22 LXX), in den Apopkryphen (Weish 3,7f), in den Pseudepigraphen (äthHen mehrfach), in den Schriften von Qumran (1QpHab 5,4f; 1QS 8,6f.10; Jub 24,29) und in rabbinischen Schriften[54] belegt. Trotz der weiten Streuung handelt es sich nur um „vereinzelte Belege"[55], so dass aus ihnen nicht auf einen allgemeinen Volksglauben geschlossen werden darf[56].

Die Prüfung der einschlägigen Belege ergibt, dass in der Regel nicht dem gesamten Gottesvolk, sondern nur einem Teil von ihm die Gerichtsfunktion zugesprochen wird: in 1QpHab 5,3–5 etwa den Auserwählten[57], in Weish 3,1–12 den leidenden Gerechten; in den Bilderreden des äthHen den „Heiligen" (38,5; 48,9).[58] Dort, wo nicht dem gesamten Volk, sondern nur einer ausgewählten Gruppe die Gerichtsfunktion übertragen wird, kann als Ob-

---

[52] In der Forschung herrscht Einigkeit darüber, dass Dan 7,21f noch nicht Bestandteil des aramäischen Danielbuches war, sondern erst später hinzugefügt wurde.

[53] Schmitt (Daniel, 279–392) hat den Nachweis erbracht, dass es sich bei der Übersetzung, die schon Hieronymus Theodotion zuwies, um eine eigenständige griechische Fassung handelt, die höchstens sekundär von Theodotion bearbeitet worden ist. Wahrscheinlich handelt es sich um eine Übersetzung aus dem syrisch-mesopotamischen Raum, die ins 1. Jahrhundert v.Chr. zu datieren ist (Koch, Daniel, 20).

[54] Vgl. Volz, Eschatologie, 275f.

[55] Broer, Ringen, 155.

[56] Mit Vögtle, Osterglauben, 115.

[57] So auch äthHen 48,9; 1QS 8,7 vgl. 10. Vgl. Dazu Kleinknecht, Der Gerechtfertigte, 51ff.

[58] Es fällt auf, dass die Richter innerhalb des äthHen nur in den Bilderreden als „Heilige" bezeichnet werden. Hier macht sich offenbar die literarische Abhängigkeit von Dan 7 bemerkbar: „Die Bilderreden setzen die Kenntnis des Danielbuches voraus." (Theisohn, Richter, 202). Die Bilderreden zeigen somit, dass unter den „Heiligen des Höchsten" auch nur eine bestimmte Gruppen des Gottesvolkes verstanden werden konnte. Entweder steht Dan 7,21f LXX, ϑ also am Beginn einer Traditionslinie, in deren Verlauf an die Stelle der „Heiligen des Höchsten" einzelne Gruppen des Gottesvolkes treten, oder die griechische Fassung versteht von vornherein unter den „Heiligen des Höchsten" nur mehr einen Teil des Volkes Israel.

jekt dieser Gerichtstätigkeit auch eine Gruppe des *eigenen* Volkes auftreten. Das ist (ansatzweise) etwa in 1QpHab 5,3–5 der Fall. Im äthHen wird das Objekt der Gerichtstätigkeit mal mit Mitgliedern des eigenen Volkes, mal mit fremden Völkern besetzt: in 90,19 werden fremde Völker gerichtet, in 48,9 fremde Könige, in 38,1–5; 95,3; 96,1; 98,12 die Sünder (auch des eigenen Volkes).

Dort, wo eine Gruppe des Gottesvolkes über eine andere Gruppe des Gottesvolkes richtet, liegt die größte Nähe zu Mt 19,28* vor. Wesentlich für unseren Zusammenhang ist jedoch: Beim Gericht der Gerechten handelt es sich durchweg um ein *Straf*gericht. Nun ist es durchaus möglich, für Mt 19,28* einen „Sitz im Leben" zu konstruieren, der mit der Vorstellung eines eschatologischen Strafgerichtes über Israel arbeitet. So sieht Broer in Mt 19,28 die Auseinandersetzung zwischen der noch nicht vom Judentum getrennten Gemeinde und Israel reflektiert.[59] Dem Zwölfstämmevolk werde die Vernichtung angedroht. „Das setzt voraus, dieses würde eigens zum Empfang seines Urteils erst restituiert werden. Das aber ist unvorstellbar, denn der Begriff des Zwölfstämmevolkes ist nun einmal ein *Heilsbegriff.*"[60]

2.2.3. Zur Aussagekraft von TestAbr 13,6

Die häufig angenommene traditionsgeschichtliche Verbindung von Mt 19,28 mit Dan 7 und der Tradition vom Gericht der Gerechten rührt m.E. daher, dass das Logion später durchaus im Sinne eines Strafgerichts verstanden wurde. Es geriet förmlich in den „Sog" dieser Tradition. Wir werden sehen, dass Matthäus den Vers forensisch versteht und mit der Gerichtsszene Mt 25,31ff in Verbindung bringt. Ein weiterer Beleg findet sich in TestAbr 13,6. Für diesen Beleg ist gesondert zu zeigen, dass er nicht die Beweislast dafür tragen kann, dass Mt 19,28* *ursprünglich* ein Strafgericht meint. Der Vers zeigt vielmehr – wie auch Mt 19,28 im Kontext des Matthäusevangeliums – dass das Jesuslogion *später* im Sinne eines forensischen Gerichtes verstanden wurde.

Bauer sieht in TestAbr 13,6 die ausschlaggebende Parallele, die dafür spricht, dass das κρίνω in Mt 19,28/ Lk 22,30 im Sinne einer forensischen Gerichtstätigkeit zu verstehen sei: „Die Zwölf Apostel richten die Zwölf Stämme."[61]

---

[59] Broer, Ringen, 155–158.
[60] Simonis, Jesus, 73 Anm. 72; Hervorhebung im Original.
[61] Er verweist dazu auf die 5. Auflage auf den Artikel von Batiffol: Notes, 541f, schränkt aber ein: „Doch könnte hier κρ. den weiteren Sinn von *herrschen* haben (vgl. 4Kö 15,5. Ps 2,10).

Das TestAbr ist uns griechisch in zwei recht unterschiedlichen Fassungen überliefert; einer längeren und einer kürzeren. Das literarische und traditionsgeschichtliche Verhältnis beider Fassungen ist verwickelt.[62] Die längere Fassung kennt in Kap. 13 ein Gericht in „drei Instanzen"[63]: Zunächst richtet Abel[64], dann „bei der zweiten Parusie" erfolgt das zweite Gericht, zum Schluss richtet Gott. Für unseren Zusammenhang ist das zweite Gericht von Interesse. Richter sind hier entweder die zwölf Apostel (so die Handschriften BCDE)[65] oder die zwölf Stämme (Handschrift A).[66] Welche Lesart ursprünglicher ist, wird in der Forschung kontrovers diskutiert.[67] Plausibler ist m.E. die Annahme, dass hier ursprünglich von den zwölf Aposteln als Richtern die Rede war. Ausschlaggebend scheint mir dabei zum einen die Erklärung von James, die Lesart der Handschrift A sei durch versehentliche Auslassung entstanden[68], zum anderen die Beobachtung, dass

---

1Makk 9,73. PsSal 17,29)." (Bauer, Wörterbuch, Art. κρίνω Sp. 894). In der sechsten Auflage fehlt bezeichnenderweise der Hinweis auf Batiffol und damit auf TestAbr 13,6 (Art. κρίνω Sp. 918).

[62] Vgl. Delcor, TestAbr, 5–14; Rau, Kosmologie, 317–322; Nickelsburg, Eschatology; ders. Structure; Schmidt, Recensions; ders.: Testament, 1–44; Kraft, Problem, 121–137.

[63] Zur Gerichtsvorstellung im TestAbr vgl. die zusammenfassende Darstellung von Reiser, Gerichtspredigt, 111–117.

[64] „The root-idea seems to be that Abel, the first victim of human sin, and God's first martyr, is thereby entitled to act as judge of saints and sinners alike." (James, Testament of Abraham, 125; gefolgt von Delcor, Testament d'Abraham, 60).

[65] Καὶ ἐν τῇ δευτέρᾳ παρουσίᾳ ὑπὸ τῶν ιβ' ἀποστόλων κριθήσονται αἱ ιβ' φυλαὶ τοῦ Ἰσραὴλ καὶ πᾶσα πνοὴ καὶ πᾶς(α) ἄνθρωπος. (CE)
Καὶ ἐπὶ τὴν δευτέραν παρουσίαν ὑπὸ τῶν ἀποστόλων κριθήσονται αἱ δώδεκα φυλαὶ τοῦ Ἰσραὴλ καὶ πάσης πνοῆς καὶ πάσης ἄνοις. (B)
Καὶ ἐν τῇ δευτέρᾳ παρουσίᾳ ὑπὸ τῶν ιβ' ἀποστόλων κριθήσεται πᾶσα ἡ οἰκουμένη. (D).
(James, Testament of Abraham, 53.92; vgl. Schmidt, Testament, 136f).

[66] Καὶ ἐν τῇ δευτέρᾳ παρουσίᾳ κριθήσονται ὑπὸ τῶν δώδεκα φυλῶν τοῦ Ἰσραὴλ, καὶ πᾶσα πνοὴ καὶ πᾶσα κτίσις. (A)
(James, Testament of Abraham, 53.92; vgl. Schmidt, Testament, 136f).

[67] Dupont (Logion, 376) votiert klar für die Priorität von BCDE, James (Testament of Abraham, 53) entscheidet sich für die Priorität von A, ihm folgen Delcor (Testament d'Abraham, 60) und Nickelsburg (Eschatology, 40).
Die einleitungswissenschaftliche Einordnung der Schrift kann keine Argumente beisteuern, da sie sehr vage ist: „Estimates of the date of the Testament of Abraham have ranged very widely ... . It seems best to assume a date for the original of c. A.D. 100, plus or minus twenty-five years. The work was rewritten by more than one hand, and A in particular shows the traces of late redactional activity." (Charlesworth, Pseudepigrapha 1, 874f).

[68] „Now it seems at once obvious that the reading of A may be an instance of omission by homoeoteleuton. An ancestor of A might have had
κριθήσονται ὑπὸ τῶν δώδεκα
(ἀποστ. αἱ δώδεκα) φυλαί.
At some stage in the transmission the words which I have placed in brackets dropped out and the next scribe altered the senseless ὑπὸ τῶν δώδεκα φυλαί into – φυλῶν." (James, Testament of

die Vorstellung eines Gerichts der zwölf Stämme über die ganze Schöpfung für den alttestamentlich-jüdischen Bereich traditionsgeschichtlich nicht belegt ist.[69]

Was bedeutet das für die Interpretation von Mt 19,28*? TestAbr 13,6 kennt ein Gericht durch die zwölf Apostel über die zwölf Stämme (so BCE). Der Kontext lässt keinen Zweifel daran, dass an eine forensische Gerichtsszene gedacht ist; κρίνω ist hier sicher mit „richten" zu übersetzen. Wesentlich ist nun die Feststellung, dass es sich bei TestAbr 13,6 (BCE) *nicht* um eine unabhängige Parallele zu Mt 19,28/ Lk 22,30 handelt, die darüber Aufschluss geben könnte, wie das Jesuslogion ursprünglich gemeint war. Vielmehr haben wir es mit einer von Mt 19,28/ Lk 22,30 abhängigen Vorstellung zu tun, die erkennen lässt, wie das Jesuslogion aus Mt 19,28/ Lk 22,30 später verstanden wurde. Diese Feststellung gilt unabhängig davon, welcher Lesart man die Priorität zubilligt:

Dupont, der das Gericht durch die zwölf Apostel für ursprünglicher hält, konstatiert: „Mais il n'est pas moins clair que cette affirmation dépend directement du logion qui nous occupe; elle ne saurait compter pour un parallèle juif permettant de reconstituer l'arrière-plan de la promesse de Jésus. Il faut se contenter d'y reconnaître une interprétation, d'ailleurs non dépourvu d'intérêt, de la sentence évangélique."[70] James und Nickelsburg halten die Rede von den zwölf Aposteln für eine Interpolation, die durch Mt 19,28/ Lk 22,30 veranlasst ist: „... in the view of the texts already quoted from the Gospels of SS. Matthew and Luke, the interpolation of the Apostles in the case before us would be most obvious and inviting. And to the belief that the mention of them is an interpolation I very strongly incline."[71]

TestAbr 13,6 kann daher nicht die These stützen, nach der Mt 19,28* *ursprünglich* ein Strafgericht gemeint habe.

Abraham, 53). James entscheidet sich dann aber doch aufgrund der Stellung des Verbs für die Varianten der Handschriften BCDE als ursprünglichere Lesarten (ebd.). Mit scheint jedoch die erste Erklärung plausibler (so auch Dupont, Logion, 376).

[69] Nickelsburg (Eschatology, 40) rechnet mit einer Kombination der Tradition vom Gericht der Gerechten mit der Tradition von der Herrschaftsübergabe an Israel (Dan 7; 1QM 17,6–8). Er räumt aber selber ein, dass die Herrschaftsübergabe nicht zum Gericht, sondern erst nach dem Gericht stattfindet (a.a.O., 40 Anm. 60).

[70] Dupont, Logion, 376.

[71] James, Testament of Abraham, 54; vgl. Nickelsburg, Eschatology, 40.

2.2.4. Die königliche (Gesalbten-) Tradition

Dan 7 samt der Tradition vom Gericht der Gerechten wurde als traditions-geschichtlicher Hintergrund für Mt 19,28* mit der Begründung abgelehnt, dass es sich bei Mt 19,28* um eine heilvolle Regentschaft handelt, beim Gericht der Gerechten jedoch um ein Strafgericht. Folgerichtig muss also danach gefragt werden, wo in der alttestamentlich-jüdischen Tradition von einer heilvollen Regentschaft über das eigene Volk die Rede ist. Die Tätigkeit des heilvollen Regierens ist vom König (vgl. Ps 72,2) und vom königlichen Gesalbten (PsSal 17,26) bezeugt.

Ps 72 „erweckt den Eindruck, als beginne nunmehr eine Ära des Heils"[72]. Welche Funktionen werden diesem Heilskönig zugeschrieben? Er ist zuallererst Richter; so heißt es in V 1: „O Gott, gib dein Gericht dem König ..."[73]. Bemerkenswert ist allerdings, *wie* diese richtende Tätigkeit genauer charakterisiert wird: Die Gerechtigkeit, die dem König übergeben wird, „wird als eine wirkende Machtsphäre aufgefaßt, die das ganze Land überlagert ... und Fruchtbarkeit wirkt; sie ist *immer auf das ... Volk bezogen*, denn sie ist der tragende Lebensgrund eines Gemeinschaftsverhältnisses"[74]. שפט hat also hier die Bedeutung „Recht verschaffen"[75]. In den VV 8–11 kommen allerdings auch die anderen Völker in den Blick.[76] Sie werden sich beugen, wenn erst der israelitische König über die ganze Welt herrschen wird. Das erinnert an Ps 2.[77] In den VV 12–14 schwenkt der Blick aber

---

[72] Kraus, Psalmen, BKAT, 658.

[73] „Im alten Israel war sehr wahrscheinlich der ‚Richter Israels' im Stämmeverband der höchste Träger der Gerichtsbarkeit (vgl. Noth, Amt, 404–417). Dieses Amt ist mit der Gründung des Königtums an den jeweiligen Regenten übergegangen." (Kraus, Psalmen, BKAT, 657).

[74] Kraus, Psalmen, BKAT, 658; eigene Hervorhebung.

[75] Niehr, Art. שפט, Sp. 418f. „Die Bedeutung ‚Recht verschaffen' hat שפט vornehmlich an den Stellen, die als Obj. Mitglieder aus dem Kreis der personae miserae auflisten." (ebd.). Die Bedeutung von שפט hängt also entscheidend davon ab, auf welches Objekt sich die Tätigkeit bezieht. שפט in der Bedeutung „Recht verschaffen" übersetzt die LXX mit κρίνω (71,4 LXX). Vgl. Exkurs 2.

[76] „Dem so gerecht waltenden Könige aber wünscht der Dichter in überströmender Begeisterung die *Weltherrschaft*, eine Herrschaft vom einen Ende der Welt bis zum anderen ..." (Gunkel, Psalmen, HAT, 306; Hervorhebung im Original).

[77] Ps 2 ist klar gegliedert (vgl. Kraus, Psalmen, BKAT, 12f sowie Hossfeld/ Zenger, Psalmen, NEB, 52; Seybold, Psalmen, HAT, 31–33): Die VV 1–3 berichten von dem Aufstand der Völker gegen Jahwe und seinen Gesalbten. Dem wird in den VV 4–6 die Reaktion Jahwes entgegengestellt. In den VV 7–9 beruft sich der Gesalbte auf seine Ermächtigung. Hier kommen auch seine Funktionen klar zur Sprache: Er soll die Völker „zerschlagen mit eisernem Stabe ... zerschmeißen wie Töpfergeschirr" (Ps 2,9). Die Ausführung dieser Bestimmung wird nicht erwähnt. Statt dessen erfolgt in den VV 10–12 die Ansage eines Ultimatums an die Könige.

Ps 2 zeigt, dass Jahwe in der Jerusalemer Königstheologie nicht mehr nur der Gott Israels war, sondern der Herr über die Völkerwelt (vgl. Albertz, Religionsgeschichte, 181). Jahwe übt seine

gleich wieder zurück zum heilend-richtenden Tun des Königs an seinem Volk, insbesondere an den „Geringen und Armen" (V 12). Der König erscheint als Retter. Als solcher ist er ausführendes Organ Gottes, denn: „Der Sänger des Ps 72 schaut einen König, der so herrscht und hilft, wie der Gott Israels es nach dem Zeugnis des Alten Testaments getan hat und tut."[78]

Ps 2 hat in *PsSal 17*[79] eine dezidiert individuell-herrscherliche eschatologische Auslegung erfahren.[80] Im ersten Teil des Psalms wird der desolate Zustand des jüdischen Volkes beschrieben: Die führenden Schichten des Volkes sind unfähig, ein gottgemäßes Leben zu führen, die Heiden wüten in Jerusalem.[81] Angesichts dieser Situation erfolgt die Bitte um einen Gesalbten. Von zentraler Bedeutung sind in unserem Zusammenhang die Funktionen, die dem Gesalbten zugeschrieben werden: „V. 22–25 beschreiben das von ihm erwartete strafende Tun, V. 26–28 die Neukonstituierung des Volkes im Land ..."[82]. PsSal 17 unterscheidet damit bei den messianischen Funktionen zwischen solchen, die die Durchsetzung des Heils betreffen, und solchen, die die eschatologische Heilszeit selbst betreffen. Zunächst wird in Anlehnung an Ps 2,8 die Entmachtung, ja Vernichtung der Feinde geschildert: „... mit eisernem Stab zu zerschlagen all ihren Bestand, zu vernichten gesetzlose Völkerschaften durch das Wort seines Mundes, durch seine Drohung den Feind in die Flucht zu schlagen fort von seinem Angesicht, und die Sünder zu züchtigen in ihres Herzens Wort." (VV 24f)[83] Von

---

Macht durch das politisch-militärische Handeln seiner Könige aus. Es kam also zu einer engen Verquickung Jahwes mit der staatlichen Macht (a.a.O., 184).

[78] Kraus, Psalmen, BKAT, 662; Laato (Star, 282) sieht in Sach 9,9–10 eine „friedvolle" Uminterpretation von Ps 72.

[79] Die PsSal sind in griechischer Sprache erhalten, gehen aber auf ein verloren gegangenes hebräisches Original zurück (Camponovo, Königtum, 200). Bei den PsSal lassen sich zwei Hauptphasen für das Wachstum erkennen, und zwar kurz nach 63 und kurz nach 48 v.Chr. (Schüpphaus, Psalmen, 138–155; gefolgt von Karrer, Der Gesalbte, 249). PsSal 17 reagiert mit seinen eschatologischen Hoffnungen auf die bedrängte Situation innerhalb des jüdischen Volkes (Camponovo, Königtum, 201). Als Trägerkreis der Psalmen gibt sich indirekt eine Gruppe aus dem Umfeld der Hasmonäeropposition zu erkennen (Karrer, Der Gesalbte, 249). „The sinners in v 5 [Kapitel 17] are Hasmoneans who are regarded as usurpers of the throne of David." (Laato, Star, 281). PsSal 17 wird „im Rahmen der Theologie der zweiten Schicht gut verständlich" (Camponovo, Königtum, 221). Zur Messianologie in PsSal 17 vgl. auch Sacchi, Apocalyptic, 163–165. Einen Überblick zum gegenwärtigen Stand der Forschung bietet Trafton, Psalms, 3–19.

[80] „The messianic programme of Psalms of Solomon 17–18 is closely connected with Old Testament expectations and their inextricable connections to the Home of David." (Laato, Star, 281).

[81] Camponovo, Königtum, 224.

[82] Ebd.

[83] Übersetzung nach Holm-Nielsen, Psalmen Salomos, 102. Auffällig ist allerdings die Uminterpretation, die PsSal 17,24 gegenüber Ps 2,9 vornimmt: „... these phrases are reinterpreted to refer to the Messiah's use of wisdom and righteousness to bring catastrophe upon sinners" (Laato,

V 26 an ändert sich der Ton: „Und er wird versammeln ein heiliges Volk, das er führen wird in Gerechtigkeit, und er wird richten die Stämme des Volks, das geheiligt ist vom Herrn, seinem Gott"[84]. Dieses gerechte Richten *nach* der Wende zum Heil geht über Ps 2 hinaus. Es geht nicht mehr nur um die Durchsetzung des Heils, um die Entmachtung und Vernichtung der Feinde, sondern auch um die Frage, welche Funktionen der Gesalbte nach der Heilswende ausüben wird.

Ps 72 und PsSal 17 verdeutlichen, dass ein König sein Tun auf zwei unterschiedliche Objekte richtet: zum einen auf das eigene Volk, zum anderen auf die anderen Völker; m.a.W.: Ein König hat innen- und außenpolitische Aufgaben. Das Verhältnis zu den Fremdvölkern ist oft feindlich, so dass Machtausübung ihnen gegenüber einen anderen Charakter hat als gegenüber dem eigenen Volk, für dessen Wohl der König zu sorgen hat. Beide Funktionen – die auf das eigene Volk gerichtete ebenso wie die auf die fremden Völker gerichtete – werden trotz ihres ganz unterschiedlichen Charakters mit dem Verb κρίνω bezeichnet. Speziell in königlicher Tradition ist also die Bedeutungsvielfalt von κρίνω zu berücksichtigen.[85]

Die Jerusalemer Königstheologie beschreibt also den König als denjenigen, der seinem Volk Recht schafft (z.B. Ps 72). Die LXX übersetzt diese Tätigkeit mit κρίνω (Ps 72,1f.4). Damit liegt der Schluss nahe, dass die Übertragung des Logions aus dem Aramäischen ins Griechische von diesem königlichen Sprachgebrauch beeinflusst ist.

Der königliche Bezug schwingt deutlich in Mt 19,28* mit. Das ist nicht nur an dem Verb κρίνω zu erkennen, sondern auch an der Formulierung, dass die Zwölf auf Thronen sitzen werden. Die Rede von „Thronen" ist in einem vergleichbaren Vorstellungshorizont belegt, und zwar in Ps 122,5. Der Psalm erinnert auch darin an Mt 19,28*, dass er von einer Wallfahrt der Stämme nach Jerusalem spricht (122,4). In V 5 heißt es dann: „Fürwahr, dort stehen Throne zum Gericht, Throne des Hauses Davids!"[86] Damit wird ein heilvoller Zustand beschrieben: „שפט aber als heilvoller, gedeihlicher und guter Zustand aller Dinge umfängt das Gottesvolk in Jerusalem."[87]

Star, 282). Vgl. auch Ps 72; Sach 9,9f: „... already in the Old Testament the traditional Israelite royal ideology is being interpreted in „more peaceful way by the postexilic period" (ebd.).

[84] Übersetzung nach Holm-Nielsen, Psalmen Salomos, 102.

[85] S.u. Exkurs 2.

[86] „Zwei Fakten aber sind von besonderer Bedeutung bei der Betrachtung der Gottesstadt: das Richtamt der Davididen und das Heil, das in der festen Stadt alle Glieder Israels umfängt. In ihrem Richten sind die Könige der Dynastie Davids Repräsentanten und Statthalter des Richtens Jahwes (vgl. zu 5: Ps 9,8)." (Kraus, Psalmen, BKAT XV/ 2, 1020).

[87] Ebd.

Das κρίνω aus Mt 19,28* ist also am ehesten von der königlichen (Gesalbten-) Tradition her zu verstehen und meint ein heilvolles Regieren. Steht hinter dem Logion also – im Gefolge von Gerd Theißen – die Konzeption eines „Gruppenmessianismus"[88]? Zu dieser Begrifflichkeit ist zu bemerken, dass die Kollektivierung des königlichen Gesalbtenbegriffs nicht „automatisch" mit einer Kollektivierung der königlichen Herrscherfunktion verbunden ist.[89] Im Gegenteil: Die Kollektivierung des königlichen Gesalbtenbegriffs ist traditionell mit dem Verblassen oder gar dem Verlust der funktionellen Komponente – also der messianischen Herrschaft – verbunden.[90] Nach der Möglichkeit, einer Gruppe die eschatologische Herrschaft nach messianischem Vorbild übergeben zu können, muss also traditionsgeschichtlich noch dezidierter gefragt werden.

Exkurs 1: Beobachtungen zur Kollektivierung des Gesalbtenbegriffs zwischen dem 3. Jh. v.Chr. und dem 1. Jh. n.Chr.

Zwischen dem 3. Jahrhundert v.Chr. und dem 1. Jahrhundert n.Chr. kommt es bei dem Begriff „Gesalbter" zu einer Ausweitung des kollektiven Gebrauchs. Die relevanten Belege sind daraufhin zu sichten, welche eschatologischen Funktionen im Zusammenhang mit dem kollektivierten Gesalbtenbegriff erkennbar sind.

Die LXX-Fassung einiger Psalmen lässt erkennen, dass der Herrschaftsaspekt zumindest in der Diaspora bei einer verstärkten Kollektivierung des Gesalbtenbegriffs bewusst zurückgenommen wurde.

Aufschlussreich ist *Ps 88 LXX* (= Ps 89 MT). Im hebräischen Text wird das Gottesvolk in den Schlussversen mit dem königlichen Gesalbten identifiziert; allerdings nicht im Hinblick auf seine herrscherlichen Funktionen, sondern im Hinblick auf die Schmähung durch fremde Völker. In der LXX-Fassung ist nun zu beobachten, dass die herrscherlichen Symbole in V 40 (Diadem) und V 45 (Zepter) durch Heiligtums- und Reinigungsmotive (ἁγίασμα, καθαρισμός) ersetzt werden. Dadurch wird „ein kollektives Gesalbtenverständnis nicht erst wie in der hebräischen Tradition über die sukzessive klagende Aneignung herrscherlicher Gesalbtentradition bis vv. 51f. erreicht ..., sondern im Psalmteil der vv. 39–51 von vornherein vorausgesetzt ..."[91] Das aber heißt für die Frage der Kollektivierung herrscherli-

---

[88] Theißen, Gruppenmessianismus, 256.
[89] Diesem Ergebnis schließt sich Theißen in der überarbeiteten Fassung seines Aufsatzes „Gruppenmessianismus" an (276).
[90] Vgl. Exkurs 1.
[91] Karrer, Der Gesalbte, 230.

cher Funktionen: Um das kollektivierte Gesalbtenverständnis zu verstärken, werden gerade die herrscherlichen Elemente ersetzt. Sie wurden also offensichtlich für das kollektive Verständnis als störend empfunden. Die verstärkte kollektive Aneignung des Gesalbtenbegriffs führt hier also dezidiert *nicht* zu einer kollektiven Herrschaftsfunktion.

In *Ps 131 LXX* (= Ps 132 MT) lässt sich Ähnliches beobachten. Zur Erinnerung: In Ps 132,17f MT lag der einzige Beleg dafür vor, dass dem gesalbten Gottesvolk eventuell Herrschaft in Aussicht gestellt wird („Krone"). In der LXX-Fassung erhält der Psalm eine Überschrift (V 1a), die ihn als Wallfahrtslied kennzeichnet.[92] V 10 ist nun derart auf diese Überschrift zu beziehen, dass mit der Bitte, Gott möge seinen Gesalbten nicht abweisen, das wallfahrende Gottesvolk gemeint ist.[93] Besonders interessant sind vor diesem Hintergrund wiederum die Schlussverse. Dort heißt es in V 17, dass Gott David ein Horn sprossen lassen will und dass er seinem Gesalbten eine Leuchte bereitet. Gegenüber dem MT fällt auf, dass die LXX in V 18b das Kronmotiv durch ἁγίασμα ersetzt. Gerade dieses Motiv passt aber eigentlich sehr gut zur Vorstellung, dass Gott David ein Horn sprossen lassen wird (V 17a). Der Austausch ist m.E. nur dann zu erklären, wenn man den Gesalbten in V 17b – und folgerichtig auch V 18 – auf das Gottesvolk bezieht. V 18a blickt auf die Feinde, die in Zukunft in Schande gekleidet sein werden. Darin klingt die gegenwärtige Schmähung des Gottesvolkes durch die Feinde an. Es ergibt sich also eine Parallele zu Ps 88 LXX: Die Kollektivierung des Gesalbtenbegriffs führt dazu, dass herrscherliche Elemente ersetzt werden. An ihre Stelle tritt das Heiligkeitsmotiv. Das Gottesvolk als Gesalbter hat in der Gegenwart unter der Schmähung durch seine Feinde zu leiden. Ps 131 LXX erwartet damit für die Zukunft einen individuell-davidischen Herrscher (V 17a) und ein geheiligtes, gesalbtes Gottesvolk, das nicht länger unter den Feinden zu leiden hat, sondern eben diese Feinde in Schande sehen wird (VV 17b.18). Die Herrschaft kommt dem gesalbten Gottesvolk nicht zu.[94]

---

[92] Dabei handelt es sich wohl um eine übersetzerische Redaktion (a.a.O., 235).

[93] Ebd.

[94] Die enge Verbindung von Salbung und Heiligung des Gottesvolkes ist auch andernorts belegt, und zwar ganz ohne Bezug auf herrscherliche Elemente. So legt Philo in QuaestEx 30–35 (bes. 33) den Blutbesprengungsakt aus Ex 24,6.8 als Salbungsakt aus. „Ein Teil des Blutes diente demnach als heiliges Opfer für Gott und ein Teil als heilige Salbung (χρῖσμα) anstelle von Öl zur Heiligkeit, vollkommenen Reinheit und spirituellen Erleuchtung des Volkes ..." (Karrer, Der Gesalbte, 182). Das Volk soll dadurch „an der durch einen sakralen Salbungsakt vermittelten Gottnähe teilhaben" (a.a.O., 181). Im ägyptischen Judenaufstand (115–117 n.Chr.) wird Lukuas von Kyrene als „König eines gottgesalbten Volkes" bezeichnet (a.a.O., 234). Unsere bisherigen Ausführungen haben gezeigt, dass von solch einer kollektiven Salbung nicht ohne weiteres auf kollektive Herrschaft geschlossen werden darf.

Anders Karrer; er bezieht den Schluss des Psalms insgesamt auf eine Einzelgestalt und zieht den gesamten Psalm als Beleg für folgende These heran: Es tritt „die zeitüberspannende Überzeugung hervor, Gott habe in der Vergangenheit durch Einzelgesalbte gehandelt, er würdige gegenwärtig sein Volk kollektiv als Gottgesalbte [V 10], und er könne eingedenk seiner Verheißungen seine Kabod und seine Heiligkeit schließlich wieder auf einen Einzelgesalbten ausrichten."[95] Unbeschadet dieser generellen These scheinen mir die Dinge in Ps 131 LXX aus den oben genannten Gründen anders zu liegen. Die „Übersetzung" von „Krone" mit „Heiligkeit" ist m.E. ein deutliches Indiz dafür, dass am Schluss des Psalms das Gottesvolk als Gesalbter in den Blick kommt, aber eben nicht als herrschendes, sondern als geheiligtes.

In *Hab 3,13* MT liegt ein synthetischer Parallelismus vor. In der griechischen Textüberlieferung gibt es nun deutliche Anzeichen dafür, dass die LXX den Parallelismus synonym verstanden hat[96], so dass das bedrängte Gottesvolk als Gesalbter bezeichnet wird. Ihm soll Gott zu Hilfe kommen.[97] Dieses Volk ist gesalbt, von einer Herrschaftsfunktion erfahren wir jedoch nichts.[98]

Wenden wir uns nun dem palästinischen Raum zu:
Mit SibOr 5,60–72 und äthHen 48,10 sind uns zwei weitere Belege für die Kollektivierung des Gesalbtenbegriffes überliefert. Sie ziehen den Verfolgungsaspekt des gesalbten Gottesvolkes noch stärker aus als Ps 88 LXX und Ps 131 LXX.

In *SibOr 5,60–72* bezeichnet Gott die verfolgten Juden als ἐμοὶ παῖδες ϑεόχριστοι (V 68).

Interessant ist in diesem Zusammenhang JosAs 16. Asenat bekommt hier durch einen Engel eine Honigspeise überreicht, die u.a. die Salbe der Unverweslichkeit enthält (χρῖσμα αφϑαρσίας). Vielleicht lässt sich diese Aussage so deuten, dass Asenat des jüdischen Gottgesalbtseins teilhaftig wird (a.a.O., 232). Dieser Akt des Engels „verleiht eine neue Hoheit und Gottnähe, die alles Irdische überragt" (ebd.). Salbung wäre dann mit einer Statuserhöhung verbunden, die allerdings nicht auf eine Herrschaftsfunktion, sondern auf Gottnähe hin interpretiert wird.

[95] A.a.O., 234f.

[96] Die Texthauptüberlieferung liest τοὺς χριστούς (vgl. LXX z.St.). Die ebenfalls bezeugte Singularvariante ist wohl ebenfalls kollektiv zu verstehen, da Barb τοὺς ἐκλεκτούς σου einsetzen kann (Karrer, Der Gesalbte, 230).

[97] Rudolph führt „dogmatische Gründe" für die Kollektivierung an: „... da man unter dem *MESSIAH* den Messias verstand und dieser mit göttlicher Vollmacht in den Kampf zieht, bedurfte er keiner Hilfe" (Habakuk, KAT, 237). Rudolph argumentiert also sehr stark von einer individuellherrscherlichen Messiaserwartung her, die aufgrund neuerer Forschungsergebnisse kritisch zu hinterfragen ist. Aber selbst wenn Rudolph an diesem Punkt Recht haben sollte, leuchtet mir nicht ein, warum die Vorstellung, dass der Messias göttlicher (!) Hilfe bedarf, anstößig gewesen sein soll.

[98] Karrer, Der Gesalbte, 229.

Der Text ist wohl an den Anfang des zweiten nachchristlichen Jahrhunderts zu datieren. Aber „daß θεόχριστοι hier im Gotteswort stehenbleibt und nicht syntaktisch zu χριστοί (o.ä.) verkürzt wird, verrät: Es ist schon stereotypisierte, im Autoren- und Adressatenbewußtsein fest verankerte Wendung. Daher wird man für die Wortbildung ins 1. Jh. n.Chr. zurückgehen müssen."[99]

Von einer (gegenwärtigen oder zukünftigen) Herrschaft der Juden ist keine Rede. Das Gottgesalbt-Sein ist wohl eher im Sinne einer „Salbungssakralität"[100] zu verstehen.

In *äthHen 48,10* ist in direktem Anschluss an die Aussage der aktiven Teilnahme der Gerechten am Gericht in 48,9 davon die Rede, dass die Könige und Mächtigen vor den Gerechten niederfallen. Niemand wird ihnen aufhelfen, denn sie haben den Herrn der Geister und seinen Gesalbten verleugnet. Karrer hat überzeugend nachgewiesen, dass der Titel „Gesalbter" hier – anders als in 52,4 – kollektiv zu verstehen ist. „Denn als Individuum erschien in Kap. 47f. neben Gott (dem Herrn der Geister) nur der Menschensohn, der keineswegs verleugnet wird, vielmehr ... laut v.7 als Rächer für das Leben der Gerechten auftreten wird."[101] Während der Gesalbtentitel in 52,4 individuell bezogen und auf Herrschaft hin explizit wird, steht hier also die Verleugnung der Gerechten im Mittelpunkt. Ihnen wird, obwohl sie kollektiv als Gesalbter bezeichnet werden, keine Herrschaftsfunktion zuerkannt.

Dieses Ergebnis ist umso bemerkenswerter, als in den Bilderreden eigentlich zunächst alles in Richtung einer kollektiven Herrschaftszusage mit Salbungsterminologie zu deuten scheint. Denn:

1) Bekanntlich sind die Bilderreden literarisch von Dan 7 abhängig.[102] Der Menschensohn-Ähnliche in Dan 7 ist vom Kollektiv des Volkes Israel her zu verstehen. Beiden kommt eschatologische Herrschaft zu (Dan 7,14.18.27). Die Bilderreden interpretieren nun den Menschensohn-Ähnlichen um, indem sie ihn als individuelle Heilsgestalt auffassen, die als Menschensohn, Gesalbter und Auserwählter bezeichnet werden kann. Wenn aber der Menschensohn in den Bilderreden auch als Gesalbter bezeichnet werden kann, dann wäre eigentlich zu erwarten, dass auch das Gottesvolk mittels Salbungsterminologie als Herrschaftskollektiv bezeichnet wird.

2) Die Vorstellung vom Gottesvolk als Herrschaftskollektiv würde sich gut in die Gesamtkonzeption der Bilderreden fügen. Denn die Bilderreden sind geprägt von der Überzeugung, dass es eine verborgene himmlische

---

[99] A.a.O., 231.
[100] Ebd.
[101] Karrer, Der Gesalbte, 240f.
[102] Theisohn, Richter, 202.

Welt gibt, in der die Machtstrukturen umgekehrt worden sind.[103] Der
Menschensohn/ Gesalbte/ Auserwählte ist das himmlische Gegenüber zu
den Gerechten auf Erden, die er repräsentiert: Während die Gerechten
unterdrückt werden, sitzt er auf einem Thron.[104] Beide Aspekte könnten
auf eine eschatologische Herrschaftsfunktion des Gottesvolkes (mit Salbungsterminologie) zulaufen: Die Beschreibung einer himmlisch-
verborgenen Welt, in der die Machtstrukturen umgekehrt sind, birgt
herrschaftskritisches Potential. In Dan 7 und 4Q 246 (eingeschränkt
auch in 1QM) wird diese Kritik an den irdischen Herrschern dahingehend zugespitzt, dass dem Volk Israel die eschatologische Herrschaftsübernahme angekündigt wird. Daher wäre auch für die Bilderreden zu
erwarten, dass dem Gottesvolk eschatologische Herrschaft zugesprochen
wird – in Analogie zum Gesalbten/ Menschensohn/ Auserwählten. In
der Gegenwart könnte sich diese Herrschaftsübernahme dadurch andeuten, dass der Gesalbte/ Menschensohn/ Auserwählte als himmlischer
Repräsentant der Gerechten auf seinem Thron bereits herrscht.

Aber wir haben gesehen, dass die Bilderreden nicht zu diesen Aussagen
vorstoßen. Erst in einer wahrscheinlich sekundären Hinzufügung (52,4)[105]
wird der Gesalbtenbegriff überhaupt auf Herrschaft hin expliziert[106] – und
zwar individuell! Bei der Kollektivierung wird nicht die Herrschaft,
sondern die Verfolgungssituation herausgestrichen. Die Bilderreden bieten
damit keine Brücke zur Aussage einer Herrschaft der Gerechten. Dieses
Ergebnis zeigt, dass die Herrschaftskomponente bei der Gesalbtenbegrifflichkeit gerade im kollektiven Gebrauch stark zurücktrat und keineswegs

---

[103] Collins, Son of Man, 448–466.
[104] Collins, Representative, 111–133.
[105] Karrer, Der Gesalbte, 241.
[106] ÄthHen 62,2 nimmt ebenfalls Gesalbtenbegrifflichkeit auf (vgl. Jes 11,4). Hier wird allerdings nicht die Herrschafts-, sondern die Gerichts- und Vernichtungsfunktion des Erwählten beschrieben. Ganz ähnlich verfährt der 4Esra. In 12,32–34 wird beschrieben, dass der Gesalbte davidischer Abstammung die Ungerechten richten und vernichten, die Gerechten hingegen, den „Rest
des Volkes" (12,34), erlösen und erfreuen wird. Der Menschensohn wird also mit dem Gesalbten
davidischer Abstammung gleichgesetzt. In funktionaler Hinsicht wird diese Titulatur einerseits auf
das (Vernichtungs-) Gericht der Gottlosen hin und andererseits auf das Erfreuen der Treuen hin
expliziert. Von einer messianischen Herrschaft hingegen ist nicht die Rede. Das gilt für den gesamten 4Esra. „Kingship nowhere figures in the concept of the Messiah." (Stone, Features, 131f)
Die davidische Abstammung ist "a traditional element and not at all central to the concepts of the
book" (a.a.O., 131f). Besonders deutlich wird dies in der Schilderung des messianischen Zwischenreiches in 7,28ff. Weder dem Gesalbten noch den Menschen, die das Zwischenreich erleben werden, wird eine Funktion zugesprochen (anders als in Offb 20,4–6!, dazu s.u. unter 3.4.3.). Von den
Menschen heißt es lediglich: „Sie werden sich freuen." (vgl. 12,34). Auch der individuelle
Gebrauch der Gesalbtenbegrifflichkeit führt also nicht zwangsläufig zu Herrschaftsaussagen –
selbst in Verbindung mit davidischer Tradition!

„zwangsläufig" zu kollektiven Herrschaftsaussagen führte. Näher lag die gedankliche Verbindung mit der bedrohlichen Situation des Gottesvolkes.

Es bleiben noch zwei Gesalbten-Belege zu besprechen, die deshalb besonders interessant sind, weil wir ihre Überlieferung im palästinischen Raum und in der Diaspora miteinander vergleichen können.
In *1Sam 2,10* übersetzt die LXX:
καὶ δίδωσιν ἰσχὺν τοῖς βασιλεῦσιν ἡμῶν
καὶ ὑψώσει κέρας χριστοῦ αὐτοῦ.
Die LXX setzt also statt des Singulars den Plural τοῖς βασιλεῦσιν, so dass nun die Könige (Plural) parallel zu dem Gesalbten (Singular) zu stehen kommen. Außerdem nutzen die Übersetzer „den Zwang, die hebräische Schwebe der Syntax zwischen Imperfekt (griechisch: Präsens, Futur) und Jussiv auflösen zu müssen"[107]. Beide Aspekte legen die synthetische Deutung des Parallelismus nahe: Der Herr gibt gegenwärtig unseren Königen Stärke und erhöht zukünftig das Horn seines Gesalbten. Damit wird 1Sam 2,10 LXX zum Beleg für eine futurisch-herrscherliche Gesalbtenerwartung. Vielleicht hat man in den beiden Jahrhunderten um Christi Geburt auch den MT als synthetischen Parallelismus verstanden.[108]

Karrer erwägt zudem, ob der Gesalbte kollektiv auf das Volk bezogen wurde, so dass zu deuten wäre: „der Herr gebe Macht ‚unseren Königen' (in der Diaspora wie in Judäa) und werde in Fortführung dieses seines Tuns das Horn ‚seines Gesalbten' = seines heiligen Volkes erhöhen"[109]. Dieses kollektive Verständnis könnte erklären, warum Anklänge an den Hanna-Psalm im kollektiv orientierten Magnifikat erscheinen[110], wenn auch die „entscheidende positive Evidenz fehlt"[111]. Wichtig ist aber die Feststellung: Wenn Lk 1,46–55 den alttestamentlichen Text wirklich kollektiv verstanden hat, dann fällt auf, dass der Herrschaftsaspekt aus 1Sam 2,10 in Lk 1,54f keine Rolle gespielt hat. Denn zwar ist in Lk 1,52 davon die Rede, dass Gott die Niedrigen erhöht hat. Die kollektiv bezogenen Verse 54f thematisieren aber keine Herrschaft Israels. Selbst wenn Lk 1,54f also auf ein kollektives Verständnis von 1Sam 2,10 hinweist, so rezipiert es nicht den Aspekt kollektiver Herrschaft. Aus dem „Horn des Gesalbten" wird das „Horn unserer Rettung" (Lk 1,69). Das Volk erscheint also einmal mehr in der Rolle des Schutzbedürftigen.

---

[107] Karrer, Der Gesalbte, 120.
[108] A.a.O., 237.
[109] Ebd.
[110] A.a.O., 238.
[111] Ebd.

Im Zeitraum zwischen dem 3. Jahrhundert vor und dem 1. Jahrhundert n.Chr. stoßen wir also auf ein bemerkenswertes Phänomen: „Der Gesalbte" wird zunehmend kollektiv gebraucht. Das bedeutet aber nicht, dass dem Gottesvolk vermehrt die Herrschaft in Aussicht gestellt wird. Das Verhältnis von Salbung und Herrschaft ist vielmehr differenziert zu beschreiben:

In Ps 88 und 131 LXX werden herrschaftliche Elemente ersetzt, um den kollektiven Bezug des Gesalbtentitels zu verstärken. An diesen Stellen impliziert die Kollektivierung also keine Übertragung von herrschaftlichen Funktionen. Im Blick ist vielmehr die Verfolgung des Gottesvolkes. Ähnliches ist auch im palästinischen Raum zu beobachten: Kollektive Salbung verbindet sich nicht primär mit Herrschaft, sondern mit Schutz in Bedrängnis (äthHen 48,10; 4QFlor I).

Ein königskritischer Ton, der anklingen ließe, dass nicht dem eigenen König, sondern dem ganzen Volk die Macht zustehe, ist bei keinem der gesichteten Belegen zu vernehmen. Die Funktionszuschreibungen bleiben insgesamt spärlich und blass. Die Überlieferung vermittelt den Eindruck, dass Funktionszusagen bei der Kollektivierung königlich-gesalbter Tradition in der Regel verblassten oder sogar bewusst gemieden wurden, während sie sich mit der Erwartung eines individuellen Gesalbten in aller Deutlichkeit verbinden konnten. Das gesalbte Gottesvolk trat damit nicht in Konkurrenz zur Erwartung eines individuellen Gesalbten, denn „Salbung" bedeutete in beiden Fällen etwas sehr Unterschiedliches.

Exkurs 2: Bedeutungs- und Übersetzungsmöglichkeiten von κρίνω

Dem griechischen κρίνω entspricht weitgehend das hebräische שפט. „Die Septuaginta übersetzen mit κρίνειν weit überwiegend Worte der Rechtssprache, vor allem שפט, seltener דין und ריב. κρίνειν bezeichnet demgemäß das Richten und das gerade auch dann, wenn es dem Bedrängten Rettung, Heil verschafft, z.B. ψ 71,2 ..."[112] Nun kann שפט sowohl „herrschen" als auch „richten" bedeuten.[113] Dem entspricht auf historischer Ebene, „dass in Israel Richter herrschten und Könige richteten"[114]. „Vielleicht am deutlichsten tritt das Verhältnis des Richtens zum Herrschen 1S 8 entgegen, wo das Volk sich dadurch von den ungerecht richtenden Samuelsöhnen befreien will, daß es Samuel um die Einsetzung eines Königs bittet.

---

[112] Büchsel, Art. κρίνω, 921.
[113] Niehr, Herrschen, 124–126 u.ö. (vgl. schon den Titel); Herntrich, Art. κρίνω, 922. In Ri 10,2.3; 12,7–15; 3,10; 4,4; 15,20; 16,31; 1Sam 4,18; 7,15; 2Kön 23,22; Rut 1,1 sei keine forensische Konnotation des Verbs שפט auszumachen (Niehr, Art. שפט, Sp. 417).
[114] Luz, Mt, EKK I/3, 129 Anm. 71; vgl. dazu Kraus, Psalmen, BKAT XV/2, 1018f.

8,20 heißt es ausdrücklich: ‚Unser König soll uns richten' – das Recht-Schaffen ist also eine Seite des Königsamtes."[115] Aufgrund der engen Beziehung von κρίνω und שׁפט wird in der Forschung mehrheitlich angenommen, dass κρίνω im biblischen Sprachgebrauch grundsätzlich ebenfalls sowohl „richten" als auch „regieren" bedeuten könne.[116] Den weiteren Sinn von „herrschen" habe κρίνω etwa in „4Kö 15,5; Ps 2,10; 1Makk 9,73; PsSal 17,29"[117] und in „Ri 3,10; 4,4 u.ö.; 1Kö 4,18"[118]. Luz weist diese Belegstellen kategorisch zurück: „Daß κρίνω ‚herrschen' heißen könne, ist ein philologisches Märchen [sic!], das sich zwar seit seinem vermutlichen Ersterzähler H. Grotius geradezu universaler Verbreitung erfreut, aber trotzdem eindeutig falsch ist. Es basiert auf einer Verwechslung der *historischen* Tatsache, daß in Israel Richter herrschten und Könige richteten, mit der *semantischen* Bedeutung von κρίνω."[119] Da weder Bauer-Aland noch Luz ihre Ansicht anhand der angeführten Belege begründen, sollen sie genauer betrachtet werden:

– In 4Βασ 15,5 (= 2Kön) ist von Jotham die Rede, dem „Sohn des Königs, [der] dem Palast vorstand und dem Volk des Landes Recht sprach" (υἱὸς τοῦ βασιλέως ἐπὶ τῷ οἴκῳ κρίνων τὸν λαὸν τῆς γῆς). Bauer-Aland sehen hier wohl eine königliche Herrschaftstätigkeit angezeigt, die sich nicht auf eine forensische Gerichtsvollmacht beschränkt. In der Tat ist der Kontext nicht forensisch geprägt.
– Ps 2,10 stellt die Könige und diejenigen, die richten, nebeneinander: καὶ νῦν, βασιλεῖς, σύνετε· παιδεύθητε, πάντες οἱ κρίνοντες τὴν γῆν. Möglicherweise wird hier zweimal dieselbe Personengruppe angesprochen, so dass mit dem Richten wiederum die Tätigkeit des Königs umfassend ausgedrückt werden soll.
– 1Makk 9,73 beschreibt die Zeit, nachdem „das Schwert in Israel ruhte" (1Makk 9,72). In dieser Zeit begann Jonathan, „dem Volke Recht zu sprechen und er entfernte die Gottlosen aus Israel" (καὶ ἤρξατο Ιωναθαν κρίνειν τὸν λαὸν καὶ ἠφάνισεν τοὺς ἀσεβεῖς ἐξ Ισραηλ V 73). Hier scheint mir wichtig, dass die Richtertätigkeit heilvoll für das Volk Israel ist. Die Kämpfe sind vorbei (V 72). Allerdings handelt es sich um ein Straf-, ja um ein Vernichtungsgericht an den Gottlosen des Volkes. Ich halte 1Makk 9,73 daher nicht für einen stichhaltigen Beleg, um zu zeigen, dass κρίνω auch „herrschen" bedeuten kann.
– PsSal 17,29 handelt von dem Gesalbten: κρινεῖ λαοὺς καὶ ἔθνη ἐν σοφίᾳ δικαιοσύνης αὐτοῦ.

---

[115] Herntrich, Art. κρίνω, 922.
[116] Z.B. Büchsel, Art. κρίνω, 921; Herntrich, Art. κρίνω, 922; Bauer-Aland, Art. κρίνω, Sp. 918; Zahn, Mt, KNT, 604f; Dupont, Logion, 371; Reiser, Gerichtspredigt, 123.248; Theißen, Gruppenmessianismus, 267 samt Anm. 11 und 12; Tödt, Menschensohn, 57f; Pesch, Lohngedanke, 74. Im allgemein-griechischen Sprachgebrauch hingegen bedeutet κρίνω nur „richten" (Büchsel, Art. κρίνω, 921).
[117] Bauer-Aland, Art. κρίνω, Sp. 918; Hervorhebung im Original.
[118] Büchsel, Art. κρίνω, 921.
[119] Luz, Mt, EKK I/ 3, 129 samt Anm. 71; Hervorhebungen im Original.

- Ri 3,10 sagt von Othniel: καὶ ἐγένετο ἐπ᾽ αὐτὸν πνεῦμα κυρίου, καὶ ἔκρινεν τὸν Ἰσραηλ. Büchsel deutet diese Tätigkeit nicht nur im forensischen Sinn, sondern als umfassendes Herrschen. Noch im selben Vers ist davon die Rede, dass Othniel in den Kampf zieht. Insofern scheint es mir gerechtfertigt, die Bedeutung des κρίνειν hier weit zu fassen.

- Ri 4,4 handelt von Deborah: Καὶ Δεββωρα γυνὴ προφῆτις γυνὴ Λαφιδωθ, αὐτὴ ἔκρινεν τὸν Ἰσραηλ ἐν τῷ καιρῷ ἐκείνῳ. In 4,5 wird diese Tätigkeit zunächst speziell auf das Recht Sprechen bezogen. Insofern scheint mir nicht sicher, ob κρίνειν hier wirklich weiter gefasst werden sollte. Allerdings ist dann davon die Rede, dass Deborah Barak rufen lässt und ihm Gottes Botschaft übermittelt. Fällt diese Tätigkeit auch noch unter das κρίνειν?

- 1Sam 4,18 fasst die Tätigkeit des Richters Eli mit den Worten zusammen: καὶ αὐτὸς ἔκρινεν τὸν Ἰσραηλ εἴκοσι ἔτη. Hier ist gut möglich, dass mehr als nur seine forensische Rechtsprechung gemeint ist.

Was ergibt diese Durchsicht? M.E. lässt sie eine gewisse methodische Unschärfe erkennen, die die Diskussion um κρίνω prägt. Denn drei Fragen werden m.e. nicht deutlich genug unterschieden:

1) Kann κρίνω auch eine heilvolle Gerichtstätigkeit beschreiben?
2) Kann κρίνω *mehr* als nur eine Gerichtstätigkeit beschreiben?

Unklar bleibt auch, welcher dieser beiden Fragen das Übersetzungsproblem (richten oder herrschen) zugeordnet wird:

3) Entspricht die heilvolle Gerichtstätigkeit schon der Herrschaft? Oder ist erst dann mit „herrschen" zu übersetzen, wenn eindeutig *mehr* als nur eine (strafende oder heilvolle) Gerichtstätigkeit gemeint ist?

Diese Konfusion zeigt sich deutlich in dem von Zahn vorgebrachten Argument, nach dem κρίνω in Mt 19,28* mit „regieren" zu übersetzen sei, denn es gehe ja um eine Verheißung, und die Aussicht, dass die Zwölf die Israeliten aburteilen, d.h. ganz überwiegend verdammen, könne für sie kein Vorzug gewesen sein.[120] Die Möglichkeit eines heilvollen Gerichts kommt hier gar nicht in den Blick. Zahn erwägt nur die Alternative: „Verdammungsgericht oder Herrschaft". Diese Alternative wird dem biblischen Sprachgebrauch m.E. aber nicht gerecht.

Es kann im Rahmen dieser Arbeit nicht darum gehen, das Problem der Bedeutungs- und Übersetzungsmöglichkeiten von κρίνω umfassend zu behandeln. Im Blick auf die Erwartung von eschatologischem Heil als Machtausübung scheinen mir aber folgende Beobachtungen relevant:

1) κρίνω kann eine *heilvolle* Tätigkeit beschreiben (vgl. Ps 72; PsSal 17,26ff). Über die Frage der angemessensten Übersetzung ist damit noch nicht entschieden.

---

[120] Zahn, Mt, KNT, 604f; vgl. Dupont, Logion, 371 Anm. 3.

2) In Weish 3,8 beschreiben κρίνω und κρατέω m.E. synonym die Tätigkeit der Gerechten. Denn erst V 8c setzt eine zeitliche Zäsur: Gott wird
ewig über die Gerechten herrschen (βασιλεύσει). In Weish 3,8 impliziert κρίνω also einen Herrschaftsaspekt (κρατέω), der allerdings keine
heilvolle Herrschaft meint.

In SibOr III 782 werden Herr- und Richterschaft ebenfalls eng zusam-
mengerückt: αὐτοὶ γὰρ κριταί εἰσι βροτῶν βασιλεῖς τε δίκαιοι. Hier
überbieten beide Tätigkeiten den Krieg: „Aber das Schwert entfernen
des großen Gottes Propheten; denn sie selbst sind Richter, der Menschen
gerechte Beherrscher."[121]

Bemerkenswert ist auch SibOr III 286–290: „Ja, dann wird Gott vom
Himmel herab einen König dir senden, der wird jeglichen Mann im Blut
und Feuerglanz richten. Sein wird dann ein Königshaus, dessen Stamm
wird unversehrt bleiben; dies wird im Umschwung der Zeiten bestimmt
zur Herrschaft gelangen und anfangen, dem Herrn einen neuen Tempel
zu bauen."[122] Der König wird also richten, der königliche Stamm herrschen. Beides steht wiederum parallel.[123]

3) Gericht und Herrschaft werden in Dan 7 zeitlich deutlich voneinander
getrennt: Das Gericht bezieht sich auf die Zeit der *Durchsetzung* des
Heils: Dem letzten widergöttlichen König wird die Macht genommen
werden, er wird endgültig zerstört und vernichtet (7,26). Die anschließende Herrschaft des Volkes der Heiligen des Höchsten hingegen wird
ewig sein. Sie beschreibt die Zeit des *vollendeten* Heils.

Wie man diese verschiedenen Bedeutungsaspekte in der deutschen Übersetzung wiedergibt, ist ein nachgeordnetes Problem, das aber durch die Alternative „nur richten oder auch herrschen" verkürzt wird. Wichtig scheint mir
jedenfalls, folgende Fragen zu berücksichtigen: Geht es um die Zeit der
Durchsetzung des Heils (gegen die fremden Völker o.ä.) oder um die Zeit

---

[121] Übersetzung nach Kurfeß/ Gauger, Sibyllinische Weissagungen, 108. Zum eschatologischen
Kontext vgl. III 767ff: „Und dann wird er ein Reich für ewige Zeiten errichten unter den From-
men..." Merkel (Sibyllinen, 1107) übersetzt (aus Versehen?): „Das Schwert aber werden die Propheten des großen Gottes wegnehmen; denn sie selbst werden Richter der Sterblichen und *gerechten (!)* Könige sein." Nach dieser Übersetzung werden die Propheten über die gerechten Könige
(heilvoll?) richten. Der griechische Nominativ βασιλεῖς τε δίκαιοι lässt diese Übersetzung aber
nicht zu. Entweder liegt also ein Versehen vor, oder Merkel legt eine abweichende griechische
Fassung zugrunde (dort nicht vermerkt).

[122] Übersetzung nach Kurfeß/ Gauger, Sibyllinische Weissagungen, 81.

[123] Liegt hier auch ein Beleg für die eschatologische Herrschaft des „königlichen" Stammes
vor? Das ist zunächst – mit Collins – zu verneinen: „This, of course, follows the historical account
of the restoration after the Babylonian exile and is not eschatological." (Collins, Oracles, 36).
Immerhin schwingt aber offenbar eine eschatologische Note mit: „However, it brings a period of
history to a definitive end. The pattern of events is very similar to what recurs at the end of the
final period of history." (ebd.; gefolgt von Merkel, Sibyllinen, 1062).

des vollendeten Heils? Ist das Verhältnis zwischen den Subjekten und den Objekten der Tätigkeit ein freundschaftliches oder ein feindschaftliches? Für wen ist die Herrschafts- oder Gerichtstätigkeit heilvoll, für wen bedeutet sie Strafe oder gar Vernichtung?

Für Mt 19,28* ergeben sich damit folgende Schlussfolgerungen:

– Es geht um eine für Israel heilvolle Tätigkeit.

– Es geht nicht um die Zeit der Durchsetzung der βασιλεία, sondern um die Zeit der vollendeten βασιλεία: Die zwölf Stämme sind versammelt.

– Darüber, ob „nur" eine Gerichtstätigkeit oder auch eine darüber hinausgehende Herrschertätigkeit avisiert ist, sagt das Logion selbst nichts. Sollte die hier vorgetragene traditionsgeschichtliche Herleitung des Logions Richtiges sehen, dann spräche das aber dafür, κρίνω im Sinne einer umfassenden Herrschaft – nach dem Vorbild der 12 Phylarchen – zu verstehen.

2.2.5. Die Tradition der 12 Phylarchen

Bei der Frage der traditionsgeschichtlichen Verortung von Mt 19,28* wird m.E. das Motiv der zwölf Stämme und der ihnen zugeordneten zwölf Throne nicht ausreichend gewürdigt. Im Blick auf die zwölf Stämme ist das schon deutlich geworden: Das Motiv impliziert eine *Heils*vorstellung, die mit einem *Straf*gericht der Gerechten über das eigene Volk unvereinbar ist. Bei der traditionsgeschichtlichen Verortung der in Mt 19,28* zugrunde liegenden Herrschaftsvorstellung ist außerdem zu berücksichtigen, dass nicht eine beliebige Gruppe, sondern eben die Zwölf zu eschatologischen Herrschern eingesetzt werden.

Diese These ist an der Verkündigung des historischen Jesus zu überprüfen: Setzt er noch andere Gruppen als eschatologische Herrscher ein?[124] Eine explizite Funktionsübertragung mit einer Inthronisationszusage findet sich nur in Mt 19,28* und damit exklusiv im Zusammenhang mit dem Zwölferkreis. Finden sich aber vielleicht noch andere Formulierungen, die sachlich einer bestimmten Gruppe die Herrschaftsfunktion in der βασιλεία zusprechen wollen?

Zu prüfen ist hier zunächst die mehrfach auftauchende Formulierung mit den Elementen βασιλεία, Genitiv, ἐστίν (vgl. ὅτι ὑμετέρα ἐστὶν ἡ βασιλεία τοῦ θεοῦ, Lk 6,20, bezogen auf die Armen; τῶν γὰρ τοιούτων ἐστὶν ἡ βασιλεία τοῦ θεοῦ, Mk 10,14, bezogen auf die Kinder). Werden

---

[124] So Theißen, Gruppenmessianismus.

mit diesen Logien die Armen und die Kinder ähnlich wie die Zwölf zu eschatologischen Regenten eingesetzt? Wohl kaum. Denn die Seligpreisungen
scheinen in der Formulierung sehr genau zu differenzieren. Betrachtet man
die drei Seligpreisungen, die in der Regel dem historischen Jesus zugeschrieben werden (der Armen, der Hungernden, der Weinenden)[125], so fällt
auf, dass die erste präsentisch mit εἶναι formuliert ist, während die anderen
beiden eine Verbform im Futur bieten. Will man die erste Seligpreisung im
Sinne von „denn ihr habt Anteil an der Gottesherrschaft" = „denn ihr
herrscht" verstehen, so wäre in Analogie zu den folgenden Formulierungen
zu erwarten: „Selig ihr Armen, denn ihr werdet herrschen." Diese Aussage
würde sich auch gut zu Mt 19,28* fügen: In beiden Fällen würde einer bestimmten Gruppe eine Herrschaftsfunktion zugesprochen. Aber die erste
Seligpreisung formuliert stattdessen: ὅτι ὑμετέρα ἐστὶν ἡ βασιλεία τοῦ
θεοῦ. An die Stelle einer futurischen Zusage mit einem Vollverb tritt eine
präsentische Zusage mit einem Hilfsverb. Damit legt sich die Vermutung
nahe, dass die Zusage der βασιλεία nicht auf eine zukünftige aktive Herrschaftsausübung zielt, sondern die βασιλεία als Heilsgut zugesprochen
wird, ohne dass sich daraus für die Adressaten eine Herrschaftsfunktion
ableiten lässt.[126] Sie werden in der βασιλεία nicht herrschen, sondern satt
werden und lachen.[127]

Wenn diese Differenzierung Richtiges trifft, hat das Konsequenzen für
die Interpretation von Mk 10,14. Hier heißt es von den Kindern: τῶν γὰρ
τοιούτων ἐστὶν ἡ βασιλεία τοῦ θεοῦ. Wie in Lk 6,20Q steht ἡ βασιλεία

---

[125] Vgl. z.B. Becker, Jesus, 196–198; Luz, Mt, EKK I/ 1, 200.

[126] Kleinknecht sieht in den Seligpreisungen den Beleg dafür, dass Jesus „offensichtlich Verheißungen, die in der apokalyptischen Linie der Tradition vom leidenden Gerechten den Gerechten
gelten, auf die Adressaten seiner Verkündigung" überträgt (Der Gerechtfertigte, 168). Die Seligpreisungen seien von TestJud 25,4 her zu verstehen. Diese traditionelle Herleitung scheint mir
problematisch. Denn in TestJud 25,4 ist von den „um des Herrn willen Armen" sowie von denen,
„die um des Herrn willen starben" die Rede. Armut, Hunger und Leid geschehen in den jesuanischen Seligpreisungen aber nicht „um des Herrn willen", sie „sind keine positiven Qualitäten"
(Theißen/ Merz, Jesus, 233). Ein Ausgleichsdenken, wie es u.a. für die Tradition vom leidenden
Gerechten typisch ist (vgl. äthHen 92–107), ist von den jesuanischen Makarismen fernzuhalten.
Die Adressaten „sind Objekte, denen unerwartet Gottes alles gut machendes Handeln zuteil wird,
aber die nicht Gottes alles ausgleichendes Weltregiment einsehen werden" (Becker, Jesus, 198).

[127] Theißen hat gegen diese Auslegung zu bedenken gegeben: „Aber kann mit dem Präsens
nicht auch der Anspruch auf Herrschaft gemeint sein?" (Gruppenmessianismus, 272 Anm. 25). Als
Beleg führt Theißen Jos Ant 8,4 an, wo Adonia „in Konkurrenz mit anderen mit den Worten:
βασιλείαν ... οὖσαν αὐτοῦ die Herrschaft für sich" beanspruche (ebd.). Nun soll gar nicht
geleugnet werden, dass die Formulierung mit den Elementen βασιλεία, Genitiv, ἐστίν prinzipiell
auch im Sinne einer Herrschaftsausübung gedeutet werden kann. Aber bei den Seligpreisungen
fällt doch auf, dass die Parallelität mit dieser Formulierung durchbrochen wird, obwohl sie sich
leicht hätte durchhalten lassen, wenn denn die eschatologische Mitherrschaft gemeint gewesen
wäre. M.E. deutet die Durchbrechung der Parallelität darauf hin, dass hier bewusst *nicht* auf die
Mitherrschaft abgehoben ist.

τοῦ θεοῦ in Verbindung mit ἐστίν und einer Personengruppe, die durch ein Pronomen im Genitiv angezeigt ist. In Analogie zur ersten Seligpreisung wird man interpretieren müssen: Die Kinder werden nicht herrschen, aber sie haben Anteil an der Gottesherrschaft, sie werden dabei sein. In die Nähe dieser Aussage gehören Logien, die davon sprechen, dass Gott die βασιλεία an bestimmte Leute übergibt (Lk 12,32; Mk 4,11): Diese Leute werden damit nicht als Herrscher designiert, sondern ihnen wird ein Heilsgut zugesprochen.

Dies gilt m.E. auch dann, wenn man Lk 12,32 traditionell von Dan 7,18.27 herleitet.[128] Für diese Herleitung spricht die ungewöhnliche Formulierung δοῦναι τὴν βασιλείαν, die nur in Dan 7 das endzeitliche Geschehen meint.[129] Hier ist jedoch zu beachten: Während in Dan 7 die Heiligen in eine Reihe mit den ehemaligen Herrschern gestellt werden, so dass die Übergabe des Reiches in der Tat eine Herrschaftsfunktion impliziert, gilt eben dies nicht für Lk 12,32. Auffällig ist auch, dass Lk 12,32 – anders als Dan 7,18.27 – präsentisch formuliert. Schon bei den Seligpreisungen hatten wir gesehen, dass die Zusage der βασιλεία im Gegensatz zu den anderen ursprünglichen Seligpreisungen präsentisch formuliert ist und wohl keine aktive Herrschaftsausübung meint. Ähnliches ist in Lk 12,32 zu vermuten. Der Erhalt der βασιλεία ist primär im Kontext der Verkündigung Jesu zu interpretieren, erst in zweiter Linie von der Tradition her.[130] Die „kleine Herde" erhält die βασιλεία als Heilsgut. Der Trost besteht darin, dass sie dabei sein werden.

Mk 4,11 handelt in der uns überkommenen Fassung von der Übergabe des „Geheimnisses des Reiches Gottes". Aber „das ‚Geheimnis der Gottesherrschaft' könnte ursprünglich die Sache selbst gewesen sein und nicht nur ihre Erkenntnis, zumal Mk von ihm im Singular spricht, beide Seitenreferenten jedoch im Plural"[131]. In welchem Sinn aber geht es um die Gottesherrschaft? Auch hier scheint mir die Annahme einer aktiven Herrschaft nicht ausreichend abgesichert.

Abschließend ist an dieser Stelle noch ein Logion zu berücksichtigen, dessen Aussage schwieriger zu bestimmen ist: Lk 17,20f. Die Zuordnung dieses Logions zum historischen Jesus ist unsicher. Dennoch soll untersucht werden, welche Bedeutung das Logion möglicherweise in diesem Zusammenhang hat.

Obwohl die Frage des Pharisäers in 17,20a lautet: „Wann kommt das Reich Gottes?", beschäftigt sich die Antwort Jesu mehr mit der Frage: *Wie* kommt es? Dann wird ausgeführt, wie es *nicht* kommt: Es kommt nicht μετὰ παρατηρήσεως, also nicht so, dass man es beobachten könnte. Diese Aussage wird in V 21a weiter ausgeführt: „Die Ausrufe ‚Siehe hier, siehe dort!' weisen ... auf den Messias selbst."[132] Positiv heißt es: „Denn sie-

---

[128] Zu möglichen redaktionellen Eingriffen in Lk 12,32, die hier aber nicht ins Gewicht fallen, vgl. Dupont, Logion, 360 Anm. 5.

[129] „Sämtliche anderen alttestamentlichen Belege (1Sam 15,28; 28,17; 1Kön 11,11.13.35; 1Chr 28,5 und 2Chr 2,13) handeln beim Gebrauch von δοῦναι τὴν βασιλείαν von der Thronfolge in Israel." (Hampel, Menschensohn, 39 Anm. 154). Für einen Bezug von Lk 12,32 auf Dan 7,18.27 votiert auch Stuhlmacher, Jesus, 93.

[130] Dies entspricht der semantischen Regel, dass die Bedeutung eines Wortes primär von seinem Kontext her zu erheben ist, erst sekundär von seiner Etymologie her.

[131] Theißen, Gruppenmessianismus, 272.

[132] A.a.O., 270; vgl. Mk 13,21par. Mt 24,23 und den Spruch von Jochanan Zakkai:

he, das Reich Gottes ist ἐντὸς ὑμῶν." Wieder handelt es sich also um eine Zusage der βασιλεία mit ἐστίν und Genitiv. Die genaue Bedeutung der Formulierung ἐντὸς ὑμῶν ist umstritten. Die Übersetzung „inwendig in euch" wird heute in der Regel abgelehnt, weil sie den übrigen neutestamentlichen βασιλεία-Aussagen widerspricht.[133] Damit bleiben zwei mögliche Übersetzungen: zum einen „mitten unter euch", zum anderen „in eurem Wirkungsbereich"[134]. Die zweite Übersetzungsmöglichkeit nähert sich der Aussage, dass die Angeredeten die Gottesherrschaft ausüben[135]. Sofern diese Übersetzung sprachlich möglich ist[136], bleibt die Schwierigkeit, dass die Aussage isoliert stehen würde. Die Aussagen, die ähnlich formulieren (βασιλεία, ἐστίν, Genitiv), bezeichnen alle nicht mehr als die Zugehörigkeit zur βασιλεία. Daher liegt es nahe, auch Lk 17,20f in diesem Sinne zu verstehen. Wenn die positive Aussage gegen das Warten auf einen Messias abgegrenzt wird, dann ist das am ehesten so zu verstehen, dass „die Adressaten von Lk 17,20f ... die Herrschaft Gottes [haben], weil Jesus in ihrer Mitte ist. Durch ihn wird sie ihnen zugesprochen."[137] Die Beweislast dafür, dass Jesus bestimmte Gruppen in der Gegenwart zu eschatologischen Herrschern einsetzt, kann die Stelle jedenfalls kaum tragen.

Das heißt: In der Verkündigung Jesu ist m.E. deutlich zwischen zwei Formen der Partizipation an der βασιλεία zu unterscheiden – zum einen der des (passiven) Dabei-Seins, zum anderen der des (aktiven) Herrschens/Richtens. M.a.W.: Es gibt einerseits Aussagen, die die *Teilnahme* an der βασιλεία verheißen, und solche, die Gruppen eine *Funktion* innerhalb der βασιλεία zusprechen. Für diese Differenzierung spricht schon Mt 19,28* selbst: Allen zwölf Stämmen – also ganz Israel – wird die Teilnahme an der βασιλεία verheißen. Aber nur der Zwölferkreis wird eine eschatologische Funktion wahrnehmen. Die Zwölferzahl scheint also in der Tat

---

„Wenn ein Schößling in deiner Hand ist und man sagt dir ‚schau, geh, der Gesalbte!', dann komm und pflanz den Schößling, und danach [erst] zieh, ihn [den Gesalbten] zu empfangen!" (zitiert nach Karrer, Der Gesalbte, 297).

[133] Rüstow, ΕΝΤΟΣ, 208; Schmithals, Lk, ZBK, 176; Fitzmyer, Lk, AncB, 1161: „The real problem, however, is that elsewhere in Lucan writing the kingdom is never presented as an inward reality or an inner condition of human existence."

Durch die verstärkte Rezeption des Thomasevangeliums könnte es hier allerdings nochmals zu einer Verschiebung in der Forschung kommen. So vertreten Miller (Study, 55) und Albanese (Inwardness, 69–88) die Meinung, dass die βασιλεία im ThomEv keine Größe in Raum und Zeit, sondern in der Erfahrung des Wissens angesiedelt sei (vgl. bes. Log 113). In Log 3 findet sich nun dieselbe Formulierung wie in Lk 17,20: ἡ βασι(ιλεία τοῦ θεοῦ) ἐντὸς ὑμῶν (ἐ)στι ... (Rekonstruktion nach Ménard, Évangile, 80). Ist also jeweils doch eine „innere Größe" gemeint? Aus mehreren Gründen halte ich das für unwahrscheinlich: Log 3 setzt hinzu: κἀκτός. Die βασιλεία ist also *auch* eine äußere Größe. Nun könnte man dagegen halten, dass Lk ja nur die Formulierung ἐντὸς ὑμῶν bringt, dass *er* also eine rein innere Größe meine. Aber dagegen sprechen m.E. – wie gesagt – die übrigen βασιλεία-Belege bei Lukas. (Zu den Logien 3 und 113 vgl. 5.2.3.).

[134] Vgl. Rüstow, ΕΝΤΟΣ, 197–224.

[135] So Theißen, Gruppenmessianismus, 270 mit Verweis auf TestBen 9,1.

[136] Bestritten von Riesenfeld, Emboleuein-Entos, 11–12; vgl. neuerlich Riesenfeld, Règne, 190–198 und Holmén, Alternatives, 204–229.

[137] Theißen, Gruppenmessianismus, 271.

konstitutiv für die Herrschaftszusage zu sein. Sie gilt keiner anderen Gruppe. Daher ist diese Zwölferzahl bei der Frage der traditionsgeschichtlichen Verortung des Logions unbedingt zu beachten.

In Mt 19,28* entsprechen die zwölf Throne den zwölf Stämmen. Es entsteht der Eindruck, dass je ein Vertreter des Zwölferkreises für einen Stamm „zuständig" ist, ihn also „heilvoll regieren" soll. Die zwölf Stämme werden von einem zwölfköpfigen Leitungsgremium geführt. Diese funktionale Zuordnung erinnert an die „Stammesfürsten" aus dem AT. Lässt sich zeigen, dass die Zwölf aus Mt 19,28* tatsächlich von den zwölf Stammesfürsten her zu verstehen sind? Horbury hat in einem Aufsatz versucht, den entsprechenden Nachweis zu erbringen.[138]

Die 12 Stammesfürsten als ideales Herrschergremium der vorstaatlichen Zeit

Die priesterliche Komposition des Pentateuch verleiht dem Ideal einer tribal organisierten Gesellschaft, in der jeder Stamm durch einen Stammesfürsten repräsentiert (und geleitet) wird, insbesondere in Num 1–10 Ausdruck.[139] Die ganze Konzeption ist recht schematisch. Die Nesiim erfüllen verwaltungstechnische, kultische und militärische Aufgaben: Sie helfen Mose und Aaron bei der ersten Volkszählung der Israeliten (Num 1,10.44) bzw. der Leviten (Num 4,34.46). Sie sind die militärischen Führer der Stämme im Lager (Num 2) und beim Aufbruch (Num 10,11–28). Sie spenden die Gaben für das Heiligtum (Num 7; vgl. Ex 35,27).

Dass die Stammesfürsten nach alttestamentlicher Tradition ein „Herrschergremium" bilden konnten, ist über Num 1–10 hinaus in verschiedenen Traditionssträngen bezeugt.[140] Im Pentateuch sind hier u.a. zu nennen: Num 27,2; 31,13; 32,2; 34,16–29; 36,1; in der Landnahmetradition: Jos 9,15–21; 14,1; 21,1; 22,9–34; und im Zusammenhang mit dem Königtum: 1Kön 8,1; 1Chr 23,2; 27,16–22; 28,1; 29,6.

Das Ideal einer nach Stämmen organisierten Gesellschaft, die von Stammesfürsten regiert wird, blieb bis ins 1. Jahrhundert n.Chr. lebendig.

---

[138] „The Twelve and the Phylarchs".

[139] Von Arx, Zwölfersymbolismus, 208: „Damit ergibt sich für Num 1–10, wo es sich in den vier Listen Num 1,5ff; 2; 7; 10 stets um dieselben Männer handelt, ein einheitliches Bild: Es gibt zwölf Nesiim, je einen aus jedem Stamm ..., die Gott bestimmt hat und die in verschiedenen Funktionen ... tätig sind." Eine durchgehende Funktion ist diejenige der Repräsentation: „Es gibt zwölf Nesiim. Jeder repräsentiert einen der zwölf Stämme." (a.a.O., 213).

[140] Horbury, Twelve, 506f.

Die (12) Phylarchen als ideales Herrschergremium im Frühjudentum

Die Konzeption eines (12-köpfigen) Leitungsgremiums, das von den sogenannten „Phylarchen" gebildet wird, ist im Frühjudentum mehrfach belegt: „... from the LXX to Qumran, constitutional prominence continued to be given not only to the tribes, but also to the phylarchs themselves"[141]. Das zeigen sowohl Belege[142] aus der LXX (Ex 34,30; Num 7,2; 30,2; Dtn 5,20/ LXX 5,23; 29,9; 31,28; 2Chr 23,20) als auch einzelne Schriften aus Qumran (1QM 2,1–3; 11QTemple 57,11–15; 4QpIsa^d)[143], außerdem der Historiker Eupolemus (F 2 = Eusebius, Praep Ev IX 30,8)[144].

Dabei verschwimmt z.T. die Unterscheidung zwischen den 12 Patriarchen (deren Namen bekannt sind) und den 12 Stammesfürsten (deren Namen nicht bekannt sind und deren Zahl nicht immer auf 12 festgelegt ist). Die LXX bezeichnet die Gruppe der Stammesfürsten aus Num 1–10 als ἄρχοντες. Interessant ist, dass sie in Num 7,2 die Zahl 12 gegenüber dem hebräischen Text ergänzt. In 1Chron 27,22 bezeichnet sie die Stammesfürsten hingegen als πατριάρχαι. Josephus nennt die Stammesfürsten „Phylarchen" (Ant 3,220). Diese Bezeichnung kann auch auf die Patriarchen bezogen werden. So spricht Philo von den Patriarchen als den Herrschern des Volkes, 12 an der Zahl, und ergänzt, dass sie auch Phylarchen genannt werden (fug. et inv. 73)[145], ein Sprachgebrauch, der auch Josephus vertraut ist (Ant 3,169).

Philo und Josephus bringen die Phylarchen in Paraphrasen alttestamentlicher Texte ein, z.T. ohne dass sie in der Vorlage explizit genannt würden. Dies ist z.B. bei Josephus in Ant 3,47 (vgl. Ex 17,9) und Ant 4,63–66 (vgl. Num 17,17), bei Philo in VitMos 1,221 (vgl. Num 13,2f LXX ἀρχηγοί) der Fall.[146] Hier zeigt sich: „The phylarchs ‚lived' as biblical characters in the first-century Jewish imagination."[147]

Es bildete sich also die Vorstellung eines (12-köpfigen) Leitungsgremiums heraus, das z.T. eng an die Vorstellung von 12 Stämmen gekoppelt

---

[141] A.a.O., 512.

[142] Zu den einzelnen Belegen s.u.

[143] Zu diesen Belegen s.u.

[144] „Als aber David 40 Jahre regiert hatte, habe er seinem Sohne Solomon im Alter von 12 Jahren die Regierung übergeben, in Anwesenheit [Elis], des Hohepriesters, und der zwölf Stammesfürsten, ..." (Übersetzung nach Walter, Eupolemus, 101). Hier fällt auf: „From the biblical list of princes, priests and Levites (1 Chron 23.2) Eupolemus retains only the twelve and the high priest ... He perhaps considers that, with the high priest, the phylarchs form the council (so Wacholder, p. 154)." (Horbury, Twelve, 511).

[145] „... εἰσὶ δὲ οἱ τοῦ γένους ἀρχηγέται δώδεκα ἀριθμῷ, φυλάρχας αὐτοὺς ὀνομάζειν ἔθος ..."

[146] Horbury, Twelve, 508; dort auch weitere Belege.

[147] A.a.O., 509.

wurde.[148] Diese Vorstellung konnte auch eschatologisch ausgerichtet werden. Sehr direkt wirkt die Konzeption aus Num 7 eschatologisch gefärbt in 1QM nach: In der „Ordnung der Feldzeichen der ganzen Gemeinde nach ihren Verbänden" (1QM 3,13–4,14; 5,2) wird die Heerlagerordnung von Num 2 vorausgesetzt.[149] 1QM 3,15 ordnet an, dass auf dem Feldzeichen jedes Stammes der Name des Stammesfürsten zu schreiben ist. Das heißt: Die Tradition der 12 Stammesfürsten wird hier verbunden mit der Tradition vom Jahwekrieg und eschatologisch gefärbt.[150]

Die jüdische Tradition lässt indirekt darauf schließen, dass die Vorstellung eines 12-köpfige Herrschergremiums der Phylarchen messianisch – und dezidiert nicht theokratisch – gedeutet werden konnte:

Denn es zeigt sich in der jüdischen Überlieferung ein „conflict of constitutional ideals": „In one group of sources, comprising the Septuagint, Eupolemus, three Qumran texts and the Testaments of the Twelve Patriarchs ..., clear constitutional importance is ascribed to the twelve biblical princes and their successors. In Josephus and Pseudo-Philo, on the other hand ..., the princes are deprived of their biblical precedence, the biblical references to them as a council are almost all suppressed, and, instead, the high priest and the council of elders are given a much heightened role."[151]

Josephus und Pseudo-Philo (LibAnt) vermeiden es auffälliger Weise, den Phylarchen eine Regierungsfunktion zuzusprechen. „Josephus gives the princes a more definite share in patriarchal glory than the Bible does, and

---

[148] Weinfeld verweist auf ägyptische Parallelen: „We find in Egypt important judicial courts from the Ramesside period comprised of twelve members." (Patterns, 18; vgl. Scharff/ Seidl, Einführung, 32.

Die Zwölf als Leitungsgremium begegnen auch in Targum Ps. Jonathan (zu Lev 4,15): „and the twelve elders of the congregation which are appointed as counsellors ... will lay their hands on the head of the bull" (Übersetzung Weinfeld, Patterns, 18).

[149] Vgl. Yadin, Scroll, 38ff; Jongeling, Rouleau, 122ff.

[150] Pines konstatiert einen Zusammenhang zwischen der Vorstellung aus der Kriegsrolle, nach der die 12 Stämme im Heiligen Krieg antreten werden, der Vorstellung aus Mt 19,28, nach der die 12 Apostel über die 12 Stämme regieren werden, und der Vorstellung aus dem Brief des Jakobus, der als Adressaten die „12 Stämme in der Zerstreuung" (1,1) nennt. „It is, I believe, more than probable that there exists a connection between this conception of the War Scroll and the conception attested in the New Testament to which we have just referred. In this point as in many others, early Christianity borrowed from the Qumran sect." (Notes, 154). Leider geht Pines auf die Art dieses Zusammenhangs nicht weiter ein. Im Blick auf Mt 19,28 ist mit Pines festzuhalten: Die Zwölfzahl ist von entscheidender Bedeutung. Allerdings ist hier in keiner Weise von einer kriegerischen Funktion die Rede, so dass der unmittelbare traditionsgeschichtliche Hintergrund kaum in der Kriegsrolle zu suchen sein dürfte. Denn während die Kriegsrolle die Tradition der Phylarchen mit derjenigen des Jahwekrieges verbindet, stehen im Hintergrund von Mt 19,28* die Traditionen der Phylarchen und des königlichen Gesalbten.

[151] Horbury, Twelve, 520f.

recognizes them as representatives of Israel ...; but he systematically deprives them of the conciliar status which they clearly receive in the biblical text."[152] Eine ähnliche Tendenz zeigt Pseudo-Philo in LibAnt. Horbury nimmt daher an, dass „these probably roughly contemporary authors drew on a common narrative tradition, wherein the phylarchs were dropped in the interest of ruler, high-priest and elders."[153]

Dieser Konflikt zweier „constitutional ideals" wird zumindest von Josephus auf den Konflikt zwischen einem theokratischen und einem messianischen Ideal zurückgeführt. Josephus betrachtet den Ältestenrat mit Hohepriester als das ideale theokratische Modell, das Israel eigentlich zugedacht ist (Ant 4,223f; Ap 2,165). Wenn er demgegenüber die Regierungsfunktion der Phylarchen zurückdrängt, dann zeigt sich, dass er dieses „Gremium" dem monarchischen bzw. messianischen Modell zurechnet. Eine gewisse Nähe der Phylarchen zu Königtum und Messianismus zeigt sich auch darin, dass sie den Titel ἄρχων erhalten konnten, der auch „applicable ... to the past and future king" war.[154] Die Phylarchen als messianisches Herrschergremium standen also zumindest z.T. in Konkurrenz zum theokratischen Verfassungsmodell von Hohepriester und Sanhedrin.

Diese These von Horbury soll nun anhand dreier Gruppen von Belegen genauer beleuchtet werden, die von *eschatologischen* Herrschaftsgremien sprechen:

Zunächst wenden wir uns den *Qumrantexten* zu, und zwar denjenigen Belegen, die ein Leitungsgremium nennen, bei dem die Zahl 12 in irgendeiner Form eine Rolle spielt. Es wird sich die These Horburys erhärten, nach der hier *kein* Konflikt zweier „constitutional ideals" erkennbar ist. An allen Herrschergremien sind *auch* – und zwar entscheidend[155] – Priester beteiligt, zwischen ihnen und den Laien wird klar unterschieden, beide Gruppen wirken aber gemeinsam in demselben Gremium. Die Zahl 12 ist durchgängig von Bedeutung, der Bezug zu den Stammesfürsten ist aber unterschiedlich stark ausgeprägt.

Anschließend wenden wir uns den *Testamenten der zwölf Patriarchen* zu, genauer gesagt denjenigen Belegen, die von einer eschatologischen Herrschaft einzelner Patriarchen wissen. Levi, der Patriarch des priesterlichen Stammes, kann in diese Herrschaft eingeschlossen werden, wenn auch

---

[152] A.a.O., 517.

[153] Ebd.

[154] A.a.O., 524; vgl. u.a. Ez 34,24; 1Kön 11,34; 1QSb 5,21–29; Apg 7,35.

[155] „According to the writings of the sect the priests were determinative in the council. This is said explicitly in 1QS 9:7: ‚The sons of Aaron alone shall rule over judgment and property, according to them the decision shall be made.'" (Weinfeld, Patterns, 19).

nicht explizit. Bei den genannten Herrschaftsgremien wird also nicht so deutlich wie bei den Qumrantexten zwischen Priestern und Laien unterschieden. Gemeinsam ist den Texten jedoch, dass keine Konkurrenz zweier Verfassungsformen erkennbar ist.

Zum Schluss ist – über die Ergebnisse von Horbury hinausgehend – zu fragen, wie sich *Mt 19,28** in diesen Rahmen einordnet. An der hier verheißenen eschatologischen Herrschaft sind keine Priester beteiligt. Eine Konkurrenz zwischen theokratischer und messianischer Verfassungsform spielt m.E. für das Verständnis des Logions und die Frage nach seiner Wirkungsplausibilität eine wesentliche Rolle.

„Duodezimale" Leitungsgremien in Qumran

Die qumranische Eschatologie ist – hierin der jesuanischen durchaus ähnlich – „von einer geschichtlichen Antizipation des Eschatons bestimmt"[156]. In Qumran ist diese Antizipation v.a. kultisch geprägt. Bei den Leitungsgremien überschneiden sich Beschreibungen gegenwärtiger Zustände und ideale zukünftige Erwartungen: „... while the council of the community is referred to in the pesher [4QpIsa[d]] as an existing body, the ‚heads of the tribes of Israel' here as well as in 1QM belong to the realm of future expectation, as does the king of the Temple Scroll."[157]

Die Zahl 12 ist bei mehreren Leitungsgremien, die uns in den Qumranschriften begegnen, von Bedeutung. Eine tabellarische Übersicht ergibt folgendes Bild:

	Zusammensetzung	*Funktion*
11QTemple	12 Stammesfürsten, 12 Priester, 12 Leviten,	Politisch (Mitwirkung im königlichen Rat)
1QM 2,1–3	12 Priester, 12 Leviten, (12) Stammesfürsten	Kultisch
4QpIsa[d]	12 Priester, 12 Stammesfürsten	Gericht?
1QS 8,1	12 Männer, 3 Priester	(u.a.) Gericht
4Q Ord	10 Laien, 2 Priester	Gericht

In der Tempelrolle (*11QTemple (= 11Q 19) 57,11–15*) begegnet ein Gremium aus 12 Vorstehern/ Stammesfürsten, 12 Priestern und 12 Leviten:[158]

---

[156] Janowski/ Lichtenberger, Enderwartung, 59.
[157] Baumgarten, Courts, 65 Anm. 20, in kritischer Auseinandersetzung mit Urbach, Sages, 610.
[158] Zum Text vgl. Yadin, Note.

(11b) ‏ושנים עשר
(12) ‏נשיי עמו ומן הכוהנים שנים עשר ומן הלויים
(13) ‏שנים עשר אשר יהיו יושבים עמו יחד למשפט
(14) ‏ולתורה ולוא ירום לבבו מהמה ולוא יעשה כול דבר
(15a) ‏לכול עצה חוץ מהמה

(11b) „... Zwölf
(12) Vorsteher [nesiim] seines Volkes sollen bei ihm sein und von den Priestern zwölf
und von den Leviten
(13) zwölf, um mit ihm [= dem König] zusammen Sitzungen abzuhalten für Rechtsprechung
(14) und für Torah. Und er soll sein Herz nicht über sie erheben und er soll keinerlei Sache tun
(15a) ohne ihren Ratschluß."[159]

Als Basistext für den Abschnitt 11QTemple 55,12–58,2 diente Dtn 17,14–20. Thema ist das Königsrecht. Uns begegnet hier die Konzeption eines Obergerichts unter priesterlicher Ägide im Rahmen einer Königsherrschaft. Ähnliches ist in 2Chr 19,8–11 belegt.[160]

Umstritten ist, ob das Königsrecht der Tempelrolle als Polemik gegen die hasmonäische Ämterkombination von Hohepriesterwürde und Herrscherfunktion zu lesen ist.[161] Maier bemerkt dazu kritisch: „Die ‚Levi‘-Traditionen und verwandte Zeugnisse unterstützten eher priesterlich-levitische Vorrang- und Machtansprüche auch hinsichtlich der ‚weltlichen‘ Gewalt, sie sahen im Laienherrscher nur den unter priesterlicher Ägide theokratisch legitimierten Inhaber einer delegierten Kompetenz."[162] Deutlich ist immerhin: Schon das Königsgesetz aus Dtn 17 ist „mit einer klaren königskritischen Tendenz" formuliert.[163] Ein königskritischer Ton schwingt auch in der Tempelrolle mit: Der König steht in der Rangfolge nicht über dem Herrscher-Gremium aus Stammesfürsten, Priestern und Leviten. Er wird nicht als Vorsitzender des Gremiums genannt. Er darf seine Machtbefugnisse nicht überschreiten. Darauf hat der „Kronrat" zu achten. Dabei steht der König aber nicht nur unter „priesterlicher Ägide". Denn diesem „Kronrat" gehören neben Mitgliedern des Kultpersonals auch 12 Laienfürsten an. Sie werden sogar an erster Stelle genannt.

---

[159] Übersetzung Maier, Texte Bd. 1, 417f.

[160] Ob der Text außerdem als Vorbild oder Basistext für 11QTemple 57,11bff anzusehen ist, kann hier offen bleiben. Baumgarten, Courts, 59, bejaht das: Dieses Gremium, seine richterlich-politische Funktion und seine Zusammensetzung „derive from the model of Jehosaphat's central tribunal (2Chr 19:5–11)". Zurückhaltender ist dagegen Maier, Tempelrolle, 247: „diente schwerlich als Vorbild oder Basistext".

[161] So im Anschluss an Yadin z.B. Hengel/ Charlesworth/ Mendels, Character, und Sweeney, Perspective.

[162] Maier, Tempelrolle, 239.

[163] Albertz, Religionsgeschichte, 310.

Die zwölf Stammesfürsten (vgl. Num 1,44) repräsentieren „das zwölf-stämmige Israel im Gegenüber zum Kultpersonal"[164]. Dass jeder Stamm je einen Stammesfürsten in den Kronrat delegiert, wird nicht ausdrücklich gesagt.

Die „Dreiteilung in Priester, Leviten und Laien ist in der sozialen Makrostruktur Israels ... vorgegeben und bedurfte keiner besonderen ‚biblischen' Begründung"[165]. Bemerkenswert bleibt m.E. die Nennung der Laienfürsten an erster Stelle. Sie könnte andeuten, dass es nicht nur um das Kräfteverhältnis zwischen dem König und dem Kultpersonal geht, sondern auch um das Kräfteverhältnis zwischen dem König und der (Laien-) Bevölkerung, die durch Laienfürsten repräsentiert wird. Außerdem ist zu beachten, dass es hier nicht um spezifisch kultische, sondern um politische (Gerichts-)Funktionen geht. Das ändert sich in 1QM 2,1–3.

In *1QM 2,1–3* begegnet wohl dasselbe Leitungsgremium:

„(1) der Familien der Gemeinde sind zweiundfünfzig. Und die Häupter der Priester (ואת ראשי הכוהנים) ordne man ein nach dem Priesterhaupt und seinem Stellvertreter, zwölf Häupter, damit sie Dienst tun
(2) mit dem Tamidopfer vor Gott, und als Häupter der Dienstabteilungen sollen sechsundzwanzig in ihren Dienstabteilungen dienen. Nach ihnen die Häupter der Leviten (ראשי הלויים), um regelmäßig zu dienen, zwölf, einer
(3) pro Stamm, und die Häupter ihrer Dienstabteilungen sollen ein jeder an seinem Posten dienen. Die Häupter der Stämme (ראשי השבטים) und Familien der Gemeinde (kommen) nach ihnen, um regelmäßig an den Toren des Heiligtums zu stehen ..."[166].

12 Priester und 12 Leviten werden – wie in der Tempelrolle – als Mitglieder des Leitungsgremiums benannt. Außerdem wirken – ebenfalls wie in der Tempelrolle – (12) Laien, genauer: (12) Stammesfürsten mit. Die Zahl 12 taucht bei ihnen nicht explizit auf, ergibt sich aber aus der Parallelität zu 11QTemple 57. Insgesamt haben wir es hier mit demselben Gremium wie in der Tempelrolle zu tun: „Since the heads of the tribes [in 1QM 2,1–3] are presumably identical with the ‚twelve chiefs ... of his people' of the Temple Scroll, it is conceivable that the heads of the priests and Levites are also to be identified with their counterparts in that text."[167]

Um so mehr fällt auf, dass die Funktion des Gremiums hier eine andere ist: Sie ist in der Kriegsrolle nicht politisch, sondern klar kultisch geprägt. Dieser unterschiedlichen Funktion entspricht die unterschiedliche Reihen-

---

[164] Von Arx, Zwölfersymbolismus, 230.
[165] Maier, Tempelrolle, 247f gegen Swanson, Scroll, 130f.
[166] Übersetzung nach Maier, Texte, Bd. 1, 128.
[167] Baumgarten, Courts, 60.

folge, in der die drei Gruppen genannt werden. Konstant ist dabei die Abfolge Priester – Leviten. Die Nennung der Stammesfürsten variiert jedoch: In 1QM 2,1–3, wo es um eine kultische Funktion geht, stehen die Priester an erster, die Stammesfürsten an letzter Stelle. In 11QTemple 57,11–15 hingegen, wo es um eine politische Funktion geht, rücken die Stammesfürsten an die erste Stelle.

Im Pescher zu Jesaja (4QpIsa[d]) bilden die 12 Priester im neuen Jerusalem die Zinnen, die 12 Stammesfürsten die Tore aus Karfunkeln (vgl. Jes 54,12). Der Text ist leider nur unvollständig erhalten.[168]

Explizit ist in V 2 von einem Rat der Gemeinschaft und von Priestern die Rede; mit großer Wahrscheinlichkeit ist das letzte Wort der Zeile zu וה‍ע]ם zu ergänzen:

(2) ... את עצת היחד [ה]כוהנים והע]ם

Es spricht einiges dafür, dass der Text auch in seiner vollständigen Fassung nicht von Leviten gesprochen hat, denn:[169]
1) Zeile 2 unterscheidet nur zwei Gruppen: Priester und Laien.
2) Die Nennung der Leviten müsste nach Nennung der Priestern und vor Nennung der Stammesfürsten erfolgen, also am Ende von Zeile 5. „However, neither the context nor the space available at this point permits any restoration involving the twelve Levites."[170]
3) Ein Leitungsgremium aus Priestern und Laien – ohne Leviten – ist in Qumran auch andernorts bezeugt (4Q Ord; 1QS).
Das heißt: Neben einem Leitungsgremium, das aus drei Gruppen (Priestern, Leviten, Laien) zusammengesetzt ist, kennt die Gemeinschaft von Qumran auch eines, das nur aus zwei Gruppen (Priestern, Laien) besteht.

Die Zahl 12 taucht explizit in Zeile 4 auf. Es scheint sich also um 12 Priester und 12 Laien zu handeln. Dass es sich bei den Laien wohl um Stammesfürsten handelt, geht indirekt aus ihrer Verbindung mit den Toren im Neuen Jerusalem hervor. Denn Ez 48,30–34 assoziiert mit den Toren die zwölf Stämme Israels.[171]

Eine ähnliche Vorstellung ist in der Offenbarung des Johannes belegt: Das neue Jerusalem hat zwölf Tore, auf denen die Namen der zwölf Stämme der Söhne Israels stehen (21,12). Auf den zwölf Grundsteinen der Mauer der Stadt stehen die Namen der zwölf Apostel.

---

[168] Vgl. zu Text und Übersetzung Baumgarten, Courts, 60–63; sowie Maier, Texte, Bd. 2, 80.
[169] Vgl. Baumgarten, Courts, 63f; Mathewson, Stones, 492–494.
[170] A.a.O., 63.
[171] Flusser, Pesher.

Aufgrund dieser Parallelität zwischen 4QpIsa[d] und der Offb des Johannes hat Baumgarten versucht, die Funktion des Gremiums aus dem Pescher in Analogie zur Funktion der 24 Ältesten aus der Offb (nach Baumgarten: 12 Apostel, 12 Engel) als Gerichtsfunktion zu bestimmen. Nun scheint mir allerdings weder hinreichend gesichert, dass die 24 Ältesten in der Offb wirklich aktiv mitrichten, noch, dass es sich bei ihnen um die 12 Apostel und 12 Engel handelt. Die Funktion des Gremiums aus dem Pescher kann daher an dieser Stelle offen bleiben. Für eine Gerichtsfunktion könnte am ehesten sprechen, dass sie in 1QS und 4Q Ord in Verbindung mit ähnlichen Leitungsgremien auftaucht (s.u.). Bemerkenswert ist auf jeden Fall, dass uns hier ein 24-köpfiges Gremium aus Priestern und Laien entgegen tritt.

In 4QpIsa[d] konnte noch indirekt darauf geschlossen werden, dass die Gruppe der Laien von der idealen Institution der Stammesfürsten her zu denken ist. Bei den beiden folgenden Belegen wird dieser Bezug immer schwächer.

In *1QS 8,1–5* ist von einem „Rat der Einung" die Rede:

> (1) „im Rat der Einung der zwölf Männer und drei Priester
> (בעצת היחד שנים עשר איש וכוהנים שלושה),
> vollkommen in allem Offenbaren von der ganzen (2) Torah,
> um Wahrheit zu üben, Gerechtigkeit und Recht ...“

Der Text hat ursprünglich die (Gerichts-) Funktion der Gesamtgemeinde im Blick.[172] 1QS 8,2–5 impliziert also in seiner traditionellen Fassung, dass das Kollektiv u.a. richterliche Funktionen ausübt. Sekundär ist die Passage auf die „zwölf Männer und drei Priester" (8,1) gedeutet worden. Der Text bezeugt also eine ähnliche Entwicklung, wie wir sie im Zusammenhang mit dem „Gericht der Gerechten" beobachtet haben: Die Gerichtsfunktion wird nicht mehr vom Kollektiv ausgeübt, sondern einer kleineren Gruppe übertragen.

Dieser Rat besteht wiederum aus Priestern und Laien. Nach Baumgarten ist es nicht sicher, „whether the three priests were included among the twelve or counted separately. In 4Q Ord 2–4:3–4 [s.u.] the total of twelve consists of ten Israelites and two priests."[173] Fest steht: Die Zahl 12 spielt auch hier eine Rolle. Sobald sie sich aber nicht mehr auf die Zahl der Laienmitglieder bezieht, sondern die Priester mit einbezieht, ist der Bezug auf die Stammesfürsten mehr oder weniger aufgegeben. In 4Q Ord ist das der

---

[172] Klinzing, Umdeutung, 51f; gefolgt von Kleinknecht, Der Gerechtfertigte, 150–152.

[173] Baumgarten, Courts, 59 Anm. 4. Weinfeld (Patterns, 16 Anm. 44) urteilt: „It is not impossible that the priests are included among the twelve, however, on the basis of comparison with 4Q 159 Ord ... it appears that the priests were in addition to the twelve."

Fall. Wie weit sich die Vorstellung des Rates schon hier von dem Ideal der Stammesfürsten entfernt hat, muss offen bleiben.

Das Gericht steht in einem heilvollen eschatologischen Kontext (1QS 8,2f):

> „um Wahrheit zu üben, Gerechtigkeit und Recht
> und liebevolle Verbundenheit
> und umsichtigen Umgang [Mi 6,8] miteinander,
> (3) um Treue im Lande zu wahren
> mit festem Sinn und mit gebrochenem Geist,
> um Verschuldung zu sühnen durch Gerichtsvollstreckende ..."

Im uns vorliegenden Text sind die (12 oder) 15 „Leute, die die Funktion der Gemeinde besonders intensiv (,vollkommen') wahrnehmen".[174] Sie werden mit eschatologischen Qualitäten der Qumrangemeinschaft in Verbindung gebracht: „The author of the *Serekh* sees indeed in the council described in 1QS 8:1ff. the embodiment of truth in Israel (lines 5ff). Through their just actions their community will become ,an eternal plantation' עולם and ,a holy house for Israel' בית קודש לישראל."[175]

In 4Q Ord (= 4Q 159) 2,4; 3,4 ist schließlich von einem 12-köpfigen Gerichtsgremium die Rede, das ebenfalls aus Laien und Priestern zusammengesetzt ist, wobei sich die Zahl 12 eindeutig auf die Gesamtzahl der Mitglieder bezieht: „zeh]n Männer und zwei Priester, und sie werden vor diesen zwölf gerichtet"[176]. Die Tradition der 12 Stammesfürsten klingt hier nicht mehr an.

Ich fasse zusammen: In den Qumrantexten ist mehrfach die Institution eines Rates bezeugt, der unterschiedlich zusammengesetzt ist und auch unterschiedliche Funktionen ausüben kann. Zwei Merkmale jedoch halten sich durch: Zum einen sind durchweg Priester in dem Rat vertreten. Daraus ist zu schließen, dass dieser Rat *nicht* als Gegenstück zu einer theokratischen Verfassung konzipiert ist. Zum anderen spielt die Zahl 12 in allen Belege eine Rolle.[177] Bei einigen Belegen ist damit in Verbindung mit den Laienmitgliedern deutlich auf die ideale Institution der Stammesfürsten abgeho-

---

[174] Kleinknecht, Der Gerechtfertigte, 152. Von Arx sieht in der 15-köpfigen Gruppe „keine Ratsbehörde, sondern eine Pioniergruppe" (Zwölfersymbolik, 477 Anm. 254). Weinfeld weist darauf hin, dass 15-köpfige Leitungsgruppen „in the guilds and associations among the Labyads in Delphi (τοὶ πεντεκαίδεκα)" bezeugt sind. (Patterns, 19).

[175] A.a.O., 16.

[176] Übersetzung nach Maier, Texte, Bd. 2, 64. Vgl. Weinert, Legislation, 184; Schiffman, Law, 23ff.; Baumgarten, Courts; Flusser, Pesher.

[177] Vgl. den Titel von Baumgartens Aufsatz: „The Duodecimal Courts of Qumran, Revelation and the Sanhedrin".

ben. Bei anderen Belegen ist dieser Bezug verblasst. Die Zahl 12 scheint hier einfach den idealen Charakter der Konzeption zu unterstreichen. Die Leviten sind nur z.T. in den Leitungsgremien vertreten und werden dann immer direkt hinter den Priestern genannt. Die Funktion des Gremiums kann eine politische, eine kultische sowie eine juristische sein.

Die eschatologische Herrschaft von Patriarchen in Test12Patr
In den Testamenten der 12 Patriarchen liegt das Genre der Abschieds-[178] bzw. Vermächtnisrede[179] vor: In einem einleitenden Teil wird berichtet, dass eine Person Familie oder Freunde um sich versammelt, um ihnen – kurz vor seinem Tod – eine Rede zu halten (vgl. Gen 49; Dtn 33). Abschließend wird der Tod dieser Person festgestellt. Kugler bezeichnet die hier zusammengestellten Reden als „apocalyptic farewell discourses"[180]. Sie sind in einen eschatologisch-apokalyptischen Horizont gerückt: Mehrere Testamente weisen – vorwiegend am Schluss – eschatologische bzw. apokalyptische Stücke auf.[181]

Von besonderem Interesse sind die Auferstehungsschilderungen in TestSim 6,7; (TestLev 18,13–14); TestJud 25,1–2.3–5; TestSeb 10,2–3 und TestBen 10,6–10. Hier kommen die bzw. einzelne Patriarchen in den Blick:

1) Nach TestSim 6,7 wird der Patriarch, nachdem die bösen Geister besiegt sind, mit Freude auferstehen und Gott preisen.

2) TestSeb 10,2 spricht ebenfalls von der Auferstehung des Patriarchen. Er wird sich freuen inmitten seines Stammes. Hollander/ de Jonge deuten diese Aussage so, dass der Patriarch über seinen Stamm herrschen wird: „Here, it is clearly said that the patriarch will rule over his tribe, at least over those who ,have kept the law of the Lord and the commandments of Zebulun their father'."[182]

3) Ausführlichere Schilderungen der „letzten Dinge" finden sich in TestJud 25 und TestBen 10. Nach TestBen 10,6 werden Henoch, Noah, Sem, Abraham, Isaak und Jakob auferstehen und einen Ehrenplatz zur Rechten einnehmen. „Dann werdet ihr sehen Henoch, Noah und Sem und Abraham und Isaak und Jakob auferstehen zur Rechten mit Jubel." Anschließend, so 10,7, werden die 12 Patriarchen auferstehen und jeder über seinen Stamm herrschen.[183] Es folgt (10,8) die Auferstehung der Menschheit. Sie wird in mehreren Schritten gerichtet: zunächst (10,8)

---

[178] Collins, Testaments, 325; Cortès, Gn 49.
[179] Winter, Vermächtnis.
[180] Kugler, Testaments, 16.
[181] Vgl. Becker, Untersuchungen, 404; Ulrichsen, Grundschrift 329f.
[182] Hollander/ de Jonge, Testaments, 61.
[183] Horbury, Twelve, 512.

richtet der Herr Jesus Christus Israel, dann die Heiden (10,9). Nach 10,10 werden die Christen am Gericht über Israel beteiligt. Diese Gerichtsschilderung in TestBen 10,8–10 gibt sich klar als christliche Komposition zu erkennen.

4) TestJud 25,1 verheißt die Auferstehung von Abraham, Isaak und Jakob: „Und danach werden Abraham, Isaak und Jakob zum Leben auferstehen, und ich und meine Brüder werden Herrscher der Stämme in Israel sein ...“[184] Hier findet sich die Aussage, dass die zwölf Patriarchen nach der Auferstehung über die zwölf Stämme herrschen werden. Die Verheißung ist inner-israelitisch ausgerichtet. Im jetzigen Kontext kommt sie nach der Schilderung des heilvollen Wirkens des Gesalbten zu stehen (vgl. insbesondere TestJud 24,6: „Und durch ihn wird ein Zepter der Gerechtigkeit den Völkern heraufkommen, zu richten und zu retten alle, die den Herrn anrufen.“). Zumindest in seinem jetzigen Kontext ist die Verheißung aus TestJud 25,1f im Sinne einer heilvollen eschatologischen Herrschaft der zwölf Stammesfürsten zu verstehen.

5) TestJud 25,3–5 nimmt das Gottesvolk in den Blick und thematisiert den Umschlag von Trauer in Freude, von Armut in Reichtum etc. bei der Auferstehung. Die Märtyrer werden hier extra genannt.

Diese Texte enthalten ältere jüdische Tradition. Ulrichsen bemerkt, dass die Auferstehungsaussagen „überraschend nüchtern“ sind: „Sie schildern nicht, wie die Auferstehung sich artet, reden nicht vom Zwischenzustand und geben keine malerische Beschreibung der kommenden Herrlichkeit. Sie muten somit inhaltlich alt an und scheinen aus einer Zeit zu stammen, da der Auferstehungsglaube noch jung war. TB 10:8 scheint mit Dan Kap. 12 vertraut zu sein; s. auch TJud 25:1. Daraus ergibt sich 165 v. Chr. als Terminus *post quem*.“[185] Bei TestSeb 10,2–3 lässt Ulrichsen die Datierungsfrage weitgehend offen, vermutet aber, dass auch dieser Beleg aus dem „zweiten vorchristlichen Jahrhundert“ stamme.[186] Die übrigen eschatologischen und apokalyptischen Stücke (s. Tabelle) hält Ulrichsen für jünger.[187]

---

[184] Übersetzung nach Becker, Test12Patr, 77. De Jonge gibt folgende griechische Version wieder: Καὶ μετὰ ταῦτα ἀναστήσεται Ἀβραὰμ καὶ Ἰσαὰκ καὶ Ἰακὼβ εἰς ζωήν, καὶ ἐγὼ καὶ οἱ ἀδελφοί μου ἔξαρχοι σκήπτρων ἡμῶν ἐν Ἰσραὴλ ἐσόμεθα ... (Testaments, 77); so ohne wesentliche Abweichungen auch bei Charles, Greek Versions, 103; zur griechischen handschriftlichen Überlieferung der Test12Patr vgl. a.a.O., ix–xii, und – in kritischer Auseinandersetzung mit den Thesen von Charles: Becker, Test12Patr, 18–21).

[185] Ulrichsen, Grundschrift, 330.

[186] A.a.O., 331.

[187] Ebd.

Für unseren Zusammenhang ist die Beobachtung wichtig, dass die Auferstehungsaussagen mit Ausnahme von TestSim 6,7 jeweils mit der Verheißung verknüpft werden, dass ein Patriarch bzw. alle 12 Patriarchen über ihren Stamm herrschen werden.[188] Einen engen traditionsgeschichtlichen Zusammenhang dieser Belege (TestSeb 10,2; TestJud 25,1–2; TestBen 10,7) konstatieren – m.E. zu Recht – u.a. Hollander/ de Jonge[189], Horbury[190], Hultgard[191] und Ulrichsen[192]. Wenn nun aber zutrifft, dass die Auferstehungsaussagen, in deren Kontext die Herrschaftsverheißungen zu finden sind, recht alt sind, dann ist wahrscheinlich, dass auch die Herrschaftsverheißungen zumindest vorchristlich zu verorten sind. Dafür spricht auch, dass Jesus Christus in diesen Stücken nicht erwähnt wird. Nur durch die Einfügung der Passagen in einen weiteren Kontext (z.B. TestJud 24) wird ein christologischer Bezug hergestellt. Das heißt: Ebenso wie bei den Auferstehungsaussagen stoßen wir auch bei den Herrschaftsverheißungen für die Patriarchen auf eine vorchristliche, jüdische Tradition.[193]

---

[188] Die Konzeption, nach der der Patriarch jeweils über seinen Stamm herrscht, ist auch dahingehend bemerkenswert, dass nicht etwa Juda und Levi als herausgehobener königlicher und priesterlicher Stamm über andere Stämme regieren. Deutlich wird das auch bei Philo, wo es heißt (Fuga 74): Τῆς γὰρ βασιλείου καὶ ἱερωμένης φυλῆς οἱ ἡγεμόνες ἐν τῇ προτέρᾳ τάξει χορεύουσιν, Ἰούδας τε καὶ Λευί. Als Herrschergremien kommen keine Stämme, sondern Stammesfürsten bzw. Patriarchen in den Blick.

Eine gewisse Ausnahme bildet allerdings SibOr 3,280ff. Hier findet sich nach Uffenheimer (Art. Eschatologie, 266) die älteste Beschreibung eines eschatologischen Königs, der aktiv bei den Endereignissen mitwirkt. Uffenheimer datiert diese Beschreibung auf ca. 140 v. u.Z. Wesentlich ist nun aber, dass in SibOr 3,286–290 königliche Tradition gleichzeitig auch kollektiviert wird. Denn die Israeliten werden als φυλὴ βασίλιος (288) bezeichnet. Dass damit nicht nur ein königlicher Status, sondern auch eine königliche Funktion verbunden ist, zeigen die folgenden Verse, in denen es von dem königlichen Stamm heißt: „... und dieses wird im Umschwung der Zeiten herrschen und einen neuen Tempel Gottes zu errichten beginnen." (Übersetzung nach Merkel, Sib 1091). Dieser Beleg ist insofern bemerkenswert, als eigentlich Juda als „königlicher Stamm" gilt, und zwar nicht insofern, als er kollektiv über die übrigen Stämme herrscht, sondern insofern, als aus ihm der König hervorgeht (vgl. TestJud 17,6; 24,1). In SibOr 3,280ff wird der Begriff φυλὴ βασίλιος nun jedoch auf ganz Israel bezogen. Damit formiert sich die „altbekannte Front" Israel – Fremdvölker. Vielleicht ermöglicht diese Frontstellung die Zuschreibung der königlichen Herrschaft an ganz Israel samt individuellem König.

[189] Testaments, z.St.

[190] Twelve, 512.

[191] Eschatologie, 260f. Zu TestJud 25,1 vgl. außerdem a.a.O., 235f.246f.254.

Becker hingegen rückt Test 25,1 von den übrigen Belegen ab: „Inhaltlich steht es in TJud ganz isoliert." (Untersuchungen, 323).

[192] Grundschrift, 330f.

[193] Von Exegeten, die nach jüdischen Traditionen in den Testamenten fragen, wird mehrheitlich so geurteilt: Becker hält TestJud 25,1f für ein Traditionsstück, das nachträglich an TestJud 24 angefügt wurde und seinerseits 25,3ff an sich zog (Untersuchungen, 323–325). Ulrichsen datiert TestJud 25,1f in das 2. Jh. v.Chr. (Grundschrift, 330).

Diese Einschätzung würde weiter gestützt, wenn Baillet, Milik und Puech mit ihrer These richtig liegen, nach der die in TestJud 25,1 überlieferte Tradition auch in Qumran bezeugt ist. Entscheidend sind im Blick auf TestJud 25,1 die 6 Fragmente aus 3Q 7. Baillet, Milik und – in ihrem Gefolge – Puech sehen in ihnen eine „traduction-abréviation en hébreu d'un Testament de Juda araméen"[194] Baillet hebt dabei insbesondere auf die Erwähnung eines ‚ange de la Présence' (vgl. TestJud 25,2) in Verbindung mit der Erwähnung mehrerer Patriarchen ab: „La mention de l'ange de la Présence unie à celle de quelques patriarches incite à mettre le document en rapport avec Test Juda 24–25. Remarquer Lévi (f. 6, l. 2 et Test Juda 25^{1,2}), Asher (?) (f. 2, l. 4 et Test Juda 25^2). On pourrait deviner encore החמישי יששכר (f. 5, l. 2 et Test Juda 25^1), שמעון (?) (f. 3, l. 1 et Test Juda ib.), זבולון (?) (f. 3, l. 2 et Test Juda 25^2)."[195] Einschränkend hält Baillet fest: „Mais d'une part les lectures sont trop incertaines, et de l'autre il est improbable que l'on puisse avoir à Q un texte très voisin du grec. Serait-ce donc une source des Testaments?"[196] Milik hingegen ist sich sicher: „C'est dans le contexte de TJu, 25, 1–2 que se placent certainement quelques bribes minuscules de 3Q 7 qui appartiennent à la version hébraique de AJu."[197]

Festzuhalten ist: Die uns erhaltenen Fragmente aus 3Q 7 erwähnen weder die Nummer 12 noch eine (eschatologische) Herrschaft der (auferstandenen) Brüder. Die Fragmente vermögen daher kaum die Beweislast dafür zu tragen, dass 3Q 7 zu TestJud 25,1 in einer – wenn auch indirekten – *literarischen* Beziehung steht. Doch selbst wenn hier nur eine *traditionsgeschichtliche* Verbindung bestehen sollte[198], so würde das die jüdisch-vorchristliche Verortung von TestJud 25,1 stützen. Bemerkenswert ist in jedem Fall, dass die Vorstellung der 12 Stämme und eines 12-köpfigen Herrschergremiums in Qumran – wenn auch nicht in 3Q 7 – belegt ist.

Wie stehen die besprochenen Belege, die eine eschatologische Herrschaft der Patriarchen verheißen, nun zur Frage einer theokratischen oder messianischen Verfassung? Nach TestBen 10,7 und TestJud 25,1 werden *alle* Patriarchen – also auch Levi – herrschen. Levi als der Patriarch des priesterlichen Stammes wird also weder von der Herrschaft ausgeschlossen, noch wird er explizit erwähnt und von den übrigen Patriarchen abgehoben. Die Unterscheidung von Priestern und Laien scheint hier keine Rolle zu spielen. Eine Konkurrenz zweier Verfassungsformen ist – ähnlich wie in Qumran – nicht erkennbar.[199]

---

[194] Puech, 538. 4QTestament de Juda ar, 193.

[195] Baillet, Apocryphe, 99.

[196] Ebd.

[197] Milik, Écrits, 98.

[198] „At best we can only say that here again we have little more than textual material that reflects traditions probably known to the authors of the *Testaments*." (Kugler, Testaments, 30).

[199] Sollten die Test12Patr eine jüdische Tradition beinhalten, die einen priesterlichen und einen ihm untergeordneten königlichen Gesalbten kennt (zu dieser mehrheitlich vertretenen These vgl. kritisch de Jonge, Messiahs; dort auch weitere Literatur), könnte das für ein würde auch das für theokratisches Modell sprechen, das aber einen königlichen Gesalbten integrieren kann (vgl. 11QTemple 55,12–58,2; 2Chr 19,8–11). Auch bei dieser Konzeption wäre keine Konkurrenz unterschiedlicher Verfassungsmodelle erkennbar.

Mt 19,28 vor dem traditionsgeschichtlichen Hintergrund der Phylarchen/
Patriarchen*

In Mt 19,28* ist von einer Mitherrschaft irgendwelcher Priester keine Rede.
M.E. schwingt in der Zusage Jesu an die Zwölf durchaus ein messianischer
Ton mit. Dafür spricht entscheidend die Frage nach der Wirkungsplausibilität des Logions. „*Historische Wirkungsplausibilität* haben Jesusüberlieferungen, wenn sie als Auswirkungen des Lebens Jesu verständlich gemacht
werden können ... ."[200] Die Frage nach der Wirkungsplausibilität von Mt
19,28* lässt sich explizieren als die Frage danach, mit welcher Absicht Jesus auf die Tradition der 12 Phylarchen zurückgriff. In diesem Zusammenhang kommt die schon von Gerd Theißen stark gemachte Spannung von
theokratischer Verkündigung Jesu einerseits und messianischen Erwartungen, die an Jesus herangetragen wurden, andererseits, in neuer Perspektive
ins Spiel. Denn die Tradition der 12 Phylarchen konnte – wie Horbury gezeigt hat – mit einem messianischen Modell in Verbindung gebracht werden.

Für die Frage nach der Wirkungsplausibilität von Mt 19,28* ist dieser
Befund von Bedeutung. Denn die Konkurrenz von theokratischer und mo-
narchischer Verfassungsform ist für die Verkündigung Jesu geradezu bezeichnend. „Im Mittelpunkt der Verkündigung Jesu und seiner Anhänger
stand die radikaltheokratische Erwartung der ‚Königsherrschaft Gottes'. ...
Auf der anderen Seite werden in der Jesusüberlieferung solche messianischen Erwartungen an Jesus herangetragen."[201]

Folgende Belege zeugen von dieser Erwartung: Lk 24,21.26; Mk 8,29; 14,61 Χριστός;
10,47 „Sohn Davids"; 15,26.32 „König der Juden"[202], „Messias Israels"; Mk 6,15; 8,28;
Lk 7,16; 24,19 „Prophet"; Mt 11,3; Lk 7,9 „der Kommende". Im Judentum blieb die
Hoffnung auf einen individuellen Gesalbten mit königlichen Funktionen lebendig, wenn
sie auch nicht überall verbreitet war. „Es ist daher kaum möglich, die Messiaserwartung
(auch nicht in der Beschränkung auf einen Messias mit Salbungscharisma) so zu minima-
lisieren, dass man die urchristliche Christologie historisch ohne Anknüpfung und Widerspruch ihr gegenüber verständlich machen könnte."[203] Dafür spricht auch, dass im 1.

Immerhin wurde die Tradition aus TestJud 25,1 an TestJud 24 angehängt – nicht etwa an
TestLev 18. Mit anderen Worten: Die Tradition wurde „königlich", nicht „priesterlich", verortet.
Das könnte darauf hindeuten, dass Redaktoren in TestJud 25,1 eher an eine königliche als an eine
priesterliche Herrschaft gedacht haben.

[200] Theißen/ Merz, Jesus, 118; Hervorhebung im Original.

[201] Theißen, Gruppenmessianismus, 265; vgl. Hahn, Messias-Erwartung, 137f.

[202] „Unabhängig von der Frage, aus welchem Grunde Jesus von dem Hohen Rat verurteilt worden war, ist eindeutig festzustellen, daß er bei Pilatus als messianischer Unruhestifter angezeigt
worden ist ..." (Hahn, Messias-Erwartung, 137).

[203] Theißen, Gruppenmessianismus, 264.

Jahrhundert n.Chr. wahrscheinlich mehrere Bewegungen „messianischen" Charakter hatten.[204] Bei der Vorstellung von Jesus als Messias handelt es sich also um „evozierte Christologie": Sie verdankt sich einer an Jesus herangetragenen Messiaserwartung.[205]

Es spricht einiges dafür, dass Jesus dieses von ihm eingesetzte Herrschergremium messianisch verstand. Er knüpfte so an die Vorstellung an, die die Phylarchen mit einem messianischen Ideal in Verbindung brachte. Allerdings deutete Jesus diese messianische Konnotation auf seine Weise: Er leitete die an ihn herangetragenen messianischen Erwartungen auf dieses Gremium um. Die Tradition der Phylarchen erlaubte es Jesus also, einer *Gruppe* messianische Herrschaftsfunktionen zu übertragen. Die alttestamentlich-jüdische Tradition hatte diesen Schritt bei der Kollektivierung des Gesalbtenbegriffs nicht vollzogen.[206] Die Stammesfürsten konnten zwar in der Nähe von Königen auftauchen, die Phylarchen konnten mit einer messianischen Utopie in Verbindung gebracht werden. Ihnen wurden aber weder „vollgültige" messianische Funktionen übertragen, noch wurden sie mit der Gesalbtenterminologie belegt. Am ehesten ist in TestJud 25,1 in Verbindung mit den Erzvätern und Patriarchen von einer eschatologischen, Israelzentrierten Funktion (nach der Auferstehung) die Rede.[207]

Indem Jesus einen Zwölferkreis um sich bildet und ihm die eschatologische, messianische Herrschaft überträgt, nimmt er die messianischen Erwartungen, die an ihn herangetragen wurden, auf und deutet sie zugleich um: Nicht er (allein?) wird einst über Israel herrschen, sondern die Zwölf. Eine weitere Umdeutung ist darin zu sehen, dass den Zwölfen in der Gegenwart ganz andere Aufgaben zufallen als die Herrschaft: Sie sollen die-

---

[204] Theißen/ Merz, Jesus, 138–142; skeptisch Karrer, Der Gesalbte, 242 (mit einer sehr viel engeren Begriffsdefinition, s.o. unter 1.): „Die Wirkungszeit Jesu und Entstehung der christlichen Gemeinde fällt in eine Phase nicht des Aufbruchs, sondern des Zurücktretens herrscherlicher Gesalbtenerwartung und liegt weit vor der Ausbildung eines herrscherlich-messianischen Gesamtszenariums." Theißen hingegen zeigt, dass zur Zeit Jesu im Judentum „sowohl in der Realität wie in utopischen Konzeptionen ein Nebeneinander von messianischen und theokratischen Vorstellungen" herrschte (Gruppenmessianismus, 265; vgl. 263–265).

[205] Theißen/ Merz, Jesus, 455.462–470.

[206] S.o. Exkurs 1.

[207] Anders als in TestJud 25,1 ist in Mt 19,28* nicht von einer Auferstehung die Rede, die der zukünftigen eschatologischen Herrschaft vorausginge. Gehört Mt 19,28* also bereits ursprünglich in den Kontext einer Abschiedsrede (vgl. Lk 22,30)? M.E. ist das zu verneinen. Denn die implizierte Heilsvorstellung der Sammlung der 12 Stämme lässt vermuten, dass es aus einer frühen – „optimistischen" – Phase der Verkündigung Jesu stammt, in der er noch damit rechnete, ganz Israel in der βασιλεία versammelt zu sehen. Die Verwirklichung der βασιλεία hatte ja schon begonnen (Lk 11,20), ihre endgültige Durchsetzung stand unmittelbar bevor. Dass die Jünger – und Jesus – vorher würden sterben und dann auferstehen müssen, ist m.E. nicht im Blick.

nen (Mk 10,42f)[208], sie werden ausgesandt, um die theokratische (!) Botschaft vom Gottesreich zu verkünden.

Welches Selbstverständnis spricht aus diesem Logion des historischen Jesus? Das Logion selbst will offenbar nur über die Zwölf und ihr eschatologisches Schicksal reden, so dass Rückschlüsse auf das Selbstverständnis Jesu nur indirekt zu ziehen sind.[209] Aufgrund des – gerade im Bezug auf das Phänomen des Messianismus – schillernden Charakters von Mt 19,28* lässt sich aus dem Logion m.E. nicht zwingend folgern, dass Jesus sich selbst für den Messias hält[210], noch dass er „mehr" als ein Messias ist, weil er messianische Würden verteilt[211] – denn er relativiert diese Würden in theokratischer Hinsicht, indem er das „Gottesreich" verkündet. Gerade der Umstand, dass Jesus sich selbst in dem Logion *nicht* erwähnt (ganz anders etwa Lk 11,20; vgl. auch Offb 3,21), könnte als „theokratischer" Zug zu werten sein. Richtig ist aber wohl, dass Jesus sich in diesem Logion mit messianischen Erwartungen auseinandersetzt, die an ihn herangetragen wurden.

2.3. Mt 19,28* im Kontext der Verkündigung des historischen Jesus

Nicht nur die exklusive Zusage eschatologischer Herrschaft an die Zwölf, sondern auch die Verheißung, dass alle zwölf Stämme an der βασιλεία teilhaben werden, ist im Kontext der Verkündigung Jesu durchaus bemerkenswert. Denn ansonsten wird die βασιλεία nur einem Teil Israels zugesprochen. „The sayings material is markedly individual in tone, and when collective terms are used they do not imply ‚all Israel': ‚little flock', the ‚poor', and the ‚sinners'."[212] Wie lässt sich dieser Befund im Rahmen der Verkündigung Jesu erklären?

---

[208] S.u. Exkurs 3.

[209] Allerdings ist m.E. daraus nicht der Schluss zu ziehen, dass „wir uns auch nicht den Kopf darüber zu zerbrechen [brauchen], welche Rolle Jesus dabei sich selbst zugedacht hat" (gegen Reiser, Gerichtspredigt, 248).

[210] Mit Sanders, Jesus, 308: „Let us grant that Jesus did not call himself ‚Messiah' ... If Jesus said to the disciples only ‚there will be a kingdom', ‚you will have a role in it', and ‚I will share the banquet of the new kingdom with you', the disciples would naturally have been as willing as the Romans to think that he considered himself ‚king', and they would equally naturally have found the title ‚Messiah' an appropriate one."

[211] Gegen Theißen, Gruppenmessianismus, 280f.

[212] Sanders, Jesus, 222.

Hier hilft ein Blick auf die Gerichtsverkündigung weiter: In Lk 11,31f kündigt Jesus „diesem Geschlecht" das Gericht an. „Wenn er dabei ... Heiden (die Südkönigin und die Niniviten) mit ‚diesem Geschlecht' kontrastiert, so ist kein Zweifel: Gemeint sind alle jetzt lebenden Israeliten."[213] Gerade gegenüber TestBen 10,6–10, wo eine ähnliche Gerichtsszene geschildert wird, in der jedoch nicht ein ganzes Geschlecht aus Israel verurteilt wird, fällt auf, mit welcher Radikalität ganz Israel in Lk 11,31f das Gericht angedroht wird.[214]

Jesus differenziert also zwischen zwei unterschiedlichen Kollektivbezeichnungen: Im unheilvollen Gerichtskontext spricht er von „diesem Geschlecht", im heilvollen Gerichtskontext (Mt 19,28*) spricht er von den zwölf Stämmen. Dieser differenzierte Sprachgebrauch ist alttestamentlich vorgeprägt. Die kollektiv abqualifizierende Bezeichnung „dieses Geschlecht" findet sich für das Volk Israel bereits in Gen 7,1; Dtn 1,35; 32,5; Ps 95,10 und Jub 23,14–16. Das Bild der zwölf Stämme ist – zumal im eschatologischen Horizont – stets positiv besetzt.[215]

Neben dieser kollektiven Gerichtsdrohung an ganz Israel findet sich eine individualisierende Gerichtsvorstellung mit doppeltem Ausgang, z.B. in Lk 17,34f.[216] Die Gerichtsdrohung kann sich auch gegen Gruppen Israels richten, z.B. gegen einzelne Orte (vgl. Lk 10,13ff; Lk 10,10ff par.). Solche Gerichtsdrohungen mit eingeschränktem Adressatenkreis sind aber eigentlich nur dann sinnvoll, wenn es andere Orte und Personen in Israel gibt, die dem Gericht nicht verfallen sind. Dennoch lassen sich der pauschale Angriff auf „dieses Geschlecht" und die Drohungen an Einzelne von demselben Anliegen her verstehen. „Beide zielen auf dasselbe: Keiner ist sicher, im Gericht zu bestehen. Alle sind zur Umkehr aufgerufen, das ‚ganze Geschlecht' und in ihm jeder Einzelne."[217]

Diesem Befund lässt sich die Heilspredigt zuordnen: Auch hier gibt es Zusagen an Einzelne, andere an Gruppen und wieder andere an ganz Israel. Bei den Gruppen werden bekanntlich die sozial Deklassierten, z.B. Arme und Kinder, besonders hervorgehoben. Aber ebenso wie bei der Gerichtspredigt gilt, dass ganz Israel verloren ist, gilt bei der Heilspredigt, dass ganz Israel die βασιλεία offen steht. Denn während einerseits von „diesem Geschlecht" gilt, dass es im Gericht von Heiden verdammt werden wird (Lk 11,31f), gilt andererseits: „Selig die Augen, die hören, was ihr hört! Amen, ich sage euch: Viele Propheten und Könige wollten sehen, was ihr seht,

---

[213] Theißen/ Merz, Jesus, 245.
[214] Becker, Jesus, 82.
[215] Vgl. die oben unter 2.2.1. genannten Belege.
[216] Vgl. Becker, Jesus, 70f.
[217] Theißen/ Merz, Jesus, 246.

aber haben es nicht gesehen, und hören, was ihr hört, aber haben es nicht gehört.[218] Das heißt: Ganz Israel ist verloren, ganz Israel sieht sich aber auch dem einzigartigen Heilsangebot der βασιλεία gegenüber. Ebenso wie die Gerichtsdrohungen einzelne Gruppen und Orte noch einmal gesondert ins Visier nehmen, um deutlich zu machen, dass sich niemand in falscher Sicherheit wiegen darf[219], richtet sich die Heilspredigt explizit auch an diejenigen, die am wenigsten mit einem Heilsangebot rechnen.

Der Erfolg der Heilspredigt wird sehr unterschiedlich eingeschätzt: Während die kollektiven Gerichtsdrohungen gegen „dieses Geschlecht" (Lk 11,31f; vgl. Lk 11,49.51par) „im Verdacht [stehen], Reaktionen auf negative Erfahrungen der Israelmission zu sein"[220], vertritt Mt 19,28* einen sehr optimistischen Standpunkt: Alle zwölf Stämme werden einst in der βασιλεία versammelt sein. Es ist daher anzunehmen, dass das Logion in die Frühzeit der Verkündigung Jesu gehört. Rückschläge in der Israelmission sind ebenso wenig im Blick wie der gewaltsame Tod Jesu. Bei Mt 19,28* handelt es sich also ursprünglich *nicht* um eine testamentarische Verfügung. Gestützt wird diese These durch die Beobachtung, dass „das διατιϑέναι Jesu dem des Vaters völlig entspricht. Und so, wie nicht an Gottes Tod gedacht ist, so folglich auch nicht an den Tod Jesu."[221]

Die uns überkommene Jesusüberlieferung legt also folgende Vermutung nahe: Mt 19,28* stellt innerhalb der Verkündigung Jesu eine exklusive Spitzenaussage dar, und zwar in doppelter Hinsicht: Einerseits wird nur hier eine bestimmte Gruppe – und zwar der Zwölferkreis – inthronisiert und mit einer eschatologischen Regierungsfunktion betraut; andererseits ist nur hier davon die Rede, dass ganz Israel, alle zwölf Stämme, an der βασιλεία partizipieren werden. Beide Aspekte sind jedoch innerhalb der Verkündigung Jesu plausibel und zwingen daher nicht dazu, dem historischen Jesus das Logion abzusprechen: Die Heilszusage an das Kollektiv der zwölf Stämme hat sein Pendant in der Gerichtsandrohung an „dieses Geschlecht". Die Herrschaftszusage an die Zwölf erklärt sich als Reaktion Jesu auf die messianischen Erwartungen, die an ihn herangetragen wurden. Dabei kommt der Zahl zwölf eine besondere Bedeutung zu, denn sowohl die Ansage einer Partizipation aller an der βασιλεία als auch die Zusage eschatologischer Herrschaft verbinden sich exklusiv mit der Zwölf – zum einen den zwölf Stämmen, zum anderen den zwölf Jüngern.

---

[218] Vgl. Becker, Jesus, 78.
[219] Vgl. Theißen/ Merz, Jesus, 246.
[220] A.a.O., 245.
[221] Hampel, Menschensohn, 144.

Welche Bedeutung hatte der Zwölferkreis für den historischen Jesus?

In der Forschung zeichnet sich in jüngster Zeit ein gewisser Konsens dahingehend ab, dass bereits Jesus von einem Zwölferkreis gesprochen hat.[222] Folgende Argumente stützen diese These:

Innerhalb des Neuen Testaments ist an mehreren Stellen erkennbar, dass die Rede vom Zwölferkreis nach dem Verrat durch Judas problematisch sein konnte (vgl. die Erzählung von der „Auffüllung" des Zwölferkreises durch Wahl in Apg 1,21–26 und die Änderung der Zahl 12 in 11 in einigen Handschriften zu 1Kor 15,5). Dasselbe Phänomen zeigt sich auch in der Wirkungsgeschichte von Mt 19,28*: „Lukas konnte deshalb nicht mehr von zwölf Thronen sprechen, auf denen die zwölf Jünger sitzen werden, weil Judas im unmittelbaren Textzusammenhang (V. 3f.21–23.47f) als ‚Verräter' Jesu entlarvt wird und daher seine Beteiligung an der zunächst allen zwölf Jüngern zugesagten herrscher-lich-richterlichen Funktion Jesu verspielt hat."[223] Das heißt: Die ersten Christen tradierten eine Zahl, die ihnen offensichtlich Schwierigkeiten bereitete.[224] „... the church was faced with two facts: the existence of the twelve as a group (I Cor 15.5; Matt 19.28) and the betrayal by one of them."[225] Schwierigkeiten bereitet die Beobachtung, dass die Namens-listen, die versuchen, die einzelnen Mitglieder des Zwölferkreises zu nennen, am Ende nicht übereinstimmen (vgl. Mt 10,2–4; Mk 3,16–19; Lk 6,14–16). Anscheinend gab es einige Jünger, bei denen unumstritten war, dass sie zum Zwölferkreis gehörten – so Pet-rus und die Zebedaiden –, während bei anderen Unklarheit herrschte. Diese Beobachtung spricht aber nicht dafür, dass der Zwölferkreis erst ein Produkt der Gemeinden ist, denn „why should the church invent the number twelve and the produce lists of names which disagree?"[226]

Der Befund lässt sich so erklären, dass „it was Jesus who spoke of there being ‚twelve' and the church subsequently tried to list them"[227]. Sollte die-se These zutreffen, müsste man allerdings annehmen, dass Jesus von Zwöl-fen sprach, ohne diese Zwölf immer eindeutig zu identifizieren. Diese An-nahme wird plausibel, wenn Jesus die Zahl symbolisch benutzte: Der Zwölferkreis dokumentiert, dass Jesus sich an ganz Israel wendet; welche Personen dem Zwölferkreis angehörten, ist für ihn von zweitrangiger Be-deutung. Nur bei einigen Jüngern ist die Zugehörigkeit unumstritten, so dass auch die Urkirche sie einhellig zum Zwölferkreis rechnet (insbesonde-

---

[222] Roloff, Apostolat, 138–150.158–161; Trilling, Entstehung, 201–222; Klauck, Judas, 33–40; Schürmann, Jüngerkreis, 45–60; Jeremias, Theologie, 224–226; Neugebauer, Jesus, 10f; Pesch, Mk, HThK II/ 1, 202–209; Gnilka, Mk, EKK II/ 1, 141–143; Riesner, Jesus, 483–486; Riniker, Gerichtsverkündigung, 356; weitere Literaturangaben bei Hampel, Menschensohn, 149 Anm. 447; skeptisch z.B. Conzelmann/ Lindemann, Arbeitsbuch, 521; ablehnend Vielhauer, Gottesreich, 68–71, dagegen Sanders, Jesus, 98–103.106.

[223] Hampel, Menschensohn, 141.

[224] Die Rede vom Zwölferkreis erfüllt damit das Kriterium der „Tendenzwidrigkeit" im Rah-men der „historischen Wirkungsplausibilität" (vgl. Theißen/ Merz, Jesus, 118).

[225] Sanders, Jesus, 100.

[226] A.a.O., 101.

[227] Ebd.

re Petrus und die Zebedaiden). Ebenso wird Judas deswegen zum „Problem", weil allseits bekannt war, dass er zu den Zwölfen zählte. So spricht in der Tat einiges dafür, dass „Jesus used the number ‚twelve' symbolically, without anyone then, any more than later, being able to count precisely twelve"[228]. Mt 19,28* ist ein Beispiel für diesen symbolischen Gebrauch der Zwölf durch Jesus: Der Zwölferkreis wird den zwölf Stämmen Israels zugeordnet. Es geht um die Sammlung ganz Israels unter der heilvollen Herrschaft der Zwölf. Mit der Konstituierung des Zwölferkreises erhebt Jesus Anspruch auf ganz Israel.[229] Die Heilsgesellschaft in der βασιλεία wird hierarchisch „binnendifferenziert". Die Zwölf sollen über den Rest des *eigenen* Volkes herrschen. Es ist schwer zu sagen, ob bzw. inwiefern Jesus mit dieser Zusage zu einer Zeit, als sich sein Tod noch nicht abzeichnete, die gegenwärtige Situation in seiner Anhängerschaft beeinflussen wollte – abgesehen von der Selbstverständlichkeit, dass sich in dem Logion eine ganz besondere Hochschätzung der Zwölf ausdrückt. Doch spätestens mit dem Tod Jesu gewann das Logion eine hervorragende ekklesiologische Bedeutung.

Mt 19,28* kann dazu beitragen, die Entstehung des Urchristentums verständlich zu machen. „Die Krise der Kreuzigung Jesu konnte überwunden werden, weil Jesus die Gottesherrschaft nicht mit seiner Person verbunden

---

[228] A.a.O., 102. Wie ist die *Relevanz* dieses Ergebnisses zu bestimmen? Es führt zu der Schlussfolgerung, dass Logien, die vom Zwölferkreis sprechen, durchaus dem historischen Jesus zugerechnet werden können. Diese Zuordnung ist jedoch nicht zwingend. Denn die Erscheinung vor den Zwölfen (1Kor 15,5) zeigt, dass auch nachösterliche Tradition die Rede vom Zwölferkreis aufnehmen konnte. Wenn das Urchristentum den Zwölfen die Würde zusprechen konnte, Erscheinungszeugen gewesen zu sein, ist auch damit zu rechnen, dass es möglich war, ihnen die Würde zuzusprechen, auf den zwölf Thronen zu sitzen und die zwölf Stämme Israels zu regieren. Die These, dass es sich bei Mt 19,28par um ein Wort des historischen Jesus handelt, kann daher nicht mit dem Vorkommen des Zwölferkreises gestützt werden (gegen Sanders, Jesus, 99, der hier zumindest missverständlich formuliert, sowie Hampel, Menschensohn, 151: „Der ‚Verrat' des Judas – und damit sein ‚Selbstausschluß' aus dem Jüngerkreis – stand im ursprünglichen Jesuslogion mit keinem Wort zur Debatte. Er wurde erst ... hineininterpretiert, nachdem Lukas die Verheißung an die Zwölf sekundär in den Kontext der Passion Jesu eingebunden hatte. *Läge hingegen insgesamt eine urchristliche Bildung vor, wäre dieser Sachverhalt von vornherein berücksichtigt worden.*"; eigene Hervorhebung).
[229] Reiser, Gerichtspredigt, 247. Roloff (Art. Apostel, 433) differenziert: „Man sollte die *Bedeutung des vorösterlichen Zwölferkreises* nicht überschätzen, so wenig andererseits zur Bestreitung seiner Historizität Anlass besteht. Seine Einsetzung war wohl in erster Linie eine Jesu Anspruch gegenüber Israel veranschaulichende Zeichenhandlung, denn die Zwölfzahl war Symbol für das Gottesvolk in seiner urzeitlichen, in der Endzeit zu restituierenden Ganzheit der Zwölf Stämme (Apk 21,12–14). Im übrigen waren die Zwölf jedoch kein Gremium, in dem sich bestimmte Funktionen institutionalisiert hätten." (Hervorhebung im Original). Gerade im Zuspruch eschatologischer Herrschaft an die Zwölf wird m.E. jedoch ein Stück Wirkungs-, genauer: Konfliktgeschichte des Zwölferkreises erkennbar.

hatte, sondern von Anfang an mit einem messianischen Kollektiv."[230] Mt 19,28* kommt insofern entscheidende Bedeutung für die Entstehung des Urchristentums zu. Für Theißens These spricht in der Tat die Bedeutung des Zwölferkreises in Jerusalem. Sie verlor sich allerdings sehr schnell und wurde durch das Leitungsgremium der drei „Säulen" ersetzt (Gal 2,9). Wie es im einzelnen zu dieser Veränderung kam, entzieht sich unserer Kenntnis. Die Überlieferung lässt allerdings noch erkennen, dass die Zusage aus Mt 19,28* im Urchristentum nicht unumstritten galt. Denn im Zebedaiden-gespräch wird Johannes und Jakobus das, was ihnen Mt 19,28* zusagt, ab-gesprochen und sehr vage auf „die, denen es bestimmt ist" (Mk 10,40) übertragen. Das folgende 3. Kapitel wird sich daher mit der Frage beschäftigen, welche ekklesiologischen Konflikte Mt 19,28* aufwerfen konnte.

Die Wirkungsgeschichte von Mt 19,28* ist also nicht einheitlich durch eine „ungebrochene" Aufnahme und ekklesiologische Umsetzung charakte-risiert, sondern sie äußert sich noch eindrucksvoller in den Konflikten, die die Zusage an die Zwölf entfesselte.

2.4. Die dargelegte Interpretation im Dialog mit der Forschung

Die hier dargelegte Interpretation des Logions Mt 19,28* im Kontext der Verkündigung Jesu soll abschließend im Dialog mit anderen Lösungsvor-schlägen noch stärker profiliert werden.

1) Abzulehnen ist eine traditionsgeschichtliche Ableitung des Logions Mt 19,28* vom Gericht der Gerechten, wie sie die Mehrheit der Forschung ver-tritt. Der Vorteil dieser traditionsgeschichtlichen Rückbindung liegt darin, dass das Gericht der Gerechten „in der Regel ... nicht ganz Israel, sondern besonderen Gruppen in Israel zugesprochen [wird]"[231]. Die eins-zu-eins-Zuordnung von Herrschenden (Phylarchen) und Beherrschten (Stämmen), die charakteristisch für Mt 19,28* ist, findet sich beim Gericht der Gerech-ten allerdings nicht. Schwerer noch wiegt, dass beide Vorstellungen bezüg-lich der Art der eschatologischen Tätigkeit weit voneinander entfernt sind. Denn für das Gericht der Gerechten gilt: „Wo von einer aktiven Beteiligung der *Gerechten* am Gericht geredet wird, da ist dasselbe meist als

---

[230] Theißen, Gruppenmessianismus, 280.
[231] Broer, Ringen, 28.

Vernichtungsgericht gedacht, ...“[232] Sowohl die Heilsvorstellung von der Sammlung der zwölf Stämme als auch die exklusive Bindung der Herrschaft an die zwölf Phylarchen (vgl. TestJud 25,1) werden bei dieser traditionsgeschichtlichen Ableitung nicht ausreichend gewürdigt.

2) Hampel versucht in seiner Auslegung, Mt 19,28 sowohl von der Tradition der Gerechten als auch von der königlich-messianischen Tradition her zu verstehen. Er hält „die Vorstellung von der Teilhabe der Zwölf an der Regierungstätigkeit des Messias ... [für] eine modifizierende Variante der Konzeption des Gerichts der Gerechten“[233]. Einen Niederschlag messianischer Tradition sieht er in der Formulierung ἐν τῇ βασιλείᾳ μου. Es handele sich dabei um einen Semitismus, der mit „wenn ich König bin“ zu übersetzen sei.[234] Allerdings sind sowohl die Übersetzung (üblich: „in meinem Reich“) als auch die Zuschreibung dieses Abschnitts zum ursprünglichen Bestand (normalerweise als sekundäre Hinzufügung ausgeschieden) umstritten.

3) Theißen hat 1992 und – in überarbeiteter Form – 2003 eine sehr weitgehende Interpretation vorgelegt.[235] Er vertritt folgende These: Die Jesusbewegung antwortete „auf messianische Erwartungen mit der Konzeption eines Gruppenmessianismus ...: einer Form kollektiver Herrschaft, die auf der Mitteilung von Charisma an ein Kollektiv basiert. Der Jüngerkreis war ein messianisches Kollektiv, das eine Synthese der beiden in Konkurrenz stehenden realen und als utopisch erwarteten Herrschaftsstrukturen darstellte.“[236] Mit Letzterem ist einerseits „die Konkurrenz zwischen königlichen und aristokratischen Verfassungskonzeptionen“[237], andererseits „die Konkurrenz von ‚messianischen‘ und theokratischen Aufstandsbewegungen“[238] gemeint. In diese Spannung seien Verkündigung und Leben Jesu einzuzeichnen. Die Gottesreich-Verkündigung sei theokratisch ausgerichtet, aber an Jesus wurden messianische Erwartungen herangetragen. Jesus verbinde nun die messianischen Erwartungen mit seiner theokratischen Verkündigung, indem er beide Traditionen umprägt: Er weite zum einen individuelle, messianische Hoheitsaussagen auf eine Gruppe aus und schränke andererseits βασιλεία-Aussagen, die ursprünglich auf ganz Israel bezogen waren, auf eine Gruppe ein. „Im Ergebnis treffen sich beide Umprägungen der

---

[232] Volz, Eschatologie, 275; Hervorhebung im Original, dort auch weitere Belege.
[233] Hampel, Menschensohn, 148. So mit der Mehrheit der Forschung.
[234] Hampel, Menschensohn, 148.
[235] Theißen, Gruppenmessianismus.
[236] A.a.O., 256.
[237] A.a.O., 256–258; Zitat 256.
[238] A.a.O., 258–263; Zitat 258.

Tradition: die Ausweitung individueller Hoheit auf eine Gruppe und die Einschränkung ethnischer Privilegien auf einen Teil des Volkes. Das Ergebnis ist der Gruppenmessianismus der Jesusbewegung."[239] Für das Selbstverständnis Jesu bedeute das: „Wer Menschen messianische Aufgaben überträgt, ist mehr als ein ‚Messias‘."[240] Durch diese Verbindung der Gottesherrschaft mit einem messianischen Kollektiv konnte „die Krise der Kreuzigung Jesu ... überwunden werden ..."[241].

Die vorliegende Interpretation folgt Theißen insbesondere darin, dass sie das κρίνω aus Mt 19,28* in den Rahmen königlicher (Gesalbten-) Tradition stellt. Sie rechnet ebenfalls mit einer Spannung zwischen theokratischer Gottesreichverkündigung und messianischen Erwartungen und bringt diese Spannung bei der Auslegung von Mt 19,28* in Anschlag.

Ein wesentlicher Unterschied zwischen der hier vorgelegten Auslegung und der Interpretation Theißens besteht darin, dass er die Gruppe der Zwölf für austauschbar hält. Ich meine jedoch nicht, dass sich die beiden von Theißen beschriebenen Umprägungen der Tradition „im Ergebnis treffen", so dass auch Arme, Kinder etc. zu eschatologischen Herrschern eingesetzt würden. Denn es ist m.E. deutlich zwischen zwei Formen der Partizipation an der βασιλεία zu unterscheiden – zum einen der des (passiven) Dabei-Seins, zum anderen der des (aktiven) Herrschens/ Richtens. M.a.W.: Es gibt einerseits Aussagen, die die *Teilnahme* an der βασιλεία verheißen, und solche, die Gruppen eine *Funktion* innerhalb der βασιλεία zusprechen. Für diese Differenzierung spricht schon Mt 19,28* selbst: Allen zwölf Stämmen – also ganz Israel – wird die Teilnahme an der βασιλεία verheißen. Aber nur der Zwölferkreis wird eine eschatologische Funktion wahrnehmen.

Hinsichtlich der beiden von Theißen unterschiedenen Traditionen und ihren jeweiligen Umprägungstendenzen komme ich zu folgendem Ergebnis: Wenn die βασιλεία-Aussagen, die traditionell überwiegend ganz Israel zugeordnet sind (z.B. Dan 2,44), von Jesus auf unterprivilegierte Gruppen eingeschränkt werden, so ist diese Tendenz analog zur Gerichtspredigt zu deuten. Ebenso wie die Gerichtsdrohungen einzelne Gruppen und Orte noch einmal gesondert ins Visier nehmen, um deutlich zu machen, dass sich niemand in falscher Sicherheit wiegen darf[242], richtet sich die Heilspredigt explizit auch an diejenigen, die am wenigsten mit einem Heilsangebot rechnen. Daneben finden sich aber sowohl in der Gerichts- als auch in der

---

[239] A.a.O., 280.
[240] Ebd.
[241] Ebd.
[242] Vgl. Theißen/ Merz, Jesus, 246.

Heilspredigt Jesu Aussagen, die an das ganze Volk gerichtet sind („dieses Geschlecht"; „zwölf Stämme").[243]

Die Funktionsübertragung an die Zwölf ist m.E. getrennt von diesen βασιλεία-Aussagen, die auf das „Dabei-Sein" abzielen, zu beurteilen. In dieser Hinsicht ist Mt 19,28* singulär (worauf auch die Inthronisationsankündigung hinweist). Das aber heißt: Die eschatologische Funktionsübertragung erfolgt nicht an eine Gruppe, die austauschbar wäre (die Zwölf, die Armen, die Kinder etc.), sondern eben exklusiv an die Zwölf. Nur die Zwölf werden inthronisiert und als Herrscher eingesetzt. Bei den anderen Aussagen, die einer Gruppe die βασιλεία zusprechen, geht es durchweg um das Dabei-Sein in der βασιλεία oder – in Lk 16,16 – um die Durchsetzung der βασιλεία.[244] Das heißt: Das Motiv der zwölf Stämme, die durch zwölf Jünger repräsentiert und regiert werden, scheint ein konstitutiver Bestandteil der Aussage in Mt 19,28* zu sein. Bei der Frage, wie die messianische Funktionsübertragung an die Zwölf zu bewerten ist, kommt diesem Element entscheidende Bedeutung zu. Denn nur so wird deutlich, dass Jesus auf die Tradition der Phylarchen zurückgreift.

Hinsichtlich der traditionsgeschichtlichen Verortung des Logions folgt Theißen in der überarbeiteten Fassung seines Aufsatzes meiner im Jahre 2001 entfalteten These, nach der die Kollektivierung des Gesalbtenbegriffs für die Interpretation von Mt 19,28* noch nicht viel austrägt.[245] Denn sie ist traditionell mit dem Verblassen oder gar dem Verlust der funktionellen Komponente verbunden.[246] Theißen nennt daher zwei weitere „Analogien, die eine Übertragung der auf einen einzelnen Messias bezogenen Erwartungen auf eine Gruppe für die damalige Zeit belegen"[247]: zum einen die „Pluralisierung zu einer messianischen Dyarchie oder einem Triumvirat", die dort vorliege, „wo neben die einen Messias weitere ‚Messias' genannte Gestalten treten"[248], zum anderen die „Ausweitung der Messianität auf einen messianischen Stab"[249]. Diese letzte Analogie taucht in der Fassung von 1992 noch nicht auf. Durch ihre Hinzunahme nähert sich Theißen entscheidend der hier vorgetragenen Interpretation an. Denn er greift nun zur Erklärung von Mt 19,28* zum einen auf den Thronrat des Athronges zurück (Jos-Ant 17,280; Bell 2,61), zum anderen auf die (zwölf) Stammesfürsten (11QTemple 57,11–15; TestJud 25,1).

---

[243] S.o. unter 2.3.
[244] S.u. Exkurs 3.
[245] Theißen, Gruppenmessianismus, 276.
[246] S.o. unter Exkurs 1.
[247] Theißen, Gruppenmessianismus, 275.
[248] A.a.O., 276.
[249] A.a.O., 277.

Obwohl unsere Auslegungen sich also weiter dahingehend unterscheiden, dass ich in den Zwölfen die *exklusiven* Träger der eschatologischen Herrschaft sehe, stimmen wir in der Frage der traditionsgeschichtlichen Ausleuchtung des Logions nunmehr – vielleicht bei abweichender Gewichtung – überein: Mt 19,28* ist als messianische Beauftragung einer Gruppe zu verstehen, die (u.a.) dadurch ermöglicht wurde, dass die (12) Phylarchen im 1. Jh. n.Chr. als ein messianisches Gremium angesehen werden konnten.

4) Horbury stellt das Logion Mt 19,28* in den Kontext der Tradition der Phylarchen. Hierin folgt ihm die vorliegende Interpretation. Besonders wertvoll ist dabei das Ergebnis von Horbury, nach dem die Phylarchen als ein messianisches Gremium angesehen werden konnten, das in Konkurrenz zu einer theokratischen Verfassung stand. Hier liegt also eine Verbindung zwischen der herrschaftlich-königlichen Gesalbtentradition und der Tradition der (12) Phylarchen, die m.E. für das Verständnis von Mt 19,28* entscheidend ist. Horbury versucht ebenfalls, Mt 19,28* vor dem Hintergrund der konkurrierenden Verfassungsformen, die sich in der Verkündigung Jesu und den Erwartungen seiner Anhänger abbilden, zu interpretieren. Er stellt fest, dass die Zwölf nur in diesem Logion mit einer Herrschaftsfunktion betraut werden. Ansonsten dominiert bei der Rede von den Zwölfen die Aussendungstradition.[250]

So weit gehen seine und meine Auslegungen konform. Abzulehnen ist allerdings m.E. die weitere Schlussfolgerung Horburys: „... there is a strong possibility that Matt 19.28 arose during the ministry, yet is inauthentic. It would then represent the messianic fervour of the disciples and their associates, fanned perhaps by the princely model and the circumstances of the Galilean mission (Mark 6.6–13 ...).“[251] Jesus habe die eschatologische Verheißung aus Mt 19,28* in Mk 10,37–40 „persönlich“ korrigiert.

Diese These scheint mir unwahrscheinlich. Denn ist wirklich denkbar, dass Jesus zu seinen Lebzeiten ein Logion in den Mund gelegt wird, dem er selbst dezidiert widersprach, und dass dieses Logion dann unkorrigiert tradiert wurde? Der Widerspruch von Mt 19,28* einerseits und Mk 10,35–45 andererseits scheint mir eher auf einen Überlieferungsvorgang hinzuweisen, bei dem die ursprüngliche Verheißung Jesu nach seinem Tod uminterpretiert wurde.[252]

---

[250] Horbury, Twelve, 523.
[251] A.a.O., 525; Horbury folgt hier Taylor, Mark, 622.
[252] S.u. unter 2.2.

Exkurs 3: Zur Verkündigung des historischen Jesus: Status und eschatologische Machtausübung in der Gegenwart

Mt 19,28* blickt in die Zukunft. In der βασιλεία *werden* die Zwölf auf Thronen sitzen und die zwölf Stämme Israels richten: Ὑμεῖς καθήσεσθε ἐπὶ θρόνων τὰς δώδεκα φύλας κρίνοντες τοῦ Ἰσραήλ. Den Zwölfen werden königliche Attribute in Aussicht gestellt: das Sitzen auf Thronen und die Ausübung königlich-richterlicher Macht. Nun hat die Gottesreich-verkündigung Jesu bekanntlich auch einen präsentischen Aspekt. Jesus spricht einzelnen Gruppen – wie bereits gesehen – die βασιλεία präsentisch zu (vgl. die Formulierung βασιλεία, Genitiv, ἐστίν).[253] Die Nachfolger Jesu sind also offensichtlich schon jetzt Bürger der Gottesherrschaft. Wie macht sich diese Bürgerschaft in der Gegenwart bemerkbar?

1) Jesus verleiht seinen Jüngern Vollmacht, Dämonen auszutreiben (vgl. v.a. Lk 10,17–20; 11,17–20). Exorzismen dienen der Durchsetzung der βασιλεία. Insofern üben die Anhänger Jesu eschatologische Macht aus, die die Verwirklichung der βασιλεία vorantreibt.[254]

2) Während den Zwölfen exklusiv in Aussicht gestellt wird, dass sie königliche Macht ausüben werden, sollen sich die Anhänger Jesu in der Gegenwart wie (gute) Könige fühlen und verhalten, obwohl sie faktisch keine sind.[255] Auf diesen Aspekt ist noch kurz einzugehen, da er die auch

---

[253] S.o. unter 1.1.5.

[254] Dieser traditionsgeschichtlich entfernte Aspekt soll in einem gesonderten Aufsatz „Die Anhänger Jesu als eschatologische Wundertäter" beleuchtet werden.

Vielleicht gehört auch der sogenannte „Stürmerspruch" (Mt 11,12f/ Lk 16,16) in diesen Zusammenhang. Er stellt ein kämpferisches Geschehen so dar, dass die Jünger als Mitstreiter stigmatisiert (Theißen, Jünger; Mödritzer, Selbststigmatisierung) werden. „Zieht" man diese Selbststigmatisierung versuchsweise „ab", bleibt ein kämpferisches Geschehen, bei dem die Jünger aktiv mitwirken, um die βασιλεία zu erbeuten. Dabei muss offen bleiben, ob es primär darum geht, die βασιλεία weiter durchzusetzen (in diesem Fall könnte man sagen, dass die Anhänger eschatologische Macht ausüben), oder darum, selbst in den Genuss der (gegenwärtigen) βασιλεία zu kommen. Fischer (Tendenz, 169) rückt Mt 11,12f/ Lk 16,16 in die Nähe von Lk 10,19 und deutet beide Logien als „Zeugnis für die Lebendigkeit der Vorstellung von der Teilnahme der Gläubigen am eschatologischen Krieg". Dem ist im Hinblick auf den kämpferischen Charakter des Logions zuzustimmen. Festzuhalten ist aber, dass nach Lk 10,19 die *Feinde* der βασιλεία Gewalt leiden, während es nach Mt 11,12f/ Lk 16,16 die βασιλεία *selbst* ist, der Gewalt angetan wird.

[255] Die einschlägigen Belege hat Theißen zusammengestellt und interpretiert (Wertrevolution). Auf seine Ergebnisse wird hier weitgehend zurückgegriffen. Theißen differenziert in seinem Aufsatz allerdings nicht zwischen der Verkündigung des historischen Jesus und der Tradition der ersten Christen. Da es in diesem Kapitel um die Verkündigung des historischen Jesus geht, beschränken wir uns auf die Belege, die mit einiger Wahrscheinlichkeit dem historischen Jesus zugesprochen werden können. Sachlich ergibt sich dadurch keine nennenswerte Verschiebung. Denn „die angeführten Belege ... sind innerhalb der Jesusüberlieferung nicht Randerscheinungen, sondern ergeben sich aus dem Zentrum, aus der Verkündigung der Königsherrschaft Gottes." (Wertrevolution, 355).

in der weiteren Überlieferung wichtige Differenzierung zwischen einer königlichen Funktion (Machtausübung) und einem königlichen (Ehren-) Status beleuchtet. In diesem Zusammenhang sind zwei Gruppen von Belegen zu unterscheiden: zum einen solche, die sich damit befassen, was „gute" Könige – also auch die Anhänger Jesu – tun sollten (1), und solche, die kritisieren, was die (römischen) Herrscher wirklich tun – worin die Anhänger Jesu sie also übertreffen sollen (2). Die Jesusbewegung vertritt damit den Anspruch, „viel vorbildlicher als die herrschenden Kreise jene Werte zu realisieren, welche diese zu realisieren vorgeben"[256].

zu (1) Der „gute" König geht mit seinen Feinden großzügig um: „Jemand lobte den von Kleomenes berichteten Grundsatz, der gefragt, was ein guter König tun müsse, gesagt hatte: ,Den Freunden Gutes tun, den Feinden Böses tun!' Da antwortete er: ,Wieviel besser ist es, Freund, den Freunden Gutes zu tun, die Feinde aber zu Freunden zu machen.'"[257] Dieses antike Herrscherideal scheint auch in jüdischer Literatur auf. So stellt der Aristeasbrief „die ,Milde' (die ἐπιείκεια) des Herrschers als zentrale Tugend heraus"[258] (Arist 188.208.254). Josephus berichtet von Agrippa I.: „Denn er hielt Sanftmut für einen königlicheren Zug als Zorn, und er war der Meinung, daß Milde (ἐπιείκεια) den Großen besser stünde als Heftigkeit." (Ant 19.334). Die Anhänger Jesu sollen sich dieses herrscherliche Ideal zu Eigen machen, obwohl sie keine Herrscher sind. Nun ließe sich gegen diese Interpretation einwenden, dass Milde nicht nur Herrschern zukommen kann. Doch es lässt sich zeigen, dass Jesus hier wirklich ein herrscherliches Ideal im Blick hat. Denn er grenzt die Feindesliebe vom üblichen Verhalten ab. „,... Liebe auf Gegenseitigkeit üben auch ,Zöllner', ,Heiden' und ,Sünder' (vgl. Mt 5.46f; Lk 6.32ff). Wer anders als sie seine Feinde liebt, wird dagegen ein ,Sohn' des himmlischen Vaters"[259] – und Könige galten im alten Israel wie auch sonst im Orient als „Söhne Gottes" (vgl. Ps 2,7).[260]

---

[256] A.a.O., 357. Dieser Aspekt führt in m.E. überzeugender Weise über die Thesen von Lipp (Stigma) und Ebertz (Charisma) hinaus.

[257] Plutarch, Mor 218A = Lakonische Sprüche, Ariston §1, zitiert bei Berger/ Colpe, Textbuch, Nr. 142, 97.

[258] Theißen, Wertrevolution, 350.

[259] Ebd.

[260] Analog lässt sich die Aufforderung zum Friedenstiften interpretieren (vgl. dazu Theißen, Wertrevolution, 349f). Da aber unsicher ist, ob die Seligpreisung in Mt 5,9 einen Anhalt am historischen Jesus hat, wird sie hier nicht herangezogen.

Der „gute" König zeichnet sich durch (materielle) Großzügigkeit aus (vgl. Cic Att 9.7c.1[261]; JosAnt 15,308–311; TestHiob 9,2ff[262], 10,1–7). In Mk 12,44 realisiert die arme Witwe, die alles, was sie hat, spendet, „die aristokratische Tugend des Schenkens"[263]. Die Könige können auch deshalb großzügig mit ihrem Reichtum sein, weil er ihnen zufällt. Ebenso mühelos erhalten die Jesusanhänger von Gott alles, was sie brauchen. Deshalb müssen sie sich nicht sorgen (Mt 6,25f). „Hier wird wieder Habenichtsen kontrafaktisch ein aristokratisches Bewußtsein zugesprochen: Sie sollen trotz Besitzlosigkeit wie die Reichen frei von materiellen Sorgen sein und aus der Fülle wegschenken!"[264]

zu (2) Mehrfach klingt bei Jesus an, dass die Könige ihre Macht und ihren Reichtum missbrauchen. Dort, wo diese Kritik an den weltlichen Herrschern in den Blick kommt, geht es nicht mehr darum, ihnen nachzueifern, sondern sie zu überbieten.

Mt 11,7–10 ist als Kritik Jesu an Herodes Antipas zu verstehen.[265] Jesus spricht kontrastiv-distanziert von einem Menschen in weichen Kleidern. Gemeint ist wohl Herodes Antipas.[266] Mit denjenigen, „die weiche Kleider tragen", meint der Evangelist die Könige und stellt dieser Gruppe Johannes den Täufer gegenüber.[267] Lk 13,31f gehört ebenfalls in diesen Zusammenhang.[268]

---

[261] „Gern befolge ich Euern Rat, und das um so lieber, weil ich selbst schon entschlossen war, größte Milde walten zu lassen ..." (... ut quam lenissimum me praeberem).
„Mit Barmherzigkeit und Großmut wollen wir uns sichern; das ist unsere neue Art zu siegen." (haec nova sit ratio vincendi, ut misericordia et liberalitate nos muniamus).
(Übersetzung nach Kasten, Atticus-Briefe, 556f).
[262] TestHiob 9,7f: „Offen standen die vier Tore meines Palastes. Ich hatte meinen Dienern befohlen, sie stets offen zu halten in der Absicht, daß die um Unterstützung Bittenden nicht kommen und mich am Tor sitzen sehen und aus Scheu (vor mir) wieder weggehen, ohne etwas empfangen zu haben. Sondern wenn sie mich vor einem der Tore sitzen sahen, sollten sie durch die anderen gehen können und soviel empfangen, wie sie benötigten." (Übersetzung nach Schaller, TestHiob, 333).
[263] Theißen, Wertrevolution, 351; vgl. Crossan, Jesus, 368–370.
[264] Theißen, Wertrevolution, 352.
[265] Theißen, Lokalkolorit, 25–44; vgl. Theißen/ Merz, Jesus, 214ff; gefolgt von Luz, Mt, EKK I/ 2, 174.
[266] Dafür spricht, dass Herodes Antipas in seiner ersten Zeit bis nach der Gründung von Tiberias (bis etwa 26 n.Chr.) Münzen mit dem persönlichen Emblem eines Schilfrohrs prägen ließ. „Der Sinn wäre dann: Es ging euch ja gerade nicht um *diesen* (bekannten!) Windbeutel und Weichling!" (Luz, Mt, EKK I/ 2, 174; Hervorhebung im Original). Der Skopus des Logions in c) liegt nach Luz allerdings darin, dass Jesus mehr als ein Prophet sei (ebd.; ähnlich Sand, Mt, RNT, 239).
[267] „Der Asket Johannes in seinem Kamelhaarkleid ist das Gegenteil eines Höflings in weichen Kleidern." (Luz, Mt, EKK I/ 2, 174; vgl. Wischmeyer, Herrschen, 40).
[268] Bovon, Lk, EKK III/ 2, 451.

Mk 10,42ff geht insofern über diese Belege hinaus, als hier einerseits eine besonders scharfe Kritik an den Herrschern vorliegt und andererseits eine konkrete alternative Handlungsanweisung erfolgt. „Die Spruchreihe gehört ihrer Herkunft nach in den Zusammenhang der Auseinandersetzung Jesu mit den politisch Mächtigen seiner Zeit."[269]

Mt 18,3f und Lk 9,48 formulieren eine Umkehrregel: „‚Höhe' wird als Niedrigkeit ausgelegt."[270] Mk 9,35; 10,43f legen dezidiert das Herrschen als Dienen aus. Nach Hoffmann gehen „die beiden Fassungen des Markusevangeliums ... auf eine gemeinsame Form des Spruchs zurück"[271], wobei 10,43f primär sei. Wichtig für unseren Zusammenhang ist die These, dass auch 10,42b jesuanisch ist – und zwar aufgrund der sachlichen Parallelen zu Mt 11,7–10; Lk 13,31f.[272]

Jesus grenzt sich zunächst von den derzeitigen Herrschern ab, die seiner Meinung nach die Völker unterdrücken und ihre Macht missbrauchen. Dagegen setzt er eine konkrete Handlungsanweisung: „... wer unter euch groß sein will, der sei euer Diener, und wer unter euch der Erste sein will, der soll ein Sklave aller sein." (Mk 10,43f). Die Gegenüberstellung „in der Welt – unter euch" zeigt, dass es einerseits um die Herrschaftsverhältnisse *innerhalb der Welt*, andererseits um die Herrschaftsverhältnisse *innerhalb der Gruppe um Jesus* geht.[273] Und für die Gruppe um Jesus gilt: Nicht weltliches Herrschen, sondern Dienen ist gefordert. Oder anders: „Richtiges" Herrschen wird als Dienen expliziert.[274]

Mk 10,42–44 kontrastiert die weltlichen Herrscher, die ihre Macht missbrauchen, mit „wahren Herrschern", die der Gemeinschaft dienen. Diese

---

[269] Wischmeyer, Herrschen, 40.

[270] A.a.O., 32.

[271] Hoffmann, Herrschaftsverzicht, 144f.

[272] So auch Wischmeyer, Herrschen, 40: „Ein Grund, die Logienreihe Mk 10,42–44 nicht auf Jesus zurückzuführen, ist nicht ersichtlich." Ähnlich Roesaeg, Jesus, 532; Wischmeyer will auch V 45a auf Jesus zurückführen (Herrschen, 41). Diese Annahme ist aber m.E. mit zu großer Unsicherheit belastet (z.B. aufgrund der Menschensohnproblematik). Der Vers wird von der Mehrheit der Forschung nicht für jesuanisch gehalten und soll daher ausgeklammert werden (vgl. Kertelge, Menschensohn; Moulder, Background; Roloff, Anfänge; Hampel, Menschensohn, 302–342; Colpe, Art. ὁ υἱὸς τοῦ ἀνθρώπου, 458f).

[273] In den Versen 42b–44 ist ein „zweigliedriger Spruch im synthetischen Parallelismus (‚Die'-Wort/ ‚Unter euch'-Wort) mit expliziter inhaltlicher Antithese (V. 43a) über den Unterschied im Herrschaftsverhalten der politischen Mächte und der Jüngergemeinde" formuliert (Wischmeyer, Herrschen, 29).

[274] Erging diese Aufforderung ursprünglich speziell an die Zwölf, wie Mk 10,42ff es jetzt darstellt? Das würde bedeuten: Der heilvollen zukünftigen Herrschaft der Zwölf steht in der Gegenwart ein radikal herrschaftskritisches Ideal gegenüber: Sie, die einst über die Ihren herrschen werden (Mt 19,28*), sollen ihnen jetzt dienen. Letzte Sicherheit ist hier aber nicht zu erlangen. Hoffmann hält Mk 10,43f in der „Ihr"-Form, also als Gemeinderegel, für ursprünglich (Hoffmann, Herrschaftsverzicht, 152.155).

Vorstellung vom „wahren Herrscher", der dient, findet sich auch in grie-
chisch-römischen Texten. „That the one who rules should also serve was
evidently a commonplace in what E.R. Goodenough calls ‚The Political
Philosophy of Hellenistic Kingship'."[275]

Auch in jüdischen Texten findet sich der Konnex von Herrschen und
Dienen:[276]

1) In JosAs 20,1–5 leistet Aseneth einen Dienst (Fußwaschung), der eigentlich nur einer
   Sklavin gebührt (20,4). „Es fehlt aber der für Mk 10 konstitutive Gesichtspunkt einer
   vorbildhaften Handlung. Denn der Rahmen des Dienstes, den Aseneth Joseph leistet,
   ist privater Art."[277]
2) Der Tischdienst des Hiob zeichnet sich nun durch eben diesen vorbildhaften Charakter aus (TestHiob 10–15). Darüber hinaus ist zu vermerken, dass Hiob sowohl als
   König als auch als Märtyrer dargestellt wird.
3) Der Verfasser des Aristeasbriefes tadelt den Hochmut von Königen und rät zur Demut. Das Ideal des Dienstes kommt allerdings nicht in den Blick (Arist 257.263.282).
4) Philo nähert sich dem Dienstgedanken, ohne ihn jedoch so konsequent wie Mk 10 zu
   formulieren. Denn Joseph handelt zwar als διάκονος Gottes (Jos 240ff.), bleibt aber
   in seiner herrschenden Rolle.

Das heißt: Der Konnex von Herrschen und Dienen ist sowohl in griechisch-
römischen als auch in jüdischen Texten belegt.[278]

---

[275] Seeley, Rulership, 235f; dort auch weitere Belege. Theißen (Religion, 115), führt an: „Der
makedonische König Antigonos Gonatas (gest. 239) prägte den berühmten Satz, dass ‚die Königsherrschaft eine ehrenvolle Sklaverei sei (eine ἔνδοξος δουλεία)' (Ailian var 2,20)."

[276] Zum Folgenden vgl. Wischmeyer, Herrschen, 36ff.

[277] Wischmeyer, Herrschen, 36.

[278] „Im frühjüdischen und kaiserzeitlichen Kontext ist die Argumentation von Mk 10,42–44
über ein antithetisch verstandenes Herrschafts- und Dienstverhalten bestimmter Menschengruppen
und Einzelpersonen plausibel." (Wischmeyer, Herrschen, 40).
  Um den traditionsgeschichtlichen Hintergrund von Mk 10,41–45 haben sich sowohl Seeley als
auch Wischmeyer bemüht. Beide weichen insofern von der hier vertretenen Auslegung ab, als sie
V 45 zum ursprünglichen Traditionsbestand rechnen und daher versuchen, auch den (soteriologischen) Opfergedanken traditionsgeschichtlich zu verorten.
  Seeley sieht Mk 10,41–45 kynisch beeinflusst. Er hält es für wahrscheinlich, dass Jesus bestimmten kynischen Ideen ausgesetzt war (vgl. Downing, Cynics; Crossan, Jesus; Hengel/ Markschies, Hellenization; Wilcox, Jesus, 145–147). Hierin stimme ich ihm zu, zumal die jesuanische
Lebensform des Wanderradikalismus derjenigen des kynischen Wanderphilosophen ähnelt (Thei-
ßen, Wanderradikalismus, 79–105; Theißen/ Merz, Jesus, 200).
  Wischmeyer hat Seeley widersprochen: Es lasse sich „kein Einfluß der kynischen Philosophie
als Lebensform und Lehre auf den Markustext (weder für 10,41–44 noch für 10,45) feststellen.
Vielmehr handelt es sich um parallele Konstellationen bzw. Lehrgespräche über Herrschen und
Dienen. Der Markustext steht also *neben* den Diskussionen der hellenistischen Philosophie, des
Frühjudentums [vgl. die oben angeführten Belege] und der frühkaiserzeitlichen Philosophie."
(Wischmeyer, Herrschen, 39f; Hervorhebung im Original). Wischmeyer stellt nun das spezifisch
Jesuanische heraus: „In dieser kleinen Gruppe wandernder Jünger waren allgemeine Diakonie oder
allgemeine Sklavendienste weder notwendig noch möglich. Nur der Dienst des Aufwartens bei

Fassen wir zusammen: Jesus ist davon überzeugt, dass sich die βασιλεία schon in der Gegenwart Bahn bricht (Lk 10,18; 11,20par).[279] „Die Erfahrung der Katastrophalität der Weltwirklichkeit ist umgeschlagen in die Überzeugung, dass das Licht der neuen Welt jetzt schon aufblitzt."[280] Daher ergeht schon jetzt die Aufforderung an seine Anhänger, sich „wahrhaft königlich" zu verhalten. Obwohl sie keine Könige sind, wird ihnen *kontrafaktisch* königliches Bewusstsein zugemutet. Die Bürger der Gottesherrschaft haben jetzt schon einen königlichen Status, der sie dazu verpflichtet, nach königlichen Maßstäben zu handeln.

Die futurische Funktionsübertragung an die Zwölf (Mt 19,28*) ist von diesen Statuszusagen zu unterscheiden. Ihre Bedeutung ist vom Zwölferkreis her zu erschließen. Die Zwölf als die zukünftigen Herrscher in der Gottesherrschaft erhalten die Aufforderung, in der Gegenwart nicht nach Macht und Privilegien zu streben, sondern der Gemeinschaft zu dienen.

Welche Funktion hat die königliche Metaphorik? Sie soll bei den Adressaten natürlich zunächst eine positive affektive Einstellung erzeugen. Sie, die am Rande der Gesellschaft stehen, dürfen sich wie Könige fühlen. Aber Jesus hat auch den Anspruch, dass sich dieses Gefühl im Handeln niederschlägt: Seine Nachfolger sollen sich „königlich" verhalten. Sie sind – kontrafaktisch – die wahren Könige. Jesus strebt damit keine politische „Machtrevolution" an, wohl aber eine „Wertrevolution", die auf das Handeln Einfluss haben soll.

„Jeder Verteilungskampf ist mit einem Legitimationskampf verbunden, in dem Ansprüche begründet, verteidigt oder angefochten werden... Revolutionen lassen sich ... als sprunghafte Änderungen im Verteilungs- und Legitimationskampf verstehen, in denen die Struktur der Verteilung geändert wird, ohne daß die geltenden sozialen und kulturellen Spielregeln des Verteilungskampfes eingehalten werden. Eine Revolution innerhalb des Legitimationskampfes soll ... eine ‚Wertrevolution' genannt werden."[281] Vor diesem Hintergrund lautet die These Theißens: „Die Jesusbewegung vollzog im Vorschatten des Reiches Gottes eine Wertrevolution, d.h. eine Aneignung von Einstellungen und Normen

---

Tisch und des Füßewaschens konnten in dieser Gruppe eine Rolle spielen. Jesus selbst hat beides in der Jüngergruppe geübt und eben dies den Jüngern nicht als allgemeines ethisches Verhalten, sondern als Form der Leitung, d.h. als Führungsverhalten aufgetragen. Die Begründung liegt in Jesu eigenem Verhalten: seinem Tischdienst und dem darauf folgenden Tod ‚für Viele'." (A.a.O., 44).

Gerade der Schluss des Zitates zeigt, wie stark Wischmeyer von der Passion Jesu her argumentiert. Klammert man diesen Bezug aus – was m.E. der ursprünglichen Tradition von 10,42–44 angemessen ist – dann ist unter dem geforderten Dienst mehr zu verstehen als Tischdienst und Füßewaschen. Gemeint ist m.E. auch die Aneignung „wahrer" königlicher Tugenden wie Feindesliebe und materielle Großzügigkeit.

[279] Merklein, Botschaft, 59–82; Hahn, Apokalyptik, 6.
[280] Müller, Apokalyptik, 148.
[281] Theißen, Wertrevolution, 343.

der Oberschicht durch kleine Leute und Außenseiter. Aristokratische Tugenden im Umgang mit Macht, Besitz und Bildung wurden so umformuliert, daß sie einfachen Menschen zugänglich wurden. Die eigentliche Machtrevolution wurde von Gott erwartet: In seinem Reich sollten die Armen, Hungernden und Leidenden zu ihrem Recht kommen."[282]

Das heißt: Die Aneignung von Einstellungen und Normen der Oberschicht hat eschatologische Qualität, sie ist Ausdruck eines königlichen Status, und dieser wiederum ist Ausdruck der in die Gegenwart hereinbrechenden βασιλεία. Das bedeutet aber nicht, dass diese Aneignung zur Durchsetzung der βασιλεία beiträgt. „Die eigentliche Machtrevolution wurde von Gott erwartet."[283] Die Frage, wem die Macht gegeben wurde, zur Durchsetzung der βασιλεία aktiv beizutragen, ist gesondert zu behandeln. Insofern geht es bei der Wertrevolution nicht so sehr um eine Form eschatologischer Machtausübung, sondern um eine Form der ethischen Umsetzung bereits vorhandenen eschatologischen Heils.

2.5. Ergebnis: Eschatologische Mitherrschaft als (messianische) Beauftragung

Der historische Jesus beauftragt die Zwölf, über Israel zu richten (Mt 19,28*). Diese Beauftragung ist in gewissem Sinne (s.u.) als „messianisch" zu charakterisieren. Das in Mt 19,28/ Lk 22,30 überlieferte Logion wurde im Kontext der Verkündigung Jesu interpretiert. Die Interpretation versuchte gemäß den Kriterien des „third quest", das Logion primär im jüdischen Kontext verständlich zu machen.

Als ursprünglicher Wortlaut wird die Formulierung vorausgesetzt: „Ihr werdet sitzen auf zwölf Thronen und die zwölf Stämme Israels heilvoll regieren." (= Mt 19,28*). Das Motiv der Sammlung der zwölf Stämme ist alttestamentlich-jüdisch vorgeprägt. Es bezeichnet durchgehend einen Heilszustand. Daher muss es sich bei dem κρίνω in Mt 19,28* um eine heilvolle Tätigkeit am Volk Israel handeln. Diese Tätigkeit ist alttestamentlich-jüdisch im Zusammenhang mit dem davidischen König (Ps 72,2) bzw. dem königlichen Messias (PsSal 17,26) belegt. Ps 122,5 verbindet – wie Mt 19,28* – Throne mit heilvollem Gericht. Allerdings führt die Kollektivierung des Gesalbtenbegriffs noch nicht „automatisch" zur Übertragung

---

[282] A.a.O., 344.
[283] Ebd.

einer messianischen Herrscherfunktion auf ein Kollektiv. Hier kommt die Tradition der 12 Phylarchen zum Zuge (vgl. TestJud 25,1). Mit ihr nimmt Jesus indirekt die messianischen Erwartungen auf, die an ihn herangetragen wurden, denn die Phylarchen konnten mit einer monarchischen Verfassungsform bzw. mit einer messianischen Utopie verbunden werden. Andererseits „korrigiert" Jesus diese Tradition, indem er sie theokratisch tönt: Die Zwölf sind zwar eschatologisch als Herrscher vorgesehen, in der Gegenwart jedoch sollen sie die theokratische Botschaft von der Gottesherrschaft verbreiten. Jesus selbst nimmt sich bei dieser Verheißung ganz zurück. Auf diese Weise setzt Jesus sich wohl mit messianischen Erwartungen auseinander.

Mt 19,28* stellt innerhalb der Verkündigung Jesu eine exklusive Spitzenaussage dar, und zwar in doppelter Hinsicht: Einerseits wird nur hier eine Gruppe – und zwar der Zwölferkreis – inthronisiert und mit einer eschatologischen Regierungsfunktion betraut; andererseits ist nur hier davon die Rede, dass ganz Israel, alle zwölf Stämme, an der βασιλεία partizipieren werden. Beide Aspekte sind jedoch innerhalb der Verkündigung Jesu plausibel und zwingen daher nicht dazu, dem historischen Jesus das Logion abzusprechen: Die Heilszusage an das Kollektiv der zwölf Stämme hat sein Pendant in der Gerichtsandrohung an „dieses Geschlecht". Die eschatologische Herrschaftszusage an die Zwölf erklärt sich aus der Spannung zwischen den messianischen Erwartungen, die an Jesus herangetragen wurden, und seiner theokratischen Botschaft.

Die hier vorgetragene Interpretation lehnt – gegen die Mehrheit der Forschung – Dan 7 samt dem Gericht der Gerechten als traditionsgeschichtlichen Hintergrund für das Logion ab, da es sich beim Gericht der Gerechten durchgehend um ein Strafgericht handelt, die Sammlung der 12 Stämme in Mt 19,28* jedoch einen Heilszustand beschreibt. Die Interpretation übernimmt wesentliche Aspekte aus dem Aufsatz „Gruppenmessianismus" von Theißen. Während er jedoch in den Zwölfen nur *eine* Gruppe unter mehreren (die Kinder, die Armen, etc.) sieht, der die messianische Herrschaft übertragen werden kann, halte ich die Zwölf nicht für austauschbar: Ihnen wird exklusiv die messianische Herrschaft zugesprochen. Hinsichtlich der traditionsgeschichtlichen Verortung des Logions nähern sich unsere Auslegungen wieder an: Die Korrektur von messianischen Erwartungen, die an Jesus herangetragen wurden, erfolgt u.a. unter Rückgriff auf die Tradition der Stammesfürsten bzw. Phylarchen, die als „messianischer Stab" fungieren. Diesen traditionsgeschichtlichen Hintergrund hat Horbury eingehend beleuchtet. Er sieht in der Tradition der Phylarchen den entscheidenden traditionsgeschichtlichen Hintergrund von Mt 19,28*. Allerdings meint er, Jesus sei das Logion noch zu seinen Lebzeiten in den Mund gelegt worden.

In Mk 10,35–45 habe er dem widersprochen. Aber der Widerspruch von Mt 19,28* einerseits und Mk 10,35–45 andererseits scheint mir eher auf einen Überlieferungsvorgang hinzuweisen, bei dem die ursprüngliche Verheißung Jesu nach seinem Tod uminterpretiert wurde

Nach jesuanischer Überzeugung setzt sich die βασιλεία schon in der Gegenwart durch. In der Diktion von Mt 19,28* bedeutet das: Die Nachfolger Jesu sind also schon „jetzt" Bürger der Gottesherrschaft. Wie macht sich diese Bürgerschaft in der Gegenwart bemerkbar?

1) Jesus verleiht seinen Jüngern Vollmacht, Dämonen auszutreiben (vgl. v.a. Lk 10,17–20; 11,17–20). Exorzismen dienen der Durchsetzung der βασιλεία. Insofern üben die Anhänger Jesu eschatologische Macht aus, die die Verwirklichung der βασιλεία vorantreibt.

2) Während den Zwölfen exklusiv in Aussicht gestellt wird, dass sie im Eschaton königliche Macht ausüben werden, sollen sich die Anhänger Jesu in der Gegenwart wie (gute) Könige fühlen und verhalten, obwohl sie faktisch keine sind. Daher kann den Jesusanhängern auch schon jetzt kontrafaktisch ein königliches Bewusstsein zugesprochen werden. Sie sollen sich „königlich" verhalten; ja, sie sollen es besser machen als die fremden Herrscher (Mk 10,42b–44). Bei dieser Wertrevolution geht es nicht so sehr um eine Form eschatologischer Machtausübung, sondern um eine Form der ethischen Umsetzung bereits vorhandenen eschatologischen Heils.

Die wohl eindrucksvollste Wirkungsgeschichte hat die Herrschaftszusage aus Mt 19,28*. Sie soll zunächst verfolgt werden. Grundlegend ist dabei die Tendenz, eschatologische Herrschaft im Kontext der Tradition vom leidenden Gerechten als Lohn für ertragenes Leid anzusehen.

3. Eschatologische Mitherrschaft als Lohn?

Im Laufe seiner weiteren Tradierung verliert das Logion aus Mt 19,28* den Charakter einer (messianischen) Beauftragung und nimmt mehr oder weniger ausgeprägt den Charakter eines Lohnes an, den es sich zu verdienen gilt.

3.1. Tendenzen der weiteren Entwicklung

Die Wirkungsgeschichte der eschatologischen Zusage aus Mt 19,28* ist aus historischer Sicht maßgeblich von vier Entwicklungen geprägt:
1) Die Konzentration der βασιλεία-Verkündigung auf Israel wird aufgegeben.
2) Der Zwölferkreis verliert schnell an Bedeutung.
3) Jesus wird gekreuzigt, ein Teil seiner Anhänger leidet unter sporadischen Verfolgungen.
4) Nach dem Tod Jesu kann die eschatologische Zusage auch ekklesiologische Bedeutung gewinnen.

Welche Auswirkungen haben diese Entwicklungen auf die Wirkungsgeschichte von Mt 19,28*? Dieses Kapitel versucht folgende These zu erhärten: Mit dem Bedeutungsverlust der Zwölf stellt sich dem Urchristentum erneut die Frage, wem die eschatologische Zusage gelten soll. Unter dem Eindruck der Passion Jesu und der sporadischen Verfolgungen bildet sich als eine mögliche Antwort heraus: Nicht den Zwölfen gilt die Zusage, sondern den Märtyrern. Ihr Lohn liegt in der eschatologischen Herrschaft. Israel als Herrschaftsobjekt verblasst. Der traditionsgeschichtliche Verstehenshorizont wechselt also: An die Stelle der Tradition vom Gesalbten und derjenigen der Phylarchen tritt die Tradition vom leidenden Gerechten und Märtyrer.

Eine Auseinandersetzung mit dieser Tendenz ist m.E. im Zebedaidengespräch, in den drei synoptischen Evangelien, in der Offb, im 2Tim und im Philipperbrief des Polykarp (PolPhil) greifbar. Diese Auseinandersetzungen sollen in ihrem je eigenen Profil nachgezeichnet werden.

3.1.1. Die Aufgabe der Israel-zentrierten Konzeption der Gottesherrschaft

Aus Mt 19,28* spricht eine Israel-zentrierte βασιλεία-Konzeption. Eine Heidenmission kommt noch nicht in den Blick. Wahrscheinlich erlangt die symbolische Bedeutung des Zwölferkreises nach Ostern neue Aktualität: „Wie schon Jesus nach Jerusalem gezogen war, wollten die Jünger ihre Absicht kundtun, ganz Israel das Heil anzubieten. ... Die symbolische Bedeutung der Zwölfzahl kommt jetzt noch einmal als Ausdruck für den Willen, das eschatologische Zwölf-Stämme-Volk wiederherzustellen und einzusammeln, zur Geltung."[1] Selbst wenn man das Logion nicht dem historischen Jesus zusprechen will, stehen daher sein hohes Alter sowie seine Herkunft aus Jerusalem fest.[2] Die Israel-zentrierte βασιλεία-Konzeption wird jedoch schon bald aufgegeben:
1) Der Zwölferkreis löst sich auf.
2) Spätestens auf dem Apostelkonvent tritt neben die Judenmission die aktive Heidenmission.

1) Wahrscheinlich behielt der Zwölferkreis nur noch vorübergehend seine Bedeutung in der Kerngemeinde in Jerusalem, verschmolz aber aufs Ganze gesehen wieder mit dem allgemeinen Kreis der Jünger und Jesusnachfolger.[3] Schon als Paulus 34 n.Chr. zu seinem ersten Besuch nach Jerusalem kommt, erwähnt er neben Petrus den Herrenbruder, der nicht zum Zwölfer-

---

[1] Gnilka, Christen, 249. Ähnlich Roloff, Art. Apostel, 434: „Hervorgehobene Bedeutung erlangten die Zwölf erst, als sie im Gefolge der Erscheinungen des Auferstandenen (I Kor 15,5) aus Galiläa nach Jerusalem zurückkehrten, um dort den Mittelpunkt der werdenden Urgemeinde zu bilden ... die Zwölf galten als Kristallisationskern für das Zwölf-Stämme-Volk der Endzeit, und es ist gut möglich, daß sie damals auch als die Gesandten des Auferstandenen wußten, deren Aufgabe es war, die durch Ostern erfolgte Konstituierung des endzeitlichen Gottesvolkes sichtbar zu bezeugen." Wie fügt sich die eschatologische Zusage aus Mt 19,28* in dieses Selbstverständnis der Zwölf? Bergers Skizze erscheint mir durchaus plausibel, wenn ich auch in Mt 19,28* eher eine Herrschaftsfunktion ausgedrückt sehe: „Das Selbstverständnis der Zwölf läßt sich wie folgt umschreiben: Sie verstehen das Gericht als ungebrochene, bestätigende Fortsetzung ihres Tuns auf Erden. Es gibt keine Umwertung zwischen dem Verkündigungsgeschehen und der kommenden Gerichtsszene, sondern nur Bestätigung, Kontinuität, eschatologische Identität. Das alles gilt auch für ihr eigenes Geschick. Sie werden, so wie sie jetzt Verkündiger des Willens Gottes an Israel waren, dann Israel richten." (Berger, Theologiegeschichte, 152). Wichtig ist m.E. die Überzeugung von „Kontinuität" und „eschatologischer Identität". Sie spricht dafür, dass die Zwölf Leitungsfunktionen in der Gemeinde für sich beansprucht und ausgeübt haben. Denn warum sollte den eschatologischen Herrschern in der Endzeitgemeinde nicht auch die Leitung zufallen? Die Schilderung der Apg (2,42ff) wäre dann in diesem Punkt durchaus historisch.
[2] Schenke, Urgemeinde, 78.
[3] Klauck, Judas, 36. „Das trägt schon Markus in den Text ein, wenn er in Mk 3,14fin.15 die spezifische Aufgabe der Zwölf mit der Aussendung der Jünger ausgleicht und deshalb als weitere Zielangabe redaktionell einträgt: ‚Damit sie er aussende, zu verkündigen und Vollmacht zu haben, die Dämonen auszutreiben' ..." (ebd.).

kreis zählte (Gal 1,18f). Zur Zeit des Apostelkonvents gehört Jakobus zu den drei „Säulen" der Jerusalemer Gemeinde (Gal 2,9).[4] Für die schnelle Verschmelzung des Zwölferkreises mit der übrigen Nachfolgerschaft sind mehrere Gründe in Anschlag zu bringen:

- Der Zwölferkreis hatte schon zu Lebzeiten Jesu v.a. eine symbolische Bedeutung und war nicht streng auf zwölf bestimmte Personen festgelegt.[5] Er war daher von vornherein – wenn auch nicht in numerischer, so doch in personeller Hinsicht – „offen".

- Der Zwölferkreis war mit einer βασιλεία-Konzeption verbunden, deren Zentrum Israel, genauer: Jerusalem, war. „Jedoch ist diese Erwartung sehr bald durch ein einschneidendes Ereignis zerbrochen und überholt worden. ... Die Jerusalemer Urgemeinde hat wahrscheinlich nach dem einschneidenden Ereignis der Flucht der ‚Hellenisten' aus Jerusalem die ursprünglich auf Jerusalem konzentrierte Enderwartung mehr und mehr aufgegeben."[6] Die Zwölf gaben zumindest zeitweilig ihre stabilitas loci auf und wurden wieder zu Wandermissionaren.[7] So berichtet Paulus in Gal 1,18, dass er bei seinem ersten Besuch in Jerusalem nur Petrus und den Herrenbruder sieht. Die übrigen Mitglieder des Zwölferkreises – so hält Paulus ausdrücklich fest – bekommt er nicht zu Gesicht (Gal 1,19). Sie scheinen sich zu der Zeit nicht in der Stadt aufzuhalten. Wahrscheinlich ziehen sie als Wandermissionare umher.

- In den 40er Jahren kommt es zur Verfolgung der Gemeinde unter Agrippa I. Der Tod dieses Herrschers fällt in das Jahr 44 n.Chr. Die

---

[4] Klein, Galater 2,6–9, 111, hat die These vertreten, dass die Erwähnung der στῦλοι nicht „die Jerusalemer Autoritätsverhältnisse zur Zeit des Konzils" widerspiegele, sondern diejenigen, „die zur Zeit der Abfassung des Gal bestanden". Dieser These hat Wehnert (Reinheit, 113 Anm. 17) mit den Argumenten widersprochen, dass sie zum einen „mit der Form des Berichts (sie ist Teil der Narratio) ... unvereinbar" sei, und dass es zum anderen unwahrscheinlich sei, „daß sich Petrus z.Zt. des Gal noch in Jerusalem aufgehalten hat".

Sicher ist, dass die Zwölf schon bald aus ihren Leitungsfunktionen verdrängt wurden (Roloff, Art. Apostel, 434; anders Vouga, Geschichte, 26, der jegliche Verbindung des Zwölferkreises mit Jerusalem bestreitet). Wie dieser Verdrängungsprozess ablief, liegt weitgehend im Dunkeln. Schneemelcher (Urchristentum, 99) äußert folgende Vermutung: „Man kann also annehmen, daß in den Anfangszeiten der Gemeinde in Jerusalem die ‚Zwölf' das repräsentative Gremium dieser sicher sehr kleinen Gemeinschaft waren. Dieses Gremium ist dann bald durch ein anderes, die ‚Apostel', ersetzt und ergänzt worden. Ob die ‚Apostel' zu den ‚Hellenisten' gehört haben, bleibt fraglich. Wenn das so wäre, dann hätte sich der judenchristliche Kreis um Jakobus in den ‚Säulen' eine neue Autorität gegeben."

Für unseren Zusammenhang ist m.E. wesentlich, dass wir gerade in Mk 10,35–45 dem nachösterlichen Zwölferkreis und der Frage seines Selbstverständnisses wieder begegnen.

[5] S.o. unter 2.3.

[6] Schenke, Urgemeinde, 76.

[7] A.a.O., 241.

Verfolgung hat etwa 43 n.Chr. stattgefunden.[8] Sie trifft zumindest zwei unumstrittene Mitglieder des Zwölferkreises schwer: Der Zebedaide Jakobus wird hingerichtet (Apg 12,2), Petrus flieht (Apg 12,3–17). Diese Ereignisse werden zur weiteren Auflösung des Zwölferkreises beigetragen haben.[9]

(2) Auf dem Apostelkonvent wird die aktive, gesetzesfreie Heidenmission des Paulus anerkannt (Gal 2,9). Gegenüber der alten Israel-zentrierten βασιλεία-Konzeption war das eine bedeutende Veränderung, denn in ihr galt, dass Gott selbst die Heiden herbeiführen würde, „sobald die Sammlung Israels durch das Wirken der Boten Jesu abgeschlossen war"[10]. Das heißt: „Der Universalismus der Gottesherrschaft nimmt an den Heiden keinerlei selbständiges Interesse. Er ist vielmehr immer israel-zentrisch und darum nicht mehr als ein bloßes Vehikel für die Beschreibung von Gottes Heilshandeln an *Israel*."[11] Allerdings bricht nicht erst Paulus mit dieser Konzeption. Schon die Hellenisten hatten auch die Heiden angesprochen, denn in Antiochia lebten bekanntlich Juden- und Heidenchristen zusammen. In jedem Fall gilt: Die Israel-zentrierte βασιλεία-Konzeption war nach dem Apostelkonvent nicht nur faktisch, sondern auch „rechtlich" überholt.[12]

Hinsichtlich des Apostelkonvents sind sowohl die relative als auch die absolute Chronologie in der Forschung umstritten. Mehrheitlich wird das Apostelkonvent in das Jahr 48 n.Chr. datiert[13] und hätte also nach der Verfolgung stattgefunden. Für diese Datierung spricht die Angabe des Paulus in Gal 2,1 διὰ δεκατεσσάρων.[14] Petrus, der während der Verfolgung flieht, wäre demnach zum Zeitpunkt des Konvents wieder in Jerusalem – und zwar als eine (vielleicht auch die) führende Gestalt.[15]

---

[8] Vgl. Schürer/ Vermes, History I, 442–454; Smallwood, Jews, 187–200 und besonders Schwartz, Agrippa I., 119–124.

[9] Vielhauer, Geschichte, 68, der den Zwölferkreis allerdings insgesamt als nachösterliches Phämonen beurteilt.

[10] Schenke, Urgemeinde, 257.

[11] Wolter, Reich, 547; Hervorhebung im Original.

[12] Vielleicht gelangte Mt 19,28* beim Apostelkonvent zu neuer Bedeutung, da es aus Jerusalemer Perspektive die Beschränkung auf die „Beschnittenen" rechtfertigen konnte (s.u. unter 4.2.). Die Israel-zentrierte Konzeption würde dann *neben* die universale treten.

[13] Eine Zusammenstellung der wichtigsten Vertreter dieser Position bietet Pratscher, Herrenbruder, 50 Anm. 3.

[14] „Die Zeit- und Ortsangabe samt dem ‚erneut' machen es klar: Der Leser soll von 1,18 her rechnen. Paulus kommt also 14 Jahre nach seinem privaten Besuch in Jerusalem nochmals in die Stadt (also etwa 48 n.Chr.)." (Becker, Gal, NTD, 33).

[15] Es ist fraglich, ob die Erstnennung des Herrenbruders in Gal 2,9 so zu deuten ist, dass Jakobus zum Zeitpunkt des Apostelkonvents die Führungsposition eingenommen und Petrus hierin abgelöst hat (so z.B. Pesch, Apg, EKK, 85f; eine Zusammenstellung der wichtigsten Vertreter dieser Position bietet Pratscher, Herrenbruder, 77 Anm. 69). Vielleicht ist Jakobus aufgrund von Gal 2,12 vorangestellt – mit der Pointe: Selbst er stimmt uneingeschränkt zu (Becker, Gal, NTD,

Einige Exegeten setzen den Apostelkonvent allerdings *vor* der Verfolgung unter Agrippa I. an. Denn bei einer Datierung auf das Jahr 48 bleibe zu wenig Zeit für die weitere Missionstätigkeit des Paulus.[16] Der Konvent müsse vielmehr *vor* der Flucht des Petrus stattgefunden haben.[17] Damit ergibt sich eine Datierung in das Jahr 43 v.Chr.[18] Gegen diese Frühdatierung spricht m.E. aber entscheidend, dass der Zebedaide Jakobus zum Zeitpunkt des Konvents nicht zu den „Säulen" zählt. Aus Apg 12,2 geht eindeutig hervor, dass er verfolgt und hingerichtet wurde. Dieser Umstand deutet darauf hin, dass er in der Gemeinde eine hervorgehobene Stellung hatte. Insofern wäre es unverständlich, dass zwar sein Bruder Johannes, nicht aber er zu den „Säulen" zählte. Die Namen der drei Säulen sind nur aus der Situation *nach* der Verfolgung der Gemeinde einschließlich der Hinrichtung des Jakobus verständlich.[19] Außerdem darf der Konvent nicht zu bald nach der Verfolgung angesetzt werden. Denn zunächst muss Petrus zurückkehren (frühestens wohl nach dem Tod Agrippas im Jahre 44 n.Chr.) und sich wieder in der Gemeinde etablieren. In Verbindung mit der Zeitangabe aus Gal 2,1 scheint daher die „klassische" Datierung des Konvents in das Jahr 48 n.Chr. am plausibelsten.

Was bedeutet die Aufgabe der Israel-zentrierten βασιλεία-Konzeption für die weitere Überlieferung des Logions aus Mt 19,28*? Für sein ursprüngliches Verständnis waren ja gerade der Zwölferkreis und die Konzentration auf Israel konstitutiv. Wenn die Zusage weiter aktuell sein sollte, musste sie daher umgedeutet werden. Bei dieser Umdeutung spielt die Passion Jesu, die mithilfe der Tradition vom leidenden Gerechten und Märtyrer gestaltet wurde, eine wesentliche Rolle.

---

36). „Wegen dieser galatischen Situation und der Involvierung des Jakobus in sie ... dürfte Jakobus vorangestellt sein. Paulus will dann betonen: auch Jakobus, der z. Z. des Gal führende Repräsentant der Jerusalemer Gemeinde, hat der gesetzesfreien Heidenmission ausdrücklich zugestimmt (Gal 2,9)." (Pratscher, Herrenbruder, 69). Das würde bedeuten, dass Petrus zur Zeit des Apostelkonvents sehr wohl noch der führende Mann gewesen wäre.

[16] „... für die gesamte Missionstätigkeit von Galatien angefangen über Philippi und Thessalonich bis hin zum Beginn des Aufenthaltes in Korinth [steht] kaum mehr als ein Jahr zur Verfügung" (Pratscher, Herrenbruder, 50).

[17] „Da aber Kephas zu den ‚Säulen' gehörte, die in Jerusalem mit Paulus und Barnabas den Handschlag der Gemeinschaft austauschten (Gal 2,9), müssen seine Festnahme und seine Flucht aus der Stadt jedenfalls später angesetzt werden." (Borse, Gal, RNT, 94).

[18] Pratscher, Herrenbruder, 51; Borse, Gal, RNT, 94; Zmijewski, Apg, RNT, 573.

[19] Hengel, Geschichtsschreibung, 94.

3.1.2. Die Einbindung der Verheißung eschatologischer Mitherrschaft in die Traditionen vom leidenden Gerechten und vom Märtyrer

M.E. ist die Zusage an die Zwölf, einst über Israel zu herrschen (Mt 19,28*), ursprünglich in einem frühen Stadium der Verkündigung Jesu zu verorten. Denn die Erwartung, dass ganz Israel in den Genuss der βασιλεία kommen werde, zeugt von einem „heilsgeschichtlichen Optimismus", den Jesus später angesichts ausbleibender Missionserfolge kaum mehr vertreten hat. Der Tod Jesu kommt in dem Logion nicht in den Blick. Die traditions- geschichtliche Verortung spricht gegen einen ursprünglichen Bezug auf die Passion. Denn der Gesalbte aus PsSal 17 tritt als machtvoller Herrscher auf. Sollte Mt 19,28/ Lk 22,30 den Abschluss von Q gebildet haben[20], so würde das ebenfalls die These stützen, nach der die Zusage nicht von Anfang an vor dem Hintergrund der Passion Jesu zu verstehen ist.

Die weitere Überlieferung des Logions Mt 19,28* ist nun allerdings ganz entscheidend dadurch geprägt, dass es in den Kontext der Passion eingebettet wird.

---

[20] Die Mehrheit der Exegeten nimmt an, dass Mt 19,28/ Lk 22,30 zum Bestand von Q zu rech- nen ist. Einen ausführlichen Überblick zum Forschungsstand bietet Hoffmann, Q 22: 28,30, 4–68. Gegen eine Verortung von Mt 19,28* in Q entscheidet jetzt wieder Luz, Mt, EKK I/ 3, 121. Er rechnet statt dessen mit der Übernahme „je verschiedener Versionen aus der mündlichen Traditi- on".

Wenn das Logion zudem – wie viele Exegeten annehmen (vgl. Hoffmann, Q 22: 28,30, 69–80) – den Abschluss von Q gebildet hat, so kommt dem Logion innerhalb dieser Quelle hervorragende Bedeutung zu. Die Perspektive der Logienquelle ist Palästina-zentriert (Theißen, Lokalkolorit, 212ff.). Sie ist theologisch auf Israel ausgerichtet (a.a.O., 232). Falls Mt 10,5f und 10,23 literarisch oder geschichtlich zur Logienquelle gehört haben sollten (zur Diskussion vgl. a.a.O., 234), ließe sich die Beschränkung auf Israel – gerade auch hinsichtlich der missionarischen Tätigkeit – weiter absichern. Für die Schlussstellung von Mt 19,28* in Q spricht m.E. auch die Korrespondenz zwi- schen Anfang und Schluss, die sich so für Q ergibt: Die Logienquelle beginnt mit der Gerichtspre- digt des Täufers und der Versuchungsgeschichte. In letzterer spielt das Motiv der Machtübertra- gung eine wesentliche Rolle: „Da führte ihn der Teufel hoch hinauf und zeigte ihm in einem einzigen Augenblick alle Reiche der Erde. Und der Teufel sprach zu ihm: All die Macht und Herr- lichkeit dieser Reiche will ich dir geben; denn sie sind mir überlassen, und ich gebe sie, wem ich will." (Lk 4,5f). Der Teufel knüpft die Machtübergabe an die Bedingung der Anbetung (Lk 4,7). Dieser Eröffnung kontrastiert am Ende der Logienquelle die Verheißung Jesu, dass er den Zwölfen (die ihm nachgefolgt sind) Macht über Israel geben wird. Das Vernichtungsgericht, von dem der Täufer spricht, ist hier in eine heilvolle Herrschaft über Israel verwandelt. Dem teuflischen Ange- bot der Machtübergabe an Jesus kontrastiert nunmehr eine jesuanische Verheißung, die den Zwöl- fen die eschatologische Machtübergabe in Aussicht stellt.

Die eschatologische Machtzusage steht in Q also nicht im Kontext des Todes Jesu, sondern sie markiert den endgültigen Triumph über den (nunmehr machtlosen) Teufel.

Eine andere These zur Schlussfunktion von Mt 19,28/ Lk 22,28–30 vertritt Tuckett, Q 22:28– 30.

Es lag nahe, nach dem Tod Jesu in dem Logion eine testamentarische Verheißung an die Zwölf zu sehen. Als die Bedeutung des Zwölferkreises rasch nachließ, wurde die Frage, wem diese Verheißung gelten sollte, im Kontext der Passion Jesu neu bedacht. An die Stelle der Zwölf konnten diejenigen treten, die wie Jesus gelitten hatten. So erhält die Tradition vom leidenden Gerechten und vom Märtyrer, die die literarische Gestaltung der Passionsgeschichte prägt[21], massiv Einzug in den Verstehenshorizont der eschatologischen Herrschaftszusage. Damit verbunden ist das Verständnis der Herrschaft als Lohn für erlittenes Leid.[22]

Das Zebedaidengespräch (Mk 10,35–45) stellt den wohl ältesten neutestamentlichen Text dar, der diesen Wechsel des traditionsgeschichtlichen Hintergrundes im Zusammenhang mit der eschatologischen Herrschaftszusage belegt. Bevor ich jedoch näher auf Mk 10,35–45 eingehe, sollen wesentliche Aspekte der Tradition vom leidenden Gerechten und vom Märtyrer skizziert werden.

Die Tradition vom Gericht der Gerechten, nach der bestimmten Menschen eine Mitwirkung am eschatologischen Gericht verheißen wird, findet sich seit dem späten zweiten Jahrhundert v.Chr. in weit gestreuten Belegen. Sie ist im Alten Testament (Dan 7,22 LXX), in den Apopkryphen (Weish

---

[21] Ruppert (Jesus, 75) ist der Meinung, dass schon das Selbstverständnis des historischen Jesus angesichts seines nahenden Todes von der Tradition des leidenden Gerechten geprägt gewesen sei: „Die besondere theologische Leistung des historischen Jesus hätte somit darin bestanden, dass er sich als leidenden Gerechten *und* leidenden Propheten begriff, ...“ (Hervorhebung im Original).

[22] Berger sieht in Lk 22,28–30; 2Tim 2,11f; 1Petr 4,13; 5,1; Offb 20,4.6; Röm 8,17; Lk 23,42f Belege für eine alte Tradition, die „Nachfolge als Martyrium" expliziert (Theologiegeschichte, 326–331; vgl. in dieser Arbeit die Einleitung, Forschungsgeschichtliche Einordnung). „Es liegt hier eine (außer in Lk 23) eschatologisch-zukünftig orientierte Tradition vor. Ziel ist jeweils das Mitregieren mit Christus. Die Bedingungen sind Ausharren, Leiden, Martyrium." (A.a.O., 327). Dieser Traditionsstrang ist in weiten Teilen deckungsgleich mit den in diesem Kapitel zusammengestellten Belegen, die eschatologische Herrschaft als Lohn für (Märtyrer-)Leid thematisieren. Allerdings sprechen nicht alle von Berger angeführten Belege von eschatologischer Mitherrschaft. Der 1Petr verwendet die Gegenüberstellung „gemeinsam leiden mit Christus – gemeinsam verherrlicht werden mit dem Christus" (a.a.O., 326). Zumindest vom Verfasser des 1Petr ist damit m.E. nicht auf eschatologische Mitherrschaft abgehoben (s.u. unter 3.4.7.). Ähnliches gilt für Röm 8,17 (s.u. unter 4.2.2.). Dem gerechten Schächer wird in Lk 23,42f keine Herrschaft, sondern das Paradies in Aussicht gestellt. Nun sprechen diese Beobachtungen nicht gegen die traditionsgeschichtliche These Bergers, denn es ist gut denkbar, dass die Tendenz, dieser Art der Nachfolge ihre letzte Härte zu nehmen (Theologiegeschichte, 329), einhergeht mit der Tendenz, der Belohnung ihre Spitze zu nehmen, so dass aus Mitherrschaft Verherrlichung oder das „Eintrittsrecht" ins Paradies werden konnte. Wichtig ist m.E. auf jeden Fall die Beobachtung, dass schon die alttestamentlich-jüdische Tradition dem leidenden Gerechten und Märtyrer einen eschatologischen Lohn verheißt, der unterschiedliche Formen annehmen kann. Die Herrschaft ist nur eine unter ihnen. Vielleicht ist dasselbe für die Tradition von der „Nachfolge als Martyrium" anzunehmen: Schon in der alten Tradition konnte die „Belohnung" unterschiedlich ausfallen. Für die Thematik dieser Arbeit sind diejenigen Belege von Interesse, die die eschatologische Herrschaft in Aussicht stellen.

3,7f), in den Pseudepigraphen (äthHen mehrfach), in den Schriften von Qumran (1QpHab 5,4f; 1QS 8,6f.10; Jub 24,29) und in rabbinischen Schriften belegt. Trotz der weiten Streuung handelt es sich nur um „vereinzelte Belege"[23], so dass aus ihnen nicht auf einen allgemeinen Volksglauben geschlossen werden darf[24].

Zur Tradition vom leidenden Gerechten liegen mehrere Forschungsbeiträge vor.[25] In diesem Zusammenhang ist insbesondere ein Blick auf den „klassischen" Beleg von Interesse, das traditionelle Diptychon aus Weish 2,12*–20;5,1–7.[26] Die Gottlosen wollen sehen, ob „der Gerechte ein Sohn Gottes ist" (2,18). Daher wollen sie ihm auflauern (2,12). Dem leidenden Gerechten wird eine besondere Annahme durch Gott zuteil. Die Gottlosen müssen erkennen, dass er „unter die Söhne Gottes gezählt wurde und sein Teil unter den Heiligen hat" (5,5). Diese besondere Annahme durch Gott ist ein wesentliches Element der Tradition vom leidenden Gerechten und konnte unterschiedlich gefüllt werden (vgl. Ps 73; Mal 3,13–22; syrBar 13–15; 82,1–9; äthHen 62,1–16; 94,6–11; 102,4–104,6; 4Esr 7,75–101). Die passio-iusti Thematik enthält also eine „Freistelle", die durch unterschiedliche Formen göttlichen Lohns besetzt werden kann. Eine dieser Formen ist die Zusage einer richterlichen Funktion. Ein „Kommentar" zum ursprünglichen Diptychon, Weish 3,1–12, erklärt die Gerechten in der Tat zu Richtenden.

Die Traditionen vom leidenden Gerechten und vom Märtyrer sind zunächst zu unterscheiden. Denn „der wesentliche Unterschied gegenüber dem Martyrium ist doch, dass es bei der *passio iusti* um einen innerjüdischen Konflikt geht und im Martyrium um einen Konflikt von Toratreuen Juden mit einer heidnischen Staatsmacht"[27].

„Die frühesten Schilderungen über massenhaftes jüdisches Martyrium finden sich in den beiden ersten Makkabäerbüchern ..."[28] In unserem Zusammenhang ist allerdings bemerkenswert, dass die „Belohnung" der Märtyrer in den Makkabäerbüchern *nicht* in einer eschatologischen Herrschafts- oder Richterfunktion besteht. Auch in 2Makk 7,34, wo die Märtyrer als

---

[23] Broer, Ringen, 155.

[24] Mit Vögtle, Osterglauben, 115.

[25] Vgl. insbesondere die Monographien von Ruppert (Der Gerechte; Feinde) und Kleinknecht (Der Gerechtfertigte). Interessanterweise steht die Tradition vom leidenden Gerechten auch hinter 1QpHab. Denn die Schilderung des Lehrers der Gerechtigkeit verdankt sich wohl zu einem guten Teil der Tradition vom leidenden Gerechten (vgl. Berger, Qumran, 118–126).

[26] Ruppert, Der Gerechte, 87–95. „Die Stücke 2,12*–20 und 5,1–7 gehörten ursprünglich zusammen wie zwei Teile eines Diptychons, weshalb sie im folgenden auch so genannt werden sollen." (A.a.O., 87).

[27] Äußerung von Ruppert, wiedergegeben bei van der Klaauw: Zusammenfassung, 251; Hervorhebung im Original.

[28] Kanarfogel, Art. Martyrium, 203.

οὐράνιοι παῖδες bezeichnet werden, ist m.E. nicht ein „himmlisches Königtum" gemeint, sondern die himmlische Gemeinschaft mit Gott, die keine Herrschaftsfunktion impliziert.[29] Dafür spricht, dass in dem literarisch abhängigen 4Makk[30] ebenfalls nicht von einer Herrschaftsfunktion der Märtyrer die Rede ist, obwohl die Vorstellung gerade in dieser Schrift einen guten Anknüpfungspunkt gehabt hätte. Denn 4Makk verhandelt die Frage, „ob die fromme Vernunft Selbstherrscherin (αὐτοδέσποτος) der Triebe"[31] sei. 4Makk will anhand des Märtyrerschicksals der sieben Brüder und ihrer Mutter zeigen, dass diese Frage zu bejahen ist. Indem der 4Makk Vernunft und (am Gesetzesgehorsam orientierte) Frömmigkeit gleichsetzt, trägt „diese ‚Philosophie' überall eine deutlich jüdische Handschrift"[32]. Gerade aufgrund dieser Verquickung von hellenistischer Popularphilosophie und jüdischer Tradition hätte nun folgende Aussage recht nahe gelegen: „Für ihre vollendete Herrschaft über die Triebe werden die Märtyrer nach ihrem Tod mit himmlischer Herrschaft (über ihre Peiniger) belohnt." Zu solch einer Aussage kommt es aber im 4Makk *nicht*. Die Belohnung besteht im ewigen Leben, im Erhalt eines Siegeskranzes (17,15) und in einem Platz bei Gottes Thron (17,17f)[33].

Das heißt: Die später durchaus belegte Vorstellung, nach der die Märtyrer im Himmel herrschen (z.B. Offb 20,4–6), ist *nicht* aus der Märtyrertradition in 2 und 4Makk herleitbar. Hier scheint mir vielmehr die Verbindung von Dan 7 mit der Märtyrertradition einen entscheidenden Impuls gegeben zu haben.

Dan 7 hat ursprünglich eine nationale Ausrichtung: Das Gottesvolk wird über die fremden Völker herrschen (7,18.27) und sie richten (7,22). Daneben ist uns aber ein Traditionsstrang überliefert, der Dan 7 universalistisch versteht und die Heiligen mit den „verfolgten und bewährten der Endzeit" gleichsetzt. Diese Auslegungstradition zu Dan 7 hat K. Berger dargestellt.[34] Grundlage ist eine eschatologisch-universale Deutung von Dan 7: „Der Krieg des Widersachers gegen die Heiligen wurde als Versuchung und Verführung zum Abfall und als Verfolgung mit der Konsequenz des Marty-

---

[29] Gegen Berger, Messiastraditionen, 36.

[30] Klauck, 4Makk, 654.

[31] Übersetzung nach Klauck, 4Makk, 686.

[32] Kleinknecht, Der Gerechtfertigte, 127. Der 4Makk lässt sich keiner bestimmten zeitgenössischen Schulrichtung zurechnen (ebd.).

[33] „Der Tyrann selbst wenigstens und sein ganzer Rat gerieten ins Staunen über ihre Ausdauer, derentwegen sie jetzt an Gottes Thron stehen und in der ewigen Seligkeit leben." (Übersetzung nach Klauck, 4Makk, 752). Von einer herrschenden oder richtenden Funktion der Märtyrer bei Gott ist keine Rede.

[34] Berger, Auferstehung, 40–42.291–295.

riums verstanden."[35] Die Umdeutung ist z.T. noch daran erkennbar, dass von einer Verfolgung der „Heiligen" die Rede ist.[36] Ein Bestandteil dieser Tradition betrifft direkt die Frage der eschatologischen Machtausübung: „Nach dem Martyrium werden die Martyrer [sic] im Himmel gekrönt, die Herrschaft wird ihnen verliehen oder das Gericht kommt unmittelbar darauf."[37] Den „prominentesten" Beleg stellt Offb 20,4.6 dar: An die Stelle des „Volkes der Heiligen des Höchsten" sind die Märtyrer getreten.[38] „Deutlich wird das Schema von Dan 7 sichtbar, wenn auf die Zeit des Leidens hin den Martyrern [sic!] ... die Regentschaft verliehen wird ..."[39] Epist-Apost. 15 (26), koptische Version, kennt die Märtyrer als Begleiter des Menschensohnes bei der Parusie: „... bis zu dem Tage, wo ich kommen werde mit denen, die um meinetwillen getötet sind."[40] (vgl. Did 16,7 und kopt. ApkEl 43,8–10[41]).

Neben diesen Einzelbelegen ist insbesondere zu beachten, dass die Märtyrer auf dem Weg über die Heiligen aus Dan 7 mit der Thronsaalmetaphorik in Verbindung kamen. So konnte von ihnen gesagt werden, dass sie gekrönt werden[42], dass sie sich in unmittelbarer Nähe des göttlichen Throns befinden[43] oder sogar selbst einen Thron haben[44] und dass sie zur Rechten

---

[35] A.a.O., 40.
[36] Zahlreiche Belege a.a.O., 292f Anm. 165.
[37] A.a.O., 40.
[38] S.u. unter 3.4.3.
[39] Berger, Auferstehung, 294 Anm. 169.
[40] Duensing, Epistula Apostolorum, 134.
[41] Schrage, Elia-Apokalypse, 273.
[42] Hier ist allerdings auch die ἀγών-Metaphorik in Anschlag zu bringen, mit der sich die Märtyrertheologie verbinden konnte, z.B. im 4Makk (9,23f; 17,11–16), neutestamentlich etwa bei Paulus (1Kor 9,24–27; deuteropln 2Tim 4,7; zur ἀγών-Metaphorik vgl. Dehandschutter, Martyrium; Dautzenberg, Art. ἀγών, bes. Sp. 60; Steward, Crowns). Das Martyrium wird als Kampf angesehen, die eschatologische Belohnung, die dem Märtyrer zukommt, taucht im Bild des Siegeskranzes auf. Zum Siegeskranz im gymnischen und musischen Agon der klassischen Zeit vgl. mit zahlreichen Zeugnissen Blech, Studien.
[43] „In unmittelbarster Nähe des Thrones Gottes ist der Ort der Märtyrer." (Schmitz, ϑρόνος, 164; vgl. Strack-Billerbeck III, 803; vgl. Strack-Billerbeck I, 224f).
[44] Hier sind insbesondere das TestHiob und die koptische ApkEl zu nennen.
Das TestHiob erzählt die Geschichte eines heidnischen Königs, der den Kampf für Gott als Märtyrer bewusst auf sich nimmt. Betrachtet man nun das eschatologische Schicksal dieses Märtyrer-Königs, so fällt auf, dass er einen himmlischen Thron hat. In TestHiob 33,3 antwortet Hiob auf die Frage aus 32,12 („Bist du es, Job, der (einst so) große Herrlichkeit besaß? Wo ist nun die Herrlichkeit deines Thrones geblieben? (ἡ δόξα τοῦ ϑρόνου)?"), indem er sagt: „Mein Thron ist im Überirdischen, und seine Herrlichkeit und Pracht sind zur Rechten des Vaters (ἐκ δεξιῶν τοῦ πατρός ἐστιν)." (Übersetzung nach Schaller, TestHiob, 352).
In der kopt ApkEl 37,7ff heißt es mit Blick auf die Märtyrer: „Aber es spricht der Herr: ,Ich werde ihnen gewähren, zu meiner Rechten zu sitzen. Sie werden Gnade erlangen über (die) anderen. Sie werden den Sohn der Gesetzlosigkeit besiegen. Sie werden sehen die Auflösung des Himmels und der Erde. Sie werden empfangen die Throne der Herrlichkeit und die Kronen. Es

Gottes oder Christi sitzen[45]. Diese Attribute waren Zeichen der besonderen Ehre der Märtyrer, sie konnten sich auch mit der Zusage einer Herrschaftsfunktion verbinden.

Die Verknüpfung des Märtyrerschicksals mit der Belohnung in Form einer eschatologischen Machtzusage erfolgte aber nicht nur über Dan 7, sondern auch – und wohl häufiger – dadurch, *dass die Märtyrertradition mit der Tradition vom leidenden Gerechten verschmolz.* Denn die weitere – insbesondere christliche – Überlieferung weist Berührungspunkte zwischen beiden Traditionen auf:

Beide Traditionen kennen die besondere göttliche Annahme des Gerechten bzw. Märtyrers. Diese besondere Annahme *kann* darin bestehen, dass besondere Funktionen zugesprochen werden. „... in 2Makk 7 [sind] gewisse Berührungspunkte mit der Tradition vom leidenden Gerechten nicht zu übersehen, so in der Selbstprädikation als ‚seine Knechte' (7,33), im Gegenüber der leidenden Brüder und ihres ‚Feindes' Antiochus, vor allem aber darin, dass hier im Leiden die Hoffnung artikuliert wird auf die (endzeitliche) Aufhebung des Leidens. ... Die Märtyrerüberlieferung des 2Makk schlägt so in ihrer jüngsten Stufe ... eine deutliche Brücke zur Tradition vom leidenden Gerechten."[46] Eine parallele Entwicklung ist auch im 4Makk zu verzeichnen: Die Märtyrer aus 4Makk werden im Anhang (4Makk 18,6b–19) als leidende Gerechte bezeichnet.[47]

Eine Annäherung beider Tradition ist an zentraler Stelle auch im Urchristentum belegt: Im ersten nachchristlichen Jahrhundert wird die Passionsgeschichte von Lukas mit Motiven der Märtyrererzählung ausgestattet.[48]

Das heißt: „Aufgrund der geistigen Verwandtschaft beider Traditionen, die dennoch eine je eigene traditionsgeschichtliche Herkunft haben, ist ernsthaft davon auszugehen, daß das, was historische Forschung heute sorgsam unterscheidet, für frühjüdische Kreise, und so auch für die Jünger Jesu, eher

---

werden auserwählt werden 60 Gerechte, die bereit sind für diese Stunde.'" (Übersetzung nach Schrage, Elia-Apokalypse, 262f.; zur Zahl der 60 Märtyrer vgl. 1Makk 7,16). Zu Herm vis 3,1,9–3,2,2 s.u. unter 3.4.6.

[45] So kopt ApkEl 37,7ff.

[46] Kleinknecht, Der Gerechtfertigte, 126.

[47] Ruppert, Der Gerechte, 109ff; Kleinknecht (Der Gerechtfertigte, 129): „Im Anhang des 4 Makk zeigt sich der Versuch, die Märtyrertradition für die Tradition vom leidenden Gerechten zu vereinnahmen oder besser: den im 2 Makk zu beobachtenden Brückenschlag zwischen beiden Traditionen auch vom 4 Makk aus vorzunehmen."

[48] Eine gute Zusammenstellung findet sich bei Schneider, Lk, ÖTK 3/2, 435–439.

eine Einheit gewesen ist ...“[49] Dieses Ergebnis ist bei der folgenden Untersuchung neutestamentlicher Belege zu berücksichtigen.

3.1.3. Zusammenfassung

Mit dem Bedeutungsverlust der Zwölf stellt sich dem Urchristentum erneut die Frage, wem die Zusage aus Mt 19,28* gelten soll. Unter dem Eindruck der Passion Jesu und der sporadischen Verfolgungen von Teilen der Jesustreuen Gemeinden bildet sich als eine mögliche Antwort die Überzeugung heraus: Nicht den Zwölfen gilt die Zusage, sondern den Märtyrern. Ihr Lohn liegt in der eschatologischen Herrschaft. Israel als Herrschaftsobjekt verblasst. Der traditionsgeschichtliche Verstehenshorizont wechselt also: An die Stelle der Tradition des Gesalbten und der zwölf Phylarchen tritt die Tradition vom leidenden Gerechten und Märtyrer. Zur eschatologischen kann eine ekklesiologische Bedeutung treten.

Eine Auseinandersetzung mit dieser Tendenz ist m.E. im Zebedaidengespräch, in den drei synoptischen Evangelien, in der Offb, im 2Tim und im Philipperbrief des Polykarp (PolPhil) greifbar.

3.2. Kein eschatologischer Lohn für Märtyrer:
Das Zebedaidengespräch (Mk 10,35–45)

Im Zebedaidengespräch (Mk 10,35–45) tritt uns dieselbe Gruppe gegenüber, die laut Mt 19,28* von Jesus mit der heilvollen Herrschaft über Israel betraut worden ist: Wieder geht es um die Zwölf. Allerdings treten sie diesmal nicht geschlossen auf, sondern die Zebedaiden bitten Jesus, in der Herrlichkeit (ἐν τῇ δόξῃ σου) zu seiner Rechten und Linken sitzen zu dürfen. Im Folgenden soll die These begründet werden, dass das Zebedaidengespräch die Erwartung eines zwölfköpfigen eschatologischen Herrschergremiums kritisch aufgreift. Das Gespräch ist als literarische Einheit in der Jerusalemer Gemeinde der 40er Jahre zu verorten.

---

[49] Müller, Entstehung, 50.

Das Zebedaidengespräch gliedert sich in zwei Gesprächsgänge: Zunächst entspannt sich ein Dialog zwischen den Zebedaiden und Jesus (10,35–40). Die Bitte der Zebedaiden, in der „Herrlichkeit" (δόξα) zur Rechten und Linken Jesu sitzen zu dürfen, lehnt dieser ab (V 40). Zuvor stellt er ihnen das Martyrium in Aussicht (V 39). In den zweiten Gesprächsgang (VV 41–45) werden die übrigen Zehn einbezogen. VV 41.42a schildern die neue Situation und stellen damit die Verbindung zu den VV 35–40 her: Die Zehn murren über Jakobus und Johannes; Jesus ruft sie zu sich. In den VV 42b–44 belehrt Jesus die Zwölf mit einem zweigliedrigen Spruch „im synthetischen Parallelismus (‚Die'-Wort/ ‚Unter euch'-Wort) mit expliziter inhaltlicher Antithese (V. 43a) über den Unterschied im Herrschaftsverhalten der politischen Mächte und der Jüngergemeinde"[50]. Die Perikope schließt mit einem antithetischen Spruch „über das exemplarische Dienstverhalten des Menschensohnes"[51] (V 45a), an den eine soteriologische Aussage anschließt (V 45b).

3.2.1. Die in Mk 10,35–45 verarbeiteten Traditionen

Bei einem Vergleich von Mt 19,28* und Mk 10,35–45 ist zunächst zu beachten, dass die eschatologische Zusage bzw. Bitte unterschiedlich formuliert ist. Während es in Mt 19,28* heißt, dass die Zwölf auf zwölf Thronen sitzen und die zwölf Stämme Israels richten werden, bitten die Zebedaiden darum, zur Rechten und Linken Jesu sitzen zu dürfen. Es darf nun weder selbstverständlich angenommen werden, dass es sich jeweils um die gleiche Sache handelt,[52] noch, dass beide Formulierungen aus derselben Tradition schöpfen. Damit stellt sich die Frage: Inwiefern deckt sich die Bitte der Zebedaiden inhaltlich mit der Zusage Jesu aus Mt 19,28*?

---

[50] Wischmeyer, Herrschen, 29.
[51] Ebd.
[52] So jedoch – ohne weitere Erläuterung – zumindest angedeutet u.a. bei Tödt, Menschensohn, 59; Wehnert, Teilhabe, 96; Lührmann, Mk, HNT, 179.
  Beim Motiv des Sitzens zur Rechten zeigt sich jedoch, dass oftmals gerade der funktionale Aspekt wegfällt. Es geht vielmehr darum, bestimmten Personen eine Ehrenposition zuzusprechen. „Ancient Jews and Gentiles alike commonly took the right side and a position at the right hand as symbolic of honor or good fortune, but they did not connect a right-hand seat with any single function. Likewise in the early Christian literature the symbol of Jesus' *place* or *session* seems to mean basically honor, not function." (Hay, Glory, 90; Hervorhebungen im Original). Daher ist zu prüfen, ob Ähnliches für die Rede vom Sitzen zur Rechten und zur Linken gilt.

3.2.1.1. Die eschatologische Belohnung des leidenden Gerechten

Jesus scheint auf die Bitte der Jünger hin eine Bedingung für das Sitzen zur Rechten und zur Linken zu formulieren: „Könnt ihr den Kelch trinken, den ich trinke, oder die Taufe auf euch nehmen, mit der ich getauft werde?"[53] Die Zebedaiden bejahen dies. Hier ist eine Vorstellung greifbar, nach der Leiden mit eschatologischer Herrschaft belohnt wird. Der Ursprung dieser Vorstellung liegt in der passio-iusti Thematik.[54] Die These, dass das Zebedaidengespräch die Tradition vom leidenden Gerechten aufnimmt, wird dadurch gestützt, dass es eine besondere Nähe zur Passionsgeschichte aufweist; und diese Passionsgeschichte ist ebenfalls unter Verwendung der Tradition vom leidenden Gerechten und Märtyrer gestaltet.

Für die Nähe von Zebedaidengespräch und Passionsgeschichte sprechen folgende Beobachtungen: Der Kelch aus Mk 10,38f taucht in der Gethsemaneperikope wieder auf. Dort bittet Jesus darum, dass der Kelch von ihm genommen werde (Mk 14,36). Die Zebedaiden, die in Mk 10,35–40 die zentrale Rolle spielen, begleiten Jesus (samt Petrus) nach Gethsemane (14,33).

Die Gethsemaneperikope ist nun v.a. durch die passio-iusti Thematik in die vormk Passionsgeschichte eingebunden und nicht als selbständige Einheit anzusehen.[55]

Folgende Elemente sind hier zu nennen:
1) In 14,33b heißt es von Jesus, dass er anfing „zu zittern und zu zagen". Damit wird er als leidender Gerechter beschrieben.
2) Seine Klage in 14,34b lehnt sich an Ps 42 und 43 an.
3) In 14,36 bittet Jesus um die Wegnahme des Kelches, „d.h. seines Martyriums, seines Leidens und Todes"[56].
4) 14,41 berichtet, dass Jesus, der Menschensohn, in die Hände der Sünder fällt. Die Auslieferung an die Feinde ist ein typisches Motiv der passio-iusti Thematik (z.B. Weish 2,10–20).

---

[53] Zu Kelch und Todestaufe (vgl. MartPol 14,2; Lk 12,50) vgl. Wolf, Todestaufe, 69ff; Goppelt, Art. ποτήριον, 149–153; Pesch, Mk, HThK, 156–158; Theißen, Verfolgung, 284. Braumann (Leidenskelch) deutet den Leidenskelch – kaum überzeugend – auf sakramentale Probleme früher Gemeinden.

[54] S.o. unter 3.1.2.

[55] Für die Einbindung der Gethsemane-Perikope in die vormk Passionserzählung spricht auch Folgendes: „Im ganzen wird (wie in 14,3–31) Jesu Tod vorweg ‚besprochen' und seine mögliche Wirkung auf die Jünger (V38bc). Darin kommt die Kontextgebundenheit der nicht selbständigen, auf den Horizont der Passionsgeschichte bezogenen Erzählung am stärksten zum Vorschein." (Pesch, Mk, HThK, 388). Im Folgenden setze ich die Einheitlichkeit der Gethsemane-Überlieferung voraus (mit Pesch, Mk, HThK, 388, gegen Gnilka, Mk, EKK, 255f; dort auch ein Überblick zum Forschungsstand).

[56] Pesch, Mk, HThK, 390.

Die Gethsemaneperikope beschreibt Jesus also als leidenden Gerechten. Die Kelchmetapher spricht dafür, dass diese Tradition auch für das Zebedaidengespräch in Anschlag zu bringen ist. Denn Jesus gesteht den Zebedaiden ja ausdrücklich zu, dass sie den Kelch trinken werden, den er trinkt (10,39). Erst der Bezug zur Gethsemaneperikope verdeutlicht die Tragweite dieser Aussage; denn Jesus selbst bittet zitternd und zagend: „Nimm diesen Kelch von mir" (14,36).[57] Dieser Bezug zwischen dem Zebedaidengespräch und der Gethsemaneperikope wird dadurch weiter gestützt, dass die Zebedaiden sowohl in 10,35–45 als auch in 14,32–42 eine hervorgehobene Rolle spielen, denn Jesus nimmt sie samt Petrus mit sich (14,33). Die Zebedaiden werden also in die Thematik des leidenden Gerechten einbezogen.

Allerdings besteht die Belohnung des Gerechten, sofern sie überhaupt die Zusage einer eschatologischen Funktion beinhaltet, traditionell primär in der Mitwirkung am Strafgericht an gottlosen Menschen (Weish 3,8; Dan 7,22 LXX). Die Bitte, zur Rechten und Linken Jesu sitzen zu dürfen, sagt über die „Objekte" dieser Herrschaft[58] nichts aus. Der Kontext lässt aber darauf schließen, dass es beim Zebedaidengespräch um die Machtverhältnisse innerhalb der Gruppe der Jesusanhänger geht. Das Zebedaidengespräch knüpft also an die Vorstellung an, dass den leidenden Gerechten eschatologischer Lohn in Form einer Funktion erwartet. Die Art dieser Funktion zeigt sich – wie noch genauer zu entfalten ist[59] – von Mt 19,28* beeinflusst.

Gegen diese Deutung des Zebedaidengesprächs von der passio-iusti-Thematik her kann kaum eingewandt werden, dass sie den Unterschied zwischen dem leidenden Gerechten und dem Märtyrer verwische. Denn beim Zebedaidengespräch zeigt sich, was auch in anderen Schriften zu beobachten ist: Zwischen dem Märtyrer und dem leidenden Gerechten wurde nicht mehr konsequent unterschieden.[60] Nur deshalb kann in Mk 10,38f die Kelchmetapher des leidenden Gerechten auf die zwei Märtyrer angewendet werden (vgl. 14,36). Dann aber scheint es durchaus plausibel, die in Mk 10,35–45 anklingende Vorstellung, nach der das Trinken des Kelches die Bedingung für eschatologische Herrschaft sein könnte, aus der passio-iusti Thematik herzuleiten.

Die eschatologische Herrschaft erscheint vor dem Hintergrund dieser Tradition als Lohn für erlittenes Leid. Das Zebedaidengespräch setzt diese Auffassung voraus und setzt sich kritisch mit ihr auseinander.

---

[57] Goppelt, Art. ποτήριον, 152.

[58] Dass die Bitte der Zebedaiden auf Teilhabe an messianischer Herrschaft zielt, wird noch zu zeigen sein (s.u. 3.2.1.2.).

[59] S.u. unter 3.2.1.2.

[60] S.o. unter 3.1.2.

3.2.1.2. Mt 19,28* und das Sitzen zur Rechten und zur Linken

Deutlich ist, dass es den Zebedaiden bei ihrer Bitte um einen eschatologisch unüberbietbaren Zustand geht. Denn die Jünger fragen ausdrücklich danach, in „seiner Herrlichkeit" (ἐν τῇ δόξῃ σου) die Ehrenplätze einnehmen zu dürfen. Offen ist allerdings, ob mit diesem Sitzen zur Rechten und Linken implizit eine Funktion verbunden ist. Dies gilt es zunächst zu prüfen.

Die linke Seite wird gegenüber der rechten entweder radikal abgewertet, oder sie stellt den drittbesten Platz dar. Beide Traditionen sind deutlich voneinander zu unterscheiden.[61] Die Zweiteilung in Gute und Böse, wobei den Guten die rechte und den Bösen die linke Seite zugewiesen wird, findet sich in Mt 25,31ff. Im Endgericht wird der Menschensohn die Gesegneten seines Vaters (οἱ εὐλογημένοι τοῦ πατρός μου) zu seiner Rechten stellen (25,34), die Verfluchten (οἱ κατηραμένοι) aber zu seiner Linken (25,41).[62] Die andere Tradition findet sich in Mk 10,37–40. Die Zebedaiden bitten Jesus um himmlische Ehrenplätze, εἷς σου ἐκ δεξιῶν καὶ εἷς ἐξ ἀριστερῶν (10,37). Der linke Platz ist hier also – anders als in Mt 25 – ebenfalls ein Ehrenplatz, wenn auch gegenüber dem Platz zur Rechten etwas „minderwertiger".[63]

In einem besonderen Zweig dieser Tradition geht es um die Übertragung von Amtsautorität an die Person zur Rechten und an die zur Linken. Die Autoritätsfigur steht oder sitzt in der Mitte. Die Plätze zur Rechten und Linken werden dabei durchgehend von zwei Einzelpersonen, nicht von zwei Gruppen eingenommen. Ihnen werden in testamentarischer Situation Funktionen übertragen.

---

[61] Berger, Auferstehung, 123.

[62] Vgl. zu Mt 25,31ff die Schilderung der Auferstehung aus TestBen 10,6: „Dann werdet ihr sehen Henoch, Noah und Sem und Abraham und Isaak und Jakob auferstehen zur Rechten mit Jubel." (Übersetzung nach Becker, Test12Patr, 136f) Anders als in Mt 25 kommt die linke Seite nicht in den Blick, obwohl in V 8 von einer allgemeinen Auferstehung die Rede ist, „die einen zur Herrlichkeit, die anderen zur Entehrung" (Becker, Untersuchungen, 137; vgl. Dan 12,2 LXX). Die Zweiteilung in Gute (rechts) und Böse (links) findet sich auch hellenistisch bei Plutarch, Reg et Imp Apophthegmata, Moralia 192F, wo es heißt: „When the Spartans threatened an invasion, and oracles were reported to the Thebans, of which some told of defeat and others of victory, he ordered that these be placed on the right of the speakers' platform, and those at the left." (Babbitt, Plutarch's Moralia, 172A–263C, 141); zum Ganzen vgl. Berger, Auferstehung, 123.

[63] „Beim Vorhandensein von drei Personen schrieb die Sitte vor, daß der Vornehmste seinen Platz in der Mitte, der Zweitgrößte zu seiner Rechten und der Dritte zu seiner Linken einnehme." (Strack-Billerbeck I, 835). Dieselbe Tradition findet sich in AscJes: „In the Ascension of Isiah, Christ sits down at the right hand of ‚the great glory' while ‚the angel of the Holy Spirit' sits on the left, evidently an inferior position (11.32–33; cf 7.14.15, 34–35)." (Hay, Glory, 57). Vielleicht geht diese Tradition auf die Aussage zurück, dass der Herrscher rechts und links von seinem Volk bzw. seinen Dienern umgeben ist. „Ich sah den Herrn auf seinem Throne sitzen und das ganze Heer des Himmels neben ihm zur Rechten und Linken stehen." (1Kön 22,19; vgl. auch 2Sam 16,6).

In Gen 48,1ff wird berichtet, dass Jakob im Sterben liegt, woraufhin Joseph seine beiden Söhne Manasse und Ephraim zu ihm führt, damit sie seinen Segen empfangen. Die Hinführung der beiden Söhne wird folgendermaßen beschrieben: „Dann nahm Joseph beide, Efraim an seine Rechte, zur Linken Israels, und Manasse an seine Linke, zur Rechten Israels, und führte sie zu ihm." (Gen 48,13). Ähnlich heißt es in Jub 31,12, ebenfalls in testamentarischer Situation: „Und er [Isaak] ergriff Levi mit seiner rechten Hand und Juda mit seiner linken Hand."

Die Dreierkonstellation in testamentarischer Situation, in der es um Übertragung von Amtsautorität geht, findet sich auch in weiteren Belegen, ohne dass explizit von einem Sitzen oder Stehen zur Rechten oder Linken die Rede wäre. So heißt es in 1Q 22: „Da rief Mose den Eleazar, Sohn des [Aaron,] und Josu[a, Sohn des Nun, und sagte zu ihn]en: „Sprecht alle die Worte der Torah bis] zu ihrem Ende vor: Schweig du."[64] Bei Josephus hören wir von Eleazar und Josua, die Abschied von Mose nehmen (Ant 4,323–326). Dass es jeweils um Übertragung von Amtsautorität geht, wird in der syrischen Thomasakte (§169) besonders deutlich: „Denn Judas hatte auf dem Berge, als er zum Sterben geführt wurde, Sifôr zum Presbyter, Vazan aber zum Diakon gemacht."[65] Auch in zwei späteren Texten findet sich diese typische Konstellation. So schließen die Paulusakten (2./ 3. Jahrhundert n.Chr.) mit folgenden Worten: „Und Longus und Centurio Cestus machten sich, wie Paulus angeordnet hatte, in der Morgenfrühe auf und kamen voll Furcht zum Grab des Paulus. Als sie aber hinzutraten, sahen sie zwei Männer im Gebet und in ihrer Mitte Paulus, so daß sie beim Anblick des unglaublichen Wunders vor Schrecken außer sich gerieten, während Titus und Lukas, als sie Longus und Cestus auf sich zukamen sahen, von menschlicher Furcht ergriffen, sich zur Flucht wandten, worauf diese aber ihnen nachliefen und ihnen zuriefen: ,Wir verfolgen euch nicht, um euch zu töten, wie ihr wähnt, ... sondern um zu leben, damit ihr uns gebt, wie uns Paulus verheißen hat, den wir eben mitten unter euch im Gebet stehen sahen.' Und als Titus und Lukas das von ihnen gehört hatten, gaben sie ihnen mit großer Freude das Siegel im Herrn ..."[66] In den Acta Petri et Pauli aus dem 6. bis 7. Jahrhundert n.Chr. heißt es: Πέτρος καὶ Παῦλος εἶπον· Ἡμᾶς πάλαι ὁ θεὸς ἐκάλεσεν εἰς τὴν ἰδίαν δόξαν ... (K.70). [67] „An allen diesen Stellen geht es um Autoritätsübertragung bzw. -teilhabe."[68] Typisch ist weiterhin die testamentarische Abschieds-Situation, in der die Autoritätsübertragung erfolgt.

Es spricht nun einiges dafür, dass Mk 10,37–40 vor diesem Vorstellungshintergrund zu lesen ist: Deutlich ist die Dreierkonstellation: Jesus in der Mitte, Jakobus und Johannes zur Rechten und Linken. Des weiteren geht es um die Frage, was nach dem Tod der Drei sein wird (Mk 10,38f), und insofern um eine testamentarische Situation. Wir kommen damit zu dem Ergebnis, dass die Bitte der Zebedaiden eine Funktionsübertragung impliziert.

Dieses Ergebnis wird durch den Kontext gestützt: An das Gespräch zwischen den Zebedaiden und Jesus schließt sich ein weiteres Gespräch an, bei

---

[64] Maier, Texte, Bd. 1, 230.
[65] Übersetzung nach Schneemelcher, NTApo³ 2, 372.
[66] Schneemelcher, Martyrium des hlg. Apostels Paulus, NTApo⁵ 2, 241.
[67] Lipsius/ Bonnet I, Acta Apostolorum Apocrypha.
[68] Berger, Einführung, 226.

dem Jesus mit der Bemerkung einsetzt: „Ihr wisst, dass die, die als Herrscher gelten, ihre Völker unterdrücken und die Mächtigen ihre Macht über die Menschen missbrauchen." (10,42)[69] Diese Bemerkung ist nur dann sinnvoll, wenn die Bitte der Zebedaiden auf eine eschatologische Herrschaftsfunktion abzielte.

Damit stellt sich die Frage, über wen die Zebedaiden herrschen wollen. Aus der Formulierung des Sitzens zur Rechten und Linken lässt sich diesbezüglich nichts entnehmen. Aber der engere Kontext kann wiederum Aufschluss darüber geben, an welche Funktion hier gedacht ist.[70] Der Verfasser gestaltet den Text so, dass die Bitte der Zebedaiden Jesus dazu veranlasst, ihnen samt den murrenden Zehn ein Zerrbild weltlicher Herrschaft als Spiegel vorzuhalten. Dagegen setzt er ein radikal herrschaftskritisches Ideal: „Bei euch aber soll es nicht so sein, sondern wer bei euch groß sein will, der soll euer Diener sein." (10,43) Diese Gegenüberstellung „in der Welt – bei euch" zeigt, dass es einerseits um die Herrschaftsverhältnisse *innerhalb* der Welt, andererseits um die Herrschaftsverhältnisse *innerhalb* der Gruppe um Jesus geht. Negativ gesagt: Es geht nicht um die Frage der Herrschaft fremder Herrscher über die Anhänger Jesu und eine zukünftige Umkehr der Machtverhältnisse. Für die Bitte der Zebedaiden heißt das: Sie bitten nicht darum, in Umkehr bestehender Verhältnisse einst über die fremden Völker herrschen zu dürfen, sondern es geht auch ihnen um die Herrschaftsverhältnisse innerhalb ihrer eigenen Gruppe. Sie fragen also, ob sie über die Anhänger Jesu herrschen dürfen. In ihren Augen handelt es sich dabei wohl durchaus um eine heilvolle Herrschaft, aber die Entgegnung Jesu entlarvt sie als Wunsch nach Unterdrückung, wie sie bei weltlichen Herrschern üblich ist.

Die Zebedaiden bitten also um eschatologische, heilvolle Herrschaft über die Anhänger Jesu. Es zeigt sich, „daß es hier wohl nicht um die persönliche Glückseligkeit der beiden Jünger geht, sondern um *Teilhabe an Regentschaft und Macht des Messias*"[71]. Wenn dem so ist, steht die Bitte der Zebedaiden der Zusage aus Mt 19,28* thematisch sehr nahe. Jeweils geht es um Teilhabe an eschatologischer Herrschaft über den „Rest" der eigenen Gruppe. Inhaltlich schwingt in Mk 10,35–45 also trotz der abweichenden Formulierung die Zusage aus Mt 19,28* mit. Die Zusage, die die Zebedaiden in Mt 19,28* als Mitglieder des Zwölferkreises erhalten, bringen sie in

---

[69] Zu Mk 10,42f s.o. unter Exkurs 3.

[70] Die weiteren Überlegungen greifen insofern vor, als sie von der literarischen Einheit von Mk 10,35–45 ausgehen. Sie wird im nächsten Punkt eigens thematisiert.

[71] Berger, Einführung, 226; Hervorhebung im Original.

Mk 10,35–45 nochmals als Bitte vor.[72] Sollte das Gespräch im Jerusalem der 40er Jahre zu verorten sein – was noch zu zeigen ist[73] –, wäre auch der zeitliche Abstand nicht allzu groß. Daher liegt – aufgrund der inhaltlichen Nähe und der „personellen Überschneidung" – die Annahme nahe, dass uns im Zebedaidengespräch ein Stück Wirkungsgeschichte des Logions aus Mt 19,28* vorliegt.[74] Mk 10,35–45 bezeugt eine *kritische* Auseinandersetzung mit dem Jesus-Logion, denn die Zebedaiden formulieren gegenüber Mt 19,28* selbständig und ihre Bitte wird zurückgewiesen.

Nachdem die Gleichartigkeit der in Mt 19,28* und Mk 10,35–45 angesprochenen eschatologischen Funktion herausgearbeitet worden ist, bleibt zu klären, worin der maßgebliche Unterschied zwischen dem, was Jesus den Zwölfen zusagt, und dem, worum die Zebedaiden bitten, liegt. Denn trotz der inhaltlichen Übereinstimmung hinsichtlich der Art der eschatologischen Funktion ist zu beachten, dass die Bitte der Zebedaiden anders als Mt 19,28* mit dem Motiv der Dreierkonstellation arbeitet, bei der den beiden Personen zur Rechten und zur Linken in testamentarischer Situation eine Funktion zugesprochen wird.

Die Frage der Zebedaiden zielt dank dieses Motivs auf eine eschatologische Würde, von der die übrigen der Zwölf ausgeschlossen sind. Es geht also in pointierter Weise darum, etwas für sich zu beanspruchen, was den übrigen der Zwölf nicht zusteht. So erklärt sich wohl, dass die Zebedaiden nicht – analog Mt 19,28* – direkt um eschatologische Herrschaft bitten, sondern eine Formulierung verwenden, die die Zahl der Ehrenplätze von vornherein auf zwei begrenzt: einen zur Rechten und einen zur Linken. Vielleicht spiegelt sich hierin die Auflösung des Zwölferkreises, die Ende der 40er Jahre bereits weit vorangeschritten ist.

3.2.1.3. Dienen statt Herrschen

Die Aufforderung zu Dienen, die in Mk 10,43f an die Zwölf gerichtet wird, hat – wie bereits dargelegt[75] – einen Anhalt am historischen Jesus.[76] Im

---

[72] Die Zebedaiden sind „unumstrittene" Mitglieder des Zwölferkreises, die späteren Listen nennen sie übereinstimmend (vgl. Mt 10,2; Mk 3,17; Lk 6,14).

[73] S.u. unter 3.2.2.

[74] Insofern hat Gundry recht, wenn er feststellt: „The request of James and John seems to rest on Jesus' promise that the Twelve ‚will sit on thrones judging the twelve tribes of Israel'." (Mark, 583).

[75] S.o. unter Exkurs 3.

[76] Ob auch 10,45 dem historischen Jesus zuzurechnen ist, kann hier offen bleiben. Die Frage muss für V 45a (dienender Menschensohn) und V 45b (Leben als Lösegeld für viele) getrennt erörtert werden; zur Diskussion vgl. Schürmann, Abschiedsrede, 64–92; Roloff, Anfänge, 51 Anm. 5; Wischmeyer, Herrschen, 40ff.

Kontext des Zebedaidengespräches gewinnt die Aufforderung jedoch m.E. eine etwas andere Bedeutung: Während Jesus das Herrschen als Dienen expliziert, „korrigiert" das Zebedaidengespräch die Bitte um Herrschaft mit der Aufforderung zu dienen. Für Jesus gilt: „Herrschen als Dienen", für das Zebedaidengespräch: „Dienen statt Herrschen". Diese These gilt es nun zu entfalten.

Nachdem Jesus die Bitte der Zebedaiden zurückgewiesen hat, ruft er die murrenden Zehn zu sich und wendet sich anschließend an alle Zwölf. Er hält sie dazu an, nicht nach der Herrschaft, sondern nach der Dienerschaft zu streben. Dazu kontrastiert er die Herrschaft der weltlichen Machthaber mit dem Ideal, das unter den Zwölfen gelten soll. Die Bitte der Zebedaiden, in der das Logion aus Mt 19,28* nachklingt, wird klar zurückgewiesen. Die übrigen Zehn murren. Denn *allen* Zwölfen wird damit das Herrschaftsprivileg, das Mt 19,28* ihnen zugedacht hat, abgesprochen. Es geht also nicht nur um den Kontrast zwischen „verkehrter weltlicher" und „wahrer messianischer" Herrschaft, sondern auch um den Kontrast zwischen dem Wunsch der Zebedaiden nach Teilhabe an messianischer Herrschaft und dem Ideal des Dienens.[77]

Der Verfasser benutzt die jesuanische herrschaftskritische Tradition, um die Absage Jesu an die Zebedaiden zu legitimieren. Solch eine Legitimation war notwendig, denn schließlich bitten die Zebedaiden um genau das, was Jesus in Mt 19,28* den Zwölfen zusagt: eschatologische Herrschaft. Diese Verheißung Jesu war in den 40er Jahren kaum schon in Vergessenheit geraten. Daher erklärt der Verfasser sie auch nicht insgesamt für ungültig: Ein bestimmter Kreis wird in der Tat zur Rechten oder Linken Gottes sitzen (10,40). Aber die Aussichten für die Zebedaiden haben sich radikal verändert. Sie werden keine eschatologischen Herrscher sein. Der Verfasser löst das Legitimationsproblem, das diese Absage birgt, indem er auf jesuanische Tradition mit herrschaftskritischem Charakter zurückgreift. Die Absage an

---

[77] Diese Differenzierung zwischen der jesuanischen Verkündigung und dem Zebedaidengespräch fehlt bei Wischmeyer. Sie betont im Blick auf Mk 10,41–45: „Es handelt sich um eine Neuinterpretation von ἄρχειν/ κυριεύειν/ ἐξουσιάζειν in V. 42 sub contrario. Die Regel hebt nicht Herrschaft auf oder macht sie obsolet, sondern interpretiert sie, indem sie politische, soziale und wirtschaftliche Machtstellung (μέγας) als διακονεῖν und dezidiert soziale Vorrangstellung (πρῶτος εἶναι) als δουλεύειν auslegt." (Herrschen, 29f). Konsequenterweise lautet der Titel des Aufsatzes „Herrschen *als* Dienen" (eigene Hervorhebung), nicht etwa „Dienen *statt* Herrschen". Auf die jesuanische Verkündigung trifft diese Interpretation von Wischmeyer m.E. zu, nicht aber auf das Zebedaidengespräch. An diesem Punkt macht sich bemerkbar, dass Wischmeyer die vorangehenden VV 35–40 kaum in die Analyse einbezieht. Zwar heißt es: „Den thematischen Rahmen bildet die Bitte der Zebedaiden um einen Ehrenplatz im Gottesreich am Anfang des Apophthegmas (10,36)." (A.a.O., 29). Diese Erkenntnis schlägt sich aber in der weiteren Analyse nicht nieder. So wird nicht deutlich, dass Mk 10,41–45 eine „doppelte Frontstellung" aufweist: zum einen gegen die weltlichen Herrscher, zum anderen aber auch gegen die Bitte der Zebedaiden.

die Zebedaiden wird dadurch nicht nur legitimiert, sie erhält gleichzeitig einen sehr grundsätzlichen Charakter. Denn nunmehr wird deutlich: Für alle *Zwölf* gilt, dass sie nicht mehr der eschatologischen Herrschaft entgegengehen, sondern dass sie den Menschen dienen sollen. Die eschatologische Fragestellung wird so ekklesiologisch umgebogen. Das Zebedaidengespräch lässt daher vermuten, dass Mt 19,28* bald nach Jesu Tod und Auferstehung neben der eschatologischen auch eine hohe ekklesiologische Bedeutung erhielt. Die eschatologische Leitungsfunktion konnte sich offenbar mit dem Anspruch auf eine irdische Leitungsfunktion verbinden. Die Zebedaiden bitten entsprechend nicht nur um himmlische, sondern auch um irdische Führungspositionen.[78] Mk 10,35–45 setzt sich mit beiden Aspekten aus Mt 19,28* – dem eschatologischen und dem ekklesiologischen – kritisch auseinander. Wie das im einzelnen geschieht, ist nun zu entwickeln.

3.2.2. Mk 10,35–45 in seinem ältesten literarischen und historischen Kontext

Wir haben gesehen, dass das Zebedaidengespräch unterschiedliche Traditionen aufnimmt. Wahrscheinlich ist es in mehreren Schritten entstanden, denn der Text weist mehrere Unebenheiten auf:
1) Die Bitte der Zebedaiden wird von Jesus zweimal – widersprüchlich – beantwortet: Während er in 10,38 die Bedingungen für die Erfüllung der Bitte zu erläutern scheint, schlägt er den Zebedaiden ihr Anliegen in 10,40 rundweg ab und behauptet, keine Vollmacht zur Vergabe der Plätze zu besitzen.
2) Es erscheint zunächst unlogisch, dass die Jünger unwillig werden (10,41), denn Jesus hat die Bitte der Zebedaiden ja ohnehin zurückgewiesen.[79]
Aufgrund dieser Beobachtungen hat die Exegese versucht, die Entstehungsgeschichte des Textes zu rekonstruieren.

Die VV 41–45 werden oft als späterer Zusatz betrachtet.[80] Dafür könnte sprechen, dass sie in Lk 22,24–27 isoliert überliefert sind.

---

[78] Mit Berger, der konstatiert, „daß es hier [in Mk 10,35–40] wohl nicht um die persönliche Glückseligkeit der beiden Jünger geht, sondern um *Teilhabe an Regentschaft und Macht des Messias*. Und sicher geht es dann nicht nur um eschatologisch-himmlische Hoheit, sondern auch um die Geltung in der Gemeinde eben in der Zeit ,nach Jesus‘." (Einführung, 226; Hervorhebung im Original).
[79] So z.B. Pesch, Mk, HThK, 160.

Im Blick auf die VV 35–40 werden zwei unterschiedliche Thesen vertreten:

1) Ein Teil der Exegeten deutet die VV 38f als späteren Zusatz: Es handle sich bei ihnen um ein vaticinium ex eventu, das nach dem Tod der Zebedaiden eingeschoben worden sei.[81]

2) Gnilka[82] und Pesch[83] sehen in 10,35–38 den ältesten Textbestand, der auf ein Gespräch der Zebedaiden mit Jesus zurückgehen könnte. Nach dem Märtyrertod des Jakobus sei der Text um die VV 39f erweitert worden. Gnilka vermutet zudem, „daß die Frage ehemals von nicht näher bezeichneten Jüngern gestellt und erst zusammen mit der genannten geschichtlichen Erfahrung mit Jakobus und Johannes verknüpft wurde"[84].

Die hier vorgelegte Analyse geht mit der Mehrheit der Exegeten davon aus, dass die gesamte Perikope schon vormk gebildet wurde.[85] Der „Sitz im Leben" der Einheit wird dementsprechend in Verbindung mit dem Märtyrertod des Zebedaiden Jakobus bestimmt. In der Perikope haben sich Gemeindeprobleme niedergeschlagen.[86] Die nunmehr zu entfaltende Auslegung

---

[80] So z.B. Bultmann, Geschichte, 23; Gnilka, Mk, EKK, 99; Pesch Mk, HThK, 159 und Lührmann, Mk, HNT, 179.

[81] So z.B. Bultmann, Geschichte, 23; Ernst, Mk, RNT, 305 (VV 38b.39 als späterer Zusatz).

[82] Gnilka, Mk, EKK, 98–107.

[83] Pesch, Mk, HThK, 153–167.

[84] Gnilka, Mk, EKK, 99.

[85] Ernst, Mk, RNT, 305; Pesch, Mk, EKK, 159; Bultmann, Geschichte, 23; gegen Lührmann, Mk, HNT, 179, der die VV 38f. für markinisch hält: „ein dem Thema der Kreuzesnachfolge entsprechender Einschub des Mk" (zur Diskussion dieser These s.u. unter 3.3.1.).

[86] Ernst, Mk, RNT, 305: „Es ist nicht zu übersehen, daß sich Gemeindeprobleme in der Erzählung niedergeschlagen haben."

Bemerkenswert ist die These von Lohmeyer, Mk, KEK, 223: „In ihr [der Szene] scheinen sich Kämpfe um die Führung der Urgemeinde niedergeschlagen zu haben. Denn der Sitz zur Rechten und Linken Jesu bedeutet, geschichtlich gesehen, den Anspruch, die einzigen Leiter der Gemeinde zu sein, und er richtet sich gegen den gleichen Anspruch Anderer, etwa des Petrus, der sich auf Mt 16,18 gründet. Hier ist die Entscheidung durch ein Herrenwort gefällt: Nicht die ersten und einzigen Leiter werden die Zebedaiden sein, wohl aber die ersten und ausgezeichneten Märtyrer, die das Gleiche dulden werden wie der Herr."

Wenn ich dieser These auch nicht voll zustimmen kann, scheinen mir doch folgende Punkte – auf die ich in meiner Auslegung eingehen werde – zutreffend:

a) Die Zebedaiden bitten darum, die *einzigen* Leiter zu sein; denn es gibt nur einen Platz zur Rechten und einen zur Linken.

b) Die Perikope setzt sich mit konkurrierenden Leitungs-Ansprüchen auseinander.

Allerdings bin ich nicht der Meinung, dass hier der Anspruch des Petrus, gegründet auf Mt 16,18, zur Debatte steht. Vielmehr ist die Tradition aus Mt 19,28* in Anschlag zu bringen (mit Lührmann, Mk, HNT, 179): „Nach Q hat Jesus den Jüngern insgesamt ... in etwa das versprochen, was er den beiden hier abschlägt, und es fehlt auch jede Erwähnung der Zwölf oder dieser beiden Jünger in den Aussagen über das Kommen des Menschensohns zum Gericht (8,38; 13,24–27; 14,62). Eine ursprüngliche Einheit 35–37.40 läßt sich als Auseinandersetzung mit solchen Traditionen begreifen ... Der markinischen Christologie entspricht es jedoch, daß Jesus allein als der Menschensohn richten wird, ... 38f sind ein dem Thema der Kreuzesnachfolge entsprechender Einschub des Mk ..."

versucht, die Bedeutung des Zebedaidengesprächs im literarischen Kontext der Passionsgeschichte und im historischen Kontext der 40er Jahre in Jerusalem zu erhellen. Mk 10,35–45 setzt den Märtyrertod des Jakobus (und Johannes?)[87] voraus. Er fällt in die Regierungszeit Agrippas I., also in die Jahre 41–44 n.Chr., und ist in der Apostelgeschichte (Apg 12,2) bezeugt.[88] Als Ort dieses Geschehens ist am ehesten Jerusalem anzunehmen. Das Zebedaidengespräch scheint demnach unter dem Eindruck der Verfolgungen durch Agrippa in Jerusalem entstanden zu sein. Diese zeitliche und lokale Verortung von Mk 10,35–45 wird durch den bereits dargelegten Bezug zur Gethsemanegeschichte gestützt. Denn die Passionsgeschichte, innerhalb der die Gethsemaneperikope eine unselbständige Einheit bildet, dürfte „unter dem Eindruck der Verfolgungen in der Regierungszeit Agrippa I. (41–44 n.Chr.) nach der Caligulakrise formuliert worden sein"[89].

Das hat Theißen überzeugend nachgewiesen. Für diese zeitliche und lokale Einordnung der Passionsgeschichte spricht besonders das ambivalente Bild des Petrus, den die Passionsüberlieferung als den verzweifelten Verleugner charakterisiert.

Die Passionsgeschichte stilisiert Petrus, der zweifellos eine führende Gestalt in der Jerusalemer Gemeinde ist, zu „dem" Verleugner. Petrus weicht aus, insofern zeigt er Schwäche. Aber die Passionserzählung weiß von Petrus nicht nur zu berichten, dass er Jesus verleugnete, sondern sie weiß auch um seine besondere Nähe zu Jesus. Gerade die Gethsemaneperikope bringt diese Vertrautheit zum Ausdruck: Jesus nimmt Petrus, Jakobus und Johannes mit (14,33) und findet sie alle drei schlafend (14,37). Er spricht jedoch zunächst nur Petrus an (14,37). Von ihm scheint er besonders enttäuscht, denn – so wird man im Kontext der gesamten Passionserzählung deuten müssen – Petrus steht ihm besonders nahe. Nach der Verleugnung tritt uns Petrus als ein verzweifelter Mann entgegen: „Und er fing an zu weinen." (14,72). Die Passionserzählung stellt Petrus also in seiner Schwäche dar, aber sie verurteilt ihn nicht.

Diese Darstellung gewinnt vor dem Hintergrund der Ereignisse der Jahre 41–44 besonderes Profil: „Der Zebedaide Jakobus wurde hingerichtet (Apg 12,2), Petrus festgenommen, konnte aber auf ungeklärte Weise entkommen. ... Diesmal steht Petrus nicht im Kontrast zu Jesus, sondern zum Zebedai-

---

Wie Lührmann sehe ich im Zebedaidengespräch eine Auseinandersetzung mit der Zusage aus Mt 19,28/ Lk 22,28–30. Allerdings setze ich diese Auseinandersetzung zeitlich früher an: Die Zusage halte ich für jesuanisch (nicht erst für Q-Überlieferung), die Auseinandersetzung mit ihr scheint mir durch den Märtyrertod des Jakobus veranlasst. Markus gliedert diese Überlieferung in seine Christologie ein (s.u. unter 3.3.1.).

[87] Zu dem Problem, dass Mk 10,35–45 den Tod beider Zebedaiden vorauszusetzen scheint, Apg 12,2 aber nur vom Tod des Jakobus berichtet, s.u. im Exkurs.

[88] So die Mehrheit der Forschung. Vgl. dazu den folgenden Exkurs.

[89] Theißen, Lokalkolorit, 210.

den Jakobus."[90] Die spätere Darstellung der Apg zeigt, dass die Flucht durchaus negativ gewertet werden konnte. Denn sie bemüht einen Engel (Apg 12,7ff), um zu zeigen: „Es war nicht eine eigenmächtige Flucht, deretwegen die Gemeinde Petrus verurteilen dürfte, es war vielmehr eine Rettungstat Gottes, um deretwillen sie Gott preisen sollte!"[91] Das lässt vermuten: In den 40er Jahren hatte die Flucht durchaus zu Verurteilungen des Petrus geführt.

Diese Beobachtungen weisen auf einen weiteren Berührungspunkt zwischen dem Zebedaidengespräch und der Gethsemanegeschichte: Das Bild der Zebedaiden ist in Mk 10,35–45 ähnlich ambivalent wie das Bild, das die Gethsemanegeschichte von Petrus zeichnet. Denn einerseits wird die Bitte der Zebedaiden abgelehnt und löst zudem Unmut bei den übrigen Zehn aus. Die Aufforderung zu dienen zeigt, dass das Anliegen der Zebedaiden grundsätzlich fehl geht. Andererseits gesteht Jesus den Zebedaiden aber zu, dass ihr Schicksal in Analogie zu seinem eigenen gedeutet werden darf (VV 38f). Darin liegt eine Hochschätzung ihres Märtyrerschicksals.

Das heißt: Während die Passionsüberlieferung primär das Schicksal des Verleugners, des Fliehenden (vgl. Apg 12,17) in den Blick nimmt, konzentriert sich das Zebedaidengespräch auf das Schicksal des Märtyrers. Insofern stellt Mk 10,35–45 das Pendant zur Passionsgeschichte dar. Zusammengenommen thematisieren die Texte die möglichen Reaktionen von Gemeindemitgliedern auf Verfolgung: einerseits den Märtyrertod, dem ein Bekennen voraufgegangen sein wird, andererseits Verleugnung und Flucht; kurz gesagt: Standhaftigkeit und Ausweichen. Vor dieser Alternative werden Gemeindeglieder angesichts von Verfolgung – konkret: angesichts der Verfolgung unter Agrippa I. – gestanden haben.

Nach den Verfolgungen durch Caligula und Agrippa gerät die Jerusalemer Gemeinde in eine innere Krise. Nun, da die Bedrohung abgenommen hat, beginnt man sich damit auseinander zu setzen, wie sich einzelne Gemeindemitglieder angesichts der Gefahr verhalten haben: Waren sie standhaft, sind sie womöglich deswegen misshandelt oder gar getötet worden oder sind sie ausgewichen? Wer hatte sich „besser" verhalten? Welche Konsequenzen hatte das Verhalten des einzelnen für seine eschatologische Zukunft und für seine gegenwärtige Stellung in der Gemeinde? Hatte man sich durch besondere Standhaftigkeit für eschatologische Ehrenplätze qualifiziert?

Diese Problematik zeigte wohl eine besondere ekklesiologische Zuspitzung: Wahrscheinlich war das Leitungsgremium der Gemeinde tendenziell stärker gefährdet als die übrigen Gemeindeglieder. Denn: „Fast immer tra-

---

[90] A.a.O., 208.
[91] Roloff, Apg, NTD, 187.

fen die ersten Verfolgungen die Gemeindeleiter oder herausragende Führer des Urchristentums: Man denke an die Martyrien des Stephanus, des Herrenbruders Jakobus, des Petrus und Paulus, des Ignatius und des Polykarp. Wer nach innergemeindlicher Autorität strebte, mußte bereit sein, in höherem Maße das Risiko des Martyriums auf sich zu nehmen als alle anderen Gemeindeglieder."[92] Insofern geht es nach der Verfolgung unter Agrippa I. auch um ein ekklesiologisches Leitungs-Problem: Mitglieder des (leitenden) Zwölferkreises hatten unterschiedlich auf die Verfolgung reagiert. Die eschatologische Frage lautete: War die Zusage aus Mt 19,28* weiterhin gültig? Die ekklesiologische Frage lautete: Wer durfte weiterhin Autorität in der Gemeinde beanspruchen und wie war diese Autorität zu legitimieren? Vor diesem Hintergrund ist das Zebedaidengespräch zu lesen.

Im ersten Gesprächsgang (35–40) wird die Vorstellung, dass Märtyrerleid mit eschatologischer Herrschaft belohnt werde, aufgenommen und zurückgewiesen. Das Märtyrerschicksal erfährt aber gleichwohl eine ganz besondere Hochschätzung, denn es wird in Analogie zur Passion Jesu gesehen. Dem Standhalten bis zum Märtyrertod wird gegenüber der Flucht, die die Passionserzählung im Verleugnen erinnert, eindeutig der Vorzug gegeben: Während Petrus weint (14,72), gesteht Jesus den Zebedaiden zu, dass sie den Kelch trinken, den er trinkt, und getauft werden mit der Taufe, mit der er getauft wird (10,39). Das heißt: Das Märtyrerschicksal erscheint als etwas ganz und gar Ehrenwertes. Es ist kein Irrweg von Fanatikern, sondern wird voll und ganz anerkannt. Was allerdings entschieden abgelehnt wird, ist die Verknüpfung des Märtyrerschicksals mit dem Anspruch auf einen eschatologischen Ehrenplatz (10,40). Erst aus der Perspektive der Gemeinde wird verständlich, warum die VV 38.39 eingeschaltet werden, obwohl sie logisch ins Leere führen. Der Verfasser weist hier ausdrücklich eine Vorstellung zurück, die die Einheit der Gemeinde gefährden konnte: die Vorstellung nämlich, dass nur diejenigen, die standhaft waren, eine eschatologische Zukunft zur Rechten und Linken Jesu haben. Wenn es in V 40 aus dem Munde Jesu heißt, dass es ihm nicht zustehe, eschatologische Ehrenplätze zu vergeben, so ist damit gleichzeitig zum Ausdruck gebracht, dass niemand aus der Gemeinde diese Plätze im Namen Jesu verteilen darf. Dass es solche Versuche gab, können wir nur vermuten.

Im zweiten Gesprächsgang (41–45) wird die Thematik für die innergemeindliche Problematik transparent gemacht: Die Bitte um eschatologische

---

[92] Theißen, Verfolgung, 271; vgl. zu Stephanus Apg 6,8–7,60; zu Jakobus dem Herrenbruder JosAnt 20,200; Eus HE II 23,11–18; zu Petrus Joh 21,18f; 2Petr 1,14f; 1Clem 5,4; AscJes 4,3; zu Paulus Apg 20,22–25; 2Tim 4,6–8 u.ö.; zu Ignatius Pol; Phld 9,1–2; zu Polykarp Eus HE IV 15,3–48.

Ehrenplätze ist nicht nur unangebracht, sie gefährdet auch das friedliche Zusammenleben. Dagegen setzt der Text: Nicht das Streben nach Macht und Privilegien, sondern das Dienen soll die Gemeinschaft – insbesondere die Zwölf – kennzeichnen. Deshalb handeln sich Jakobus, Johannes und die übrigen Zehn so scharfe Kritik ein. Die Zusage aus Mt 19,28* wird nicht generell außer Kraft gesetzt,[93] sondern sie gilt nunmehr einem anderen – sehr unbestimmten – Kreis, nämlich ἀλλ᾽ οἷς ἡτοίμασται. Durch das Murren der Zehn akzentuiert der Verfasser diese Aussage: In Mk 10,35–45 büßen nicht nur die Zebedaiden, sondern auch die übrigen Zehn ihre eschatologische Vorrangstellung ein. Ihre ekklesiologischen Führungspositionen können sie also nicht mehr eschatologisch legitimieren. Das Element der Zwölf, das für die Tradition in Mt 19,28* von entscheidender Bedeutung ist, wird neu zugeordnet. Es steht nicht mehr in Verbindung mit der Frage nach den eschatologischen Machtverhältnissen, sondern verbindet sich nunmehr mit der Weisung, zu dienen statt zu herrschen. Abschließend wird die Forderung christologisch untermauert: Vorbild ist Jesus selbst, der gekommen ist, um zu dienen (10,45).[94]

Dem Zebedaidengespräch und der Passionsgeschichte geht es also letztlich um die Einheit der Gemeinde. Diese Einheit war dadurch gefährdet, dass die Gemeindeglieder – einschließlich ihrer führenden Köpfe – auf die staatlichen Bedrohungen sehr unterschiedlich reagiert hatten. Zwar nehmen die Erzählungen hinsichtlich der Qualität dieser Reaktionen eine klare Bewertung vor: Die Flucht des Petrus (Apg 12,17) wird in der Verleugnung erinnert, die den Jünger weinen lässt (Mk 14,72), die Hinrichtung des Jakobus kann hingegen analog zum Tod Jesu beschrieben werden (Mk 10,38f). Im Hinblick auf die Stellung des einzelnen innerhalb der Gemeinde ist aber deutlich auf Ausgleich abgezielt: Petrus ist zerknirscht, wird aber nicht verurteilt; die Zebedaiden hingegen werden mit ihrem auf das Leiden gegründeten Anspruch auf himmlische Führungspositionen deutlich zurückgewiesen. Das heißt: Die Passionserzählung und das Zebedaidengespräch wollen ein Zusammenleben der Jerusalemer Gemeinde in gegenseitiger Anerkennung fördern. Zu diesem Zweck wird auf das Ideal der Zwölf zurückgegrif-

---

[93] Es sei daran erinnert, dass die Frage der Zebedaiden die übrigen Zehn von vornherein ausschließt, denn es gibt nur einen Platz zur Rechten und einen zur Linken. Die Antwort Jesu hebt diese Exklusivität der Plätze auf. Denn gegenüber V 37 weicht die Formulierung in V 40 ab. Hieß es dort: εἷς σου ἐκ δεξιῶν καὶ εἷς ἐξ ἀριστερῶν, so wird daraus in V 40: ἐκ δεξιῶν μου ἢ ἐξ εὐωνύμων. Aus dem „und" wird ein „oder". Damit rückt die Zusage in die Nähe der Rede vom „Sitzen zur Rechten". Dieser Platz zur Rechten kann durchaus ganzen Gruppen Platz bieten (Berger, Einführung, 219; vgl. kopt ApkEl 37,7ff; OdSal 8,18f; Pistis Sophia 78; Paulusakten 2,6).

[94] Den vielfältigen Problemen von V 45 kann hier nicht nachgegangen werden; vgl. Kertelge, Menschensohn; Moulder, Background; Roloff, Anfänge; Hampel, Menschensohn, 302–342.

fen. Die Frage der Zebedaiden, die die übrigen Zehn ausschließt, spiegelt die Zersplitterung des Zwölferkreises. Das Zebedaidengespräch „korrigiert" hier in doppelter Weise: Die eschatologische Zusage aus Mt 19,28* wird nicht nur den Zebedaiden, sondern indirekt allen Zwölfen abgesprochen. Statt dessen werden sie kollektiv ekklesiologisch in die Pflicht genommen.

Allerdings wirft diese Interpretation eine Frage auf: Ist es plausibel, dass die Zwölf zu einer Zeit ekklesiologisch in die Pflicht genommen werden, als sich dieser Kreis faktisch schon in der Auflösung befand? Hier ist zu berücksichtigen, dass der Kreis schon beim historischen Jesus in erster Linie symbolische Bedeutung hatte: Er symbolisiert *ganz* Israel. Das Zebedaidengespräch belebt dieses Ideal neu: In einer Zeit, in der die Gemeinschaft der Gemeinde – übertragen: die Gemeinschaft Israels – gefährdet ist, greift sie auf die Rede vom Zwölferkreis zurück und koppelt sie an den Dienst an der Gemeinschaft.

Im Blick auf den einige Jahre später stattfindenden Apostelkonvent ist festzuhalten: Es kommt nicht zu einer faktischen Rekonstitution eines Zwölferkreises als Leitungsgremium der Jerusalemer Gemeinde. Ob eine solche überhaupt intendiert war, ist fraglich. Wahrscheinlich stand – wie schon beim historischen Jesus – die symbolische Bedeutung im Vordergrund. Der intendierte Ausgleich zwischen Standhaften und Nicht-Standhaften scheint jedoch gelungen: Denn *beide* – der, der geflohen ist (Petrus), und der, den eine Aura von Märtyrertum umgibt (Johannes)[95], – begegnen uns beim Apostelkonzil als „Säulen" (Gal 2,9).[96]

---

[95] Sein Bruder Jakobus starb als Märtyrer. Vgl. den folgenden Exkurs.

[96] Theißen (Verfolgung, 288) hat eine ekklesiologische Interpretation von Mk 10,35–45 vorgelegt. Er sieht die Pointe der Perikope im „Übergang von einer ‚personalcharismatischen' Autorität durch die Nähe zu Jesus (symbolisiert durch die Ehrenplätze neben ihm) zu einer ‚dienstcharismatischen' Autorität durch den Einsatz für die Gemeinde" (ebd.). Daher tauche Petrus nicht als Sprecher der Zwölf auf, denn er stehe in charismatischer Nähe zu Jesus. „Andererseits wäre die Pointe der Perikope ... durchkreuzt worden, hätte man den beiden Zebedaiden eine andere Person mit charismatischer Nähe zu Jesus gegenübergestellt." (ebd.) Dass Jakobus der Herrenbruder nicht erwähnt werde, sei ebenfalls verständlich. „Denn sein ‚Aufstieg' wurde weniger als persönlicher Machtzuwachs erlebt als eine Änderung der Machtstrukturen. Die Act deutet an, daß sein ‚Aufstieg' mit dem Übergang zu einer Presbyterialverfassung verbunden ist." (A.a.O., 287). Jakobus der Herrenbruder sei in ein Kollektiv eingebunden und werde daher nicht einzeln erwähnt. Er sei eine „dienstcharismatische" Autorität. V 45 verdeutliche, dass unter dem Dienst auch das Martyrium zu verstehen sei: „Die Martyriumsbereitschaft wird hier zur entscheidenden Anforderung an den Gemeindeleiter." (A.a.O., 289).

Ich bin ebenfalls der Meinung, dass dem Zebedaidengespräch eine ekklesiologische Bedeutung zukommt. Darüber darf aber die eschatologische Dimension nicht aus dem Blick geraten. Es geht zumindest *auch* um ein eschatologisches Problem. Die Frage der Zebedaiden „symbolisiert" nicht nur die Nähe zu Jesus, sondern sie setzt sich mit der eschatologischen Zusage aus Mt 19,28* auseinander. M.E. ist es wahrscheinlich, dass die Zwölf ihre ekklesiologische Vorrangstellung nicht nur mit ihrer Nähe zu Jesus legitimiert haben, sondern speziell mit der eschatologischen Herrschaftszusage aus Mt 19,28*. Das Zebedaidengespräch spricht dieser Zusage jegliche ekklesiolo-

Exkurs 4: Der Zebedaide Johannes und Jakobus der Herrenbruder

Hinsichtlich der Rekonstruktion des Schicksals vom Zebedaiden Johannes ergibt sich folgende Schwierigkeit: Während Mk 10,39 den Märtyrertod beider Zebedaiden vorauszusetzen scheint, berichtet Apg 12,2 nur von dem Märtyrertod des Jakobus. Nach Gal 2,1–10 gehört Johannes zur Zeit des Apostelkonzils zu den drei „Säulen" der Jerusalemer Gemeinde. Wie ist diese Unstimmigkeit zu erklären?[97]

Historisch gesehen war es wohl so, dass unter Agrippa I. beide Zebedaiden in Todesgefahr waren, aber nur Jakobus hingerichtet wurde, während Johannes aus Gründen, die uns unbekannt sind, überlebte. „Für die Weiterbildung von V 39–40 genügte der Anlaß des Martyriums eines der beiden Brüder."[98] Aber warum genügte er?

Vielleicht lässt sich die Frage folgendermaßen lösen: „Aber über dem Überlebenden lag seitdem der Schatten einer ‚Weissagung', auch er werde das Schicksal seines Bruders einst teilen."[99] M.a.W.: Johannes umgab eine Aura des Märtyrertums, so dass seine Zeitgenossen – zumindest diejenigen, die hinter der Überlieferung Mk 10,35–45 stehen – von ihm wie von einem Märtyrer sprechen konnten.[100]

---

gische Legitimationsfunktion ab. Das Martyrium wird in der Tat von den Zwölfen im Rahmen ihres ekklesiologischen Dienstes gefordert. Seine Bedeutung wird aber in doppelter Hinsicht relativiert: Erstens „erkauft" das Martyrium keine eschatologischen Ehrenplätze. Zweitens wird die Martyriumsbereitschaft kaum zur einzigen Legitimation ekklesiologischer Autorität. Denn sowohl Petrus als auch Jakobus der Herrenbruder, die beide in den 40er Jahren keine konsequente Martyriumsbereitschaft zeigten (bzw. zeigen mussten), begegnen auf dem Apostelkonzil als Autoritäten. Die Martyriumsbereitschaft stellte also nicht die einzige anerkannte „Legitimationsstrategie" dar. Dem Zebedaidengespräch und der Passionsgeschichte geht es m.E. eher um einen Ausgleich zwischen denen, die zum Martyrium bereit waren, und denen, die ausgewichen sind.

[97] Eine Sammlung der wichtigsten älteren Beiträge zu dieser Frage findet sich bei Rengstorf, Johannes.

[98] Wolf, Todestaufe, 65; gefolgt von Pesch, Mk, HThK, 159; ähnlich Theißen, Evangelienschreibung, 411 Anm. 38; ders., Verfolgung, 284.

[99] Theißen, Evangelienschreibung, 411 Anm. 38. Diese These hat Theißen in einem späteren Aufsatz (Verfolgung) auch sprachlich untermauert: Das Bild vom Kelch stehe für den gewalttätigen Tod. Das Bild von der Taufe hingegen bedeute „Todesgefahr, nicht aber den Tod selbst" (a.a.O., 284). Beide Bilder seien durch ein „oder" (ἤ V 38) verbunden. Das heißt: „Die Zebedaiden konnten das eine oder das andere erleiden! Das zuerst genannte Bild vom ‚Kelch' bezieht sich auf den Märtyrertod des Jakobus, das zweite Bild von der ‚Taufe' aber auf die Gefährdung des Johannes, die dieser überlebt hat." (ebd.).

[100] Ein ähnlicher Fall ist uns im TestBen überliefert. „Obwohl TestBenj. 3,8 vom *Tod* des Sündlosen für den Gottlosen redet, ist weder dort noch irgendwo sonst im Umkreis ein *Todesgeschick* Josephs überliefert, auf das diese Redeweise zuträfe. Man kann die Lösung mit Becker darin suchen, daß die wiederholte Lebensgefahr und das Sklavendasein Josephs eine so starke Lebensminderung bedeuteten, ‚daß man sagen kann, Joseph lebte im Stande des Todes'." (Kleinknecht, Der Gerechtfertigte, 117; er zitiert Becker, Untersuchungen, 56; Hervorhebungen im Ori-

Das Ansehen, das Jakobus aufgrund seiner Hinrichtung erwarb, wurde auf seinen Bruder, der ebenfalls unter der Verfolgung gelitten hatte, übertragen.[101] Wenn diese Überlegungen Richtiges treffen, dann wäre das Ansehen des Johannes in der Gemeinde nach dem Tod seines Bruders gerade gegenüber Petrus und v.a. dem Herrenbruder, der von der Verfolgung nicht direkt betroffen gewesen zu sein scheint, gestiegen.[102] Hier einen gewissen Ausgleich zu schaffen, ist das Interesse von Mk 10,35–45 und der Gethsemaneerzählung. Die Führungsposition des Johannes wird sich kaum (ausschließlich) auf seine Aura als Märtyrer gestützt haben.[103] Sonst stünde ihm kaum Petrus, der Fliehende, zur Seite. Der Ausgleich zwischen dem, der ausweicht, und dem, der standhält, scheint also gelungen.

In Gal 2,9 treten uns nicht nur Petrus und Johannes, sondern auch Jakobus der Herrenbruder als Führungspersönlichkeit der Jerusalemer Gemeinde entgegen. Wie passt der Herrenbruder in die oben skizzierte Situation der Jerusalemer Gemeinde nach den Verfolgungen durch Caligula und Agrippa?

Hier ist zunächst eine negative Feststellung zu treffen: Jakobus tritt bis zu diesem Zeitpunkt in keiner Weise als jemand auf, der von Verfolgungen betroffen gewesen wäre. Im Gegenteil: Obwohl er schon um 30 zum engeren Führungskreis der Jerusalemer Gemeinde gehörte (Gal 1,19)[104], war er offenbar weder von der Lynchjustiz gegen Stephanus noch von den Verfolgungen 41–44 betroffen.[105] Im Zusammenhang mit der Flucht erinnert die Überlieferung den Herrenbruder als jemanden, der so wichtig ist, dass man

---

ginal). Analog führten die Lebensgefahr des Johannes und die Hinrichtung seines Bruders dazu, dass man auch von Johannes sagen konnte, er sei den Märtyrertod gestorben.

Generell ist zu bedenken, dass sich in der Zeit bis 250 n.Chr. „der Ausdruck ‚Konfessor' weitgehend mit dem Wort ‚Märtyrer' überschnitt" (Slusser, Art. Martyrium, 209).

[101] Für diese Deutung spricht, dass uns ein analoger Fall beim Herrenbruder Jakobus überliefert ist. Die Autorität Jesu strahlte auf ihn als Blutsverwandten ab und ermöglichte es (neben der Erscheinung, die vom Herrenbruder überliefert ist, vgl. 1Kor 5,7), dass er schon Anfang der 30er Jahre eine führende Position in der Gemeinde innehatte, ohne ein Nachfolger des irdischen Jesus gewesen zu sein.

[102] Zu Jakobus dem Herrenbruder s.u. in diesem Exkurs.

[103] Schmithals (Mk, ÖTK, 469) bringt hier den Aspekt des Dienstes ein: Der Verfasser nennt das Geschwisterpaar, „weil der eine der Brüder in der Kirche als Märtyrer, der andere als Diener der Gemeinde (Gal 2,9) hohes Ansehen genoß. Damit würde anschaulich unterstrichen, daß das Martyrium keine Sonderstellung verschafft ..." (ebd.).

[104] Pratscher, Herrenbruder, 56.

[105] Anders Wander (Trennungsprozesse, 227), der annimmt, dass der Zebedaide Jakobus aufgrund einer Personenverwechslung mit dem Herrenbruder Jakobus hingerichtet worden sei. Diese These scheint mir unnötig hypothetisch. Wahrscheinlicher ist doch, dass es innerhalb der Jerusalemer Gemeinde mehrere Gruppen mit je eigenen Leitern gab, die von den römischen Behörden als unterschiedlich gefährlich eingestuft wurden (s.u.).

ihm Bescheid geben muss, der aber ansonsten nicht involviert zu sein scheint (Apg 12,17). Wenn auch aufgrund der Quellenlage Vorsicht geboten ist, so wird man doch vermuten dürfen, dass es innerhalb der Jerusalemer Gemeinde mehrere Gruppen mit je eigenen Leitern gab, die von den römischen Behörden als unterschiedlich gefährlich eingestuft wurden.[106] Für die Gruppe um den Herrenbruder würde dann gelten, dass sie bis zu den 40er Jahren noch nicht ernsthaft von der Staatsmacht bedroht gewesen wäre.

Für die Einheit der Jerusalemer Gemeinde müssen die unterschiedlichen Grade der Bedrohung durch den Staat ein Problem dargestellt haben. Vor diesem Hintergrund gewinnen die Bemühungen um Einheit, wie sie die Passionserzählung und das Zebedaidengespräch erkennen lassen, weiter an Bedeutung: Es ging nicht nur darum, unterschiedliche Reaktionen auf Verfolgung zu verarbeiten, sondern auch darum, Verfolgte und Nicht-Verfolgte zusammenzuhalten. Auf diese Problematik gehen die Passionserzählung und das Zebedaidengespräch nicht explizit ein. Der Herrenbruder taucht in keinem der beiden Texte auf. Doch lässt sich immerhin so viel sagen: Wenn das Zebedaidengespräch eine Verknüpfung von Martyrium mit eschatologischen Ehrenplätzen ablehnt, so konnte das dem Zusammenhalt von verfolgten und nicht-verfolgten Gemeindegruppen sehr förderlich sein.

Exkurs 5: Das Gleichnis von den bösen Weingärtnern (Mk 12,1–12)

Vielleicht besitzen wir mit Mk 12,1–12 einen Zeugen dafür, dass sich trotz der exklusiven Herrschaftszusage Jesu an die Zwölf (Mt 19,28*) schon in den 30er Jahren – also vor der Verfolgung durch Agrippa I. und dem Zebedaidengespräch – eine weitere Gruppe die Erwartung eschatologischer Machtausübung zu Eigen macht.

Mk 12,1–12 ist in seiner Auslegung höchst umstritten. Der Text wird aber in aller Regel nicht im Sinne einer eschatologischen Mitherrschaft ausgelegt. Eine bedenkenswerte Ausnahme bildet der Aufsatz von Wehnert („Die Teilhabe der Christen an der Herrschaft mit Christus – eine eschatologische Erwartung des frühen Christentums"). Seine Auslegung von Mk 12,1–12 soll vorgestellt und dann kritisch in den Kontext der eindeutigen

---

[106] „... the expression ‚persecution of the Church' is somewhat overblown. We hear of persecution of James and Peter alone, while the other members of the Church are said to have continued to meet and pray (vv. 5,12)." (Schwartz, Agrippa I., 122f. Vgl. Pratscher, Herrenbruder, 74–77; Schenke, Urgemeinde, 248–253).

Belege für die Erwartung einer eschatologischen Mitherrschaft eingeordnet werden.

Mk 12,1–12 in der Auslegung durch Wehnert

Wehnert lehnt die Annahme ab, nach der hinter Mk 12,1–12 eine vormarkinische Parabel stehe.[107] Er sieht in Mk 12,1–11 eine nachösterliche Allegorie[108] und stuft die VV 10 und 11 als sekundären Zusatz ein.[109] In den VV 1 und 9 sieht er einen „Akt bewußter Intertextualität"[110]; angespielt sei auf Jes 5.[111] Die „Entschlüsselung" der Einzelzüge habe sich an Jes 5 auszurichten: der Weinberg sei also das Gottesvolk, der Besitzer Gott. Die über Jes 5 hinaus auftretenden Personen stünden für die herrschende Schicht des Volkes (die Pächter), für die Propheten (die Knechte)[112] und für Jesus (der Sohn).[113] In V 9 erreiche die Allegorie ihren Höhepunkt: „Die Übeltäter sollen bestraft und das Verhältnis zwischen Gott und seinem Volk durch Einsetzung anderer Herrscher neu geordnet werden."[114] Dabei handele es sich um eine eschatologische Aussage: „Der Kontrast zwischen den Vergangenheitsaussagen in V. 1–8 und dem futurischen Ausblick in V. 9 zeigt, daß der Verfasser die aus der Geschichte Gottes mit seinem Volk resultierenden escha-

---

[107] Wehnert, Teilhabe, 85. Für eine vormk Parabel votieren u.a. Dodd, Parables, 96–102; Jeremias, Gleichnisse, 67–75; van Iersel, „Der Sohn", 124–145; Klauck, Allegorie, 286–316; Ernst, Mk, RNT, 339.

[108] Wehnert, Teilhabe, 87. Formgeschichtliche und historische Einordnung sind in der Forschung meist gekoppelt: „Da man mit der literarischen Gattung der ‚Allegorie' im Unterschied zur ‚Gleichnisrede' oder ‚Parabel' auch gewöhnlich ein negatives ‚Echtheits'-Kriterium verbindet, gilt die Erzählung folgerichtig als Bildung der nachösterlichen Gemeinde." (Blank, Sendung, 11 in einem knappen systematischen Überblick zur Forschungsgeschichte). Wegweisend war hier Jülicher, Gleichnisreden II, 406. Insbesondere Kümmel hat sich um den Nachweis bemüht, dass „das Gleichnis mit seiner allegorisch anmutenden Erzählform" (Heilsgeschehen, 207) „nicht aus der geschichtlichen Situation des Lebens Jesu, sondern aus der Situation nach dem Tode Jesu und der Entstehung der Urkirche mit ihrem Bekenntnis zum erhöhten Gottessohn stammt" (a.a.O., 216f). Anders Hengel, der in Mk 12,1ff ein jesuanisches Gleichnis sieht: „Das Gleichnis zeigt, daß Jesus den Ernst seiner Situation durchschaute." (Gleichnis, 39).

[109] Wehnert, Teilhabe, 88. Hierin folgt er der Mehrheit der Forschung; vgl. schon Jülicher, Gleichnisreden II, 405f.

[110] Wehnert, Teilhabe, 89.

[111] Die Nähe zu Jes 5 ist unumstritten. Interessant ist erst die Frage, wie sie auszuwerten ist. Haenchen macht diese Nähe zum Ausgangspunkt seiner Interpretation, wenn er feststellt: „Das Weinberglied war weder ein ‚reines Gleichnis' im Sinne Jülichers, das nur ein tertium comparationis, nur einen einzigen Vergleichspunkt liefert, noch darf man jeden Einzelzug darin allegorisch deuten." (Weg, 397). Das Gleichnis ist „nicht ganz neu entworfen, wie es die Gleichnisse Jesu sind. Vielmehr knüpft es an das Gleichnis des Jesaja an" (a.a.O., 400). Blank schließt sich diesem Einstieg an (Sendung, 13).

[112] Im Hintergrund steht die Vorstellung vom gewaltsamen Geschick der Propheten (vgl. Steck, Israel).

[113] Wehnert, Teilhabe, 90ff.

[114] A.a.O., 92.

tologischen Konsequenzen enthüllen will."[115] Das anschließende Psalmzitat gehe auf das Konto der markinischen Redaktion.[116] Es soll den Skopus der Tradition in der Weise korrigieren, „daß die Erwartung eschatologischer Herrscher auf den erhöhten Jesus reduziert wird"[117].

Wehnert versucht, den „Sitz im Leben" der Tradition zu umreißen. Als Trägergruppe der Erwartung bestimmt er hellenistische Judenchristen[118], die „ebenso wie Jesus in Jerusalem Verfolgung erlitten haben und später von dort vertrieben worden sind (s. Apg 6,8–8,4)"[119]. Aufgrund dieser Erfahrung habe diese Gruppe den Gedanken der Erwartung einer eschatologischen Umkehr der Machtverhältnisse besonders intensiv ausgebildet: „Er wurde Gegenstand eigener Endzeithoffnungen und ohnmächtig-zorniger Gerichtsandrohungen an die gegenwärtigen Herrscher des Volkes."[120] Hierbei handele es sich um eine innerjüdische Debatte: „In den behandelten Texten geht es nicht um einen eschatologischen Sieg von Christen über Juden, sondern um die judenchristliche Erwartung, daß die Jünger des Messias Jesus mit diesem über das endzeitliche Israel herrschen und das gottlose Regiment der jetzigen jüdischen Elite ablösen werden."[121]

Abschließend nimmt Wehnert eine Einordnung von Mk 12,1–9 in die urchristliche Tradition vor. In Offb 20,4–6 begegne dieselbe Erwartung in universalistischer Entfaltung.[122] Im Matthäusevangelium hingegen habe eine ähnliche „Korrektur" stattgefunden wie bei Markus: Während Mt 19,28 eschatologische Mitherrschaft in Aussicht stelle, trete Jesus in Mt 25,31ff allein auf.[123] Interessant ist die Begründung, die Wehnert für diese Entwicklung anführt: „Offenbar wurde die Frage diskutiert, ob einer wachsenden Schar durchaus nicht nur vorbildlicher Christen dieselbe endzeitliche Ehrenstellung zukommt wie dem in seiner Göttlichkeit immer stärker hervor-

---

[115] A.a.O., 93. Lührmann hingegen deutet den Text uneschatologisch: „Hier [in V 9] endet die Geschichte in der Gegenwart der Leser und reicht damit weit über die erzählte Zeit hinaus: die Römer haben das Land übernommen." (Mk, HNT, 199).

[116] Ernst vermutet hier vormk Redaktion (Mk, RNT, 340). In den VV 1a.12 sieht er mk Redaktion. Wehnert kommt demgegenüber mit zwei „Schichten" aus.

[117] Wehnert, Teilhabe, 94.

[118] Ähnlich z.B. Gnilka: „... die Idee, daß der Sohn der Erbe der Erwählung und Verheißungen Israels ist und durch ihn die Christen aus Heiden und Juden zu Erben werden, ist in der hellenistisch-judenchristlichen Gemeinde vorgeprägt." (Mk, EKK, 144).

[119] Wehnert, Teilhabe, 94.

[120] A.a.O., 95.

[121] A.a.O., 94.

[122] A.a.O., 95.

[123] Ebd.

gehobenen Christus."[124] Diese Debatte habe „ihre eindrücklichsten Spuren in der Perikope Mk 10,35–45 hinterlassen"[125].

Erben und Herrschen

Die Auslegung von Mk 12,1–9 im Sinne einer eschatologischen Mitherrschaft scheint mir durchaus möglich. Sie hängt zum einen an der Deutung der Pächter auf die herrschende Schicht des Volkes. „Daß das Gleichnis auf eine Unterscheidung zwischen Israel und seiner Elite abhebt, geht spätestens aus dem abschließenden Gerichtswort hervor, in dem Weingarten und Pächter, also Israel und die über Israel Gesetzten, in Opposition zueinander stehen."[126] Den Aspekt der Mitherrschaft stützt Wehnert zum anderen durch den Hinweis auf Ps 2: „Das Bild vom Sohn dürfte auf die in Ps 2 verwendete Adoptionsformel zurückgehen ..., weil diese Formel im Psalm ebenso wie im Gleichnis mit der Verleihung des göttlichen Erbes verbunden ist, das in der Herrschaft über die Völker besteht (Ps 2,8)."[127] Erbe beinhaltet demnach Herrschaft.

Diese Beobachtung führt zu einer Frage von erheblicher Bedeutung für mein weiteres Vorgehen. Sie betrifft die Abgrenzung der eschatologischen Erwartung der Mitherrschaft; konkret: Ist dort, wo vom „Erben" oder von den Christen als den „Miterben" (Röm 8,17; Eph 3,6; 1Petr 3,7) die Rede ist, grundsätzlich eschatologische Mitherrschaft impliziert?

So pauschal trifft das m.E. nicht zu. Denn das Erben kann mit sehr unterschiedlichen Heilsgütern verbunden werden: Christen „erben" σωτηρίαν (Hebr 1,14); δόξαν (Röm 8,17; Eph 1,18; Mk 16,14); χάριν (1Petr 3,7); εὐλογίαν (1Petr 3,9); ζωὴν αἰώνιον (Mk 10,17; vgl. Lk 18,18; Mt 19,29; Lk 10,25; Tit 3,7); oder schlicht ταῦτα (Offb 21,7). Wenn von Christen als Erben oder Miterben die Rede ist, kann also eine breite Palette eschatologischer Heilsgüter gemeint sein. Mitherrschaft ist noch am ehesten dort im-

---

[124] Ebd.

[125] A.a.O., 95f.

[126] A.a.O., 91. Wehnert folgt hierin einer langen christlichen Auslegungstradition (vgl. Belege bei Gnilka, Mk, EKK, 149f). Die Alternative besteht darin, sowohl den Weinberg als auch die Pächter auf Israel zu deuten. Das Problem liegt dann darin, diese doppelte ‚Codierung' plausibel zu machen. Ernst urteilt: „Man wird dann schon eher unter den ‚Pächtern' ebenfalls ‚Israel' verstehen müssen, soweit es sich in Vergangenheit und Gegenwart den Gottesboten widersetzte." Es handele sich um ein „gebrochene[s] Bild". (Mk, RNT, 342). Mell (Winzer, 138) vertritt (im Anschluss an Steck, Israel, 271) die These, dass Israel in den Metaphern γεωργοί und ἀμπελών in doppelter Hinsicht gesehen werde, „einmal im Hinblick auf die Erwählung als das eine Bundesvolk Gottes aus vielen Völkern, und zum anderen im Hinblick auf die durch die Erwählung dem einen Bundesvolk Israel gewährte Teilnahme am Segensverhältnis des Lebens (vgl. Hab 2,4; Dtn 30,15ff) ..." Wehnert (Teilhabe, 91, Anm. 33) wendet hier m.E. zu Recht ein: Diese Interpretation „überfrachtet die Textsemantik und wird ihrer Metaphorik nicht gerecht".

[127] Wehnert, Teilhabe, 92.

pliziert, wo vom Erben der Gottesherrschaft die Rede ist (Mt 25,34; vgl.
5,5; 1Kor 6,9f; 1Kor 15,50; Gal 5,21). Doch wird man auch hier kein pau-
schales Urteil fällen dürfen.[128] Denn bei der Rede vom Erben der Gottesherrschaft ist im Vergleich zu Mk 12,1–9 zu beachten, dass die für den
Herrschaftsgedanken entscheidende Differenzierung zwischen „Weinberg"
und „Pächtern" bzw. zwischen Gottesvolk und herrschender Schicht wegfällt. Damit kann das „Erben der Gottesherrschaft" zweierlei meinen. Entweder: Ihr werdet Mitherrscher in der Gottesherrschaft sein; oder: Ihr werdet Bürger in der Gottesherrschaft sein[129]. Der Gedanke der Mitherrschaft
ist m.E. nur dort zu veranschlagen, wo er durch den Kontext angezeigt ist.

Eine diesbezügliche Sichtung der oben angeführten Belege ergibt – im
Vorgriff auf die anschließenden Kapitel – folgenden Befund: Offb 21,7
schließt die Verheißung eschatologischer Herrschaft ein, denn sie ist für den
Seher *das* eschatologische Heilsgut.[130] Das Matthäusevangelium „korrigiert" die Herrschaftszusage aus Mt 19,28[131], so dass 5,5 und 25,34 m.E.
zumindest redaktionell nicht im Sinne von Mitherrschaft ausgelegt werden
dürfen. 1Kor 6,9f spricht den Ungerechten die Erbschaft des Gottesreiches
ab – und stellt sie indirekt den Gerechten in Aussicht. Aufgrund von 1Kor
6,2f ist diese indirekte Verheißung m.E. durchaus im Sinne eines Mit-
Richtens zu deuten.[132] 1Kor 15,50 spricht wiederum davon, wer das Gottesreich *nicht* erben wird: Fleisch und Blut. Abgehoben ist auf die Auferstehung, auf den Sieg über den Tod (15,52.54ff). Von einer Herrschaft über
Beherrschte (vgl. z.B. Mt 19,28) ist keine Rede, vielleicht klingt hier aber
schon die Vorstellung aus Röm 5,17 an: Die Lebenden werden (über den
Tod) herrschen.[133] Gal 5,21 ist m.E. nicht im Sinne einer Mitherrschaft auszulegen. Denn Gal 3,28f thematisiert Erbschaft unter dem Aspekt der eschatologischen Aufhebung hierarchischer Strukturen. Gal 4,1–5,1 kontrastiert unter dem Thema der Erbschaft nicht etwa Knechtschaft und
Herrschaft, sondern Knechtschaft und Freiheit: „Zur Freiheit hat uns Christus befreit. So steht nun fest und lasst euch nicht von neuem das Joch der
Knechtschaft auflegen!" (Gal 5,1).[134]

---

[128] Vgl. Förster, Art. κληρονόμος κτλ., 783.

[129] In diesem Fall meint die Formulierung vom Erben der Gottesherrschaft Ähnliches wie die
Zusage: „Die Gottesherrschaft ist euer" (s.o. unter 2.2.5.).

[130] S.u. unter 3.4.

[131] S.u. unter 3.3.2.

[132] S.u. unter 4.2.1.1. Das Motiv hat hier eine „sittliche" Ausrichtung, das Paulus „den Laster-
haften zuruft (1Kor 6,9f; Gal 5,21)" (Schnackenburg, Herrschaft, 200).

[133] S.u. unter 4.2.2.

[134] Zum Motiv des „Erbens der Gottesherrschaft" bei Paulus vgl. Schnackenburg, Herrschaft,
199f.

Beobachtungen zum „Sitz im Leben"

Die Angaben, die Wehnert zum „Sitz im Leben" macht, erscheinen mir durchaus plausibel. Sollte er hier Richtiges sehen, heißt das aber: Jesus richtet seine explizite Herrschaftsverheißung (Mt 19,28*) an die Zwölf. Das Zebedaidengespräch (Mk 10,35–45) zeigt, dass die Zwölf als eschatologisches Herrschergremium nicht unumstritten blieben: Anscheinend wurde diskutiert, wer herrschen durfte und was ihn zu dieser Herrschaft qualifizieren würde. In Mk 12,1–9 begegnen wir einer Tradition, die „anderen" die Herrschaft zuspricht. Die Zwölf sind nicht im Blick. Wer die „anderen" sein sollen, wird nicht gesagt. Ebenso wenig erfahren wir darüber, was diese „anderen" zur eschatologischen Herrschaft qualifiziert. Wehnert vermutet hier aus historischen Gründen hellenistische Judenchristen, die „ebenso wie Jesus in Jerusalem Verfolgung erlitten haben und später von dort vertrieben worden sind (s. Apg 6,8–8,4) ..."[135] Demgegenüber ist aber festzuhalten: Der Gedanke, dass ein Leidensschicksal, das demjenigen Jesu vergleichbar ist, zu eschatologischer Herrschaft qualifiziert, findet sich im Zebedaidengespräch (Mk 10,38f), nicht aber in Mk 12,1–9. Hier sind es die Knechte und der Sohn, die ein vergleichbares Schicksal erleiden; über die „anderen" erfahren wir schlichtweg nichts. Es scheint mir daher unangemessen, in Mk 12,1–9 die Leidensnachfolge zur Herrschaftsqualifikation zu erklären. Sie bleibt vielmehr völlig offen. Sollten mit den „anderen" tatsächlich hellenistische Judenchristen gemeint sein, dann ist das bemerkenswert: Denn es würde bedeuten, dass sich trotz der exklusiven Herrschaftszusage an die Zwölf (Mt 19,28*) schon in den 30er Jahren eine andere Gruppe die Erwartung eschatologischer Machtausübung zueigen macht. Mk 12,1–9 würde dann nicht nur eine innerjüdische Debatte „zwischen Anhängern und Gegnern des Gottessohns Jesu"[136] spiegeln, sondern auch eine Debatte unter den Anhängern Jesu – nämlich zwischen den Zwölfen und den hellenistischen Judenchristen in den 30er Jahren. Diese Debatte ist in Mk 12,1–9 allerdings nicht direkt greifbar, so dass wir auf Vermutungen angewiesen sind. Überhaupt fällt gegenüber Texten wie Mt 19,28* und Mk 10,35–45 auf, dass die eschatologische Herrschaftsübergabe – wenn überhaupt – nur anklingt.[137] Wir erfahren weder, wer genau die „anderen" sind, noch, was gerade sie zur Herrschaft berechtigt.

Eine Beobachtung ist immerhin auffällig: Das Zebedaidengespräch spricht den Zwölfen die eschatologische Herrschaft ab, und verheißt sie statt dessen denen, „für die diese Plätze bestimmt sind" (ἀλλ' οἷς

---

[135] Wehnert, Teilhabe, 94.

[136] Ebd.

[137] Das spiegelt auch die Forschungslage wider: M.W. legt nur Wehnert den Text im Sinne einer eschatologischen Herrschaftserwartung aus.

ἡτοίμασται). Gegen Ende der 40er Jahre scheint also unter den Judenchristen Jerusalems eine explizite „Umwidmung" der eschatologischen Zusage aus Mt 19,28* stattgefunden zu haben, und zwar an einen vagen Personenkreis. Eine ähnliche „Umwidmung" müssten wir Ende der 30er Jahre unter den hellenistischen Judenchristen annehmen. Leider fehlen uns Anhaltspunkte darüber, wie sich die Zwölf dazu gestellt haben.[138]

Die Bedeutung der Christologie und des ethischen Verhaltens für die Erwartung eschatologischer Herrschaft
Wehnert sieht in den VV 10 und 11 einen redaktionellen Zusatz des Markus, durch den die eschatologische Herrschaft auf Christus eingeschränkt werden soll. Dazu passt, dass Christus im Markusevangelium allein als Richter und Herrscher auftritt (vgl. bes. 14,61f).[139] Es fragt sich aber, warum Markus diese christologische Einschränkung vornimmt. Wehnert deutet zwei Gründe für die Konzentration der Herrschaftserwartung auf Jesus an, einen christologischen und einen ethischen:[140]
1) Christus wird in seiner Göttlichkeit immer stärker hervorgehoben.
2) Die wachsende Schar von Christen verhält sich nicht nur vorbildlich.
Diese beiden Aspekte beschreiben nach Wehnert eine Entwicklung, die für die Erwartung eschatologischer Mitherrschaft nicht nur im Markusevangelium, sondern in der urchristlichen Literatur insgesamt von Bedeutung ist. Die folgenden Kapitel werden zeigen, dass diese beiden Aspekte die Entwicklung der Erwartung eschatologischer Mitherrschaft nur unzureichend beschreiben:

zu 1) Die christologische Tendenz, nach der die Göttlichkeit Christi immer stärker hervorgehoben wird, soll nicht in Frage gestellt werden.[141] Aber wird diese christologische Tendenz gegen die Mitherrschaft der Christen ausgespielt? Das ist jedenfalls nicht generell der Fall: Die Offb kann noch Ende des ersten Jahrhunderts die Herrschaft der Christen als *das* zentrale eschatologische Heilsgut in Aussicht stellen. In Offb 3,21 formuliert der Seher in strenger Parallelität: „Wer siegt, der darf mit mir auf meinem Thron sitzen, wie auch ich gesiegt habe und mich mit meinem Vater auf seinen Thron gesetzt habe." Eine etwaige Angst vor möglicher Konkurrenz zwischen Christus und den übrigen Siegern kann ich hier jedenfalls nicht entde-

---

[138] Zugegebenermaßen schwach bezeugt ist die Lesart ἄλλοις (δέ), die der Formulierung aus Mk 12,9 noch näher kommt. Allerdings sind diese Varianten auch ohne den Hinweis auf Mk 12,9 erklärbar.
[139] S.u. unter 3.3.1.
[140] Wehnert, Teilhabe, 95f.
[141] Vgl. Hahn, Hoheitstitel.

cken.[142] 2Tim 2,12 formuliert ebenfalls sehr unbefangen: „Wenn wir ausharren, werden wir auch mitherrschen." (vgl. auch PolPhil 5,2). Abgesehen von Mk 12,1–11 habe ich keinen Beleg dafür gefunden, dass einer Gruppe die eschatologische Mitherrschaft aus Sorge vor einer möglichen Konkurrenz zu Christus abgesprochen wird. Gegen die „christologische Konkurrenzthese" Wehnerts spricht auch, dass die urchristlichen Belege gar nicht durchgehend von einer *Mit*-Herrschaft sprechen. Freilich ist sie immer gemeint, aber es kann auch unbefangen von der Herrschaft der Christen die Rede sein, ohne dass die (überlegene) Machtposition Christi immer betont werden muss (vgl. z.B. Offb 22,5; ThomEv 2). Vielleicht ist die christologische Tendenz, die Göttlichkeit Christi immer stärker herauszustreichen, genau umgekehrt zu werten: Christus ist so erhaben, dass er Konkurrenz von Seiten der Gläubigen nicht fürchten muss. Wenn die Mitherrschaft der Christen mitunter dennoch umstritten ist (am deutlichsten in Mk 10,35–45), so hat das m.E. andere Gründe, die dem zweiten von Wehnert angeführten Aspekt nahe stehen.

zu 2) Sicherlich hat sich die wachsende Schar von Christen nicht immer vorbildlich verhalten. Zu fragen ist aber wiederum, welche Bedeutung das z.T. mangelhafte ethische Verhalten für die Erwartung eschatologischer Mitherrschaft hat. Es wird sich zeigen, dass ethisches Verhalten und eschatologische Mitherrschaft in der Tat in Beziehung zueinander gesetzt werden, wenn auch nicht in der von Wehnert angedeuteten pauschalen Art: „Wenn du dich nicht ‚gut' verhältst, darfst du nicht herrschen." Vielmehr sind zwei Spielarten der Verbindung von ethischem Verhalten und eschatologischer Mitherrschaft zu unterscheiden:

a) Im Gefolge des Zebedaidengesprächs (Mk 10,35–45) wird bei Markus und Matthäus die Herrschaftserwartung durch die Aufforderung zum Dienen „korrigiert".[143] Das Problem liegt bei den Zebedaiden nun aber gerade nicht darin, dass sie sich nicht vorbildlich verhalten hätten. Im Gegenteil: Jesus gesteht ihnen ausdrücklich zu, dass sie – wie er – das Martyrium auf sich nehmen werden (Mk 10,38f). Hinter der „Korrektur" steht m.E. auch kein christologisches Anliegen (im Sinne der Vermeidung von Konkurrenz). Vielmehr scheint mir ein ekklesiologisches Anliegen ausschlaggebend zu sein. Wenn Jesus gerade den Zwölfen die eschatologische Herrschaft in Aussicht stellt und diese Zwölf dann zumindest für kurze Zeit die

---

[142] Während der Seher bei der Rede vom Herrschen keine Scheu zu haben scheint, achtet er bei der Rede vom Thron darauf, die Einzigartigkeit Gottes und Christi nicht anzutasten (s.u. unter 3.4.3.).

[143] S.u. unter 3.3.1./ 3.3.2.

Leitung der Jerusalemer Urgemeinde übernehmen, dann steht die Erwartung eschatologischer Herrschaft von vornherein in enger Verbindung mit dem Anspruch auf irdische Führungspositionen. Diese Koppelung wird im Zebedaidengespräch als ekklesiologisches Problem verhandelt.[144] Wenn Markus und Matthäus die Erwartung eschatologischer Herrschaft durch die Aufforderung zum Dienen „korrigieren", dann steht dahinter m.E. also kein christologisches, sondern ein ekklesiologisches Anliegen: Herrschaft wird abgelehnt, weil sie die Einheit der Gemeinde, ihren Zusammenhalt, gefährdet. Das Problem liegt also nicht allgemein darin, dass sich viele Christen nicht vorbildlich benehmen, sondern speziell darin, dass anscheinend einige Christen ihre Erwartung eschatologischer Herrschaft mit dem Anspruch auf ekklesiologische Führungspositionen verbanden und so die Einheit der Gemeinde gefährdeten. Angesichts dieser Gefahr kommt es zur „Korrektur" der Erwartung eschatologischer Herrschaft durch die Aufforderung zum Dienen.

b) Eschatologische Herrschaft und ethisches Verhalten werden aber noch auf eine andere Weise in Beziehung gesetzt: Vorbildliches Verhalten wird mit eschatologischer Herrschaft belohnt. An diesem Punkt kann die Parallelität zum Schicksal Jesu herausgestrichen werden. Besonders deutlich ist das in Mk 10,38f: Hier ist m.E. die Vorstellung kritisch verarbeitet, nach der ein Leidensschicksal, das demjenigen Christi entspricht, zur eschatologischen Herrschaft berechtigt. Jesus fragt die Zebedaiden: „Könnt ihr den Kelch trinken, den ich trinke, oder die Taufe auf euch nehmen, mit der ich getauft werde?" (Mk 10,38). In Mk 10,40 wird der Herrschaftsanspruch der Zebedaiden dennoch abgelehnt – wie gesagt m.E. aus ekklesiologischen Gründen (vgl. Mk 10,41–45).[145] Der Seher hingegen bejaht die Verbindung von Leid und nachfolgender Herrschaft (Offb 3,21; 5,10; 20,4–6; 22,5)[146]; dasselbe gilt für Lukas, wenn er die Herrschaftsverheißung Jesu auf diejenigen bezieht, die ausgeharrt haben „bei mir in meinen Anfechtungen" (Lk 22,28.30)[147].

Zusammenfassung
Die Auslegung von Wehnert zu Mk 12,1–11, die in V 9 die Erwartung eschatologischer Mitherrschaft und in den VV 10f ihre redaktionelle Einschränkung auf Christus sieht, ist überzeugend, bleibt aber m.E. unsicher. Die Herrschaftsübergabe wird – wenn überhaupt – nur angedeutet, wir er-

---

[144] S.u. unter 3.2.
[145] S.u. unter 3.2.
[146] S.u. unter 3.4.
[147] S.u. unter 3.3.3.

fahren nichts darüber, wer die neuen Herrscher sein sollen und warum gerade sie die Herrschaft übertragen bekommen. Sollte der Trägerkreis von Mk 12,1–9 – wie Wehnert vermutet – im hellenistischen Judentum zu suchen sein, dann würde das bedeuten, dass sich trotz der exklusiven Herrschaftszusage Jesu an die Zwölf (Mt 19,28*) schon in den 30er Jahren eine andere Gruppe die Erwartung eschatologischer Machtausübung zu Eigen macht. Die These Wehnerts, nach der die Erwartung eschatologischer Mitherrschaft zum einen aufgrund der immer stärkeren Betonung der Göttlichkeit Christi, zum anderen aufgrund des mangelhaften Verhaltens vieler Christen zurückgedrängt wurde, ist m.E. durch den neutestamentlichen Befund nicht gedeckt.

Das vorliegende und die folgenden Kapitel versuchen zu zeigen,

– dass die Mitherrschaft der Christen nicht als Konkurrenz zu Christus gesehen wurde,

– dass die Erwartung eschatologischer Herrschaft nicht aus christologischen, sondern aus ekklesiologischen Gründen durch die Aufforderung zum Dienen „korrigiert" werden konnte,

– dass die Leidensbereitschaft der Christen in Parallelität zur Passion Jesu mit eschatologischer Mitherrschaft belohnt werden konnte.

3.2.3. Zusammenfassung und Weiterführung

Das Zebedaidengespräch steht der Zusage aus Mt 19,28* trotz seines veränderten traditionsgeschichtlichen Hintergrundes inhaltlich und historisch nahe: Denn es betrifft zwei Mitglieder des Zwölferkreises, die Jesus um eschatologische Machtpositionen bitten. Das Zebedaidengespräch (Mk 10,35–45) ist insofern als kritische Auseinandersetzung mit Mt 19,28* zu verstehen.

Das Gespräch verarbeitet mehrere Traditionen: Die VV 38f verarbeiten die traditionelle Vorstellung, nach der der leidende Gerechte mit einer eschatologischen Machtfunktion belohnt wird. Das Thema der eschatologischen Herrschaft gerät damit ins „Fahrwasser" der Tradition vom leidenden Gerechten. Das Zebedaidengespräch will hier gegensteuern. Das Motiv des Sitzens zur Rechten und Linken schränkt im Unterschied zu Mt 19,28* die zu vergebenden Plätze von zwölf auf zwei ein. Die Aufforderung zum Dienen (Mk 10,43f) gewinnt im Kontext des Zebedaidengespräches eine neue Bedeutung: Während Jesus das Herrschen als Dienen expliziert, „korrigiert" das Zebedaidengespräch die Bitte um Herrschaft mit der Aufforderung zu dienen. Für Jesus gilt: „Herrschen als Dienen", für das Zebedaidengespräch: „Dienen statt Herrschen".

Die hier vorgelegte Interpretation versucht das Zebedaidengespräch im literarischen Kontext der Passionsgeschichte und im historischen Kontext der 40er Jahre in Jerusalem zu erhellen. Während die Passionsüberlieferung primär das Schicksal des Verleugners, des Fliehenden (vgl. Apg 12,17) in den Blick nimmt, konzentriert sich das Zebedaidengespräch auf das Schicksal des Märtyrers. Insofern stellt Mk 10,35–45 das Pendant zur Passionsgeschichte dar. Zusammengenommen thematisieren die Texte die möglichen Reaktionen von Gemeindemitgliedern – insbesondere von ihren „führenden Köpfen" – auf Verfolgung: einerseits die Martyriumsbereitschaft, die ein Bekennen voraussetzt, andererseits Verleugnung und Flucht; kurz gesagt: Standhaftigkeit und Ausweichen. Vor dieser Alternative werden Gemeindeglieder angesichts der Verfolgung unter Agrippa I. gestanden haben. Die Passionserzählung und das Zebedaidengespräch zielen auf Ausgleich. Sie schätzen den Märtyrertod hoch, stellen den Märtyrern aber keinen eschatologischen Lohn in Aussicht. Die Zwölf sollen sich nicht um eschatologische Führungspositionen sorgen, sie dürfen die Zusage aus Mt 19,28* nicht zur Legitimation ihrer ekklesiologischen Autorität heranziehen, sondern sie sollen der Gemeinde dienen, selbst wenn das die Bereitschaft zum Martyrium bedeutet. Mit dem Zwölferkreis wird ein altes Ideal aufgegriffen und neu belebt. Er symbolisiert *ganz* Israel. In einer Zeit, in der die Gemeinschaft der Gemeinde – übertragen: die Gemeinschaft Israels – gefährdet ist, greift das Zebedaidengespräch auf die Rede vom Zwölferkreis zurück und koppelt ihn an den Dienst an der Gemeinschaft. Der intendierte Ausgleich zwischen Standhaften und Nicht-Standhaften scheint gelungen: Denn *beide* – der, der geflohen ist (Petrus), und der, den eine Aura von Märtyrertum umgibt (Johannes), – begegnen uns beim Apostelkonzil als „Säulen" (Gal 2,9).

Die Wirkungsgeschichte von Mt 19,28* und Mk 10,35–45 soll nun zunächst in den drei synoptischen Evangelien weiter verfolgt werden.

3.3. Mt 19,28* und das Zebedaidengespräch im literarischen Kontext der synoptischen Evangelien

Mit dem Logion aus Mt 19,28* einerseits und dem Zebedaidengespräch (Mk 10,35–45) andererseits sind den Synoptikern folgende Fragen aufgegeben:

– Wie verhalten sich Herrschaft und Dienst zueinander?
– Wem soll eschatologische Herrschaft zukommen? Oder konkreter: Sollte eschatologische Herrschaft an eine ethische Bedingung, nämlich die
Nachfolge- bzw. Leidensbereitschaft geknüpft und so als Lohn angesehen werden?

Die Synoptiker entscheiden diese Fragen je unterschiedlich. Das ist schon
daran zu erkennen, dass die Traditionen in unterschiedlichem Umfang aufgenommen werden. Während das Markusevangelium nur das Zebedaidengespräch überliefert, finden wir im Matthäusevangelium das Logion Mt
19,28 und das Zebedaidengespräch. Das Lukasevangelium bringt lediglich
die Tradition aus Mk 10,42–44 und verknüpft sie in Lk 22,25–30 direkt mit
dem Logion Mt 19,28*. Es ist nun zu zeigen, wie die Evangelisten die Traditionen in ihre Evangelien einarbeiten.

3.3.1. Die pragmatische Dimension angesichts von Verfolgung bei Markus

Der literarische Kontext
Den unmittelbaren Kontext des Zebedaidengesprächs (10,35–45) bilden
zum einen die Frage nach dem Lohn der Nachfolge und die dritte Leidensankündigung (10,28–31.32–34), zum anderen die Heilung des Blinden bei
Jericho (10,46–52). Der Abschnitt 10,28–52 bildet damit eine enge thematische Einheit: Es geht um „Lohn" und „Kosten" der Nachfolge. Der Blinde
folgt Jesus auf dem Weg nach Jerusalem, auf dem Weg in die Passion. Er
hat erkannt, dass Nachfolge und Leiden zusammengehören.[148] 10,28–52
bildet den Abschluß des sorgfältig gestalteten Mittelteils des Evangeliums.
Der Abschnitt ist durch zwei Blindenheilungen gerahmt (8,22–26; 10,46–
52). Gliedernd wirken die drei Leidensankündigungen in 8,31–33; 9,31f;
10,32–34. Auf diese Leidensankündigungen folgt jeweils eine Jüngerbelehrung.[149] Die einzelnen Themen der Jüngerbelehrungen tauchen alle im Zebedaidengespräch wieder auf:

---

[148] Wie in 10,35–45 geht es hier um die Frage, ob eine gewisse Bitte gewährt wird (10,35f.51).
„Die Kombination beider Abschnitte [10,35–45 und 10,46–52] soll dem Leser deutlich machen,
welche Art Bitten Jesus erhört – und welche er nicht erhört." (Berger, Einführung, 224). Er erhört
nicht Bitten, die in Gottes Verfügungsbereich gehören (V 40). Wunder hingegen fallen in seinen
„Kompetenzbereich" (vgl. 9,38–41). Berger formuliert weiter: „Er erhört nicht Bitten, die in die
Kompetenz des Richters (Gottes) gehören (V. 40), und er erhört solche, die zu seinem Amt als
Heiland gehören (V. 52: Retten)." (ebd.). Ich sehe in 10,40 Gott jedoch nicht als Richter charakterisiert.
[149] Lührmann, Mk, HNT, 179.

- Petrus wehrt sich gegen einen Menschensohn, der leiden muss (8,32). Jesus sieht hierin die Stimme des Satans am Werk (8,33). Er weist Petrus, das Volk und die Jünger ausdrücklich in die Nachfolge, die mit Leid verbunden ist (8,34–38). Dienen bedeutet die Bereitschaft zu Leiden und Tod. Diese Thematik klingt in der Frage Jesu an die Zebedaiden in 10,38 wieder an.
- Nach der zweiten Leidensankündigung berichtet der Evangelist vom Rangstreit der Jünger (9,33–37). Jesus weist die Zwölf an zu dienen. Dienen bedeutet in diesem Fall konkret, sich Menschen mit niedrigem Status zuzuwenden. 9,36f expliziert Dienerschaft als Annahme eines Kindes in Jesu Namen. Den Kindern wird in 10,13–16 die βασιλεία zugesprochen. Die Sentenz aus 9,35 hat eine Parallele in 10,43f. [150]
- Auf die dritte Leidensankündigung folgt das Zebedaidengespräch selbst (10,35–45). In ihm klingen wichtige Themen des gesamten Abschnitts wieder an: der Rangstreit, das Dienen, das Leiden und die Frage nach dem Lohn der Nachfolge.

Das Zebedaidengespräch hat also bei Markus die Funktion, die Themen aus 8,22–10,52, insbesondere diejenigen aus den Jüngerbelehrungen, die auf die Leidensankündigungen folgen, zu bündeln. Das Gespräch stellt selbst eine abschließende Jüngerbelehrung dar, die auf die letzte Leidensankündigung folgt.

Welche Konsequenzen ergeben sich aus diesen Beobachtungen zum Kontext für die markinische Auffassung von eschatologischer Machtausübung? Wesentlich erscheint mir, dass zwei zentrale Aspekte des traditionellen Zebedaidengesprächs, nämlich einerseits die Hochschätzung des Leidens, andererseits die Ablehnung eines eschatologischen Lohns in Form von Machtausübung, verstärkt werden.

1) Dass Markus das Leiden hoch schätzt, zeigt sich in christologischer Hinsicht an den Leidensankündigungen. Der Heilstod Jesu kommt ja dann auch in 10,45 zur Sprache. Das Dienen wird (u.a.) expliziert (mit καί explicativum[151]) als „sein Leben geben als Lösegeld für viele". Der Menschensohn begründet (γάρ) damit, warum auch die Zwölf dienen sollen, wobei der soteriologische Schluss sicher überschießt. Schon in 10,38f wird ja ein di-

---

[150] Umstritten ist, welche Fassung – 9,35 oder 10,43f – primär ist. Pesch (Mk, HThK, 164) geht von 9,35 aus: „Die *Gemeinderegel* kann als Transformation der Demutsregel für den Zwölferkreis (9,35) traditionsgeschichtlich auf Jesus zurückgeführt werden." (ebd.; Hervorhebung im Original). Demgegenüber hält Hoffmann 10,43f für ursprünglicher (Herrschaftsverzicht, 145) und „direkt" (nicht nur auf dem Wege traditionsgeschichtlicher Rückführung) für jesuanisch (a.a.O., 152.155).

[151] Vgl. Bauer-Aland, Wörterbuch, Sp. 797.

rekter Bezug zwischen dem Tod Jesu und dem Märtyrertod der Zebedaiden hergestellt. Durch die vorangehende dritte Leidensankündigung wird dieser Aspekt weiter hervorgehoben. Diese Leidensankündigung (10,32–34) ist – anders als die anderen Leidensankündigungen – ausdrücklich an die Zwölf gerichtet (10,32). Es ist daher anzunehmen, dass der Evangelist einen engen Bezug zwischen dieser Leidensankündigung und dem nachfolgenden Zebedaidengespräch, bei dem ebenfalls die Zwölf anwesend sind, herstellen wollte.[152] Die Verse 10,38f wären dann im Sinne des Markus von seiner christologischen Leidensthematik her zu deuten.[153]

2) Eine zentrale Aussage von Mk 10,35–45 liegt darin, dass Leiden und Tod nicht zu eschatologischer Machtausübung berechtigen. Markus lässt Christus dann auch konsequent allein als eschatologischen Richter und Herrscher auftreten. Insbesondere 14,62 ist hier auffällig: Jesus verkündet seinen Richtern, dass sie den Menschensohn sehen werden, sitzend zur Rechten Gottes. Zwei Elemente lassen Mk 10,35–45 anklingen: Zum einen erinnert die Rede vom „Sitzen zur Rechten" durchaus an die Bitte der Zebedaiden, zur Rechten und Linken Jesu sitzen zu dürfen, zum anderen spricht Jesus auch in Mk 10,45 von sich als Menschensohn. Um so mehr fällt ins Gewicht: Jesus Christus *allein* wird zur Rechten Gottes sitzen. Weder die Nachfolger Jesu, noch die Zwölf, auch nicht die Zebedaiden tauchen als Mitregenten auf.

Eschatologische Machtausübung als Lohn für Leid in der Nachfolge wird von Markus also konsequent abgelehnt. Nun ist allerdings der Lohngedanke im Vorfeld des Zebedaidengespräches bereits angesprochen worden, und zwar in 8,34f und in 10,28–31. Beide Texte sind eingebunden in die Leidensankündigungen (besonders in 8,31–33 und in 10,32–34). Während in

---

[152] „Den näheren Verstehensschlüssel liefert die dritte Leidensankündigung, den weiteren Horizont bildet die Kette der drei Ankündigungen von 8,31 an." (Wischmeyer, Herrschen, 32).

[153] Nach Lührmann sind die Verse 38f „ein dem Thema der Kreuzesnachfolge entsprechender Einschub des Mk" (Mk, HNT, 179). Gegen diese These sprechen jedoch folgende Beobachtungen:

a) Die Verse sind in traditioneller, für Mk untypischer Formulierung gehalten. Das gilt insbesondere für den Gebrauch von βάπτισμα (10,38f), das Markus in 1,9–11 in ganz anderer Bedeutung gebraucht. Wahrscheinlicher ist daher, dass man sich im Zusammenhang mit der Gestaltung der Passionsgeschichte an einen Ausspruch Jesu über seinen Tod erinnert (Lk 12,50).

b) Die Leidensthematik läuft in dem Zebedaidengespräch ins Leere. Denn sie qualifiziert ja gerade nicht für eschatologische Ehrenplätze. Von Mk 10,35–45 her kann man provokativ fragen: Wozu ist das Leiden dann überhaupt gut? Anders ist es in Mk 8,35; 10,30, wo für Nachfolge (ewiges) Leben in Aussicht gestellt wird.

Insofern liegen die Verse 10,38f nicht voll auf der Linie mk Leidenstheologie und lassen sich besser als Auseinandersetzung mit der Situation der Jerusalemer Gemeinde in den 40er Jahren erklären (s.o. unter 3.2.2.). Markus hat hier allerdings einen Bezug zu seiner Leidenstheologie hergestellt.

Mk 10,35–45 eschatologischer Lohn für treue Nachfolge abgelehnt wird, stellen Mk 8,34f und 10,28–31 (ewiges) Leben in Aussicht. Das heißt: Nachfolge und Lohn schließen einander nicht grundsätzlich aus. Es geht vielmehr um die Frage, worin dieser Lohn bestehen wird. Lohn in Form eschatologischer Status- und Machtprivilegien wird abgelehnt, ewiges Leben jedoch in Aussicht gestellt. Im Eschaton wird Christus also allein herrschen, während seine Nachfolger sich am ewigen Leben erfreuen.

Wahrscheinlich geht es bei der Lohnthematik nicht nur um die Frage, worin er besteht, sondern auch um die Frage, wem er zusteht: In Mk 8,34f; 10,28–31 geht es um alle, die Jesus nachfolgen. Ihnen allen wird (ewiges) Leben zuteil. In Mk 10,35–45 hingegen geht es um zwei einzelne Jünger, die ein besonderes Privileg für sich beanspruchen. Daher ziehen sie auch den Unwillen der übrigen Jünger auf sich (10,41).

Gegenwärtiger Status- und Machtverzicht wird also *nicht* durch zukünftige Statuserhöhung und Machtverleihung belohnt. Markus optiert vielmehr für ein anti-herrschaftliches Ideal, das keine himmlische Hierarchie zulässt und in der Gegenwart das Dienen einfordert.

Der historische Kontext
Ausgehend von der These, dass es „eine Entsprechung zwischen Textwelt und Sozialwelt gibt"[154], ist zu fragen, welche Funktion die dargestellte Konzeption in den markinischen Gemeinden übernehmen konnte.

Wie sah die Situation dieser Gemeinden aus? Zwei Aspekte sind hier von Bedeutung:
1) Die Christen waren – anders als Jesus und seine Jünger, von denen das Evangelium berichtet – weitgehend sesshaft geworden.
2) Bekanntlich ist umstritten, ob das Markusevangelium in Syrien[155] oder Rom[156], vor oder nach[157] der Zerstörung des Tempels entstanden ist. Die-

---

[154] Theißen, Bedeutung, 234.
[155] Vielleicht waren die markinischen Christen in Syrien von Übergriffen gegen Juden und judentumsnahe Gruppen betroffen, zu denen es während des jüdischen Krieges kam. Von solchen Übergriffe weiß Josephus zu berichten: „Schreckliche Wirren hielten ganz Syrien in Atem, jede Stadt war in zwei Lager gespalten ... Denn wenn man glaubte, die Juden beseitigt zu haben, so behielt man doch in jeder Stadt den Verdacht gegen die Judenfreunde (ἰουδαΐζοντας); man mochte zwar die nach beiden Seiten hin zweifelhafte Gruppe nicht ohne weiteres umbringen, fürchtete sie aber doch auf Grund ihrer Verbindung mit den Juden, als seien sie wirklich Feinde." (Bell 2,462f). Mit den „Judaisierenden" könnten neben den Gottesfürchtigen durchaus auch Christen gemeint sein: „Den Vorwurf des ‚Judaisierens' (ἰουδαΐζειν) erhebt Paulus gegen Petrus als Repräsentanten des antiochenischen Christentums (Gal 2,14). Noch eine Generation später hat es Ignatius von Antiochien mit Christen zu tun, die seiner Meinung nach im ‚Judaismos' leben (Mg 8,1) und deren Denken er als ‚Judaisieren' charakterisiert (Mg 10,3). Möglicherweise ist Ignatius dabei auch von Erfahrungen in seiner syrischen Heimat bestimmt." (Theißen, Lokalkolorit, 282). In dieser Konfliktsituation wird das Markusevangelium auch von Breytenbach, Nachfolge, 327 und

se Fragen brauchen hier nicht entschieden zu werden. Denn eindeutig ist: Die markinische Gemeinde fühlte sich bedroht: „Und ihr werdet um meines Namens willen von allen gehasst werden ..." (13,13). „Die hinter dem MkEv stehenden christlichen Gruppen in Syrien ... oder Rom ... waren in einer schwierigen Lage, die mit dem jüdisch-römischen Krieg 66–70 n.Chr. zusammenhing. Sie waren zwischen die Fronten von Juden und Heiden geraten ... ihnen drohten Verfolgung und Martyrien."[158] Wie sollten die markinischen Christen das Evangelium – insbesondere seine Aussagen bezüglich des geforderten Dienstes ohne Aussicht auf eschatologische Machtausübung – in dieser Situation lesen?

Das Markusevangelium betont, dass der Menschensohn leiden und sterben muss. Die drei Leidensankündigungen im Mittelteil betonen diesen Aspekt. Die Jünger sollen diese Notwendigkeit akzeptieren, ja mehr noch, sie sollen dazu bereit sein, in der Nachfolge selbst Leid und – wenn nötig – den Tod auf sich zu nehmen (8,34ff).

Diese Aufforderung gewinnt angesichts der Verfolgungssituation der markinischen Gemeinden besondere Aktualität. Die Frage, wie Christen sich angesichts der von Juden und Heiden drohenden Gefahr zu verhalten haben, ist ein „Alltagsproblem". Angesichts dieses „Alltagsproblems" geht es Markus darum, den Christen einen praktikablen Leitfaden an die Hand zu geben, wie sie sich angesichts der aktuellen Bedrohung verhalten sollen. In diesem Zusammenhang ist es wichtig, sich die pragmatische Dimension der Leidensankündigungen[159] und des Geheimnismotivs[160] zu verdeutlichen.

---

von Schenke, Markusevangelium, 15ff verortet (vgl. auch Theißen, Evangelienschreibung, 409 Anm. 36).

Zur Diskussion, ob das Markusevangelium in Syrien oder in Rom zu verorten ist, vgl. jetzt Marcus, Mk, AncB, 30–37.

[156] So z.B. Hengel, Entstehungszeit, 43–45.

[157] Mit Sicherheit steht der Evangelist unter dem Eindruck des jüdischen Krieges samt der Zerstörung der Stadt. Die Zerstörung des Tempels zeichnete sich in der Endphase des Krieges ab (Lührmann, Mk, HNT, 6). Ob sie zur Zeit der Abfassung des Evangeliums bereits stattgefunden hatte, ist für die hier vorgelegte Interpretation von Mk 10,35–45 ohne Belang.

[158] Theißen, Bedeutung, 226.

[159] Literatur zu den Leidensankündigungen bei Pesch, Mk, HThK, 56.

[160] Seit Wrede herrscht ein weitgehender Konsens, dass das Geheimnismotiv nicht auf den historischen Jesus, sondern auf die christliche(n) Gemeinde(n) zurückgeht (vgl. Forschungsüberblicke bei Blevins, Secret; Tuckett, Secret, 1–28; Räisänen, Secret, 38–75; Standiford, Secret, 5–62). Es ist die Tendenz zu verzeichnen, innerhalb des Geheimnismotivs mehrere Motive zu unterscheiden, von denen einige vormarkinisch, andere markinisch sind (Luz, Geheimnismotiv; Räisänen, Messiasgeheimnis; ders., Secret; Theißen, Wundergeschichten, 143–154; ders., Bedeutung, 226–244; Fendler, Studien, 143; Marcus, Mk, AncB, 526f). Umstritten ist insbesondere, ob die einzelnen Motive eine einheitliche Tendenz haben oder nicht. Während Luz (Geheimnismotiv), Räisänen (Messiasgeheimnis) und Ernst (Messiasgeheimnis) unterschiedliche Tendenzen verzeichnen, betont Fendler (Studien, 141) die Einheit: „Das Geheimnismotiv muß als das einheitliche General-

Diese pragmatische Dimension ist von Theißen überzeugend herausgearbeitet worden. „Das MkEv lehrt einen lebenspraktischen Umgang mit dieser notorischen Gefährdungssituation: Niemand ist verpflichtet, von sich her an die Öffentlichkeit zu drängen [vgl. das Geheimnismotiv].... . Sie [die Christen] sollen den Konflikt nicht suchen. Aber sie sollen darauf vorbereitet sein, daß er unvermeidlich irgendwann einmal kommt."[161] Wenn der Konfliktfall dann da ist, sollen sich die Christen zu ihrer wahren Identität bekennen, wie auch Jesus sich vor dem Hohenrat zu seiner wahren Identität bekennt (Mk 14,61f). Wie bei Jesus kann dieses Bekenntnis auch bei den Christen zum Tod führen.[162]

Vor diesem Hintergrund liest sich Mk 10,35–45 folgendermaßen: Das Martyrium wird hoch geschätzt, denn es kann in Analogie zum Schicksal Jesu beschrieben werden. Damit wird auch hoch geschätzt, was zum Martyrium führt: das Bekenntnis dazu, wer Jesus ist. Das heißt: Die Christen sind dazu aufgefordert, sich zu Christus zu bekennen und damit das Martyrium in Kauf zu nehmen. Allerdings werden dadurch keine eschatologischen Privilegien verdient. Herrschen wird Christus einst allein. In Verbindung mit dem Geheimnismotiv könnte das so gedeutet werden: Das Martyrium soll nicht in der Hoffnung auf eschatologische Privilegierung gesucht werden. Damit wird den Christen indirekt das Recht zugestanden, sich bedeckt zu halten. Sie verwirken dadurch nicht einen Lohn, der ihnen ansonsten sicher gewesen wäre. Wichtiger ist, dass sich die markinischen Christen in der Gemeinde engagieren (Mk 10,41–45).

Die Funktion des Zebedaidengesprächs im Rahmen des Markusevangeliums ähnelt damit der Funktion des Gesprächs im Jerusalem der 40er Jahre, denn in beiden Fällen geht es um die Bewältigung von Verfolgungssituationen. Allerdings ist hier zu differenzieren:
In den 40er Jahren schaute die Überlieferungsgruppe von Mk 10,35–45 auf die Verfolgung bereits zurück. Ihr ging es – wie gesehen – darum, die Einheit der Gemeinde zu stärken. Diese Einheit war zum einen dadurch ge-

---

thema des Markusevangeliums angesehen werden, auf das hin zahlreiche inhaltliche Motive ausgerichtet sind und von dem her die entscheidende Intention des Evangeliums abzuleiten ist."
    Theißen versucht eine Gesamtdeutung der Geheimnismotive in Anlehnung an die paränetische Deutung von Schweizer (Mk, NTD), nach der die Geheimnismotive in die Leidensnachfolge rufen wollen. „Das Persongeheimnis ist ein Schutzgeheimnis. Seine Durchbrechung führt im MkEv ins Leiden." (Theißen, Bedeutung, 235). Von diesem Ansatz her lassen sich auch die Durchbrechungen der Schweigegebote und Geheimhaltungsbefehle erklären: „Der mk Jesus behält die Kontrolle über das Bekanntwerden seiner Identität als ‚Christus'. Ebenso sollen die Christen selbst bestimmen, wann und wo sie als ‚Christen' bekannt werden. Wenn Jesus in Schweigegeboten und Geheimhaltungsbefehlen selbst verborgen bleiben wollte, so dürfen die Christen auch mit gutem Gewissen verborgen bleiben. Wenn Jesus freiwillig immer mehr von seiner Identität preisgibt und sich gefährdet, so sollen auch die Christen ihm darin nachfolgen." (A.a.O., 237).
    [161] Theißen, Evangelienschreibung, 407.
    [162] A.a.O., 404.

fährdet, dass nicht alle christlichen Gruppen mit gleicher Intensität verfolgt worden waren, zum anderen dadurch, dass die Jerusalemer Gemeindeglieder unterschiedlich auf Verfolgungsmaßnahmen reagiert hatten. Deshalb koppelt Mk 10,35–45 die Frage nach eschatologischem Lohn ab von der Frage, wie der/ die einzelne sich angesichts der Bedrohung verhalten hatte. Statt dessen wird der Dienst in der und für die Gemeinde in den Vordergrund gestellt.

Etwas anders verhält es sich nun bei Markus in den 70er Jahren. Die markinische Gemeinde fühlt sich akut bedrängt. Markus möchte Hilfestellung geben, wie mit dieser gegenwärtigen Bedrohung umzugehen ist.

3.3.2. Die pragmatische Dimension angesichts von Wanderradikalen und sesshaften Christen bei Matthäus

Die matthäische Bearbeitung des Logions
Matthäus stellt durch die Hinzufügung von ὅταν καθίσῃ ὁ υἱὸς τοῦ ἀνθρώπου ἐπὶ θρόνου δόξης αὐτοῦ einen expliziten Bezug zur Gerichtsszene in 25,31ff her.[163] Es ist daher anzunehmen, dass Matthäus auch in 19,28 an eine forensische Gerichtsszene denkt. Allerdings bleibt unklar, wie sich Matthäus das Verhältnis von Mt 19,28 zu 25,31–46 vorstellt. Auffällig ist jedenfalls, dass der Menschensohn in Mt 25,31ff – entgegen der Zusage aus Mt 19,28 – allein richtet.[164] Das Verb κρίνω erfährt dadurch gegenüber dem jesuanischen Gebrauch[165] eine Bedeutungsverschiebung: Es geht nicht mehr um heilvolle Herrschaft, sondern um ein Gericht mit doppeltem Ausgang.

„Während nach der ursprünglichen Intention des Logions ... zwar vom ‚richten' der zwölf Stämme Israels die Rede ist, dies aber entsprechend dem semitischen Terminus שׁפט im Sinne von ‚herrschen', ‚regieren' – den Jüngern wird die Mitregentschaft in der vollendeten Gottesherrschaft verheißen –, ist dieser Gedanke bei Matthäus in einseitiger Verengung aufgenommen und sekundär auf das Endgericht bezogen: Der Thron des Menschen-

---

[163] Dupont wertet diesen Bezug als Verdeutlichung des ursprünglichen traditionsgeschichtlichen Bezuges von Mt 19,28* auf Dan 7,9f (Logion, 386). Ich hingegen sehe hier eine Umdeutung durch Matthäus gegenüber der ursprünglichen Bedeutung von Mt 19,28*: Aus heilvoller Herrschaft wird eine forensische Gerichtsszene.

[164] Gegen Luz, Mt, EKK, 129 Anm. 64. Luz sieht die Verheißung in 25,40.45 eingelöst: „Daß Mt auch solche Vorstellungen kennt, zeigt sich in 25,40.45: Dort weist der Weltrichter auf ‚diese' seine geringsten Brüder hin; sie sind offensichtlich als anwesend vorgestellt." Der springende Punkt ist aber m.E.: Sie haben beim eschatologischen Endgericht keine Gerichtsfunktion.

[165] S.o. unter 2.2.4. und Exkurs 2.

sohns ist der Gerichtsthron, die Zwölf sind die Beisitzer des Gerichts, das der Menschensohn zu Beginn des neuen Äons vollzieht."[166]

Matthäus denkt wohl an die Vorstellung vom richtenden Menschensohn aus dem äthHen. Denn die von ihm eingefügte Formulierung hat ihren Ursprung in eben diesem Buch (äthHen 51,2; 61,8 und 62,6).[167]

Welche weiteren Bedeutungsverschiebungen ergeben sich daraus? Besonders interessant ist in diesem Zusammenhang die Frage, in welchem Verhältnis nach matthäischer Auffassung die Richtenden zu den Gerichteten stehen. Das Matthäusevangelium ist nicht frei von anti-judaistischen Tendenzen (vgl. Mt 22,1–14; 23,1ff).[168] Schwingt auch in Mt 19,28 eine antijudaistische Note mit? Liegt die Pointe darin, dass nicht etwa – wie in der Tradition vom Gericht der Gerechten – die Juden über die Heiden strafrichten, sondern vielmehr die Christen über die Juden?[169] M.E. ist hier Vorsicht geboten; und zwar aus zwei Gründen:[170]

1) Matthäus stellt das Logion in einen Kontext, in dem es um Nachfolge geht. Der (wohl) traditionellen Formulierung οἱ ἀκολουθήσαντές μοι verdankt das Logion seinen jetzigen Platz im Evangelium. Das heißt: Das Interesse liegt gar nicht auf dem Schicksal der Gerichteten, sondern auf dem Schicksal der Nachfolgenden. Ihr Lohn besteht darin, dass sie richten werden. Eine antijudaistische Spitze ist also nicht intendiert.

2) Während es sich beim Gericht der Gerechten meist um ein Strafgericht handelt[171], stellt Matthäus den Bezug zu einem Gericht mit doppeltem Ausgang her. Die zwölf Stämme Israels repräsentieren für ihn daher kaum ein Unheilskollektiv, das insgesamt seine Chance verspielt hätte und nunmehr dem Vernichtungsgericht ausgeliefert sei.

Mt 19,28 in seinem literarischen Kontext

Matthäus fügt die eschatologische Verheißung redaktionell in die Perikope von Jesus und dem reichen Mann ein (19,16–30; vgl. Mk 10,17–31). Diese

---

[166] Hampel, Menschensohn, 147. Allerdings bin ich nicht der Meinung, dass Matthäus in Mt 19,28 an ein (Straf-)Gericht der Gerechten denkt (gegen Hampel, ebd.; zur Begründung s.u.).

[167] Theisohn, Richter, 152–182.

[168] Vgl. Müller, Heuchler; Garland, Intention; Pesch, Aussagen; Luz, Antijudaismus.

[169] So Reiser: „Das Gericht wird nicht über die heidnischen Völker, sondern über Israel selbst gehalten werden, ..." (Gerichtspredigt, 249); ähnlich Hampel, Menschensohn, 147.

[170] Der Begriff παλιγγενεσία – ein Hapaxlegomenon innerhalb der Evangelien – ist m.E. mit zu großen Unsicherheiten (hinsichtlich des zu ergänzenden Objekts: τοῦ κόσμου oder τοῦ Ἰσραήλ, hinsichtlich der Zugehörigkeit zur Tradition oder Redaktion, hinsichtlich der Konnotationen) belastet, als dass er in diesem Zusammenhang Beweislast tragen könnte. Zur Diskussion vgl. Vögtle, Zukunft, 161ff; Broer, Ringen, 152f; Dupont, Logion, 364f; Burnett, Παλιγγενεσία; Derrett, Palingenesia; Hoffmann, Herrscher, 256f.

[171] Vgl. 1QpHab 5,3–5; Weish 3,1–12; Dan 7,22 LXX.

Perikope ist Bestandteil des Abschnitts Kapp. 19–20, der Gemeindeprobleme verhandelt.[172] Die Kapp. 19–20 gliedern sich in drei Abschnitte. Gliederungskriterium ist jeweils ein Szenenwechsel:

19,1	*Szenenwechsel*
19,1–15	Familienfragen
19,15	*Szenenwechsel*
19,16–20,16	Der Lohn der Nachfolge: – 19,16–30 Jesus, der reiche Mann und Petrus – 20,1–16: Das Gleichnis von den Arbeitern im Weinberg
20,17	*Szenenwechsel*
20,17–34	Jesus als Vorbild des Dienerseins
21,1	*Szenenwechsel*[173]

19,16–20,34 sind für das matthäische Verständnis der eschatologischen Machtverheißung von besonderer Bedeutung. Leider ist die Auslegung von 19,16–30, also genau von dem Abschnitt, in den Matthäus die Lohnverheißung einbettet, am unsichersten. Daher bietet es sich methodisch an, die Auslegung „von hinten" aufzurollen.

1) 20,17–34: Jesus als Vorbild des Dienerseins
In Mt 20,17–19 erfolgt die dritte Leidensansage. Auf sie folgt die matthäische Version des Zebedaidengesprächs, das – wie in Mk 10,45 – mit dem Hinweis auf den dienenden Menschensohn endet, der sein Leben als Lösegeld für viele gibt (Mt 20,28).
Das Zebedaidengespräch (Mt 20,20–28) weist mehrere Abweichungen gegenüber der markinischen Fassung auf. Für unseren Zusammenhang ist interessant, dass Matthäus die Todestaufe streicht. Die Grundaussage bleibt gegenüber der markinischen Fassung weitgehend unverändert: Das Zebedaidengespräch nimmt bereits bekannte Themen auf[174], u.a. die Frage nach einem eschatologischen Sonderlohn und erteilt eine klare Antwort: Die Bitte der (Mutter der)[175] Zebedaiden wird abgewiesen: Sie haben kein Anrecht

---

[172] Vorauf geht die sogenannte Gemeinderede; in den Kapp. 21–22 geht es um Probleme mit Außenstehenden.

[173] Da der Szenenwechsel erst in 21,1 erfolgt, gehört die Blindenheilung (20,29–34) m.E. noch zum Abschnitt „Gemeindeprobleme" (mit Schweizer, Mt, NTD, 261; Luck, Mt, ZBK, 225; Hezser, Lohnmetaphorik, 252; gegen Wiefel, Mt, ThHK, 352).

[174] Vgl. Luz, Mt, EKK, 160.

[175] „Weil Jesus ab V 22 den beiden Söhnen antwortet, kann man leicht auf die Vermutung kommen, diese hätten ihre Mutter nur vorgeschickt und stünden als eigentliche Drahtzieher hinter ihr." (Luz, Mt, EKK, 161). Warum Matthäus die Mutter fragen lässt, weiß ich nicht.

auf einen eschatologischen Sonderlohn, sondern sollen – wie die übrigen Zehn – dienen.

2) 20,1–16: Das Gleichnis von den Arbeitern im Weinberg
Diesem Abschnitt vorgeschaltet ist das Gleichnis von den Arbeitern im Weinberg (20,1–16). Es verhandelt ebenfalls die Frage nach einem Sonderlohn und erteilt ebenfalls eine klare Antwort: Alle erhalten den gleichen Lohn.[176]

Damit ist m.E. die Zielrichtung der Auslegung von Mt 19,16–30 vorgegeben, zumal 19,16–30 und 20,1–16 eng miteinander verbunden sind:
1) Das traditionell vorgegebene (Mk 10,31) Logion von den Ersten und Letzten nimmt Matthäus in Mt 20,16 nochmals auf und illustriert es – im oben angedeuteten Sinn – durch die redaktionell eingefügte Parabel von den Arbeitern im Weinberg.
2) Dieser Anschluss wird in 20,1 durch das γάρ auch sprachlich verdeutlicht.
3) Zwischen 19,16–30 und 20,1–16 bestehen auffällige Parallelen:[177]

19,16–30	20,1–16
Der reiche Jüngling hält zwar die Gebote, verwirklicht aber nicht das radikale Ethos der Nachfolge, d.h. er ist nicht vollkommen.	Die zuletzt gemieteten Arbeiter arbeiten nur eine Stunde im Weinberg, nicht den ganzen Tag.
Für den Gehorsam gegenüber Thora und Nächstenliebegebot wird ewiges Leben verheißen (19,17).	Für eine Stunde Arbeit erhalten sie den vollen Tagelohn.
Petrus weist hin auf sein „vollkommenes" Handeln und fragt nach dem entsprechenden Lohn (19,27).	Die Ersten weisen darauf hin, dass sie die „Last und Hitze des Tages" ertragen haben. Impliziert ist ein Anspruch auf höheren Lohn (20,12).
Auch denen, die das strengere Ethos verwirklichen, wird ewiges Leben als Lohn versprochen (19,29).	Auch die Ersten erhalten den normalen Tagelohn (20,10).
Hinweis auf Gottes Güte (19,17).	Hinweis auf die Güte des Hausherrn (20,15).
„Bei Gott sind alle Dinge möglich." (19,26)	„Steht es mir nicht frei?" (20,15)
Logion von den Ersten und Letzten (19,30)	Log. von den Ersten und Letzten (20,16)

---

[176] Genau genommen besteht eine inhaltliche Unausgeglichenheit zwischen dem abschließenden Logion V 16 und dem Gleichnis. Denn während das Gleichnis auf die Gleichstellung von Ersten und Letzten zielt, hebt das Logion auf eine Umkehr der Rangordnung zwischen Ersten und Letzten ab (Hezser, Lohnmetaphorik, 255f). Diese Unausgeglichenheit hat Matthäus aber wohl nicht wahrgenommen. „Er hat wahrscheinlich V 16 nur als rhetorisch zugespitzte Warnung im Sinne von 18,3f; 23,12 verstanden, ohne seinerseits an einen unterschiedlichen himmlischen Lohn im Sinne der umgekehrten Rangordnung im Eschaton zu denken." (Luz, Mt, EKK, 155).

[177] Nach Hezser, Lohnmetaphorik, 265f.

3) 19,16–30: Jesus, der reiche Mann und Petrus

Wenden wir uns nun 19,16–30 zu. Die Perikope gliedert sich in zwei Gesprächsgänge: Zunächst tritt der junge Mann an Jesus heran (19,16–22). Es
folgt eine erste Jüngerbelehrung (19,23–26). Dann stellt Petrus die Frage
nach dem Lohn (19,27–29).

Der Kontext legt eine Auslegung nahe, die darauf abzielt, dass Petrus
nach einem Sonderlohn fragt, aber zurückgewiesen wird.

Eine solche Auslegung hat Hezser vorgelegt. Sie sieht in 19,16–30 einen
Beleg dafür, dass Matthäus eine Zwei-Stufen-Ethik vertritt. Der junge
Mann folgt Jesus nach, indem er die Gebote hält; Petrus und die Gruppe um
ihn folgen Jesus nach, indem sie alles verlassen. Legt man nun eine Zwei-
Stufen-Ethik zugrunde, dann heißt das, dass die Art der Nachfolge des jungen Mannes anerkannt wird. Der Besitzverzicht tritt also fakultativ hinzu.[178]
Konsequent schließt Hezser: „Für die Erlangung ewigen Lebens fehlt ihm
offenbar nichts." (vgl. 19,16–20).[179] Petrus steht für diejenigen Menschen,
die Besitzverzicht üben. Seine Frage zielt darauf, dass denjenigen, die –
anders als der junge Mann – alles verlassen haben, ein Sonderlohn gebührt
(19,27). Dieser Anspruch auf einen Sonderlohn wird aber von Jesus zurückgewiesen: Der Gruppe um Jesus kommt – genau wie dem jungen Mann
– das ewige Leben zu. Das heißt: „Der Lohn ist also der gleiche."[180] Hierin
liege die Pointe der Perikope.

Diese Auslegung hat den Vorteil, dass sie sich nahtlos in den Kontext
einfügt. Sie billigt aber m.E. in ihrer Geradlinigkeit den Schwierigkeiten,
die der Text bietet, zu wenig Gewicht zu.

So ist generell umstritten, ob Matthäus eine Zwei-Stufen-Ethik vertritt.[181]
Diese Frage ist in Mt 19,16–30 direkt mit der Frage gekoppelt, ob den
„Vollkommenen" ein eschatologischer Sonderlohn zusteht. Umstritten sind
in Mt 19,16–30 insbesondere zwei Passagen:

---

[178] So Theißen: „Der reiche Jüngling braucht nur die zehn Gebote zu erfüllen." (Lokalkolorit,
302).

[179] Lohnmetaphorik, 262.

[180] A.a.O., 264.

[181] „Es sieht so aus, als ob Matthäus damit [mit der Aufforderung zum Besitzverzicht] noch eine höhere Stufe des Christenstandes kennt als die, die mit dem Halten der Gebote einschließlich
des Liebesgebotes gegeben ist. Man hat deshalb bereits an dieser Stelle bei Matthäus die Anfänge
einer Zwei-Stufen-Ethik gefunden, die in der Ehelosigkeit (19,1–12) und in einer Nachfolge mit
totalem Besitzverzicht gelebt worden sei." (Luck, Mt, ZBK, 216). Als entscheidendes Gegenar-
gument wird 5,48 angeführt: Die Vollkommenheit wird von allen gefordert, sie „ist das entscheidende Kriterium der neuen Gemeinde" (Barth, Gesetzesverständnis, 93; ebenso Schweizer, Mt,
NTD, 253; Luck, Mt, ZBK, 216).

1) Der erste Problemkreis betrifft die Einschätzung des jungen Mannes: Ist sein Besitzverzicht wirklich fakultativ?[182] Erlangt der junge Mann das ewige Leben? Sicher: Auf seine Frage, wie er das ewige Leben erlangen könne, erhält er die Antwort, dass er die Gebote halten solle (19,16–19). Das hat er laut eigener Auskunft – und Jesus stellt das nicht in Frage – getan. Also, so die logische Schlussfolgerung, steht ihm das ewige Leben zu. Die Auslegung hat sicherlich die Logik auf ihrer Seite. Der Eindruck, der vermittelt wird, ist aber m.E. dennoch ein anderer: Während das ewige Leben in 19,16–20 tatsächlich als *Lohn* für das Halten der Gebote erscheint, kann ein Reicher nach 19,23ff nur – da bei Gott alles möglich ist (19,26) – in den Himmel kommen, *obwohl* er Besitz hat. Außerdem hören wir davon, dass der junge Mann traurig weggeht (19,22). Die Gruppe um Petrus scheint doch viel „besser wegzukommen". Ist hier wirklich darauf abgezielt, dass beide den gleichen Lohn erhalten? Oder anders gefragt: Ist das Halten der Gebote wirklich eine „vollgültige" Weise der Nachfolge, so dass der Besitzverzicht „fakultativ" hinzukommen – und also auch wegfallen – kann, ohne eschatologischen Lohn einzubüßen?[183] Ist wirklich gemeint, dass der junge Mann – wie die Jünger – das ewige Leben erhält?[184]

Um dem Text gerecht zu werden, ist m.E. diese Unklarheit in Rechnung zu stellen: Weder wird dem jungen Mann das ewige Leben eindeutig abgesprochen, noch heißt es etwa: „Du wirst das ewige Leben erlangen, obwohl du keinen Besitzverzicht übst." Es wird zu fragen sein, welche Funktion diese Ambivalenz in der matthäischen Gemeinde haben konnte.

2) Der zweite Problemkreis betrifft das Verhältnis der VV 28.29. Während sich V 28 direkt an die Zwölf richtet, scheint V 29 zu verallgemeinern: Gemeint sind alle, die ihr Zuhause verlassen haben.[185] Drückt sich hier also

---

[182] Luz (Mt, EKK, 125) verneint das entschieden: „Εἰ θέλεις meint hier sowenig wie in V 17, daß der Mann frei sei, das nun folgende Gebot auch auf der Seite zu lassen. Der Besitzverzicht, von dem Jesus jetzt spricht, ist sowenig fakultativ wie die Nachfolge oder die Feindesliebe." (Vgl. Légasse, Riche, 206f.212f).

[183] Anders Légasse, ebd.: Der Besitzverzicht sei nicht fakultativ.

[184] Luz (Mt, EKK, 125 Anm. 43) urteilt: „Der Kontext (V 16.23–26) macht indirekt klar, daß der Mann nun das ewige Leben verpassen wird."

[185] So Hoffmann: „Er [Matthäus] läßt Petrus als Sprecher der Zwölf ausdrücklich nach dem Lohn fragen, den die Nachfolge speziell *ihnen* einbringen wird. Dementsprechend gibt Jesus bei Matthäus [anders Mk!] eine zweifache Antwort Jesu. ... Das ὑμεῖς korrespondiert dem ἡμεῖς der Petrusfrage. Diesem ‚wir', das Petrus hier als Sprecher vertritt, gilt V. 28. Im Unterschied dazu zielt das aus Markus übernommene Wort von der hundertfältigen Vergeltung auf einen größeren Kreis von Menschen: ‚Jeder, der (καὶ πᾶς ὅστις) ...'. Es gilt für *alle*, die ‚um seines Namens willen' Familie und Besitz *verlassen* haben." (Herrscher, 256; ähnlich Schweizer, Mt, NTD, 251; Wiefel, Mt, ThHK, 340f). Anders Luz, Mt, EKK, 128: „Petrus ist Jüngersprecher und nicht Sprecher einer besonderen Gruppe unter den Jüngern. Als ‚Nachfolger' verstehen sich die Christ/innen allesamt, nicht nur einige unter ihnen."

eine Differenzierung hinsichtlich des eschatologischen Lohnes aus? Erhalten die einen eine eschatologische Richterfunktion, während die anderen „nur" das ewige Leben erwartet? Auffällig ist jedenfalls, dass Matthäus den V 28 redaktionell einfügt und damit zumindest andeutet, dass den Zwölfen ein besonderer Lohn zusteht. Sicher scheint mir, dass mit den Adressaten aus V 29 keine sesshaften, reichen Christen gemeint sein können. Denn Matthäus hat gerade die markinischen Formulierungen gestrichen, die sich auf das Leben sesshafter Christen beziehen konnten: „Häuser ... und Äcker unter Verfolgungen".[186] Auf diese redaktionelle Änderung wird noch zurückzukommen sein. Die VV 28.29 lassen sich also *nicht* dahingehend auslegen, dass denen, die alles verlassen haben, die Richterfunktion zusteht, denjenigen, die sesshaft sind und die Gebote befolgen (vgl. den jungen Mann) hingegen das ewige Leben. Je weniger man in den VV 28.29 hinsichtlich des Adressatenkreises differenziert, desto stärker erscheint die Richterfunktion als eine „Spielart" des ewigen Lebens.[187] Dann ist schließlich auch die Schlussfolgerung möglich, dass alle den gleichen Lohn erhalten.[188] Doch wie schon beim ersten Problemkreis fällt auch hier auf, wie ambivalent Matthäus den Text gestaltet: Wenn er auf die Gleichheit des Lohnes heraus will, warum fügt er dann V 28 redaktionell ein? Damit legt er doch zumindest das „Missverständnis" nahe, dass den Zwölfen besonderer Lohn gebührt. Auch hier ist es m.E. wichtig, der Ambivalenz, die Matthäus offensichtlich (bewusst?) geschaffen hat, Rechnung zu tragen. Damit stellt sich die Frage, welche Funktion die Perikope in der matthäischen Gemeinde erfüllen sollte.

Die Funktion der Perikope in der matthäischen Gemeinde
Aufgrund des engen Zusammenhangs von 19,16–30 und 20,1–16 ist die funktionale Einordnung der Texte m.E. einheitlich vorzunehmen.[189] Die Funktion ist m.E. *nicht* heilsgeschichtlich zu bestimmen.[190] Vielmehr geht es Matthäus um das Zusammenleben der unterschiedlichen christlichen

---

[186] Luz führt diese Beobachtung als Argument dafür an, dass V 28 und V 29 denselben Adressatenkreis hätten. Das Argument lässt aber strenggenommen nur den Schluss zu, dass V 28 und V 29 Menschen meinen, die alles verlassen haben. Eine Differenzierung innerhalb derjenigen, die alles verlassen haben, wäre dennoch möglich.

[187] Vgl. Luz (Mt, EKK, 129): „Das Sitzen der Zwölf auf den Thronen ist für ihn eine besondere Gestalt des ‚Hundertfältigen', das allen verheißen ist."

[188] Hezser, Lohnmetaphorik, 264.

[189] Gegen Schottroff, die zwischen 19,30 und 20,16 eine „gewisse Sachdifferenz" sieht (Güte, 87).

[190] Insbesondere für 20,1–16 ist eine heilsgeschichtliche Deutung verbreitet (vgl. z.B. Jülicher, Gleichnisreden I, 470; Dupont, Ouvriers, 790). Zur heilsgeschichtlichen Deutung von 19,16–30 vgl. z.B. Bornkamm, Enderwartung, 26.

Gruppen in der matthäischen Gemeinde.[191] Denn das Wort ἐργάται ist für Matthäus „zur festen Metapher geworden", und zwar für die christlichen „Gottesreicharbeiter"[192]. Wahrscheinlich ist also an die Gemeindeglieder zu denken. Inwiefern wird jetzt bei den Gemeindegliedern zwischen den Ersten und Letzten differenziert? Im Neuen Testament bezeichnet der „Erste" den Führer bzw. den Gemeindeleiter (vgl. Mk 6,21; Lk 19,47; Apg 13,50; 28,17; 3Joh 9). „So wird für Mt der Unterschied zwischen Ersten und Letzten ein hierarchischer gewesen sein. Die Ersten sind für ihn diejenigen, die höheres Ansehen in der Gemeinde genießen."[193] Wer war das in der matthäischen Gemeinde? Wahrscheinlich ist hier an Propheten (und Lehrer) zu denken.[194] Bei beiden Gruppen könnte es sich um Wandermissionare gehandelt haben.[195] Die matthäische Gemeinde war also wohl dadurch gekennzeichnet, dass es einerseits sesshafte (besitzende) Christen gab und andererseits umherziehende Wandermissionare (Wanderpropheten), die sich u.a. durch Besitzlosigkeit auszeichneten und hohes Ansehen genossen.[196] Bezogen auf Mt 19,16–20,16 ist dann klar: Der junge Mann steht für

---

[191] Mit Hezser, Lohnmetaphorik, 258–267; Luz, Mt, EKK, 117–131; Schottroff, Güte, 86f.

[192] Luz, Mt, EKK, 154.

[193] Hezser, Lohnmetaphorik, 258; gegen Berger, der in den Ersten die „Alteingesessenen" sieht, während die Letzten die später Hinzugekommenen meinten (Gesetzesauslegung, 448; Einführung, 228). Obwohl ich grundsätzlich Hezser zustimme, denke ich nicht, dass sich beide Alternativen grundsätzlich ausschließen. Denn diejenigen, die von Anfang an dabei sind, könnten aufgrund dessen eine höhere Position für sich beanspruchen.

[194] So u.a. Schenke/ Fischer, die meinen, „daß in der vorausgesetzten Gemeindestruktur die Propheten vermutlich die einzigen ,Amtsträger' sind ..." (Einleitung, 105); ähnlich Pesch, Aussagen, 294; Schweizer, Gemeinde, 140ff, 148ff.

[195] In der Didache werden Wandermissionare auch als „Lehrer" bezeichnet (11,2; 13,2; 15,2; vgl. Niederwimmer, Didache, KAV, 161 Anm. 43). Der Wanderprophet Jesus wird als „Rabbi" angeredet. Der Wandermissionar Philippus legt nach Apg 8,26ff die Schrift aus und übt damit die Funktion eines Schriftgelehrten aus. (vgl. Hezser, Lohnmetaphorik, 278 Anm. 94).

[196] Diese Charakterisierung der historischen Situation ist unabhängig von der Frage, ob man für Matthäus eine Zwei-Stufen-Ethik annimmt oder nicht. Luz, der eine Zwei-Stufen-Ethik für Matthäus ablehnt, charakterisiert die Gemeinde folgendermaßen (Mt, EKK, 126): „Aber in der matthäischen Gemeinde sind nicht alle Wanderradikale; die seßhaften Gemeindeglieder, die den Wanderradikalen Gastfreundschaft gewähren (10,40–42), sind gewiß in der Überzahl. Matthäus versteht also wohl die Besitzverzichtforderung als Gesetz für alle, aber auch nicht als Rat für wenige, sondern als Appell an alle, auf diesem Weg soweit wie möglich zu gehen ..." Ob für Matthäus das Phänomen des Wanderradikalismus historische Wirklichkeit war, ist verschiedentlich bestritten worden. Insbesondere Stegemann hat Kritik an der Wandercharismatiker-These, die v.a. von Theißen entwickelt wurde (vgl. ders., Wanderradikalismus; zur Einschätzung der These vgl. Schmeller, Brechungen), geübt. Für unseren Zusammenhang ist Stegemanns Einwand von Bedeutung, nach dem sich Wanderradikalismus zeitlich auf die Trägergruppe der Logienquelle beschränke, danach jedoch nur mehr literarische Fiktion sei (Essener, 116f). Dagegen sprechen aber spätere Texte wie die Offb (vgl. Roose, Zeugnis, 166–174), die Didache (vgl. Niederwimmer, Didache, KAV, 145–167) sowie Josephus (Bell 6,300–309), Lukian (Peregrinus Proteus), Origenes (Nachrichten des Celsus über Wanderpropheten, Cels VII,8f) und die pseudocle-

die sesshaften Christen, Petrus und die Gruppe um ihn (VV 28.29) für die Wanderradikalen. Diese Zuordnung lässt sich für das Gleichnis durchhalten: Die zuerst Gedungenen sind die Wanderradikalen, die viel arbeiten, weil sie Besitzverzicht üben, die zuletzt Gedungenen sind die sesshaften Christen, die „nur" die Gebote befolgen. Wie ist jetzt die Pointe der Texte zu bestimmen? Hier ist zu beachten, dass Matthäus ein kritisches Amtsverständnis hat, das sich u.a. in seiner Gleichnisanwendung zeigt.[197] Für 20,1–16 ist dieser kritische Akzent klar: Matthäus verdeutlicht den Wanderradikalen, dass sie keinen Anspruch auf einen Sonderlohn haben. Wie aber steht es in Mt 19,16–30?

Die oben herausgearbeitete Ambivalenz des Textes, die in der Forschung zu konträren Auslegungen führt, lässt sich m.E. als Zeichen einer gewissen Diplomatie des Matthäus werten. Sein Grundanliegen verdeutlicht er im Gleichnis von den Arbeitern im Weinberg und im Zebedaidengespräch: Den Wanderradikalen steht kein eschatologischer Sonderlohn zu; sie sollen der Gemeinde dienen; Christus wird einst allein richten (25,31ff). Nun könnte eine solche Position leicht zu einer „Verhärtung der Fronten" führen. Matthäus setzt daher mit dem Gespräch zwischen Jesus und dem jungen Mann ein. Hier wird die geschichtliche Wirklichkeit reflektiert, daß „vor allem junge Menschen mit ihrer Familie brachen und ihren Besitz weggaben, um in der Nachfolge Jesu Wanderradikale zu werden."[198] Der junge Mann scheitert am Besitzverzicht. Es bleibt offen, ob er trotzdem das ewige Leben erlangen wird oder nicht. Das heißt: Der Besitzverzicht wird als wichtige Forderung christlichen Lebens anerkannt. Die Frage des Petrus nach einem Sonderlohn für Wanderradikale wird zunächst positiv beantwortet: Sie werden richten. Hier legt sich die Vermutung nahe, dass die Wanderradikalen dieses Logion auf sich bezogen, dass es also im Milieu des Wanderradikalismus besonders gepflegt wurde. Indem Matthäus es an dieser Stelle aufnimmt, verschafft er sich Gehör bei den Wanderradikalen. Nun aber beginnt er mit der Relativierung, die sich in mehreren Schritten und mit zunehmender Schärfe vollzieht:

1) In V 29 wird den Wanderradikalen derselbe Lohn zugesagt wie dem jungen Mann.

2) In 19,30 wird (nach matthäischem Verständnis, s.o.) einer festen Rangfolge im Eschaton widersprochen.

---

mentinische Schrift De Virginitate (vgl. zu diesen Texten Hezser, Lohnmetaphorik, 267–275). Zur Diskussion des Wanderradikalismus insgesamt vgl. neben den Beiträgen von Theißen und Stegemann außerdem Harvey, Jesus; Berger, Gesetzesauslegung, 421ff; Schmeller, Brechungen.

[197] „Mt wendet das Gleichnis kirchenkritisch nach innen, um Zustände seiner Gemeinde zu kritisieren." (Hezser, Lohnmetaphorik, 257).

[198] Luz, Mt, EKK, 123; vgl. Theißen, Wir haben alles verlassen, 138f.

3) 20,1–16 macht deutlich: Alle erhalten denselben Lohn.
4) Im Zebedaidengespräch wird die Forderung nach einem Sonderlohn explizit abgelehnt. Die Zwölf (also die Gruppe, denen in 19,28 die Verheißung einer eschatologischen Richterfunktion gilt), sollen dienen.
5) In 25,31ff tritt Christus allein als Richter auf.

Diachrone Betrachtung: Die Entwicklung bis Matthäus
Der historische Jesus hat den Zwölfen eine eschatologische Herrschaftsfunktion zugesprochen.[199] Wem diese Verheißung galt, wurde im Urchristentum unterschiedlich – zum Teil konfliktreich – beantwortet. Das Zebedaidengespräch (Mk 10,35–45) aus den 40er Jahren zeigt, dass die Märtyrer die Verheißung für sich beanspruchen konnten. Bei Matthäus deutet sich an, dass die Wanderradikalen sie auf sich bezogen. Im Markusevangelium steht die Frage eschatologischer Mitherrschaft unter dem Vorzeichen der Verfolgung der Gemeinde.[200] Märtyrer haben keinen Sonderlohn zu erwarten; daher sollte das Martyrium nicht in der Hoffnung auf einen solchen Sonderlohn gesucht werden. Im Matthäusevangelium steht die Frage eschatologischer Mitherrschaft unter dem Vorzeichen des Verhältnisses von Wanderradikalen und sesshaften Christen. Der Verfolgungsaspekt hat keine aktuelle Bedeutung und wird von Matthäus in 19,29 gegenüber Mk 10,30 gestrichen. Wichtig wird die Frage, wem Autorität zukommt. Matthäus versucht hier, die Stellung des sesshaften Christen zu verbessern, ohne die Wanderradikalen zu verprellen.[201] Die Frage nach einem Sonderlohn, die in

---

[199] S.o. unter 2.

[200] S.o. unter 3.3.1.

[201] Diese Tendenz deutet sich bereits im Markusevangelium an. Jesus fordert die Jünger dazu auf, sich Personen mit niedrigem Status zuzuwenden. Diese Forderung gilt mit Sicherheit auch den markinischen Gemeinden. Ja, sie ist strenggenommen in sesshaften Ortsgemeinden besser zu verwirklichen als unter umherziehenden Wandercharismatikern. Denn Jesus wählt als Beispiel ein Kind, und „nur wer in stabilitas loci lebt, kann Kinder aufnehmen" (Theißen, Evangelienschreibung, 411). Vielleicht will Markus in seiner Gemeinde die Umgestaltung der Autoritätsstrukturen vorantreiben: Die Wandercharismatiker sollen als Autoritätsträger von den Ortsgemeinden abgelöst werden (vgl. dazu ausführlich a.a.O., 408–414). Jedenfalls lässt sich das Zebedaidengespräch in dieser Weise auslegen: Die Zwölf repräsentieren die Wandercharismatiker. An sie ergeht die Aussendungsrede (Mk 6,7–13), die allgemeine Regeln für den Wandercharismatiker formuliert (z.B. das Verbot, kein Brot, keine Tasche, kein Geld mitzunehmen; vgl. dazu Theißen, Wanderradikalismus; Schmeller, Brechungen, 50–116). Den Zwölfen wird nun in Mk 10,35–45 kein besonderer Status eingeräumt, die Zusage aus Mt 19,28* wird gerade nicht aktualisiert, sondern die Jünger werden dazu aufgefordert zu dienen (Mk 10,42–45). Dieses Dienen wurde vorher als Aufnahme eines Kindes in Jesu Namen expliziert (9,33ff). Jesus mahnt damit zum Verzicht auf Status und richtet sich mit seinem Appell an sesshafte Christen. Er „definiert somit an dieser Stelle Autorität in Ortsgemeinden". (A.a.O., 411). Diese Absicht des Markus würde besonderes Gewicht erhalten, wenn zutreffen sollte, dass der Evangelist die ganze Szene geschaffen hat, wie Lührmann annimmt (Mk, HNT, 166): Es sei wahrscheinlich, „daß Mk selbst zu dem überlieferten Jesuswort 35b die ganze Szene geschaffen hat". (ebd.; anders Pesch, Mk, EKK, 103f).

Matthäus 19–20 deutlich artikuliert wird, klingt schon im Zebedaidengespräch aus den 40er Jahren an. Wir können wohl davon ausgehen, daß die
Aussicht auf eschatologische Machtausübung im Urchristentum, wie es uns
die synoptischen Evangelien vermitteln, als eschatologischer Sonderlohn
angesehen wurde, während das ewige Leben „leichter" zu haben war. Im
Matthäusevangelium wird diese Abstufung besonders deutlich. Sowohl
Markus als auch Matthäus lehnen diesen Sonderlohn (mehr oder weniger
entschieden) ab. Dieselbe Abstufung wird sich im 2Tim zeigen; allerdings
werden wir dort sehen, dass der Verfasser des 2Tim einen Sonderlohn für
Gemeindeleiter in Form eschatologischer Herrschaft befürwortet.[202] In der
Offb erleben wird die Frage des Verhältnisses von sesshaften und umherziehenden Christen aus der Perspektive eines Wanderradikalen. Hier ist interessant, dass Johannes die eschatologische Herrschaft – anders als die
Wanderradikalen des MtEvs – nicht exklusiv für sich beansprucht.[203]

Traditionsgeschichtlich am nächsten steht aber das Lukasevangelium,
dem wir uns zunächst zuwenden. Hier wird sich zeigen, dass der Evangelist
die Frage der eschatologischen Herrschaft primär unter heilsgeschichtli-
chem Aspekt verhandelt.

3.3.3. Die heilsgeschichtliche Dimension bei Lukas

Bei Lukas bilden das Logion aus Mt 19,28 und die Kritik an den Machthabern, die im zweiten Teil des Zebedaidengesprächs (vgl. Mk 10,41–45) geübt wird, zwei Elemente der Abschiedsrede Jesu an seine Jünger.[204] Den
situativen Rahmen bildet das letzte Mahl (Lk 22,14ff). Die Zebedaidenbitte
lässt Lukas weg. Als Anknüpfungspunkt für die Kritik an den Machthabern
(Lk 22,25–27; par Mk 10,41–45) wählt er die Tradition von der Frage nach
dem Größten (Lk 22,24; par Mt 18,1). Direkt anschließend – in Lk 22,28–
30 – bringt Lukas seine Fassung vom Jesuslogion aus Mt 19,28.

Die lukanische Bearbeitung des Jesuslogions
Die lukanische Fassung der Zusage aus Mt 19,28* weist folgende Bearbei-
tungen auf:

---

[202] S.u. unter 3.5.
[203] S.u. unter 3.4.
[204] Eine detaillierte Analyse der Abschiedsrede bietet Schürmann, Abschiedsrede.

1) Durch die Verortung des Logions in der Abschiedsrede formt Lukas aus einem Spruch, der ursprünglich den Tod Jesu nicht im Blick hatte,[205] eine testamentarische Verfügung.[206]

2) Lukas stellt vor die eschatologische Zusage in Lk 22,30 den Satz: κἀγὼ διατίθεται ὑμῖν καθὼς διέθετό μοι ὁ πατήρ μου βασιλείαν. Dieses „Übergeben" der βασιλεία wird dann als Essen, Trinken[207] und Herrschen expliziert. Anders als noch beim historischen Jesus[208] impliziert die Übergabe des Reiches bei Lukas also nicht nur Teilhabe an der βασιλεία, sondern aktive Herrschaft.[209] Auch Lk 12,32 ist im Sinne des Lukas daher als eschatologische Herrschaftszusage zu verstehen.[210]

3) Lukas differenziert zwischen „Israel" als der Gesamtheit des jüdischen Volkes und den Nachfolgern Jesu bzw. der christlichen Gemeinde.[211]

4) Lukas tilgt die Zahl „zwölf" vor den Thronen, denn kurz zuvor hat er vom Verrat des Judas berichtet (22,3–6). Für Lukas gehört Judas also nicht zu den eschatologischen Herrschern.[212]

5) Eine für unseren Zusammenhang besonders wichtige Änderung liegt darin, dass Lukas die Adressaten des Logions als οἱ διαμεμενηκότες μετ' ἐμοῦ ἐν τοῖς πειρασμοῖς μου charakterisiert. In dieser Formulierung klingt m.E. dreierlei an: Erstens ist Judas gerade derjenige, der *nicht* bei Jesus ausgeharrt hat.[213] Zweitens wird die eschatologische Zusage Jesu in einen Märtyrerkontext eingezeichnet. Darauf weist die Verwendung des Begriffes πειρασμός. Dieser Begriff stellt eine Verbindung zur Gethsemaneperikope her. Dort übernimmt Lukas das Wort zunächst aus der Tradition (Lk 22,46; par Mk 14,38; Mt 26,41). Indem er nun πειρασμός einerseits in Lk 22,40, andererseits in 22,28 zusätzlich einfügt, bindet er die Gethsemaneperikope und die eschatologische

---

[205] S.o. unter 2.3.

[206] „In der neueren Diskussion hat sich die Einsicht durchgesetzt, daß es der Evangelist war, der die Abendmahlsszene zur Einfügung einer Abschiedsrede Jesu genutzt hat." (Hoffmann, Herrscher, 258).

[207] Bei der Beschreibung der βασιλεία mit dem Bild vom Essen und Trinken greift Lukas auf (jesuanische) Tradition zurück (vgl. Lk 13,29; 14,7–11.12–14.15–24; 15,21–24). (Moessner, Lord).

[208] S.o. unter 2.2.5.

[209] Vgl. Lohfink, Sammlung, 81f.

[210] Anders beim historischen Jesus, s.o. unter 2.2.5.

[211] Der Israelbegriff wird von Lukas nie auf die christliche Gemeinde übertragen, sondern meint die Gesamtheit des jüdischen Volkes. (Hübner, Art. Israel, 386; Wolter, Reich, 563 Anm. 89; vgl. Goudoever, Place).

[212] Hampel, Menschensohn, 150; s.o. unter 2.1.

[213] Hampel, Menschensohn, 151.

Verheißung eng aneinander.[214] Diese Verknüpfung zeigt, dass Lukas die Herrschaftszusage an die Jünger in einen martyrologisch geprägten Kontext stellt, denn die lukanische Passionsdarstellung zeichnet Jesus als den märtyrerhaften Gerechten.[215] Außerdem bringt Lukas den Begriff πειρασμός in die Deutung des Gleichnisses vom Sämann ein (8,13). Πειρασμός taucht hier in enger Verbindung mit ὑπομονή auf – ein Begriff, der seinerseits in martyrologisch geprägten Kontexten auftaucht (vgl. z.B. die Offb 1,9; 2,2f.19; 3,10; 13,10; 14,12). Diese Verwendung von πειρασμός „seems to at least include the idea of persecution with an emphasis on persecution as a means to draw the follower away from incipient faith"[216]. Dass πειρασμός für Lukas Verfolgung und Martyrium konnotiert, zeigt schließlich Apg 20,19. Die Einbringung martyrologisch geprägter Konzepte zeigt sich noch an einem weiteren Punkt lukanischer Theologie: Die Jünger werden als märtyrerhafte Propheten stilisiert. „Jesus is persecuted like Israel's prophets. Secondly, His disciples are persecuted in line with Israel's prophets. And, finally, Jesus' disciples are persecuted in continuity with Jesus himself ..."[217]

Das heißt: Wenn Lukas in 22,30 die Zahl Zwölf vor den Thronen streicht und die Zusage an diejenigen richtet, die bei ihm in seinen Anfechtungen ausgeharrt haben, dann aktualisiert er damit die Tradition, nach der dem Märtyrer eschatologischer Lohn – hier in der Form eschatologischer Herrschaft – zusteht. Leid, das sich aus der Nachfolge Jesu ergibt, qualifiziert zu eschatologischer Machtausübung.[218]

Mit dieser Qualifizierung eschatologischer Herrschaft als Lohn für die Märtyrer tritt Lukas inhaltlich in direkten Widerspruch zu Mk 10,35–40. M.E. handelt es sich hierbei um einen bewussten Widerspruch. Denn

[214] Soards weist nur auf die „clear, consistent eschatological dimension" hin (Passion, 51). Diese Beobachtung geht m.E. nicht weit genug. Wichtig für das Verständnis von Lk 22,28–30 ist die Verknüpfung von eschatologischer Zusage und Gethsemaneperikope.

[215] Vgl. die übersichtliche Zusammenstellung der märtyrerhaften Züge, die auf das Konto des Lukas gehen, bei Schneider, Lk, ÖTK, 435–439; vgl. Hoffmann, Herrscher, 258f: „Die lukanische Passionsdarstellung zeichnet Jesus als Vorbild des unschuldig leidenden Märtyrers."

[216] Cunningham, Tribulations, 319. Ähnlich Hoffmann, Herrscher: „Mit den πειρασμοί sind Bedrängnisse und Konflikte gemeint (vgl. Lk 8,13; Apg 20,19), die die Jünger in ihrem Glauben gefährden ... Diese Situation sollen sie in ὑπομονή bestehen (vgl. Lk 22,31.40.46.53)." (Herrscher, 258 samt Anm. 19 und 29).

[217] Cunningham, Tribulations, 311. Michel (Prophet) hat gezeigt, dass im Judentum der Makkabäerzeit und später die Konzeptionen des Propheten und des Märtyrers verschmolzen. Steck (Israel) hat die deuteronomistische Tradition aufgezeigt, nach der Israel seine Propheten abweist und dafür bestraft wird. Den Ursprung dieser Tradition sieht Steck in Neh 9,26.

[218] Cunningham unterscheidet hier vier Aspekte: „Jesus prophesies that persecution will be the experience of his disciples; his disciples are persecuted in continuity with him; his disciples are persecuted because of their association with him; he identifies with his disciples in their persecution." (Tribulations, 314). Zur Ausführung dieser These vgl. 313–319.

Lukas verknüpft die eschatologische Zusage direkt mit dem Zebedai-dengespräch, lässt aber bezeichnenderweise den ersten Teil weg. Zudem verstärkt er die Verknüpfung mit der Gethsemaneperikope, die schon Mk 10,38f zeigt. Lukas greift also – wenn auch nur sehr indirekt – die Anfrage der Zebedaiden auf und sichert ihnen eschatologische Macht-positionen zu.[219]

6) Lukas verbindet die Inthronisationszusage mit der Mahlverheißung, ob-wohl beide Elemente strenggenommen nicht recht zusammenpassen.[220] Die Verbindung von Thron und Mahl ist im Judentum nicht belegt.[221] Lukas kombiniert ein Bild, bei dem Macht- und Statusgefälle weit zu-rücktreten[222], mit einem anderen, für das Macht- und Statusgefälle gera-de konstitutiv sind. Warum nimmt Lukas diese ungewöhnliche Ver-knüpfung vor? M.E. ist sie im Zusammenhang mit der vorgeschalteten Jüngerbelehrung zu sehen.

Mt 19,28 im Kontext von Lk 22,24–30*

Lukas stellt den Versen 28–30 eine Passage voran, in der er die jesuanische herrschaftskritische Tradition, die in Mk 10,41–45 überliefert ist, aufnimmt. „Aufhänger" ist jedoch nicht die Bitte der Zebedaiden (vgl. Mk 10,35–40), sondern die Frage, wer als der Größte gelten sollte (Lk 22,24; par Mt 18,1).

Wie verknüpft Lukas nun die Tradition aus 22,24–27 mit derjenigen aus 22,28–30?

1) Das Bild des Tisches taucht in beiden Passagen auf (22,27.30). Ange-sichts der Situation des letzten Mahles konkretisiert er den geforderten Dienst (22,26) als Tischdienst (22,27). In der βασιλεία werden die Nachfolger Jesu dann aber nicht den Tischdienst verrichten, sondern selbst am Tisch sitzen (22,30).

2) Lukas leitet sowohl V 26 als auch V 28 mit ὑμεῖς δέ ein. Der geforderte Dienst wird so noch weiter konkretisiert: Er besteht im Ausharren.

---

[219] Berger konstatiert zu Lukas, dass er „Mk 10,35–45 schlicht übergeht und statt dessen nur Lk 22,24–30 mit, was die Zwölf betrifft, entgegengesetzter Tendenz bietet" (Einführung, 228). Diesen Befund erklärt Berger traditionsgeschichtlich: „Da nun ferner die Bedeutung der Zwölf im Laufe der frühchristlichen Geschichte eher ab- als zunimmt, ist zu folgern: Lk 22,24–30 bietet eine traditionsgeschichtlich ältere Fassung als Mk 10." (A.a.O., 228f). Wenn man nicht annimmt, dass Lukas der erste Teil des Zebedaidengespräches gar nicht vorgelegen habe – was ich für sehr un-wahrscheinlich halte – ist aber darüber hinaus redaktionsgeschichtlich zu klären, warum sich Lk für die „ältere" Fassung entscheidet.

[220] Hoffmann (Herrscher, 259) spricht von einer „widersprüchliche[n] Verbindung".

[221] Schulz, Q, 332; Broer, Ringen, 150.

[222] Theißen/ Merz, Jesus, 248.

Die Verknüpfung der VV 24–27 mit den VV 28–30 führt also zu zwei Aussagen:
1) Wer jetzt am Tisch dient, wird einst an ihm sitzen.
2) Wer jetzt ausharrt, wird einst herrschen.
Die Differenz beider Vorstellungen hinsichtlich des implizierten Macht- und Statusgefälles wird nicht ausgeglichen. Überein kommen beide Aussagen darin, dass Einsatz in der Gegenwart in der βασιλεία belohnt wird. Insofern schließen sich bei Lukas – anders als bei Markus und Matthäus – die Inthronisationszusage und die Aufforderung zu dienen nicht aus. Bezeichnenderweise wird die herrschaftskritische Tradition der Inthronisationszusage nicht korrigierend nachgeordnet (wie bei Matthäus), sondern vorgeschaltet. Eschatologische Macht und gegenwärtiger Dienst stehen so nicht in einem exklusiven Verhältnis, sondern ergänzen sich: Dienst wird mit Macht belohnt. Diese Verhältnisbestimmung aktualisiert das in Mk 10,38f. angedeutete (und dort abgelehnte) Konzept, nach dem dem Märtyrer eschatologische Herrschaft zusteht.[223]

Lk 22,24-30 im heilsgeschichtlichen Kontext des lukanischen Doppelwerkes
Anders als die übrigen Synoptikern berichtet Lukas in einer eigenen Schrift darüber, wie es nach Tod und Auferstehung Jesu mit der christlichen Gemeinde weitergegangen ist. Die Apostelgeschichte zeichnet bekanntlich den Weg von Jerusalem nach Rom; von Petrus, den zwölf Aposteln und der Jerusalemer Urgemeinde zu Paulus, der auf seinen Reisen neue Gemeinden außerhalb Israels gründet. Mit anderen Worten: Die Apostelgeschichte berichtet darüber, wie sich die Israel-zentrierte βασιλεία-Konzeption öffnet.

---

[223] Anzumerken ist noch, dass die Eintragung der Märtyrerthematik in Verbindung mit der Tradition der Kritik an weltlichen Herrschern bei Lukas nicht zu einer scharfen Verurteilung des römischen Staates führt (wie etwa in der Offb; s.u. unter 3.4.). Im Gegenteil: Lk 22,25 weist gegenüber Mk 10,42 drei Abweichungen auf, die darauf zielen, die Kritik an den weltlichen Herrschern zu mildern (vgl. dazu ausführlich, Roesaeg, Jesus, 528–532):
    a) Die κατά-Präfixe mit ihrer pejorativen Bedeutung verschwinden (Wischmeyer, Herrschen, 29; vgl. Förster, Art. κυριεύω, 1097f).
    b) Lukas ersetzt das abwertende οἱ δοκοῦντες ἄρχειν τῶν ἐθνῶν durch das neutralere οἱ βασιλεῖς τῶν ἐθνῶν.
    c) Lukas ergänzt εὐεργέται καλοῦνται.
    Diese redaktionelle Veränderung des Tons dient dem generellen Anliegen des Lukas: „Er möchte die Wahrheit des Christentums beglaubigen und die Angst der Römer vor der christlichen Mission beschwichtigen. Lukas ist überzeugt davon, daß das Evangelium politisch ungefährlich ist, im Gegenteil: Die ethische Haltung der Christen kann für ihre heidnischen Mitbürger nur von Vorteil sein." (Bovon Lk, EKK, 23; zur Haltung des Lukas zum Römischen Staat vgl. auch Horn, Haltung). Das aber bedeutet für die folgende eschatologische Herrschaftszusage: Wenn Lukas diese Zusage als Lohn für Märtyrer qualifiziert, möchte er damit den römischen Staat nicht als Feind hinstellen. Ihm geht es nicht in erster Linie um die Situation der Verfolgung (vgl. Mk), sondern um die heilsgeschichtliche Konzeption.

Die eschatologische Herrschaftszusage über Israel ergeht – auch nach lukanischer Konzeption – zur Zeit Jesu.[224] Welchen Platz weist Lukas ihr im Rahmen seines Gesamtwerkes zu? An dieser Stelle ist zunächst zu klären, wer nach Lukas *Anteil* an der βασιλεία hat. Hier ergibt sich ein doppelter Befund[225]: Zum einen verbleibt der lukanische Jesus „innerhalb der Grenzen des Judenlandes"[226]. Das heißt: Das Wirken Jesu gilt Israel. Nach dem Tod Jesu hört Israel zwar auf, ausschließliches Gottesvolk zu sein, es behält aber das Privileg, als erstes Volk die nachösterliche Botschaft zu hören (vgl. Apg 1,8; 3,26; 13,46).[227] Zum anderen lässt Lukas bereits zu Beginn seines Evangeliums keinen Zweifel darüber aufkommen, dass ein Großteil Israels die rettende Botschaft Christi ablehnen wird (Lk 2,34). Israel spaltet sich in die Vielen, die Christus ablehnen und die Wenigen, die ihm nachfolgen.

Die βασιλεία, die nach alttestamentlich-jüdischer Vorstellung ganz Israel zukommt (vgl. z.B. Dan 7,18.27; 4Q 246)[228], verknüpft der Evangelist zunächst mit den Jüngern.[229] Neben Lk 12,32 und 22,29 (beide Belege ohne synoptische Parallele) zeigt sich dieser Zusammenhang deutlich in 9,27. Der Vers hat seine Parallele in Mk 9,1. „... durch seine Streichung der Worte ‚gekommen in Macht' und die Einfügung des abgrenzenden δέ zu Beginn des Verses gestaltet er jedoch die Aussage über die Nähe der Basileia in eine Qualifikation derjenigen um, die sich anders als die in V. 26 Genannten zu Jesus und seinen Worten bekennen, d.h. des Kreises der Jünger."[230] In 9,60.62; 18,29 verknüpft Lukas – wiederum ohne synoptische Parallelen – die Gottesherrschaft mit der Nachfolgethematik, die wiederum auf die Jünger verweist.[231] Insofern ist bei Lukas eine Engführung von Basileia-Erwartung und Christusverkündigung zu verzeichnen. Aber gerade die Zusage aus Lk 22,30 zeigt, dass die Thematik damit für Lukas noch nicht erledigt ist. „Gerade weil Lukas an der Erfüllung der alttestamentlichen Basileia-Verheißung in Jesus gelegen war, konnte er die Geschichte Israels nicht ausklammern. Er musste vielmehr deutlich machen, dass und wie jene Verheißung auch für Israel – gerade angesichts der Ablehnung der Jesusverkündigung in Israel – ihre Gültigkeit behält."[232]

---

[224] Conzelmann hat die Zeit Jesu bekanntlich als „die Mitte der Zeit" bezeichnet (vgl. sein gleichnamiges Buch). Bovon hingegen erkennt nur zwei Zeiten an: die Zeit der Verheißung und die Zeit der Erfüllung (Lk, EKK, 26), wobei er sich insofern Conzelmann wieder annähert, als er die Zeit der Erfüllung in die Zeit Jesu und die Zeit der Zeugen untergliedert. Wie dem auch sei, die Verheißung aus Lk 22,28–30 fällt in die Zeit Jesu.

[225] „Das ganze dem Volk Israel zugewandte Wirken Jesu steht in einer spürbaren Spannung." (Gnilka, Theologie, 201).

[226] Gnilka, Theologie, 200.

[227] Auch im missionarischen Wirken des Paulus bleibt dieses Privileg gewahrt: Der Apostel geht zuerst in die Synagogen.

[228] Vgl. Wolter, Reich, 558.

[229] „Lukas stellt eine ganz enge Beziehung zwischen der Basileia und dem Jüngerkreis her." (A.a.O., 543).

[230] A.a.O., 542 im Anschluss an Bovon, Lk, EKK, 486.

[231] Wolter, Reich, 543.

[232] Hoffmann, Herrscher, 262 Anm. 29.

Angesichts dieser Spaltung Israels muss die eschatologische Zusage aus Lk 22,30 überraschen; und zwar nicht so sehr deswegen, weil sie den Aposteln die Herrschaft in Aussicht stellt, sondern weil sie die heilvolle Rekonstitution Israels voraussetzt. Denn unter „Israel" ist hier nicht die christliche Kirche zu verstehen, sondern der Begriff meint die Gesamtheit des jüdischen Volkes.[233] Dass es sich bei der vorausgesetzten Restitution Israels nicht etwa nur um einen Traditionssplitter handelt, den Lukas übernimmt, ohne ihn in seine Eschatologie zu integrieren, zeigt die Jakobusrede in Apg 15,13b–21. Das neue Gottesvolk wird in 15,14 ἐξ ἐθνῶν λαός genannt: „Der ehrwürdige Begriff λαός, der im griechischen Alten Testament schon das Gottesvolk (Israel) bezeichnet, soll jetzt also neu bestimmt werden durch alle Völker."[234] In direktem Anschluss spricht Jakobus (unter Rückgriff auf Am 9,11f) von der Wiederaufrichtung der Hütte Davids, in die die Heiden eingeschlossen sind (Apg 15,16f). Das heißt: Die Wiederaufrichtung der Hütte Davids wird der „Gewinnung der Völker" nachgeordnet (Apg 15,14). „Zusammen mit dem Volk Gottes aus den Völkern wird dann auch Israel als Volk Gottes rehabilitiert sein."[235] Während also nach alttestamentlich-jüdischer Vorstellung in erster Linie die Juden und in zweiter Linie – vielleicht – die Heiden der βασιλεία teilhaftig werden, ist die Reihenfolge umgekehrt: Zuerst das Volk Gottes aus den Völkern, dann Israel. „Gott hat *zuerst* gnädig darauf gesehen (πρῶτον ὁ θεὸς ἐπεσκέψατο), aus den Völkern ein Volk seinem Namen zu gewinnen." Während Israel also das Privileg genießt, als erstes Volk von der Botschaft Jesu und seiner Zeugen zu hören, wird es als letztes wieder aufgerichtet. Grund dafür ist die vielfältige Ablehnung der Botschaft. Die ehemals Israel-zentrierte βασιλεία-Konzeption wird also umgedeutet und geöffnet, ohne dass Israel ganz aus dem Heil herausfällt.[236] Die eschatologische Rekonstitution Israels, die Lk 22,30 voraussetzt, liegt also im Rahmen der lukanischen Konzeption.[237]

---

[233] Wolter, Reich, 563 Anm. 89.

[234] Gnilka, Theologie, 202.

[235] Hoffmann, Herrscher, 261f. Gegen Haenchen (Apg, KEK, 431), der die „Wiederaufrichtung" auf die Auferstehung Jesu deutet; gegen Weiser (Apg, ÖTK, 382), der hier „die durch die apostolische Verkündigung erneut begonnene Sammlung Israels" sieht; und gegen Radl (Rettung, 53–57), der hier die Gemeinde erkennt, die Juden- und Heidenchristen vereint.

[236] „Lukas scheint sehr genau zwischen den jüdischen ‚Feinden Jesu', die das göttliche Strafgericht trifft, und Israel als Volk Gottes, dem die den Vätern gegebenen Verheißungen unwiderruflich gelten, zu differenzieren." (Hoffmann, Herrscher, 261, dem diese Differenzierung in der Diskussion um den lukanischen Antijudaismus zu wenig beachtet wird; vgl. den Forschungsbericht bei Rese, Juden, 61–80).

[237] Jervell vertritt die These, dass die Rekonstitution Israels in Apg 15 zum Abschluss kommt und dass die zwölf Apostel deshalb fortan aus dem Blickfeld treten (Twelve, 92f). Lk 22,30 wäre dann nicht eschatologisch zu verstehen. Diese These ist jedoch m.E. nicht überzeugend. Denn Lk 22,30 koppelt die Zusage der Herrschaft mit der Zusage, dass diejenigen, die ausgeharrt haben, mit

Von der Frage, wer Anteil an der βασιλεία haben wird, ist die Frage zu unterscheiden, wem in der βασιλεία die aktive Herrschaft zukommt. Beide – sowohl die Nachfolger Jesu als auch Israel – dürfen auf die *Teilhabe* an der βασιλεία hoffen. Die *aktive Herrschaft* wird allerdings nach Lk 22,30 nur den Jüngern, die ausgeharrt haben, zukommen. Allerdings taucht die Frage, wer herrschen wird, zu Beginn der Apostelgeschichte nochmals auf. In Apg 1,6 wird Jesus gefragt: κύριε, εἰ ἐν τῷ χρόνῳ τούτῳ ἀποκαθιστάνεις τὴν βασιλείαν τῷ Ἰσραήλ; Unklar bleibt, wem der Evangelist die Frage in den Mund legt: οἱ συνελθόντες kann entweder die zwölf Apostel oder einen weiteren Jüngerkreis meinen.[238] Vielleicht lässt Lukas diese Alternative bewusst in der Schwebe, denn er verbindet ja die βασιλεία eng mit dem Jüngerkreis und hat denjenigen von ihnen, die ausharren, in Lk 22,29f soeben die eschatologische Herrschaft zugesprochen. Wie dem auch sei, offensichtlich greift Lukas mit der Frage auf alttestamentlich-jüdische Tradition zurück. Der Schluss „für Israel" zeigt, dass hier nochmals eine betont Israel-zentrierte βασιλεία-Konzeption anklingt. Dabei geht es nicht nur darum, dass Israel am Heil teilhaben wird, sondern auch darum, dass es die anderen Völker beherrschen wird.

„Insofern die Wendung ἀποκαθίστημί τινι τὴν βασιλείαν stets die Wiedereinsetzung in eine Herrschaftsstellung kennzeichnet [vgl. Jes 23,17; 1Makk 15,3; 2 Makk 11,25; Dan 4,36 (33) LXX], läßt Lukas die Jünger hier vielmehr an jenes semantische Merkmal anknüpfen, das für die frühjüdische Basileia-Erwartung von zentraler Bedeutung ist: daß nämlich Israel Teilhaber der universalen eschatologischen Herrschaft seines Gottes ist. Es geht hier also um die Erwartung einer eschatologischen Installation Israels in eine Herrschaftsposition von universalen Dimensionen, die es gemäß jüdischer Basileia-Hoffnung von seinem Gott übereignet bekommt, wenn dieser seine Herrschaft durchsetzen wird."[239]

Jesus am Tisch sitzen werden. Diese zweite Zusage wird in der Apg mit Sicherheit nicht eingelöst, sondern ist eschatologisch zu verstehen. Dasselbe muss dann m.E. auch für die Herrschaftszusage angenommen werden. Außerdem spricht der traditionsgeschichtliche Hintergrund eindeutig für die eschatologische Qualität der Verheißung. Ravens (Luke, 95) führt als weiteres Argument an: „the fact that the martyred James was not replaced can only mean that his position as one of the judges is preserved in heaven. This point alone argues forcibly against Jervell's opinion that judgment has been passed on Israel by the end of Acts." Hoffmann (Herrscher, 260) stellt sehr entschieden fest: „Dass hier nicht auf eine kirchliche, in der Apostelgeschichte dargestellte Situation, sondern auf ein endzeitliches Geschehen vorausgeschaut wird, ist deutlich (vgl. auch Apg 1,6f.)."

[238] „Der Kreis der Fragesteller bleibt mit den ... ‚Zusammengekommenen' unbestimmt ... . Doch bleiben die Apostel (vgl. 12–13) die Hauptadressaten des letzten Jesuswortes (7–8), zumal die Frage durch die ihnen gegebene Verheißung des Geistempfangs nach wenigen Tagen (5) motiviert ist." (Pesch, Apg, EKK, 68). Zmijewski (Apg, RNT, 56) ist ebenfalls der Meinung, dass der Umfang des fragenden Personenkreises unbestimmt sei.

[239] Wolter, Reich, 548. Die Beschränkung der Bedeutung auf die Rekonstitution Israels (ohne aktive Herrschaft) greift hier zu kurz (gegen Ravens, Luke, 93).

Die Frage nach der Herrschaft Israels ist im Kontext des Lukasevangeliums und der Apostelgeschichte erstaunlich. Denn von einer *aktiven Herrschaft* Israels war bisher überhaupt noch nicht die Rede. Im Gefolge von Lk 22,29f müsste es eigentlich heißen: „Herr, wann wirst du *für uns* das Reich aufrichten?" Denn die Apostel sind doch nach Lk 22,30 diejenigen, denen eschatologische Herrschaft zukommt.

Beantwortet man die Frage aus Apg 1,6 mit Lk 22,30, so müsste daher die Antwort lauten: Nicht Israel wird einst über die Völker herrschen, sondern die Apostel werden über Israel herrschen. So würde im nachhinein deutlich, dass die Jünger/ Apostel in den Status eingerückt sind, der traditionell Israel zukam[240] – ohne dies jedoch selber voll realisiert zu haben. Dabei fällt Israel keineswegs völlig aus dem Heil heraus. Es wird als heilvoll rekonstituiertes – wenn auch nicht herrschendes – Gottesvolk am Heil teilhaben. Wahrscheinlich wäre so zu betonen: Keine *Geringeren* als die Apostel werden über Israel heilvoll herrschen (Lk 22,29f).

So jedenfalls wäre die Frage aus Apg 1,6 von Lk 22,30 her zu beantworten. Die eschatologische Zusage an die Apostel wird aber in Apg 1,7 nicht aufgenommen. Anscheinend ist dem Evangelisten an dieser Stelle etwas anderes wichtiger. Die Antwort Jesu in Apg 1,7f bricht die Israel-zentrierte βασιλεία-Konzeption, die in der Frage zum Ausdruck kommt, auf: zu Jerusalem treten ganz Judäa, Samarien, das Ende der Welt.[241] Jerusalem ist nicht mehr Zentrum des Heils, sondern dessen Ausgangspunkt.[242] Interessant ist außerdem, dass nicht etwa die Herrschaft der Apostel gegen die Herrschaft Israels ausgespielt wird. Vielmehr heißt es: „Ihr werdet meine Zeugen sein ..." Damit wird der Blick von der Eschatologie auf das Hier und Jetzt der Missionstätigkeit gelenkt.

Es bleibt allerdings zu klären, warum Lukas an dieser Stelle nicht die eschatologische Zusage aus Lk 22,30 wiederholt. Offensichtlich geht es ihm gerade *nicht* darum, die alttestamentlich-jüdische Herrschaftserwartung für Israel gegen die jesuanische Herrschaftserwartung für die Zwölf auszuspielen.[243] Vielmehr ist der gegenüber Lk 22,30 veränderte Kontext zu beachten: Jesus steht unmittelbar vor seiner Himmelfahrt (Apg 1,9–11). Die βασιλεία, die im Auftreten des Irdischen geschichtlich präsent war, wird damit zu einer himmlischen Größe.[244] In dieser Situation, in der Himmli-

---

[240] Wolter, Reich, 558.

[241] Der Ausdruck ἕως ἐσχάτου τῆς γῆς zielt nicht auf das Erreichen Roms ab, sondern meint die äußerste Grenze der Welt (van Unnik, Ausdruck, 400; so auch Ravens, Luke, 95f, der mit Blick auf die Formulierung ἕως ἐσχάτου τῆς γῆς zum Vergleich Jes 8,9; 45,22; 48,20; 62,11f anführt).

[242] Wolter, Reich, 558.

[243] Gegen Wolter, ebd.

[244] A.a.O., 561.

sches und Irdisches auseinander treten, lenkt der Evangelist den Blick der Apostel (und der Jünger) auf die Erde.[245] Angesichts der nun beginnenden Zeit ohne den Irdischen sollen sie sich nicht in der Erwartung himmlischer Herrschaft verlieren.[246] Denn in der irdischen Gegenwart geht es nicht um eschatologische, himmlische Herrschaft, sondern um den Dienst der Mission (vgl. Lk 22,26f.). Bevor die Apostel zu eschatologischen Herrschern werden, sollen sie Zeugen sein. Apg 1,11 liefert dann aber auch den eschatologischen Ausblick: Jesus wird wiederkommen. Wahrscheinlich liegt hier die Antwort auf die Frage aus 1,6.[247] „His [gemeint ist der Messias] coming will be the times for establishing (χρόνων ἀποκαταστάσεως) all that has been foretold by the prophets (3.21), a phrase that suggests that it is the answer to the people's question about the time of Israel's restoration."[248]

Für Lukas heißt es also nicht: Dienen statt Herrschen, sondern: Erst (als Zeugen in der Mission) dienen, dann herrschen. Die Zusage aus Lk 22,30 wird nicht durch die herrschaftskritische Tradition korrigiert, sondern um sie erweitert. Damit beschreitet Lukas gegenüber Markus und Matthäus einen eigenen Weg. Herrschaft ist der eschatologische Lohn für diejenigen, die (als Zeugen) ausgeharrt haben.

Exkurs 6: Das Gleichnis vom anvertrauten Geld
(Mt 25,14–30/ Lk 19,11–27)

Das Gleichnis vom anvertrauten Geld kontrastiert zwei „gute" Knechte, die von ihrem Herrn entsprechend belohnt werden (Mt 25,21.23; Lk 11,17.19), mit einem „schlechten" Knecht, dem das ihm anvertraute Geld abgenommen men (Mt 25,28; Lk 19,24) und der – nach Matthäus – in die Finsternis geworfen wird (Mt 25,30). Für unseren Zusammenhang ist folgende Frage

---

[245] Vielleicht formuliert Lukas die Frage nach eschatologischer Herrschaft in Apg 1,6 deshalb in Anlehnung an die alttestamentlich-jüdische Tradition, weil diese Erwartung „irdisch" geprägt ist.

[246] „Im ersten Kapitel der Apostelgeschichte wird berichtet, daß die Jünger dem in einer Wolke emporgehobenen Jesus nachblicken. Dieses andächtige Bild wird von zwei Engeln gestört, die die Jünger anreden: ‚Was steht ihr da und starrt gen Himmel?' (1,11). Abrupt werden die Phantasien über die himmlische Welt und ihre Thronsäle abgeschnitten und der Blick auf die Realität der Welt zurückgelenkt: Hier und nicht in apokalyptischer Spekulation gewinnen die Jünger ihre Zukunft, indem sie die Aufgabe lösen, die ihnen in der Nachfolge Jesu gestellt sind." (Wehnert, Teilhabe, 96).

[247] Vgl. dazu Wainwright, Luke, 76–78.

[248] Ravens, Luke, 120.

von Bedeutung: Wird den „guten Knechten" eschatologische Machtausübung in Aussicht gestellt?

Vor einer genaueren Betrachtung dieser Frage ist dreierlei in negativer
Hinsicht festzuhalten:

1) Die (mögliche) Herrschaftsverleihung bildet *nicht* die Pointe des
Gleichnisses. Sie liegt vielmehr auf der Zurechtweisung des dritten
Knechtes.[249] Hier liegt ein deutlicher Unterschied zu Mk 12,1–9, wo das
ursprüngliche Gleichnis (vielleicht) in der Herrschaftsverleihung gipfel-
te.[250]

2) Es geht in dem Gleichnis *nicht* um die Zwölf. Matthäus spricht von drei
Knechten, Lukas von zehn (thematisiert dann aber ebenfalls nur drei).
Die Zahl Zehn zeigt: Im Blick sind *nicht* die Zwölf.[251]

3) Die (mögliche) eschatologische Machtausübung wird *nicht* durch Leiden (vgl. Mk 10,38f; Lk 22,28–30; Offb 3,21; 5,10; 20,4–6; 22,5; 2Tim
2,12a) legitimiert, auch nicht „nur" durch eine Zusage (Mt 19,28*), sondern durch den rechten Umgang mit dem anvertrauten Gut.

Die matthäische Fassung des Gleichnisses weicht von der lukanischen be-
trächtlich ab. Welcher Lohn erwartet die guten Knechte bei Matthäus? Es
heißt dort: ἐπὶ πολλῶν σε καταστήσω· εἴσελθε εἰς τὴν χαρὰν τοῦ
κυρίου σου (25,21.23). Der letzte Satz geht auf matthäische Redaktion zurück. Er legt die Belohnung der guten Knechte eschatologisch aus, allerdings nicht im Sinne von Mitherrschaft, sondern im Sinne der Teilhabe an
eschatologischen Freuden.[252] Zumindest Matthäus versteht die Belohnung
also nicht als eschatologische Machtausübung. Das entspricht seiner eschatologischen Herrschaftskonzeption.[253] Direkt anschließend tritt Christus *allein* als Weltrichter auf (25,31ff).[254] Die Herrschaftszusage an die Zwölf aus
19,28 biegt Matthäus – wie gezeigt – um in die Aufforderung zu dienen.

---

[249] „Zusammen mit dem harten Schluß des Gleichnisses in V. 28–30 macht die besondere Aus-
führlichkeit, mit der die Handeln und Schicksal des bösen Knechts geschildert werden, diese Handlung zu einer tragischen, denn die vom bösen Knecht abzuleitende Lektion ist in dieser Erzählung
die dominierende." (Blomberg, Gleichnisse, 187). Ähnlich schon Jülicher, Gleichnisreden II, 476f;
Dodd, Parables, 150; Jeremias, Gleichnisse, 58 und Schulz, Q, 295.

[250] S.o. unter Exkurs 5.

[251] „The number *ten* ... is significant because it shows that the disciples are not meant." (Bock,
Luke, BECNT, 1533; Hervorhebung im Original).

[252] Fitzmyer, Lk, AncB, 1236. Umgekehrt gilt damit für den dritten Knecht: „the third servant
is cast into outer darkness (Matt. 25:30), which refers to total exclusion from kingdom participation ..." (Bock, Luke, BECNT, 1537).

[253] S.o. unter 3.3.2.

[254] Bultmann (Geschichte, 190) weist auf die enge Verbindung von Mt 25,14–30 einerseits und
25,31ff andererseits hin, wenn er interpretiert, bei der Verteilung von Lohn und Strafe in 21.23.30
werde „der Herr der Parabel zum Weltrichter Christus".

Durch den Zusatz in 25,21.23 macht er deutlich, dass er den Lohn eschatologisch verstanden wissen will, aber nicht im Sinne der Herrschaft.

Bei Lukas verspricht der König dem ersten Knecht (19,17): ἴσϑι ἐξουσίαν ἔχων ἐπάνω δέκα πόλεων, und dem zweiten (19,19): σὺ ἐπάνω γίνου πέντε πόλεων. Sollte damit eschatologische Machtausübung gemeint sein, so läge hier der besondere Fall vor, dass diese Machtausübung quantifiziert wird: Der erste Knecht erhält ein größeres Herrschaftsgebiet als der zweite. Diese Beobachtung darf aber wohl nicht überbewertet werden: Denn dem Gleichnis geht es um die Kontrastierung nicht des ersten mit dem zweiten, sondern der beiden ersten mit dem letzten Knecht.[255] Ob Lukas bei der Belohnung auf eschatologische Herrschaft abhebt[256], erscheint mir aus zwei Gründen fraglich:

1) „The reward to those who have handled their charge well does not consist in some future overseeing of possessions, but is present (ἴσϑι, γίνου), and consists in power (ἐξουσία) over cities within the King's realm (Lk. 19:17, 19). They play a present leadership role within the kingdom gained by the nobleman."[257] Insofern handelt es sich um ein „political reward"[258], um einen Lohn, der – anders als bei Matthäus –

---

[255] Darauf weist die Formulierung ὁ πρῶτος, ὁ δεύτερος, ὁ ἕτερος. Vgl. Bock, Luke, BECNT, 1537. Insofern hat Schmithals (Lk, ZBK, 186) mit seiner Interpretation durchaus recht: „Die eschatologische Heilsgabe ist nicht quantifizierbar; man bekommt sie oder man verfällt dem Gericht."

[256] So Bock, Luke, BECNT, 1536: „The servant gets a prominent administrative role in the kingdom, an eschatological image that Luke uses directly elsewhere (Luke 12:32; 22:30)." Ich stimme Bock insofern zu, als Lk 12,32; 22,30 von eschatologischer Macht sprechen, so dass eine entsprechende Machtzusage in Lk 19,17.19 in die lukanische Konzeption passen würde (so auch Hoffmann, Herrscher, 260). Zu bedenken ist aber, dass 12,32 und 22,30 die Jünger im Blick haben, 19,17.19 nicht. Hinzu kommt die formgeschichtliche Besonderheit von 19,11ff: Es handelt sich um ein Gleichnis. Vorsichtig urteilt Ernst, Lk, RNT, 393: „Sollte auf die Teilnahme an der Herrschaft Christi angespielt werden, dann nur im streng eschatologischen Sinne; ein kirchenpolitisches Verständnis würde den Symbolcharakter der Verheißung total verkennen." Schweizer (Lk, NTD, 196) deutet Lk 19,17.19 dahingehend, „daß die endgültige Herrlichkeit Teilnahme an Gottes Wirken ist" und führt Lk 22,30; 1Kor 6,2 an. Letzteren Beleg halte ich – selbst wenn Lk 19,17.19 im Sinne eschatologischer Machtausübung auszulegen sein sollte – für einen recht entfernten Beleg: Paulus spricht hier bedingungslos richterliche Macht zu und leitet eine Aufforderung daraus ab (s.u. unter 4.2.1.1.).

[257] Johnson, Kingship, 144.

[258] Ebd. Fitzmyer (Lk, AncB, 1236) spricht von einem „secular reward". Der weiteren Schlussfolgerung Johnsons (Kingship, 152), nach der Lukas hier – wie in 22,28–30 – die Herrschaft der Zwölf in der Jerusalemer Urgemeinde meine, kann ich nicht zustimmen. Denn erstens bin ich der Meinung, dass Lukas in 22,28–30 eschatologische Herrschaft im Blick hat (s.o. unter 3.3.3.), zweitens lassen sich 19,17.19; 22,28–30 nicht harmonisieren (leidende Zwölf/ dienende drei Knechte) und drittens spricht der symbolische Charakter der Verheißung in 19,17.19 gegen ein ekklesiologisches Verständnis (mit Ernst, Lk, RNT, 393).

„streng im Bereich der ‚profanen‘ Wirklichkeit"[259] verbleibt und m.E. nicht eschatologisch zu verstehen ist.

2) Die Belohnung in Form von Macht über Städte ist wohl das Ergebnis eines redaktionellen Verarbeitungsprozesses, dem es nicht auf die Aussicht auf (eschatologische) Machtausübung ankam, sondern auf die Verbindung der ursprünglichen Parabel mit der Thronanwärterthematik.

Die quellenkritische Beurteilung des Gleichnisses fällt unterschiedlich aus:
Vorwiegend in der älteren Forschung wurde öfters die Meinung vertreten, bei der mt und der lk Fassung handele es sich um zwei unterschiedliche Gleichnisse, die Jesus zu unterschiedlichen Zeitpunkten erzählt habe.[260] Eine andere Position führt die eine Fassung auf das matthäische, die andere auf das lukanische Sondergut zurück.[261] Beide Thesen können aber die bei aller Verschiedenheit[262] doch weit reichenden Parallelen nicht erklären.[263]

In der neueren Forschung wird das Gleichnis meist auf Q zurückgeführt.[264] Damit stellt sich die Frage, welcher Evangelist die Q-Fassung treuer bewahrt hat. Wäre dies Lukas, müsste man annehmen, dass Matthäus die Parabel drastisch gekürzt hat. „Yet it is difficult to admit that Matthew would have so drastically reduced the parable if the Lucan form (vv. 12–27) stood in ‚Q‘ – especially since it would have suited his own context so well, viz. that of the eschatological discourse. It is difficult to explain what such a Matthean reduction would have served."[265] Plausibler scheint mir daher die Annahme, dass die mt Fassung derjenigen aus Q näher steht und Lukas diese Fassung um die Verse 12,14,24a und 27 ergänzt hat. Die Frage, ob diese Verse einer (ursprünglich selbständigen[266] oder unselbständigen[267]) Erzählung entstammen oder von Lukas selbst formuliert wurden[268], ist für unseren Zusammenhang unerheblich.[269] Entscheidend hingegen ist die

---

[259] Ernst, Lk, RNT, 393.

[260] Z.B. Plummer, Lk, ICC, 437; Zahn; Lk, KNT, 628f Anm. 23; auch noch Blomberg, Interpreting, 217–220 und Bock, Luke, BECNT, 1528f: „Texts like this one show the difficulty of holding to Q as a single document – if it exists at all – ... it is hard to accept that either Matthew or Luke so radically altered the same account. More likely, this parable circulated in different versions and was told in different ways on different occasions."

[261] Z.B. Schneider, Lk, ÖTK, 379; Manson, Sayings, 313; Weiser (Knechtsgleichnisse) bietet auf den Seiten 227–229 eine Übersicht über die literarkritischen Thesen, auf den Seiten 229–258 eine eingehende quellenkritische Analyse.

[262] Eine Zusammenstellung der wichtigsten Abweichungen bietet Bock, Lk, BECNT, 1527.

[263] Eine Zusammenstellung der Parallelen bietet Fitzmyer, Lk, AncB, 1230.

[264] Schulz, Q, 288–298; Schmithals, Lk, ZBK, 186; Fitzmyer, Lk, AncB, 1230f; Ernst, Lk, RNT, 392: „Q-Vorlage oder SLk"; Bultmann, Geschichte, 190.

[265] Fitzmyer, Lk, AncB, 1230.

[266] Resenhöft, Gleichnis, 327–331 (Resenhöft rekonstruiert des ursprüngliche „Gleichnis vom Thronbewerber" unter Hinzuziehung von Mt 22,6f). Von einem selbständigen Gleichnis sprechen schon Harnack, Sprüche, 84f; Jeremias, Gleichnisse, 56.

[267] Bultmann, Geschichte, 190: „kaum ein ursprüngliches Gleichnis, sondern eine ganz sekundäre Allegorie". So schon Jülicher, Gleichnisreden II, 485; ferner Klostermann, Lk, HNT, 186; Dodd, Parables, 146.

[268] Lührmann, Redaktion, 70f: Lukas habe die Q-Fassung „nach der Erinnerung an den Zug des Archelaos nach Rom" ausgestaltet, „doch ohne daß man deshalb eine zweite ursprünglich selb-

Feststellung, dass „die Belohnung der treuen Sklaven bei Lk in Vv 17b.19b in der Form ihrer Einsetzung über Städte ... nicht zur ursprünglichen Parabel [passt], die wie bei Mt nur die Verwaltung größerer Gelder als Belohnung genannt haben kann (vgl. Lk 24!), wohl aber zum König des Einschubs"[270].

In Q wurde den guten Knechten wohl in Aussicht gestellt, dass sie „über vieles gesetzt würden" (vgl. Mt 25,21.23).[271] Vielleicht hat Q diese Formulierung tatsächlich im Sinne eschatologischer Machtausübung verstanden und zwei Texte, die von eschatologischer Herrschaft handeln, an den Schluss gestellt: Mt 25,14–30/ Lk 19,11–27 und Mt 19,28/ Lk 22,28–30. Während der erste Text die Herrschaftsverheißung nur als Folie für die Zurechtweisung des dritten Knechts einsetzt, liegt auf ihr im nachfolgenden Logion die Pointe. Zwingend – und damit für die Tradierung vor Q vorauszusetzen – ist das Verständnis von ἐπὶ πολλῶν σε καταστήσω im Sinne eschatologischer Machtausübung m.E. nicht (vgl. Mt 24,45.47Q!).

Exkurs 7: Das Johannesevangelium und die drei Johannesbriefe

Das Johannesevangelium vertritt bekanntlich eine stark präsentisch akzentuierte Eschatologie (3,19; 5,24f; 11,25f).[272] Nach dieser Konzeption übt der Paraklet in der Gemeinde die eschatologische Macht aus. Diese eschatologische Macht steht der jesuanischen in nichts nach. Denn der Paraklet „wird die Welt überführen (und aufdecken), was Sünde, Gerechtigkeit und Gericht ist" (Joh 16,8). In Joh 5,20 kann es sogar heißen, dass der Vater dem Sohn „noch größere Werke zeigen wird" – gemeint ist wohl der Paraklet.[273] Die Frage nach eschatologischer Mitherrschaft wird also im Johannesevangelium zur Frage nach der „ekklesiologischen Umsetzung" der

ständige ‚Parabel vom Thronwärter' postulieren muß". Fitzmyer votiert ebenfalls für eine Formulierung durch Lukas: „In favor of the latter solution, viz. Lucan redaction, is the obvious allegorizing feature which these verses give to the parable." (Lk, AncB, 1231).

[269] „Der geschichtliche Hintergrund ist eine politische Affäre um den Herodessohn Archelaos, der nach dem Tod seines Vaters Ethnarch von Judäa, Samaria und Idumäa wurde, dann aber wegen interner Zwistigkeiten während seines Rombesuchs seine Ämter und damit auch den ihm in Aussicht gestellten Königstitel verloren hatte (Flavius Josephus, Jüd. Krieg II 2,4ff)." (Ernst, Lk, RNT, 392; vgl. Kremer, Lk, NEB, 184; Schmithals, Lk, ZBK, 187f).

[270] Schulz, Q, 291; Marshall, Lk, NIGTC, 708.

[271] „ἐπὶ πολλῶν σε καταστήσω Mt Vv 21 und 23, kann ... als ursprünglich gelten." (Schulz, Q, 291).

[272] Das gilt unabhängig davon, ob literarkritische Operationen vorgenommen werden oder nicht (vgl. Thyen, Art. Johannesevangelium, 218).

[273] Die Diskussion über den Parakleten ist breit und kann hier nicht aufgerollt werden. Vgl. z.B. Porsch, Pneuma; Harvey, Jesus; Woll, Departure; Becker, Joh, ÖTK, 470ff; Thyen, Art. Johannesevangelium, 217f; Betz, Paraklet; Bornkamm, Paraklet; Windisch, Parakletensprüche.

Parakletenkonzeption.[274] Denn wer immer die Macht des Parakleten ausübte, übte eschatologische Macht aus. Historisch gesehen kommt hier wahrscheinlich die Gestalt des Lieblingsjüngers ins Spiel.[275] Aus theologischer Perspektive ist aber die Beobachtung wichtig, dass das Johannesevangelium die Parakletenkonzeption (und die Gestalt des Lieblingsjüngers) nicht explizit ekklesiologisch umsetzt: Wir erfahren nichts darüber, wer in der Gemeinde und mit welcher Legitimation die eschatologische Macht ausüben soll. Denkbar ist auch, dass hier gar nicht an eine oder mehrere konkrete Personen gedacht war, sondern etwa an eine charismatische Geisteskraft, die sich mit unterschiedlichen Personen verbinden konnte. Die Frage bleibt im Dunkeln. Umso interessanter ist die Feststellung, dass der Evangelist als eschatologisches Heilsgut das ewige Leben verheißt. Die Herrschaftsmetaphorik tritt ganz zurück.[276]

Je näher man das johanneische Schrifttum an die Offb heranrückt, umso interessanter werden in diesem Zusammenhang die Belege, die davon wissen, dass Christus und die Glaubenden (!) die Welt überwunden haben (Joh 16,33; 1Joh 4,4; 5,4f). Taeger hat diese Belege in ihrem Verhältnis zu den Siegersprüchen der Offb untersucht, mit dem Ergebnis, dass „das Siegesdenken der Apk in seiner konkreten christologischen und ekklesiologischen

---

[274] Vgl. Klauck, Gemeinde ohne Amt?; Schnackenburg, Gemeinde.
Zu dieser Frage hat Woll 1981 einen interessanten Beitrag vorgelegt. Er geht aus von der Beobachtung, dass die Gestalt des Parakleten eigentlich die starke christologische Exklusivität störe: „Can anyone take the place of Jesus, the ‚only begotten Son'?" (Christianity, 1). Hinter dieser Frage steht für Woll ein Konflikt in der johanneischen Gemeinde: „... the occasion for the writing of the Gospel is a situation in which claims to direct, independent access to divine authority have, in the author's eyes, gotten out of control by becoming a threat to the primacy of the Son. To counter this threat the author draws on the tradition of his circle, which were profoundly charismatic. As I picture it, the author and those he is countering were very likely drawing on the same charismatic tradition of origin. What was viewed by the author as an illegitimate type of authority could be viewed as very consistent with the traditions of Jesus drawn on by the author." (A.a.O., 128). Der Verfasser sah sich also in einem Dilemma: Er verstand sich selbst als Prophet, dessen Botschaft vom Geist legitimiert war: Andererseits wollte er einer Gruppe entgegentreten, die ihr Wirken ebenfalls mit dem Geist legitimierte. In den Abschiedsreden entwickelte er daher „his own doctrine of a hierarchical succession." (ebd.).

[275] Vgl. Kragerud, Lieblingsjünger; Lorenzen, Lieblingsjünger; Roloff, Lieblingsjünger; Thyen, Entwicklungen.

[276] „Die Literatur des sog. Corpus Iohanneum nimmt in nahezu allen der hier [Thema: „Die Szenerie um den Thron Gottes"] behandelten Punkte eine Sonderstellung ein, die man geradezu als ‚Verweigerung' auffassen könnte, jedenfalls aber als konsequente Abwesenheit deuten muß ... . Besonders das JohEv betont sehr schroff das Jetzt und Hier im Unterschied zu jeglichem Dort und Dann." (Berger, Theologiegeschichte, 334).
Zumstein (Macht, 385) betont, dass das Johannesevangelium Macht paradox in Dienst uminterpretiere: „Sowohl im Bereich der Christologie wie auch der Ekklesiologie und der Ethik hat die wahre Macht keine andere Gestalt als den Dienst, das ewige Leben bietet sich an unter der Maske des Todes."

Prägung sachlich erheblich enger dem johanneischen verbunden"[277] ist. Nun wird das νικᾶν aus der Offb zweifellos mit eschatologischer Herrschaft belohnt (vgl. 3,21; 20,4–6; 22,5)[278], es führt also zur Herrschaft, meint selbst aber noch keine Herrschaft. In Joh 16,33 wird die Überwindung der Welt durch Christus dahingehend ausgewertet, dass die johanneischen Christen keine Angst haben sollen. In 1Joh 4,4 geht es um die Abwehr von Irrlehre, in 5,4f wird der Glaube als Sieg expliziert, der die Welt überwunden hat. Mithin hat derjenige die Welt überwunden, der glaubt, dass Jesus Gottes Sohn ist. Diese christologische Aussage wird anschließend wiederum gegen die Irrlehre abgegrenzt (1Joh 5,6ff). Das heißt: In der Überwindung der Welt schlägt sich der johanneische Dualismus nieder. Das Ziel liegt aber m.E. nicht in einer Herrschaft über die Welt, sondern in der Abgrenzung von der Welt. Die Distanz erlaubt es, die weltliche Angst und die Gefahr durch weltliche Irrlehrer zu überwinden.

3.3.4. Zusammenfassung und Weiterführung

Im Kontext des Markusevangeliums verschiebt sich die Funktion von Mk 10,35–45. Markus verstärkt durch die redaktionelle Einbettung zwei traditionelle Aspekte des Zebedaidengesprächs: zum einen die Hochschätzung des Leidens, zum anderen die Ablehnung eines eschatologischen Lohns in Form von Machtausübung. Gefordert ist vielmehr der Dienst an der Gemeinschaft. Diese Ablehnung eschatologischer Machtausübung ist wahrscheinlich vor dem zeitgeschichtlichen Hintergrund der Gemeinde zu lesen. Die markinischen Christen waren zwischen die Fronten von Juden und Heiden geraten. Angesichts dieser Situation will Markus seinen Adressaten einen praktikablen Leitfaden an die Hand geben: Das Martyrium soll nicht in der Hoffnung auf eschatologische Privilegierung *gesucht* werden. Damit gesteht er den Christen indirekt das Recht zu, sich bedeckt zu halten (vgl. Geheimnismotiv). Sie verwirken dadurch nicht einen Herrschafts-Lohn, der ihnen ansonsten sicher gewesen wäre.

Matthäus stellt das Jesuslogion und das Zebedaidengespräch in einem Abschnitt zusammen, in dem es um den Lohn der Nachfolge geht (19,16–20,34). Er deutet das heilvolle Gericht der Zwölf um in ein Gericht mit doppeltem Ausgang. Aber die breite Gerichtsschilderung in 25,31ff weiß

---

[277] Taeger, Gesiegt, 44. Taeger versucht in dieser und v.a. in der Untersuchung zum Motiv des Lebenswassers („Johannesapokalypse und johanneischer Kreis") die Offb als tritojohanneische Schrift zu erweisen.
[278] Zur Konzeption der Offb s.u. unter 3.4.

dann nichts von einer Mitwirkung der Zwölf. Hierin ist wohl keine Inkonsequenz seitens des Matthäus zu sehen, sondern bewusste Gestaltung: Das Thema der eschatologischen Mitherrschaft steht unter dem Vorzeichen des Verhältnisses von Wanderradikalen und sesshaften Christen. Wichtig wird die Frage, wem Autorität zukommt. Matthäus versucht hier, die Stellung des sesshaften Christen zu verbessern, ohne die Wanderradikalen zu verprellen. Der junge Mann scheitert am Besitzverzicht. Es bleibt offen, ob er trotzdem das ewige Leben erlangen wird oder nicht. Das heißt: Der Besitzverzicht wird als wichtige Forderung christlichen Lebens anerkannt. Die Frage des Petrus nach einem Sonderlohn für Wanderradikale wird zunächst positiv beantwortet: Sie werden richten. Hier legt sich die Vermutung nahe, dass die Wanderradikalen dieses Logion auf sich bezogen, dass es also im Milieu des Wanderradikalismus besonders gepflegt wurde. Indem Matthäus es an dieser Stelle aufnimmt, verschafft er sich Gehör bei den Wanderradikalen. Nun aber beginnt er mit der Relativierung, die sich in mehreren Schritten und zunehmender Schärfe vollzieht: In 19,29 wird den Wanderradikalen derselbe Lohn zugesagt wie dem jungen Mann. In 19,30 wird (nach matthäischem Verständnis) einer festen Rangfolge im Eschaton widersprochen. 20,1–16 macht deutlich: Alle erhalten denselben Lohn. Im Zebedaidengespräch wird die Forderung nach einem Sonderlohn explizit abgelehnt. Die Zwölf (also die Gruppe, denen in 19,28 die Verheißung einer eschatologischen Richterfunktion gilt), sollen dienen. In 25,31ff tritt Christus allein als Richter auf.

Anders als Markus und Matthäus steht die Frage eschatologischer Machtausübung bei Lukas nicht im Kontext der Bewältigung der aktuellen Gemeindesituation, sondern im Kontext seiner heilsgeschichtlichen Konzeption. Lukas stellt die Inthronisationszusage in die Abendmahlsszene und richtet sie an diejenigen, die „ausgeharrt haben". Eschatologische Herrschaft erscheint als Lohn für diejenigen, die – wie Jesus, der leidende Märtyrer – ausgeharrt haben. Die herrschaftskritische Tradition aus Mk 10,42–45 „korrigiert" nicht etwa die Herrschaftszusage (so Matthäus), sondern sie geht ihr voran. Heilsgeschichtlich vertritt Lukas folgende Konzeption: Angesichts der unmittelbar bevorstehenden Himmelfahrt Jesu (Apg 1,9) lenkt der Evangelist den Blick der Apostel (und der Jünger) auf die Erde. Denn die βασιλεία, die im Auftreten des Irdischen geschichtlich präsent war, wird nun zu einer rein himmlischen Größe. In der irdischen Gegenwart geht es nicht um eschatologische, himmlische Herrschaft, sondern um den Dienst der Mission (vgl. Lk 22,26f). In der eschatologischen Zukunft werden die Jünger über Israel herrschen (Lk 22,30), und zwar dann, wenn die „verfallene Hütte Davids" wieder aufgerichtet sein wird (Apg 15,16; vgl. Am 9,11f). Das heißt: Israel fällt nicht aus dem Heil heraus; allerdings kehrt sich gegenüber der alttestamentlich-jüdischen Tradition die Reihenfolge um: Galt dort: zuerst die Juden, dann (vielleicht) die Heiden, so gilt bei Lukas: zuerst die Heiden (Apg 15,14), dann Israel (15,16).

Matthäus zeigt, dass nicht nur Märtyrer, sondern auch Wanderpropheten die eschatologische Herrschaftsverheißung auf sich beziehen konnten. Dabei bezeugt das Matthäusevangelium eine kritische Auseinandersetzung mit diesem Anspruch. In der Offb begegnet uns nun eine „Innenperspektive". Denn Johannes ist wohl als Wanderprophet durch seine Adressatengemeinden gereist, bevor es ihn nach Patmos verschlagen hat. Wie steht er als Wanderprophet zur Erwartung eschatologischer Herrschaft?

3.4. Eschatologische Mitherrschaft als Lohn für Sieger: Die Offenbarung des Johannes

Die Offenbarung des Johannes beschreibt ausführlich die Ereignisse, die zur Durchsetzung des Heils führen werden und blickt danach weiter auf die Verhältnisse im „neuen Äon". Folgende „Stationen" werden dabei nach dieser apokalyptischen Konzeption durchlaufen:
1) Die gegenwärtige Not wird zunehmen, bis Gott eingreift und den Umschlag herbeiführt. Das verdeutlichen die sich steigernden Siebenerreihen, die jeweils bis an den Punkt des Umschlags heranführen.[279]
2) Die Stadt Babylon wird mit stürmischer Gewalt niedergeworfen, nachdem ein Engel einen großen Stein ins Meer geworfen hat (18,21).[280]
3) Christus besiegt mit dem himmlischen Heer das Tier und den falschen Propheten (19,11–21).
4) Der Teufel wird von einem Engel auf tausend Jahre gebunden. Zu Beginn dieser tausend Jahre kommt es zum Gericht und zur ersten Auferstehung, die nur eine bestimmte Gruppe betrifft. Diese Gruppe herrscht mit Christus tausend Jahre (20,1–6).
5) Nach Ablauf der tausend Jahre wird der Teufel endgültig überwunden (20,7–10).

---

[279] Müller, Offb, ÖTK, 28–36.
[280] „Der Verfasser beschreibt in Kap. 18 nicht den eigentlichen Vollzug des Sturzes Babylons; er ersetzt ihn durch diese Zeichenhandlung [vgl. V 21a], da nach dem zugrundeliegenden Wirklichkeitsverständnis Zeichenhandlung und Deutewort den gemeinten Sachverhalt nicht nur veranschaulichen, sondern wirkmächtig in Gang bringen." (Müller, Offb, ÖTK, 310).

6) Es kommt zur allgemeinen Auferstehung und zum allgemeinen Gericht (20,11–15).

7) Der neue Äon und das neue Jerusalem setzen sich durch. Die Sieger werden ewiglich in ihm herrschen (21–22,5).

Für jede dieser Stationen ist nun gesondert danach zu fragen, welche Rolle die Christen spielen bzw. welche Funktion ihnen zugedacht wird. Dabei ist einerseits – synchron – die eschatologische Konzeption der Offb zu erheben, andererseits sind – diachron – die verarbeiteten Traditionen zu ermitteln.

Bei drei Stationen kann von vornherein eine menschliche Beteiligung ausgeschlossen werden: Der Untergang der Stadt Babylon sowie die endgültige Bezwingung des Teufels erfolgen ohne Zutun der Christen (vgl. 2. und 5.[281]), und das allgemeine Gericht wird von Gott allein abgehalten (vgl. 6.). Die anderen Punkte hingegen verdienen genauere Betrachtung.

3.4.1. Die eschatologische Machtfunktion der Christen in der Gegenwart

3.4.1.1. Die Märtyrer und das eschatologische Maß (6,9–11)

In der fünften Siegelvision klagen die getöteten Märtyrer: „Wie lange (soll es noch dauern)[282], Herr, Heiliger und Wahrhaftiger, dass du nicht richtest und rächst unser Blut an den Bewohnern der Erde?"[283] Auf diese Klage hin erhalten die Märtyrer ein weißes Gewand, „das Kleid der Engel und vollendeten Gerechten"[284]. Ihnen wird gesagt, „dass sie sich noch kurze Zeit gedulden sollten, bis auch die Zahl ihrer Mitknechte und Brüder voll geworden sei, die ebenso wie sie getötet werden sollen" (6,11). Diese Antwort arbeitet mit einem festen Motiv: dem eschatologischen Maß.[285] Es wird eine

---

[281] Nach Ablauf der tausend Jahre startet der Teufel einen letzten Ansturm (20,7ff). Er verführt die Völker der Erde und umringt das „Heerlager der Heiligen" (20,9). Damit ist der Wohnsitz der auferstandenen Märtyrer gemeint (vgl. 20,6: „heilig"; Müller, Offb, ÖTK, 344; vgl. 1QM 3,5; 4,9). „Der Seher ruft damit die Wüstenwanderung in Erinnerung, als die Israeliten in einem Lager wohnten (Ex 14,20; 16,13; 17,1; 19,16f; Num 2,2–4; Dtn 23,14 u.ö.)." (Giesen, Offb, RNT, 437; vgl. Harrington, Revelation, Sacra Pagina, 198). Zum Scheitern des Ansturmes tragen sie nichts bei. „Die Heiligen aber werden auf wunderbare Weise gerettet, ohne sich selbst wehren zu müssen." (Giesen, Offb, RNT, 437) Die Feinde werden durch Feuer vernichtet, das vom Himmel fällt (20,9). Das Schicksal des Teufels gleicht dem des Tieres und des falschen Propheten (vgl. 19,20).

[282] Müller, Offb, ÖTK, 170.

[283] Die Märtyrerklage steht stellvertretend für die Klage aller Christen (vgl. 6,9 mit 12,17), wenn sie auch das Extrem christlichen Schicksals voraussetzt und insofern eine zugespitzte Formulierung darstellt (zur fünften Siegelvision vgl. Roose, Zeugnis, 52–58).

[284] Müller, Offb, ÖTK, 172.

[285] Vgl. Stuhlmann, Maß.

zeitliche Frist bis zum Eintritt der endgültigen Heilswende festgesetzt. Interessant ist in 6,11, *wonach* das eschatologische Maß determiniert ist: Es bestimmt sich ausschließlich nach der Zahl der getöteten Märtyrer.[286]

Schon im Frühjudentum gilt: Die Märtyrer „bringen das Ende der Tage nahe"[287]. Diese Konzeption findet sich auch in AssMos 10,1–10. Die Gestalt des Taxo mit seinen sieben Söhnen scheint durch die Legende vom Martyrium der sieben Brüder beeinflusst zu sein. „Das Sterben der Märtyrer beschleunigt den baldigen Anbruch der glücklichen Zeit für Israel."[288]

Anders verhält es sich in 4Esr 4,33–36a. Zwar ist das eschatologische Maß hier – wie in Offb 6,11 – zum einen durch das Zeitmaß, zum anderen durch den numerus iustorum determiniert, aber in 4Esr 4,33–36a ist das Motiv vom numerus iustorum dem des Zeitmaßes ganz untergeordnet.[289] Das heißt: Die Menschen können das Vollwerden des eschatologischen Maßes nicht beeinflussen. „Die Anzahl der Seelen der Gerechten muß dem Maß der Zeit entsprechen. Das eine kann nicht gegen das andere ausgespielt werden."[290] Vor diesem traditionsgeschichtlichen Hintergrund erhält die Möglichkeit menschlicher Beeinflussung, wie sie die Offb einräumt, besonderes Gewicht.

In der fünften Siegelvision sorgen die aufgrund ihrer standhaften Haltung getöteten Märtyrer also dafür, dass die festgelegte Zahl an Märtyrern, die das eschatologische Maß bestimmt, schneller erreicht wird, so dass die Heilswende früher erfolgt. Märtyrerleiden und Märtyrertod werden damit geradezu wünschenswert, denn sie beschleunigen die Erfüllung. „... der numerus martyrum ist offen dafür, durch menschliche Aktivität (mindestens in Gestalt einer Mitwirkung) gefüllt zu werden."[291]

Welche Funktion hat dieses Motiv in der Offb? Bei dieser Frage ist zu berücksichtigen, dass die Offb zwei unterschiedliche Adressatengruppen im Blick hat, die hinsichtlich ihrer eschatologischen Überzeugungen voneinander abweichen.[292] Zum einen schreibt Johannes an solche, die sich in der Klage der Märtyrer (6,10) wiederfinden. Sie teilen die krisenhafte Wahr-

---

[286] „In Apk 6,11 bestimmt der numerus martyrum die mensura temporum allein. Er ist ihr einziger Determinationsfaktor. Da der numerus martyrum irreversibel ist, ist ... damit ohne weiteres die Möglichkeit gegeben, das Zeitmaß flexibel zu denken. Das Theorem von der Beschleunigung der Zeit steht in diesem Kontext auf keinen Fall im Widerspruch zum Theorem vom eschat. Maß, sondern ist eine mögliche Konsequenz. Setzt nämlich die Verfolgung der Gemeinde ein und häufen sich die Tötungen der standhaften Bekenner, wird der angefochtenen Gemeinde deutlich, daß mit jedem weiteren Martyriumsfall in der Gemeinde das Ende näher herbeirückt." (Stuhlmann, Maß, 161).

[287] Karnafogel, Art. Martyrium, 203.

[288] Lohse, Märtyrer, 68.

[289] Harnisch, Verhängnis, 281–286; gefolgt von Stuhlmann, Maß, 110.

[290] Stuhlmann, Maß, 110.

[291] A.a.O., 162 mit Verweis auf Gerstenberger/ Schrage, Leiden, 97.

[292] Vgl. hierzu ausführlich Roose, Zeugnis, 126–137.

nehmung der Gegenwart, wie der Seher sie vertritt. Diese Gruppe tröstet Johannes, indem er herausstellt: Das Leiden stellt die Heilswende nicht in Frage, sondern es treibt sie voran.[293] Nun will Johannes m.E. seine Adressaten nicht dazu auffordern, das Martyrium zu *suchen*.[294] Die ὑπομονή gehört zwar zweifellos zu den zentralen Werken, die der erhöhte Christus fordert (2,2.19.26; 13,10)[295]. Diese ὑπομονή meint aber nicht das Martyrium an sich, sondern das standhafte Bekenntnis zu Christus, das im Martyrium enden *kann*. Die Christen sollen in erster Linie das „Zeugnis Jesu" haben (12,17) und alle möglichen Konsequenzen in Kauf nehmen. Zu dieser Standhaftigkeit kann das Motiv vom eschatologischen Maß in 6,11 ermutigen. Denn es stellt klar: Wenn die Zeugnisabgabe im Martyrium endet, so ist das nicht als Niederlage der Christen (oder gar Jesu Christi) zu deuten,[296] sondern als ein weiterer Schritt auf dem Weg zum endgültigen Heil.

Johannes schreibt aber auch an Gemeindemitglieder, die seine krisenhafte Sicht der Gegenwart nicht teilen, sondern sich schon fest im Besitz des eschatologischen Heils wähnen. Zu dieser Gruppe sind wohl die Gemeinden in Sardes (3,1; mit Ausnahme der in 3,4 gemeinten Menschen) und in Laodicea (3,17), wahrscheinlich auch die Nikolaiten (einschließlich der Bileamiten, vgl. 2,14f) und die Prophetin Isebel samt ihrer Anhängerschaft (2,24) zu zählen. Diesen „Vollendeten"[297] versucht der Seher einzuschärfen: Wahres Christsein ist mit der Zeugenschaft untrennbar verbunden. Zeugenschaft aber führt zu Verfolgung und Leid (1,9!). Wer diesen Leidensdruck – wie die „Vollendeten" – nicht wahrnimmt, ist kein echter Zeuge und damit kein echter Christ. Ihm droht letztlich der Feuerpfuhl (20,15). Leiden gehört also konstitutiv zum Christsein hinzu. Damit wird „die Antwort auf die ungeduldige Wannfrage, die in der Tradition die durch Leiden angefochtenen

---

[293] Theoretisch kann das Motiv geradezu eine „Martyriumssucht" begründen: „Christen drängen sich zum Martyrium, um dazu beizutragen, den festgelegten numerus zu füllen und damit das Eintreffen des Eschaton zu beschleunigen." (Stuhlmann, Maß, 162; zur Martyriumssucht in der alten Kirche vgl. Butterweck, Martyriumssucht). Stuhlmann ist nicht der Meinung, dass die Offb diese theoretische Möglichkeit aktualisiert. Hierin ist ihm zuzustimmen (s.u.). Problematisch erscheint mir allerdings, dass Stuhlmann die Funktion des Motivs in der Offb einseitig im Hinblick auf Adressaten, die im eschatologischen Vollendungsbewusstsein leben, bestimmt. Ich bin ebenfalls der Meinung, dass die Funktion des Motivs u.a. im Hinblick auf die „Vollendeten" (vgl. Roose, Zeugnis, 128–137) zu bestimmen ist, aber nicht ausschließlich. Johannes schreibt *auch* an Menschen, die seine Sicht der Dinge teilen. Davon zeugt m.E. schon die äußerst unterschiedliche Beurteilung der Adressatengruppen in den Sendschreiben: einige, z.B. die Gemeinde in Smyrna, die eigentlich „reich" ist (2,8–11), und diejenigen in Sardes, die es „wert sind, mit Christus in weißen Kleidern einherzugehen" (3,4), werden vom Seher ausdrücklich gelobt.

[294] Vgl. Roose, Zeugnis, 18.

[295] Vgl. a.a.O., 61–65.

[296] A.a.O., 53.

[297] Vgl. a.a.O., 128–134.

Christen tröstete, ... hier zunächst zur polemischen Spitze gegen einen satten und zugleich lauen Enthusiasmus, der angesichts eigenen innerlichen ‚Reichtums' nichts mehr erwartet und darum in statu confessionis zu versagen droht"[298].

Angesichts dieser beiden Adressatengruppen ist damit zu rechnen, dass Johannes einerseits Wert auf tröstende Elemente eschatologischen Heils in der Gegenwart legt, andererseits aber den eschatologischen Vorbehalt betont. Diese These lässt sich anhand der Rede von den Christen, die bereits zu einem Königreich und zu Priestern eingesetzt sind (1,6; 5,10), erhärten.

3.4.1.2. Die Einsetzung der Christen zu einem Königreich und zu Priestern

An zwei zentralen Stellen der Offb – zum einen im erweiterten Briefpräskript 1,4–8, zum anderen in der Schilderung des Endzeitgeschehens durch das Lamm 5,1–14 – findet sich die Aussage, dass die Christen eingesetzt (ποιέω) sind zu einem Königreich und zu Priestern (1,6; 5,10). Nichts deutet darauf hin, dass hier nur eine bestimmte Gruppe innerhalb der Christen, etwa nur die der Märtyrer, gemeint sei. Beim Vergleich mit der Vorlage Ex 19,6 LXX ist Folgendes auffällig:[299]

1) Wie in der Vorlage geht es auch Johannes um das gesamte Kollektiv und sein besonderes Verhältnis zu Gott (bzw. Christus).
2) Anders als in der Vorlage handelt es sich in Offb 1,6 nicht um eine Verheißung, sondern um ein zurückliegendes Geschehen (Aorist): Die Christen wurden bereits eingesetzt.[300]
3) Für die Redaktion durch Johannes ist zu berücksichtigen: ποιέω meint in der Offb eschatologisches Heilshandeln (Offb 3,9.12; 21). Gegenüber dem durchgehend futurisch-eschatologischen Gebrauch von ποιέω stechen 1,6a und 5,10 deutlich ab: Auch hier geht es um eschatologisches Geschehen, das jedoch schon zurückliegt.
4) Johannes ist in *eschatologischer* Hinsicht v.a. an der Aussage interessiert, dass die Christen zum Königreich eingesetzt sind. Denn in 5,10 zieht Johannes diese Aussage folgendermaßen aus: καὶ βασιλεύσουσιν ἐπὶ τῆς γῆς.[301] Diese Aussage schießt deutlich über die Vorlage Ex 19,6 LXX hinaus und trägt daher besonderes Gewicht.

---

[298] Stuhlmann, Maß, 163.

[299] Zur Bedeutung von Ex 19,6 LXX; Offb 1,6; 5,10 für die Eschatologie der Offb vgl. Roose, Zeugnis, 88–96.

[300] Umstritten ist, wie die gegenüber Ex 19,6 LXX abweichende Formulierung βασιλείαν ἱερεῖς (Ex 19,6 LXX: βασίλειον ἱεράτευμα) zu bewerten ist (vgl. Elliott, Elect, 113; anders Schüssler Fiorenza, Priester, 227); die Frage spielt für unseren Zusammenhang aber keine Rolle.

[301] Das Tempus des Verbs ist an dieser Stelle allerdings textkritisch umstritten. Während der Sinaiticus (u.a.) das Futur bietet, liest der generell beste Textzeuge A, der Alexandrinus,

5) In *ethischer* Hinsicht ist der Seher v.a. an der Aussage interessiert, dass die Christen zu Priestern eingesetzt sind. Allerdings leitet er aus dieser Zusage – anders als 2Makk 2,17 und Jub 33,20 – nur *indirekte* Aufforderungen an seine Adressaten ab (s.u.).

Hinsichtlich der Einbettung der Verheißung aus Ex 19,6 in die Konzeption der Offb ist also bemerkenswert, dass der Seher das Königtum v.a. *eschatologisch*, das Priestertum hingegen v.a. *ethisch* auszieht:

In *eschatologischer* Hinsicht differenziert Johannes deutlich zwischen einem gegenwärtigen Zustand, der darin besteht, dass die Christen zu Königen und Priestern eingesetzt sind, und der Verheißung, dass sie im neuen Äon herrschen werden. Die Konzeption der Offb unterscheidet also zwischen einem gegenwärtigen königlichen Status und einer zukünftigen königlichen Funktion. Die Rede von der Einsetzung der Christen zu einem Königreich und zu Priestern vermittelt damit ein Element präsentischer Eschatologie, wahrt aber gleichzeitig den eschatologischen Vorbehalt. Denn obwohl die Christen zur βασιλεία eingesetzt sind, sind sie keine Könige und herrschen noch nicht.[302] Offb 1,6a ist im Kontext der Offb folgendermaßen zu interpretieren: Auf Grund der Heilstat Christi (1,5; 5,9) sind die Christen sein Machtbereich, d.h. der Bereich, in dem er „seine Herrschaft voll und ganz ausübt"[303].

βασιλεύουσιν, also Präsens. Die äußere Textkritik führt damit zu keinem eindeutigen Ergebnis, denn gerade in Bezug auf die Parallelstelle 1,6a ist die Lesart von A in mancher Hinsicht unsicher (vgl. Schüssler Fiorenza, Priester, 70–72). Angesichts von 20,6; 22,5 scheint das Präsens die schwierigere Lesart zu sein, denn dort wird den Christen das aktive Herrschen zweifellos erst für die eschatologische Zukunft in Aussicht gestellt. Doch selbst wenn in 5,10c das Präsens ursprünglich sein sollte, ändert das m.E. nichts an der Beobachtung, dass die Offb zwischen einem gegenwärtigen Zustand der Christen, der durch ihre Einsetzung zu Königen und Priestern geprägt ist, und ihrer zukünftigen eschatologischen Aktivität des Herrschens unterscheidet. Denn es ist zu beachten, dass die Zusage in 5,10c Bestandteil eines Hymnus ist. Nun kann in 12,11 – ebenfalls innerhalb eines Hymnus – gesagt werden, dass die Gläubigen bereits gesiegt haben, obwohl dieser Sieg laut Siegersprüchen eindeutig noch aussteht. Sowohl 5,10 als auch 12,11 stehen in direktem Zusammenhang mit dem Heilstod Christi. Sollte in 5,10c also das Präsens ursprünglich sein, könnte es sich wie in 12,11 um eine präsentisch-eschatologische, hymnische Spitzenaussage angesichts der Heilsbedeutung des Todes Jesu handeln. Richtet man den Blick auf dieses einschneidende eschatologische Datum, verliert der futurische Aspekt jegliche Bedeutung. Dennoch bleibt das aktive Herrschen der Christen „innerer Zielpunkt der Darstellung der Apk" (Karrer, Brief, 238 Anm. 69); vgl. zur gesamten Problematik Roose, Zeugnis, 81–83.92f.

[302] Der Begriff βασιλεία ist an dieser Stelle im Sinne von „Machtbereich" zu lesen (vgl. 16,10); zur Begründung Roose, Zeugnis, 94 im Gefolge von Karrer, Brief, 115f.

[303] Karrer, Brief, 116.

Die aktive Herrschaft der Märtyrer sowie der übrigen Christen ist der Endzeit vorbehalten.[304] Bemerkenswert ist, welche Aspekte der Seher dabei entweder besonders auszieht oder übergeht:

1) Im 1000-jährigen Reich werden die Märtyrer mit Jesus Christus herrschen. Von ihnen heißt es in 20,6: Sie werden Priester Gottes und Christi sein und mit ihm herrschen 1000 Jahre (ἔσονται ἱερεῖς τοῦ θεοῦ καὶ τοῦ Χριστοῦ καὶ βασιλεύσουσιν μετ' αὐτοῦ [τὰ] χίλια ἔτη). Der Vers nimmt sowohl die priesterliche als auch die königliche Linie aus 1,6; 5,10 (und damit Ex 19,6)[305] auf. Interessant ist allerdings, *wie* das geschieht: Die Märtyrer werden explizit als „Priester Gottes" bezeichnet. Von speziell priesterlichen Funktionen ist aber weder hier noch sonst in der Offb die Rede. Ihre Aufgabe besteht – wie es schon 5,10 sagte – darin, zu herrschen. Das heißt: Das eschatologische Priestertum wird auf (königliche) Herrschaft hin expliziert.

2) Diese Verheißung, dass die Christen herrschen werden, wird in 22,5 aufgegriffen: καὶ βασιλεύσουσιν εἰς τοὺς αἰῶνας τῶν αἰώνων. Den Christen, die bereits zum Königreich eingesetzt sind, wird also ein zukünftiges Herrschen in Aussicht gestellt. Von priesterlichen Funktionen oder einem wie auch immer gearteten priesterlichen Status ist hier keine Rede mehr. Im Gegenteil: Das Neue Jerusalem zeichnet sich dadurch aus, dass es keinen Tempel mehr gibt (21,22).

Das heißt: In *eschatologischer* Hinsicht verblasst in der Offb die priesterliche Linie gegenüber der königlichen: Im Neuen Äon wird das Priestertum allein auf die (königliche) Funktion des Herrschens hin interpretiert. Abgezielt ist auf die eschatologische Herrschaft mit Jesus Christus, dem „König aller Könige" (19,16).

Johannes differenziert deutlich zwischen einem gegenwärtigen Zustand, der darin besteht, dass die Christen zu Königen und Priestern eingesetzt sind, und der Verheißung, dass sie im neuen Äon herrschen werden. Die Konzeption der Offb unterscheidet also zwischen einem gegenwärtigen königlichen Status und einer zukünftigen königlichen Funktion. Hierin berührt sie sich sowohl mit der Verkündigung des historischen Jesus[306] als auch mit der paulinischen Theologie[307].

---

[304] So auch Schüssler Fiorenza, Priester, 286: „... die aktive Herrschaftsausübung, die dem Lamme seit seinem Tod und seiner Erhöhung zukommt, [wird] seiner Gemeinde noch nicht in der Gegenwart, sondern erst in der eschatologischen Zukunft auf der Erde gegeben sein ..."

[305] Diese Beobachtung spricht m.E. entschieden dagegen, Offb 20,6 von Jes 61,6 her zu verstehen, wie Elliott es vorschlägt (Elect, 114–116). Denn gerade das Element des Herrschens findet sich in Jes 61,6 nicht.

[306] S.o. unter Exkurs 3.

[307] S.u. unter 4.2.

Die Differenzierung zwischen gegenwärtigem Status und zukünftiger Funktion fällt in der Offb besonders deutlich aus, weil Johannes den alten mit dem neuen Äon sowie die Machtverhältnisse auf der Erde mit den Machtverhältnissen im Himmel kontrastiert. Während der Drache im Himmel bereits besiegt ist, kann er auf der Erde noch eine bestimmte Zeit lang sein Unwesen treiben (Offb 12; 13).[308] Während der Drache noch auf der Erde die Christen bedroht, wird er vor der Ankunft des neuen Äon vernichtet werden (Offb 19). Wichtig ist nun die Feststellung, dass Ex 19,6 LXX in der Offb nur die präsentischen Statusaussagen traditionell abdeckt. Nach dem traditionellen Hintergrund der futurisch-eschatologischen Herrschaftszusagen wird gesondert zu fragen sein.

Die Rede von der Einsetzung der Christen zu einem Königreich und zu Priestern vermittelt ein Element präsentischer Eschatologie, wahrt aber gleichzeitig den eschatologischen Vorbehalt. Denn obwohl die Christen zur βασιλεία eingesetzt sind, sind sie keine Könige.[309] Obwohl die irdischen Christen schon zur Herrschaft eingesetzt sind, herrschen sie noch nicht. Offb 1,6a ist im Kontext der Offb folgendermaßen zu interpretieren: Aufgrund der Heilstat Christi (1,5; 5,9) sind die Christen sein Machtbereich, d.h. der Bereich, in dem er „seine Herrschaft voll und ganz ausübt"[310]. Die aktive Herrschaft ist den Christen allerdings noch vorbehalten.[311]

In *ethischer* Hinsicht spielt die Überzeugung, dass die Christen ein priesterliches Volk sind, durchaus eine Rolle. So charakterisiert der Seher die 144 000 in 14,4 dadurch, dass sie „sich mit Frauen nicht befleckt haben, denn sie sind jungfräulich" (οὗτοί εἰσιν οἳ μετὰ γυναικῶν οὐκ ἐμολύνθησαν, παρθένοι γάρ εἰσιν). Obwohl hier keine explizite Verbindung zu 1,6 hergestellt wird, klingt doch ein priesterlich inspiriertes Ideal an: Weil die 144 000 als priesterlich gelten, sollen sie Geschlechtsverkehr meiden. Auffällig ist allerdings – gerade im Vergleich mit Jub 22,30 –, dass der Seher seine Adressaten in den Sendschreiben *nicht* zur geschlechtlichen Enthaltsamkeit auffordert (vgl. aber 3,4) – obwohl sie doch, laut 1,6, ein priesterliches Volk sind. Wahrscheinlich geht der Seher hier „pragmatisch" vor: Er weiß, dass er mit seiner radikalen Forderung kaum Gehör finden würde und stellt die sexuelle Enthaltsamkeit daher als ein Ideal dar (nach dem er selbst lebt?), ohne sie von seinen Adressaten explizit einzufordern.[312]

---

[308] Zur Verhältnisbestimmung von präsentischer und futurischer Eschatologie in der Offb vgl. Roose, Zeugnis, 83–88.

[309] Der Begriff βασιλεία ist an dieser Stelle im Sinne von „Machtbereich" zu lesen (vgl. 16,10); zur Begründung Roose, Zeugnis, 94 im Gefolge von Karrer, Brief, 115f.

[310] Karrer, Brief, 116.

[311] So auch Schüssler-Fiorenza, Priester, 286: „... die aktive Herrschaftsausübung, die dem Lamme seit seinem Tod und seiner Erhöhung zukommt, [wird] seiner Gemeinde noch nicht in der Gegenwart, sondern erst in der eschatologischen Zukunft auf der Erde gegeben sein ..."

[312] Vgl. dazu Roose, Zeugnis, 166–170.

Es lohnt, diesen Aspekt der Eschatologie auch rezeptionsorientiert zu beleuchten. Die Offb richtet sich zumindest z.t. an Gemeinden, denen der Eph bekannt war. Denn beide Schreiben gehören nach Kleinasien, der Eph ist wohl um das Jahr 90 zu datieren, die Offb etwas später[313]. Wie mögen Gemeinden, die mit der Eschatologie des Eph vertraut waren, auf die Eschatologie der Offb reagiert haben? Einige Elemente werden ihnen bekannt vorgekommen sein: Die Differenzierung zwischen der himmlischen und der irdischen Welt, der gegenwärtige königliche Status der Christen, ja in gewissem Maße sogar die in apokalyptischer Sprache formulierte irdische Bedrohung. Offb 12 steht mit seiner Konzeption Eph 6,10ff nicht allzu fern. Insofern konnte der Seher auf Akzeptanz bei seinen Adressaten hoffen. Allerdings erweitert er die Eschatologie des Eph entscheidend um die futurische Dimension: Königlicher Status meint noch nicht königliche Herrschaft. Der letzte Kampf gegen die widergöttlichen Mächte steht auf der Erde noch aus.

3.4.2. Die Christen und der Heilige Krieg (19,11–21; 2,26–28)

In Offb 19,11–21 beschreibt Johannes unter Aufnahme der Tradition des Heiligen Krieges den siegreichen Kampf Christi über das Tier und seinen Propheten.

Die Tradition des Heiligen Krieges[314] prägt fundamentale Traditionen des israelitischen Volkes: die Exodustradition, die Landnahmetradition und die Tradition der religiösen Befreiungskriege aus der Richterzeit.[315] Die Rolle, die dabei dem Gottesvolk zugespro-

---

[313] Meist wird die Offb in das Ende der Regierungszeit Domitians (81–96 n.Chr.) datiert (z.B. Roloff, Offb, ZBK, 17; Giesen, Offb, RNT, 42; Böcher, Johannesapokalypse, 36–40; Collins, Dating; dies., Crisis, 54–83; Müller, Offb, ÖTK, 40–42; Wengst, Pax, 147).

[314] Der Begriff „Heiliger Krieg" ist in den Texten nicht belegt. Daher „gradually a consensus seems to be emerging that the wars of ancient Israel should not be called ‚holy war', but YHWH war." (Kang, Divine War, 2). Allerdings handelt es sich beim „Heiligen Krieg", wie insbesondere Weippert (Krieg, 466–485) in Auseinandersetzung mit der These von Rads herausgestellt hat, nicht um eine spezifisch israelitische, sondern um eine gemeinorientalische, ja gemeinantike Institution. Beide Begriffe – sowohl derjenige des Jahwekrieges als auch derjenige des Heiligen Krieges – erscheinen mir daher sinnvoll: „Heiliger Krieg" als die weitere Bezeichnung für die gemeinantike Institution, „Jahwekrieg" als engere Bezeichnung für die israelitischen Ausprägungen des „Heiligen Krieges".

[315] Die Problematik der Tradition des Jahwekrieges kann in diesem Rahmen nicht aufgearbeitet werden. Die Tradition ist von Gerhard von Rad erstmals dargestellt worden. Von Rad sieht im Heiligen Krieg eine israelitische Institution, die eng mit der Stämme-Amphiktyonie verbunden ist. Dagegen hat Weippert für fast alle Elemente dieser Institution religionsgeschichtliche Parallelen aufgezeigt (Krieg, 466–485; vgl. schon Nielsen, Guerre, 103–106) und die Institution mithin als gemeinantik bezeichnet (Krieg, 485). Schwier zieht aus dieser Beobachtung die Schlussfolgerung:

chen wird, fällt sehr unterschiedlich aus.[316] In der Exodustradition ist Jahwe allein tätig. Das Volk schaut zu: „Der Herr wird für euch streiten, seid ihr nur stille." (Ex 14,14).[317] Das Deboralied weiß hingegen davon, dass das Volk Jahwe zu Hilfe kommt. Göttlichmenschlicher Synergismus kommt auch in dem alten Schlachtruf zum Ausdruck: „Für den Herrn und Gideon!" (Ri 7,18; vgl. Ex 17,16). Er wirkt nach in Ri 4,14; 2Sam 5,24 und Ps 60,12.[318]

Auf dem Boden der Tradition vom Jahwekrieg entwickelt sich die Hoffnung, dass das Gottesvolk im Endkampf als Werkzeug fungieren wird (Mi 4,11–13; Obd 18; Sach 10,3ff; 12,6; Jes 11,13f). Diese Instrumentalisierung des Volkes findet sich auch an Stellen, die die Tradition des Jahwekrieges nicht breit aufnehmen. Das Motiv erlangt also gegenüber dieser Tradition eine gewisse Selbständigkeit.

In der Apokalyptik nimmt die Schilderung der Endereignisse – meist samt der Schilderung des endzeitlichen Krieges – zwar breiten Raum ein, aber lediglich in zwei jüdischen, apokalyptisch geprägten Texten ist die Vorstellung belegt, dass das Gottesvolk an der Seite Jahwes kämpft:

1) Im Buch der Traumvisionen (äthHen 83–90)[319] klingt sie kurz bildlich an. Die Tiervision kleidet die Geschichte Israels in die Form einer Allegorie: Die Väter der Urzeit werden als Stiere dargestellt, das Volk Israel als Schafherde. Die Makkabäer kämpfen gegen „Raben". Dabei wird deutlich, dass der Tiervisionär aktiven Widerstand befürwortet: „Der Engel Michael, der in Dan 12,1 ohne menschliches Zutun rettet, arbeitet in der Tiervision mit dem Makkabäer zusammen: er hilft ,dem Böckchen und zeigt ihm alles' (90,14)."[320] Die Israeliten erhalten ein großes Schwert (90,19), um mit Gott die „wilden Tiere" zu töten.

„Entfallen also bei Darstellung und Verständnis des ‚Heiligen Krieges' die Hypothese der amphiktyonischen Sakralinstitution (und damit die zeitliche Begrenzung auf die vorstaatliche Zeit), die Unterscheidung zwischen Defensiv- und Offensivkriegen und der Stellenwert des Übergangs vom alten Heerbann zum Berufsheer, so bleibt als konstitutives Element des ‚Heiligen Krieges' nur die Vorstellung von Gottes Hilfe bzw Symmachie; ... " (Schwier, Tempel, 76). Schwier spitzt die Tradition des Heiligen Krieges damit auf die für unseren Zusammenhang zentrale Frage zu, wie göttliches und menschliches Handeln ineinander greifen.

Zum Heiligen Krieg vgl. weiter Stolz, Kriege; Lutz, Jahwe; Kegler, Geschehen; Kang, Divine War. Einen knappen Forschungsüberblick bietet Albertz, Religionsgeschichte, 123 Anm. 71.

[316] „Wie ist das Verhältnis zwischen göttlichem und menschlichem Handeln im Jahwekrieg zu beurteilen? Bekanntlich vermitteln verschiedene alttestamentliche Texte je andersartige Vorstellungen." (Stolz, Kriege, 187; vgl. auch von Rad, Krieg, 12f.44ff).

[317] Sofern nicht anders angegeben, werden die alttestamentlichen Belege in der Übersetzung der Zürcher Bibel wiedergegeben. Vgl. zu diesem Traditionsstrang 2Kön 19,32–35; Jes 37,33–36; Ez 39,2–4; Sach 14,12 (Befreiung Jerusalems durch Gott); 2Chr 20; Ez 38,21; Hag 2,22; Sach 14,13; äthHen 56 (Sieg unter Jehosaphat); vgl. Bauckham, Book, 17.

[318] Vgl. Stolz, Kriege, 187. „Während die Exodusgruppe gar keine Chance hatte, sich gegen die heranstürmende ägyptische Streitmacht zu wehren und darum deren Untergang allein Jahwes Eingreifen zuschrieb (Ex 15,21), verfügen die israelitischen Sämme über eine – wenn auch schlechte – Bewaffnung und eine rudimentäre militärische Organisation. So wirken nach ihrem Verständnis Jahwe und Israel bei der Rettung zusammen ..." (Albertz, Religionsgeschichte, 123).

[319] Das Buch der Traumvisionen ist wohl vor dem Tod des Judas Makkabäus (vgl. 90,16!), also etwa zwischen 170 und 161 v.Chr. entstanden (Lampe, Apokalyptiker, 82 Anm. 51; Schwier, Tempel, 85).

[320] Lampe, Apokalyptiker, 83.

2) In der Kriegsrolle[321] nimmt die Vorstellung einer aktiven Mitwirkung im Endkampf breiten Raum ein.[322] Gleich zu Beginn der Schrift werden die Feinde aufgezählt. Anschließend heißt es: „Die Söhne Levis und die Söhne Judas, die Exilierten der Wüste, kämpfen gegen sie."[323] Die Schlachtanordnungen und Kampfstrategien werden ausführlich geschildert. Die Armee, die zur letzten Schlacht antritt, ist aus den zwölf Stämmen zusammengesetzt (1QM 2,2–3.7; 3,13–14; 14,16; 5,1–2; 6,10). Hieran zeigt sich, dass auf die vorstaatliche Tradition der göttlichen Befreiungskriege zurückgegriffen wird, nicht etwa auf die institutionalisierten königlichen Kriege.

In der Kriegsrolle laufen im Grunde parallel zwei Schlachten ab: die eine im Himmel, zwischen den gegnerischen himmlischen Armeen, die andere auf der Erde, zwischen den Söhnen des Lichts und den Söhnen der Finsternis. Damit ist die Kriegsrolle „orientated to human participation in the war, providing its readers with religious encouragement, as well as practical military rules and plans, as they prepare to engage in the war"[324]. Das Volk Israel wird aktiv an der Durchsetzung des eschatologischen Heils beteiligt, indem es nachvollzieht, was sich im Himmel abspielt. Folgerichtig ist auch das „Ergebnis" ein doppeltes: „Um leuchten zu lassen in Freude die Er[wählten Is]raels, Friede und Segen für Gottes Los, um aufzurichten unter Göttlichen die Herrschaft Michaels und die Herrschaft Israels unter allem Fleisch." (17,7f). Ganz deutlich ist hier die Parallele zwischen dem himmlischen Reich Michaels und dem irdischen Reich Israels.[325] „Voilà le résultat du combat. La domination de Michel est élevée, est exaltée, ainsi que l'empire mondial d'Israel. ... La victoire de Michel est celle d'Israel, et la haute dignité de Michel signifie une position de domination pour Israel."[326] Hier gehört also beides zum eschatologischen Heil: die Herrschaft Michaels und diejenige Israels. Michael präsentiert sich als „himmlischer Doppelgänger", eine Gestalt, „derzufolge das irdische Geschick eines Volkes zuvor

---

[321] „1QM is not, in literary form, an apocalypse, even though its contents have some affinities with apocalyptic literature." (Bauckham, Book, 19). Zur hinter 1QM stehenden Tradition vgl. Berger, Qumran, 76f.

[322] Collins, Mythology; van der Ploeg, Guerre; Cross, Divine Warrior. „Während in der Apokalyptik meist das Volk Gottes nur passiv am eschatologischen Kampf teilnimmt, greifen nach den Qumrantexten die Gläubigen selbst aktiv in den Kampf ein. Teils wird eine frühere apokalyptische Tradition sogar in dieser Richtung korrigiert. So werden in 1QM 1,1–6 die gleichen Feldzüge, die nach Dan. 11,40–45 der feindliche König durchführt, von den Söhnen des Lichts unternommen." (Fischer, Tendenz, 167f). Diese erste Kolumne der Kriegsrolle ist „ein literarkritisch leicht aus der übrigen Rolle herauslösbares Flugblatt" (Lampe, Apokalyptiker, 79, im Anschluss an v.d. Osten-Sacken, Gott, 42–72) und „bietet vielleicht die älteste Wirkungsgeschichte der Danielschriften!" (Lampe, Apokalyptiker, 80f).

[323] Übersetzung nach Maier, Texte, Bd. 1, 126; vgl. zur Stelle Pines, Notes.

[324] Bauckham, Book, 19. Diese aktive menschliche Mitwirkung schließt nicht aus, dass der Erfolg letztlich auf Gott zurückgeführt wird. So heißt es z.B. in 1QM 3,9: „Auf die Verfolgungstrompeten soll man schreiben: ‚Geschlagen hat *Gott* alle Finsternissöhne, Sein Zorn lässt nicht ab bis zu ihrer Vernichtung.'" (Übersetzung nach Maier, Texte, Bd. 1, 130; Hervorhebung im Original) Besonders in den hymnischen Passagen wird die Tätigkeit Jahwes betont (vgl. z.B. 1QM 11: „Dein ist der Kampf..." in den Versen 1,2 und 4).

[325] Carmignac, Citations, 240.

[326] Jongeling, Rouleau, 356.

seinem himmlischen Repräsentanten widerfährt ...“[327]. Wir stoßen hier auf eine Vorstellung, die auch im Kontext des Jahwekrieges belegt ist.[328] In Dtn 32,8f heißt es:

„Als der Höchste den Völkern ihr Erbe gab,
als er die Menschenkinder schied,
da setzte er fest die Gebiete der Völker
nach der Zahl der Engel.
Aber der Anteil des Herrn ist sein Volk,
Jakob das Los seines Eigentums.“

Es scheint, dass jedem irdischen Gebiet ein Engel zugeordnet ist, ähnlich wie in Dan 10,13ff, wo jedem Volk ein Engelfürst zugeordnet ist, der für es kämpft. Dem Gottesvolk fällt dabei aber keine aktive Rolle zu, die Bedeutung der kriegerischen „Aktivisten" (gemeint ist die makkabäische Aufstandsbewegung) wird durch ihre Bezeichnung als „kleine Hilfe" deutlich relativiert (11,34).[329] Das Gottesvolk soll nach den Vorstellungen des Danielbuches nicht aktiv am himmlischen Endkampf teilnehmen. „Daniels Gott wirkt ohne Menschenhände: was er in den nahen Endereignissen mächtig vollbringen wird, geschieht ‚ohne Zutun von Menschenhand' (Dan 8,25; 2,34.45).“[330]

Obwohl also sowohl Dtn 32 als auch Dan 10 sowie 1QM die Vorstellung vom himmlischen Doppelgänger im Kontext des Heiligen Krieges kennen, fällt die Rollenzuweisung an das Gottesvolk sehr unterschiedlich aus: Allein in der Kriegsrolle soll das Volk mitkämpfen.

Die alttestamentlich-jüdische Tradition kennt also einen Strang, der von einer menschlichen Mitwirkung beim Kampf weiß. Bezeugt ist aber auch die Vorstellung, dass allein Gott und seine himmlischen Mitstreiter kämpfen. Wo ordnet sich angesichts dieses traditionsgeschichtlichen Hintergrundes die Offb ein?

Besieht man sich daraufhin Offb 19,11–21, so zeigt sich, dass der Kampf hier ohne menschliche Mitwirkung erfolgt. Christus kämpft mit Unterstützung durch das himmlische Heer (19,14). Die kriegerisch-richterliche Funktion (19,11) des königlichen Christus (19,16) wird u.a. durch Aufnahme von Ps 2,9 beschrieben (19,15; vgl. 12,5): „und er wird sie weiden mit

---

[327] Müller, Entwicklung, 258.

[328] „The theology of holy war is spelled out in Deut. xxxii ...“ (Collins, Mythology, 599).

[329] Der Makkabäeraufstand ist wohl als „kleine Hilfe" „das Vorspiel zu dem als ‚große Hilfe' gedachten himmlischen Jahwekrieg" (Haag, Daniel, NEB, 80), bei dem kein Israelit mitwirken wird. „Mit der Qualifikation des Makkabäeraufstandes als ‚kleine Hilfe' hat somit die Darstellung auf der einen Seite ihre grundsätzlich positive Einschätzung des Unternehmens zum Ausdruck gebracht, auf der anderen Seite aber auch dessen Relativierung betont, insofern nämlich die alle Not endgültig wendende ‚große Hilfe' erst zu der von Gott ‚festgesetzten Zeit' (35) erfolgt." (Haag, Daniel, NEB, 80). Lampe (Apokalyptiker, 76) wertet den Ausdruck „kleine Hilfe" noch negativer: „‚Eine kleine Hilfe' zur Linderung, mehr nicht; völlig außerstande sind die Makkabäer, etwa Antiochus zu Fall zu bringen (8,25!) oder gar das Ende heraufführen zu helfen." (ähnlich diLella, Daniel, AncB, 300). Fest steht jedenfalls: Am entscheidenden himmlischen Endkampf werden die Israeliten nicht teilnehmen.

[330] Lampe, Apokalyptiker, 76.

eisernem Stabe". Von einer Mitwirkung der Christen ist keine Rede. Das wäre nun an sich nicht erstaunlich, da es wie gesagt in der Tradition einen breiten Strang gibt, der nichts von einer menschlichen Mitwirkung weiß. Aber in dem Sendschreiben nach Thyatira stellt Christus dem Sieger mit denselben Worten die Mitwirkung am endzeitlichen Kampf in Aussicht (2,27: „er [der Sieger] wird sie weiden mit eisernem Stabe"). Dieser Siegerspruch verdient daher Beachtung.[331]

In 2,26–28 liegt eine besondere Verheißungsstruktur vor: Ausdrücklich wird von Christus gesagt, dass er dem Sieger ein Heilsgut übergibt (δίδωμι), das auch er von seinem Vater empfangen hat. Dieses Heilsgut besteht in einer eschatologischen Funktion, die genauer zu betrachten ist.

In 2,26–28 geht es um die ἐξουσίαν ἐπὶ τῶν ἐθνῶν. Diese Verheißung der Macht über die Völker wird in zweifacher Weise entfaltet. Zum einen (1) heißt es in 2,27, dass der Sieger die Völker „weiden" soll mit eisernem Stabe und sie zerschlagen soll wie Töpfergeschirr. Zum anderen (2) heißt es in 2,28, dass Christus dem Sieger den Morgenstern geben werde.

1) Das Bild des Weidens mit eisernem Stabe taucht in 12,5; 19,15, dort allerdings jeweils bezogen auf Christus, wieder auf. Wie bereits gesehen ist an diesen Stellen von einer Mitwirkung der Sieger keine Rede. Wie kommt es zu diesem Widerspruch?[332] Wie lässt sich erklären, dass Christus dem

---

[331] Die Sendschreiben an die Gemeinden (Kapp. 2–3) werden jeweils durch einen Siegerspruch abgeschlossen. Die Sprüche sind stereotyp formuliert: Am Anfang steht das Partizip ὁ νικῶν (bzw. τῷ νικῶντι), gefolgt von einer oder mehreren Verheißungen im eschatologischen Futur. Die Belohnungen, die den Siegern in Aussicht gestellt werden, sind Kennzeichen der eschatologischen Endzeit (zu 2,7 vgl. 22,2.14.19; zu 3,12 vgl. 22,4; 14,1; zu 3,21 vgl. 22,5). Umstritten ist, wer mit den Siegern gemeint ist: alle Christen oder nur die Märtyrer? Aufgrund der formalen Parallelität muss diese Frage für alle Siegersprüche einheitlich beantwortet werden. Die *Aufforderung* zu siegen ist natürlich an alle Christen gerichtet. Wer aber wird am Ende zu den Siegern *gehören*? Ein Blick auf das Ende der Offb zeigt, dass *alle* standhaften Christen in den Genuss der eschatologischen Belohnungen kommen werden (22,2.4.5.14.19). Im Hinblick auf 2,26f und 3,21 ist das verschiedentlich bezweifelt worden. Aber die noch zu entwickelnde (s.u. unter 3.4.3.) Interpretation von 20,4–6 stützt die These, dass die in den Siegersprüchen in Aussicht gestellten Belohnungen sich nicht exklusiv auf das 1000-jährige Reich und damit auf die getöteten Märtyrer beziehen. Denn im Hinblick auf 2,26f gilt: Ein Richten der Märtyrer ist in 20,4–6 nicht ausgesagt (zur Begründung s.u. unter 3.4.3.) – ebensowenig wie in 20,11ff.21f. Ein zukünftiges Thronen der Christen ist in 20,4–6 ebenfalls nicht ausgesagt, denn hier ist der himmlische Gerichtshof als auf den Thronen sitzend gedacht. Die Verheißung aus 3,21, nach der die Sieger mit Christus auf seinem Thron sitzen werden, wird in 20,4–6 also nicht eingelöst. Das Herrschen wird andererseits sowohl von den Märtyrern (20,4.6) als auch von den übrigen Christen (5,10; 22,5) ausgesagt. 2,26–28 und 3,21 können also eine Beschränkung der Sieger auf die Märtyrer nicht begründen. Wenn aber die in Aussicht gestellten Belohnungen Kennzeichen des neuen Äon sind, dann müssen die Sieger die Märtyrer *und* die übrigen wahren Christen meinen.

[332] Bauckham setzt bei der Christologie an. Dieses Vorgehen ist 2,26–28 angemessen, denn hier überträgt Christus eine Funktion von sich auf die Sieger. Bauckham bestimmt die Christologie

Sieger in 2,27 etwas in Aussicht stellt, was er dann nicht einlöst – und das obwohl 2,27 und 19,15 (sowie 12,5) mit derselben Tradition arbeiten? Ich glaube, dass die Mitwirkung der Sieger im Endkampf für Johannes kein

der Offb dahingehend, dass der Seher die Tradition „of an eschatological or messianic holy war" (Book, 17) konsequent uminterpretiere. Diese Uminterpretation verdeutlicht Bauckham an 5,5f; 7,2–14 und 14,1–5. Im Blick auf 5,5f stellt er fest, dass der Seher „first evokes the idea of the Messiah as the Jewish nationalistic military conqueror and then reinterprets it by means of the notion of sacrificial death for the redemption of people from all nations (cf 5:9–10)" (a.a.O., 20). Dass damit auch die Rolle der Anhänger des Lammes eine andere wird, liest Bauckham aus 7,2–14 heraus. Dem Löwen aus Juda seien die 144 000 aus allen Stämmen (ihnen voran Juda!) zugeordnet. Dem Lamm hingegen, das Menschen „aus allen Stämmen und Sprachen und Völkern und Nationen erkauft hat" (5,9), gehöre die „große Menge" an, „die niemand zählen konnte, aus allen Nationen und Stämmen und Völkern und Sprachen" (7,9). „Having rejected nationalistic militarism from his picture of the Messiah in 5:5–6, John is now equally rejecting it from his picture of the Messiah's followers, whose victory must be of the same kind as that of their leader." (A.a.O., 21). 7,14 verdeutliche, worin der neue Sieg der Christen bestehe: „those whom the Lamb's sacrificial death has ransomed from all nations (5:9) share in his victory through *martyrdom*" (a.a.O., 26; Hervorhebung im Original). Denselben Gedanken meint Bauckham auch in 14,1–5 wiederfinden zu können. Schon die Kombination des Lammes mit den 144 000 sage aus, dass „there is a holy war to be fought but to be fought and won by sacrificial death" (a.a.O., 28). Hinweise auf den Heiligen Krieg sieht Bauckham auch in dem „neuen Lied" (14,3; vgl. Ps 98,1–3; 144,9; Jes 42,10–13; Jdt 16,2–3) und in 14,4a: „The reference is to the ancient demand for ritual purity in the Lord's army (cf Dt 23:9–14) ..." (a.a.O., 29). In 14,4c finde durch den Anklang an 5,9 erneut die Uminterpretation statt.

Im Rahmen dieser Interpretation ließe sich der Befund zu 2,27; 12,5 und 19,15 folgendermaßen erklären: In 2,27 überträgt Christus seine messianisch-kriegerische Funktion auf den Sieger. Im Laufe des Buches wird seine messianische Qualität aber radikal umgedeutet: Er siegt in seinem Tod, nicht als militärischer Krieger (5.5.9). Analog besteht die Funktion der Sieger nicht im siegreichen Kampf, sondern im Märtyrertod. Daher tauchen sie – entgegen der Zusage aus 2,27 – in 12,5 und 19,15 nicht auf.

Für diese These spricht, dass die Christen nach 6,9–11 als getötete Märtyrer eine eschatologische Funktion erfüllen, indem sie das eschatologische Maß bis zur Heilswende füllen (s.o. unter 3.4.1.1.). Dazu passt weiter, dass der Seher den Christen einen aktiven, aber nicht militärischen Part zuerkennt (13,10; zur Interpretation von 13,10 vgl. Roose, Zeugnis, 64f). Dennoch bin ich gegenüber Bauckhams Ansatz skeptisch. Denn die christologische Uminterpretation erfolgt m.E. nicht konsequent genug (vgl. zum christologischen Sieg im Kampf und zum Sieg im Tod: Roose, Zeugnis, 66–72). In 19,15 tritt Christus „ungeschminkt" als militärischer Krieger auf. Das Blut (V 13) ist nicht das (Opfer-)Blut des Lammes, sondern gehört in den Kontext der Schlacht, bei der Blut fließt (Müller, Offb, ÖTK, 327 gegen Rissi, Zukunft der Welt, 13–8, bes. 21f; auf das Blut der Partherkönige und ihrer Armeen deutet Charles, Revelation, ICC, 133). Dies ist aber nun gerade die zentrale Stelle, an der Johannes mit der Tradition vom Heiligen Krieg arbeitet. Weder in 5,5f noch in 7,1–17, auch nicht in 14,1–5 ist der Heilige Krieg wirklich Thema (14,4a meint wohl nicht die temporäre sexuelle Enthaltsamkeit für die Zeit kämpferischer Auseinandersetzungen, sondern lebenslange Enthaltsamkeit). Hier wäre doch zu erwarten, dass er die kriegerische Tradition christologisch verfremdet. Davon ist jedoch nichts zu spüren. Nach Bauckhams These wäre hier eine funktionale Parallelität der Art „Christus als Opferlamm; der Sieger als Märtyrer" zu erwarten. Statt dessen tritt Christus als eschatologischer Krieger auf und besiegt mit Hilfe des himmlischen Heeres das Tier und den falschen Propheten. Ich glaube nicht, dass hier eine bewusste Uminterpretation vorliegt. Im Gegenteil: Johannes hält sich gerade hier sehr eng an die Tradition.

wesentliches Element seiner eschatologischen Konzeption darstellt. Die Inkonsequenz zwischen 2,27 einerseits und 12,5; 19,15 andererseits ist m.E. nicht primär redaktionsgeschichtlich, sondern traditionsgeschichtlich zu erklären. Auf die richtige Spur führt dabei vielleicht die Frage, welche Vorlage des Ps 2 Johannes benutzt hat.

Wie kommt Johannes dazu, das Verb ποιμαίνω in 2,27; 19,15 in so ungewöhnlicher Bedeutung zu gebrauchen? Hier ist die Beobachtung wichtig, dass die LXX Ps 2,9 aufgrund irriger Vokalisierung falsch übersetzt. Während der hebräische Text formuliert: „Du wirst sie zerschmettern mit eisernem Stabe", lautet die griechische Übersetzung in der LXX: „Du wirst sie weiden (ποιμανεῖ) mit eisernem Stabe."[333] Dieser Befund legt die Annahme nahe, dass Johannes die LXX als Vorlage benutzt.[334] Dagegen spricht allerdings, dass die Fortsetzung ὡς τὰ σκεύη τὰ κεραμικά deutlich von der LXX abweicht, die liest: ὡς σκεῦος κεραμέως. Die einleuchtendste Erklärung für diese „Inkonsequenz" bietet m.E. die Annahme, dass Johannes grundsätzlich auf das hebräische AT zurückgreift, dass ihm aber einige schlagwortartige LXX-Passagen gegenwärtig sind: „This may help to account for the presence of some references to the O.T. which clearly owe their textual origin to the LXX, and yet at the same time, the absence of LXX phraseology in many obviously recognizable O.T. references where it

---

[333] Wie ist in diesem Zusammenhang ποιμανεῖ zu verstehen? Normalerweise wird ποιμαίνω mit „weiden, hüten" übersetzt (Goldstein, Art. ποιμήν, Sp. 301). Die Tätigkeit des Hirten hat beschützende Funktion. In diesem Sinne findet sich das Verb in Offb 7,17. Aber in 2,27 ist das „Weiden" verbunden mit dem „eisernen Stabe" und mit dem Bild vom „Zerschmettern wie Töpfergeschirr". Schon in Ps 2 LXX und PsSal 17,23f ist das Bild vom Weiden mit eisernem Stabe kombiniert mit dem Bild vom Zerschlagen wie Töpfergeschirr. Dieses zweite Bild entstammt „altägyptischen Krönungsritualen, bei denen der König durch symbolisches Zerschlagen von Tongefäßen seine Macht über fremde Völker demonstriert" (Müller, Offb, ÖTK, 121). Das Bild gibt für sich genommen keinen Aufschluss darüber, ob an eine Vernichtung oder lediglich an eine Unterwerfung der Völker gedacht ist. Diese Frage kann nur unter Berücksichtigung des ersten Bildes vom Weiden mit eisernem Stabe entschieden werden.[333] Insofern expliziert das Bild, was mit der ἐξουσίαν ἐπὶ τῶν ἐθνῶν (2,26) gemeint ist. Deutlich ist: Es geht um die Durchsetzung des Heils. In 19,15 steht ποιμανεῖ parallel zu πατάξῃ (Charles, Revelation, ICC, 76). Beschrieben ist das Gericht an den Völkern, die vernichtet werden. Diese Funktion Christi kündigt sich schon in 12,5 an. Aufgrund dieser Parallele ist anzunehmen, dass Johannes ποιμαίνω in 2,27; 19,15 (und 12,5) im Sinne von „Auslöschen allen Widerstandes durch das Gericht" (Roloff, Offb, ZBK, 58) gebraucht. Gemeint ist also ein kriegerisches Vernichtungsgericht.

[334] Das haben wir auch schon in Ex 19,6 LXX angenommen. Diese Vermutung ist aber insofern erstaunlich, als oft angenommen wird, dass Johannes mit dem hebräischen Text arbeitete (Charles, Revelation I, ICC, LXVI; Müller, Menschensohn, 146: „Gleichzeitig hat der Verfasser der Offenbarung nicht die griechischen Übersetzungen des Alten Testaments benutzt, sondern dieses in der Originalsprache gelesen."). Diese These ist aber zumindest im Hinblick auf Offb 1,6; 2,27 zu korrigieren.

would seem likely that an author with any real familiarity with the LXX would have used its wording."[335]

Die Frage, ob Johannes in Offb 2,27 auf die LXX oder auf das hebräische Alte Testament zurückgreift, ist deswegen von Bedeutung, weil die LXX den Gesalbten aus Ps 2 kollektiv versteht.

Ps 2 LXX setzt nach V 2 ein Diapsalma. „V. 3 wird dadurch entgegen MT von einem Verschwörungsaufruf der Fremdvölker zu einem Aufruf der Psalmsprecher ..."[336] Es spricht das Gottesvolk. Sucht man nun den szenischen Anknüpfungspunkt dieses Selbstaufrufes in den Versen 1f, so fallen die fremden Völker, ihre Könige und Fürsten, die im hebräischen Text den Bezugspunkt darstellen, logischerweise aus. Es bleibt der „Gesalbte", so dass wohl eine Kollektivierung des Gesalbtenbegriffs vorliegt. Dafür könnte auch sprechen, dass in 2,6 vom König nicht gesagt wird, er sei „geweiht" (so MT), sondern er sei „eingesetzt": Die Salbung scheint nunmehr dem Gottesvolk vorbehalten. Ps 2,7f LXX ist allerdings weiterhin auf einen einzelnen Herrscher bezogen.

Wenn nun zutrifft, dass Johannes nur einzelne schlagwortartige Passagen geläufig waren, dann lautet die entscheidende Frage: War Johannes die individuelle oder die kollektive Bedeutung von Ps 2 geläufig? 12,5 und 19,15 legen die Antwort nahe: Der Seher denkt an die individuelle Bedeutung aus der hebräischen Fassung von Ps 2. 2,27 legt die Antwort nahe: Der Seher denkt sowohl an die individuelle als auch an die kollektive Bedeutung von Ps 2: an die individuelle, da er Christus in 2,18 (und nur hier in der ganzen Offb!) als ὁ υἱὸς τοῦ θεοῦ bezeichnet (vgl. Ps 2,7); an die kollektive, da er den Siegern die kriegerische Funktion des Gesalbten aus Ps 2,9 überträgt. Dieser Befund erhärtet die These, dass Johannes neben dem hebräischen Alten Testament auch Passagen der LXX geläufig waren.

Das heißt: Mit Ps 2 LXX und Offb 2,27 liegen uns zwei Interpretationen des hebräischen Textes von Ps 2 vor, die beide individuelle Aussagen kollektivieren, dabei jedoch unterschiedlich vorgehen. Die Übersetzer der LXX nehmen sehr behutsam die Umdeutung vor, während Offb 2,27 die Zusagen aus Ps 2 explizit auf die Sieger überträgt. In der LXX nimmt das Gottesvolk den Platz des Gesalbten ein, in der Offb tut dies Christus (2,18), der seine Macht auch dem Sieger verleiht (2,28). Kollektivierung geschieht hier also nur *durch* Christus, nicht an ihm vorbei. In der Sache nähert sich Offb 2,27 Ps 2 LXX durchaus an. Aber aus einer Kollektivierung ist eine explizite Übertragung durch Christus geworden.[337] Diese Übertragung ist

---

[335] Trudinger, Observations, 82–88; Zitat 85 Anm. 2. Diese Erklärung scheint mir insbesondere dem Gesamtbefund gerechter zu werden als diejenige von Brütsch, der mit der Möglichkeit rechnet, dass Johannes unabhängig von der LXX denselben Übersetzungsfehler gemacht habe (Offb, ZBK, 164).

[336] Karrer, Der Gesalbte, 127.

[337] A.a.O., 408.

schon in Mt 19,28* vorgeprägt und stellt in den Siegersprüchen ein konstitutives Element dar. In 19,15 lässt Johannes unter dem Eindruck des Traditionsstranges vom Heiligen Krieg ohne menschlicher Beteiligung den kollektiven Aspekt aus der LXX-Fassung des Ps 2 wieder fallen. Welche Schlussfolgerungen lassen sich aus dieser Beobachtung ziehen? Johannes scheint an dem Aspekt der Mitwirkung der Sieger am endzeitlichen Vernichtungskampf nicht sonderlich interessiert zu sein. Er lässt sich in 2,27 und in 19,15 stark traditionsgeschichtlich leiten, ohne auf eine widerspruchsfreie eigene Konzeption bedacht zu sein. Schaut man auf die Kapitel 20–22, so scheint es das Herrschen der Sieger zu sein, das Johannes besonders am Herzen liegt (20,6; 22,5). Damit ist die These zu prüfen, ob der Seher nicht auch in 2,26–28 die Verheißung der „Macht über die Völker" primär im Sinne eines Herrschens versteht, das über den Zeitpunkt des Vernichtungsgerichts weit hinausreicht.

(2) Dafür spricht in der Tat 2,28b, wo es heißt: „und ich will ihm [dem Sieger] den Morgenstern geben". Denn „der Morgenstern, die Venus, galt in der Antike als Symbol der Herrschaft"[338]. Die Art und Weise, wie Johannes das Symbol gebraucht, ist bemerkenswert: In 22,16 sagt Jesus von sich selbst, er sei der helle Morgenstern. Das ist dann wohl im Sinne von 2,28a zu verstehen: Christus hat Macht, die er vom Vater empfangen hat. Wenn es nun in 2,28b heißt, dass Christus dem Sieger den Morgenstern – also strenggenommen sich selbst – gebe, ist damit gemeint: Christus gibt dem Sieger die Macht zur Herrschaft, wie er sie vom Vater empfangen hat. 2,28b nimmt also den Beginn des Siegerspruches 2,26 leicht verschlüsselt wieder auf. Zentrales Thema des ganzen Spruches ist damit die Herrschaft über die Völker.
Nun fällt auf, dass in 5,10; 20,6; 22,5 nicht von einem Herrschen *über*, sondern lediglich vom Herrschen (ohne Objekt) die Rede ist. Das ist auch insofern nur konsequent, als die Völker ja vernichtet werden. In 2,26 wird zunächst Macht über die Völker zugesagt, denn erst danach ist ja von ihrer Vernichtung die Rede (2,27). Ob die Verheißung in 2,28b („und ich will ihm [dem Sieger] den Morgenstern geben") als objektloses Herrschen zu verstehen ist, liegt von 5,10; 20,6; 22,5 her nahe, kann aber kaum mit Sicherheit entschieden werden.

---

[338] Müller, Offb, ÖTK, 121; so auch Giesen, Offb, RNT, 123; Boll, Offenbarung, 47f; Lohmeyer, Offb, NTD, 30; Holtz, Christologie, 158; Hemer, Letters, 126; gegen Allo, Saint Jean, ÉtBib, 35.

3.4.3. Die Funktion der Märtyrer im 1000-jährigen Reich (20,1–6)

Nachdem das Tier und der Falschprophet vernichtet sind, wird der Teufel, dem beide ihre Macht verdankten (13,2), von einem Engel für tausend Jahre gefesselt (20,1–3). Damit ist die Voraussetzung für eine tausendjährige Friedenszeit geschaffen. In dieser Friedenszeit werden die Märtyrer mit Christus herrschen (20,4.6). 20,6 stellt insofern eine konsequente Einlösung der Zusage aus 1,6 dar, als die Märtyrer *als Priester* herrschen sollen.[339]

Ob in 20,4–6 nur die Märtyrer oder alle wahren Christen gemeint sind, ist in der Forschung allerdings umstritten und bedarf daher einer Begründung. Das Problem muss in Verbindung mit 20,11–15 erörtert werden. Denn als sicher hat zu gelten, dass in 20,11–15 diejenigen, die in 20,4–6 gemeint sind, nicht eingeschlossen sind: Die Gruppe aus 20,4–6 wird wieder lebendig („Über diese hat der zweite Tod keine Macht."). Sie kann daher in 20,11–15, wo nur die Toten gerichtet werden (V 12), keine Rolle mehr spielen. Umgekehrt ist davon auszugehen, dass in 20,4–6.11–15 keine Menschengruppe ausgelassen ist. Das heißt: Wenn in 20,4–6 nur die Märtyrer im Blick sind, muss in 20,11–15 das Gericht an allen übrigen – also auch den übrigen Christen – geschildert sein. Lässt sich hingegen zeigen, dass das Endgericht in 20,11–15 nur die Nicht-Christen betrifft, müssen die Christen, die nicht als Märtyrer enden, in 20,4–6 mitgemeint sein. Die Exegeten, die in 20,11–15 das Endgericht allein für Nicht-Christen geschildert sehen, deuten es zumeist einseitig als Unheilsgericht. „Apk. 20,11ff hofft offenbar nicht, dass ein Teil der Toten, die also noch nicht der ersten Auferstehung teilhaftig geworden sind, vor dem Feuersee gerettet und nach dem Urteilsspruch ins neue Jerusalem aufgenommen werden."[340] Gegen diese Interpretation ist einzuwenden, dass V 15 durchaus solche kennt, die nicht in den Feuerpfuhl geworfen werden.[341] Von einer Gnade an Nicht-Christen weiß die Offb ansonsten jedoch herzlich wenig. Sehr viel näher liegt daher der Schluss, dass mit denen, die nicht in den Feuersee geworfen werden, Christen gemeint sind. Dafür spricht entscheidend die Formel „aufgezeichnet im Buch des Lebens" (vgl. V 15). Denn obwohl V 15 nur von denen spricht, die nicht im Buch des Lebens aufgezeichnet sind, liegt es im Umkehrschluss nahe, dass mit denen, die nicht im Feuersee enden, diejenigen gemeint sind, die im Buch des Lebens aufgezeichnet sind. Hierbei dürfte es sich wie auch sonst in der Offb um die Christen handeln (3,5; 13,8; 17,8). Diese Annahme kann auch den ungewöhnlichen Aufbau von 20,11–15 erklären; ungewöhnlich deshalb, weil V 15 eigentlich nach V 13 zu erwarten wäre. V 13 schildert das „Richten nach den Werken", V 15 das Urteil. Seine Schlussstellung hat V 15 wohl dem Umstand zu verdanken, dass er so zu

---

[339] Elliott, Elect, 114–116 behauptet m.E. zu Unrecht, dass 20,6 nicht auf Ex 19,6 LXX, sondern auf Jes 61,6 zu beziehen sei, so dass ein inhaltlicher Ausgleich zwischen 1,5f; 5,10 und 20,6 unangemessen sei. Denn gerade das Element des Herrschens findet sich in Jes 61,6 nicht. Andererseits nimmt 20,6 sowohl die priesterliche als auch die königliche Linie aus Offb 1,6; 5,10 (und damit Ex 19,6) auf.

[340] Rissi, Was ist, 125; ähnlich Holtz, Christologie, 185.

[341] So weit mit Wilcke (Problem). Da Wilcke jedoch in 20,4–6 das Schicksal der Märtyrer und der übrigen Christen verhandelt sieht, ist er zu der Schlussfolgerung gezwungen, dass beim Endgericht einigen Nicht-Christen Gnade zugesprochen wird. (A.a.O., 33).

Kap. 21 überleiten kann, und zwar in der Weise, dass V 15 das Schicksal der Nicht-Christen, Kap. 21 das Schicksal der Christen beschreibt.[342] Das Endgericht betrifft also Christen und Nicht-Christen. Konsequenterweise hat 20,4–6 dann nur die Märtyrer im Blick.[343]

Wenn aber gilt, dass 20,4.6 nur von den Märtyrern aussagen, dass sie mit Christus herrschen werden, dann erhalten sie damit gegenüber den übrigen Christen einen „zeitlichen Vorsprung". Sie sind insofern privilegiert, als nur sie im 1000-jährigen Reich mit Christus regieren dürfen.

Umstritten ist, ob den Märtyrern darüber hinaus eine Gerichtsfunktion übertragen wird. Diese Frage entscheidet sich an der Interpretation von 20,4. Der Vers formuliert merkwürdig unbestimmt: „Und ich sah Throne, und sie setzten sich auf sie und das Gericht wurde ihnen gegeben." Wer ist hier gemeint: der himmlische Gerichtshof oder die Märtyrer, von denen in direktem Anschluss die Rede ist? Vier Beobachtungen scheinen mir den Ausschlag dafür zu geben, dass hier ein himmlischer Gerichtshof auf den Thronen sitzend gedacht ist, der die Märtyrer richtet und mit der ersten Auferstehung sowie der eschatologischen Herrschaft belohnt.[344]

1) In der Seligpreisung V 6, die den Abschluss der Schilderung des 1000-jährigen Reiches bildet, ist nur das Herrschen der Märtyrer aufgenommen. Hätte es nicht nahegelegen, hier auch von der Richterfunktion der Märtyrer zu sprechen, sofern sie in V 6 ausgedrückt wäre?

2) Die Märtyrer müssen erst wieder lebendig werden, um mit Christus herrschen zu können. Deshalb ist es sehr unwahrscheinlich, dass sie bereits vor dieser Aussage als Richtende vorgestellt sind.[345]

3) In der parallelen Gerichtsszene 20,11ff wird zunächst die Schau des Thrones geschildert, es folgt ein Hinweis auf den Richter und dann wird erzählt, wer gerichtet wird. Nimmt man – was das Naheliegende ist –

---

[342] Müller, Offb, ÖTK, 347; Vögtle, Zukunft, 111.

[343] Mit Reddish, Theme, 201; Müller, Offb, ÖTK, 338; gegen Roloff, Offb, ZBK, 193; Wilcke, Problem, 26–33.

[344] Vgl. oben unter 2.1.2.

[345] Müller, Offb, ÖTK, 336; Um diese Schwierigkeit zu lösen, haben Schüssler-Fiorenza (Priester für Gott, 291–344; bes. 302) und Wilcke (Problem) für die Wendung κρίμα ἐδόθη αὐτοῖς die Übersetzung: „und Genugtuung wurde ihnen gegeben" vorgeschlagen. Die gesamte Schilderung in 20,4 wäre dann so zu deuten: Der Seher sieht Throne. Auf ihnen nehmen diejenigen Menschen Platz, denen Recht zugesprochen wird. Deshalb dürfen diese Menschen die Herrschaft ausüben. Allerdings bleibt die einfachste Übersetzung der Wendung: „und das Gericht wurde ihnen übergeben". Es bleibt überdies die Schwierigkeit, dass die Märtyrer auf den Thronen sitzend vorgestellt sind, obwohl erst anschließend davon berichtet wird, dass sie wieder lebendig werden. „Hier bereits die später erwähnten Menschengruppen und deren Schicksal anvisiert zu sehen, wirkt verfrüht." (Müller, Offb, ÖTK, 336).

eine parallele Abfolge in 20,4 an, dann ist zu trennen zwischen der Erwähnung der Richter und derjenigen, die gerichtet werden.[346]

4) In der Offb wird sonst nur von den Ältesten gesagt, dass sie auf *eigenen* Thronen Platz nehmen (4,4; 11,16). Das ist insbesondere im Vergleich mit 3,21 auffällig.[347] Hier sollen die Sieger auf Christi Thron Platz nehmen – und Christus wird in der Offb nicht als thronender Richter geschaut. Insofern ist es sehr unwahrscheinlich, dass den Märtyrern in 20,4 eigene Throne zum Gericht zugesprochen werden.[348]

Offb 20,4 erweist sich damit als eine Gerichtsszene, die eng an Dan 7 angelehnt ist. Beide Belege weisen eine „Leerstelle" auf: Es bleibt unklar, wer außer Gott auf den Gerichtsthronen Platz nehmen soll.

Auffällig ist, dass in Dan 7 von mehreren Thronen die Rede ist. Auf ihnen soll das Gerichtsgremium Platz nehmen. Wer genau – außer dem „Hochbetagten" – diesem Gremium angehört, bleibt unklar. „Ce ne peut être ni le ‚Fils de l'homme', ni les ‚saints du Très Haut' en faveur desquels la sentence va être rendue, ni les myriades angéliques qui se tiennent debout dans l'attitude qui convient à des serviteurs."[349] Die Frage, wem die übrigen Throne zugedacht sind, hat die jüdische Auslegungstradition schon früh beschäftigt.[350] Offb 20,4–6 „übernimmt" interessanterweise diese Unklarheit.

---

[346] A.a.O., 337.

[347] S.u. unter 3.4.4.

[348] Dieser Befund wird weiter erhärtet durch die Art und Weise, wie der Seher das Thronmotiv, das in der Offb breiten Raum einnimmt, insgesamt verwendet. M.E. sind zwei Strategien erkennbar, mittels derer der Seher verhindert, dass die Einzigartigkeit Gottes geschmälert werden könnte. Zum einen schildert er, dass die himmlischen Ältesten auf je eigenen Thronen sitzen (Offb 4,4). Ihre Funktion besteht aber nicht darin, beim göttlichen Gericht mitzuwirken, sondern „ihre tatsächlich wahrgenommenen Aufgaben [beschränken sich] darauf, Gott und das Lamm mit Hymnen zu verherrlichen (4,10f.; 5,8.12.14; 11,16–18; 19,4), Gebete der Heiligen vor das Lamm zu bringen (5,8) und dem Seher Johannes das Visionsgeschehen zu deuten (5,5; 7,13f.)." (Müller, Offb, ÖTK, 144). Das heißt: Der Seher lockert bei den Ältesten die Verbindung von Thron und Gerichts- bzw. Herrschaftsfunktion und ordnet ihnen in Kap. 4 gerade solche Funktionen zu, die die übergeordnete Würde Gottes besonders herausstellen.
Anders verhält es sich dort, wo Christus dem Sieger verheißt, dass er [der Sieger] mit ihm [Christus] auf seinem [Christi] Thron sitzen wird, wie auch Christus mit seinem Vater auf dessen Thron sitzt (3,21). Die Sieger werden herrschen (22,5), so dass hier eine deutliche Verbindung von Thron und Herrschaftsfunktion vorliegt. Aber die Sieger erhalten keine eigenen Throne, sondern sie werden mit Christus auf dessen Thron sitzen (während Christus seinerseits auf Gottes Thron sitzt). Diese Konzeption ist streng durchgehalten. Der Seher entwickelt also offenbar eine bewusste Strategie, um die Einzigartigkeit Gottes unangetastet zu lassen und den Siegern dennoch eine Herrschaftsfunktion samt eines Platzes auf dem Thron zu verheißen.
Diese Strategie gewinnt im frühjüdischen Kontext noch schärferes Profil (vgl. als markante – gegenläufige – Belege u.a. hebrHen 16 und Exagoge 68–82).

[349] Dupont, Logion, 382.

[350] Dupont referiert mehrere Antworten (a.a.O., 382f).

Im Hinblick auf die eschatologischen Funktionen der Märtyrer in Offb 20,4.6 wird Folgendes deutlich:

(1) Die Szene nimmt bewusst Dan 7 auf, und zwar am ehesten in der aramäischen Fassung. Denn es ist nur von einer Herrschafts-, nicht von einer Gerichtsfunktion die Rede.[351]

(2) Die Märtyrer treten an die Stelle der Heiligen. Sie werden zunächst überwältigt (vgl. Dan 7,21.25 mit Offb 11,7; 13,7 – hier ist ausdrücklich davon die Rede, dass das Tier mit den Heiligen (μετὰ τῶν ἁγίων) kämpft) und üben dann die eschatologische Herrschaft aus.

(3) Die eschatologische Funktionsaussage in Offb 20,4.6 ist daher von Dan 7,18.27 abzuleiten. Dann aber fällt auf, dass in Offb 20,4.6 nicht von einem „Herrschen *über*" die Rede ist. Das hätte von Dan 7,18.27 her nahegelegen, denn bei Dan ist ganz deutlich davon die Rede, dass die fremden Mächte dienen und Untertan sind. Diesen Aspekt lässt Johannes anscheinend bewusst weg.

Exkurs 8: Das 1000-jährige Zwischenreich und die Herrschaft der Heiligen, Märtyrer und Gerechten

Die Entstehung der Tradition vom 1000-jährigen Zwischenreich

Offb 20,1–7 bildet die Schriftgrundlage für die Erwartung des 1000-jährigen Reiches.[352] Die Vorstellung einer befristeten Messiaszeit, auf die eine neue Welt folgt, findet sich auch in den etwa gleichzeitig entstandenen Schriften 4Esr (7,28f; 12,34) und syrBar (27,1–15; 30,1ff; 39,7–40,3; 74,2)[353], ferner im äthHen (91,12–17)[354] Die befristete Zwischenzeit (4Esr: 400 Jahre; syrBar: „einige Zeit"; Apk: 1000 Jahre[355]) „ist das Ergebnis einer

---

[351] In traditionsgeschichtlicher Hinsicht hat die Analyse gezeigt, dass Offb 20,4–6 von Dan 7 her zu verstehen ist. „In Apk 20 liegt wohl eine Ausprägung der Interpretation von Dan 7 auf das Geschick von Martyrern [sic] vor: Die Verleihung der Königsherrschaft an die Heiligen wird mit ihrem Erscheinen am Himmel identifiziert, dieses als Auferstehung verstanden (sie folgt auf die Zeit der Erniedrigung)." (Berger, Auferstehung, 373 Anm. 485 mit weiteren Belegen). Die jüngste Auseinandersetzung mit den zentralen Thesen Bergers bietet Müller, Entstehung, 50f. Die Verbindung von der Verleihung der Königsherrschaft mit der Auferstehung lag auch deswegen nahe, weil beide Vorstellungen mit der gleichen residualen Hintergrundmetaphorik „oben – unten" arbeiten.

[352] Böcher, Art. Chiliasmus, 723. Zum Chiliasmus vgl. auch Bauer, Chiliasmus. 1Kor 15 ist nicht als Beleg für ein messianisches Zwischenreich zu werten (s.u. unter 4.2.1.2.).

[353] Aune, Art. Chiliasmus, Sp. 137; Böcher, Art. Chiliasmus, 725; Zur rabbinischen Theologie vgl. Klausner, Vorstellungen, 17–33 und Strack-Billerbeck 3, 823–827.

[354] Vgl. Uhlig, äthHen, 713–715. Vgl. auch äthHen 93,1–14.

[355] Im antiken Judentum ist die Erwartung eines 1000-jährigen Reiches erst relativ spät belegt. Böcher (Art. Chiliasmus, 725) wertet TestIsaak 10,12 (nach der Übersetzung von Delcor: Kap. 8) als ältesten Beleg und datiert auf vor 70 n.Chr. Dort heißt es: „Quiconque fera miséricorde au nom

Kombination zweier verschiedener Schemata der altjüdischen Eschatologie"[356]:

Nach der ursprünglichen, national geprägten Vorstellung, wird der Messias ein irdisches, ewiges Friedensreich für Israel errichten (PsSal 17,21ff).

Nach der jüngeren, universal geprägten Vorstellung geht die böse Welt ihrem Ende entgegen, Gott wird ein allgemeines Gericht durchführen und eine neue Welt wird erscheinen.

Später wurden beide Erwartungen miteinander verknüpft: „Man setze die irdische Messiaszeit vor das Ende dieser Welt und vor den Anbruch der neuen Welt. Dadurch wurde das nationale Messiasreich zu einer zeitlich begrenzten Periode ..."[357]

Die Rolle der Märtyrer und Gerechten im Zwischenreich
Die Erwartung eines befristeten Zwischenreiches ist meist eng mit den Märtyrern bzw. Gerechten verbunden. Denn sie sollen mit der exklusiven Teilhabe an diesem Zwischenreich für ihre Leiden entschädigt werden. Die messianische Zeit wird mit sehr verschiedenen Heilsgütern ausgestattet[358]: Nach 4Esr 7,28f werden sie sich freuen, nach TestIsaak Kap. 8 nehmen sie am 1000-jährigen Fest teil, nach äthHen 91,12 werden die Gerechten am Gericht mitwirken etc. Das heißt: Die eschatologische Herrschaft, die in Offb 20,4.6 bezeugt ist, stellt nur eine Form der „Belohnung" neben anderen dar.

---

de mon bien-aimé Isaac, je lui rendrai dans le royaume des cieux et il se présentera avec eux, dès la première heure du festin de mille ans, afin qu'ils soient en fête dans la lumière éternelle, au royaume de notre Seigneur et de notre Dieu, de notre Roi et de notre Sauveur, Jésus-Christ ..." (Übersetzung: Delcor, Testament d'Abraham, 261). Die Übersetzung zeigt, dass das TestIsaak in seiner Endgestalt ein christliches Werk ist. „The Christianizing is not throughgoing, however, and it seems more likely that the original composition was a product of Egyptian Judaism" (Charlesworth, Pseudepigrapha 1, 904). Die Schrift ist wohl in dasselbe Milieu einzuordnen wie das TestAbr, das dem Verfasser wohl bekannt war (a.a.O.; Delcor, Testament d'Abraham, 78). Eine sichere Datierung des TestIsaak und der in ihr enthaltenen Traditionen muss unsicher bleiben, zumal auch die zeitliche Einordnung des TestAbr unsicher ist (s.o. unter 2.2.3.). Nagel (Version, 259–263) datiert das TestIsaak auf 380–410 n.Chr. Kuhn (Translation, 326) hat dieser zeitlichen Einordnung widersprochen: „There is, it seems to me, too little evidence of the genesis of the work to permit its dating except perhaps in a most tentative way." Schwierig zu entscheiden bleibt dann aber, ob die Rede vom 1000-jährigen Festmahl schon zur jüdischen Fassung gehört hat und wie alt die Tradition ist (vgl. Jes 25,6; Mt 8,11/ Lk 13,29).

[356] Böcher, Art. Chiliasmus, 725; vgl. Wikenhauser, Herkunft; Müller, Offb, ÖTK, 334f.
[357] Müller, Offb, ÖTK, 335.
[358] Vgl. Böcher, Art. Chiliasmus, 726.

Die Herrschaft der Heiligen im Zwischenreich
In kopt ApkEl 43,8ff heißt es:

„An jenem Tage kommt aus dem Himmel der Messias, der König mit allen Heiligen. Er verbrennt die Erde und verbringt tausend Jahre auf ihr, weil die Sünder auf ihr geherrscht haben. Er wird einen neuen Himmel schaffen und eine neue Erde, und kein Teufel ... ist unter ihnen. Er wird König sein mit den Heiligen ...“[359]

Die Erwartung eines 1000-jährigen Reiches wird explizit genannt; allerdings kennt die ApkEl den königlichen Messias als einzige Heilsgestalt. Auf das Millenium folgt „eigentlich kein neuer Äon ..., trotz des neuen Himmels und der neuen Erde, d.h. hier hat die traditionelle Messiasdogmatik offenbar gesiegt (vgl. auch Sib III 49f., 652ff.), auch wenn sich weltliche und überweltliche Erwartungshorizonte durchaus durchdringen“[360]. Um so interessanter ist, dass der königliche Messias nicht allein herrscht. Mit den „Heiligen“ sind wahrscheinlich die Glaubenden – nicht die Engel – gemeint, denn 44,1 nennt ausdrücklich die Engel. Wie in Offb 20,4.6 nehmen die Gerechten also auch in ApkEl 43,8ff eine Herrschaftsfunktion wahr.

Papias entnahm der Offb offenbar die Lehre vom 1000-jährigen Reich[361] samt der Erwartung, dass die Märtyrer bzw. die Gerechten in ihm herrschen werden. So zitiert Irenäus von Lyon Papias mit den Worten: „Der oben erwähnte Segen gilt – und das ist kein Widerspruch – für künftige Zeiten des Reiches Gottes. Dann werden die Gerechten herrschen. Sie werden von den Toten auferstehen.“[362] Hieronymus führt Papias als Kronzeugen für die Lehre vom 1000-jährigen Reich und der Herrschaft der Heiligen an: „Auch Irenäus, Apollinaris und andere, die behaupten, nach der Auferstehung werde

---

[359] Übersetzung Schrage, kopt ApkEl, 273f.
[360] Schrage, kopt ApkEl, 273. Inwieweit SibOr 3,652ff als Beleg für eine „traditionelle Messiasdogmatik" gewertet werden darf, ist allerdings umstritten. „Während man in der Regel diesen Retterkönig als einen Herrscher (oder Messias) ‚aus dem Osten' auffaßt, insistiert demgegenüber J.J. Collins zu Recht auf dem Sachverhalt, daß hier nicht ‚vom Aufgang der Sonne' o.Ä. steht, und faßt die Wendung i.S. ‚vom Sonnengott', womit die pharaonisch-ptolemäische Herrscherideologie apostrophiert werde. Außerdem macht er geltend, daß ein ‚König vom Osten' häufig eine negative Rolle spiele, wie ja auch in V. 611f. Mithin erwarte die Sibylle einen Ptolemäer als Retterkönig, nicht einen Davididen." (Merkel, Sibyllinen, 1063f; vgl. Collins, Oracles, 40–44). „... we must note that the reign of Philometor provided conditions in which it is highly plausible that the Jews might hail a Ptolemy as ‚messianic' king, analogous to the Jewish messiah." (Collins, Oracles, 44).
[361] Müller, Offb, ÖTK, 341.
[362] Gegen die Häresien, V 33,3 (23,32–36); auch bei Eusebius, HE III 39,12 Übersetzung nach Berger/ Nord, NT, 1067.

der Herr in einem irdischen Körper mit den Heiligen als König regieren, schließen sich Papias an."[363]

Tertullian „bekennt sich ebenfalls zur Hoffnung auf die geschichtliche Verwirklichung des tausendjährigen Reiches in Judäa und die Belohnung der Gerechten durch die Herrschaft mit Christus"[364] (Marc. III, 24,3–6).

Auch Hippolyt erwartet eine messianische Mitherrschaft der Heiligen: „Es müssen nun die 6000 Jahre vollendet werden, damit komme der Sabbat, die Vollendung, der heilige Tag, an welchem Gott ‚abließ von allen seinen Werken'. Der Sabbat ist das Bild des zukünftigen Reiches der Heiligen, wenn sie herrschen mit Christus ..." (Dan IV, 23,4–5). Im Traktat „Über den Antichristen" spricht Hippolyt ebenfalls vom „herrlichen und himmlischen Reich der Heiligen, die mit Christus herrschen werden" (5). „Gerade Hippolyt bemühte sich um eine Eindämmung massiver chiliastischer Vorstellungen durch die Deutung des tausendjährigen Reiches als Weltensabbat." (in Dan IV 23).[365]

Der Schlussteil der Divinae Institutiones von Lactanz bildet vielleicht den Höhepunkt des Chiliasmus im Westen: „Unter Verwendung der Prophetien des Hermes Trismegistos, des Hystaspes und der Sibyllinen (VII,16–24) gibt dieser eine drastische Darstellung des endzeitlichen Dramas von der Machtergreifung Christi, der Fesselung Satans und der Auferstehung und Herrschaft der Gerechten im tausendjährigen Reich."[366]

Der Frage, wie die Alte Kirche die Erwartung eschatologischer Machtausübung weiter tradiert, verdiente eine eigene Untersuchung, die hier nicht geleistet werden kann.

In der koptischen PetrApk findet sich ebenfalls die Vorstellung, dass die Märtyrer herrschen werden, allerdings ohne die Lehre vom 1000-jährigen Reich. Die Zeit dieser Herrschaft wird als die ersehnte Heilszeit vorgestellt: „Bis diese Märtyrer endlich regieren ..."[367].

Die von der koptischen unabhängige äthiopische PetrApk umschreibt die Rolle der Gerechten beim Gericht folgendermaßen:

---

[363] Hieronymus: Über die berühmten Männer 18; Übersetzung nach Berger/ Nord, NT, 1072.

[364] Blum, Art. Chiliasmus, 730. „Der krasse Chiliasmus wird von Tertullian allerdings selbst relativiert durch die Überzeugung, daß das Fleisch des Herrn das neue Jerusalem darstellt (Res. 26,11ff.) und jetzt schon Christus sein universales Reich auf Erden errichtet hat (Iud. 7)." (ebd.).

[365] Fitschen, Art. Chiliasmus, Sp. 138.

[366] Blum, Art. Chiliasmus, 731.

[367] 4,7; Einteilung nach Berger/ Nord; Übersetzung nach Berger/ Nord, NT, 1184.

„Dann werden Engel meine Auserwählten und Gerechten kommen lassen ... . Die Gerechten werden die sehen, die sie gehaßt haben. Denn deren Strafe wird für immer ihre Rache sein. Jeder wird nach seinen Werken Vergeltung erhalten." (Kap. 13)[368]

Die Gerechten treten hier zunächst als passive Zuschauer auf: Sie sehen ihre Peiniger. Dann aber heißt es, dass die Strafe der Übeltäter die Rache der Gerechten sein wird. Das klingt nach einer aktiven Rolle der Gerechten im Gericht. Sie scheinen an der Vergeltung nach den Werken aktiv beteiligt zu sein.

Die Differenzierung zwischen der Mitwirkung beim Gericht und der Mitwirkung bei der Herrschaft, die die aramäische Fassung von Dan 7 und Offb 20,4–6 erkennen lassen, wird in den PetrApk also fallen gelassen.

Die ApkPl kennt ebenfalls die Erwartung eines 1000-jährigen Reiches. Allerdings heißt es hier in Kap. 21: „... und dann wird der Herr Jesus Christus, der ewige König, offenbart werden und wird mit allen seinen Heiligen kommen, um darauf zu wohnen, und wird über sie tausend Jahre regieren, und sie werden essen von den Gütern, welche ich dir jetzt zeigen werde."[369] Auffällig ist hier, dass Christus allein herrscht. Die „Belohnung" besteht hier im Essen. Die christliche Tradition verband das 1000-jährige Reich also nicht durchgehend mit der Erwartung einer Mitherrschaft.

3.4.4. Die ewige Mitherrschaft der Christen im neuen Äon (22,5; vgl. 5,10; 3,20f)

In 22,5 (vgl. 5,10) weitet Johannes die aus Dan 7,18.27 übernommene und auf die Märtyrer übertragene (20,4.6) eschatologische Herrscherfunktion auf alle wahren Christen aus.

Wie konnte es zu dieser Ausweitung kommen? Die Antwort liegt wohl darin, dass für Johannes alle Christen potentielle Märtyrer sind.[370] Für seine gesamte Darstellung christlicher Existenz ist die Erfahrung prägend, dass das Bekenntnis zu Jesus Leid nach sich zieht. Denn Christen sind für ihn einerseits dadurch charakterisiert, dass sie das „Zeugnis Jesu" haben und festhalten (6,9; 12,17), andererseits dadurch, dass sie verfolgt werden und daher Gefahr laufen, den Märtyrertod erleiden zu müssen (1,9; 2,13; 20,4).[371] In 13,15 ist davon die Rede, dass alle, die das Bild des Tieres nicht

---

[368] Übersetzung a.a.O., 1178.
[369] Übersetzung Duensing/ Otero, ApkPl, NTApo 2, 657.
[370] Roose, Zeugnis, 63–65; vgl. Roloff, Offb, ZBK, 138.
[371] Eine ausführliche Erörterung zur Charakterisierung der Christen als Zeugen und Märtyrer bietet Roose, Zeugnis, 38–46.101–103.

anbeten, getötet werden. Diejenigen, die das Tier nicht anbeten, sind aber nach 13,8 gerade alle, deren Namen im Lebensbuch des Lammes aufgezeichnet sind, also alle Christen (vgl. 3,5). Indirekt wird also allen Christen der Märtyrertod angekündigt. Dabei handelt es sich um eine Spitzenaussage, denn nach 20,4–6 rechnet Johannes nicht damit, dass wirklich alle Christen den Märtyrertod erleiden werden. Aber er sieht eben in allen Christen potentielle Märtyrer. Dieser Charakterisierung entspricht die eschatologische Konzeption: Einerseits wird zwischen den Märtyrern und den übrigen Christen differenziert, im Endeffekt werden aber alle dieselbe eschatologische Funktion ausüben.[372]

In 3,21 verheißt Christus dem Sieger: „Wer siegt, dem werde ich geben, sich mit mir auf meinen Thron zu setzen, wie auch ich gesiegt habe und mich mit meinem Vater auf seinen Thron gesetzt habe". Handelt es sich bei diesem Thron um einen Richter- oder um einen Herrschaftsthron? Grundsätzlich ist beides denkbar. Denn es handelt sich ja um den einen Gottes-, Christus- und Siegerthron, und Gott wird in 20,11 als thronender Richter vorgestellt. Aber folgende Argumente sprechen dafür, dass in 3,21 an einen Herrschaftsthron gedacht ist: Christus wird in der Offb dezidiert *nicht* als *thronender* Richter vorgestellt.[373] Den Siegern (einschließlich der Märtyrer[374]) wird nicht die Richter-, sondern ausschließlich die Herrschaftsfunktion in Aussicht gestellt (20,4.6; 22,5; 5,10).

Es geht daher in 3,21 wohl nicht um die zukünftige Durchsetzung, sondern um die Gestaltung des Heils. Die Aussagen in 22,5 und 5,10 lösen die Verheißung aus 3,21 ein. Sie lassen erkennen, dass Johannes an eschatologische Herrschaft in der bereits realisierten βασιλεία denkt.

Der gemeinsame Herrschaftsthron Gottes, Christi und der Sieger ist traditionell nicht durch Dan 7 gedeckt, denn dort herrschen die Heiligen nicht von einem Thron aus (vgl. 7,18.27). Dieses Element lenkt den Blick vielmehr auf das traditionelle Logion aus Mt 19,28par. Hier wird ebenfalls das Heil von Thronen aus gestaltet. Mit der lukanischen Fassung des Logions weist Offb 3,21 insofern eine besondere Nähe auf, als sich in Offb 3,20f wie in Lk 22,28–30 die Verbindung von Mahlszene und eschatologischer Herrschaft findet. Vielleicht handelt es sich bei Offb 3,20f um eine Weiterbildung von Lk 22,28–30.[375] Aber gegenüber Lk 22,30 weist Offb 3,21 auch einige bemerkenswerte Abweichungen auf:

---

[372] Vgl. a.a.O., 38–46.
[373] S.o. unter 3.4.3.
[374] S.o. ebd.
[375] Zum Verhältnis beider Belege s.o. unter 2.1.

1) Während Lk 22,30 von mehreren Thronen spricht, nehmen die Sieger nach Offb 3,21 alle auf *einem* Thron Platz. Die Sieger erhalten also nicht je eigene Throne, sondern sie nehmen mit Christus auf dessen Thron Platz. Selbst für Christus gilt, dass er keinen eigenen Thron hat. Vielmehr setzt er sich mit seinem Vater auf dessen Thron (3,21). Diese Konzeption ist im apokalyptischen Hauptteil konsequent durchgehalten. Lediglich die Ältesten haben je eigene Throne (4,4; 11,16), nie aber ist die Rede davon, dass Gott und das Lamm je einen eigenen Thron haben. Diese Abweichung verdankt sich m.E. dem starken theozentrischen Anliegen des Sehers. Wenn schon Christus kein eigener Thron zusteht, dann schon gar nicht den Siegern, auch nicht den Märtyrern unter ihnen.

2) Während Lk 22,30 ein Objekt des Herrschens nennt, nämlich die zwölf Stämme, bleibt das βασιλεύειν der Sieger in der Offb durchweg ohne Objekt.

Johannes gießt das traditionelle Logion in die Form eines Siegerspruches. Dadurch wird die eschatologische Verheißung noch klarer als in Lk 22,28–30 an eine Bedingung geknüpft: Nur diejenigen, die siegen, werden auf Christi Thron sitzen (und herrschen). Die Zwölf sind in der Offb also nicht mehr als eschatologisches Herrschergremium verstanden. Sie fungieren im neuen Jerusalem im wahrsten Sinne des Wortes als „versteinertes Relikt" (21,14). Herrschen werden die Sieger, die wahren Christen. Daran zeigt sich ganz deutlich, dass die Zwölf keine aktuelle Bedeutung mehr für die Gestaltung der christlichen Gemeinschaft hatten.[376]

---

[376] Aufschlussreich ist auch ein Vergleich von Offb 3,21 und Mk 10,35–45. Beide Texte stellen – voneinander unabhängige – Auseinandersetzungen mit der Tradition aus Mt 19,28/ Lk 22,30 dar. Sowohl Mk 10,35–45 als auch Offb 3,21 ersetzen die verbale Herrschaftsaussage durch das Sitzen auf privilegierten Plätzen – zum einen zur Rechten und Linken, zum anderen auf Christi (=Gottes) Thron. Gemeinsam ist Offb 3,21 und Mk 10,35–45 auch, dass eine Analogie zwischen Jesus und den Christen bzw. Jesus und den Zebedaiden zum Ausdruck gebracht wird. In Offb 3,21 bezieht sich diese Analogie auf das νικᾶν – also das von den Christen geforderte Verhalten – und auf die eschatologische Belohnung: das Sitzen auf dem Thron. Denn es heißt ja: „Wer siegt (ὁ νικῶν), dem will ich geben, sich mit mir auf meinen Thron zu setzen, wie auch ich gesiegt habe (ἐνίκησα) und mich mit meinem Vater auf seinen Thron gesetzt habe." (Offb 3,21). In Mk 10 bezieht sich die Analogie auf die geforderte Bereitschaft zur Übernahme des Martyriums und auf die erbetene eschatologische Privilegierung. Die Zebedaiden können den Kelch trinken, den Jesus trinkt und sich mit der Taufe taufen lassen, mit der Jesus getauft wird. (Mk 10,38f.) Wie Jesus wollen auch sie in der Herrlichkeit (δόξα) einen Ehrenplatz einnehmen. Diese Gemeinsamkeiten lassen nun das eigene Profil beider Stellen umso deutlicher hervortreten:
In Offb 3,21 liegt der (mögliche) Märtyrertod auf einer Linie mit dem von den Christen geforderten Verhalten. Wenn sie dieses Verhalten an den Tag legen, werden sie am Ende Sieger heißen und die eschatologische Belohnung aus der Hand Jesu erhalten. Das Märtyrertum kommt also als eine Möglichkeit, die in Kauf zu nehmen ist, in den Blick. In Mk 10 hingegen liegt der Ansatzpunkt bei der Frage nach der eschatologischen Belohnung. Der Märtyrertod interessiert zunächst nur insofern, als er Bedingung für diese eschatologische Belohnung sein könnte. Diese Perspektive wird aber abgelehnt: Anders als in der Offb führt der Märtyrertod nicht zu eschatologischer Privi-

3.4.5. Die ekklesiologische Funktion
der eschatologischen Konzeption des Sehers

Johannes verarbeitet unterschiedliche Traditionen, die Heil als Machtaus-
übung über andere thematisieren: Ex 19,6 LXX; Ps 2 (LXX); Dan 7,18.27;
Mt 19,28par. Aus diesen Elementen formt er eine eigene eschatologische
Konzeption.

Im Zusammenhang mit dem den Siegern verheißenen Herrschen (20,4.6;
22,5; 5,10) ist zweierlei bemerkenswert:

1) Die Sieger herrschen nicht *über* jemanden. Ihr Herrschen bleibt vielmehr ohne Objekt. Das Fehlen eines Objekts wird z.T. dadurch bedingt
sein, dass im neuen Äon die Feinde vernichtet sind, so dass einfach
niemand mehr da ist, „über" den die Christen herrschen könnten. Allerdings ist diese Erklärung nicht ausreichend. Denn Johannes kann in
21,24.26 noch von Völkern und Königen reden, obwohl diese längst
vernichtet sind (19,19–21; 20,9). Diese logische Unstimmigkeit erklärt
sich dadurch, dass Johannes überkommene Tradition aufgreift.[377] Nun
haben wir gesehen, dass Johannes auch bei den Herrschaftszusagen auf
Tradition zurückgreift, und zwar auf Dan 7,18.27 und auf Mt 19,28*.
Bei Dan ist aber ganz deutlich davon die Rede, dass die fremden Mächte
dienen und Untertan sind. Mt 19,28* kündigt den Zwölfen die Herrschaft über die zwölf Stämme Israels an. Dieses Element lässt Johannes
bewusst weg.[378] Im Hinblick auf die Rede vom Herrschen hat der Seher
also mehr Sorgfalt walten lassen, denn von der überkommenen Tradition her hätte das „Herrschen über" nähergelegen (vgl. auch Offb 2,26–
28). Johannes muss das absolute, objektlose Herrschen also wichtig gewesen sein. Es lohnt sich danach zu fragen, warum dem so ist.

---

legierung. Jesus weist die Vollmacht, eschatologische Privilegien auszuteilen, von sich (10,40).
Mk 10 koppelt den Märtyrertod vom eschatologischen Lohn ab, um ihn anschließend in den VV
41–45 an das geforderte Verhalten anzukoppeln. Denn 10,45 schließt an die Aufforderung, Diener
und Knecht aller zu sein, eine weitere Analogie mit dem Menschensohn an: „Denn auch der Menschensohn ist nicht gekommen, um sich dienen zu lassen, sondern um zu dienen und sein Leben
hinzugeben als Lösegeld für viele." Der Tod kommt hier also wieder in den Blick und damit –
wenn man das „auch" (καί) ernst nimmt – ebenfalls der mögliche Tod der Christen als Konsequenz ihres geforderten Verhaltens – des Dienens.

Während Mk 10 also den Märtyrertod von der Frage nach dem eschatologischen Lohn ab- und
an die Frage nach dem geforderten Verhalten ankoppelt, liegen diese drei Elemente (gefordertes
Verhalten, möglicher Märtyrertod, eschatologische Belohnung) in der Offb von vornherein auf
einer Linie.

[377] Müller, Offb, ÖTK, 362.

[378] Dadurch kann Johannes die Tradition aus Dan 7,18.27 an diejenige aus Mt 19,28* annähern.
Denn beide unterscheiden sich ja wesentlich darin, dass die Herrschaft bei Dan fremden Völkern,
bei Mt 19,28* dem eigenen Volk gilt. Bei Wegfall des Objekts entfällt jedoch dieser Unterschied.

2) Obwohl die Märtyrer durch ihre Teilnahme am 1000-jährigen Reich eine besondere Auszeichnung erhalten, stehen die übrigen Christen ihnen im neuen Äon in keiner Weise nach. Hier nehmen die Märtyrer keine Ehrenplätze mehr ein, sondern für alle gilt gleichermaßen: Sie werden herrschen (22,5).

Beide Aspekte kommen darin überein, dass sie die Entstehung einer „eschatologischen Hierarchie" vermeiden: Im neuen Äon gibt es keine Beherrschten und keine besonders Privilegierten, keine Bürger sondern nur noch Herrschende.[379] Diese Beobachtung führt zu der Frage, welche ekklesiologische Funktion die Konzeption übernehmen konnte bzw. sollte.

Dazu gilt es zunächst zu klären, was wir über die Adressatengemeinden der Sendschreiben wissen. Überprüft man die Offb auf Aussagen, die Aufschluss über die Verhältnisse in diesen Gemeinden geben können, so fällt auf, dass – abgesehen von Propheten – keine Amtspersonen in den Blick kommen. Andere Schriften zeigen jedoch, dass es zur Zeit des Johannes Amtsträger in den Gemeinden gegeben haben muss (Apg 20,17; IgnEph). Dieser Befund zwingt zu der Annahme, dass es sich bei der vom Seher angedeuteten Gemeinde-Idee nur mehr um eine „Fiktion" handelt.[380] U.B. Müller hat diesbezüglich die ansprechende weiterführende These geäußert: Der Seher *ignoriert* die bestehenden Gemeindeordnungen. Wenn er die Sendschreiben an die „Engel" der jeweiligen Gemeinden richtet, so „wollte [er] wohl vermeiden, sich an die faktisch existierenden irdischen Vertreter, die Presbyter oder den Bischof, zu wenden"[381]. Johannes wendet sich also bewusst von den Herrschenden ab. Das gilt nicht nur für die fremden Herrscher, die er geradezu dämonisiert (vgl. Offb 17f), sondern auch – und das ist bemerkenswert – für die Herrschenden in den eigenen Reihen, nämlich die Gemeindeleiter. Die bewusste Umgehung der irdischen Leiter zeigt, dass Johannes sich von den bestehenden ekklesiologischen Verhältnissen, wie sie sich in den einzelnen Ortsgemeinden herausgebildet haben, distanziert.[382]

---

[379] Während also für den historischen Jesus gilt, dass er einer zu starken eschatologischen Hierarchie dadurch entgegenwirkt, dass er die βασιλεία auch als großes Gastmahl beschreibt, verfolgt Johannes dasselbe Ziel, indem er die Herrschaftsvorstellung selbst modifiziert.

[380] Bornkamm, Art. πρέσβυς κτλ., 669f; zur abweichenden These von Satake, Gemeindeordnung, 193 vgl. die kritische Auseinandersetzung von Holtz, Rezension, Sp. 264.

[381] Müller, Theologiegeschichte, 34; ihm folgen Klauck, Sendschreiben, 141 Anm. 94 und Roose, Zeugnis, 170f.

[382] Eine ähnliche Distanz zu bestehenden Verhältnissen zeigt sich in dem Ideal sexueller Askese, das Johannes entgegen den Gepflogenheiten der Gemeindemitglieder vertritt (vgl. 2,14.20; 14,4.8; 17,1–6; 18,3.9; 19,2). (vgl. zu dieser Problematik ausführlich Roose, Zeugnis, 167ff). Der Seher schildert die Gemeinde in 14,4 mit Begriffen, „die *seinem* Ideal von Christsein entsprechen, ohne daß alle Christen in Wirklichkeit Asketen waren" (Müller, Offb, ÖTK, 263; Hervorhebung im Original; vgl. schon Müller, Theologiegeschichte, 35f).

Die Ablehnung der bestehenden ekklesiologischen Organisationsformen aufgrund von Idealen aus der Wanderprophetie kann die besondere Ausprägung der Vorstellung vom Heil als Machtausübung, wie die Offb sie zeigt, im Hinblick auf ihre ekklesiologische Funktion erklären. Johannes wendet sich von den irdischen Leitern (Herrschern) ab – und spricht den Siegern eschatologische Herrschaft zu. Wenn die eschatologische Herrschaft außerdem ohne Hierarchie auszukommen scheint, so liegt die Vermutung nahe, dass Johannes mittels dieser Konzeption indirekte Kritik an den Leitern der Gemeinden – vielleicht auch an jeglicher Form hierarchischer Führung – üben wollte. Der Seher dämonisiert die fremden und umgeht die eigenen Herrscher und stellt seinen Adressaten kontrastiv eine eschatologische Gesellschaft in Aussicht, in der es nur noch Herrschende geben wird.

Mit Johannes begegnet uns damit ein Wanderprophet.[383] Nun lässt – wie gesehen – das MtEv erkennen, dass die dortigen Wanderpropheten eschatologische Herrschaft als Sonderlohn für ihre Besitzlosigkeit beanspruchten.[384] Um so mehr fällt auf, dass Johannes die Erwartung eschatologischer Herrschaft „demokratisiert". Nicht (nur) die Wanderpropheten, sondern die standhaften Sieger werden im Eschaton zur Belohnung die wahren Herrschenden sein. Allerdings lässt er über die (sesshaften) Gemeindeleiter kein Wort verlauten. Insofern wirft das Eschaton seine Schatten voraus. Denn schon jetzt gilt, dass die weltlichen Herrscher im Prinzip besiegt sind und die irdischen Leiter als Herrschende keinerlei Anerkennung verdienen.

Darüber, wie diese Konzeption auf die sesshaften Gemeindeleiter gewirkt haben mag, können wir nur spekulieren. Vielleicht bezogen sie die Zusage eschatologischer Herrschaft durchaus exklusiv auf sich.

Die idealisierende Begrifflichkeit, die Johannes in Verbindung mit der Gemeindeordnung und den sexuellen Umgangsformen benutzt, lässt darauf schließen, dass er aus einem sozialen Umfeld stammt, in dem sexuelle Askese und prophetische Ideale gelebt wurden. Diese Kombination weist in das Milieu des prophetischen Wanderradikalismus, der wohl in Syrien-Palästina verbreitet war (vgl. Mt 10,37f/ Lk 14,26f; Mt 19,2; Did 11,11). (Roloff, Offb, ZBK, 149; Roose, Zeugnis, 171–174.). Dass diese Bewegung des Wanderradikalismus nicht auf Syrien/ Palästina beschränkt blieb, sondern auch Kleinasien berührte, zeigt neben der Offb auch 1Tim 4,3 (Roose, Zeugnis, 173; Holtz, Pastoralbriefe, ThKNT, 101; Jeremias, Timotheus, NTD, 30f). Bei Johannes handelt es sich also wahrscheinlich um einen Wanderpropheten, der aus Syrien/Palästina nach Kleinasien eingewandert ist. (Zur weiteren Diskussion der Wanderprophetie, insbesondere im Zusammenhang mit der Didache, vgl. Harnack, Geschichte II; Knopf, 30f.34; Schüssler-Fiorenza, Apokalypsis, 144; Niederwimmer, Didache, KAV, 205.218; Boring, Sayings, 59; Wengst, Didache, 40.).

[383] „Der Johannesapokalyptiker als durch Kleinasien wandernder Prophet, der kein Amt in einer Ortsgemeinde innehat; diese sozialgeschichtliche Bestimmung macht auch plausibel, warum das von der Johannesapokalypse intendierte Bild von Gemeinde so bruderschaftlich ausfällt; warum die Ekklesiologie an der Amtshierarchie vorbeigeht." (Lampe, Apokalyptiker, 111).

[384] S.o. unter 3.3.2.

Dieses Ergebnis lässt sich durch einen Vergleich mit dem Hirten des Hermas und mit dem 1Petr, der in gewisser Hinsicht ein Pendant zur Offb darstellt, noch schärfer profilieren.

3.4.6. Zum Vergleich: Die Märtyrer und die Presbyter im „Hirten des Hermas"

Der Hirt des Hermas[385] unterscheidet in der dritten Vision zwei Gruppen von Christen: Die eine Gruppe darf auf der rechten Seite der Bank Platz nehmen, die andere muss mit der weniger ehrenvollen linken Vorlieb nehmen (3,1,9). Die erste Gruppe wird explizit benannt: Es handelt sich bei ihr um die Märtyrer. Schwieriger ist die Bestimmung der zweiten Gruppe. In der Vision nimmt zunächst Hermas auf der linken Seite Platz (3,2,4). In 3,2,1 wird dann zwischen den Märtyrern und den „anderen", für die die linke Seite bestimmt ist, unterschieden. Da keine genaueren Angaben zu dieser Gruppe folgen, liegt es nahe, hier pauschal alle Christen, die keine Märtyrer sind, zu verorten. Welche Vorstellung liegt dieser Vision zugrunde?

Wie in Mk 10,35–45 gilt auch hier, dass der linke Platz nicht völlig abgewertet wird. Vielmehr gilt: „Aber beide, die auf der rechten Seite sitzen und die auf der linken, erhalten dieselben Gaben und dieselben Verheißungen. Nur die ersteren allerdings sitzen auf der Rechten und haben eine Art Ehrenstellung." (3,2,1)[386] Es fällt auf, dass das Sitzen zur Rechten als Ehrenstellung expliziert wird.[387] Der Hirt des Hermas folgt enger dem Topos, dass die Märtyrer zur Rechten sitzen.[388] Von einer Funktion ist nicht die Rede.

Beiden Gruppen, derjenigen zur Rechten – also den Märtyrern, und derjenigen zur Linken – also den übrigen Christen, werden „dieselben Gaben und dieselben Verheißungen" zugesprochen (3,2,1). Aber die Märtyrer haben „eine Art Ehrenstellung" (3,2,1). Demnach gibt es also zwei Stufen der Vollkommenheit[389]: eine höhere für die Märtyrer und eine niedrigere für die übrigen Christen. Innerhalb der Gruppe der übrigen Christen wird aller-

---

[385] „Hermas vertrat mit seinem Denken deutlich weite Teile des Gemeindechristentums – nicht nur in Rom." (Lampe, Christen, 200; zu Person des Hermas, vgl. 182–200).

[386] Hermas versucht hier anscheinend den Spagat zwischen einem Sonderlohn für Märtyrer und dem gleichen Lohn für alle Christen. Das Verfahren erinnert ein wenig an Mt 19,16–20,34 (s.o. unter 3.3.2.).

[387] Von hier aus ist das Thema des Abschnitts zu bestimmen. „Es geht bei der Diskussion um die Sitzordnung mitnichten um Hermas' Anerkennung als Prophet (gegen Wilson, Career) als vielmehr um die Ehrenstellung der Märtyrer!" (Lampe, Christen, 199).

[388] Vgl. kopt ApkEl 37.

[389] Brox, Hirt, KAV, 115.

dings schon vorher mithilfe eines anderen Bildes differenziert. Denn zunächst geht es nicht um die Frage, *wo* Hermas sich setzen darf, sondern
wann, genauer gesagt: ob vor oder nach den Presbytern. Die 3. Vision kennt
also noch ein zweites Kriterium, um die Ehre einer bestimmten christlichen
Gruppe zum Ausdruck zu bringen. Die Bitte des Hermas, dass sich zuerst
die Presbyter setzen dürfen, wirkt insofern konstruiert, als sie gar nicht anwesend sind und auch im weiteren Verlauf keine Rolle mehr spielen. Hier
steht der Wunsch Pate, das Verhältnis des Hermas zu den Presbytern thematisieren zu wollen. Dieses Verhältnis wird so beschieden, dass die Alte
Hermas den Presbytern vorordnet: Er soll sich zuerst setzen (3,1,8). Da die
Alte hier korrigierende Funktion hat, selbst aber nicht korrigiert wird, ist sie
es wohl, die die Meinung des Verfassers wiedergibt. Der Status des Hermas
wird also nach zwei Seiten hin bestimmt: Er wird den Presbytern über-, den
Märtyrern untergeordnet. Daraus ergibt sich – auch wenn dies nicht explizit
gesagt wird – dass die Presbyter den Märtyrern untergeordnet werden. Sie
sind – zusammen mit Hermas – auf der linken Seite der Bank zu verorten.[390]
  Worin liegt nun die Pointe der Vision? Im Blick auf Hermas und die
Märtyrer liefert die dritte Vision selbst die Antwort: Als Hermas traurig auf
die deutliche Zurücksetzung reagiert, wird er von der Alten mit den Worten
getröstet: „Aber bleibe bei deiner Lauterkeit, wie du es tust. Dann wirst du
bei ihnen sitzen wie alle, die dieselben Taten vollbringen wie sie, und das
aushalten, was auch sie ausgehalten haben." (3,1,9). Hermas soll also dazu
motiviert werden, sich so zu verhalten wie die Märtyrer.[391]
  Im Blick auf Hermas und die Presbyter ist allein aufgrund der dritten Vision kaum zu entscheiden, worauf die Vorordnung des Hermas zielt, denn
zu schnell verschwinden die Presbyter wieder von der Bildfläche. Berücksichtigt man das ganze Buch, so gilt: „Es gibt nirgends im PH eine Auseinandersetzung oder Polemik zwischen Amt (Presbyter), Prophet, Märtyrer
und ‚Sonderbotschafter' ..."[392] Besonders aussagekräftig ist Vis 2,4,3, wo
Hermas die Anweisung erhält: „Du selbst sollst sie [die Abschriften des
kleinen Buches, das die Offenbarungen enthält] in dieser Stadt mit den
Presbytern vorlesen, die die Kirche leiten." Das μετά meint hier nicht „an
die Presbyter" oder „vor den Ältesten"[393], sondern „zusammen mit den

---

[390] Ähnlich Goguel, Église, 153f, der die Hierarchie Märtyrer, Propheten, Presbyter etabliert.
Die Vorordnung der Märtyrer vor die Presbyter ist eindeutig. Umstritten ist, ob Hermas sich als
Propheten angesehen hat; vgl. dazu Wilson, Career, 34f; anders Lampe, Christen, 198f, Reiling,
Hermas, 5–26; ablehnend Brox, Hirt, KAV §2.
[391] Brox, Hirt, KAV, 114f.
[392] A.a.O., 115.
[393] Gegen Wohlenberg, Bilder, 957.

Presbytern"[394]. Diese Anweisung lässt darauf schließen, dass Hermas seine Botschaft in Übereinstimmung und Zusammenarbeit mit den Leitern der Gemeinde vortragen soll. In diesen Rahmen ist Vis 3,1,8 einzuzeichnen. Dort hatten wir gesehen, dass Hermas dazu motiviert werden soll, sein Verhalten am Ideal der Märtyrer auszurichten. Im Blick auf die Presbyter dürfte dann gemeint sein, dass sie ihr Verhalten an Hermas ausrichten, sprich, dass sie ihn bei seiner Verkündigung unterstützen sollen.

Vergleichen wir nun diese Konzeption mit derjenigen der Offb: Wir haben gesehen, dass die Offb die weltlichen Herrscher dämonisiert und die Leiter der Gemeinden ignoriert. Kontrastiv entwirft das Buch die Vision vom eschatologischen Herrschen, das im Einklang mit Gott/ Christus steht und keine Hierarchie kennt. Insofern vollzieht Johannes nicht nur eine Abkehr von den weltlichen Herrschern, sondern auch von den Herrschaftsstrukturen in den Gemeinden.

Im Hirt des Hermas hingegen finden wir keinen eschatologischen Gegenentwurf. Die 3. Vision schaut nicht in einen „Neuen Äon". Im Gegenteil: Hier geht es um innerkirchliche Sitzordnung, also Rangfolge[395], nicht um ein eschatologisches „Endstadium". Denn Hermas nimmt einerseits bereits auf der linken Seite Platz, andererseits wird ihm in Aussicht gestellt, dass er noch auf die „bessere" Seite hinüberwechseln kann, wenn er das aushält, „was auch sie [die Märtyrer] ausgehalten haben" (3,1,9). Bei den Presbytern ist wohl an die derzeit amtierenden gedacht. Die Märtyrer gehören – obwohl bereits gestorben – zur Kirche, und zwar stehen sie an erster Stelle.[396] Die dritte Vision legt also die derzeitigen Vollkommenheitsstufen offen und stellt dabei die Märtyrer als das Ideal dar, dem es nachzueifern gilt. Es werden weder konkurrierende hierarchische Ansprüche gegeneinander gestellt, noch wird – wie in der Offb – die Hierarchie als solche hinterfragt. Während die Offb die Presbyter bzw. Gemeindeleiter bewusst ausblendet, gliedert der Hirt des Hermas sie ausdrücklich in die Hierarchie ein. Während Johannes sich von den Herrschenden abwendet und den Siegern die eschatologische Herrschaft zuspricht, geht es beim Hirt des Hermas nicht um eine Umverteilung der Funktionen, sondern um die Zuteilung der

---

[394] Brox, Hirt, KAV, 107. Zur Philologie des μετά vgl. Hilhorst, Sémitismes, 102f. Allerdings gilt auch: „Hermas' Selbstbewusstsein gegenüber den Presbytern ist erstaunlich. Er erlaubt sich, ihnen die Leviten zu lesen (Vis III 9,7–10; Sim IX 31,6 u.ö.), ja droht ihnen an, sie den Giftmischern zu vergleichen, wenn sie nicht ihr Gezänk untereinander einstellten (Vis III 9,7). ... Wenn Vis III 1,8 ihm erlaubt, noch vor den Presbytern Platz zu nehmen, mag sich darin tatsächlich eine Konkurrenzsituation zwischen ihm und den Presbytern spiegeln – aber kaum in dem von Wilson beschriebenen Sinne." (Lampe, Christen, 199).

[395] Mit Brox, Hirt, KAV, 114, gegen v. Campenhausen, Idee, 108.

[396] Brox, Hirt, KAV, 540.

jeweils angemessenen „Ehre". Eine Kritik daran, wie die Leiter ihre Funktionen in der Kirche wahrnehmen, ist nicht zu spüren.

Dass es sich bei der dritten Vision des Hermas nicht um eine eschatologische handelt, wird auch daran deutlich, dass nicht Christus die Plätze vergibt (vgl. Offb 2,26–28; 3,21), sondern die Alte diese Rolle übernimmt. Es handelt sich hier eben nicht um einen neuen Himmel und eine neue Erde, sondern lediglich um die Verdeutlichung bestehender Verhältnisse.

Bei allen Unterschieden darf jedoch das Verbindende nicht übersehen werden: Die Bereitschaft zum Martyrium wird in beiden Schriften hochgeschätzt und mit einer besonderen Belohnung verknüpft. Doch während die Offb in ihrer Radikalität nur denen Einzug in den neuen Äon gewährt, die, da sie im Buch des Lebens aufgezeichnet sind, in (tödlichen) Konflikt mit dem Staat geraten (Offb 13,8.15; 20,15), so dass es am Ende nur „eine Sorte" von Christen gibt, differenziert der Hirt des Hermas zwischen mehreren christlichen Gruppen.

Abschließend ist noch ein vergleichender Blick auf Mk 10 zu werfen. Wie gesehen will Mk 10 das Martyrium gerade nicht als Bedingung für besondere Ehre verstanden wissen. Während Mk 10 zwischen Märtyrern und übrigen Christen ausgleichen will, setzt der Hirt des Hermas die Märtyrer als paränetisches Ideal an die Spitze. Dadurch entsteht eine klare Hierarchie: erst die Märtyrer, dann die übrigen Christen. Immerhin heißt es, dass alle „dieselben Gaben und dieselben Verheißungen" erhalten (3,2,1). Dieser Zug betont bei aller Hierarchie die Zusammengehörigkeit der Christen. Während Mk 10 also im Dienste der Einheit der Christen eine Privilegierung der Märtyrer rundweg ablehnt, hält der Hirt des Hermas es anscheinend immerhin für notwendig, im Zusammenhang mit der Vorordnung der Märtyrer auf das, was alle verbindet, hinzuweisen.

Ein letzter Punkt ist von besonderem Interesse: Die dritte Vision stellt keine eschatologische Vision dar. Vielmehr sollen die derzeit bestehenden hierarchischen Verhältnisse zwischen den christlichen Gruppen in der Kirche aufgedeckt werden. Die Märtyrer bilden dabei – obwohl sie bereits gestorben sind – einen Teil der Kirche. In Mk 10 hingegen geht es um das Sitzen ἐν τῇ δόξῃ σου – was eschatologisch zu verstehen ist. Dennoch schlagen die VV 41–45 den Bogen zum Zusammenleben der Gemeinde. Beide Aspekte sind also in ein enges Verhältnis gesetzt. Historisch könnte das damit zusammenhängen, dass Johannes der Zebedaide als Bruder eines Märtyrers in hohem Ansehen stand (so dass Mk 10 seinen Einfluss zurückdrängen will). Der Hirt des Hermas zeigt, dass Märtyrer als Teil der Kirche angesehen werden konnten und deshalb einen festen Platz in der Gemeindehierarchie zugewiesen bekamen. Ob dieser Vorstellungshorizont bereits hinter Mk 10 steht, kann nur vermutet werden, würde aber erklären, warum die Frage nach den Ehrenplätzen der Märtyrer als bedeutsam für das Zusammenleben in der Gemeinschaft angesehen wurde.

3.4.7. Zum Vergleich: Die Exodusformel im ersten Petrusbrief

Der 1Petr ist aller Wahrscheinlichkeit nach in örtlicher und zeitlicher Nähe zur Offb entstanden.

Für die Offb nehme ich – mit der Mehrheit der Forschung – eine Entstehung in Kleinasien in der Zeit Domitians an.[397] Beim 1Petr[398] ist umstritten, „ob 1Petr mit dem ‚Leiden‘ auf eine historisch identifizierbare bestimmte Verfolgungsmaßnahme der staatlichen Behörde anspielt, die uns auch anderweitig bekannt ist (nämlich unter Nero 54–68, Domitian 81–96 oder Trajan 98–117)"[399]. Brox lehnt diese These ab. Er sieht hinter dem 1Petr die „‚Alltagssituation‘ der frühen Kirche"[400]. In der Tat ist im 1Petr – insbesondere im Vergleich zur Offb – auffällig, dass der Staat, dessen Dämonisierung Johannes ganze Kapitel widmet (Offb 17f), stark zurücktritt. Allerdings kommen auch im 1Petr einzelne staatliche Aktionen in den Blick. Denn „in 4,15f. ist das Leiden als Konsequenz richterlicher Verurteilung begriffen, das die Adressaten um des Christseins willen treffen kann"[401]. Das heißt: „Erklärbar sind die ... Beobachtungen aber dann, wenn der Verfasser vom ‚inoffiziellen‘ Problem der Adressaten mit ihrer nichtchristlichen Umwelt weiß und zugleich – vielleicht aus Einzelfällen – weiß, daß dieses Problem durchaus offizielle Folgen haben kann, auch die, nur um des Christseins willen zum Tod verurteilt werden zu können."[402] Damit sind wir – wie auch in der Offb – auf die Situation, die im Reskript Trajans an Plinius greifbar wird, verwiesen. Die Zurückhaltung, mit der der 1Petr die

---

[397] Z.B. Müller, Offb, ÖTK, 40–42.

[398] Grundsätzlich ist bei dieser Frage m.E. von der literarischen Einheitlichkeit des Briefes auszugehen. Denn die forschungsgeschichtlich sehr gewichtige These von Perdelwitz (Mysterienreligion), nach der 1Petr in 1,3–4,11 eine andere Situation reflektiere als in 4,12ff, scheitert methodisch an folgender Beobachtung: „Wenn große Teile wie ... 1,3–4,11 und 4,12–5,11 isoliert worden sind, hat man es innerhalb ihrer noch einmal mit demselben Befund von ‚Uneinheitlichkeit' zu tun (z.B. innerhalb der vermeintlichen Taufrede im Appell an die Loyalität gegen den Staat 2,13–17 und die Haustafel 2,18–3,7). Die Teile als einheitliche Formulare einer Rede, Homilie oder Liturgie zu erklären, ist nicht plausibler, als das ganze Schreiben als einen einheitlichen ‚Brief‘ zu nehmen." (Brox, 1Petr, EKK, 35).

[399] A.a.O., 24.

[400] „Das also gibt der 1Petr mit Sicherheit und ausdrücklich zu erkennen, daß die Christen seiner Zeit in ihrer Besonderheit ‚als Christen' (4,16) und wegen ihrer Weigerung, weiterhin die ‚Mitläufer' ihrer Zeitgenossen in deren Verhaltensweisen zu sein (4,4), in andauernde und ernsthafte Gefahr kamen. Und zwar sind es eindeutig nicht die Behörden, nicht der Staat, die da ‚schmähen' und verleumden und ‚leiden' lassen, sondern es sind die Mitmenschen der jeweiligen Umgebung ... . Der Brief erklärt sich hinreichend aus dieser ‚Alltagssituation‘ der frühen Kirche. Nichts im Brief weist über sie hinaus ..." (Brox, 1Petr, EKK, 29–30).

[401] Reichert, Praeparatio, 73.

[402] A.a.O., 75–76. So folgert auch Goppelt (1Petr, KEK, 58) aus seinem exegetischen Befund.

Gefährdung durch den Staat anklingen lässt, könnte darauf hindeuten, dass der Brief nicht – wie die Offb – in die Zeit Domitians zu datieren ist, sondern unter Trajan verfasst wurde. Denn während unter Domitian der Kaiserkult vorangetrieben wurde, ließ Trajan sich nicht als Gott verehren.[403] Die Konfrontation von Christen und Nicht-Christen hielt dennoch an.[404] Aber der Kaiserkult als Stein des Anstoßes ist in der Zeit erheblich entschärft. Der 1Petr lässt von der Problematik des Kaiserkultes nichts erkennen. Daher erscheint mir eine Datierung des Briefes in die Zeit Trajans am plausibelsten.[405]

Zwischen der Offb und dem 1Petr finden sich bemerkenswerte motivische Berührungspunkte: Christus wird als „Lamm" bezeichnet (Offb 5 u.ö.; 1Petr 1,19)[406], die Chiffre „Babylon" taucht auf (Offb 17;18; 1Petr 5,13)[407] und – für unseren Zusammenhang besonders wichtig – auch der 1Petr greift die Exodusformel auf. Die Art und Weise, wie das geschieht, unterscheidet sich dabei deutlich von der Offb.

Der Bedeutung der Exodusformel[408] im 1Petr haben Elliott, Schüssler-Fiorenza und Feldmeier ausführliche Untersuchungen gewidmet. Bedeutsam ist dabei Folgendes: Während die Offb den Aspekt des Königtums auszieht und die Herrschaft der Märtyrer, Sieger und Christen betont, spielt diese Thematik im 1Petr keine Rolle.[409] Warum zeigt der 1Petr, obwohl er die Exodusformel aufgreift, kein Interesse am Königtum bzw. am Herrschen der Christen?

Hier bietet es sich an, die Ergebnisse zur Offb als Folie zu verwenden. Dort hatten wir festgestellt, dass die Offb die weltlichen Herrscher dämonisiert und die Leiter der Gemeinden ignoriert. Kontrastiv entwirft das Buch

---

[403] Bemerkenswert ist in diesem Zusammenhang, dass Plinius von Apostaten verlangt, die Götter und des Kaisers Bild anzurufen (5). In seiner Antwort greift Trajan nur das Opfer für die Götter auf (2), scheint also ein Opfer vor seinem Bild nicht für notwendig zu halten.

[404] Das Reskript markiert keine generelle Trendwende in der staatlichen Behandlung des Christentums. Trajan eröffnet sein Schreiben mit dem Lob: „Du hast, mein Secundus, als du die Fälle derer untersuchtest, die bei dir als Christen angezeigt wurden, ein völlig korrektes Verfahren eingeschlagen." (1) Das heißt: „Trajans Schweigen hinsichtlich des Kaiserbildes beim Opfertest [ändert] für Apostaten nichts an seiner die Strafbarkeit des Christen an sich bestätigenden Antwort." (Reichert, Praeparatio, 83).

[405] Mit Reichert, a.a.O., 78.

[406] Die Begriffe variieren allerdings. Während die Offb das Wort ἀρνίον benutzt, steht im 1Petr für Lamm ἀμνός.

[407] Die Bedeutung dieser Chiffre ist im 1Petr allerdings umstritten. Sie scheint im Vergleich zur Offb mit weniger Polemik beladen zu sein. (vgl. Galling/ Altauer, Art. Babylon, Sp. 1131; Elliott, Home, 48: „The terms *diaspora* (1:1) and *Babylon* (5:13) indicate the similar condition of both Christian addressees and authors." (Hervorhebungen im Original).

[408] Mit der Exodusformel ist die Aussage aus Ex 19,6a („Ihr sollt mir ein Königreich von Priestern werden und ein heiliges Volk.") in ihren unterschiedlichen Übersetzungen und Textvarianten gemeint (vgl. Schüssler-Fiorenza, Priester, 78–112).

[409] „Such a theory of participation of the believers in the royalty and priesthood of Jesus Christ is not to be found in 1P ..." (Elliott, Elect, 170; vgl. jetzt ders., 1Petr, AncB, 420f.444–448).

die Vision vom eschatologischen Herrschen, das im Einklang mit Gott/ Christus steht und keine Hierarchie kennt. Zur Beurteilung der Verwendung der Exodusformel im 1Petr ist zunächst die Berücksichtigung des Kontextes aufschlussreich. Denn 1Petr 2,1–10 bildet die Grundlage für den anschließenden paränetischen Block 2,11– 3,17.[410] Gefordert wird gesellschaftlich anerkanntes Wohlverhalten (2,12; 3,1). Das aber heißt: Der ungläubigen Welt wird „Kompetenz im moralischen Urteil zugesprochen"[411]. Die Haustafeln zielen auf eine positive Wirkung nach „außen". An diesem Punkt wird der Unterschied zur Zielsetzung der Offb deutlich: Während die Offb auf eine radikale Abgrenzung von der durch und durch korrumpierten Welt (vgl. Offb 17;18) setzt, ist der 1Petr darauf bedacht, dass die Welt einen positiven Eindruck von den Christen hat. Dann aber kann es nicht im Interesse des Verfassers des 1Petr liegen, die Exodusformel als Grundlage für eine Konzeption vom eschatologischen Herrschen zu verwenden, die sich als Gegenbild zum weltlichen Herrschen versteht. Die eschatologische Zukunft der Christen wird im 1Petr recht unbestimmt mit δόξα beschrieben (5,10). Nirgends ist von einer eschatologischen Funktion der Gläubigen die Rede. Das „Königtum", das ihnen in der Exodusformel zugesprochen ist, wird eschatologisch nicht ausgezogen.

In der Offb ist das eschatologische Herrschen ein Herrschen ohne Hierarchie. Diese Vision setzt Johannes in der Gegenwart bereits dergestalt um, dass er die weltlichen Herrscher dämonisiert und die Gemeindeleiter ignoriert. Ganz anders der 1Petr: Sein Verfasser ermahnt die Gemeindeleiter zum rechten Umgang mit der Macht (5,1–4). Sofern sie dieser Aufforderung nachkommen, wird speziell ihnen die „Krone der Herrlichkeit" in Aussicht gestellt (5,4) – eine für Johannes undenkbare Vorstellung. Nun verheißt der 1Petr zwar auch den übrigen Christen ewige Herrlichkeit in Christus Jesus (5,10), so dass man fragen könnte, worin überhaupt der inhaltliche Unterschied zwischen dieser Verheißung und der Verheißung an die Ältesten besteht. Aber der springende Punkt ist der, dass der Verfasser des 1Petr sich nicht scheut, speziell den Leitern eine Verheißung zuzusprechen, die er mithilfe von Herrschaftsinsignien formuliert, während im Zusammenhang mit den Christen von Kronen keine Rede ist (vgl. dagegen Offb 2,10!). Es hat zumindest den Anschein, als verlängere der Verfasser unkritisch (vielleicht sogar unbewusst) die bestehende Hierarchie ins Eschaton. Dass der Verfasser das hierarchische Gefüge der Gesellschaft und der Gemeinde stützt, belegen die Haustafeln.[412] Hier zeigt sich, dass der

---

[410] Zur Abgrenzung vgl. Roose, Zeugnis, 24f.
[411] Feldmeier, Fremde, 190 Anm. 82.
[412] Zur Bedeutung der Haustafeln vgl. Schrage, Ethik, 1–22; Balch, Wives, 1–114; Schelkle, Petr, HThK, 96–98; Schweizer, Kol, EKK, 159–164; Prostmeier, Handlungsmodelle, 181–326;

Verfasser des 1Petr seinen Standpunkt *innerhalb* der Gemeindestrukturen hat und stabilisierend auf sie einwirken möchte. Johannes hingegen blickt – obwohl er gut mit den angeschriebenen Gemeinden vertraut ist – stärker von außen auf sie und kommt so zu einer viel grundlegenderen Kritik an den bestehenden Verhältnissen. Diese unterschiedlichen Standpunkte erklären sich wohl dadurch, dass Johannes als Wanderprophet von Syrien nach Kleinasien eingewandert ist und dort vor seiner Gefangennahme von Gemeinde zu Gemeinde zog, während der Verfasser des 1Petr stärker in seine Gemeinde eingebunden scheint. Diese Vermutung würde immerhin gut zu der Beobachtung passen, dass Johannes sich das eschatologische Herrschen ohne Hierarchie vorstellt und die bestehenden Hierarchien scharf kritisiert bzw. ignoriert, der Verfasser des 1Petr hingegen die bestehenden Hierarchien akzeptiert. Die Frage des Herrschens ist für ihn nur im Hinblick auf das „Wie" (5,1–4), nicht aber grundsätzlich von Interesse, so dass eine e-schatologische Verheißung ohne dieses Konzept auskommt.

Diesen Unterschieden in der Verwendung der Exodusformel entsprechen Unterschiede in der Christologie der beiden Schriften. Während Christus in der Offb mit den Märtyrern (20,6) und dann allen Christen (22,5) herrscht und als das erhöhte Lamm derjenige ist, der mit Gott auf seinem Thron sitzt und gegen die Könige der Erde kämpft (17,14), ist Christus im 1Petr durch das Schema „Leiden – Herrlichkeit" charakterisiert (1,11). In seinem Leiden ist Christus Vorbild für die Christen (2,21) und analog seinem Schicksal erwartet die Christen nach ihrem Leiden ewige Herrlichkeit (5,10).[413] Die Sieger der Offb hingegen werden (mit Christus) herrschen (5,10; 20,6; 22,5).

Es bleibt abschließend zu klären, welche positive Funktion die Exodusformel im 1Petr hat. Da allerdings schon deutlich geworden ist, dass die Formel in diesem Brief nicht im Dienste des συμβασιλεία-Motivs steht, soll diese Funktionsbestimmung knapp ausfallen.

Die Formel ist im Kontext der zentralen Kategorie der Fremde zu sehen. Dieses Fremdsein wird nicht primär aus dem Widerspruch zur Gesellschaft bestimmt – wir haben ja gesehen, dass die Paränese auf Anerkennung durch die Welt zielt. Vielmehr bewahrheitet sich im Fremdsein die Zugehörigkeit Gottes zu seinem Volk.[414] Die Exodusformel bezeugt die Erwählung der

---

Fiedler, Art. Haustafel, Sp. 1063–1073; Schüssler-Fiorenza, Memory, 251–279; Elliott, 1Petr, AncB, 503–511.

[413] Zur Christologie des 1Petr vgl. Schweizer, Christologie; Krafft, Christologie; im Vergleich zur Christologie der Offb vgl. Roose, Zeugnis, 20–26.

[414] Feldmeier, Fremde, 178.

Christen. Umstritten ist, ob der Verfasser darüber hinaus das Priestertum der Gemeinde unterstreichen wollte.[415]

3.4.8. Zusammenfassung und Weiterführung

Mit der Offenbarung des Johannes begegnet uns die Perspektive eines Wanderpropheten auf die Frage eschatologischer Herrschaft (vgl. MtEv!). Die Offb beschreibt ausführlich die Ereignisse, die zur Durchsetzung des Heils führen werden und blickt danach weiter auf die Verhältnisse im „neuen Äon". Für jeden „Akt" des eschatologischen Dramas ist gesondert danach zu fragen, welche Rolle die Christen spielen. Generell greift Johannes auf die Traditionen aus Ex 19,6 LXX, Ps 2, Dan 7,18.27 und Mt 19,28/ Lk 22,28–30 zurück und formt daraus seine eigene Konzeption von der eschatologischen Mitherrschaft der Christen.

In der leidvollen Gegenwart versucht Johannes einerseits, den angefochtenen Christen Trost zu spenden, andererseits will er denjenigen, die sich schon im Besitz des eschatologischen Heils wähnen, den eschatologischen Vorbehalt einschärfen. Diese doppelte Zielsetzung ist u.a. an seiner Konzeption vom Heil als Machtausübung ablesbar. Zum einen sorgen die aufgrund ihrer standhaften Haltung getöteten Zeugen dafür, dass die festgelegte Zahl an Märtyrern, die das eschatologische Maß bestimmt, schneller erreicht wird, so dass die Heilswende früher erfolgt (6,9–11). Zum anderen greift Johannes zur eschatologischen Charakterisierung der Gegenwart auf die Tradition aus Ex 19,6 LXX zurück. Johannes ist dabei v.a. an der Aussage interessiert, dass die Christen zum Königreich eingesetzt sind. Ihnen wird ein zukünftiges Herrschen in Aussicht gestellt (5,10; 22,5). Johannes differenziert damit zwischen einem gegenwärtigen Zustand, der darin besteht, dass die Christen zu einem Königreich und Priestern eingesetzt sind (Status), und der Verheißung, dass sie im neuen Äon herrschen werden (Funktion).

Über die Mitwirkung der Sieger beim zukünftigen Heiligen Krieg äußert sich Johannes widersprüchlich: In 2,27 stellt er eine aktive Mitwirkung in Aussicht, in 19,15 (und 12,5) kämpft Christus dann aber ohne menschliche Unterstützung (vgl. dazu Ps 2).

Im tausendjährigen Reich werden die Märtyrer mit Christus herrschen. Dadurch erhalten sie gegenüber den übrigen Christen einen zeitlichen „Vorsprung". Die Szene nimmt bewusst Dan 7 auf. Die Märtyrer treten an die

---

[415] So Schüssler-Fiorenza, Priester, 59.100f, gegen Elliott, Elect.

Stelle der Heiligen. Gegenüber Dan 7,18.27 fällt in Offb 20,4.6 auf, dass bei Johannes nicht von einem „Herrschen *über*" die Rede ist.

In 22,5 (vgl. 5,10) weitet Johannes die aus Dan 7,18.27 übernommene und auf die Märtyrer übertragene (20,4.6) eschatologische Herrscherfunktion auf alle wahren Christen aus. Diese eschatologische Herrschaft wird in 3,21 den Siegern in Aussicht gestellt.

Nach Johannes wird es im Eschaton wird nur noch Herrschende, keine Beherrschten, geben. Der Sonderlohn eschatologischer Herrschaft wird „demokratisiert". Dieses Eschaton, das keine Machthierarchie kennt, wirft seine Schatten voraus. Denn schon jetzt gilt, dass die irdischen Leiter als Herrschende keinerlei Anerkennung verdienen: Die weltlichen Regenten werden von Johannes dämonisiert, die eigenen Gemeindeleiter ignoriert. Ein Vergleich mit dem „Hirten des Hermas" sowie mit dem 1Petr kann diese These schärfer profilieren.

Im „Hirten des Hermas" gehören die Märtyrer – obwohl bereits gestorben – zur Kirche, und zwar stehen sie an erster Stelle. Die dritte Vision legt also die derzeitigen Vollkommenheitsstufen offen und stellt dabei die Märtyrer als das Ideal dar, dem es nachzueifern gilt. Es werden weder konkurrierende hierarchische Ansprüche gegeneinander gestellt, noch wird – wie in der Offb – die Hierarchie als solche hinterfragt. Während die Offb die Presbyter bzw. Gemeindeleiter bewusst ausblendet, gliedert der Hirt des Hermas sie ausdrücklich in die Hierarchie ein. Während Johannes sich von den Herrschenden abwendet und den Siegern die eschatologische Herrschaft zuspricht, geht es beim Hirt des Hermas nicht um eine Umverteilung der Funktionen, sondern um die Zuteilung der jeweils angemessenen „Ehre".

Der 1Petr, der wohl in örtlicher und zeitlicher Nähe zur Offb entstanden ist, verwendet ebenfalls die Exodusformel aus Ex 19,6 LXX, stellt sie aber nicht in den Dienst des συμβασιλεία-Motivs. Der Verfasser hat seinen Standpunkt innerhalb der Gemeinde, er trägt das hierarchische Gefüge der Gesellschaft mit (vgl. Haustafeln). Johannes hingegen blickt – obwohl er gut mit den angeschriebenen Gemeinden vertraut ist – stärker von außen auf sie und kommt so zu einer viel grundlegenderen Kritik an den bestehenden Verhältnissen. Er lehnt sowohl die bestehende ekklesiologische als auch eine eschatologische Hierarchie ab; der Verfasser des 1Petr hingegen akzeptiert die bestehenden Hierarchien und spricht speziell den Gemeindeleitern eine Verheißung zu, die er mithilfe von Herrschaftsinsignien formuliert (5,4). Die Frage des Herrschens ist für ihn nur im Hinblick auf das „Wie" (5,1–4), nicht aber grundsätzlich von Interesse.

Anders als die Wanderpropheten des MtEvs entscheidet für Johannes nicht der Besitzverzicht, sondern die Martyriumsbereitschaft über die Teilhabe an der eschatologischen Herrschaft (und am eschatologischen Leben!). Es gibt für ihn keine Abstufung eschatologischen Lohns. Vielleicht wendet er sich damit gegen eine Vorstellung, wie sie der 2Tim bezeugt: Sein Verfasser sieht eschatologische Herrschaft als exklusiven Lohn für die Gemeindeleiter, von denen Martyriumsbereitschaft gefordert wird.

3.5. Eschatologische Mitherrschaft als Lohn für die ausharrenden Gemeindeleiter: Der zweite Brief des Timotheus

In 2Tim 2,12a findet sich die Verheißung: εἰ ὑπομένομεν, καὶ συμβασι-λεύσομεν. Das folgende Kapitel versucht, anhand einer detaillierten Analyse der Verheißung hinsichtlich ihrer traditionsgeschichtlichen Wurzeln und ihrer Funktionen den Blick auf ein wesentliches Stück der Geschichte des Urchristentums freizulegen.

3.5.1. Zur Forschungslage

In der Forschung wird die bedingte Herrschaftsverheißung kaum für sich, sondern meist im Verbund mit der vorangehenden Zeile behandelt: „Wenn wir mit Christus gestorben sind, werden wir auch mit ihm leben." (V 11b). Einig ist man sich darin, dass beide Zeilen auf unterschiedliche Traditionen zurückgreifen: Hinter V 11b steht paulinische Tauftheologie, genauer: Röm 6,8 („Sind wir nun mit Christus gestorben, so glauben wir, dass wir auch mit ihm leben werden"). V 12a hingegen nimmt wohl – wie zu zeigen sein wird – synoptisch-apokalyptische Märtyrertheologie auf. Bezeichnend für die Forschungslage ist nun, dass – implizit oder explizit – eine *Verschmelzung* beider Traditionen im Hymnus angenommen wird. Pointiert formuliert Roloff: „Sachgemäßer wäre es jedoch, von einem Prozeß der *Verschmelzung paulinischer und nebenpaulinischer Traditionen* zu sprechen. 2Tim 2,12a ist dafür ein markantes Beispiel. Denn hier wird sichtbar, daß die Elemente der verschiedenen Traditionen nicht unvermittelt nebeneinander stehen bleiben, sondern zu einer Synthese gebracht werden."[416] Beide Zeilen

---

[416] Roloff, Weg, 165f; Hervorhebung im Original.

werden dann aufgrund ihrer formalen Parallelität harmonisierend ausgelegt: dem συναπεθάνομεν entspreche formal *und inhaltlich* das ὑπομένομεν, dem συζήσομεν das συμβασιλεύσομεν. Eschatologische Herrschaft erscheint so leicht als Äquivalent von eschatologischem Leben. In dieser Weise typisch ist die Auslegung von Trummer: „Das zukünftige Mit-ihm-Leben ist als die Teilhabe an seiner Herrschaft verstanden, ohne daß näher gesagt wird, worin diese besteht."[417] Die Diskussion in der Forschung konzentriert sich dann auf die Frage, ob beide Zeilen eher in der Märtyrerparänese zu verankern sind (so dass das συναπεθάνομεν die Bedeutung des Märtyrertodes angenommen hätte)[418], oder ob es sich um eine Taufparänese handelt, bei der der martyrologische Hintergrund von V 12a verblasst sei[419].

Gegenüber dieser Forschungstendenz bin ich der Meinung, dass V 11b und V 12a inhaltlich *nicht* deckungsgleich sind. Die unterschiedlichen Traditionen werden kombiniert, aber nicht verschmolzen. Eschatologisches Leben und eschatologische Herrschaft dürfen nicht gleichgesetzt werden. Erst diese Differenzierung gibt m.E. den Blick dafür frei, wem die Herrschaft wirklich offen steht und welche Funktion die Herrschaftsverheißung hat.

3.5.2. Der traditionelle Hymnus 2,11b–13a

Die Zusage εἰ ὑπομένομεν, καὶ συμβασιλεύσομεν aus 2Tim 2,12a ist Bestandteil eines traditionellen Hymnus. Traditionsgeschichtliche Herkunft und Funktion der Verheißung sollen zunächst im Kontext dieses Hymnus beleuchtet werden.

Begründung und Abgrenzung
Für einen Traditionstext sprechen folgende Argumente:
1) Die Zeilen 11b–13a sind streng durchkomponiert: Sie werden mit εἰ eingeleitet und sind nach der Stilfigur des Parallelismus membrorum gestaltet.[420]

---

[417] Trummer, Paulustradition, 206; vgl. Bassler, „He Remains Faithful", 175; Grundmann, Art. σύν-, μετά, 794: „Das Mitsterben ist in der Taufe geschehen und vollzieht sich im Widerstand gegen die Sünde. Das Mitleben und Mitherrschen aber ist an das Standhalten in diesem Widerstand gebunden und steht in der Zukunft noch aus (vgl R 8,17)." Zu Röm 8,17 s.u. unter 4.2.2.

[418] So z.B. Roloff, Weg, 164; Hasler, Past, ZBK, 65.

[419] So z.B. Knight, Pastoral Epistles, NIGTC, 405; Oberlinner, 2Tim, HThK, 85f.

[420] Linguistisch gesprochen handelt es sich um prosodische Interferenz, die auf die Verarbeitung traditionellen, hier hymnischen Materials hinweist (vgl. Merz, Ort, 53).

2) 11b–13a ist innerhalb des 2Tim die einzige Passage, in der sich der Wir-Stil findet.[421]

3) In typischer Manier für urchristliche Hymnen wird der Name Christi nicht genannt (vgl. 1Tim 3,16).

4) Wie noch zu zeigen sein wird, deutet der Verfasser den Text redaktionell. Er hat den Hymnus also nicht selbst formuliert „und der Gemeinde für den Unterricht übergeben"[422].

Der traditionelle Hymnus umfasst vier Zeilen. Dafür sprechen der parallele Aufbau und die inhaltliche Rundung, die der Text so erhält.[423] V 13b fällt formal heraus und wirkt wie ein Nachtrag durch „Paulus".[424]

Damit ergibt sich folgender Traditionstext:

εἰ (γὰρ)[425] συναπεθάνομεν, καὶ συζήσομεν·
εἰ ὑπομένομεν, καὶ συμβασιλεύσομεν·
εἰ ἀρνησόμεθα, κἀκεῖνος ἀρνήσεται ἡμᾶς·
εἰ ἀπιστοῦμεν, ἐκεῖνος πιστὸς μένει.

Auslegung

Für eine inhaltliche Differenzierung zwischen V 11b und V 12a schon im traditionellen Hymnus sprechen nun m.e. folgende Beobachtungen:

[421] Lohfink, Vermittlung, 177. Allerdings kennen der 1Tim und der Tit sehr wohl den Wir-Stil.

[422] Gegen Stettler, Christologie, 195. Die Formel πιστὸς ὁ λόγος kann hier kaum als schlagendes Argument angeführt werden. Denn:

a) Der Bezug der Formel ist nicht eindeutig; „because the word γάρ ('for') is found in its first line, the hymn seems logically to serve as a warrant for describing *another* saying (either v. 8 or v. 10b) as 'sure' ('The (previous) saying is sure, *for* ...'). Most, however, identify the hymn with the saying mentioned in v. 11a, taking γάρ in a weakened sense ('namely') or as part of the quoted text ..." (Bassler, „He Remains Faithful", 175 Anm. 8; Hervorhebungen im Original).

b) Die Formel weist ihren Bezugstext nicht eindeutig als traditionell aus, wie der Vergleich mit 1Tim 3,1; Tit 3,8 (vgl. 1Tim 1,15; 4,9) zeigt. Sie dient in erster Linie zur Bekräftigung dessen, was gesagt wird. Daher ist es problematisch, die Formel als Indiz für einen Traditionstext zu werten. Gegen Lohfink, Vermittlung, 177, der allerdings selbst einschränkt: „die *hier* eindeutig auf den sich anschließenden Text verweist und ihn als Überlieferung hervorhebt, der man sich anvertrauen kann" (eigene Hervorhebung; ähnlich Towner, Goal, 103.) M.E. macht sich der Verfasser des 2Tim gerade die „Unverbindlichkeit" der Formel hinsichtlich der möglichen Traditionalität des Bezugstextes zunutze. Auf diesen Punkt werde ich bei der Analyse der redaktionellen Einarbeitung des Hymnus zurückkommen.

[423] Die Abgrenzung des Traditionstextes nach hinten wird unterschiedlich beurteilt: Grundmann nimmt einen Zweizeiler an (VV 11b–12a) (Art. σύν-, μετά, 794). Der Hymnus hätte dann aber keine rechte Pointe. Näher liegt m.E. die Annahme, dass die VV 12b.13a zum Traditionstext zu zählen sind. Holtzmann nimmt einen Dreizeiler an (VV 11b–12b) (Past, 413). Der hymnusartige Text hätte dann jedoch drohend und negativ geendet.

[424] Lohfink, Vermittlung, 178.

[425] Wahrscheinlich redaktionell.

1) der jeweilige traditionsgeschichtliche Hintergrund,
2) die unterschiedlichen Zeiten in den εἰ-Sätzen,
3) das theologische Verhältnis der dritten zur vierten Zeile (VV 12b.13a).

zu 1) Die Herrschaftsverheißung und ihr traditionsgeschichtlicher Hintergrund

Lohfink ist in seiner Untersuchung zur Vermittlung des Paulinismus zu den Pastoralbriefen zu folgendem Ergebnis gekommen: „Wichtig scheint die Beobachtung, daß sich genuines Paulusgut bereits, bevor es den Verfasser der Pastoralbriefe erreicht, mit außerpaulinischem Traditionsmaterial vermischt haben kann."[426] Im Hymnus 2Tim 2,11b–13a stellt sich dieses Ergebnis im Einzelnen so dar: V 11b greift weitgehend wörtlich Röm 6,8 auf. Auch die letzte Zeile des Hymnus, also V 13a, nimmt paulinische Tradition auf, und zwar Röm 3,3: „Wenn aber einige Gott untreu geworden sind, wird dann etwa ihre Untreue die Treue Gottes aufheben? – Das sei ferne!" V 12b steht Mt 10,33 nahe: „Wer mich aber vor den Menschen verleugnet, den werde ich auch vor meinem Vater im Himmel verleugnen." (vgl. Lk 12,9). Das Motiv des Verleugnens ist Bestandteil der Märtyrertheologie: Offb 2,13 lobt die Gemeinde in Pergamon dafür, dass sie Christus nicht verleugnet habe (ἠρνήσω), und nennt im selben Atemzug den Märtyrer Antipas. Mk 14,31 überliefert den Ausspruch des Petrus: „Auch wenn ich mit dir sterben müsste [hier ist der Märtyrertod gemeint], werde ich dich nicht verleugnen (ἀπαρνήσομαι)!"

Beim traditionsgeschichtlichen Hintergrund von V 12a verweist die Mehrheit der Exegeten lediglich auf Mt 10,22. In der Tat steht ὑπομένειν auch hier absolut (vgl. auch Mk 13,13; Mt 24,13). Sowohl 2Tim 2,12a als auch Mt 10,22 weisen die Struktur „Dulden (ὑπομένω) – Genuss eschatologischen Heils" auf. Dieses Heil besteht nach Mt 10,22 aber in der – nicht näher ausgeführten – Rettung (οὗτος σωθήσεται). Das heißt: Die für unseren Zusammenhang entscheidende Spitze der eschatologischen Herrschaft – die ja (wie zu zeigen ist) den Märtyrer vom „gewöhnlichen" Getauften unterscheidet – ist in Mt 10,22 gerade nicht erreicht.[427] Daher müssen Belege herangezogen werden, die speziell die Verbindung von Leid und eschatologischer Herrschaft bezeugen.

Das συμβασιλεύσομεν lässt für sich genommen zunächst an 1Kor 4,8 denken (συμβασιλεύσωμεν).[428] 1Kor 4,8 und 2Tim 2,12a sind innerhalb des NT die einzigen Belege für

---

[426] Lohfink, Vermittlung, 186.
[427] So auch Roloff, Weg, 164f.
[428] Schenk ist der Auffassung, 2Tim 2,12 benutze 1Kor 4,8 (Art. Korintherbriefe, 632). Dabei bleibt unklar, ob Schenk mit einem traditionellen Hymnus rechnet. Zu 1Kor 4,8 s.u. unter 4.2.1.2.

das Verb συμβασιλεύειν (auch bei PolPhil 5,2)[429]. Dennoch bin ich nicht der Ansicht, dass 1Kor 4,8 die Vorstellung von 2Tim 2,12a aus sich herausgesetzt hat. Denn:

1) Das σύν- meint jeweils unterschiedliche Personen: Während 1Kor 4,8 ein Herrschen mit den kritisierten „Gegnern" meint, bezieht sich 2Tim 2,12a auf ein Herrschen mit Christus.

2) In 1Kor 4,8 ist umstritten, ob es sich überhaupt um eschatologische Herrschaft handelt. Der Kontext legt zumindest *auch* eine ethische Interpretation nahe.

3) Der Grundgedanke aus 2Tim 2,12a lässt sich m.E. folgendermaßen paraphrasieren: Wenn wir (wegen Christus) leiden, werden wir auch mit ihm herrschen. Diesen Grundgedanken – genauer: diese Verknüpfung von Einsatz und Lohn – kann ich bei Paulus in 1Kor 4 nicht entdecken. Er stellt sich selbst zwar als leidenden Apostel hin (1Kor 4,9ff), koppelt diese Charakterisierung aber eben *nicht* deutlich mit der Aussicht auf eschatologische Herrschaft, *die ihm deshalb zukäme.*[430]

Der Gedanke, dass Leid zu eschatologischer Herrschaft berechtigt, findet sich m.E. sehr viel deutlicher in synoptischer und apokalyptischer Tradition:

1) Das Zebedaidengespräch (Mk 10,35–45)[431] scheint sich kritisch mit ihm auseinander zu setzen: Auf die Anfrage der Zebedaiden, ob sie zur Rechten und Linken Jesu sitzen dürften, reagiert Jesus zunächst mit der Gegenfrage, ob sie denn den Kelch trinken könnten, den er trinke, oder sich mit der Taufe taufen ließen, mit der er sich taufen lasse (Mk 10,38). Hier ist mit dem Kelch deutlich auf die Passion – genauer: auf die Gethsemaneperikope – angespielt (vgl. Mk 14,36). Es scheint, dass Jesus in Mk 10,38f eine Bedingung für den Erhalt eschatologischer Machtpositionen formuliert: Wer zum Märtyrer wird, darf dann herrschen. Allerdings war diese Vorstellung nicht unumstritten, wie der Fortgang des Dialoges zeigt. Denn obwohl Jesus den beiden zugesteht, dass sie den Märtyrertod erleiden werden, versagt er ihnen die Berechtigung, eschatologisch zu herrschen (Mk 10,40).

2) In Lk 22,28–30[432] charakterisiert der Evangelist die Jünger, an die die jesuanische Herrschaftszusage über Israel ergeht, ausdrücklich als diejenigen, die ausgeharrt haben in allen Anfechtungen – und zwar in den Anfechtungen Jesu, der bekanntlich im Lukasevangelium Züge eines Märtyrers trägt (οἱ διαμεμενηκότες μετ' ἐμοῦ ἐν τοῖς πειρασμοῖς μου Lk 22,28.30; vgl. Lk 8,13; Apg 20,19).

---

[429] S.u. unter 3.6.
[430] Röm 8,17 weist die Struktur „Leiden – Herrlichkeit" auf. Das „Erbe" wird hier aber gerade nicht auf Herrschaft hin expliziert, sondern als Freiheit (V 21), als Erlösung des Leibes (V 22) und schließlich als Gemeinschaft mit der Liebe Gottes in Christus (V39). Zu Röm 8,39 vgl. 4.2.2.
[431] S.o. unter 3.2.
[432] S.o. unter 3.3.3.

3) Die Offb[433] erklärt die Märtyrer zu eschatologischen Herrschern im 1000-jährigen Reich (20,4–6). Der Seher stellt darüber hinaus dem Sieger eschatologische Herrschaft in Aussicht (3,21; vgl. 5,10; 22,5). Sieger ist u.a. derjenige, der das Werk der ὑπομονῆς erbringt (2,2). Der Seher scheint sich auf die ὑπομονήν als eine feste Größe zu beziehen, wenn er in 3,10 sein Wort als λόγον τῆς ὑπομονῆς μου bezeichnet.

Die Herrschaftsverheißung aus 2Tim 2,12a reiht sich also in einen urchristlichen Vorstellungskomplex ein, nach dem dem Märtyrer eschatologische Herrschaft zusteht.

Es handelt es sich um eine „apokalyptische Märtyrerhoffnung"[434], „bei der sich bestimmte Evangelientraditionen [Mt 10,22[435]; Mk 13,13par[436]] mit jüdisch-apokalyptischen Traditionen gemischt und weiterentwickelt hatten"[437]. Eschatologische Herrschaft ist damit ein Heilsgut, das sehr hart „verdient" werden muss und nur einer kleinen Gruppe zukommt. Die Funktion dieser Zusage lag darin, Christen zum Ausharren zu ermuntern. Das Zebedaidengespräch lässt erkennen, dass die Verheißung aber auch unerwünschte „Nebenwirkungen" haben konnte: Wenn Johannes und Jakobus so deutlich auf den Dienst in der Gemeinde verwiesen werden (Mk 10,41ff), dann lässt das vermuten, dass eschatologische und ekklesiologische Herrschaftsansprüche eine ungute Verbindung eingehen konnten. Diese Verbindung legte sich bei dem Heilsgut des eschatologischen Lebens nicht nahe.

Das heißt: Während V 11b auf paulinische Tauftheologie zurückgreift, steht in V 12a Märtyrertheologie im Hintergrund.[438] Hierin folge ich der

---

[433] S.o. unter 3.4.

[434] Schierse, Past, Kleinkommentar, 114; gefolgt von Lohfink, Vermittlung, 179.

[435] „Wer aber bis zum Ende beharrt (ὑπομείνας), dieser wird gerettet werden." Diese Verweisstelle findet sich bei Nestle-Aland. Die Erwartung eschatologischer Mitherrschaft ist damit aber gerade nicht abgedeckt.

[436] „Wer aber beharrt (ὑπομείνας) bis ans Ende, der wird gerettet werden."

[437] Lohfink, Vermittlung, 179.

[438] Berger rückt die paulinische Tauftradition eng an die Märtyrertradition heran. Er nimmt 2Tim 2,11f als Ausgangspunkt für seine These, nach der „die Tatsache, daß Taufe bei Christus und auf den Namen Jesu praktiziert wird, ... für Paulus ein Anlaß [ist], sich auch die Martyriumstaufe anzueignen, so daß christliche Taufe nun auch so verstanden werden kann. ... Dabei wird die Martyriumstaufe ‚metaphorisiert'; ..." (Theologiegeschichte, 328). Sowohl hinter 2Tim 2,11b als auch hinter V 12a stehe also Märtyrertradition. „Unabweisbar ist die Tradition in 2 Tim 2 wörtlich-buchstäblich verstanden, während sie in Röm 6 metaphorisch auf das Taufgeschehen bezogen ist." (ebd.).

Wie bereits dargelegt bin ich der Meinung, dass 2Tim 11b die Taufe, V 12a hingegen das Martyrium – im buchstäblichen Sinn – meint. Über die traditionsgeschichtliche Herleitung des paulinischen Taufverständnisses ist damit nichts gesagt. Die Frage kann in diesem Zusammenhang offen bleiben. Wichtig scheint mir aber, dass der Hymnus aus 2Tim 2,11b–13a zwischen dem metapho-

Mehrheit der Forschung.[439] Im Folgenden möchte ich aber – gegen den weitgehenden Forschungskonsens – zeigen, dass beide Traditionen nicht verschmolzen, sondern differenziert einander zugeordnet werden.

zu 2) Die Zeitformen in 11b und 12a
Bei der formalen Parallelität von V 11b und V 12a fällt umso mehr auf, dass V 11b den Aorist setzt (συναπεθάνομεν), V 12a hingegen das Präsens (ὑπομένομεν). „Es geht also in der Protasis eindeutig um ein Geschehen in der Vergangenheit."[440] Das εἰ aus V 11b erhält damit eigentlich die Bedeutung von ὅτι (ähnlich auch Röm 6,5.8).[441] Der Aorist spricht m.E. entscheidend dafür, dass der Bezug zur paulinischen Taufe noch lebendig ist.[442] Denn wäre der zukünftige (!) Märtyrertod gemeint, müsste das Futur stehen.[443] Zudem würde der Hymnus, wenn mit dem συναπεθάνομεν der Märtyrertod gemeint wäre, vom dramatischen Schlusspunkt des Lebens eines Märtyrers zum „weniger dramatischen" Ausharren vor dem Tod übergehen – eine wenig wirkungsvolle Abfolge.[444] Stringenter scheint mir ein Aufbau, der vom Heilszuspruch in der Taufe zum geforderten Verhalten der Getauften voranschreitet.

Insofern wäre der Hymnus in der Taufparänese zu verorten. Allerdings ist auch eine martyrologische Färbung zu erkennen, und zwar in den beiden mittleren Zeilen. M.E. haben wir es mit einer bewusst gestalteten Kombination aus Tauf- und Märtyrertradition zu tun, die den getauften Christen soteriologisch das eschatologische Heil in Form von Leben zuspricht und sie als potentieller Märtyrer zum Ausharren auffordert, wodurch sie sich für die eschatologische Herrschaft qualifizieren.[445] Während das Leben also den

rischen Mitsterben in der zurückliegenden Taufe und dem möglichen zukünftigen (Märtyrer-) Leiden differenziert. Hinter V 11b steht paulinische Tauftheologie (wie auch immer sie ihrerseits herzuleiten ist), hinter V 12a synoptisch-apokalyptische Märtyrertheologie.

[439] Z.B. Roloff, Weg; Lohfink, Vermittlung.

[440] Stettler, Christologie, 184.

[441] „Diese (an sich unlogische) Verwendung von εἰ im Sinne von ὅτι ist in den paulinischen Homologumena weitaus häufiger als sonst im NT." (Stettler, Christologie, 184); z.B. Röm 3,3; 5,10.15.17; 6,5.8.

[442] Gegen Lohfink, Vermittlung, 179; Roloff, Weg, 164; Schierse, Past, Kleinkommentar, 114; Brox, Past, RNT, 244; Hasler, Past, ZBK, 65f; mit Stettler, Christologie, 184; Towner, Goal, 104; vermittelnd Oberlinner: „Eine *ausschließliche* Festlegung des Verbums συναπεθάνομεν auf das (künftige!) Marytrium des Paulus ist jedoch problematisch ..." (Past, HThK XI 2/ 2, 84; Hervorhebung im Original).

[443] Diese Unstimmigkeit sieht auch Lohfink, nimmt sie aber – m.E. ohne dem Sinn von V 11b damit gerecht zu werden – in Kauf: „Er [der Aorist] hat bei einem Blick auf den möglicherweise bevorstehenden Märtyrertod keinen rechten Sinn. Eigentlich müßte wie in der 3. Zeile (ἀρνησόμεθα!) das Futur stehen." (Lohfink, Vermittlung, 179).

[444] Mit Stettler, Christologie, 184; Towner, Goal, 104.

[445] Ähnlich Hultgren, I–II Timothy, Augsburg Commentary on the New Testament, 122–124.

Getauften ohne weitere Leistungen (vgl. V 13a!)[446] zukommt, müssen sie sich die Herrschaft im Lauf ihres Lebens verdienen.[447]

Das heißt: V 11b verheißt allen Getauften eschatologisches Leben, und zwar, ohne an diese Verheißung eine ethische Bedingung zu knüpfen. Die Verheißung eschatologischer Herrschaft in V 12a hingegen wird an eine ethische Bedingung geknüpft: diejenige des Ausharrens. Während es sich in V 11b um eine Zusage handelt, spricht aus V 12a eine indirekte Aufforderung. Derselbe Wechsel von Zusage und indirekter Aufforderung findet sich auch in der dritten und vierten Zeile des Hymnus.

zu 3) Das inhaltliche Verhältnis der dritten zur vierten Zeile (12b.13a)
V 12b warnt davor, Christus zu verleugnen. Die letzte Zeile ist in ihrer Interpretation umstritten:[448] Geht es hier um eine soteriologische, bedingungslose Zusage, etwa der Art: Selbst auf Untreue reagiert Christus mit Treue?[449] Oder untermauert die letzte Zeile etwa die vorangehende Warnung, so dass zu deuten wäre: Christus bleibt sich selbst treu, indem er diejenigen, die ihm untreu geworden sind, im Gericht verleugnet?[450] Diese Deutung hätte den Vorzug, dass sich kein Widerspruch zwischen Zeile 3 und 4 ergäbe.

---

[446] Zu V 13a s.u. in diesem Kapitel.

[447] Formgeschichtlich schlägt sich die Kombination von soteriologischem und paränetischem Charakter in der Diskussion nieder, ob es sich um einen Hymnus (so z.B. Brox, Past, RNT, 244: „hymnische Überlieferung") oder um ein „katechetisches Traditionsstück paränetischen Inhalts" (Roloff, Weg, 164) handelt (ähnlich Oberlinner, Past, HThK XI 2/ 2, 89: „hymnisch gestaltete[r] Schlußteil ... paränetisch akzentuierter Text").

[448] Zur Diskussion vgl. Stettler, Christologie, 192 Anm. 36.

[449] So die Mehrheit der Forschung, u.a. Towner, Goal, 107; Trummer, Paulustradition, 206; Lohfink, Vermittlung, 180; Roloff, Weg, 166; Merkel, Past, NTD, 65: „Auch wenn es menschliche Logik zerbricht, bleibt der Primat der Gnade gewahrt."

[450] So z.T. in der älteren Forschung, z.B. Bernard, Pastoral Epistles; Lock, Pastoral Epistles, ICC; Riesenfeld, Meaning, 216.

Neuerlich Stettler, Christologie, 192: „Wenn einige die Gemeinschaft mit ihm [Christus] aufgekündigt haben und er sie deshalb im Endgericht verleugnet, so erweist das nicht seine Untreue. Vielmehr erweist er gerade dadurch seine Treue und Wahrhaftigkeit. Er müßte sich selbst verleugnen, würde er die nicht von sich stoßen, die ihn verleugnen und damit das Heil, das er schenkt, verachten." Oberlinner betont, dass der Untreue sich selbst gegen Gottes Heil stellt: „Im Blick auf den Gesamtkontext der Past ist ἀπιστία inhaltlich zu konkretisieren als Infragestellung des universalen Heilswillens Gottes, wie er im Evangelium verkündet wird. Wer diesen Glauben aufgibt, stellt sich selbst außerhalb und gegen dieses Heil. Gottes Treue erhält auf diese Weise richterliche Funktion." (Past, HThK XI 2/ 2, 88). Sowohl Stettler als auch Oberlinner argumentieren v.a. auf redaktioneller Ebene. Nach der Bedeutung von V 13a im Kontext des 2Tim wird noch gesondert zu fragen sein. Für die Auslegung des traditionellen Hymnus sind wir m.E. stärker auf den traditionsgeschichtlichen Hintergrund verwiesen (also v.a. Röm 3,3f), der für eine bedingungslose Zusage spricht.

Dennoch ist die letzte Zeile m.E. als soteriologische Zusage zu verstehen, denn:

1) Es ist für mich schwer vorstellbar, dass ein Text, der in der Taufunterweisung eingesetzt wurde, mit einer derart scharfen Warnung geendet hat.[451]

2) Der Tempuswechsel vom Futur zum Präsens in der Protasis weist darauf hin, dass die letzte Zeile einen neuen Gedanken einbringt.[452]

3) Der traditionsgeschichtliche Hintergrund (Röm 3,3f) spricht stark für eine soteriologische Zusage: „Daß die Untreue des Menschen Gottes Treue nicht aufheben kann, ist ein urpaulinischer Gedanke."[453] Es geht um „die Bundestreue Gottes", die „Bundestheologie, hier christologisch transformiert"[454]. Die These, nach der Gottes Treue sich in der Verwerfung äußern könne, lässt sich m.E. traditionsgeschichtlich nicht stützen. Im traditionellen Hymnus liegt m.E. auf dieser Zusage die Pointe. Denn nach V 12b erwartet man eigentlich: „Sind wir untreu, so wird er uns auch untreu." Angesichts dieser bewusst erzeugten Erwartungshaltung wird die Zusage „Sind wir untreu, so bleibt er doch treu" um so eindrucksvoller.[455]

Das heißt: Die dritte und vierte Zeile zielen gerade *nicht* auf Ausgleich ab, sondern auf eine überraschende Kehrtwende. Dann aber sollten auch die erste und zweite Zeile nicht harmonisierend ausgelegt werden.

Ich komme damit im Blick auf den traditionellen Hymnus zu folgendem Ergebnis: Die ersten beiden Zeilen des Hymnus sind nicht harmonisierend auszulegen: Die erste Zeile hat soteriologischen Charakter, die zweite paränetischen. Die soteriologische Zusage, dass die Getauften leben werden, wird in der letzten Zeile christologisch untermauert: Christus bleibt treu. Auf diesem soteriologischen Zuspruch liegt im traditionellen Hymnus m.E. der Akzent. Eingeschlossen ist ein paränetischer Teil, der zum Ausharren ermahnt und dieser Forderung einerseits durch die Aussicht auf eschatologische Herrschaft, andererseits durch den Ausblick auf das Gericht Nachdruck verleiht. Der soteriologische Rahmen nimmt paulinische Tradition auf, der Mittelteil greift auf synoptisch-apokalyptische Tradition zurück. Einen Überblick gibt die folgende Tabelle:

---

[451] Mit Towner, Goal: „The final condition ... may have been included to soften the blow of v.12b, as well as to encourage both the minister in his setting and the candidate for baptism originally." (107).

[452] Towner, Goal, 107.

[453] Merkel, Past, NTD, 65.

[454] Lohfink, Vermittlung, 180; zur Auslegung von Röm 3,3f vgl. Stuhlmacher, Röm, NTD, 50.

[455] Roloff spricht von einer „Überraschungspointe" (Weg, 166).

paulin. Tradition	εἰ συναπεϑάνομεν, καὶ συζήσομεν·	Soteriologie
synoptisch-apokalypt. Märtyrertradition	εἰ ὑπομένομεν, καὶ συμβασιλεύσομεν· εἰ ἀρνησόμεϑα, κἀκεῖνος ἀρνήσεται ἡμᾶς·	indirekte Aufforderung
paulin. Tradition	εἰ ἀπιστοῦμεν, ἐκεῖνος πιστὸς μένει.	Soteriologie: Pointe

Der traditionelle Hymnus in 2Tim 2,11b–13a verheißt also in einer soterio-logischen Zusage allen Getauften eschatologisches Leben und stellt außerdem denjenigen, die ausharren, eschatologische Herrschaft in Aussicht. Das heißt: Anders als das eschatologische Leben wird die eschatologische Herrschaft als Lohn charakterisiert, den es sich zu verdienen gilt. Diese Differenzierung könnte darauf hindeuten, dass ewiges Leben ein eschatologisches Gut war, das als weniger „problematisch" eingestuft und daher „großzügiger" zugesprochen wurde.[456] Der Hymnus dringt vor zu der Aussage: Die Getauften verbindet das ewige Leben, die Märtyrer (zusätzlich) die eschatologische Herrschaft. Bei Taufe und ewigem Leben ist keine ethische Bedingung im Spiel, es überwiegt also – gut paulinisch – der Heilsindikativ (Soteriologie); bei Leid und eschatologischer Herrschaft wird das Ausharren gefordert, es überwiegt also der Imperativ (Paränese).

Historischer Ort, Sitz im Leben
In welcher Zeit und in welchem Umfeld mag der Hymnus entstanden sein? M.E. ist seine Entstehung am ehesten in örtlicher und zeitlicher Nähe zur Offb denkbar. Denn diese Schrift bezeugt, dass ein Verfasser, der mit paulinischen Gemeinden in Kleinasien vertraut war, zugleich synoptische und apokalyptische Tradition kannte.[457]

---

[456] Diese Differenzierung zeigt sich jedenfalls schon im MkEv. Die eschatologische Herrschaft scheint ein „heißes Eisen" zu sein: Den Zebedaiden wird sie verwehrt, und die positive Aussage in 10,40 fällt denkbar unpräzise aus: Die Plätze zur Rechten und Linken würden denen zuteil, „für die es bestimmt sei". Vom ewigen Leben kann hingegen kurz davor sehr viel unbefangener die Rede sein. In 9,30 heißt es, dass allen, die um Jesu willen das Ihre verlassen hätten (und das haben die Zebedaiden getan), in der kommenden Welt das ewige Leben zukomme. Der Hymnus in 2Tim 2 „ersetzt" die (jesuanisch-synoptisch geprägte) Nachfolge (Roloff spricht von „palästinische[r] Nachfolge-Christologie", Weg, 166) nun durch die (paulinisch geprägte) Taufe.

[457] Stettler hält den Hymnus für ein Produkt des Verfassers des 2Tim. „Es darf als sehr wahrscheinlich gelten, daß dieser [hellenistische Judenchrist, auf den 11b–13b zurückgeht] der Verfasser der Past selbst war ... Entscheidet man sich gegen diese Lösung der Verfasserfrage, ist es äußerst schwierig, eine andere historisch plausible Lösung dafür zu finden. Der Verfasser des Lehrstücks muß ein Kenner paulinischer Theologie sein und über das Matthäus- und das Lukas-Evangelium verfügen." (Christologie, 182f). Ich bin nicht der Meinung, dass der Verfasser des

Der traditionelle Hymnus zeugt außerdem von einer ähnlichen Einschätzung der Lage wie die Offb: Christliche Existenz wird generell *auch* unter dem Aspekt eines drohenden Martyriums in den Blick genommen. Tatsächlich wird es wohl nur zu vereinzelten Martyrien gekommen sein. Aber immerhin soll der Täufling auf die möglichen Konsequenzen seines Entschlusses hingewiesen werden.

Ein m.E. interessanter Gedanke sei hier – obwohl zugegebenermaßen spekulativ – immerhin angeführt: Vielleicht war der Hymnus aus 2Tim 2,11b–13a zumindest einigen Adressatengemeinden der Offb bekannt. Vielleicht gab es in ihnen auch einige Christen, die – aus der Perspektive des Sehers – wenig Ehrgeiz zeigten und sich mit dem ewigen Leben aufgrund der Taufe zufrieden gaben, ohne darüber hinaus das sehr viel schwerer zu verdienende Heilsgut der Herrschaft anzustreben. Vielleicht ist es (u.a.) diese „Lauheit", die der Seher in seinem Sendschreiben an die Gemeinde in Laodicea kritisiert (Offb 3,15f). Immerhin verheißt er dem Sieger im selben Sendschreiben, „mit mir auf meinem Thron zu sitzen" (3,21). Wenn er die Bereitschaft zum Ausharren so stark betont und die Herrschaft zum zentralen eschatologischen Heilsgut für *alle* wahren Christen erhebt (22,5), dann geschieht das vielleicht vor dem Hintergrund einer christlichen Einstellung, die sich mit dem ewigen Leben zufrieden gibt und das Streben nach Herrschaft – also das Martyrium – anderen überlässt.

Der Verfasser des 2Tim jedenfalls leistet einer solchen christlichen Einstellung Vorschub, indem er – wie jetzt zu zeigen ist – Leiden und eschatologische Herrschaft speziell mit den Gemeindeleitern verknüpft und den „normalen" Christen Taufe und ewiges Leben zuordnet. Vielleicht wendet sich der Seher genau gegen eine solche Aufspaltung der Heilsgüter.

Zwischenergebnis:
Hinsichtlich des traditionellen Hymnus ist festzuhalten:
1) Der Hymnus kombiniert Tauf- und Märtyrertradition oder – nach der jeweiligen Herkunft benannt – er kombiniert paulinische mit synoptisch-apokalyptischer Tradition.[458]

Hymnus das Matthäus- und Lukasevangelium komplett vorliegen haben musste. Im Blick auf den Hymnus reicht es aus, die Kenntnis von Teilen der synoptischen, paulinischen und apokalyptischen Tradition anzunehmen, die auf mündlichem Wege erfolgen konnte. Diese Annahme scheint mir in die Richtung der Offb zu weisen.

[458] Dem eingangs zitierten Ergebnis von Lohfink ist also zuzustimmen: „Wichtig scheint die Beobachtung, daß sich genuines Paulusgut bereits, bevor es den Verfasser der Pastoralbriefe erreicht, mit außerpaulinischem Traditionsmaterial vermischt haben kann. Sehr aufschlußreich war in dieser Hinsicht 2 Tim 2,11–13. Dort sind spezifisch paulinische Themen (vgl. Röm 6,8; 3,3) mit Themen der Logientradition (vgl. Lk 12,9) und apokalyptischer Märtyrertheologie (vgl. Offb

2) Der Hymnus differenziert zwischen dem eschatologischen Heilsgut des ewigen Lebens, das allen Getauften indikativisch zugesprochen wird, und demjenigen der eschatologischen Herrschaft, das als Lohn durch Leid verdient werden soll. Für diese Differenzierung spricht insbesondere der Aufbau des Hymnus, der in der ersten und letzten Zeile soteriologisch, in der zweiten und dritten Zeile paränetisch geprägt ist.

3) Der Hymnus ist m.E. in zeitlicher und örtlicher Nähe zur Offb entstanden.

3.5.3. Die redaktionelle Einbettung

2Tim 2,1–13
Der Hymnus wird vom Verfasser des 2Tim in eine Amtsträgerparänese eingebettet. Primärer Adressat ist Timotheus („mein Sohn", 2,1). Sekundäre Adressaten sind diejenigen, „die fähig sind, auch andere zu lehren" (2,2). Die zentrale Aufforderung lautet: συγκακοπάθησον („Leide mit!"; 2,3; vgl. 1,8ff). Diese Aufforderung illustriert der Verfasser durch mehrere Bilder, in denen jeweils Einsatz und Lohn gegenübergestellt werden: Der Kämpfer wird gekrönt, der Bauer erhält als erster seinen Teil von der Ernte. Nur bei dem Soldaten Christi, der mitleidet, bleibt vorerst offen, welchen Lohn ihn erwartet. Die Bilder lassen 1Kor 9 anklingen, wo es um das Unterhaltsrecht der Apostel geht. Dieselbe Thematik wird – ebenfalls in Anlehnung an 1Kor 9 – auch in 1Tim 5,18 behandelt.[459] Hier wird betont, dass die Presbyter ein Recht auf Unterhalt haben, denn: „Ein Arbeiter ist seines Lohnes wert." Dieser Grundgedanke schwingt m.E. auch in 2Tim 2,3ff mit. Aber gegenüber 1Tim 5,18 ist in 2Tim 2,3ff eine entscheidende Akzentverschiebung zu verzeichnen: Es geht nicht darum, welchen *irdischen* Lohn die Presbyter verdienen, sondern darum, welcher *eschatologische* Lohn ihnen zusteht.[460] Der Hymnus gibt in V 12a die Antwort: Den Gemeindeleitern steht als Lohn für ihre Mühsal die eschatologische Herrschaft zu. Dass V 12a in dieser Weise auf die Gemeindeleiter zu beziehen ist, zeigen die VV 9 und 10: V 9 nimmt mit dem κακοπαθῶ das συγκακοπάθησον aus 2,3

20,4–6) zu einer kompositionellen Einheit verschmolzen. Diese Einheit hat nicht etwa erst der Verfasser der Pastoralbriefe hergestellt, denn er deutet sie bereits wieder redaktionell um." (Vermittlung, 186). Hinsichtlich der apokalyptischen Märtyrertheologie lassen sich aber weiter reichende Schlussfolgerungen ziehen als Lohfink dies tut.

[459] Vgl. Merz, Ort, 48.181f.

[460] „Statt des Gedankens der Teilhabe an den irdischen Gütern der von Paulus betreuten Gemeinde (so 1 Kor 9) legt der Kontext hier allerdings eher den an himmlischen Lohn nahe." (Stettler, Christologie, 164). Stettler sieht allerdings nicht die eigentliche Relevanz dieser Beobachtung.

wieder auf. Der Vers verdeutlicht, was genau unter dem Leiden zu verstehen ist: Gemeint ist das Leid für *das* Evangelium, das in V 8 vorangeschickt wird. (Dass die Verkündigung des Evangeliums Leid mit sich bringt, weiß auch 2Tim 4,5: „Du aber sei in allem nüchtern, ertrage das Leiden (κακοπάθησον), verkünde das Evangelium, erfülle treu deinen Dienst.") 2,10 greift diesen Leidensgedanken aus V 9 in dem ὑπομένω wieder auf und stellt damit auch terminologisch eine Verbindung zu V 12a her.

Das heißt: V 12a gilt den Gemeindeleitern, die nach dem Vorbild des Paulus für das Evangelium leiden.[461] Ihnen wird als Belohnung die eschatologische Herrschaft in Aussicht gestellt. Auf diese Verheißung steuert der Abschnitt zu. Gegenüber dem traditionellen Hymnus verschiebt sich also die Pointe: Lag sie früher auf der Zusage in V 13a, liegt sie nun in V 12a. Denn hier schließt sich der Spannungsbogen, der in 2,3 beginnt und danach fragt, welcher Lohn den, der leidet, erwartet.

Wie ist das Verhältnis von V 12a zu V 11b auf redaktioneller Ebene zu beurteilen? Differenziert auch der Verfasser des 2Tim zwischen dem ewigen Leben für alle Getauften und der eschatologischen Herrschaft für die, die leiden? M.E. ist dem so – und zwar unabhängig davon, ob – wie von mir angenommen – der traditionelle Hymnus diese Differenzierung vornimmt. Hier ist zunächst zu beachten, dass v.a. die ersten beiden Zeilen des Hymnus eng mit dem voraufgehenden V 10 verbunden werden; und zwar durch das γάρ in V 11b, das der Symmetrie zur zweiten Zeile entgegen läuft und daher m.E. redaktionell ist. Der Verfasser hat es eingefügt, um zu verdeutlichen, dass der aufgenommene Hymnus eine vorangegangene Aussage untermauern soll. Diese Aussage findet sich in V 10. Denn inhaltlich weisen dieser Vers und die ersten beiden Zeilen des Hymnus Berührungspunkte auf: Zum einen nimmt das ἐν Χριστῷ Ἰησοῦ (V 10) die συν-Konstruktionen aus 2,11b.12a auf.[462] Zum anderen umschreibt die Rede von der σωτηρία und von der δόξης αἰωνίου in V 10 den eschatologischen Heilszustand der „Auserwählten", der auch in V 11b (συζήσομεν) anklingt. V 10 kann insofern als redaktionelle Umschreibung der VV 11b.12a gelesen werden.

Aus dieser Perspektive fällt nun auf, dass der Verfasser sehr deutlich zwischen „Paulus", der alles um der Auserwählten willen erduldet (ὑπομένω), und den Auserwählten, die „die Rettung erlangen in Christus Jesus mit ewiger Herrlichkeit", unterscheidet. Im Lichte der VV 11b.12a ist

---

[461] Die Past können das Ausharren durchaus mit allen Gemeindegliedern verbinden (1Tim 6,11; Tit 2,2; vgl. 2Tim 3,10). Aber nur dort, wo das Ausharren deutlich auf die Gemeindeleiter bezogen ist, wird es mit der eschatologischen Herrschaft verknüpft.

[462] Towner, Goal, 99f.

hier impliziert: Die Auserwählten, die ja getauft und insofern mit Christus gestorben sind, werden einst mit ihm leben; Paulus jedoch wird als derjenige, der für die Auserwählten gelitten und ihnen damit die Rettung ermöglicht hat, außerdem mit anderen Leidenden herrschen.

Die erste Zeile des Hymnus meint also alle Getauften (εἰ γὰρ συναπεθάνομεν). Die zweite Zeile, auf die der Verfasser ja zusteuert, meint speziell die Gemeindeleiter. Denn sie sind es ja, die für das Evangelium leiden (2,10). Dieses Leiden geschieht nun bezeichnenderweise nicht als Nachahmung Christi, sondern als Nachahmung des Apostels Paulus.[463] So heißt es in 2,3: „Leide mit ...", und gemeint ist: „mit Paulus". Explizit sagt das der Verfasser in seiner Rolle als Paulus in 1,8: „Schäme dich also nicht, für unseren Herrn Zeugnis abzulegen; schäme dich auch meiner nicht, sondern leide mit mir für das Evangelium in der Kraft Gottes." In 2,8f schlägt der Verfasser gerade *nicht* den Bogen von Jesus über Paulus zu Timotheus bzw. zum Gemeindeleiter der Past. Vielmehr stellt er Christus in 2,8 als Auferstandenen vor und thematisiert in V 9 die Leiden des *Apostels*, ohne auf die Passion Jesu Bezug zu nehmen. M.E. vermeidet der Verfasser diesen Bogen von Jesus über Paulus zu den Aposteln aus einem ganz speziellen Grund: Wenn Leiden als Nachahmung Christi expliziert wird, so erhält es letztlich generellen Charakter: Alle Nachfolger Christi sind dann in die Leidensbereitschaft gerufen (vgl. Mk 8,34f). Wenn Leiden jedoch als Nachahmung des Apostels Paulus expliziert wird, sind insbesondere die Gemeindeleiter in die Leidensbereitschaft gerufen – mit der Aussicht, sich dadurch als Lohn eschatologische Herrschaft zu verdienen. Die Verknüpfung von Leid mit den kirchlichen Funktionsträgern wird dadurch unterstrichen.

---

[463] „In den Past bleibt beim Thema der Nachahmung des Apostels ein Aspekt unterentwickelt, der für Paulus charakteristisch, ja geradezu entscheidend ist – die christologische Dimension ... Das führt fast mit Notwendigkeit dazu, daß der Paulus der Past in die Nähe einer Position gerät, die allein Christus zukommt. Man spürt die Gefahr deutlich im 2. Timotheusbrief, wo sich das Mit-Leiden nicht auf Christus, sondern auf den Apostel bezieht (2Tim 1,8; 2,3)." (Lohfink, Theologie, 85f) Lohfink urteilt allerdings, dass gerade in 2,8–13 die christologische Verankerung gelinge (a.a.O., 85). Der Meinung bin ich nicht. Denn der Verfasser des 2Tim stellt Christus in 2,8 als Auferstandenen vor und thematisiert in V 9 die Leiden des *Apostels*, ohne auf die Passion Jesu Bezug zu nehmen. Das heißt: „Der Verfasser schlägt gerade nicht den Bogen von Jesus über Paulus zu Timotheus bzw. zum Gemeindeleiter der Past." (Oberlinner, Past, HThK XI 2/ 2, 80; gegen Roloff, Weg, 155–167 und Merz, Ort, 41f). Dieser Bogen darf m.E. auch nicht dadurch konstruiert werden, dass „Leid, Tod und Grab" in 2,8 mitgehört werden: „Die Auferweckung ist die Erhöhung aus Leid, Tod und Grab, auch wo Kreuz und Tod nicht eigens erwähnt werden. Jesu Weg durch die Erniedrigung war die Bedingung für seine Verherrlichung." (Brox, Past, RNT, 242). Aber auffällig ist doch gerade, dass 2,8 – obwohl in direktem Anschluss von den Leiden des Paulus die Rede ist – „nur" von der Auferweckung Christi spricht. Ein Bogen von Christus über Paulus zu den Gemeindeleitern scheint mir nicht intendiert zu sein.

Diese Interpretation wird dadurch gestützt, dass sie sich mit dem Amtsverständnis der Pastoralbriefe zur Deckung bringen lässt. So heißt es in 1Tim 4,16: „Achte auf dich selbst und auf die Lehre; halte daran fest! Denn wenn du das tust, wirst du dich selbst und die, die dich hören, retten." Der Gemeindeleiter wird hier „als von Gott eingesetztes Werkzeug der Vermittlung seines Heiles angesprochen"[464]. Dadurch wird die autoritative Stellung des Gemeindeleiters, gleichzeitig auch seine Verantwortung für die Verwirklichung des Heilswillens Gottes, unterstrichen. 1Tim 4,16 differenziert nicht zwischen dem eschatologischen Schicksal der Gemeindeleiter und demjenigen der übrigen Gemeindeglieder. Der Vers betont jedoch die besondere Stellung und Funktion der Gemeindeleiter und erinnert insofern an 2Tim 2,10. Der Hymnus in 2,11b–13a baut den „eschatologischen Aspekt" dieser besonderen Stellung aus: Die Gemeindeglieder werden leben, die Gemeindeleiter außerdem herrschen.

Für diese Interpretation spricht weiterhin 1Tim 2,11f: „Eine Frau soll still in aller Unterordnung lernen. Dass eine Frau lehrt, erlaube ich nicht, auch nicht, dass sie über ihren Mann herrscht (αὐθεντεῖν)[465]; sie soll sich still verhalten." „... hier wird das Lehren der Frau ganz direkt als ein Herrschen über den Mann bezeichnet"[466] und abqualifiziert Die Gegenüberstellung verdeutlicht: „Der Frau steht das μανθάνειν zu, dem Mann das διδάσκειν."[467] Fragt man, warum dem so ist, muss die Antwort lauten: Lernen bedeutet Unterordnung unter den Lehrer, Lehren hingegen bedeutet, Autorität auszuüben bzw. zu herrschen. Bei Frauen wird diese Art der Herrschaft aus patriarchalischen Gründen abgelehnt, bei Männern ist sie hingegen positiv besetzt. Im Blick auf 2Tim 2,12a ist hier wichtig: Lehren wird in der Gegenwart nicht nur mit Leidensbereitschaft verbunden, sondern auch mit Herrschaft. 2Tim 2,12a zieht diese Linie eschatologisch aus: Die

---

[464] Oberlinner, Past, HThK XI 2/ 1, 214.

[465] Eine Interpretationsschwierigkeit liegt darin, dass das Verb αὐθεντεῖν erst ab dem 4. Jh. nach Christus zahlreich belegt ist. Die ausführliche Untersuchung von Baldwin, Difficult Word, zeigt aber, dass αυθεντειν im Sinne der „Ausübung von Herrschaft" zu verstehen ist, die je nach Kontext neutral, positiv oder negativ konnotiert sein kann. In 1Tim 2,12 ist es eindeutig negativ konnotiert, denn es geht um das „Herrschen über den Mann" (Merz, Ort, 231: „... eine Frau, die ihren Mann zu beherrschen versucht, war in höchstem Maße verpönt.") Zudem hat Köstenberger (Studies) in seiner Untersuchung aller einschlägigen Stellen im NT gezeigt, dass οὐδέ zwei Verhaltensweisen verbindet, denen gegenüber der Verf. dieselbe Haltung einnimmt. Das heißt: Zwei prinzipiell gute Verhaltensweisen (Lehren und Herrschen) werden, da es sich um Frauen handelt, verboten. „Durch das nachklappende οὐδὲ αὐθεντεῖν ἀνδρός wird dem διδάσκειν also nicht eigentlich ein weiteres Verbot hinzugefügt, sondern das Lehren einer Frau wird als angemaßte Herrschaft über den Mann interpretiert, was einen wirkungsvollen Appell an das allgemeine Schicklichkeitsempfinden darstellt und ... die Begründung des Lehrverbotes erleichterte." (Merz, Ort, 231).

[466] Roloff, 1Tim, EKK, 130.

[467] Oberlinner, Past, HThK XI 2/ 1, 95.

Lehrer, die wegen der Lehre des Evangeliums gelitten haben, werden herrschen.

Der These von Roloff, nach der „der Träger des gemeindeleitenden Amtes ... nicht über die Gemeindeglieder [herrscht], sondern ... ihnen dienend in der Haltung geschwisterlicher Solidarität [begegnet]"[468] ist daher m.E. nur bedingt zuzustimmen. Gewiss: Der Gemeindeleiter leidet für die Gemeindeglieder, weil Lehre Leiden mit sich bringt. Insofern dient er ihnen (2Tim 4,5). Auffällig ist aber, dass Frauen zu dieser Art der διακονία nicht zugelassen sind. Das liegt m.E. daran, dass die Pastoralbriefe die Lehre gerade *nicht* primär unter dem Aspekt des Dienstes fassen – denn dann würde sie auch Frauen offen stehen – sondern unter dem Aspekt der Herrschaft.

2Tim 2,1–26
Lehre versteht sich in den Past immer auch als Abgrenzung von den Irrlehrern. Diese Frontstellung klingt schon in der Eröffnung der Past in 1Tim 1,3 an: Der Verfasser weist auf diejenigen hin, die anders lehren (ἑτεροδιδασκαλεῖν; 1,3). Hier wird auch gleich deutlich, dass keine inhaltliche Auseinandersetzung mit der „falschen Lehre" angestrebt werden soll: Die Lehrer sollen sich nicht mit „Fabeln und endlosen Geschlechtsregistern abgeben, die nur Streitfragen mit sich bringen statt dem Heilsplan Gottes zu dienen" (1,4).

Auch der Abschnitt 2Tim 2,1–13 dient der Vorbereitung zur Abgrenzung von den Irrlehrern. Mit V 14 beginnt ein Abschnitt, der zunächst gebietet, sich nicht in unnötige Wortgefechte (V 14) und „gottloses Geschwätz" (V 16) zu verwickeln. Anschließend wird die Lehre von Hymenäus und Philetus ohne inhaltliche Begründung abqualifiziert (V 18). Die Kirche erscheint als ein corpus permixtum (V 20), in der diejenigen, die abgeirrt sind, die Möglichkeit haben, zurückzukehren (V 21). Dementsprechend sollen die Gemeindeleiter dafür sorgen, dass sich die Irrlehrer jederzeit bekehren können (VV 24–26).[469]

Hier liegt m.E. der Schlüssel zum Verständnis von 2Tim 2,13a auf redaktioneller Ebene: So, wie Christus auch den Untreuen gegenüber treu bleibt, sollen die Gemeindeleiter ihnen nicht den Rücken kehren, sondern das Heilsangebot ständig wieder herausstellen. Die Formel πιστὸς ὁ λόγος leitet also für den Verfasser – wie auch in 1Tim 1,15 – eine soteriologische Aussage ein.[470] Wie sich diese bedingungslose Treue zur endgültigen Verwerfung verhält, war dem Verfasser vielleicht selber unklar. „The tension between the third and fourth lines of the hymn is reflected when the author addresses the fate of the

---

[468] Roloff, 1Tim, EKK, 263.

[469] Roloff, Art. „Pastoralbriefe", 64.

[470] Dasselbe wäre in 1Tim 3,1 der Fall, wenn die Formel zurückverweisen würde auf 2,15. Ein solcher Rückverweis liegt in 1Tim 4,9 vor. Nirgendwo bezieht sich die Formel auf einen Gerichtsspruch.

opponents in 2:24–26 ... Here the author leaves open the possibility that God's faithfulness to God's saving nature could mean that salvation extends even to the opponents. With μήποτε (perhaps) and the subjunctive mood, however, he signals that this is far from certain."[471] Klarheit herrscht aber darüber, worin die Aufgabe der Gemeindeleiter besteht: in der Verkündigung des Heilsangebotes.

Wie werden nun die VV 1–13 einerseits und die VV 14–26 andererseits miteinander verknüpft? V 14 weist ausdrücklich zurück und gebietet: „Daran erinnere sie und ermahne sie inständig vor Gott, dass sie nicht um Worte streiten ..." Das heißt: *Vor* dem Einstieg in die Abgrenzung von den Irrlehrern wird die „rechte Lehre" (VV 8–13) festgeschrieben. Sie bildet gleichsam das Rüstzeug, mit dem die Gemeindeleiter den Irrlehrern entgegentreten sollen, ohne sich auf eine inhaltliche Auseinandersetzung einzulassen.

Wie genau sieht dieses Rüstzeug aus?
1) Die Mehrheit der Forschung nimmt an, dass schon in der 1. Zeile (V 11b) ein polemischer Unterton gegen die Irrlehrer mitschwingt. Das Futur συζήσομεν mache schon vor der Erwähnung der Irrlehrer deutlich, dass die Auferstehung mit Blick auf die Getauften eben noch *nicht* geschehen ist.[472]
2) V 12b versichert, dass die Irrlehrer Gefahr laufen, von Christus verleugnet zu werden.
3) Der Übergang zur Irrlehrerthematik deutet sich auch in V 13 an. Für die Past gilt: Hier – bei den Irrlehrern – „ist die Möglichkeit der ἀπιστία Wirklichkeit geworden; es gibt Beispiele für den Abfall vom Glauben"[473]. Doch diese Abtrünnigen können die Treue Gottes nicht in Frage stellen. Der redaktionelle Zusatz in V 13b ist wohl dahingehend zu verstehen, dass insbesondere den (vielleicht verunsicherten) Gemeindeleitern Gottes unverbrüchliche Treue zugesprochen werden soll.[474]
Der Hymnus ist also *auch* unter dem Vorzeichen der Abgrenzung von den Irrlehrern zu lesen.[475] Nun habe ich versucht zu zeigen, dass der Verfasser in

---

[471] Bassler, „He Remains Faithful", 182.

[472] „Very likely vv. 11–13, which begin with the theme of dying and rising (or living) with Christ, addressed this sort of misunderstanding, emphasizing the unfinished (and to some extent future) character of the life with Christ that comprises Christian existence ..." (Towner, Goal, 102).

[473] Oberlinner, Past, HThK XI/ 2, 87.

[474] A.a.O., 87f.

[475] Dasselbe gilt vielleicht schon für V 8, wo die Zusage aus V 11b christologisch vorbereitet wird: Jesus Christus ist von den Toten auferstanden. In V 8 klingt Röm 1,3f an, allerdings mit entscheidenden Abweichungen:
a) Die Reihenfolge der Glieder „auferstanden von den Toten" und „aus dem Geschlecht Davids" ist gegenüber Röm 1,3f umgestellt.

2,1–13 insbesondere auf V 12a, also die Verheißung eschatologischen Lohns für die Gemeindeleiter, zusteuert. Daher stellt sich die Frage, ob diese Betonung auch einen polemischen Unterton gegen die Irrlehrer enthält.

Das wäre am ehesten *dann* der Fall, wenn der Verfasser des 2Tim die Irrlehrer aus V 18 so einschätzt, dass sie mit dem Anspruch, schon zu leben, auch den Anspruch erheben, schon zu herrschen.

Vielleicht polemisiert der Verfasser in 2,12a indirekt auch gegen die – nur vermeintliche (?) – gegnerische Auffassung, schon zu herrschen. Für diese Vermutung sprechen folgende Überlegungen:

Der Epheserbrief enthält in 2,5f eine eschatologische Aussage, deren inhaltliche Nähe zu 2Tim 2,18 unumstritten ist. Jeweils wird ein in der Taufe begründetes präsentisches Heilsverständnis formuliert. Allerdings legt Eph 2,5f – anders als 2Tim 2,18 – den Gedanken eschatologischer Mitherrschaft immerhin nahe.[476] Denn die Christen werden mit eingesetzt im Himmel, wo Christus als Herrscher zur Rechten sitzt (1,21). Aber darf Eph 2,5f zur Erhellung der Frage, wie der Verfasser des 2Tim seine Gegner einschätzt, herangezogen werden? Das wäre der Fall, wenn entweder die Irrlehrer aus 2Tim 2,18 der Gruppe hinter dem Eph nahe stehen (1), und/ oder wenn der Eph dem Verfasser des 2Tim vorgelegen hat (2).

b) Die Einsetzung Jesu zum „Sohn Gottes in Macht" wird gegenüber Röm 1,4 weggelassen.

Die Umstellung der Glieder „auferstanden von den Toten" und „aus dem Geschlecht Davids" könnte mit Blick auf die Irrlehrer vorgenommen worden sein, denn vielleicht leiteten die „Irrlehrer" ihre Auffassung gerade von dieser Lehre des Sterbens und Auferstehens mit Christus her: "... it may have been a misunderstanding about Paul's doctrine of ‚dying and rising with Christ' that led to the view that believers ‚now' enjoyed the resurrection ..." (Towner, Goal, 102). Angesichts dieses Missverständnisses stellt der Verfasser des 2Tim die Auferweckung Christi voran und schließt die Angabe über seine menschliche Herkunft an, gefolgt von den Schilderungen der apostolischen Leiden. Die eschatologische Herrscherfunktion des Erhöhten wird nicht erwähnt. „... denn die in der Formulierung von Röm 1,4 enthaltene Hervorhebung der eschatologisch gültigen himmlischen ‚Herrscherfunktion des Erhöhten' und der in der Auferweckungsaussage enthaltene Aspekt, daß der Auferstandene ‚als Repräsentant der durch die Totenauferweckung angebrochenen vollendeten Heilswirklichkeit Gottes' gedeutet werden konnte ..., hätte vielleicht in den Augen des Verfassers der Past den Irrlehrern Auftrieb gegeben" (Oberlinner, Past, HThK XI 2/ 2, 77f mit Zitaten aus Wilckens, Röm, EKK, 65).

Anders Söding (Erscheinen): Er sieht hier weder eine implizite Auseinandersetzung mit den Gegnern, weshalb nur die menschliche Herkunft Jesu betont werde (gegen Brox, Past, RNT, 163; Trummer, Paulustradition, 203), noch eine „Verkümmerung" der Christologie (gegen Roloff, 1Tim, EKK, 260): „Eher scheint eine Erinnerung an die spezifische Art des Menschseins Jesu durch: daß der Mensch Jesus eben der Messias aus dem Geschlechte Davids ist." (Söding, Erscheinen, 165). Es wird aber nicht deutlich, wie diese „Erinnerung" motiviert ist. Denn das Motiv wird – wie Söding selbst eingesteht – sonst in den Past nicht betont.

[476] S.u. unter 4.3.

zu 1): In der Forschung werden die Past des öfteren als gezielte Gegenreaktion gewertet, die sich gegen diejenige theologische Entwicklung richtet, wie sie durch den Kol und Eph dokumentiert wird.[477]

zu 2): Einige Exegeten[478] nehmen an, dass dem Verfasser des 2Tim der Eph vorgelegen hat. In diesem Fall liegt es nahe, dass die in 2,18 referierte gegnerische Auffassung den Verfasser des 2Tim an Eph 2,5f erinnert hat und er nicht zwischen beiden Positionen unterscheidet. Davon gehen jedenfalls Exegeten aus, die annehmen, „daß sich auch das Zitat der von den Häretikern Hymenaios und Philetos vertretenen Irrlehre 2 Tim 2,18 ... direkt gegen Eph 2,5–7 richtet, von woher es dann auch nicht von der Hand zu weisen ist, daß gerade unmittelbar vorher 2 Tim 2,11–13 mit Bedacht auf die abweichenden Grundformulierungen von Röm 6,3f.8 direkt polemisch gegen die abändernden von (Kol und) Eph zurückgegriffen wurde"[479]. Diese Polemik könnte sich dann auch auf den Herrschaftsgedanken erstrecken.

M.E. ist es hinreichend wahrscheinlich, dass entweder eine traditionsgeschichtliche oder eine intertextuelle Nähe zwischen 2Tim 2,18 und Eph 2,5f besteht. Daher ist genauer zu fragen, wie der Verfasser des 2Tim die eschatologische Herrschaftsvorstellung, die sich im Eph andeutet, verstanden haben könnte. Folgende Aspekte sind hier von Bedeutung: Während der Verfasser des 2Tim deutlich zwischen dem eschatologischen Leben für alle Getauften und der eschatologischen Herrschaft für die Gemeindeleiter unterscheidet, deutet sich in Eph 2,5f eine Position an, die nicht zwischen Leben und Herrschaft differenziert, sondern nach der alle Getauften bereits in der Gegenwart eschatologisch leben und herrschen. Der Eph versteht die Einsetzung im Himmel auch nicht als Lohn für erlittenes Leid. Mit dem Eph liegt uns damit ein Brief aus der Nähe der Past vor, der nicht zwischen exklusiven und allgemeinen eschatologischen Heilsgütern differenziert.

---

[477] Z.B. Conzelmann, Schule, 85–96; Roloff, Art. „Pastoralbriefe", 56; Müller, Theologiegeschichte, 67–74 (Müller unterscheidet zwei gegnerische Gruppen, eine davon bezeichnet er als „enthusiastische Pauliner"; zur Kritik vgl. Roloff, 1Tim, EKK, 234); vorsichtig Lindemann, Aufhebung, 255.

Berger (Jesus, 257–261; Theologiegeschichte, 559–563) sieht in den Irrlehrern aus 2Tim 2,18 Judenchristen, die auf der Basis des Apostaldekrets stehen. Er bestreitet, dass sie der beginnenden gnostischen Bewegung zuzurechnen seien. Denn nach Berger zeugt 2Tim 2,18 nicht etwa von einem eschatologischen Enthusiasmus. Vielmehr vertrete der 2Tim „eine archaische Martyriumstheologie" (a.a.O., 559). „2 Tim 2,18 ist aber der reine Gegensatz zu dieser Position und hat seine Entsprechung in Texten wie Kol 2,12. D.h., der Verfasser von 2 Tim sieht sich demnach genötigt, eine anti-martyrologische Konsequenz aus paulinischen Ansätzen (Röm 6,5–12) zu bestreiten." (ebd.). Die direkte Frontstellung von 2Tim gegen Eph 2,5f ist bei dieser Verortung ebenfalls gegeben.

[478] Z.B. Trummer, Corpus paulinum, 132; Stettler, Christologie, 184f; Schenk, Briefe, 3421.

[479] Schenk, Briefe, 3421; vgl. Grundmann, Art. σύν-, μετά, 794: „Die aktualisierte Eschatologie zB des Epheserbriefes ... ist entsprechend 2 Tm 2,18 abgewehrt."

Diese Position muss den Gemeindeleitern der Past mit ihrem exklusiven Herrschaftsanspruch ein besonderer Dorn im Auge gewesen sein. Vielleicht hebt der Verfasser des 2Tim auch deshalb gerade die zweite Zeile des traditionellen Hymnus besonders hervor und bezieht sie *exklusiv* auf die Gemeindeleiter. Im jetzigen Kontext trägt dann nicht nur V 11b, sondern auch V 12a einen polemischen Unterton.

3.5.4. Der historische Ort

Mit der Mehrheit der Forschung verorte ich den 2Tim in örtlicher und zeitlicher Nähe zur Offb.

Hinsichtlich des Entstehungsortes spricht m.E. mehr für Kleinasien[480] als für Rom[481], denn:

1) Timotheus, der fiktive Adressat zweier Briefe, residiert in Ephesus.
2) Die Ignatiusbriefe sind von den Past abhängig.[482]
3) Die Philipperkorrespondenz des Polykarp ist von den Past abhängig.[483]
4) Der Hymnus in 2Tim 2,11b–13a ist wahrscheinlich in örtlicher und zeitlicher Nähe zur Offb entstanden.

Hinsichtlich der Entstehungszeit ist umstritten, ob in 1Tim 6,20 eine Anspielung auf die „Antithesen" Markions gesehen wird oder nicht. Im ersten Fall sind die Briefe um 130 n.Chr. anzusetzen[484], im zweiten Fall – und so votiert die Mehrheit der Forschung[485] – nimmt man eine Entstehung um die Jahrhundertwende an. Für die frühere Ansetzung hat sich u.a. Trummer unter Berufung auf die pseudepigraphe Fiktion der Pastoralbriefe ausgesprochen. Er geht davon aus, dass die Past, die ja ein vorliegendes Corpus paulinum abschließen wollten, nur in Verbindung mit der Sammlung von Paulusbriefen herausgegeben werden konnten. Daher ist zu fragen, wann

---

[480] Vgl. Vielhauer, Geschichte, 237.

[481] Für Rom votieren Holtzmann, Past, 271–274 und in neuerer Zeit – mit Vorsicht – Merkel, Past, NTD, 13: „Mehr als eine plausible Annahme ist die römische Herkunft der Pastoralbriefe natürlich nicht." Merkel bringt – im Gefolge von Holtzmann – u.a. die Berührungen mit dem 1. Clemensbrief in Anschlag. Doch beweist das nicht viel, da die Verwandtschaft mit dem kleinasiatischen Polykarpbrief noch enger ist. Das Argument verliert weiter an Schlagkraft durch die Beobachtung, dass der Polykarpbrief selbst den 1. Clemensbrief an mehreren Stellen benutzt (einen Überblick bietet Bauer, Polykarpbriefe, KAV, 28–30), ohne deswegen in Rom entstanden zu sein.

[482] Merz, Ort, 107–148.

[483] Merz (a.a.O., 86–106.148–150) zeigt, „daß Polykarp die Pastoralbriefe (zumindest 1 und 2Tim) als Paulusbriefe kannte, da er sie als solche zitierte und ihre Argumente in die eigene Darstellung integrierte" (a.a.O., 98f).

[484] So von Campenhausen (Polykarp, 205): Er sieht in den Past „eine Art Antwort der Großkirche gegen Markion"; ähnlich Vielhauer, Geschichte, 237.

[485] So z.B. Roloff, Einführung, 207; Merkel, Past, NTD, 13; Brox, Past, RNT, 58; Hasler, Past, ZBK, 8; Oberlinner, Past, HThK XI 2/ 1, XLVI.

am ehesten mit solchen Sammlungen zu rechnen ist: „Sammlungen von Paulusbriefen, einschließlich des Eph, scheinen schon mit Ende des 1. Jh. verbreitet zu sein. Man wird also die Entstehung des Corpus pastorale nicht wesentlich später, zumindest noch innerhalb der folgenden Generation, ansetzen müssen ...“[486] Gegen eine Datierung zur Zeit Markions spricht, dass bezweifelt werden muss, ob die Past zu diesem späten Zeitpunkt noch als „legitime" Schreiben akzeptiert worden wären.[487]

Sowohl der traditionelle Hymnus als auch der 2Tim sind damit m.E. in demselben Milieu anzusiedeln wie die Offb. Wie weit die Entstehung des Hymnus und seine Verarbeitung durch den Verfasser des 2Tim zeitlich auseinander liegen, ist kaum zu sagen. Angesichts der Nähe zur Offb ist es aber interessant, die ekklesiologische Funktion der Verheißung eschatologischer Herrschaft im 2Tim und in der Offb zu vergleichen.

3.5.5. Die ekklesiologische Funktion der eschatologischen Herrschaftsverheißung im 2Tim und in der Offb

Nachfolge ist sowohl in der Offb als auch im 2Tim entscheidend durch die ὑπομονή gekennzeichnet. Die Offb expliziert Nachfolge in erster Linie als Zeugenschaft. Die μαρτυρία Ἰησοῦ kann dabei für denjenigen, der sie ablegt, zu massivem Leiden führen. Doch dem „Sieger" wird dann auch eine eschatologische Belohnung, die u.a. in einer Herrschaftsfunktion bestehen kann, in Aussicht gestellt. Diese Konzeption kennt in ähnlicher Weise auch der 2Tim. Das Thema der Nachfolge findet über den Weg der Logientradition Eingang, wird jedoch in besonderer Weise expliziert als „die Einsicht, daß das Evangelium darin der Geschichte Jesu entspricht, daß es wie er selbst Widerstand weckt und damit für seinen Verkündiger Leiden zur Folge hat. Und es geht um die Bereitschaft, dieses Leiden als Teil des Dienstauftrags anzunehmen."[488]

Vor dem Hintergrund dieser inhaltlichen Nähe von Offb und 2Tim fällt die unterschiedliche Funktion, die den eschatologischen Herrschaftsverheißungen zukommt, besonders ins Auge: Die Herrschaftszusagen richten sich

---

[486] Trummer, Corpus Paulinum, 136f.

[487] „Eine Datierung der Past um die Zeit Markions oder danach erscheint jedoch, trotz 1Tim 6,20, wo der Titel von Markions Hauptwerk ‚Antithesen' aufscheint, nicht mehr gerechtfertigt: Sprache und Stil der Past, ihre besondere Entwicklung hinsichtlich Amt und Theologie und vor allem auch das Verständnis der Pseudepigraphie als einer ihnen noch möglichen legitimen literarischen Form widersetzen sich einer solch extremen Spätdatierung." (Trummer, Corpus Paulinum, 137).

[488] Roloff, Weg, 166f.

in der Offb und im 2Tim an unterschiedliche Adressaten. In der Offb sind alle „wahren Christen" gemeint, also alle, die das Zeugnis Christi ablegen und damit auch Leid in Kauf nehmen. Der Verfasser des 2Tim richtet sich in 2,8–13 an die Gemeindeleiter. Ihnen gilt im jetzigen Kontext die Zusage eschatologischer Mitherrschaft.[489] Die Gemeindeleiter bilden nun aber genau die Gruppe, die der Seher ignoriert.[490] Während der Seher die Gemeindeleiter also bewusst umgeht, wendet der Verfasser des 2Tim sich ihnen in seiner Gemeindeleiterparänese gesondert zu und stellt ihnen (und sich selbst) in Aussicht: συμβασιλεύσομεν. Hier wird der unterschiedliche „Sitz im Leben" beider Schriften erkennbar: Der 2Tim sanktioniert die bestehenden ekklesiologischen Hierarchien in der Gemeinde. Seine Eschatologie fügt sich diesen Strukturen ein. Die Gemeindeleiter werden gestützt. Der Seher hingegen steht den Gemeindestrukturen, die er in Kleinasien vorfindet, als Wanderradikaler kritisch gegenüber. Seine eschatologische Herrschaft kennt keine Hierarchie.

3.5.6. Zusammenfassung und Weiterführung

In 2Tim 2,11b–13a liegt ein traditioneller Hymnus vor. Die soteriologische Zusage, dass die Getauften leben werden (1. Zeile), wird in der letzten Zeile christologisch untermauert: Christus bleibt treu. Auf diesem soteriologischen Zuspruch liegt im traditionellen Hymnus m.E. der Akzent. Eingeschlossen ist ein paränetischer Teil, der zum Ausharren ermahnt und dieser Forderung durch den Ausblick auf das Gericht Nachdruck verleiht. Der Hymnus differenziert zwischen dem eschatologischen Heilsgut des ewigen Lebens, das allen Getauften indikativisch zugesprochen wird, und demjenigen der eschatologischen Herrschaft, das als Lohn durch Leid verdient werden soll. Die Zusage eschatologischer Herrschaft geht traditionsgeschichtlich nicht auf 1Kor 4,8, sondern auf synoptische und apokalyptische Belege zurück, die Leiden mit Herrschaft belohnen (Lk 22,28–30; Offb 3,21; 20,4–6).

Der Verfasser des 2Tim verlagert die Pointe des Hymnus: Ihm geht es vor allem um die Frage, welcher Lohn den Gemeindeleitern, die – wie Paulus – für das Evangelium leiden (2,3.8f), zukommt (2,4–6). Die Antwort

---

[489] Es ist kaum mehr zu entscheiden, wem die Zusage im vorgegebenen Traditionsstück 11b–13a galt. Interessant ist immerhin, dass Mt 19,28* ebenfalls ein Führungsgremium anspricht. 2Tim 12a richtet sich im jetzigen Kontext nicht mehr an die Zwölf, sondern an die Gemeindeleiter. Damit trägt der 2Tim den veränderten ekklesiologischen Bedingungen Rechnung, bewahrt aber die Vorstellung, dass die Aussicht auf eschatologische Herrschaft Führungspersonen gilt.

[490] S.o. unter 3.4.5.

liefert V 12a: Sie werden herrschen. Den übrigen Gemeindegliedern kommt (nur) das eschatologische Leben zu. Der Verfasser setzt den Hymnus ein, um die Abgrenzung von den Irrlehrern Hymenäus und Philetus (2Tim 2,17f) vorzubereiten.

Wahrscheinlich schreibt der Verfasser des 2Tim den Gegnern nicht nur die Auffassung zu, schon auferstanden zu sein, sondern auch diejenige, schon zu herrschen. Denn der Verfasser des 2Tim hat die gegnerische Auffassung mit Eph 2,5f in Verbindung gebracht, wo nicht zwischen eschatologischem Leben und eschatologischer Herrschaft differenziert, sondern beides in der Taufe zugesprochen wird, ohne dass Leidensbereitschaft gefordert würde. Diese Auffassung dürfte den Gemeindeleitern der Past mit ihrem exklusiven Herrschaftsanspruch ein besonderer Dorn im Auge gewesen sein.

Während der Verfasser der Offb also die Gemeindeleiter ignoriert und die Sieger als eschatologische Herrscher einsetzt, „verlängert" der Verfasser des 2Tim die ekklesiologischen Herrschaftsverhältnisse ins Eschaton, indem er den Gemeindeleitern die eschatologische Mitherrschaft verheißt.

3.6. Eschatologische Mitherrschaft als Lohn für gottgefällig lebende Gläubige: Der Philipperbrief des Polykarp

2Tim 2,11b–13a taucht in abgewandelter Form bei Polykarp wieder auf, allerdings mit einer anderen Stoßrichtung.

3.6.1. Polykarps Quellen

Polykarp lehnt sich in seinem Brief in hohem Maße an ihm bekannte Tradition an, und zwar gibt er zum einen mündliche Tradition wider, zum anderen zitiert er häufig aus der christlichen Literatur.[491] Daher ist die Frage, welche urchristlichen Texte Polykarp vorlagen, von besonderem Interesse. Für das Thema der Vorstellung vom eschatologischen Heil als Machtausübung sind folgende Quellen von Bedeutung: der 1Clem, der 1Kor, die Past (zumindest 1 und 2 Tim) und (in geringerem Maße) die Ignatiusbriefe.

---

[491] Vielhauer, Geschichte, 564.

1) Beim 1Clem herrscht Einigkeit darüber, dass Polykarp ihn gekannt hat.[492]

2) Paulus ist für Polykarp von zentraler Bedeutung.[493] Die Paulusbriefe werden explizit zur Lektüre empfohlen (PolPhil 3,2). Der Umfang der echten Paulusbriefe, die Polykarp vorlagen, wird unterschiedlich bestimmt. Der 1Kor hat aber mit Sicherheit dazugehört.[494] Dafür spricht zum einen PolPhil 11,2. Polykarp zitiert hier aus 1Kor 6,2 und gibt Paulus als Quelle explizit an.[495] Für eine Kenntnis des 1Kor spricht zum anderen PolPhil 5,3, „wo der Lasterkatalog von 1Kor 6,9f. in gezielter Auswahl zitiert wird"[496].

3) Umstritten ist, ob Polykarp die Pastoralbriefe gekannt hat, oder ob die Berührungspunkte zwischen den Schreiben auf gemeinsame Tradition zurückgehen.[497] Im Rahmen meines Themas ist diese Frage insbesondere für PolPhil 5,2 von Interesse: Ist hier anzunehmen, dass Polykarp 2Tim 2 in der uns vorliegenden Form gekannt hat, oder greift er auf einen (den?) traditionellen Hymnus zurück, der hinter 2Tim 2,11b–13a steht? A. Merz hat anhand von PolPhil 4,1/ 1Tim 6,7.10; PolPhil 9,2/ 2Tim 4,6–10 und PolPhil 5,2 m.E. schlüssig gezeigt, „daß Polykarp die Pastoralbriefe (zumindest 1 und 2Tim) als Paulusbriefe kannte, da er sie als solche zitiert und ihre Argumente in die eigene Darstellung integrierte"[498].

4) Dass Polykarp die Ignatiusbriefe gekannt hat, scheint sich direkt aus PolPhil 13 zu ergeben: Denn hier empfiehlt Polykarp seinen Lesern die Lektüre eben dieser Briefe. Allerdings wird in neuester Zeit eine Fälschungstheorie vertreten, die die Ignatiusbriefe erst in die Jahre 165–175 datiert. Eine detaillierte Auseinandersetzung mit dieser Theorie kann hier nicht erfolgen, zumal die Frage der Kenntnis der Ignatianen durch Polykarp für das Thema der eschatologischen Machtausübung nur von untergeordneter Bedeutung ist. Ich verweise daher auf die m.E. sehr überzeugende Widerlegung von A. Merz[499] und gehe von der „klassischen" These aus, nach der Polykarp die Ignatiusbriefe gekannt hat.

---

[492] Vgl. z.B. Harnack, Geschichte I/ II, 252.386; von Campenhausen, Polykarp, 221; Köster, Überlieferung, 112; Bauer bietet eine Zusammenstellung von Parallelen (Polykarpbriefe, KAV, 28–30). Merz sieht in PolPhil 9,2 eine markierte Anspielung auf 1Clem 5,4 (Ort, 86 Anm. 95).

[493] Vgl. Lindemann, Paulus, 87–91.231f.

[494] Bauer, Rechtgläubigkeit, 219; Barnett, Paul, 184; Lindemann, Paulus, 221–232.

[495] Zu PolPhil 11,2 s.u. unter 4.2.1.1.

[496] Merz, Ort, 89 Anm. 110.

[497] These v. Campenhausens, Polykarp.

[498] Ort, 88–101, Zitat 98f.

[499] A.a.O., 349–382. Die Diskussion ist v.a. zwischen 1997 und 1999 im ZAC erfolgt (vgl. die zusammenfassende Darstellung bei Merz, Ort, 349f Anm. 3).

3.6.2. Polykarps Umgang mit seinen Quellen

Als Theologe wird Polykarp zumeist ein schlechtes Zeugnis ausgestellt: „Er hat keinen einzigen selbständigen Gedanken und findet kaum einmal eine selbständige Formulierung."[500] In der Forschung werden daher hauptsächlich die Einleitungsfragen diskutiert. Eine wichtige Ausnahme – gerade im Hinblick auf das Thema vom eschatologischen Heil als Machtausübung – bildet der Aufsatz von A. Bovon-Thurneysen[501]. Sie stellt fest, dass Polykarp durchaus einen selbständigen Gedanken habe, und zwar den der „‚Verethisierung' der eschatologischen Vorstellungen"[502]. Das heißt: Die eschatologischen Aussagen werden den ethischen dienstbar gemacht. Eschatologische Verheißungen – darunter auch diejenige der Auferstehung – werden an ethische Bedingungen geknüpft (vgl. z.B. 2,2). Bovon-Thurneysen kontrastiert dieses Ergebnis mit der paulinischen Theologie: „Das paulinische Verhältnis von Imperativ und Indikativ fehlt bei Polycarp sozusagen ganz. ... Der Gebrauch der Konditionalkonstruktionen läßt den Schluß zu, daß der künftige Lohn ... bei Polycarp nicht mehr Gottes freie Verheißung ist. Wenn das Heil an menschliche Bedingungen geknüpft ist, liegt die Entwicklung nahe, daß das Heilsgut als Lohn betrachtet wird, auf den der Gläubige auf Grund seiner Gehorsamsleistungen Anspruch erheben kann."[503]

Diese generelle These betrifft auch die Verheißung eschatologischer Machtausübung, wie sie zum einen in 5,2, zum anderen in 11,2 formuliert ist. Die folgende Analyse möchte – in kritischem Anschluss an die Ergebnisse von Bovon-Thurneysen – Folgendes zeigen:

Bei der „‚Verethisierung' der eschatologischen Vorstellungen" ist zu differenzieren: Zum einen wird eschatologisches Heil indikativisch zugesprochen, um dann aus dieser Zusage ethische Forderungen abzuleiten (PolPhil 11,2). Dieses Verfahren der Funktionalisierung eschatologischen Heils hat Entsprechungen bei Paulus, z.B. in 1Kor 6,2f. PolPhil 11,2 wird daher im Zusammenhang mit 1Kor 6,2f besprochen.[504] Eschatologische Machtausübung erscheint hier nicht als Lohn, sondern als Verpflichtung. Zum anderen wird eschatologisches Heil als Lohn charakterisiert, indem es an eine

---

[500] Vielhauer, Geschichte, 564.

[501] Ethik und Eschatologie im Philipperbrief des Polykarp von Smyrna, ThZ 29, 1973, 241–256. Die herausragende Stellung dieses Aufsatzes zeigt sich auch daran, dass J.B. Bauer in seinem Kommentar von 1995 unter der Überschrift „Die Eschatologie bei Polykarp" die Ergebnisse von zusammenfasst (24f). Dies ist in seinem Kommentar das einzige Kapitel, das die Theologie Polykarps betrifft.

[502] Bovon-Thurneysen, Ethik, 251.

[503] A.a.O., 250.

[504] S.u. unter 4.2.1.1.

ethische Bedingung geknüpft wird (PolPhil 5,2). Diese Konditionalisierung eschatologischen Heils als Machtausübung findet sich – wie noch ausführlich zu zeigen sein wird – bei Paulus nicht. Polykarp reiht sich hier vielmehr in die synoptisch-apokalyptische Tradition ein.

3.6.3. PolPhil 5,2

Im 5. Kapitel wendet Polykarp sich nacheinander an unterschiedliche Personengruppen:

5,1: „wir"; Aufforderung: ὀφείλομεν ἀξίως τῆς ἐντολῆς αὐτοῦ καὶ δοξῆς περιπατεῖν.

5,2a: ebenso (ὁμοίως) die Diakone

5,2b: „wir": eschatologische Begründung

5,3a: ebenso (ὁμοίως) die jungen Männer

5,3b: allgemeine eschatologische Begründung (καλὸν γάρ)

5,3c: die Jungfrauen

Für die Frage nach der Vorstellung vom Heil als Machtausübung genügt die Betrachtung von 5,1f. In 5,1 heißt es, wir müssten „seinem Gebot und seiner Ehre angemessen wandeln". Diese Forderung wird dann in 5,2 zunächst für die Diakone präzisiert. Angeschlossen wird diese Entfaltung mit einem ὁμοίως. Das heißt: Was Polykarp mit Blick auf die Diakone ausführt, gilt auch für die übrigen Christen. Die Diakone werden also nicht deshalb als Gruppe herausgehoben, weil für sie andere Forderungen gelten, sondern wahrscheinlich, weil sie – angesichts des „Falles Valens" (vgl. 11,1f) – den Hinweis auf die Forderungen besonders nötig haben. In diese Richtung weist zumindest die idealtypische Charakterisierung der Diakone als ἀφιλάργυροι. Der „Fall Valens" wirft seinen Schatten. Anschließend wechselt Polykarp zurück in die 1. Person Plural. Er spricht also nicht mehr nur von den Diakonen, sondern wendet sich jetzt an alle Christen. In einem komplizierten Satz stellt er Einsatz und Lohn eines gottgefälligen Lebenswandels gegenüber. Eine der Bedingungen ist folgendermaßen formuliert: ἐὰν πολιτευσώμεθα ἀξίως αὐτοῦ. Diese Formulierung erinnert an diejenige aus 5,1, so dass zu folgern ist: Wenn Polykarp in 5,2b davon spricht, dass „wir seiner würdig wandeln" sollen, dann geht es auch hier um die Forderungen, die mit Blick auf die Diakone ausgeführt worden sind.

Von eschatologischer Machtausübung ist in 5,2b die Rede: καὶ συμβασιλεύσομεν αὐτῷ. Das komplizierte Gefüge des Satzes soll zunächst analysiert werden.

Die Struktur von 5,2b
Die Struktur des Satzes mag folgende Darstellung verdeutlichen:

ἐὰν εὐαρεστήσωμεν	ἐν τῷ νῦν αἰῶνι	ethische Bedingung
ἀπολημψόμεθα	καὶ τὸν μέλλοντα,	eschatologische Verheißung
καθὼς ὑπέσχετο ἡμῖν ἐγεῖραι ἡμᾶς ἐκ νεκρῶν, καὶ ὅτι		eschatologische Verheißung
ἐὰν πολιτευσώμεθα	ἀξίως αὐτοῦ,	ethische Bedingung
καὶ συμβασιλεύσομεν	αὐτῷ,	eschatologische Verheißung
εἴγε πιστεύομεν.		ethische (?) Bedingung

Das heißt: Wir finden zwei streng parallel formulierte ethische Bedingungen (ἐάν mit Konjunktiv Aorist 1. Pers. Plr. mit weiterer Bestimmung), denen jeweils eine eschatologische Verheißung folgt. Zwischen diesen beiden Sentenzen steht das Versprechen Jesu, „uns" von den Toten aufzuerwecken. Die Einheit schließt mit einem weiteren Bedingungssatz, diesmal jedoch ohne weitere Bestimmung.

Dieser Aufbau lässt zunächst zwei wichtige Schlussfolgerungen zu:
1) Der letzte Bedingungssatz ist aufgrund seiner Parallelität zu den beiden vorhergehenden ethisch aufzufassen, d.h. „glauben" hat hier den Charakter einer geforderten ethischen Tätigkeit.[505]
2) Das εἴγε πιστεύομεν in betonter Schlussstellung akzentuiert die Bedeutung des Glaubens(werkes).

Schwierig ist die Zuordnung der zweiten Verheißung und der dritten Bedingung.[506] A. Merz gliedert die Periode in zwei Dreiergruppen: „Der καθώς-Satz über die Auferstehung expliziert m.E. den vorausgehenden

---

[505] So m.E. überzeugend Bovon-Thurneysen, Ethik, 247: „Die Frage ist, ob der Glaube Gnadengeschenk ist ..., oder ob er Werkcharakter annimmt ... Im Falle des Polycarp scheint mir die Frage, vor allem wegen der parallelen Bedingungssätze, im zweiten Sinne beantwortet werden zu müssen."

[506] Bovon-Thurneysen konstatiert: „Die Bedingtheit der Auferstehung ist hier noch eindrücklicher gemacht durch eine komplizierte, etwas schwerfällige Konstruktion von *drei Verheißungen, die immer mit je einem Bedingungssatz verknüpft sind.*" (Ethik, 247; eigene Hervorhebung). Hier vereinfacht sie aber m.E. unzulässig: Während bei zwei Bedingungen und Verheißungen die Verknüpfung auf der Hand liegt, ist das bei der zweiten Verheißung und der dritten Bedingung nicht der Fall.

über das Empfangen des kommenden Äon. Die Periode besteht also aus zwei Dreiergruppen. Die erste besteht aus einem Bedingungssatz, der von zwei Verheißungen gefolgt ist; bei der zweiten umschließen zwei bedingende Sätze die Verheißung."[507] Diese Zwei-Gliederung könnte durch das καὶ ὅτι gestützt werden. Zumindest der Rückbezug des καθώς-Satzes auf die vorausgehende Verheißung erscheint mir dadurch plausibel. Die Verheißung der Auferstehung wird also mit an die erste Bedingung geknüpft (vgl. 2,2: ὁ δὲ ἐγείρας αὐτὸν ἐκ νεκρῶν καὶ ἡμᾶς ἐγερεῖ, ἐὰν ποιῶμεν αὐτοῦ τὸ θέλημα).

Beim abschließenden εἴγε πιστεύομεν würde ich allerdings etwas anders urteilen: M.E. bezieht sich die abschließende Bedingung nicht nur auf die voraufgehende Verheißung, sondern auf die gesamte Passage: *Alle* Verheißungen werden abschließend unter die ethisch verstandene Bedingung des Glaubens gestellt. Das scheint mir durch den Wechsel von ἐάν zu εἴγε sowie durch den Wechsel vom Konjunktiv Aorist zum Indikativ Präsens angezeigt. Die konditionale Struktur der gesamten Periode wird dadurch unterstrichen.

Die Bearbeitung der verwendeten Quellen:
1. 2Tim 2
Wie bereits dargelegt hat Polykarp den 2Tim gekannt.[508] Die Bedingungs-, Verheißungs-Periode aus PolPhil 5,2 erinnert in mehreren Punkten an den Hymnus aus 2Tim 2,11b–13a: Beide Texte formulieren im Wir-Stil, beide verknüpfen Wenn-Sätze mit Hauptsätzen, beide thematisieren eschatologisches Heil und seine Bedingungen, beide verwenden die Formulierung καὶ συμβασι- λεύσομεν[509]. Um einen besseren Überblick über die Parallelen und Unterschiede zwischen 2Tim 2,11b–13a und PolPhil 5,2 zu gewinnen, werden beide Texte in einer Tabelle parallelisiert. Dabei wird gleichzeitig deutlich, inwiefern Polykarp die klare Struktur von 2Tim 2,11b–13a aufgibt, um dem Text ein eigenes Aussageprofil zu verleihen:

---

[507] Ort, 98 Anm. 146.
[508] S.o. unter 3.6.1.
[509] Wahrscheinlich hat Polykarp die VV 2Tim 2,11b–13a aufgrund ihrer parallelen Struktur noch im Kontext des 2Tim als zusammenhängende Einheit wahrgenommen und verarbeitet.

2Tim 2,11b–13a	PolPhil 5,2
εἰ γὰρ συναπεθάνομεν, καὶ συζήσομεν·	ἐὰν εὐαρεστήσωμεν ἐν τῷ νῦν αἰῶνι ἀπολημψόμεθα καὶ τὸν μέλλοντα, καθὼς ὑπέσχετο ἡμῖν ἐγεῖραι ἡμᾶς ἐκ νεκρῶν, καὶ ὅτι
εἰ ὑπομένομεν, καὶ συμβασιλεύσομεν·	ἐὰν πολιτευσώμεθα ἀξίως αὐτοῦ, καὶ συμβασιλεύσομεν
εἰ ἀρνησόμεθα, κἀκεῖνος ἀρνήσεται ἡμᾶς·	
εἰ ἀπιστοῦμεν, ἐκεῖνος πιστὸς μένει.	εἴγε πιστεύομεν.

Bei diesem Vergleich fallen folgende Unterschiede ins Auge: Polykarp gibt die klare Struktur von 2Tim 2,11b–13a auf, um seine eigenen Akzente zu setzen.

1) Das Mitsterben in der Taufe wird als Bedingung für eschatologisches Leben fallen gelassen und durch eine klar ethisch ausgerichtete Bedingung ersetzt.
2) Die Verheißung des eschatologischen Lebens wird – wenn auch in anderer, sehr viel ausführlicherer Formulierung – aufgenommen.
3) Die Verheißung des Mitherrschens wird wörtlich beibehalten, die dazu gehörige Bedingung jedoch ersetzt: Es geht nicht mehr ums Ausharren, sondern darum, „seiner würdig zu wandeln".
4) Die dritte Zeile des Hymnus wird gestrichen.
5) Aus der vierten Zeile wird lediglich das Thema des Glaubens übernommen, jedoch mit völlig anderer Pointe: Zum einen geht es bei Polykarp um ein Glaubenswerk, also um eine ethische Bedingung. Zum anderen erhält die Sentenz einen völlig anderen Charakter: Während der Hymnus zuversichtlich schließt, indem er bedingungslos Heil zuspricht, streicht Polykarp die Zusage und schließt in 5,2 mit einer ethischen Bedingung, an der die eschatologischen Verheißungen insgesamt hängen.

Diese einzelnen Verschiebungen lassen drei grundsätzliche Tendenzen erkennen:
1) Die Leidens- und Verleugnungsthematik (Zeile 2 ὑπομένομεν und Zeile 3) entfällt. Vielleicht schwang diese Thematik in den Ohren Polykarps auch in dem συναπεθάνομεν mit, so dass er das Wort deshalb ersetzte. Es geht Polykarp offenbar nicht um die Leidensbereitschaft der Christen, sondern um gottgefälliges Leben.
2) Polykarp gibt die Differenzierung zwischen eschatologischem Lohn, der an ethische Bedingungen geknüpft wird, und eschatologischem Heil, das

bedingungslos zugesprochen wird, auf: Alles Heil wird an ethische Bedingungen geknüpft, zuletzt an das εἴγε πιστεύομεν. Die „„Verethisierung' eschatologischer Verheißungen" erfolgt hier also auf anderem Wege als in PolPhil 11,2: Wurde dort das Heil funktionalisiert, so wird es hier – im Anschluss an 2Tim 2,12a – konditionalisiert.

3) Während der 2Tim die eschatologische Machtausübung einer besonderen Gruppe zuspricht – nämlich den Gemeindeleitern, deren Los darin besteht, zu leiden, – „demokratisiert" Polykarp dieses Gut, indem er sich bei der entscheidenden Periode in 5,2 eben nicht speziell den Diakonen zuwendet, von denen ja gerade die Rede war, sondern allen Christen und sie dazu auffordert, gottgefällig zu leben. Das ist auch insofern auffällig, als er zumindest Ignatius als Märtyrer und Gemeindeleiter ja direkt vor Augen hat. Von 2Tim 2 her hätte es nahe gelegen, gerade Ignatius die eschatologische Herrschaft zuzusprechen. Aber Polykarp tut dies nicht – vielleicht, weil auch die Ignatiusbriefe nichts von einer eschatologischen Herrschaft des Ignatius wissen. Für Polykarp gilt jedenfalls, dass eschatologische Herrschaft nicht (nur) den leidenden Gemeindeleitern, sondern allen Gott wohlgefälligen Christen zukommt. Die Aussicht auf eschatologische Herrschaft dient damit nicht mehr zur Untermauerung ekklesiologischer Hierarchien.

Bei der Neuformulierung der Bedingungen für eschatologisches Heil zieht Polykarp offenbar zwei weitere Quellen heran: 1Clem 21,1 und 1Tim 6,17–19.

2. 1Clem 21,1 und 1Tim 6,17–19

Bei der Formulierung der ersten beiden Bedingungssätze lehnt Polykarp sich offenbar an 1Clem 21,1 an.[510] Ein Vergleich beider Texte zeigt, dass Polykarp Formulierungen aus 1Clem 21,1 auf seine Bedingungssätze verteilt hat:

1Clem 21,1	PolPhil 5,2
ἐὰν μὴ ἀξίως αὐτοῦ πολιτευόμενοι	ἐὰν πολιτευσώμεθα ἀξίως αὐτοῦ ...
τὰ καλὰ καὶ εὐάρεστα ἐνώπιον	(2)
αὐτοῦ ποιῶμεν	ἐὰν εὐαρεστήσωμεν ... (1)

Welche inhaltlichen Konsequenzen ergeben sich aus dieser Beobachtung? Wichtig scheint mir, dass in 1Clem 21,1 vom Gericht die Rede ist. Wenn Polykarp nun gerade diese Passage zur Formulierung seiner Bedingungs-

---

[510] Bauer listet 1Clem 21,1 als einen Beleg für die literarische Abhängigkeit des PolPhil vom 1Clem auf (Polykarpbriefe, KAV, 28–30).

sätze heranzieht, dann lässt das m.e. darauf schließen, dass er die eschatologische Herrschaft, die er begrifflich aus 2Tim 2,12a übernimmt, forensisch antönt: Sie gewinnt richterliche Züge.[511]

Zum anderen greift Polykarp in PolPhil 5,2 auf 1Tim 6,17–19 zurück:[512] Timotheus soll „den Reichen" (τοῖς πλουσίοις) gebieten, nicht auf den unsicheren Reichtum zu setzen, sondern auf Gott. So sammeln sie sich einen Schatz als sichere Grundlage für die Zukunft, damit sie das wahre Leben ergreifen.

1Tim 6,17–19	PolPhil 5,2
πλούσιοι ἐν τῷ αἰῶνι … εἰς τὸ μέλλον, ἵνα ἐπιλάβωνται τῆς ὄντως ζωῆς.	ἐὰν εὐαρεστήσωμεν ἐν τῷ νῦν αἰῶνι ἀπολημψόμεθα καὶ τὸν μέλλοντα

Neben den wörtlichen Anklängen findet sich in 1Tim 6,17–19 (vgl. auch Tit 2,12f) auch die für PolPhil 5,2 typische Verknüpfung von ethischem Verhalten und eschatologischem Lohn.[513]

Zwischen PolPhil 5,2 und 1Tim 6,17–19 besteht ein weiterer, thematischer Zusammenhang: Durch den unmittelbaren Kontext ist deutlich, dass Polykarp in 5,2 mit der ethischen Bedingung, in der jetzigen Weltzeit gottgefällig zu leben, u.a. meint, „ohne Geldgier" (ἀφιλάργυροι) und „enthaltsam" (ἐγκρατεῖς) zu sein. Diese indirekten Forderungen berühren sich insbesondere mit 1Tim 6,18, wo es heißt: „Sie sollen wohltätig sein, reich werden an guten Werken (πλουτεῖν ἐν ἔργοις καλοῖς), gerne geben, und das, was sie haben, mit anderen teilen." Der Leser des PolPhil weiß: Zumindest bei dem

---

[511] Bovon-Thurneysen konstatiert: „In Phil. 5,2 ist der Begriff des Mitherrschens angetönt." (Ethik, 245). Sie erläutert aber weder, welcher Art diese „Tönung" ist, noch woran sie zu erkennen ist.
Die von mir gezogene Schlussfolgerung verlangt noch eine methodische Erläuterung: Ich ziehe zur Interpretation von PolPhil 5,2 den Kontext von 1Clem 21,1 heran. Dieses Verfahren ist umstritten. (Zur Diskussion vgl. Merz, Ort, 31–36). Es lässt sich aber m.E. durch die Beobachtung absichern, dass Polykarp selbst gottgefälligen Lebenswandel und Gericht koppelt (6,2) und – gerade im Zusammenhang mit Valens (11,1f) – die Mitwirkung am eschatologischen Gericht ins Spiel bringt.
[512] Merz, Ort, 97f.
[513] Vgl. ebd. Beim Verb muss offen bleiben, ob es durch 1Tim 6,17–19 inspiriert ist. Wie dem auch sei, bin ich nicht der Meinung, dass die Wahl des Verbs bei Polykarp „den Geschenkcharakter des Heils stärker herausstellt als die Pastoralbriefe" (gegen Merz, Ort, 97). Dagegen spricht m.E. die starke ethische Konditionalisierung des Heils, die gegenüber 2Tim 2 weiter fortgeschritten ist. Selbst wenn zutrifft, dass Polykarp hier paulinischen Sprachgebrauch aufnimmt (vgl. Gal 4,5; Kol 3,24; so Merz, Ort, 97 Anm. 145), glaube ich nicht, dass er den paulinischen Geschenkcharakter hier aktualisiert.

Presbyter Valens sieht es ganz anders aus. Er wird nicht zu den Herrschenden bzw. – mit 11,2 – zu den Richtenden gehören, sondern zu den Gerichteten.

3.6.4. Zusammenfassung

Die Analyse der eschatologischen Machtzusagen in PolPhil hat versucht, die These von Bovon-Thurneysen zu profilieren und zu differenzieren, nach der eschatologische Vorstellungen von Polykarp durchgehend ethischen Anweisungen dienstbar gemacht werden. Es zeigt sich, dass bei dieser „‚Verethisierung' der eschatologischen Vorstellungen" im Hinblick auf die eschatologische Machtausübung zwei Erscheinungsformen zu unterscheiden sind: Zum einen spricht Polykarp eschatologisches Heil indikativisch zu, um dann aus dieser Zusage ethische Forderungen abzuleiten (PolPhil 11,2). Dieser Beleg wurde im Zusammenhang mit 1Kor 6,2f analysiert (3.1.1.). Eschatologische Machtausübung erscheint hier nicht als Lohn, sondern als Verpflichtung; etwa: „Weil du richten wirst, musst du dich von der Geldgier fernhalten." Zum anderen charakterisiert Polykarp eschatologische Herrschaft als Lohn, indem er sie an eine ethische Bedingung knüpft (PolPhil 5,2). Dieses Verfahren übernimmt Polykarp aus 2Tim 2,12a. Allerdings ändert sich der Inhalt der ethischen Bedingung: Es geht Polykarp nicht um die Leidensbereitschaft für das Evangelium, sondern um ein gottgefälliges Leben, und das heißt u.a.: ein Leben ohne Geldgier (vgl. den „Fall Valens", 11,1f). Polykarp spricht denen, die enthaltsam und ohne Geldgier sind, die eschatologische Herrschaft zu. Anders als im 2Tim beschränkt sich diese Verheißung nicht mehr auf die Gemeindeleiter. Polykarp – das mag überraschen – „demokratisiert" also die Verheißung aus 2Tim 2,12a.

3.7. Eschatologische Mitherrschaft als Lohn für die wahre Erkenntnis

Die Verbindung von (eschatologischer) Herrschaft und wahrer Erkenntnis deutet sich bereits in der jüdisch-hellenistischen Weisheit an und gewinnt in gnostisch beeinflussten Texten an Gewicht.

Dass Weisheit königlichen Charakter hat, ist ein weit verbreiteter Topos. Allein die Bezeichnung der Weisheit als „Weisheit Salomos" spricht hier eine deutliche Sprache. In Spr 8,15 sagt die Weisheit von sich: „Durch mich herrschen die Könige und entscheiden die Machthaber gerecht." Die Könige sind also das, was sie sind, allein durch die Weisheit. Sie garantieren den Königen ihre Macht. „So führt das Streben nach Weisheit zu königlicher Würde. Wenn ihr also Freude habt an Thronen und Szeptern, ihr Beherrscher der Völker, so ehret die Weisheit, damit ihr auf ewig regieret." (Weish 6,20f)[514] „In topischer Form werden die Könige, Herrscher und Richter daran erinnert, daß ihnen ihre Herrschergewalt und Macht (κράτησις, δυναστεία) von Gott verliehen wurde (6,1–3). Daraus folgert der Verfasser, daß die Herrscher ὑπηρέται τῆς αὐτοῦ βασιλείας seien (6,4)."[515] Hier bricht sich also der Gedanke Bahn, dass Herrschaft als Dienst angesehen werden kann.[516] Spr 4,8f formuliert noch deutlicher, dass die Weisheit Menschen zu Königen machen kann: „Halte sie hoch, so bringt sie dich hoch; sie bringt dich zu Ehren, wenn du sie umfängst. Sie legt auf dein Haupt einen schmucken Kranz, reicht dir eine prächtige Krone." (vgl. auch TestLev 13,8f).[517] Es gilt also nicht nur, dass alle Könige Weisheit besitzen sollten, sondern es gilt auch das Umgekehrte: Menschen, die Weisheit besitzen, werden dadurch zu Königen.

Philo spielt die Macht der Könige und die Macht der Weisheit geradezu gegeneinander aus, wenn er den Topos von der Macht der Könige benutzt, die der Tugend der Weisen weichen muss.[518]

Weisheit und (göttliche[519]) Macht gehören insofern zusammen. Daher ist es nicht verwunderlich, dass auch Weisheit und βασιλεία zusammengehören können. In eschatologischer Hinsicht lassen sich nun im weisheitlich geprägten Traditionskomplex zwei Ausprägungen des βασιλεία-Begriffs unterscheiden: „Einerseits wird die Basileia (Gottes) in Erkenntnis Gottes und

---

[514] Bei Weish 6,20f kommt zugleich der eschatologische Horizont ins Spiel, denn es ist von „ewiger Herrschaft" die Rede. Für den eschatologischen Bezug spricht außerdem die Stellung der Verse: Sie schließen den ersten eschatologischen Teil des Buches der Weish ab. Allerdings ist diese Gliederung umstritten. Einige Exegeten (z.B. Grimm, Weish, KEH, XXI; Focke, Entstehung, 53; Fichtner, Weish, HAT, 7; Reider, Wisdom, 99) rechnen 6,20f schon zum zweiten Teil des Buches, der nach Wesen und Ursprung der Weisheit fragt. Aber erst 6,22 formuliert die Frage, die den zweiten Teil bestimmt (Winston, Wisdom, AncB, 10; Engel, Weish, Neuer Stuttgarter Kommentar, 19). 6,20f formuliert damit, dass das Verlangen nach Weisheit zur Herrschaft führt. Wie schon Weish 5,16 steht auch 6,20f im Kontext der Sorge.

[515] Wischmeyer, Macht, 358.

[516] S.o. unter Exkurs 3 und 3.2.1.3.

[517] Der Gerechte erlangt nach seinem Tod ein Königtum; bei Bewährung erst nach einer Zeit des Leidens: Weish 5,16; Philo, Prob.Lib. 117; Lk 22,29. (Berger, Messiastraditionen, 36 Anm. 136).

[518] Quod omnis probus liber sit, 90–93; vgl. auch Somn 2,244: „... womit sie für die sich mit Philosophie Beschäftigenden den Lehrsatz aufstellen, daß allein der Weise Herrscher und König und die Tugend unumschränkte Herrschaft und Königsgewalt ist (μόνος ὁ σοφὸς καὶ βασιλεὺς καὶ ἀρετὴ ἀνυπεύθυνος ἀρχή τε καὶ βασιλεία)." (Übersetzung nach Cohn/ Heinemann, in: Cohn u.a., Werke VI, 267f); zur Thematik vgl. Alexandre, Culture, 105–129.

[519] Vgl. Weish 9,4 (Die Weisheit sitzt neben Gottes Thron.) und 18,15 (Die Weisheit springt vom Himmel, vom königlichen Thron.).

Bekehrtsein realisiert [bzw.: präsentisch als Wirk-lichkeit erschlossen], andererseits erlangt der Gerechte selbst nach seinem Tod ein Königtum."[520] Für den Aspekt der eschatologischen Machtausübung bedeutet das:

Im ersten Fall besteht die Weisheit in der *Erkenntnis*, und zwar in der Erkenntnis, dass das Königreich bzw. die Königsherrschaft Gottes bereits Wirklichkeit ist. Eine darüber hinausgehende königliche Funktion der Weisen (bzw. der Gnostiker) kommt v.a. in gnostisch geprägten Texten in den Blick (EpJak 10,1–6; 3,25–34[521]; Logion aus POxy 654,5–9[522]). In den – keinesfalls einheitlichen[523] – Schriften von Nag Hammadi taucht die eschatologische Herrschaft (βασιλεία, βασιλεύω) mehrmals in Verbindung mit der eschatologischen Ruhe (ἀνάπαυσις, ἀναπαύομαι) auf.

Im zweiten Fall wird die Weisheit nach dem Tod oder am Ende der Tage mit der Verleihung einer Machtfunktion belohnt. Weisheit äußert sich hier in der Standhaftigkeit im Leiden bzw. in der Martyriumsbereitschaft.[524] Dieser Zweig weisheitlicher Tradition überschneidet sich also z.t. mit dem Traditionskomplex von der Machtausübung durch die Märtyrer und leidenden Gerechten.[525] In diesem Kontext ist auch die in dem gnostisch beeinflussten EpJak überlieferte Verheißung (6,17f) zu verorten, nach der eschatologische Mitherrschaft als Lohn für den Märtyrertod in Aussicht gestellt werden kann.[526]

3.7.1. Eschatologische Mitherrschaft im ersten apokryphen Jakobusbrief (EpJak)

Der EpJak steht einigen neutestamentlichen Texten noch recht nahe. Er kennt im Umgang mit der Spruchüberlieferung noch keine Bindung an kanonisierte Texte. Das spricht für eine Entstehungszeit vor 150 n.Chr. Diese

---

[520] Berger, Messiastraditionen, 36.

[521] S.u. unter 3.7.1.

[522] S.u. unter 3.7.2.

[523] „Die Texte von Nag Hammadi zeigen eine breite Spanne an eschatologischen Vorstellungen, die nicht so einfach auf einen gemeinsamen Nenner zu bringen sind." (Lona, Eschatologie, 78).

[524] Sehr deutlich in Weish 4,16f (V17: σοφοῦ). Hierher gehört wohl auch Dan 12,1–3. Danach werden die Weisen – die in unmittelbarer Nähe der Märtyrer genannt werden – „leuchten wie der Glanz der Himmelsfeste". Inwiefern hier an eschatologische Machtausübung gedacht ist, bleibt unsicher. Häufig kann gelten: „Die Märtyrer sind Kinder Gottes, nach ihrem Tod erben sie ewiges Leben und himmlisches Königtum." (Berger, Messiastraditionen, 36). Die hellenistische Auffassung über die Standhaftigkeit im Leiden kann christliche Autoren (mittelbar oder unmittelbar) beeinflusst haben; vgl. Wyrwa, Platonaneignung, 241–250; Doering, Exemplum.

[525] S.o. unter 3.1.2.

[526] S.u. unter 3.7.1.

These wird durch die Beobachtung gestützt, dass die im EpJak verwendete Überlieferungsformel „sich an die Worte des Herrn erinnern" noch für Papias gültig war (Euseb, HE III 39,2–4), während sie in der zweiten Hälfte des 2. Jahrhunderts kaum noch Autorität beanspruchen konnte. Da der EpJak thematisch dem Matthäus- und Johannesevangelium sowie dem 1Kor nahe steht, könnte der Brief noch aus der zweiten Hälfte des ersten Jahrhunderts stammen.[527] Aufgrund der gemeinsamen Thematik ist auch an einen gemeinsamen Entstehungsort zu denken, also den syrisch-palästinischen Raum.[528]

Welche Vorstellungen vertritt der EpJak im Hinblick auf die eschatologische Herrschaft? Welche Traditionen werden aufgenommen, wem kommt die Herrschaft zu, wie wird sie legitimiert und welche Funktion hat sie?

Zum einen greift der EpJak auf synoptische Traditionen zurück. Es geht auch hier u.a. um die Frage, welcher Lohn den Märtyrern zusteht (EpJak 4,25–30; 6,7.17f). EpJak 10,1ff berührt sich möglicherweise mit Mt 19,23–28.

Zum anderen findet sich in EpJak die auch andernorts belegte Verbindung von eschatologischer Herrschaft und eschatologischer Ruhe. Diese Verbindung findet sich v.a. in jüngeren, nicht-kanonischen Texten.

Eschatologische Mitherrschaft als Lohn für den Märtyrertod
„Ich habe dir auferlegt, dass du mir nachfolgen sollst, und ich habe dich belehrt über das Verhalten vor den Herrschern." (8,35f). Auch im EpJak findet sich die irdische Herrschaft als Negativfolie zur eschatologischen Herrschaft (vgl. Mk 10,42f). Im Blick ist die Situation des Nachfolgers, der sich vor den weltlichen Herrschern zu verantworten hat (vgl. Mk 13,9–11; Mt 10,18–20; Lk 21,12–15).[529] In dieser Situation droht Todesgefahr: „Oder wisst ihr nicht, dass euch bevorsteht misshandelt zu werden, in Ungerechtigkeit angeklagt, ins Gefängnis eingesperrt, in Ungesetzlichkeit verurteilt, in Grund[losig]keit gekreuzigt und in [Schande] begraben zu werden, wie ich selbst durch den Bösen?" (5,9–20).[530] Die Passage nimmt Elemente

---

[527] Kirchner, Brief, NTApo 1, 235.

[528] Mit Kirchner, ebd.

[529] Quispel vermutet hinter den ἄρχοντος himmlische Herrscher, die den Aufstieg der Gnostiker zu verhindern suchen. Als Parallele führt er 1ApokJak 33,5–36,16 (32,29–34,24) an (bei Malinine, Epistula, 60; Malinine selbst votiert ebenfalls für irdische Herrscher). Folgende Gründe sprechen aber gegen die Deutung auf himmlische Herrscher (vgl. Kirchner, Epistula, 116):

a) Kosmogonie und das Kosmologisch-Soteriologische spielen in der Offenbarung Jesu an Petrus und Jakobus keine Rolle.

b) Betont werden Dinge, die das irdische Leben betreffen.

c) In dem ekstatischen Aufstieg des Jakobus und Petrus werden die Archonten nicht genannt.

[530] Übersetzung nach Kirchner, Epistula, 15.

der Beschreibung des leidenden Gerechten auf (vgl. Weish 2,10–20).[531] Gefahr droht allerdings nicht – wie beim leidenden Gerechten – von Seiten der eigenen Glaubensgenossen, sondern von Seiten des „Bösen", gemeint ist der Satan (vgl. 4,36.38). Die weltlichen Herrscher sind eine mögliche Konkretion des Satan, vor sie werden die Nachfolger Christi geschleppt. EpJak fordert energisch dazu auf, in dieser Situation standhaft bis zum Tod zu sein, ja der Tod soll geradezu angestrebt werden: „Trachtet also nach dem Tode ..." (6,7f).

Der EpJak fordert also – anders als das Zebedaidengespräch[532] oder die Offb[533] – das Martyrium. Gemeinsam ist diesen Texten jedoch, dass sie die Frage verhandeln, welcher Lohn die Märtyrer erwartet. Denn die Jünger fordern einen bestimmten Lohn für die beschwerliche Nachfolge. Sie betonen, dass sie um der Nachfolge willen alles verlassen haben (4,25–28) und schließen die Bitte an: „Nun bereite uns auch die Bedingungen, dass wir nicht vom bösen Teufel versucht werden!" (4,28–30; vgl. Sir 2,1). Gemeint ist hier: Die Jünger bitten nicht um eschatologischen, sondern um „weltlichen" Lohn. Sie wollen nicht länger der tödlichen Bedrohung ausgesetzt sein. Diese Bitte wird den Jüngern jedoch nicht gewährt. Vielmehr sollen sie sich in der Konfrontation bewähren bis zum Tod. Dann gilt ihnen folgende Verheißung: „Denn das [Got]tesreich gehört denen, die getötet werden." (6,17f).

Allerdings weist der Text an dieser für uns entscheidenden Stelle eine Unsicherheit auf: Philologisch wäre auch die Übersetzung „Todesreich" möglich.[534] Kirchner wendet gegen diese Übersetzung jedoch ein, dass sie recht unvorbereitet auftaucht und ein Reich des Todes ansonsten keine Rolle im EpJak spielt.[535] Der EpJak kennt also ebenfalls die Vorstellung eines eschatologischen Lohns für Märtyrer (vgl. Lk 22,28–30; 2Tim 2,12a; Offb 20,4–6; 3,21; 5,10; 22,5; Mk 10,38f). Ob dieser Lohn „nur" in der Teilhabe am Gottesreich oder auch in der Teilhabe an der Gottesherrschaft besteht, ist aufgrund von 6,17f nicht mit Sicherheit zu entscheiden. Der traditionsgeschichtliche Hintergrund spricht für eine eschatologische Mitherrschaft der Märtyrer.

Eschatologische Mitherrschaft für den erwählten Gnostiker

„Wahrlich, ich sage euch: Es ist leichter, dass ein Reiner in Unreinheit und ein Lichtwesen in die Finsternis fällt, als dass ihr zur Herrschaft gelangt –

---

[531] Kirchner, Brief, NTApo 1, 238; zur Tradition vom leidenden Gerechten s.o. unter 3.1.2.

[532] S.o. unter 3.2.

[533] S.o. unter 3.4.

[534] Kirchner (Epistula, 104) in Anlehnung an Quispel.

[535] Kirchner, Epistula, 104.

oder nicht gelangt." (10,1–6).[536] Aus diesem Spruch spricht gnostischer Determinismus. „Der erwählte Gnostiker ist zur Teilhabe an der Gottesherrschaft determiniert, wie dementsprechend der Unreine, der Mensch ohne
das göttliche Licht, von der Gottesherrschaft ausgeschlossen ist."[537] Auffällig sind die Berührungspunkte zwischen EpJak 10,1ff und Mt 19,23–28.[538]
In beiden Texten geht es zum einen um die Frage des Kommens in die Gottesherrschaft, zum anderen um die Frage, welche Funktion die Jünger in der
Gottesherrschaft ausüben werden: Sie werden richten bzw. zur Herrschaft
gelangen. Wie sind diese Berührungen zu bewerten? Handelt es sich bei
EpJak 10,1–6 um eine „späte Exegese", einen „Midrasch" zu Mt 19,23–
28?[539] Oder waren diese Vorstellungen im syrisch-palästinischen Raum um
die Jahrhundertwende so vertraut, dass EpJak aus diesem „Fundus" schöpft,
ohne gerade Mt 19,23–28 vor Augen zu haben?

Auf jeden Fall sind neben den Gemeinsamkeiten auch die Unterschiede
zwischen beiden Texten festzuhalten: Während Mt 19,28 die Gruppe der
eschatologischen Richter auf die Zwölf beschränkt, scheint der EpJak eine
solche Begrenzung nicht zu kennen. Vielmehr ist es die wahre Erkenntnis,
die über die Teilhabe an (und die Herrschaft in) der βασιλεία entscheidet.
Das ist insbesondere vor dem Hintergrund des Anliegens des Briefes interessant: Die Geheimlehre, die wohl ursprünglich ohne Rahmen existierte
und Petrus und Jakobus gleichermaßen galt, wird nachträglich mit einem
Briefrahmen versehen.[540] Der Verfasser dieses Rahmens ist bemüht, Jakobus größere Bedeutung zu verleihen.[541] Daher fügt er einige Bemerkungen
ein.[542] Der Brief bezeugt also eine besondere Hochschätzung von Petrus und
Jakobus, in seiner späteren Form ein noch gesteigertes Interesse an Jakobus.[543] Die Herrschaftsfunktion der Erwählten wird aber nicht auf diese bei-

---

[536] Übersetzung nach Kirchner, a.a.O., 23.

[537] A.a.O., 120; ähnlich Berger, Amen-Worte, 136.

[538] Hierauf macht Berger (ebd.) aufmerksam.

[539] Erwogen von Berger, „aber keineswegs sicher" (ebd.).

[540] „Wenn die literarkritischen Erwägungen richtig sind, wären *in der verarbeiteten Tradition
Jakobus und Petrus von gleicher Bedeutung.*" (Pratscher, Herrenbruder, 158; Hervorhebung im
Original).

[541] „In der Endfassung der EpJac ist Jakobus im Unterschied zur verarbeiteten Tradition eindeutig die dominierende Gestalt." (ebd.; im Original hervorgehoben).

[542] Es handelt sich dabei um die Bemerkung, dass Jakobus jene andere Geheimlehre schrieb
(„un[d während] ich das, was in je[ner] (Geheimnislehre steht), schrieb"; 2,15–17) und die beiden
Passagen, in denen Jesus von sich aus Jakobus anspricht („Wiederum dir allein, o Jakobus, habe
ich gesagt", 8,31f; und „darüber hinaus aber habe ich mich dir offenbart, [o Ja]k[o]bus", 13,38–
14,1). (vgl. Kirchner, Brief, NTApo 1, 236).

[543] In 1,24f wird Jakobus zu den Zwölfen gerechnet. Vielleicht hat Jakobus den gleichnamigen
Zebedaiden aus dem 12er Kreis verdrängt, „eine Vermischung dieser beiden Iacobi liegt möglicherweise auch in der von ClAl bei Eus HE II 1,4 zitierten Tradition vor" (Pratscher, Herrenbruder, 159).

den oder gar Jakobus allein eingeschränkt. Das heißt: Die ekklesiologische Vorrangstellung, die Petrus und v.a. Jakobus zuerkannt wird, äußert sich nicht in der Zusage eschatologischer Herrschaft (anders 2Tim 2,12a)[544]. Die Herrschaftsfunktion wird hier *nicht* zur Autoritätssteigerung von Petrus und Jakobus eingesetzt. Sie wird in 10,1ff auch nicht als ethischer Ansporn verwandt. Denn im Vordergrund steht an dieser Stelle der Determinismus, der jeden Gnostiker, der sich durch die wahre Erkenntnis auszeichnet, zur Herrschaft gelangen lässt.

Die Überbietung der Herrschaft durch die Ruhe
Eine Überbietung von eschatologischer Herrschaft ist im Neuen Testament nur in 1Kor 15,28 angedeutet.[545] Die jüdisch-hellenistische Weisheitsliteratur verbindet einerseits Ruhe und Weisheit[546], andererseits Herrschaft und Weisheit[547]. Die Verknüpfung von Ruhe und Herrschaft findet sich erst in den Schriften von Nag Hammadi. Im Neuen Testament findet sich die Ruhe als eschatologischer (und soteriologischer) Begriff nur in Mt 11,28–30[548] und in Hebr (v.a. 3,7–4,11). An diesen Stellen wird die Ruhe jedoch nicht zur Herrschaft in Beziehung gesetzt. Das Motiv des Ruhens erfährt in jüdisch-hellenistischen und gnostischen Schriften einen Aufschwung.[549] Es taucht hier öfter in mehr oder weniger enger Verbindung mit dem Motiv der Herrschaft auf.
So heißt es in EpJak 3,25–34:

„Er hat euch geheilt, als ihr krank wart, damit ihr zur Herrschaft gelangt. Wehe denen, die von ihrer Krankheit zur Ruhe kamen! Denn sie werden in die Krankheit wieder zurückfallen. Heil (denen), die nicht krank waren und die Ruhe erkannt haben, bevor sie krank wurden! Euch gehört das Gottesreich!"[550]

---

[544] S.o. unter 3.5.

[545] S.o. unter 3.1.2.3.

[546] Die Ruhe ist in Sir 6,28; 51,26f; Weish 8,16 in Verbindung mit der göttlichen Weisheit genannt (vgl. außerdem Sir 24,7).

[547] Vgl. Weish 6,20: ἐπιθυμία ἄρα σοφίας ἀνάγει ἐπὶ βασιλείαν. Weish 6,21 mahnt die Herrschenden: „Wenn ihr also Freude habt an Thronen und Szeptern, ihr Beherrscher der Völker, so ehret die Weisheit, damit ihr auf ewig regiert (ἵνα εἰς τὸν αἰῶνα βασιλεύσητε)."

[548] Zu Mt 11,28ff vgl. Sir 24,19; 51,23.27: „Bei Jesus Sirach wendet er [der Ruf der Weisheit] sich bevorzugt an die Oberschicht bzw. an Menschen mit dem Ideal, keine Arbeit leisten zu müssen und daher weise werden zu können. Bei Jesus dagegen wendet er sich an ‚Arbeitende und Belastete'. Die Jesusbewegung ist dabei in eine allgemeine Tendenz im Judentum einzureihen, Schriftgelehrsamkeit und Erwerbstätigkeit zu verbinden." (Theißen, Wertrevolution, 354; vgl. zu Jesus Sirach: Stadelmann: Ben Sira, 293–309).

[549] Vgl. Vielhauer, ἀνάπαυσις und Helderman, Anapausis.

[550] Übersetzung nach Kirchner, Epistula, 13.

Diese Aussage findet sich in einem Abschnitt, der Krankheit, Heilung, Gottesherrschaft und Ruhe zueinander in Beziehung setzt (3,24–34). Der Abschnitt beginnt mit dem Zuspruch: „Euch gehört das Leben!" (3,24f), und er endet mit dem parallelen Zuspruch: „Euch gehört das Gottesreich!" (3,33f). Diese Klammer lässt vermuten, dass Leben und Gottesreich synonym gebraucht werden.[551] Das bedeutet aber nicht, dass die Teilhabe an der Gottesherrschaft „nur" im (ewigen) Leben besteht. 3,27 schießt über die Aussage der Klammer hinaus, indem der Vers formuliert: „... damit ihr zur Herrschaft gelangt". Teilhabe an der Gottesherrschaft meint also auch Herrschaft der Christen.

Diese Aussage wird vor einem Traditionshintergrund entwickelt, der zum Teil aus der Verkündigung des historischen Jesus bekannt ist. „Bezug genommen wird auf die Überzeugung, daß mit den Dämonenaustreibungen Jesu die Gottesherrschaft zu den Menschen gekommen sei (Lk 11,20)."[552] Damit ist die Spitze der Aussage in EpJak 2,27 allerdings noch nicht erkannt. Denn während Lk 11,20 lediglich vom Kommen der Gottesherrschaft zu den Menschen spricht, kann EpJak 3,27 diese Aussage dahingehend präzisieren, dass die Menschen zur Herrschaft eingesetzt werden.[553] An dieser Stelle lohnt ein genauerer Vergleich mit den Aussagen der synoptischen Evangelien.

Die Synoptiker lassen noch erkennen, dass Jesus auch seinen Jüngern das Charisma des Exorzismus mitgeteilt hat (vgl. Lk 10,17–20; Mk 3,15). „Wenn sie Heilungen vollbringen, gilt für sie genauso wie für Jesus selbst, dass in ihren Heilungen die Gottesherrschaft ‚nahe' ist (vgl. Mt 10,7; Lk 10,9.11)."[554] EpJak bezieht die Jünger jedoch auf andere Weise ein: *Jesus* heilt, damit die *Jünger* zur Herrschaft gelangen bzw. herrschen. Diese Verbindung von Jesu Heiltätigkeit mit der eschatologischen Herrschaft der Jünger ist bemerkenswert. Während Jesus nach Mt 19,28* die Jünger durch sein Wort zu Herrschern einsetzt, tut er es hier durch seine Exorzismen. Von einer Wundertätigkeit der Jünger ist keine Rede.

Neben synoptischem findet sich in EpJak 2,24–34 auch gnostisches Gedankengut.[555] Auf die Zusage „damit ihr zur Herrschaft gelangt" folgt ein

---

[551] So a.a.O., Anm. 204.

[552] Kirchner, Epistula, 92.

[553] Kirchner, Brief, NTApo 1, übersetzt: „damit ihr herrscht" (239).

[554] Theißen, Gruppenmessianismus, 273.

[555] Folgende Exegeten stufen den ersten apokryphen Jakobusbrief – mit aller Vorsicht – gnostisch ein: Puech, in: NTApo³ 1, 249; Rudolph, Gnosis, 173; Schenke, Jakobusbrief, 117; Kirchner, Epistula, 8. Für Gnosis allgemein sprechen Begriffe wie Füllung (2,35; 4,6ff), Pneuma (5,22; 8,29), Krankheit (3,26ff) und Gnosis (8,26f; 9,19.27). Pratscher (Herrenbruder, 161) ist dahingehend zuzustimmen, dass noch kein gnostisches System vorliegt: „Die in EpJac vorliegende Gnosis

Wehe- mit einem anschließenden Heilruf: „Wehe denen, die von ihrer
Krankheit zur Ruhe kamen! Denn sie werden in die Krankheit wieder zurückfallen. Heil [denen], die nicht krank waren und die Ruhe erkannt haben,
bevor sie krank wurden." (2,27–33). Hier wird deutlich, dass „Krankheit"
auch im übertragenden, spirituellen Sinn zu verstehen ist.[556] Wer sind dann
diejenigen, die ausruhen von ihrer Krankheit? Hier sind wohl diejenigen
gemeint, „die meinen, daß der irdische Jesus durch Wort und Wunder seine
volle Offenbarung gegeben hat. Ihnen bescheinigt die EpJac, daß sie wiederum krank werden werden. Umgekehrt werden die ihre Erlösung empfangen, die die wahren Bedingungen zu ihr erkannt haben (3,32–33)."[557] Im
Heilruf klingt die eschatologische Ruhe an. Wie verhält sie sich zur eschatologischen Herrschaft? Da beide Größen in kein direktes Verhältnis gesetzt
werden[558], darf man den Text hier nicht überstrapazieren. Folgende Vermutung legt sich aber nahe: Durch Jesu Heilung von ihrer Krankheit können
Menschen zur Herrschaft gelangen. Heil wird aber denjenigen zugesprochen, die „die Ruhe erkannt haben, bevor sie krank wurden". Die eschatologische Ruhe wird insofern höher eingeschätzt. Die eschatologische Herrschaft erscheint als „Umweg", den nur diejenigen brauchen, die krank sind.

Die These wird durch 2,29–35 indirekt gestützt. Hier ist folgendes Logi-
on überliefert: „Wahrlich, ich sage euch: Niemand wird jemals in das
Himmelreich eingehen, wenn ich es ihm befehle, sondern nur, weil ihr erfüllt seid. Überlasst mir Jakobus und Petrus, damit ich sie erfülle."[559] K.
Berger erwägt, ob hier eine Exegese von Mt 14,28 („Petrus aber antwortete
ihm und sprach: Herr, bist du es, so befiehl mir, zu dir zu kommen auf dem
Wasser.") vorliegt.[560] Dafür spricht jeweils der Bezug zu Petrus und v.a. die
Thematik des Befehlens. An eben diesem Punkt tritt nun aber die Besonderheit von EpJak 2,29–35 hervor. Mt 14,28 hebt darauf ab, dass es lediglich des Befehls Jesu bedarf, damit Petrus auf dem Wasser gehen kann. Anders EpJak 2,29–35: Der Spruch scheint zu implizieren, dass „Jesus did not
have the prerogative to admit people to the Kingdom of God"[561]. Die Aussage verwundert um so mehr, als 3,24–34 durchaus den Anschein erwe-

ist also noch recht wenig entwickelt und läßt sich nicht mit den großen Systemen der christlichen
Gnosis identifizieren, ...".

[556] „Malades' comme ,maladie' ... paraît bien devoir être entendu au sens spirituel." (Malinine,
45).

[557] Kirchner, Epistula, 92.

[558] Eine direkte Verhältnisbestimmung findet sich im HebrEv 4a.b und im ThomEv.

[559] Der Beginn des Spruchs („Niemand wird jemals in das Himmelreich eingehen") ist traditionell formuliert. Die folgende „wenn ... sondern" Konstruktion ist stilistisch brüchig. Der zweite
Satz steht insofern im Widerspruch zum ersten, als hier „eine größere Anzahl (die Zwölf) bereits
als ,gefüllt' vorausgesetzt werden" (Berger, Amen-Worte, 134f).

[560] A.a.O., 134.

[561] Hedrick, Kingdom, 20.

cken, als würde Jesus darüber entscheiden, wem das Gottesreich gehört, wer also zur Herrschaft gelangt. Denn Jesus hat ja geheilt, damit die Menschen zur Herrschaft gelangen. Wie verträgt sich diese Aussage mit 2,29–33? Wieder wird man die Texte nicht überstrapazieren dürfen. Aber folgender Ausgleich legt sich nahe: Jesus entscheidet durch seine Tätigkeit als Exorzist darüber, wer zur Herrschaft gelangt. Höher einzuschätzen aber ist die eschatologische Ruhe. Sie erfordert die Fülle, die auch Jesus nicht einfach „verordnen" kann.[562] In diesem Zusammenhang ist 3,38–4,2 aufschlussreich. Petrus wendet hier gegen die Forderung Jesu, erfüllt zu werden, ein: „[Aber] wir sind (doch) erfüllt." Darauf entgegnet Jesus: „Des[wegen sage ich] zu euch: [,Werdet erfüllt' ...]"[563] Wo liegt hier das Problem? Es geht anscheinend um die Frage, ob die Fülle, die ja Bedingung für den Eintritt in das Himmelreich ist (vgl. 2,29–33), verwirkt werden kann, ob sie also wieder abnehmen kann, oder ob sie ein für alle Mal erworben wird. Petrus scheint Letzteres anzunehmen, wird hierin aber von Jesus korrigiert. Liegt eine Verbindung zu 1Kor 4,8 vor?[564] „Wenn hier tatsächlich eine Analogie vorläge, dann würde ein statisches Gnosisverständnis von einem dynamischen aus durch Jesus kritisiert."[565] Diese Dynamik erinnert an Eph 3,19; 4,15f.[566] Die Differenzierung von Herrschaft und Ruhe kennt der Eph allerdings nicht. Sie taucht in anderen Schriften aus Nag Hammadi wieder auf.

3.7.2. Das Logion aus POxy 654,5–9; ThomEv Log 2; Stromateis II 9,45,5; V 14,96,3

Typisch für das hier zu besprechende Logion ist die Form des Kettenspruches. Der Kettenspruch markiert „a progression of knowledge or: a way to salvation each step of which is marked by the introduction of a new verb"[567]. Das heißt: Erkenntnis vollzieht sich hier in mehreren Schritten. Dem entspricht eine hierarchische Abfolge unterschiedlicher Heilsgüter.

---

[562] Eine Verbindung zu Mk 10,40 scheint mir nicht vorzuliegen.
[563] Zur Rekonstruktion des Textes vgl. Kirchner, Epistula, 93f.
[564] S.u. unter 4.2.1.2.
[565] Kirchner, Brief, NTApo 1, 238.
[566] S.u. unter 4.3.2.
[567] Bammel, Rest, 88. Vielhauer/ Strecker lehnen daher Mt 7,7 als neutestamentliche Parallele ab (Hebräerevangelium, NTApo 1, 144). Brox (Suchen) zeichnet den Weg von Lk 11,9/ Mt 7,7 zur Motivik des Suchens und Findens in der Gnosis differenziert nach.
Das Verhältnis des ThomEvs zu den Synoptikern ist nach wie vor umstritten (vgl. den Forschungsüberblick bei Schröter, Erinnerung, 122–140; ferner Robinson, Gulf, 127–175; Tuckett, Thomas, 132–157; Koester, Gospel, 125.

Wie werden die eschatologische Herrschaft und die eschatologische Ruhe hier einander zugeordnet?

Überlieferungsgeschichtliche Beobachtungen
Clemens von Alexandrien zitiert in seinen Stromateis folgenden Spruch: „Wer staunt, wird zur Herrschaft gelangen; und wer zur Herrschaft gelangt ist, wird ruhen." (II 9,45,5).[568] Als Quelle nennt Clemens das Hebräerevangelium.[569] An späterer Stelle bringt Clemens den Spruch in einer ausführlicheren Fassung: „Nicht ruhen wird, wer sucht, bis dass er findet; wer aber gefunden hat, wird staunen, wer aber erstaunt ist, wird zur Herrschaft gelangen; wer aber zur Herrschaft gelangt ist, wird ruhen." (Strom. V 14,96,3).[570]

Das Thomasevangelium überliefert in Log 2 eine weitere Fassung: „Jesus sagte: Nicht soll aufhören, wer sucht, zu suchen, bis er findet; und wenn er findet, wird er erschüttert werden; und wenn er erschüttert worden ist, wird er staunen und er wird König werden über das All."[571]
Eine letzte Variante bietet POxy 654,5–9.[572]

> [λέγει Ἰη(σοῦ)ς]
> μὴ παυσάσθω ὁ ζη[τῶν τοῦ ζητεῖν ἕως ἂν]
> εὕρῃ, καὶ ὅταν εὕρ[ῃ θαμβηθήσεται, καὶ θαμ]
> βηθεὶς βασιλεύσει, κα[ὶ βασιλεύσας ἀναπα]
> ήσεται.[573]

Hinsichtlich des Verhältnisses der Schriften bzw. Fragmente, in denen das Logion auftaucht, ist folgender Forschungsstand zu verzeichnen:
1) Bei POxy 654 handelt es sich nicht um die direkte Vorlage des Thom-Evs. „It is important to note, however, that the Greek and Coptic texts are not identical. ... It is clear, then, that there were at least two versions of the Gos. Thom. in antiquity ..."[574]

---

[568] Übersetzung nach Kirchner, Brief, NTApo 1, 146; griechischer Text bei Stählin, O.: Clemens Alexandrinus II, GCS, 137.389 (vgl. Klijn, Nazoräerevangelium, 4000f).

[569] Zum Hebräerevangelium vgl. Klijn, Nazoräerevangelium, 3997–4033; Lührmann, Fragmente, 40–46; Quispel, Gospel of the Hebrews, 371–382.

[570] Übersetzung Kirchner, Brief, NTApo 1, 146f.

[571] Übersetzung nach Fieger, Thomasevangelium, 20. Mit dem „All" ist die unsichtbare göttliche Welt gemeint. (Berger/ Nord, NT, 646 Anm. 1).

[572] Zum Oxyrhynchus-Papyrus 654 vgl. Schneemelcher, NTApo 1, 61–65.

[573] Rekonstruktion nach Ménard, Évangile, 78; vgl. Fieger, Thomasevangelium, 20; Lührmann, Fragmente, 113.

[574] Fallon/ Cameron, Gospel, 4202. Attridge hat die Unterschiede zwischen dem griechischen und dem koptischen Text in seiner kritischen Ausgabe zusammengestellt (The Greek Fragments). Zum Verhältnis von POxy 654 zum ThomEv vgl. ferner Hofius, Thomasevangelium, 21–42.182–192; Fitzmyer, Oxyrhynchus.

2) Das (chronologische) Verhältnis von ThomEv und HebrEv ist ungeklärt.[575]

Welche Rückschlüsse lassen sich auf dieser Basis im Hinblick auf den ursprünglichen Wortlaut des Spruches ziehen? Folgende Annahmen scheinen plausibel:

1) POxy 654 kann als Beleg dafür gewertet werden, dass die Fassung, die Clemens zuerst bietet, gegenüber der späteren gekürzt ist.[576]

2) In drei Fassungen wird die eschatologische Herrschaft durch das Ruhen überboten. Nur das ThomEv schließt mit der Verheißung, König zu sein über das All. Diese Verkürzung ist wahrscheinlich auf einen „Rekonstruktionsfehler" der griechischen Vorlage, die dem Verfasser des ThomEvs vorlag, zurückzuführen: „Wahrscheinlich waren die letzten Worte des Spruches, und zwar schon, wie Cullmann annimmt, in der griechischen Vorlage, unlesbar geworden, und man hat aus βασιλεύσει ... ἐπαναπαήσεται oder was noch davon lesbar schien auf ein βασιλεύσει ἐπάνω πάντων geraten. Der Text des P.Ox. 654 ist hier dem koptischen überlegen, oder genauer: jener griechischen Vorlage, aus welcher der koptische Text einmal hervorgegangen ist."[577] Das heißt: Die Fassung, nach der das Herrschen durch das Ruhen überboten wird, ist als ursprünglicher anzusehen.[578]

3) Das ThomEv bietet als ein Glied in der „Kette" die Erschütterung oder Verwirrung. Sie fehlt in den anderen Fassungen. „Es ist nicht ausgeschlossen, daß diese zusätzliche Phase der Erschütterung, die das Log 2 des koptischen ThEv aufweist, einzig und allein vom koptischen Über-

---

[575] Fieger, Thomasevangelium, 22. Quispel hatte die These vertreten, dass das HebrEv eine von zwei Quellen gewesen sei, aus denen das ThomEv geschöpft habe. Diese These steht jedoch (u.a.) deshalb auf schwachen Füßen, weil Log 2 – soweit wir wissen – die einzige tatsächliche Parallele zwischen dem ThomEv und dem HebrEv ist. (vgl. Quispel, Gospel, kritisch Fallon/ Cameron, Gospel, 4216–4219 und Schröter, Erinnerung, 126–129).

[576] Vielhauer/ Strecker, Hebräerevangelium, NTApo 1, 143.

[577] Haenchen, Literatur, 156f.

[578] Anders Bammel. Er sieht in ThomEv Log 2 eine ältere Traditionsstufe bewahrt: „Thus logion 2 seens [sic! gemeint: seems] to reflect a state which does not fully coincide with the tenor of the Ev.Thom. and which may be a degree less gnosticized." (Rest, 89f). Folgt man Bammel in der grundsätzlichen Annahme, dass der Schlusspunkt des Ruhens als Ausdruck einer stärkeren Gnostisierung zu werten ist, stellt sich das Problem, dass das Hebräerevangelium gerade die gnostisierte Variante bietet. Wie problematisch die Rekonstruktion einer traditionsgeschichtlichen Entwicklungslinie ist, zeigt zudem die These von Fitzmyer, nach der die Schlusswendung „und er wird König werden über das All" in ThomEv Log 2 gerade als gnostischer Zusatz zu betrachten sei (Oxyrhynchus, 516–518; gefolgt von Klijn, Nazoräerevangelium, 4001).

setzer bzw. Redaktor stammt."[579] Diese These setzt voraus, dass die „Kette" grundsätzlich erweitert und verändert werden konnte.[580]

Für die älteste greifbare Fassung des Logions ist demnach die Abfolge „suchen – finden – staunen – herrschen – ruhen" anzunehmen, wie sie im HebrEv und in POxy 654 belegt ist.[581]

Zur Interpretation des Logions: Die Überbietung der Herrschaft durch die Ruhe

Bei dem Logion aus dem HebrEv und POxy 654 handelt es sich um einen „Kettenspruch"[582], d.h. es geht um den Weg zum Heil, der in mehrere Stufen unterteilt ist.[583] Die letzte Stufe bildet den Höhepunkt: „Das *Logion* ist offenbar kunstvoll aufgebaut und endet mit einer Klimax."[584] Das heißt: Die Herrschaft bietet hier „nur" die *vorletzte* Stufe auf dem Weg zum Heil; sie wird durch die eschatologische Ruhe überboten. Im ThomEv bezeichnet die Ruhe also „das zuletzt angestrebte Ziel"[585].

Umstritten ist, inwiefern Mt 7,7b/ Lk 11,9 als Parallele herangezogen werden darf.[586] Jeweils taucht die Motivik des Suchens und Findens auf (vgl. Sir 51,26f).[587] Im Aufbau differiert Mt 7,7b/ Lk 11,9b allerdings von den Varianten des Kettenspruchs: „They characterize a progression of knowledge or: a way to salvation each step of which is marked by the introduction of a new verb, whereas Luke 11.9 gives one and the same affirmation in several formulations."[588]

---

[579] Fieger, Thomasevangelium, 20f; ähnlich Attridge (Fragments, 101), der diese Abweichung zu den „examples of loose translating" zählt.

[580] „Die Stufen sind natürlich nicht dogmatisch festgelegt, wie die Varianten des Spruches und die parallelen Ketten im Corp. Herm., auf die Dibelius hingewiesen hat, zeigen." (Vielhauer, ἀνάπαυσις, 283; mit Verweis auf Dibelius, Formgeschichte, 279–287).

[581] Vielhauer/ Strecker, Hebräerevangelium, NTApo 1, 143.

[582] Vgl. Dibelius, Jakobus, KEK, 126–129 und Lausberg, Rhetorik §§ 256–258, 84f.

[583] Bammel (Rest, 89) spricht von einer „salvation ladder".

[584] Klijn, Nazoräerevangelium, 4001; Hervorhebung im Original.

[585] Haenchen, Botschaft, 73.

[586] Die anderen Elemente des Kettenspruches finden sich ebenfalls überwiegend in jüdisch-hellenistischer Literatur wieder. Vgl. Klijn, Nazoräerevangelium, 4001.

[587] Zur Nachgeschichte von Mt 7,7b/ Lk 11,9b vgl. Brox, Suchen, 17–36; Koschorke, Suchen. Im ThomEv ist ein direkter Zusammenhang von Suchen und Finden in den Logien 2,92 und 94 gegeben (vgl. Zöckler, Lehren, 65–70).

[588] Bammel, Rest, 88. Vielhauer/ Strecker lehnen daher Mt 7,7 als neutestamentliche Parallele ab (Hebräerevangelium, NTApo 1, 144). Brox (Suchen) zeichnet den Weg von Lk 11,9/ Mt 7,7 zur Motivik des Suchens und Findens in der Gnosis differenziert nach.

Das Verhältnis des ThomEvs zu den Synoptikern ist nach wie vor umstritten (vgl. den Forschungsüberblick bei Schröter, Erinnerung, 122–140); ferner Robinson, Gulf, 127–175; Tuckett, Thomas, 132–157; Koester, Gospel, 125.

Logion 2 im Kontext des Thomasevangeliums
Welche Bedeutung gewinnt das Logion im Kontext des ThomEvs? Während der Aufbau des Evangeliums in der Forschung uneinheitlich bewertet wird[589], herrscht Einigkeit darüber, dass der Prolog sowie die darauf folgenden Logien 1–4 durch Stichwortanschluss miteinander verbunden sind: „Der Prolog und Log 1 werden durch das Stichwort ‚Worte' miteinander verbunden. Log 1 und 2 sind durch den Begriff ‚finden' verknüpft. In Log 2 und 3 bilden ‚herrschen' und ‚Reich' einen Stichwortzusammenhang; der koptische Text verwendet entsprechende Wörter."[590]

Stehen die ersten Logien auch in einem thematischen Zusammenhang? Log 1 erhebt einen hohen Anspruch: „Wer die Bedeutung dieser Worte findet, wird nicht sterben."[591] Nach Log 1 liegt alles daran, die Bedeutung der folgenden Worte zu finden. Heilsgut ist hier das ewige Leben. Log 2 verbindet das Motiv des Findens mit der Gottesherrschaft. Diese Gottesherrschaft wird durch das voraufgehende Log 1 zunächst mit ewigem Leben in Verbindung gebracht. In Log 3 erfolgt eine weitere Qualifizierung. Es geht hier um die Frage, wo das Reich Gottes zu finden sei. Die Antwort lautet: Nicht im Himmel, nicht im Meer, sondern „hier". „Gottes Herrschaft ist vielmehr [überall in dieser Welt,] innerhalb und außerhalb von euch."[592] Diese Aussage erinnert an Log 113, wo es heißt: „Sondern die Herrschaft des Vaters ist [jetzt schon] ausgebreitet über die Erde, und die Menschen sehen sie nicht."[593] Bei dieser Antwort wird auch deutlich, wann die Gottesherrschaft kommt: Sie ist schon da (vgl. auch Log 51). Alles liegt nun daran, sie zu „sehen" (Log 113). Hier kommt das Wissen, die „Gnosis" ins Spiel. Welche Vorstellung von βασιλεία tritt uns hier also entgegen? Miller und Albanese vertreten die Meinung, dass die Gottesherrschaft nicht eine Größe in Raum und Zeit, sondern in der Erfahrung des Wissens ange-

---

[589] Einen Überblick über die wichtigsten Gliederungsentwürfe bieten Fallon/ Cameron, 4206–4208. Lührmann bemerkt jedoch: „Im Aufbau des EvThom läßt sich keine durchgehende thematische Gliederung erkennen ..." (Lührmann, Fragmente, 108)

[590] Fieger, Thomasevangelium, 5; vgl. schon Haenchen, Botschaft, 12f und Fallon/ Cameron, Gospel, 4206.

[591] Übersetzung nach Berger/ Nord, NT, 646. Während die Logien in der koptischen Version durchgehend mit der Vergangenheitsform eingeleitet werden („Jesus sagte"), findet sich in den griechischen Fragmenten das Präsens. Eine wichtige Ausnahme bildet der Aorist, der in POxy 654 das erste Logion einleitet. „Er ist zu verbinden mit Thomas als grammatischem Subjekt, nicht mit Jesus; es handelt sich nicht um ein erstes Wort Jesu, sondern um einen Teil der Einleitung zum ganzen Evangelium. Thomas hat es geschrieben, und er hat gesagt ..." (Lührmann, Fragmente, 107).
In der koptischen Version ist das Log 1 auf Jesus zu beziehen, doch vielleicht darf man den Spruch auch hier als Einleitung zum gesamten Evangelium verstehen.

[592] Übersetzung nach Berger/ Nord, NT, 646.

[593] Übersetzung a.a.O., 668.

siedelt sei.[594] Diese Alternative trifft aber m.E. nicht voll die Konzeption des ThomEvs. Zutreffender scheint mir die differenzierte Darstellung im „Q Thomas Reader"[595]:

„Rather, what one finds is a concept of the Reign of God, whose chief characteristic is its present-ness [sic] for those who are able correctly to perceive it ... [Log 113]. This present-ness, as one may readily see, is conceived not only in temporal terms, but in spatial terms as well. It is reality both *now* and *here*. ... As elsewhere in Thomas, in this saying [Log 3] the element of recognition is crucial. For what is offered here as the Reign of God spread out among persons is not present reality simply as it is, as interpreted through a conventional lens. Rather, the Reign of God is fully present only when one's interpretation of the present moment is focused through a proper understanding of oneself as a child of God. ... For the Thomas Christian, to know the Reign of God is to know one's true identity as ‚children of the Living Father'."

Das heißt: Die βασιλεία ist sehr wohl eine Größe in Raum und Zeit: Sie ist präsentisch und allgegenwärtig. Es geht darum, sie zu erkennen, um sie zu wissen. Insofern finden wir hier – wie in der jüdisch-hellenistischen Weisheit – eine Verbindung von Herrschaft und Wissen.

Zu diesem Vorstellungskreis, nach dem Weisheit in der Erkenntnis besteht, dass die Königsherrschaft Gottes bereits Wirklichkeit ist, gehören Lk 17,20f und ThomEv, Log 113, wo es heißt: „Seine Jünger sprachen zu ihm: ‚Das Königreich – an welchem Tage wird es kommen?' ‚Nicht im Erwarten wird es kommen! Sie werden nicht sagen: ‚Siehe, hier!' oder ‚Siehe, dort!' Vielmehr ist das Königreich des Vaters ausgebreitet über die Erde, und die Menschen sehen es nicht."[596] Es kommt also einzig darauf an zu erkennen, was schon Wirklichkeit ist: die Königsherrschaft Gottes.

Die Gottesherrschaft ist im ThomEv also eine Größe, die unabhängig von der Erkenntnis besteht. Dem Menschen wird sie aber durch die rechte Erkenntnis zugänglich. Log 2 expliziert diesen Zugang zur βασιλεία als eschatologische Herrschaft.

Diese Konzeption hat Konsequenzen für das Verständnis der Logien 3 und 113 sowie POxy 654,9–21[597] und Lk 17,20f. Folgte man der These von Miller und Albanese, nach der die βασιλεία im ThomEv eine innerliche, spirituelle Wirklichkeit ist, dann könnte man das ἐντὸς ὑμῶν in Lk 17,21 mit „inwendig in euch" übersetzen. Ist die βασιλεία aber eine Größe in Raum und Zeit, die unabhängig von der Wahrnehmung durch den einzelnen besteht, dann ist zu übersetzen: „mitten unter euch".[598] „This phrase, ἐντὸς

---

[594] Miller, Study, 55; Albanese, Inwardness, 69–88; vgl. Fallon/ Cameron, Gospel, 4233.

[595] Kloppenborg, Q Thomas Reader, 99f.

[596] Übersetzung nach Synopsis Quattuor Evangeliorum, 545.

[597] Vgl. a.a.O., 315.

[598] Hofius (Thomasevangelium, 31) beurteilt den Zusatz „außerhalb von euch" in Log 3 gegenüber dem ἐντὸς ὑμῶν aus POxy 654 als eine Erweiterung, die dem eigentlichen Sinn des Logions

ὑμῶν, may mean either ‚inside of you (pl.)' (for example as a spiritual reality within the person), or ‚in the midst you' (for example as a corporate reality experienced in a communal relationship)." Log 113 zeigt, dass „early Christians apparently did not read this saying as a spiritualizing of the reign of God, but an expression of its corporate potential in the present"[599].

3.7.3. Die Annäherung von Herrschaft und Ruhe

Die Verhältnisbestimmung von Ruhe und Herrschaft kann in den Schriften von Nag Hammadi unterschiedlich ausfallen: Für das Logion aus dem HebrEv und POxy 654 ist bezeichnend, dass die Herrschaft durch die Ruhe überboten wird. Es kann aber auch das Umgekehrte der Fall sein: In der zweiten Apokalypse des Jakobus 56 (50) heißt es:

„[Um] deinetwillen werden [sie] belehrt werden [darüber] und zur Ruhe kommen. [Um] deinetwillen werden sie herrschen [und] König [werden]. Um [deinet]willen wird [man] sich derer erbarmen, deren [*ergänze: man*] sich erbarmen [wird]."[600]

Hier scheint die Ruhe durch die Herrschaft überboten zu werden. Denn zum einen ist erst von der Ruhe, dann – als Steigerung – von der Herrschaft die Rede, zum anderen wird die Herrschaftsaussage „gedoppelt" („Um deinetwillen werden sie herrschen und König werden.").[601]

In den Thomasakten K. 136 findet sich noch eine andere Verhältnisbestimmung: Herrschaft und Ruhe werden gleichgesetzt, wenn es heißt: „Die Schatzkammer des heiligen Königs ist geöffnet, und die, welche würdig an den dort niedergelegten Gütern teilnehmen, ruhen aus, und *indem sie ausruhen, herrschen sie* (ἀναπαυόμενοι βασιλεύουσιν[602]). ... Auch du also wirst, wenn du wahrhaft an ihn glaubst, seiner Geheimnisse gewürdigt werden, und er selbst wird dich groß und reich und zur Erbin seiner Herrschaft machen."[603]

---

zuwiderlaufe: „Sie ist nicht sinnvoll, da sie ja den Beweis, daß das Königreich im Inneren des Menschen sei, wieder sprengt." Doch zumindest für das ThomEv scheint mir plausibel, dass die βασιλεία sehr wohl innerhalb *und* außerhalb ist.

[599] Kloppenborg, Q Thomas Reader, 117f.

[600] Übersetzung nach Böhlig, Apokalypsen, 78 (fol. 56[50]).

[601] Bammel, Rest, 89 Anm. 11.

[602] Lipsius/ Bonnet, Acta Apostolorum Apokrypha II/ 2.

[603] Zitiert nach Vielhauer, ἀνάπαυσις, 297.

Unklar ist die Zuordnung von Ruhe und Herrschaft im Buch von Thomas dem Kämpfer 145,2–14: „Denn wenn du kommst aus dem Leiden und den Leidenschaften des Körpers, wirst du Ruhe empfangen von dem Guten und du wirst herrschen mit dem König."[604] Hier ist kaum zu entscheiden, ob Ruhe und Herrschaft ebenfalls gleichgesetzt werden oder ob die Herrschaft der Ruhe übergeordnet wird.

Die genannten Belege vermitteln folgenden Eindruck: Die Verhältnisbestimmung von Herrschaft und Ruhe, die sich in unterschiedlichen Schriften aus Nag Hammadi findet, oszilliert zwischen Überbietung (in den Kettensprüchen) und Gleichsetzung. Die eschatologische Herrschaft kann zu einem eschatologischen *Zustand* werden, bei dem der Aspekt der Macht*ausübung*, also einer bestimmten *Tätigkeit*, verblasst.[605] „It may be that in all these cases ἀναπαύεσθαι and βασιλεύειν, instead of indicating a progression, express two sides of the same state, (cp. 2Clem V.5: ἀνάπαυσις τῆς μελλούσης βασιλείας); it may be that βασιλεύειν is just another term for what Philo calls ἑστώς, a word which is used in his writings very frequently and often linked with ἀναπαύεσθαι."[606]

Die inhaltliche Annäherung von Herrschaft und Ruhe kann auch erklären, warum der Verfasser des Thomasevangeliums den Schluss von Log 2 – aufgrund eines Lesefehlers[607] – mit der Herrschaft enden lassen konnte, obwohl für seine Schrift eigentlich die Ruhe als „Schlusspunkt" typisch ist.

3.7.4. Zusammenfassung

In der Weisheit lassen sich zwei Ausprägungen der βασιλεία unterscheiden: Sie kann sich entweder dem Weisen durch die wahre Erkenntnis präsentisch erschließen, oder vom Gerechten nach seinem Tod erlangt werden. In der gnostischen Tradition kann sich die Verbindung von Erkenntnis und Gottesherrschaft zu der Aussage zuspitzen, dass der Gnostiker zur eschatologischen Herrschaft (und Ruhe) gelangt. Daneben wirkt in einigen dieser Schriften aber auch noch die Vorstellung nach, dass eschatologische Herrschaft demjenigen zusteht, der den Märtyrertod erlitten hat.

Der erste apokryphe Jakobusbrief (EpJak) nimmt in seiner Rede von eschatologischer Herrschaft unterschiedliche Traditionen auf. Er kennt die

---

[604] Vgl. Turner, Thomas, 37 und 192; Übersetzung nach Klijn, Nazoräerevangelium, 4001.

[605] Ähnliches gilt für den Eph: Eschatologische Herrschaft und eschatologisches Leben werden stark angenähert. (S.u. unter 4.3.).

[606] Bammel, Rest, 90 Anm. 13.

[607] S.o. unter 3.7.2.

Vorstellung eines eschatologischen Lohns für Märtyrer (EpJak 6,17f; vgl. Lk 22,28–30; 2Tim 2,12a; Offb 20,4–6; 3,21; 5,10; 22,5; Mk 10,38f). Ob dieser Lohn „nur" in der Teilhabe am Gottesreich oder auch in der Teilhabe an der Gottesherrschaft besteht, ist aufgrund von 6,17f nicht mit Sicherheit zu entscheiden. Der traditionsgeschichtliche Hintergrund spricht für eine eschatologische Mitherrschaft der Märtyrer. In 10,1–6 erscheint eschatologische Herrschaft als deterministisch zugeteiltes Heilsgut: Dem Gnostiker, der sich durch die wahre Erkenntnis auszeichnet, steht die eschatologische Mitherrschaft zu. Der Abschnitt 3,24–34 nimmt die jesuanische Tradition von der eschatologischen Bedeutung der Heilungen auf, interpretiert sie aber neu: Jesus heilt, damit die Menschen zur eschatologischen Herrschaft gelangen (3,25–27). Eschatologisches Heil wird aber denjenigen zugesprochen, die „die Ruhe erkannt haben, bevor sie krank wurden" (3,32f). Wiederum spielt die wahre Erkenntnis eine wesentliche Rolle. Die eschatologische Ruhe wird höher eingeschätzt als die eschatologische Herrschaft. Letztere erscheint als „Umweg", den nur diejenigen brauchen, die (im übertragenen Sinne) krank sind, also (noch) nicht die wahre Erkenntnis besitzen.

Eine deutlichere Verhältnisbestimmung zwischen Herrschaft und Ruhe findet sich in dem in unterschiedlichen Versionen überlieferten Kettenspruch (ThomEv Log 2; POxy 654,5–9; Clemens, Stromateis II 9,45,5; V 14,96,3) mit der (wahrscheinlich ursprünglichen) Abfolge „suchen – finden – staunen – herrschen – ruhen". Erkenntnis wird hier als ein Weg mit mehreren Etappen vorgestellt. Jeder Etappe entspricht ein spezifisches eschatologisches Heilsgut. Die Herrschaft wird dabei durch die Ruhe überboten. Die Gottesherrschaft ist im ThomEv eine Größe, die unabhängig von der Erkenntnis präsentisch und allgegenwärtig besteht. Dem Menschen wird sie aber erst durch die rechte Erkenntnis zugänglich. Log 2 expliziert diesen Zugang zur βασιλεία als eschatologische Herrschaft.

In der Zweiten Apokalypse des Jakobus 56 (50) wird die Ruhe durch die Herrschaft überboten. In den Thomasakten K. 136, vielleicht auch im Buch von Thomas dem Kämpfer 145,2–14 werden Herrschaft und Ruhe gleichgesetzt. Die Verhältnisbestimmung von Herrschaft und Ruhe, die sich in unterschiedlichen Schriften aus Nag Hammadi findet, oszilliert also zwischen Überbietung (in den Kettensprüchen) und Gleichsetzung. Die eschatologische Herrschaft kann zu einem eschatologischen *Zustand* werden, bei dem der Aspekt der Macht*ausübung*, also einer bestimmten *Tätigkeit*, verblasst.

3.8. Ergebnis: Eschatologische Mitherrschaft als Lohn?

Die in diesem Kapitel untersuchten Belege eröffnen den Blick auf ein Stück urchristlicher (Problem-) Geschichte. Sie gruppieren sich um die Frage, ob eschatologische Herrschaft als (Sonder-) Lohn für eine bestimmte Gruppe anzusehen ist. Diese Frage bestimmt wesentlich die Wirkungsgeschichte von Mt 19,28*. Denn mit dem Bedeutungsverlust der Zwölf stellt sich dem Urchristentum erneut die Frage, wem die eschatologische Zusage gelten soll.

Unter dem Eindruck der Passion Jesu und der sporadischen Verfolgungen bildet sich als eine mögliche Antwort heraus: Nicht den Zwölfen gilt die Zusage, sondern den Märtyrern. Ihr Lohn liegt in der eschatologischen Herrschaft. Israel als Herrschaftsobjekt verblasst. Der traditionsgeschichtliche Hintergrund wechselt: An die Stelle der Gesalbtentradition und der Tradition der zwölf Phylarchen tritt die Tradition vom leidenden Gerechten und Märtyrer. Da der Märtyrer in dieser frühen Zeit auch denjenigen meint, der in der Verfolgung standhält, sie aber überlebt (vgl. Johannes den Zebedaiden), erhält die Vorstellung vom Herrschaftslohn der Märtyrer auch ekklesiologische Relevanz.

Das Zebedaidengespräch zeigt, wie umstritten dieser Anspruch war. Die Gegenposition lautet: Eschatologische Herrschaft kommt nur einer sehr unbestimmten Gruppe zu (Mk 10,40). Diese Antwort zeigt auch, dass die jesuanische Zusage an die Zwölf ihre Bedeutung verloren hatte. Denn sie wird in der Auseinandersetzung nicht aktualisiert. Im Markusevangelium tritt Christus allein als eschatologischer Richter und Herrscher auf (Mk 14,61f). Gefordert ist der Dienst (Mk 10,41ff). Der Verfasser des 2Tim urteilt hier anders: Er charakterisiert die Gemeindeleiter als potentielle Märtyrer (historisch gesehen waren „exponierte" Christen wohl auch wirklich stärker gefährdet) und beansprucht exklusiv für diese Gruppe die eschatologische Herrschaft (2Tim 2,12a). Die jetzigen „Herrscher" der Gemeinde werden auch im Eschaton herrschen.

Das Matthäusevangelium lässt erkennen, dass noch eine andere Gruppe den Anspruch auf eschatologische Herrschaft erhob: die Wanderradikalen. Während sich der Anspruch der Märtyrer auf das Märtyrerschicksal Jesu gründete, konnte diese Gruppe beim Leben Jesu als Wanderprediger anknüpfen. Matthäus behandelt die Frage der Wanderradikalen, die in seiner Gemeinde wohl großes Gewicht hatten, diplomatisch: Er nimmt ihren Anspruch auf eschatologische Herrschaft auf (Mt 19,28), relativiert ihn aber, indem er in direktem Anschluss betont, dass allen der gleiche Lohn gebührt

(20,1–16) und dass die Zebedaiden keinen Sonderlohn erhalten, sondern mit den übrigen Jüngern in den Dienst gerufen sind (Mt 20,20–28).

Mit Johannes begegnet uns in der Offb die Perspektive eines Wanderradikalen, der „von außen" auf die Gemeinden schaut. Gegenüber den Wanderradikalen aus dem MtEv fällt auf, dass er für sich (und seine Gruppe) keinen *exklusiven* Anspruch auf eschatologische Herrschaft erhebt. Vielmehr entwirft er eine eschatologische Konzeption, in der es einst nur noch Herrschende und keine Beherrschten mehr geben wird (22,5). Alle Christen sind potentielle Märtyrer. In der Gegenwart werden die weltlichen Herrscher von Johannes dämonisiert (Offb 17;18), die Gemeindeleiter ignoriert. Diese Konzeption steht in diametralem Gegensatz zu derjenigen des 2Tim, obwohl beide Schriften die Tradition von der Herrschaft der Märtyrer aktualisieren.

Die Erwartung eschatologischer Herrschaft konnte sich insbesondere in gnostisch geprägten Schriften – z.T. im Anschluss an synoptische, z.T. im Anschluss an weisheitliche Tradition – mit der Inanspruchnahme der wahren Erkenntnis verbinden. Dem Gnostiker gebührt die eschatologische Herrschaft. In den – keinesfalls einheitlichen – Schriften von Nag Hammadi taucht die eschatologische Herrschaft (βασιλεία, βασιλεύω) mehrmals in Verbindung mit der eschatologischen Ruhe (ἀνάπαυσις, ἀναπαύομαι) auf.

Eschatologische Herrschaft wurde also in weiten Kreisen des Urchristentums als ein Sonderlohn angesehen, den es sich – entweder durch die Bereitschaft zum Martyrium, durch Besitzverzicht oder durch die wahre Erkenntnis – zu verdienen galt und der daher nur kleinen Gruppen zukam. Diese Vorstellung blieb umstritten und führte zu Auseinandersetzungen. Mit Paulus und dem Eph begegnet uns eine ganz andere Auffassung von eschatologischer Herrschaft.

4. Eschatologische Mitherrschaft als Geschenk

Es spricht einiges dafür, dass Paulus auf dem Apostelkonvent mit der jesuanischen Herrschaftszusage an die Zwölf konfrontiert worden ist.[1] Denn die Israel-zentrierte βασιλεία-Konzeption, die aus dem Logion spricht, konnte die Aufteilung ἡμεῖς εἰς τὰ ἔθνη, αὐτοὶ δὲ τὴν περιτομήν (Gal 2,9)[2] aus der Jerusalemer Perspektive rechtfertigen und so erneut Bedeutung erlangen. Mit Blick auf Mt 19,28* heißt das: Neben Israel als mögliches Heilsobjekt tritt eine zweite Größe: die der Heidenchristen. Das missionarische Selbstverständnis einerseits von Paulus, andererseits von den drei „Säulen" Petrus, Johannes und Jakobus (dem Herrenbruder) wird auf dem Apostelkonvent also in bisher unbekannter Weise festgeschrieben. Sollten die Jerusalemer tatsächlich mit Mt 19,28* argumentiert haben, dann hieße das für Paulus: Ihm wurde in Jerusalem die Heidenmission überlassen und die eschatologische Mitherrschaft vorenthalten, denn er gehört nicht zu den Zwölfen. Das ist natürlich nur eine Vermutung. Sie wird aber dadurch gestützt, dass mit der paulinischen Theologie eine neue Verwendungsart der Metapher von der eschatologischen Machtausübung auf den Plan tritt.

---

[1] Vgl. dazu Theißen, Lokalkolorit, 232–235.

[2] Das zentrale Ergebnis des Apostelkonvents im Jahr 48 n.Chr. sieht eine Aufteilung der missionarischen Tätigkeit vor: „Und da sie die Gnade erkannten, die mir gegeben war, gaben Jakobus und Kephas und Johannes, die als Säulen angesehen werden, mir und Barnabas die rechte Hand und wurden mit uns eins, dass wir unter den Heiden, sie aber unter den Juden predigen sollten ..." (Gal 2,9). Die Jerusalemer gestehen zu, dass den Heiden *selbstständiges* Interesse gebührt. Denn zum einen wird ihnen offiziell eine eigene „Missionsabteilung" gewidmet, zum anderen wird zugestanden, dass sie – einmal bekehrt – nicht in synagogaler Gebundenheit leben müssen, sondern außerhalb der Gesetzesobservanz des Heils teilhaftig werden können. Beim Apostelkonvent geht es wohl nur in zweiter Linie um eine geographische Aufteilung des Missionsgebietes. „Entscheidend ist die Zielrichtung und die daraus erwachsende Gemeindewirklichkeit, also die synagogale Gebundenheit oder die außerhalb der Gesetzesobservanz stehende Gemeinde." (Becker, Gal, NTD, 36; vgl. Feldtkeller, Identitätssuche, 141–149).

4.1. Tendenzen der weiteren Entwicklung

Die eschatologische Mitherrschaft wird nicht mehr als Lohn charakterisiert, den sich Einzelne verdienen können, sondern als Leben, das allen Christen durch ihre Zugehörigkeit zu Christus zukommt. Eschatologische Mitherrschaft kann daher indikativisch ohne Bedingung zugesprochen werden. Traditionsgeschichtlich vollzieht sich dabei wiederum ein Wandel: Während die einschlägigen Belege aus dem 1Kor noch durch die Traditionen des leidenden Gerechten sowie des Gerichts der Gerechten geprägt sind – allerdings bereits hier anders funktionalisiert werden – kommt das Herrschaftsmotiv im Röm im Kontext der paulinischen Soteriologie zu stehen, die von Sünde, Tod und Leben als Mächten sprechen kann, die herrschen. Dadurch kommt es zu einer Gleichsetzung von eschatologischer Mitherrschaft und eschatologischem Leben.

4.2. Paulus: Vom Lohn zum Geschenk

Die Erwartung eschatologischer Machtausübung bei Paulus lässt sich nicht unter einem einzigen Motto fassen. Sie ist nur im 1Kor und im Röm belegt, und zwar in 1Kor 4,8; 6,2f und Röm 5,17; (16,20)[3]. Wie bei allen Untersuchungen zu Themen paulinischer Theologie stellt sich auch hier die Frage, wie viel Systematik Paulus zuzutrauen bzw. zuzumuten ist, oder ob sich eine Entwicklungslinie aufzeigen lässt.[4] Beim Thema vom eschatologischen Heil als Machtausübung kommt das spezielle Problem hinzu, dass 1Kor 4,8 durch die Auseinandersetzung mit den „Irrlehrern" geprägt ist. Paulus formuliert ironisch. Inwiefern lassen seine Ausführungen hier überhaupt auf eigene Anschauungen schließen? Worauf genau bezieht sich die Ironie? Verhandelt Paulus hier ein Thema, das ihm selbst am Herzen liegt, oder wird die Vorstellung der Herrschaft ausschließlich an ihn herangetragen?

---

[3] Röm 16,20 bietet einen traditionsgeschichtlich entfernten Beleg, der am ehesten vor dem Hintergrund der Teilhabe am endzeitlichen Kampf gegen den Satan zu verstehen ist.
[4] Vgl. z.B. Schnelle, Wandlungen.

4.2.1. Eschatologische Mitherrschaft im Kontext der Tradition vom
leidenden Gerechten

4.2.1.1. Das eschatologische Richteramt als Verpflichtung (1Kor 6,2f)

In 1Kor 6,1–11 verhandelt Paulus das Thema von Rechtsstreitigkeiten unter
Christen. Er thematisiert dabei unterschiedliche Aspekte:

1) Der Schwerpunkt liegt auf dem Vorwurf, dass die Gemeindeglieder interne Streitigkeiten vor paganen Gerichten (vor den „Ungerechten") aus-
   tragen (VV 1–3). Aus diesem Vorwurf leitet Paulus drei unterschiedliche Handlungsanweisungen ab:
2) In den VV 4–6 fordert er, dass sich die Gemeindeglieder untereinander
   einigen sollen.
3) In V 7 wird der Apostel noch grundsätzlicher: Er kritisiert, dass
   Gemeindeglieder sich überhaupt streiten. Ideal wäre es, wenn sie Unrecht erdulden würden, ohne ihr Recht – wo auch immer – einzuklagen.
4) In den VV 8–10 nimmt Paulus dann diejenigen aus der Gemeinde in den
   Blick, die andere Gemeindeglieder übervorteilen. Der Apostel erinnert
   sie daran, dass „Ungerechte" die βασιλεία τοῦ θεοῦ nicht erben werden. Ihnen droht damit der eschatologische Heilsverlust. In V 11 wendet
   sich Paulus abschließend wieder an die Heiligen und Gerechten.

Während die VV 1–3 also das Verhältnis der Gemeinde zur Welt im Blick
haben, thematisieren die VV 7–11 das Verhältnis der Gemeindeglieder untereinander.[5] Diese Verschiebung wird im Sprachgebrauch von den „Ungerechten" besonders deutlich: Während V 1 mit den „Ungerechten" die
pagane Welt meint, bezieht sich dasselbe Wort in V 9 auf bestimmte Gemeindeglieder, die ihre „Brüder" übervorteilen. Die VV 4–6 sind in ihrer
Begrifflichkeit z.T. schillernd. Sie können entweder vor dem Hintergrund
des Verhältnisses Gemeinde – Welt oder vor dem Hintergrund der innergemeindlichen Verhältnisse ausgelegt werden. Diese Ambivalenz schlägt
sich auch in den exegetischen Auslegungen zu den Versen nieder.

1) Paulus setzt mit einer vorwurfsvollen Frage ein: „Ihr schämt euch nicht,
...?"[6] Der Apostel kontrastiert also die „Heiligen" mit den „Ungerechten".
Die nächsten beiden Verse zeigen, wo die „Front" zwischen den „Heiligen"
und den „Ungerechten" verläuft, nämlich zwischen Gemeinde und Welt:
„Wisst ihr denn nicht, dass die Heiligen die Welt richten werden? Wenn
nun die Welt von euch gerichtet werden soll, seid ihr dann nicht zuständig,

---

[5] „Paul sees the problem of lawsuits on two levels. One looks to the community's relationship
to the outside world. The other looks to the community's internal life ..." (Mitchell, Rich, 562).

[6] Fascher, 1Kor, ThHK, 169.

einen Rechtsstreit über Kleinigkeiten zu schlichten? Wisst ihr nicht, dass wir über die Engel richten werden?" Paulus formuliert damit die Erwartung, dass die Christen aktiv am eschatologischen Gericht über die Welt beteiligt sein werden.[7]

Dass die Gläubigen die Welt und die Engel richten werden, ist innerhalb der paulinischen Theologie – so weit sie uns überliefert ist – eine exzeptionelle Aussage.[8] Im Rahmen der Korintherbriefe taucht sie jedenfalls nicht noch einmal auf. Im Gegenteil – in 2Kor 5,10 heißt es: „Denn wir alle müssen vor dem Richterstuhl Christi offenbar werden, damit jeder seinen Lohn empfängt für das Gute oder Böse, das er im irdischen Leben getan hat." Hier gehören die Christen also zu denen, die gerichtet werden. In Röm 14,10 steht: „Wir werden alle vor den Richterstuhl Gottes gestellt werden." Wiederum wird den Christen in Aussicht gestellt, dass sie gerichtet werden, nicht aber, dass sie mitrichten dürfen.[9]

---

[7] Sowohl das Thema des Richtens als auch die Unterscheidung zwischen Christen und Nicht-Christen werden in 1Kor 5,9–13 vorbereitet. Die Pointe ist hier aber eine andere als in 6,2f: „... solange die Kirche noch in dieser Welt lebt, soll die Gemeinde dem endgültigen Urteil ihres Herrn nicht vorgreifen und nicht die Außenstehenden richten, sondern ihre Aufgabe wahrnehmen, in den *eigenen* Reihen zu ‚richten', d.h. alles zu prüfen und Maßnahmen zur Erhaltung der Gemeinde zu ergreifen." (Lang, Kor, NTD, 75f; Hervorhebung im Original).

[8] Vgl. aber Paulusakten 2,6, wo „Paulus" denjenigen, die Gott geliebt haben, verspricht, dass sie über Engel richten werden und zur Rechten des Vaters gesegnet werden.

TestAbr 13,6 weiß in seiner längeren Fassung davon, dass durch die zwölf Apostel (Handschriften BCE) bzw. durch die zwölf Stämme Israels (Handschrift A) πᾶσα πνοή (ACE)/ πάσης πνοῆς (B), καὶ πᾶς ἄνθρωπος (CE)/ καὶ πᾶσα κτίσις (A) gerichtet werden (s.o. unter 2.2.3.).

[9] Während es also zwischen Gott und Christus zu einer gewichtigen funktionalen „Überlappung" kommt (vgl. Kreitzer, Jesus, 156–163), die auch textgeschichtlich greifbar ist (vgl. die variierenden Lesarten zu Röm 14,10: τῷ βήματι τοῦ θεοῦ/ τῷ βήματι τοῦ Χριστοῦ.), taucht die Richterfunktion der Christen nur einmal auf. Sie fällt anscheinend so wenig ins Gewicht, dass kein Tradent der paulinischen Briefe auf die Idee gekommen ist, im Zusammenhang mit dem Richterstuhl Gottes oder Christi auch von einem Richterstuhl der Christen zu sprechen.

Wie in 2Kor 5,10 und Röm 14,10 stehen auch in 1Kor 4,5 Jesus und Gott als Richter nebeneinander. In dem Abschnitt 1Kor 4,1–5 reagiert Paulus auf Vorwürfe, die ihm aus der Gemeinde entgegengebracht werden. Scheinbar machen ihm diese Vorwürfe nichts aus: „Mir macht es allerdings nichts aus, wenn ihr oder ein menschliches Gericht mich zur Verantwortung zieht."(4,3). Im folgenden V 4 führt er aus, dass er sich zwar keiner Schuld bewusst sei, dadurch aber keineswegs schon gerecht gesprochen sei: „Der Herr ist derjenige, der mich richtet." In V 5 zieht der Apostel folgende Schlussfolgerung (ὥστε): „Richtet also nicht vor der Zeit (πρὸ καιροῦ), [wartet], bis der Herr kommt, der auch ans Licht bringen wird, was im Finstern verborgen ist, und die Absichten der Herzen aufdecken wird. Dann wird jeder sein Lob von Gott erhalten." Es fällt auf, dass zu Beginn des Verses Christus als kommender Richter eingeführt wird; am Ende ist es jedoch Gott, der das Lob – also das positive Gerichtsurteil – verkünden wird. Die funktionale „Überlappung", die in 2Kor 5,10 und Röm 14,10 belegt ist, taucht also wieder auf. Sie ist in 1Kor 4,5 wahrscheinlich das Ergebnis paulinischer Bearbeitung einer traditionellen Vorlage. „Zwischen paulinischer Aussage und Tradition ist eine Spannung erkennbar. ... der Topos von der Kardiognosie Gottes [wird] auf Christus übertragen. Die Spannung zur Tradition ist noch spürbar, wenn Paulus dem kommenden Herrn (d.h. Christus) das Durchschauen und Entlarven der Herzen zuschreibt, gleich

Wenn Paulus den Christen nur in 1Kor 6,2f eine eschatologische Richterfunktion in Aussicht stellt, in 1Kor 4,5; 2Kor 5,10 und Röm 14,10 davon
aber nichts verlauten lässt, kann diese Erwartung kaum ein wesentlicher
Bestandteil seiner Eschatologie gewesen sein. Damit stellt sich die Frage,
warum er in 1Kor 6,2f auf diese Erwartung zu sprechen kommt.

Paulus geht es nicht darum, eine neue eschatologische Erwartung um ihrer selbst willen zu explizieren. Dazu erfolgt die Erwähnung der zukünftigen Richterfunktion viel zu unvermittelt und selbstverständlich. Das zweimalige οὐκ οἴδατε weist darauf hin, dass der Apostel diese eschatologische
Hoffnung als bekannt voraussetzt.[10] Er will sie also nicht als eschatologi-

darauf aber Gott die Zuteilung des Lobes." (Theißen, Aspekte, 72; zur Kardiognosie Gottes vgl. Ps
139; Jer 11,20; Röm 8,27; 1Thess 2,4). 1Kor 4,5 ist in unserem Zusammenhang von besonderem
Interesse, weil Robertson/ Plummer (1Kor, ICC, 77f) den Vers dahingehend auslegen, dass ein
gegenwärtiges Richten zwar abgelehnt, ein *zukünftiges* aber – analog 1Kor 6,2f – indirekt in Aussicht gestellt wird: „Πρὸ καιροῦ ‚Before the fitting time' or ‚the appointed time' when οἱ ἅγιοι
τὸν κόσμον κρινοῦσιν (vi 2)." Doch lässt der engere Kontext diese Auslegung m.E. nicht zu.
Denn V 4b stellt fest: „Der Herr ist derjenige, der mich richtet." Diesen Gedanken führt V 5 fort,
wenn vom Kommen des Herrn (zum Gericht) die Rede ist. Die Pointe liegt also nicht darin, dass
die Menschen mit dem Richten noch warten sollen, bis der Herr kommt, sondern sie sollen warten,
bis der Herr als Richter kommt. „Die elliptische Formulierung darf nicht so gepreßt werden, als ob
die Christen dann mit ihrem Richten zum Zuge kämen." (Schrage, 1Kor, EKK, 325; vgl. Kremer,
1Kor, RNT, 84). Ihnen steht keine Gerichtsfunktion zu. 1Kor 6,2f bleibt also in seiner Aussage
singulär.

[10] Damit ergibt sich folgender Sachverhalt: Einerseits ist die Erwartung einer Mitwirkung beim
eschatologischen Gericht exzeptionell, andererseits setzt Paulus sie in der korinthischen Gemeinde
als bekannt voraus. Woher haben sie die Adressaten gekannt? Z.T. aus der alttestamentlich-
jüdischen Tradition (vgl. Dan 7,22 LXX Θ; Weish 3,8). Doch die Mehrheit der Gemeinde bestand
aus Heidenchristen (vgl. v.a. 12,2 und 6,12–20; 8,1–11,1) (Wolff, 1Kor, ThHK, 5). Konnte Paulus
bei ihnen die Kenntnis der einschlägigen Belege voraussetzen? M.E. ist damit kaum zu rechnen.
Musste die Argumentation des Paulus dann aber nicht wirkungslos verhallen? Schließlich stellt er
die eschatologische Erwartung als selbstverständlich hin (οὐκ οἴδατε). Doch die Formulierung
lässt neben dieser – gespielten – Selbstverständlichkeit m.E. noch erkennen, dass Paulus sehr wohl
damit gerechnet hat, die Mehrzahl seiner Adressaten mit einer Erwartung zu konfrontieren, die
ihnen bisher unbekannt war. Denn es fällt auf, wie redundant Paulus in 1Kor 6,2f formuliert. Zunächst stellt er die rhetorische Frage: „Wisst ihr denn nicht, dass die Heiligen die Welt richten
werden?" Diese Formulierung lehnt sich wie gesagt an Dan 7,22 an. Hörer, die mit dieser Tradition vertraut waren, konnten sich spontan auf sich und die korinthische Gemeinde beziehen. Denn
bei Daniel bezeichnen die Heiligen ja das Gottesvolk. Anders konnte es allerdings für Personen
aussehen, die Dan 7,22 nicht kannten. Deshalb fährt Paulus fort: „Wenn nun die Welt *von euch*
gerichtet werden soll ..." Damit ist jedem – ob er nun Dan 7,22 kennt oder nicht – klar, dass mit
den Heiligen die Adressaten gemeint sind. In 6,3 wird die Erwartung einer eschatologischen Richterfunktion nochmals zugespitzt wiederholt: „Wisst ihr nicht, dass wir über die Engel richten werden?" Paulus schließt sich hier mit ein und insistiert auf der eschatologischen Erwartung, so dass
sie sich auch diejenigen aneignen können, die sie bisher nicht kannten. Er setzt bei seiner Formulierung keine Kenntnisse alttestamentlich-jüdischer Tradition voraus.

Woher aber schöpft das Argument seine Überzeugungskraft, wenn nicht aus der Tradition?
Hier schlägt m.E. zu Buche, dass es sich bei der Verheißung einer eschatologischen Machtposition
um eine attraktive Vorstellung handelt, bei der der Apostel damit rechnen konnte, dass sie bereit-

sches Lehrstück entfalten, sondern paränetisch nutzen.[11] Die eschatologische richterliche Würde wird indikativisch zugesprochen, um daraus ethische Anweisungen abzuleiten. Die eschatologische Erwartung steht ganz im Dienst der in 1Kor 6,1–6 vorgetragenen Ermahnung. Paulus will sagen: „Wer die Welt richten wird, kann sich nicht durch die Welt richten lassen."[12] Der Apostel erhebt damit die eschatologische Zukunft der Gemeinde zum Verhaltenskriterium im Hier und Jetzt.[13]

Warum spricht die zukünftige Richterfunktion der Gemeindeglieder dagegen, interne Streitigkeiten vor paganen Gerichten auszutragen? Warum also lehnt Paulus die Anrufung paganer Gerichte ab? Zum einen aktualisiert er damit jüdische Rechtstradition.[14] Zum anderen aber – und das ist m.E. wichtiger – klingt eine theologische Begründung an: Er wirft den Korinthern vor, solche Personen zu Richtern einzusetzen, die in der Gemeinde nichts gelten (V 4). Gefragt sei jedoch ein Weiser (σοφός) aus den eigenen Reihen. Diese Begrifflichkeit erinnert an die Eingangskapitel des Briefs. Paulus hatte hier zwei Arten von Weisheit kontrastiert: Zum einen die Weisheit der Welt, die sich in kluge Worte hüllt (1,17.20; 2,1.4.13), das Kreuz als Torheit ablehnt (1,18f.23) und Gott nicht erkennen kann (1,21). Diese vergängliche Weisheit verbindet er insbesondere mit den weltlichen Machthabern (2,6.8). Zum anderen spricht Paulus von der göttlichen Weisheit. Sie dreht die Maßstäbe menschlicher Weisheit gerade um: Das, was vor der Welt stark ist, ist vor Gott schwach. Das, was vor der Welt weise ist, ist vor Gott Torheit. Das, was vor der Welt angesehen ist, gilt vor Gott nichts (1,27–29). Die Maßstäbe, die in der Welt gelten, und diejenigen, die vor Gott gelten (und damit in der Gemeinde gelten sollten), sind also diametral entgegengesetzt. In 6,4 formuliert Paulus aus der Perspektive göttlicher Weisheit: Die paganen Richter gelten nichts in der Gemeinde.[15] Die Korinther hingegen haben diese Einschätzung offensichtlich nicht geteilt. Sie holen von „weltlichen" Menschen Gerichtsurteile ein. Das heißt: Die Korinther, die nach den Maßstäben göttlicher Weisheit leben sollten, weil sie einst nach den Maßstäben göttlicher Weisheit richten werden, unterwer-

---

willig aufgegriffen würde. Paulus macht nun aber klar, dass diese angenehme Verheißung nicht ohne eine gewisse Verantwortung in der Gegenwart zu haben ist: Denn wer einst die Welt und die Engel richten will, muss auch in der Lage sein, die internen Streitigkeiten ohne Hilfe von „außen" zu regeln.

[11] „The double use of the οὐκ οἴδατε form ... suggests that Paul assumes their acceptance of such apocalyptic views. He is not arguing *for* apocalyptic eschatology but *from* it." (Kuck, Jugdment, 243; Hervorhebungen im Original).

[12] Schrage, 1Kor, EKK, 410.

[13] Ebd.

[14] Inhaltlich lehnt sich die Aussage des Paulus an die jüdische Vorschrift an, die eigene Zivilgerichtsbarkeit in Anspruch zu nehmen (Heiligenthal, Art. Staat, 11).

[15] Vgl. Guttenberger Ortwein, Status, 236f.

fen sich wieder den Maßstäben weltlicher Weisheit. Darin liegt der Kern des Problems. Deshalb lehnt Paulus die Anrufung paganer Gerichte ab.

Traditionsgeschichtlich steht Dan 7,22 (LXX, ϑ) im Hintergrund. Die Bezeichnung der Gläubigen als „Heilige" versteht sich hier von dieser Parallele her.[16] In Dan 7,22 ist das Volk Israel gemeint. Paulus lässt keinen Zweifel daran, dass er mit den „Heiligen" entsprechend seine Adressaten und sich selbst meint. Denn im anschließenden Vers heißt es: οὐκ οἴδατε ὅτι ἀγγέλους κρινοῦμεν κτλ. Dan 7,22 deckt allerdings nicht die Vorstellung ab, dass die Heiligen die *Engel* richten werden. Das Gericht an den Engeln wird sonst immer von Gott durchgeführt (vgl. Jes 24,21f; äthHen 19,1f; 21; 68,2.5; 90,24f; 91,15; Jud 6; 2Petr 2,4). Wie kommt Paulus hier zu der Aussage, dass die *Gläubigen* die Engel richten werden? Es handelt sich wohl um eine eigenständige Zuspitzung der traditionellen Vorstellung aus Dan 7,22 durch Paulus. Gemeint ist: Nicht nur die Welt, sondern sogar die Engel werden von den Adressaten gerichtet werden.[17] Noch größere Schärfe würde diese Aussage erfahren, wenn die Tradition mitschwingen sollte, nach der die Engel beim Vollzug des Vernichtungsgerichts mitwirken (äthHen 53,3–5; 54,1–6; 56,1–4; vgl. AssMos 10,2). Denn im Gegensatz zu dieser Vorstellung hielte Paulus dann fest: Die Engel werden nicht etwa zu den Richtenden, sondern zu den Gerichteten gehören.[18]

Paulus greift in 1Kor 6,2f also auf jüdische Rechtspraxis und alttestamentlich-jüdische Tradition – insbesondere Dan 7,22 (LXX, ϑ) – zurück, um seine Adressaten davon zu überzeugen, dass sie, die die Welt und die Engel richten werden, sich nicht durch die Welt richten lassen sollten. Die eschatologische Erwartung steht ganz im Dienst dieser Gedankenführung und wird darum auch nicht an anderen Stellen, die vom eschatologischen Gericht wissen, aufgegriffen.

Die Tradition vom Gericht der Gerechten, wie sie uns in Dan 7,22 überliefert ist, steht derjenigen vom leidenden Gerechten, der ebenfalls richtet (Weish 3,8), nahe. Ein wesentlicher Unterschied zwischen beiden Traditio-

---

[16] Allerdings können die Gläubigen im paulinischen und deuteropaulinischen Korpus auch als „Heilige" bezeichnet werden (vgl. Röm 1,7; 12,13; 1Kor 16,15; Eph 3,8 u.ö.), ohne dass Dan 7 als traditionsgeschichtlicher Hintergrund angenommen werden sollte. Da den Heiligen die eschatologische Richterfunktion zugesprochen wird, liegt Dan 7 für 1Kor 6,2f jedoch als Parallele nahe.

[17] Schrage, 1Kor, EKK, 410.

[18] Gemeint sind „böse" Engel, wie auch in 1Kor 4,9. Hier beklagt Paulus sein Schicksal als Apostel: „Denn wir sind zum Schauspiel geworden für die Welt, für Engel und Menschen." Die drei Größen „Welt", „Engel" und „Menschen" bilden also eine Einheit. Der Kontext verdeutlicht, dass die Engel nicht etwa die göttliche Welt repräsentieren. Denn Paulus geht es ja darum, die „feindlichen" Zuschauer aufzuzählen, die sich am Leid der Apostel ergötzen. Von „bösen" Engeln ist auch in Röm 8,38 die Rede, wahrscheinlich auch in 1Kor 11,10 (vgl. Schrage, 1Kor, EKK, 516f). Ebenso handelt es sich in 1Kor 6,3 um „böse" Engel.

nen liegt darin, dass Dan 7 das Volk Gottes den übrigen *weltlichen* Reichen gegenüberstellt, während der leidende Gerechte in Weish 2–5 von Angehörigen des *eigenen* Volkes angefeindet wird. Diese „Frontverschiebung" findet sich auch in 1Kor 6,1–11. Zwei der drei Handlungsanweisungen, die Paulus aus 6,2f ableitet, stehen m.E. unter dem Einfluss der Tradition vom leidenden Gerechten (vgl. 3. und 4.).

2) Wenn die Korinther keine paganen Gerichte einschalten sollen, was empfiehlt Paulus ihnen dann im Falle interner Streitigkeiten? Der Apostel gibt hier drei Antworten, eine erste in den VV 4–6, eine zweite in V 7 und eine dritte in den VV 8–11.

In den VV 4–6 empfiehlt er, dass die streitenden Parteien einen Richter aus den eigenen Reihen rekrutieren sollen. Offensichtlich schließt Paulus hier *a maiore ad minus*: Wer einst über die Welt und die Engel richten wird, der ist auch dazu in der Lage, ja dazu verpflichtet, über Kleinigkeiten zu richten (ἀνάξιοί ἐστε κριτηρίων ἐλαχίστων; V 2).[19] Das zukünftige Richteramt verleiht also schon in der Gegenwart richterliche Kompetenz und Würde. Diese Würde verletzen die Korinther, wenn sie andere über sich richten lassen.[20] Deshalb stellt Paulus klar (V 5): πρὸς ἐντροπὴν ὑμῖν λέγω. Er betont damit „the shameful discrepancy between their exalted status as ultimate judges of the world and their craven running to the world to settle their internal disputes"[21].

Das heißt: Aufgrund ihrer eschatologischen Richterfunktion besitzen die Korinther schon jetzt die Kompetenz und die (verpflichtende) Würde, Streitigkeiten untereinander zu regeln. Ihr Status ist höher als derjenige der Welt, denn die paganen Richter gelten nach Maßstäben göttlicher Weisheit nichts (V 4). Aber die Korinther besitzen noch keine Macht über die Welt. 5,12f hält ausdrücklich fest, dass es den Korinthern (noch) nicht zusteht, über die Welt zu richten. Der gegenwärtige Status erfordert gerade deshalb die Abgrenzung von der Welt, weil die Zeit der eschatologischen Machtausübung noch nicht gekommen ist.[22] Paulus unterscheidet also deutlich

---

[19] „The Corinthian divisions have had their genesis in minor matters (6:4). How trivial such cases are is shown by Paul in their paltry comparison with the eschatological judgements which will be entrusted to the saints." (Mitchell, Paul, 118).

[20] Guttenberger Ortwein, Status, 237.

[21] Kuck, Judgment, 243.

[22] „Many have noted the apparent contradiction of 5:13a with the immediately following statements in 6:2–3 to the effect that Christians will judge the world. But the reference is different. In 5:12–13 Paul refers to the limited scope of Christian judgment in the present time. In 6:2–3 he is talking about Christian participation in the final judgment by God of the world." (Kuck, Judgment, 242).

zwischen dem gegenwärtigen Status der Korinther und ihrer zukünftigen Machtausübung.

3) In V 7 wird nachträglich deutlich, dass Paulus die interne Regelung von Streitigkeiten nur für die *zweitbeste* Möglichkeit hält. Besser noch ist der Rechtsverzicht.[23] Wenn jemand aus der Gemeinde übervorteilt wird, so soll er nicht versuchen, sein Recht einzuklagen – vor welchem Gericht auch immer. Die eschatologische Erwartung einer Gerichtsfunktion lässt also mehr als *einen* paränetischen Schluss zu. Sie nimmt die Gemeindeglieder nicht nur in die Pflicht, auf pagane Gerichte zu verzichten, sondern sie kann auch im Sinne eines generellen Rechtsverzichts ausgelegt werden: Wer einst die Welt und die Engel richten wird, hat es nicht nötig, bei Kleinigkeiten (ἐλαχίστων V 2) auf seinem Recht zu bestehen.

In dieser Hinsicht ist Paulus Vorbild, denn in 4,12b.13 stellt er das apostolische Schicksal folgendermaßen dar: „Wir werden beschimpft und segnen; wir werden verfolgt und dulden es; wir werden geschmäht und trösten." Der Apostel aktualisiert hier die Tradition vom leidenden Gerechten.[24] Dieser wehrt sich nicht, denn er weiß, dass Gott ihn einst ins Recht setzen wird. Das heißt: Der leidende Gerechte ist zwar im Moment noch machtlos, er hat aber nach göttlichen Maßstäben einen hohen Status und wird im Eschaton Macht über die Welt ausüben.

Warum bringt Paulus die Tradition des Rechtsverzichts nicht mit mehr Gewicht ein, wenn er sie doch für die beste Option hält? Wahrscheinlich zeigt der Apostel hier seine pragmatische Haltung.[25] Ein genereller Rechtsverzicht schien ihm nicht durchsetzbar.

V.a. in *eschatologischer* Hinsicht ist die Favorisierung des Rechtsverzichts aufschlussreich: In gewisser Hinsicht nimmt die Gemeinde ihre eschatologische Machtfunktion über die Welt innergemeindlich bereits vorweg: Hier soll sie richten, ja sie hat sogar die Machtbefugnis, einzelne Gemeindeglieder aus der Gemeinschaft auszustoßen (5,5.13).[26] Dieser Ausschluss bedeutet eschatologischen Heilsverlust (vgl. 6,8–10). Wichtig ist aber: Diese Art der Regelung innergemeindlicher Streitigkeiten ist nicht Kennzeichen des vollendeten Eschaton, sondern hat pragmatischen Kom-

---

[23] „Rechtsverzicht war nicht nur Bestandteil der Standesethik der Vornehmen, sondern auch der der Jesusnachfolger in der synoptischen Tradition." (Guttenberger Ortwein, Status, 238 Anm. 1; vgl. Schrage, 1Kor, EKK, 415).

[24] Kleinknecht, Der Gerechtfertigte, 225.

[25] Berger, Theologiegeschichte, 489, der als weitere Beispiele für diese pragmatische Haltung nennt: 1Kor 7,1ff.10f; 8–10; 11,2–16.34; 14,34f; Gal 6,10 (vgl. a.a.O., 489f).

[26] Vgl. die These von Conzelmann (1Kor, KEK, 125), „daß sie [die Kirche] ihre eschatologische Souveränität in der Welt praktiziert".

promisscharakter. Das vollendete Eschaton zeichnet sich durch Rechtsverzicht und damit Machtverzicht aus.

4) Nachdem Paulus in V 7 die Opfer von Ungerechtigkeit angesprochen hatte, wendet er sich nun an ihre Urheber.[27] Diese Urheber sind in der Gemeinde zu suchen, wie die VV 8b.11a klarstellen. Die Gruppe wird in V 9 als die „Ungerechten" bezeichnet. Gegenüber V 1 hat sich die Front also verschoben: Waren dort mit den „Ungerechten" Personen außerhalb der Gemeinde gemeint, so geht es nunmehr auch um Gemeindeglieder, die ihre „Brüder" übervorteilen. Ihnen droht der eschatologische Heilsverlust, denn die Ungerechten werden die βασιλεία nicht erben. Die Erwartung eines eschatologischen Gerichtes gerät ihnen zur Drohung, denn wer die βασιλεία nicht erbt, wird nicht zu den Richtern, sondern zu den Gerichteten zählen (vgl. Weish 5,1ff).[28]

---

[27] Schrage (1Kor, EKK, 417) und Mitchell (Rich, 567) legen V 8 so aus, dass man, indem man nicht auf sein Recht verzichtet, vom Opfer zum Täter wird. In diesem Fall würde Paulus der Forderung nach Rechtsverzicht im Nachhinein doch erhebliches Gewicht verleihen. Ich bin allerdings eher der Ansicht, dass V 8 einen Adressatenwechsel vollzieht: Paulus richtet sich erst an die „leidenden Gerechten", die Rechtsverzicht üben sollen (V 7), dann an die „Ungerechten", die die Gerechten bedrängen (VV 8ff).

[28] Durch die allmähliche „Frontverschiebung" in 6,1–11 werden einige Begriffe schillernd. Diese Unschärfe schlägt sich auch in der Exegese nieder. Betroffen sind insbesondere die VV 4–5. So vermuten einige Exegeten, dass in V 4 mit den Verachteten nicht etwa pagane Richter, sondern Gemeindemitglieder mit geringem Sozialstatus gemeint seien. (So die koptische, syrische und lateinische Übersetzung, außerdem Bachmann, 1Kor, KNT, 229f; Godet, 1Kor, 148). In dem Fall würden schon in V 4 die innergemeindlichen Spannungen, die die soziale Schichtung der Gemeinde widerspiegeln, in den Vordergrund treten.
Ähnliches gilt für V 5: Liest man den Vers vor dem Hintergrund Gemeinde – Welt, dann ist mit dem „Weisen" jedes Gemeindeglied gemeint: Sie alle sind in göttlichem Sinne weise, weil Gott sie erwählt hat (vgl. 2,6ff). Liest man den Vers hingegen vor dem Hintergrund innergemeindlicher Auseinandersetzungen, dann kann mit dem „Weisen" ein Gemeindeglied mit hohem „vorchristlichem" Sozialstatus gemeint sein (vgl. 1,26).
Besonders interessant ist die Bedeutungsverschiebung, die die eschatologische Machtzusage aus 1Kor 6,2f erfährt, wenn man sie von 6,8–10 her liest: Denn dann gilt sie keineswegs mehr der gesamten Gemeinde, sondern nur noch den „Gerechten" in ihr. Den „Ungerechten" hingegen droht das Gericht. Bei diesem Gericht werden die Übervorteilten über die „Ungerechten" richten.
Lässt sich die Gruppe der innergemeindlichen „Ungerechten" noch genauer bestimmen? Da es jüdischer Rechtspraxis entsprach, Prozesse nicht vor paganen Gerichten zu regeln, ist zu vermuten, dass es sich bei den „Ungerechten" hauptsächlich um Heidenchristen gehandelt hat. (Wolff, 1Kor, ThHK, 5). Der Gegenstand der Prozesse weist zusätzlich auf eine soziologische Eingrenzung: Es ging um βιωτικά, „wahrscheinlich Vermögensangelegenheiten oder Angelegenheiten des Erwerbs" (Theißen, Schichtung, 258). Prozessiert hat also, wer Vermögen besaß. „Prozesse über Vermögenssachen sind sicher nicht von Sklaven und armen Schiffern geführt worden." (v. Dobschütz, Gemeinden, 19). „Man muß dabei in Rechnung stellen, daß Leute mit gehobenem Sozialstatus generell ein größeres Vertrauen darin haben, vor Gericht Recht zu bekommen bzw. ihre Rechtsauffassung durchzusetzen, zumal sie gute Anwälte bezahlen und kompliziertere Rechtslagen besser überschauen konnten." (Theißen, Schichtung, 258). Gegen wen wurde prozessiert? Hier

Ich fasse zusammen: In 1Kor 6,2f verwendet Paulus die Tradition vom Gericht der Gerechten über die Welt (Dan 7,22 LXX, 9), um deutlich zu machen: Wer einst über die Welt richten wird, darf sich nicht durch die Welt richten lassen. Statt dessen fordert der Apostel, dass die zerstrittenen Gemeindeglieder ihre (letztlich unwichtigen, 6,2.4) Angelegenheiten unter sich regeln. Pagane Richter gelten in der Gemeinde nichts. Die Gemeinde hat also gegenüber der Welt nach göttlichem Maßstab einen höheren Status. Die Machtausübung über die Welt steht ihr aber noch nicht zu (vgl. 5,12f).

Ein Stück Wirkungsgeschichte von 1Kor 6,2f: PolPhil 11,2

In 11,1 äußert Polykarp seine Betrübnis wegen des Presbyters Valens.[29] Welcher Vorfall sich genau hinter dieser Klage verbirgt, ist kaum mehr zu eruieren. Wichtig ist jedoch, dass Polykarp das Beispiel nutzt, um seine Adressaten vor der Geldgier zu warnen, bevor er weiter generalisiert: „Haltet euch fern von allem Bösen." In 11,2 führt er diesen Gedanken fort, indem er erklärt, dass derjenige, der sich nicht von der Geldgier fernhalte, gerichtet werde, „als gehörte er zu den Heiden, die das Gericht des Herrn nicht kennen". Diese Aussage wird im Folgenden eschatologisch mit Hilfe eines Zitates aus 1Kor 6,2 untermauert: „Aut nescimus, quia sancti mundum iudicabunt?"[30]

Den Zusammenhang zwischen Ermahnung und eschatologischer Verheißung erläutert Bovon-Thurneysen m.E. überzeugend: „Euer Platz am Endgericht sollte nicht bei den Heiden sein, die gerichtet werden, sondern bei den Heiligen, die mitrichten werden. Darum hütet euch vor der Habsucht!"[31] Die eschatologische Verheißung der Mitwirkung beim Gericht

---

sind die Exegeten geteilter Meinung: Zum einen wird die Ansicht vertreten, dass in Korinth Reiche gegen Reiche prozessierten (z.B. Winter, Litigation, 559–572). 1Kor 6 wäre dann einzureihen in den Parteienstreit (vgl. 1,10.12) und hätte keine soziologische Dimension (so Mitchell, Paul, 116–118). Zum anderen hat Mitchell (Rich, 562f) beachtliche Gründe dafür vorgebracht, dass Reiche gegen Arme prozessierten: „This proposal proposes that higher status people were taking lower status people to court, where the latter were at a disadvantage." Die internen Rechtsstreitigkeiten würden dann die sozialen Spannungen innerhalb der Gemeinde widerspiegeln. In diesem Fall würde 6,7 noch näher an 4,11–13 heranrücken. Denn in diesen Versen charakterisiert Paulus die Apostel als Arme, und zwar auch in soziologischem Sinne.

[29] Zu PolPhil s.o. unter 3.6.

[30] Zitiert nach der Ausgabe von Lindemann/ Paulsen: Die Apostolischen Väter, 254. Der genaue Umfang des Zitates wird unterschiedlich bestimmt. Ist das *aut nescimus quia* bzw. ἢ οὐκ οἴδαμεν Einleitung oder Teil des Zitates (für Letzteres votiert Lindemann, Paulus, 227)? Wahrscheinlich verlangt diese Frage nach einer differenzierten Antwort: „Polykarp hat die gewöhnliche Einleitungsformel hier in Anlehnung an das folgende Zitat abgewandelt, ἢ οὐκ οἴδαμεν, ὅτι übernimmt somit als modifizierter Teil des Zitates zugleich die Funktion der Zitateinleitung." (Merz, Ort, 89).

[31] Bovon-Thurneysen, Ethik, 245.

steht also ganz im Dienst der Ermahnung.[32] Sie verpflichtet zu gottgefälligem Leben. Dieses Verfahren erinnert an dasjenige des Paulus: In 1Kor 6,2f steht die eschatologische Verheißung – wie eben gesehen – ganz im Dienst der ethischen Ermahnung. Polykarp zitiert in PolPhil 11,2 also nicht nur die Zusage aus 1Kor 6,2, sondern er übernimmt auch ihre ethische Funktionalisierung. Das allgemeine Schema der Argumentation lässt sich etwa so fassen: „Ihr werdet richten, also benehmt euch entsprechend."

4.2.1.2. Die Hoffnung auf eschatologische Mitherrschaft als Verblendung (1Kor 4,8)

1Kor 4,8 stellt zweifellos den „dornigsten" Beleg für die paulinische Erwartung eschatologischer Herrschaft dar. Paulus wendet sich hier mit folgenden Worten an seine Adressaten: ἤδη κεκορεσμένοι ἐστέ, ἤδη ἐπλουτήσατε, χωρὶς ἡμῶν ἐβασιλεύσατε· καὶ ὄφελόν γε ἐβασιλεύσατε, ἵνα καὶ ἡμεῖς ὑμῖν συμβασιλεύσωμεν.

Ein erhebliches methodisches Auslegungsproblem besteht darin, dass Paulus an dieser Stelle ironisch formuliert. Es ist nicht leicht zu entscheiden, worauf sich diese Ironie genau bezieht.[33] Insofern ist es schwierig, die Position des Paulus, schwerer noch, die Position der Adressaten genau zu bestimmen.

Das ist um so misslicher, als 4,8 für die Exegese des gesamten 1Kor ein Schlüsselvers ist. Es geht dabei um die Frage, ob Paulus im 1Kor in erster Linie ein eschatologisches oder ein ethisches Problem verhandelt.[34]

Für die eschatologische Auslegung ist 4,8 in Verbindung mit 15,23–28 (und 15,12) ein wichtiger Kronzeuge: Die Korinther seien der Meinung, schon jetzt im Besitz des vollendeten eschatologischen Heils zu sein. 15,12 sei daher in dem Sinne zu verstehen, dass die Auferstehung der Toten nach Meinung der Korinther schon geschehen sei (vgl. 2Tim

---

[32] Der Hinweis auf das Gericht geschieht in 11,2 in positivem Sinn, durch den Hinweis auf die Mitwirkung der Christen. In PolPhil 2,1 und 6,2 droht Polykarp in negativem Sinn mit dem Gericht. Auch hier sind die eschatologischen Aussagen jedoch den ethischen dienstbar gemacht. „Das eschatologische Glaubensbekenntnis [in 2,1] läuft in eine Vergeltungsdrohung aus [„dessen Blut Gott fordern wird von denen, die ihm ungehorsam sind"] und darin wird deutlich, daß es Polykarp in seinen Aussagen über das kommende Gericht vor allem um die Untermauerung seiner ethischen Ermahnung geht." (Bovon-Thurneysen, Ethik, 243) Diese These wird durch 6,2 bestätigt. „Polykarp stellt zunächst wiederum die ständige richterliche Gegenwart des Herrn vor Augen. Damit verbindet er die Aussage vom zukünftigen Gericht, wo jeder einzelne vor dem Richterstuhl Christi Rechenschaft ablegen muß. Mit der Verknüpfung der zwei Zitate drückt Polycarp implizit den neutestamentlichen Gedanken aus, daß jetzt die Entscheidung über unsere Zukunft fällt, daß all unser jetziges Tun unwiderrufliche Folgen hat." (A.a.O., 244f).

[33] „Es ist ein schwieriges Unterfangen abzuwägen, in welchem Sinn und Maß Paulus ironisch spricht." (Guttenberger Ortwein, Status, 261).

[34] Eine ausführliche Forschungsgeschichte bietet Kuck, Judgment, 16–31.

2,18). In 15,23–28 verdeutliche Paulus, dass bis zur Vollendung des eschatologischen Heils noch mehrere Phasen zu durchlaufen seien. Gegen den „Enthusiasmus" der Korinther setze der Apostel die Überzeugung, dass sie eben noch nicht satt und reich seien oder herrschten (4,8).[35] Thiselton hat zu zeigen versucht, dass der eschatologische Konflikt in allen Passagen des 1Kor anklinge.[36] Damit begegnet er einem Haupteinwand gegen die eschatologische Auslegung; dem Einwand nämlich, dass sich diese Interpretation nur auf 4,8; 15,12 und 15,23–28 stützen könne.

Die ethische Auslegung siedelt das Problem des 1Kor nicht im eschatologischen Bereich an, sondern bestimmt das Anliegen des Paulus z.B. dahingehend, dass er durchgängig versuche, die Einheit der Gemeinde zu stärken.[37] Der Apostel stelle in 4,8 das präsentische Heilsbewusstsein der Korinther nicht grundsätzlich in Frage, sondern kritisiere, dass sie sich gegeneinander aufblähen.[38] Kuck stellt in Abrede, dass βασιλεύω in 4,8 überhaupt eschatologische Bedeutung habe. Das Verb sei hier vielmehr vom kynisch-stoischen Ideal des Weisen her zu verstehen.[39]

Die Problematik wird dadurch weiter kompliziert, dass umstritten ist, ob der 1Kor von einem einheitlichen Anliegen her zu verstehen sei, oder ob die Kapitel 1–4 nicht einen eigenständigen Teil darstellen, der sich mit den Gruppenstreitigkeiten in Korinth befasse (vgl. v.a. 3,18–23).[40]

Angesichts dieser Probleme ist herauszustellen: Der ironische Vorwurf in 4,8 steht zumindest *auch* unter dem Vorzeichen der Gruppenstreitigkeiten (vgl. 4,6f). Paulus begegnet diesen Gruppenstreitigkeiten, die (zumindest) in Kap. 1–4 thematisiert werden, mit dem Hinweis darauf, dass die Christen direkt zu Christus gehören (z.B. 3,23). Die Zugehörigkeit der Christen zu Christus wird also thematisiert. Zugleich formuliert Paulus in 4,8 in Machtkategorien. Die Verwendung des Verbs βασιλεύω deutet m.E. zwingend auf einen eschatologischen Verstehenshorizont. Denn im gesamten 1Kor benutzt Paulus nur in 4,8 und in 15,25 (dort in redaktioneller Hinzufügung!) das Verb βασιλεύω. Die im Folgenden entwickelte Auslegung vertritt daher die These, dass 4,8 *sowohl* einen ethischen *als auch* einen eschatologischen Aspekt thematisiert. Die entscheidende Frage lautet, in welches Verhältnis Paulus beide Aspekte setzt. Für diese Frage wird sich 1Kor

---

[35] Dezidierte Vertreter dieser Position sind z.B. Robinson (Kerygma, 32ff) und Thiselton (Eschatology).

[36] Thiselton, Eschatology, 510–526.

[37] Mitchell (Paul, 19): „1 Corinthians is in fact a unified and coherent appeal for unity and cessation of factionalism."

[38] Mitchell, Paul, 218f. Weitere Vertreter dieser Position sind z.B. Guttenberger Ortwein, Status, 260–264 und Kuck, Jugdment, 214–219.

[39] „The philosophical σοφός is rich and a king because he has achieved the intellectual and moral ideal. There is, of course, no consciousness of blessings of the eschaton involved." (Kuck, Judgment, 217).

[40] Vgl. Sellin, Hauptprobleme, 2964–2982; zu 1Kor 1–4 bes. 2977f.

15,23–28 als Schlüsselpassage erweisen. Denn m.E. bringt Paulus hier eine Relativierung der eschatologischen Herrschaft Christi zum Ausdruck: Die Rede in Machtkategorien wird zumindest in christologischer Hinsicht durch die Rede von der Zugehörigkeit zu Gott überboten. Die Zugehörigkeit zu Christus darf daher nicht mit eschatologischer Herrschaft gleichgesetzt werden.

Damit erweist sich 1Kor 4,8 als Schlüsselvers auch für die Frage nach dem Verhältnis von christologischer Gemeinschaft der Gläubigen und ihrer eschatologischen Machtausübung.

Abgrenzung und Aufbau von 4,6–21

1Kor 4,8 ist eingebettet in den Abschnitt 4,6–21. 4,6–21 wird gerahmt durch die Kritik an denjenigen, die sich gegeneinander aufblasen (φυσιόω) (4,6.18f). Dem Vorwurf aus 4,8 korrespondiert die verdeckte Warnung in 4,20: οὐ γὰρ ἐν λόγῳ ἡ βασιλεία τοῦ θεοῦ ἀλλ᾽ ἐν δυνάμει. Daher ist es m.E. sinnvoll, 4,6–21 als zusammenhängenden Abschnitt zu betrachten.[41] Der Abschnitt weist folgende Gliederung auf:
1) VV 6–10 Kritik an den „Aufgeblasenen" (βασιλεύω)
2) VV 11–13 die Leidensexistenz der Apostel
3) VV 14–17 Paulus als Vorbild
4) VV 18–21 Kritik an den „Aufgeblasenen" (βασιλεία).

1) Paulus kritisiert zweierlei an den „Aufgeblasenen": Einerseits meinten offensichtlich einige Korinther, einen Vorrang vor anderen zu haben, weil sie sich auf einen bestimmten Apostel beriefen (Apollos, Kephas oder Paulus).[42] Paulus setzt dagegen: „Nicht über das hinaus, was geschrieben steht, damit sich keiner (von euch) für den einen gegen den anderen aufblase." (V 6b). Damit polemisiert der Apostel gegen den Gruppenstreit in Korinth. Es sei sinnlos, die einzelnen Lehrer gegeneinander ausspielen zu wollen, denn

---

[41] In der Forschung wird meist nach V 13 eine deutliche Zäsur gesehen, so dass die VV 6–13 und die VV 14–21 getrennt betrachtet werden (Schrage, 1Kor, EKK, 351; Kremer, 1Kor, RNT, 93). In der Tat setzt Paulus in V 14 neu an: „V 14 beginnt Paulus nach der 1. Pers. Plur. (V 10–13) wieder in der 1. Pers. Sing. mit einer abgrenzenden (οὐ) und dann einer dieser entgegengesetzten (ἀλλά) partizipiellen Zweckbestimmung seines Schreibens, das er als väterliche Zurechtweisung versteht." (Schrage, 1Kor, EKK, 352). Die Thematik der VV 6–13 wird jedoch – wie zu zeigen sein wird – in den VV 14–21 fortgeführt.

[42] „Für die Korinther lag darin nichts Anstößiges. Aus dem Heidentum waren sie daran gewöhnt, daß jemand, der in eine Mysterienreligion eingeführt wurde, ein enges Verhältnis zu dem ihn einweihenden Priester entwickelte (vgl. z.B. für die Isis- und Osiris-Weihen Apuleius Met XI 21,3; 22,3; 25,7–26,1; 27,3–8; 30,1; 20,1). So ist verständlich, daß sie sich je ,ihrem' Apostel besonders verbunden fühlten." (Lampe, Parteien, 107 samt Anm. 47).

sowohl Paulus als auch Apollos verkündigen den im Alten Testament verheißenen Christus (2Kor 1,20).[43]

Andererseits wirft Paulus den „Brüdern" vor, dass sie fälschlicherweise der Meinung seien, schon satt, reich und im Besitz der Herrschaft zu sein (V 8). In scharfem Kontrast zur Selbsteinschätzung der Gegner konstatiert er, dass Gott die Apostel auf den letzten Platz gestellt hat (V 9a). Als zum Tode Verurteilte werden sie der Welt, den Engeln und den Menschen zum Schauspiel (V 9b). Auch von den Korinthern unterscheiden sich die Apostel: „Wir sind Narren um Christi willen, ihr aber seid klug in Christus; wir schwach, ihr aber stark; ihr herrlich, wir aber verachtet." (V 10).

2) Mit der Umkehrung von „wir" und „ihr" in V 10c hat Paulus die Darstellung der Leidensexistenz von Aposteln bereits vorbereitet.[44] Die Darstellung ist aus traditionsgeschichtlicher Sicht durch die Tradition vom leidenden Gerechten geprägt (4,12)[45], aus soziologischer Sicht durch den Gegensatz arm (V 11) – reich (vgl. V 8)[46].

3) Mit V 14 schlägt Paulus vorübergehend einen versöhnlicheren Ton an. Er stellt sich nunmehr als väterliches Vorbild dar (VV 15f). Für die Korinther gilt: μιμηταί μου γίνεσθε (V 16).

4) Zum Abschluss wird der Ton jedoch nochmals schärfer: Paulus richtet sich wiederum gegen diejenigen, die sich aufblasen. Die Ankündigung seines Besuches ist auch als Warnung zu verstehen. „V18 zeigt, daß die Entsendung des Timotheus nicht falsch verstanden werden darf, so nämlich, wie es einige der ‚Aufgeblähten' tun, als ob Paulus sich nicht selbst nach Korinth traue und einer ‚Kraftprobe' ausweiche."[47] Paulus will in Erfahrung bringen, wie es bei den aufgeblasenen Korinthern mit den Taten stehe (V 19). „Denn nicht in Worten erweist sich die Herrschaft Gottes, sondern in der Kraft." (V 20).

---

[43] Lang, Kor, NTD, 63.

[44] A.a.O., 65.

[45] Kleinknecht, Der Gerechtfertigte, 225. Die Beschreibung erinnert in der Tat an das Schicksal des leidenden Gerechten, wie es z.B. in Weish 3–5 überliefert ist.

[46] „... Paulus kontrastiert seine Situation mit der korinthischen durch Begriffe, denen man kaum soziologische Implikationen abstreiten kann: Er, Paulus, arbeite mit seinen Händen, leide Hunger, habe keine bleibende Wohnstätte, werde verfolgt ..." (Theißen, Schichtung, 234). Während er sich selbst also am untersten Ende der Prestigeskala einordne, sehe er die Korinther ganz oben. Theißen zieht aus dieser Beobachtung den Schluss, dass die Einflussreichen und Vornehmen aus der Gemeinde großen Einfluss hatten, denn nur deshalb könne Paulus sie mit der ganzen Gemeinde identifizieren.

[47] Schrage, 1Kor, EKK, 361.

4,6–21 berührt sich in mehreren Punkten sowohl mit 3,18–23 als auch mit 15,23–28.29–34. 4,8 ist daher *sowohl* im Kontext der Gruppenstreitigkeiten *als auch* im Kontext der eschatologischen Anschauungen des Apostels und seiner Adressaten zu interpretieren. Die Auslegung hat danach zu fragen, wie der eschatologische und der ethische Horizont in 4,6–21 ineinander greifen.

1Kor 4,6–21 im Kontext von 3,18–23
In dem Abschnitt greift der Apostel zum einen auf den Eingangsteil des Briefes zurück, insbesondere auf 1,26–31. Zwei Punkte verbinden beide Passagen: Zum einen das Thema des Rühmens (1,29; 4,7); zum anderen das Thema der „Gegenläufigkeit göttlicher und menschlicher Wertordnung"[48]: Weisheit wird zur Torheit (1,27; 4,8.10). Gott erklärt gerade diejenigen für wertvoll, die vor der Welt nichts gelten (1,26–28). Das gilt in besonderer Weise für Christus (1,23–25). Im 4. Kapitel bezieht Paulus dieses Konzept der Kreuzestheologie auf die Apostel: Sie gelten nichts vor der Welt (4,9b) und – so betont Paulus über 1,26–29 hinaus – vor der Gemeinde (4,10)[49].

Wichtiger sind jedoch für unseren Zusammenhang die Anklänge an den fast unmittelbar vorangehenden Passus 3,18–23: Auch hier findet sich das Thema des Rühmens (3,21a; 4,7), der Weisheit bzw. Torheit (3,18–20; 4,8.10) und der Niedrigkeit der Apostel (3,22; 4,9ff). Wiederum geht es um die Konkurrenz zwischen einzelnen Gruppen, die dadurch zustande kommt, dass die Gruppen versuchen, die Apostel, auf die sie sich berufen, gegeneinander auszuspielen (3,21f; 4,6).

Statuszusagen in 3,18–23
Werfen wir daher zunächst einen genaueren Blick auf 3,18–23: In der Peroratio[50] 1Kor 3,18–23 fasst Paulus die bisherigen Ausführungen zum Problem der Gruppenbildung innerhalb der korinthischen Gemeinde zusammen.[51] Im Hinblick auf seine eigene Person lässt sich das Problem, mit dem Paulus sich in 3,21–23 befasst, folgendermaßen zuspitzen: Die Apostel, also Paulus, Apollos und Petrus, stehen der Einheit der Gemeinde – unfreiwillig – im Weg. An ihnen hat sich ein Machtkampf zwischen den einzel-

---

[48] Berger, Theologiegeschichte, 523.
[49] In 1,26 zählt Paulus die Gemeinde unter die Erwählten, in 4,10 hingegen kontrastiert er sein eigenes Schicksal und dasjenige der übrigen Apostel mit demjenigen der Gemeinde.
[50] Merklein, 1Kor, ÖTK, 280; Pesch, Paulus, 133f; Wolff, 1Kor, ThHK, 76 Anm. 291.
[51] Paulus thematisiert den Parteienstreit zunächst in 1,10–17. Dann folgt eine „surprising silence" (Lampe, Wisdom, 118) in 1,18–3,2, bevor der Apostel den Streit in 3,3ff wieder offen anspricht. Lampe hat gezeigt, dass diese Beobachtung nicht quellenkritisch (gegen Branick, Source) zu erklären ist, sondern die Verwendung der rhetorischen Figur des *schema* anzeigt (Lampe, Wisdom, 130).

nen Gruppen entzündet. Die Strategie des Paulus besteht nun einerseits darin, die Bedeutung der Apostel – einschließlich seiner eigenen Person – herunterzuspielen und andererseits darin, das Selbstwertgefühl *aller* Gemeindeglieder zu stärken. Um das zu erreichen, bedient sich der Apostel des Motivs der „hierarchischen Stufung":

> „... denn alles ist euer: es sei Paulus oder Apollos oder Kephas, es sei Welt oder Leben oder Tod, es sei Gegenwärtiges oder Zukünftiges, alles ist euer, ihr aber seid Christi, Christus aber ist Gottes." (VV 21b–23).

Paulus stellt damit folgende Hierarchie auf:

Gott
Christus
Gemeindeglieder
Paulus, Apollos, Kephas; „alles"[52]

Der „Blick nach unten" soll den Gemeindegliedern verdeutlichen: Sie werden *über* den Aposteln angesiedelt. Daher ist es unsinnig, sich auf Paulus, Apollos oder Kephas als Autoritäten zu berufen. Selbstbewusstsein können die Adressaten auch daraus schöpfen, dass ihnen „alles" (samt den Aposteln!) untergeordnet ist. Es ist also nicht so, dass einzelne Gruppen einen Vorrang vor anderen haben, dass also einige mächtiger seien als andere, sondern für *alle* Gemeindeglieder gilt: „Alles ist euer."[53]

Der „Blick nach oben" lehrt: Die Gemeindeglieder sind direkt Christus unterstellt. Hieraus sind zwei Forderungen abzuleiten: Zum einen soll die Gemeinde sich nicht auf die Apostel, sondern auf Christus berufen. „Die Gemeinde gehört also nicht – und noch dazu aufgeteilt! – zu bestimmten Menschen, sondern durch Christus zu Gott."[54] Zum anderen darf sie sich aber auch nicht selbst rühmen, denn sie hat alles von Christus empfangen (V 21a).

Statusaussagen in 4,6–21

Liest man nun 4,6–21 von 3,18–23 her, so ergibt sich folgendes Bild: Wie in 3,18–23 geht es Paulus auch in 4,6–21 darum, dem Parteienstreit, den die Apostel unfreiwillig provoziert haben, entgegenzuwirken. Wiederum wählt Paulus die Strategie, den Aposteln den letzten Platz in der Schöpfungshie-

---

[52] Über das Verhältnis von Schöpfung und Aposteln wird nichts ausgesagt. 4,9ff spricht m.E. jedoch dafür, hier eine Nebenordnung vorzunehmen.

[53] Anders als in 1Kor 11 stellt Paulus hier also (abgesehen von den Aposteln) keine *innergemeindliche* Hierarchie auf. Die Gemeinde wird vielmehr als einheitliches Kollektiv betrachtet und erhält als solches seinen Platz in der Schöpfung.

[54] Wolff, 1Kor, ThHK, 76.

rarchie zuzuweisen (V 9a). Prinzipiell sind die Korinther sehr wohl reich (1Kor 1,5; 2Kor 8,7.9). Aber es mangelt ihnen an der Einsicht, wie unsinnig es ist, sich auf einzelne Lehrer zu berufen und damit einen Parteienstreit vom Zaun zu brechen. Die Gemeindeglieder sollen verinnerlichen, dass die Apostel geringer sind als sie, nach dem Motto: „Sei erhaben, aber respektiere meine Niedrigkeit."[55] Statt den einzelnen Aposteln hinterherzulaufen, sich ihrer zu rühmen und sie gegeneinander auszuspielen, sollten die „Brüder" erkennen, dass die Apostel auf den letzten (oder – um mit 3,21–23 zu sprechen – auf den untersten) Platz gehören.

Überschießende Elemente in 4,6–21
Aber die Niedrigkeit des Apostels wird in 4,6–21 widersprüchlich bewertet. In dieser Widersprüchlichkeit deutet sich der Umbruch des ethischen in ein eschatologisches Anliegen an. Bisher haben wir gesagt, dass Paulus der Hochschätzung der Apostel entgegenwirken will: Die Korinther sollen erkennen, dass sie *über* den Aposteln stehen und dies auch so seine Richtigkeit hat. Paulus stellt seine apostolische Niedrigkeit in den VV 11–13 mithilfe der Tradition vom leidenden Gerechten (vgl. Weish 2–5) dar. Diese Tradition hebt nun aber darauf ab, dass der leidende Gerechte *zu Unrecht* verachtet wird.[56] In seiner vermeintlichen Niedrigkeit kündigt sich *zukünftige* eschatologische Macht an. Der leidende Gerechte ist ein *Vorbild* für die Glaubenden. Die VV 8 und 16 zeigen, dass Paulus dieses Potenzial, das in der Tradition liegt, aktualisiert: Er weist die eschatologische Herrschaft als zukünftiges Heilsgut aus und stellt sich explizit als Vorbild hin.

Diese These lässt sich durch einen Blick auf 15,23–28.29–34 erhärten. Denn hier – und nur hier – taucht das βασιλεύω aus 4,8 wieder auf.

4,6–21 im Kontext von 15,23–28.29–34 (Röm 5,17)
Das methodische Vorgehen, 4,6–21 im Kontext von 15,23–28.29–34 zu lesen, ist zunächst in doppelter Hinsicht zu rechtfertigen:
1) Welche Elemente verbinden 4,6–21 mit 15,23–28.29–34 und rechtfertigen damit eine Zusammenschau?
2) Was deutet darauf hin, dass 1Kor 15,23–28 eine wesentliche Stelle zur Erhellung der paulinischen Vorstellung von βασιλεύω/ βασιλεία ist?

1) Folgende Motive und Themen tauchen sowohl in 4,6–21 als auch in 15,23–28.29–34 auf:
– In 4,9 und 15,32 benutzt Paulus das Motiv des Theaters, um sein Schicksal darzustellen: Er wird der Welt zum Schauspiel.

---

[55] Guttenberger Ortwein, Status, 259 Anm. 2.
[56] S.o. unter 3.1.2.

- Nach 4,9 ist Paulus zum Tode verurteilt. In 15,32 deutet er einen Kampf mit wilden Tieren in Ephesus an, der als Strafe für einen zum Tode Verurteilten angesehen werden kann.[57]
- In 4,9–13 zählt Paulus seine Leiden auf. In 15,29–32 lässt er die Leserschaft wissen, wie er diese Leiden ertragen kann: In der Hoffnung auf die Auferstehung.
- Die Auferstehung bildet in 15,23–28 den Ausgangspunkt für die Schilderung der Endereignisse. Diese sind entscheidend durch die Ausübung und Übergabe der Herrschaft Christi geprägt. Sowohl in 4,6–21 als auch in 15,23–28 geht es um Unterordnung: In 4,6–21 um die Unterordnung des Paulus, in 15,23–28 um die Unterordnung Christi.
- Von entscheidender Bedeutung ist die Beobachtung, dass 4,8 und 15,25 die einzigen Stellen im Korintherbrief sind, an denen Paulus das Verb βασιλεύω verwendet.

2) Das Verb βασιλεύω in 15,25 erhält dadurch besonderes Gewicht, dass Paulus es redaktionell einbringt. In 15,24ff zitiert er Teile aus Ps 109,1 LXX und Ps 8,7 LXX. Doch „for the κάθου ἐκ δεξιῶν μου of Ps 109:1 LXX, Paul writes δεῖ γὰρ αὐτὸν βασιλεύειν"[58]. Das Thema der Herrschaft Christi scheint Paulus also besonders am Herzen zu liegen. Dafür spricht auch, dass der Apostel nur hier die βασιλεία direkt mit Christus verbindet. Diese formalen Besonderheiten sprechen dagegen, in den VV 24–28 einen traditionellen apokalyptischen Überhang zu sehen, der funktionslos von Paulus übernommen sei und die Auferstehungsthematik eigentlich nur unterbreche. Im Gegenteil: Wenn gilt, dass Paulus ansonsten überwiegend „in geprägter Sprache"[59] von der βασιλεία spricht, dann ist zu fragen, ob in 1Kor 15,23–28 seine eigene βασιλεία-Konzeption am deutlichsten zum Ausdruck kommt. Die Passage erfordert daher eine eingehendere Betrachtung.

---

[57] „Sei es, daß er tatsächlich zum Tod verurteilt worden war, sei es, daß er auch dort metaphorisch spricht und seine Auseinandersetzungen mit den Heiden meint; deutlich ist, daß Tierkampf und Verfolgung zusammengehören." (Guttenberger Ortwein, Status, 263, Anm. 2).

[58] Meeks, Reign, 807.

[59] Becker, Paulus, 129. Generell rückt der βασιλεία-Begriff bei Paulus bekanntlich aus dem Zentrum der Verkündigung. Das ist schon rein quantitativ zu belegen: Βασιλεία kommt in den paulinischen Briefen nur 8-mal vor, davon 5-mal allein im 1Kor (4,20; 6,9.10; 15,24.50; weitere Belege: 1Thess 2,12; Gal 5,21; Röm 14,17). Bei dem Verb βασιλεύειν ist der Befund ebenfalls auffällig: Paulus verwendet es nur im 1Kor und Röm, und zwar an folgenden Stellen: 1Kor 4,8; 15,25; Röm 5,14.17.21; 6,12). Bei der Verwendung von βασιλεία fällt auf, dass Paulus durchweg von der βασιλεία τοῦ θεοῦ spricht (1Thess 2,12 spricht von τὴν ἑαυτοῦ βασιλείαν, gemeint ist eindeutig Gottes Herrschaft). Nur in 1Kor 15 liegen die Dinge anders.

Βασιλεύω *und* βασιλεία *in 1Kor 15,23–28*

15,23–28 entwirft in apokalyptischer Manier die Abfolge der Ereignisse bis zum Ende. Bezüglich der Herrschaft Christi sind zwei Aspekte wesentlich:

1) Die Herrschaft Christi hat bereits begonnen, und zwar mit seiner Auferstehung.[60]

2) Die Herrschaft Christi kennzeichnet die Phase *vor* der Vollendung des Eschaton: „... die mit diesen Hoheitsvorstellungen beschriebene Herrschaft des Auferstandenen [bedeutet] gerade noch nicht den endgültigen Sieg und die abschließende Herrlichkeit ..., sondern [ist] Zeit des Kampfes ..., in der der Tod, der ‚letzte Feind' eben noch nicht erledigt ist.“[61]

Die Unvollkommenheit des Eschaton, die die Herrschaft Christi auszeichnet, lässt sich in doppelter Hinsicht entfalten:

2.1.) Der Tod ist noch nicht besiegt. Was bedeutet das für die Frage einer möglichen Herrschaft der Christen? Wenn man hier logische Schüsse ziehen darf, ergibt sich folgendes Bild: Christus herrscht als der Auferstandene. Die Christen sind noch nicht auferstanden, denn der Tod ist eben noch nicht besiegt. Folglich können sie an dieser Herrschaft noch nicht teilhaben. Erst, wenn auch sie auferstanden sein werden, werden sie herrschen. Röm 5,17 zeigt, dass diese Vorstellung nicht unsachgemäß konstruiert, sondern genuin paulinisch ist. Denn dort setzt der Apostel eschatologische Herrschaft mit eschatologischem Leben gleich. In 1Kor 15,23–28 verknüpft Paulus zwar nicht – wie in Röm 5,17 – die Auferstehung der Christen und ihre Herrschaft, wohl aber bringt er im unmittelbaren Kontext zum Ausdruck, dass für ihn als Apostel mit der Auferstehung der entscheidende Machtwechsel stattfinden wird. Denn in 15,32 verdeutlicht Paulus, dass er die Verfolgung durch die Welt (die folglich noch nicht besiegt ist), aushält, weil er auf die Auferstehung der Toten hofft. Dahinter steht die Überzeugung: Mit der Auferstehung wird sich auch für ihn der eschatologische Machtwechsel vollziehen. Deshalb kann Paulus in 4,8 den Wunsch formu-

---

[60] Diese These ist in der Forschung immer wieder bestritten worden. Doch Wilcke (Problem) hat gezeigt, dass die Vorstellung eines messianischen Zwischenreiches, wie es sonst für Paulus angenommen werden müsste, nicht haltbar ist. Einen systematisch orientierten Forschungsüberblick zur Frage, ob 1Kor 15,23–28 die Vorstellung eines Zwischenreiches belege oder nicht, bietet Kreitzer, Jesus, 135–145.

[61] Schweizer, Zeugnis, 308. Lang (1Kor, NTD, 225) differenziert hier zwischen der Herrschaft vor und derjenigen nach der Parusie: „Die Herrschaft Christi vollzieht sich in der Zeit von der Erhöhung bis zur Parusie im Bekenntnis und Glaubensgehorsam der Kirche und in der Befreiung der Christen aus der Knechtschaft von Sünde, Gesetz und Tod (vgl. Röm 8)." Nach der Parusie kommt es zu einem „sichtbaren Gebrauch der Macht": Die Feinde werden unterworfen. (Lang, 1Kor, NTD, 225). Diese Differenzierung spielt jedoch für unsere Fragestellung kaum eine Rolle. Denn es geht ja um die Frage, was auf die Zeit der unvollendeten Herrschaft durch Christus *folgt*.

lieren: καὶ ὄφελόν γε ἐβασιλεύσατε, ἵνα καὶ ἡμεῖς ὑμῖν συμβασιλεύσωμεν.

2.2.) Die Herrschaft Christi ist auch insofern Kennzeichen des unvollendeten Eschaton, als Christus die βασιλεία einst an Gott übergeben wird.
1Kor 15,24–26 schildern die Herrschaft Christi *vor* der Vollendung der
βασιλεία: Diese Phase endet mit der Herrschaftsübergabe Christi an Gott
(15,24). Wenn Paulus derart betont, dass *alle* (πᾶσαν) Herrschaft, Macht
und Gewalt vernichtet wird, dann hat damit die Herrschaftsmetaphorik ausgedient. Es geht nicht darum, dass nun Gott allein über alles – also auch
über Christus – herrscht, sondern es geht darum, dass er alles durchwirkt,
dass alles letztlich an ihn gebunden ist: Christus wird einst die βασιλεία
übergeben, aber er ist und bleibt Sohn, eng verbunden mit Gott. „Erlösung
der Welt vollzieht sich als Aufhebung der zerstrittenen Vielheit ..., in der
Beendigung der Spaltung. Das geschieht ... als Integration in die Einheit der
zentralen Person ..."[62] Im vollendeten Eschaton hat die Herrschaftsmetaphorik ausgedient. Sie wird überboten durch die Metaphorik der Zugehörigkeit
des Sohnes zum Vater.

Hinsichtlich der Frage, wie Paulus den βασιλεία-Begriff verwendet, ist
also festzuhalten:
1) Der Apostel übernimmt aus der alttestamentlich-jüdischen Tradition die
   Herrschaftskonnotationen: Die βασιλεία ist eine positive Gewalt, die
   sich gegen z.T. heftigen Widerstand Bahn brechen muss. Diesen Aspekt
   betont Paulus, indem er βασιλεία explizit mit δύναμις verbindet (1Kor
   4,20; 15,24) und den Begriff im Kontext der Auseinandersetzung mit
   Feinden einsetzt.
2) An der einmaligen Zuordnung der βασιλεία zu Christus ist schon formal zu erkennen, dass der Apostel in 1Kor 15,23–28 seine eigene
   βασιλεία-Konzeption formuliert. Auch dabei greift er auf Tradition zurück – hier die apokalyptische. Um so deutlicher ist seine eigene Akzentsetzung zu erkennen. Denn während die Apokalyptik eschatologisches Heil meist durchweg in Machtkategorien formuliert (vgl. Dan 7;
   Offb 19–22), wechselt Paulus in 1Kor 15,23–28 die Metaphorik: Der
   βασιλεία-Begriff mit seiner Herrschaftsmetaphorik erfährt eine Begrenzung und damit Relativierung: Er bezieht sich nur noch auf die
   kämpferische Durchsetzung des eschatologischen Heils; das vollendete
   Eschaton ist in Kategorien der Zugehörigkeit charakterisiert (V 28b).

---

[62] Berger, Art. Gnosis, 529.

Eschatologische Macht in 4,6–21

Wie liest sich nun 4,6–21 im eschatologischen Kontext von 15,23–28.29–32? M.E. lassen sich folgende Schlussfolgerungen ziehen:

1) Die Gemeindeglieder werden erst in der eschatologischen Zukunft herrschen.
2) Die eschatologische Herrschaft der Christen wird überboten durch die Zugehörigkeit zu Christus.
3) Die Apostel sollten auf jeden Fall zu den eschatologischen Herrschern zählen.

1) Dafür, dass Paulus in 4,6–21 einen grundsätzlichen eschatologischen Vorbehalt zum Ausdruck bringt, spricht neben dem Verb βασιλεύω, das durch 15,25 eindeutig eschatologisch qualifiziert wird, das zweimalige ἤδη in 4,8. Dieses ἤδη hat m.e. zumindest *auch* eschatologische Bedeutung, denn im unmittelbaren Kontext (4,5) ist mit πρὸ καιροῦ ein deutlicher eschatologischer Vorbehalt formuliert.[63] Ich meine daher, dass Paulus in 4,8 durchaus *auch* auf einen eschatologischen Vorbehalt abhebt.

Auch die Verwendung der Tradition vom leidenden Gerechten, der das apostolische (4,11–13) und das allgemein christliche (4,16) Vorbild abgibt, weist in diese Richtung:[64] Der leidende Gerechte wird erst in der eschatologischen Zukunft über seine Feinde richten und herrschen (vgl. 1Kor 6,2f). Bevor die Korinther herrschen werden, muss Gott zunächst den Tod vernichten. Insofern gehen die „Brüder" irre, wenn sie meinen, schon zu herrschen.[65]

Das heißt: Die eschatologische Herrschaft der Christen steht nach der Meinung des Paulus noch aus, denn der Tod als der letzte Feind ist noch nicht besiegt. Der Apostel vertritt im Hinblick auf die Auferstehung und damit auch im Hinblick auf die eschatologische Herrschaft einen grundsätzlichen eschatologischen Vorbehalt. Paulus kritisiert neben der dem Gemeinwesen schädlichen Hochschätzung der Apostel also auch die einseitig

---

[63] Vgl. außerdem zu ἤδη in eschatologischer Bedeutung Mt 17,12; Joh 3,18; 2Tim 2,18.

[64] Welche eschatologischen Güter erwarten den leidenden Gerechten traditionellerweise nach dieser Zeit der Entbehrungen? Besonders eng sind die Berührungen mit TestJud 25,4: Der Vers spricht den Traurigen Freude, den Armen Reichtum (vgl. 1Kor 4,8!) und den Umgekommenen Leben (vgl. 1Kor 15!) zu (vgl. Kleinknecht, Der Gerechtfertigte, 168). ÄthHen 45,6 stellt ihnen ewigen Frieden in Aussicht. Weish 3,8 verheißt: „Sie werden Völker richten und über Nationen herrschen, und der Herr wird ihr König sein in Ewigkeit."

[65] Wenn der Tod betont als der letzte Feind vorgestellt wird (15,26), so liegt darin wahrscheinlich eine Spitze gegen die präsentische Eschatologie der Gegner. „Bis jetzt also ist – entgegen der Anschauung der Enthusiasten – noch mit der Macht des Todes zu rechnen; sie ist zwar grundsätzlich schon gebrochen (vgl. 3,22; Röm 8,38), doch steht ihre endgültige Vernichtung noch aus (vgl. V. 54)." (Kremer, 1Kor, RNT, 345; ähnlich Lang, 1Kor, NTD, 224; Brandenburger, Adam, 71. Anders Conzelmann, 1Kor, KEK, 324 Anm. 96.).

präsentische Eschatologie, die seine Adressaten anscheinend vertreten. „Die Korinther nehmen vorweg, was gemäß der Tradition vom leidenden Gerechten Gott erst endzeitlich für die Seinen ersehen hat. Es ist also nicht nur die überhebliche Meinung, nichts mehr nötig zu haben an geistlicher Kost, die Paulus den Korinthern vorwirft, sondern viel umfassender: der eigenmächtige Griff nach dem von Gott den ‚Armen' bereiteten Heil."[66]

2) Ähnlich wie Paulus in 1Kor 6 seinen Adressaten eine eschatologische Richterfunktion in Aussicht stellt, gleichzeitig aber den Rechtsverzicht als das eigentliche Ideal präsentiert, stellt er ihnen in 1Kor 4 die eschatologische Herrschaft in Aussicht, die aber durch die Zugehörigkeit zu Christus überboten wird: Das vollendete Eschaton zeichnet sich durch Rechts- und Machtverzicht aus (1Kor 15). Eine besondere Pointe liegt darin, dass die Korinther ja schon in der Gegenwart zu Christus gehören (so 1Kor 3).

3) In 4,8 wirft Paulus seinen Gegnern vor, irrigerweise zu meinen, schon satt und reich zu sein. Dann aber wechselt die Formulierung: Er schließt nicht den Vorwurf an, schon zu herrschen, sondern schreibt: χωρὶς ἡμῶν ἐβασιλεύσατε. M.E. ist diese Formulierung nicht dahingehend auszuwerten, dass überhaupt keine eschatologische Kritik gemeint sei.[67] Bei der Herrschaft geht es Paulus vielmehr um eine ganz bestimmte Akzentsetzung: χωρὶς ἡμῶν – ohne uns, also: ohne uns Gemeindeleiter (vgl. V 6). Damit impliziert Paulus: Den Gemeindeleitern steht auf jeden Fall eschatologische Herrschaft zu – wenn auch erst in der Zukunft. Um so skandalöser ist es, wenn die Gegner meinen, bereits *ohne sie* zur Herrschaft gelangt zu sein. Vielleicht reicht die Kritik aber noch weiter. Denn hier deutet sich an, was dann im Röm weit profilierter formuliert wird: Die eschatologische Mitherrschaft ist nach Auffassung des Paulus kein exklusives, „zusätzliches" Heilsgut für einige Auserwählte, sondern es kommt allen Christen zu. Insofern nimmt der Apostel wohl auch Anstoß daran, dass die „Gegner" bestimmte Christen vom Heil der eschatologischen Mitherrschaft ausschließen.

Status und Mitherrschaft (4,6–21)
Die vorgelegte Interpretation verbindet die ethische mit der eschatologischen Auslegung von 4,8. Die ethische Dimension wurde durch den Zu-

---

[66] Kleinknecht, Der Gerechtfertigte, 225.
[67] Anders Berger (Art. Gnosis, 523): „Paulus will sagen, daß sie alle nur empfangen haben. Die angegebenen Güter sind gerade nicht Fachausdrücke christlicher Eschatologie (‚schon' fehlt bei dem Mitregieren), sondern sind Inhalte menschlicher Erwartung und menschlichen Strebens überhaupt."

sammenhang mit 3,18–23 erhellt, die eschatologische durch den Zusammenhang mit 15,23–28.29–34. Dass es sich hierbei nicht um willkürlich herangezogene Bezugspunkte handelt, zeigen auch die Berührungen zwischen 3,18–23 und 15,23–28.29–34:

– Beide Abschnitte stellen eine hierarchische Struktur auf. In 15,23–28 hat sie die Form:

Gott

Christus

jegliche Herrschaft, Macht und Gewalt samt dem Tod

– Der Tod (ὁ θάνατος) wird sowohl in 3,22 als auch in 15,26 besonders erwähnt.
– Das πάντα aus 3,22f taucht in 15,24–28 gehäuft auf und wird durch das abschließende ὁ θεὸς (τὰ) πάντα ἐν πᾶσιν besonders betont.

Diese Berührungspunkte stützen die These, dass Paulus in 4,6–21 bewusst ambivalent formuliert: Der Bezug *sowohl* auf 3,18–23 *als auch* auf 15,23–28 ist beabsichtigt. Insofern sind die eschatologische und die ethische Deutung nicht als alternative Auslegungen zu verstehen, die einander ausschließen, sondern sie greifen – zum Teil – ineinander. Das Verhältnis der ethischen zur eschatologischen Dimension soll abschließend betrachtet werden.

Für die ethische Auslegung von 4,6–21 im Licht von 3,18–23 ist der Begriff des Status wichtig. Dieser Status ist ein Element präsentischer Eschatologie: Von den Christen kann ohne Vorbehalt gesagt werden: πάντα ὑμῶν. Indem Gott Menschen zu Christen erwählt, findet eine Umkehrung der Werte statt (1,26ff). Die christliche Gemeinde hat damit gegenwärtig einen höheren Status als die Welt (πάντα ὑμῶν). Sie sieht auf die Welt herab. Hinsichtlich des geistlichen Status der Christen ist das Entscheidende schon geschehen: Gott hat sie erwählt (1,26ff). Sie gehören bereits in der Gegenwart zu Christus (3,23). In diesem Punkt ist keine zeitliche Differenzierung mehr notwendig: „Sei es Gegenwärtiges oder Zukünftiges ...“ (3,22). Aus dieser präsentisch-eschatologischen Zusage leitet Paulus die ethische Forderung ab, keine unsinnigen Parteienstreitigkeiten durch die Berufung auf einzelne Gruppenleiter zu schüren.

Für die eschatologische Auslegung von 4,6–21 im Licht von 15,23–28.29–34 ist der Begriff der Machtausübung wichtig. Diese Machtausübung ist ein Element futurischer Eschatologie. Denn hier gilt: Sie bleibt – wie die Auferstehung der Christen – der eschatologischen Zukunft vorbehalten (4,8). Der Tod muss zunächst – als der letzte Feind – besiegt sein (15,26). In diesem Punkt differieren die Ansichten des Paulus und diejenigen seiner Adressaten. Der gegenwärtige Status, die gegenwärtige Zugehörigkeit zu Christus, verheißen zwar eschatologische Machtausübung (vgl. den Wunsch des Paulus in 4,8b), jedoch erst für die eschatologische Zukunft. Diese zukünftige eschatologische Herrschaft wird einst allen Christen – nicht nur einigen Auserwählten – zukommen. Daher kritisiert Paulus nicht nur die Vorstellung, schon zur Herrschaft gelangt zu sein, sondern auch diejenige, *„ohne uns"* zur Herrschaft gelangt zu sein.

4.2.1.3. Die Position der Korinther

Die Bestimmung gegnerischer Positionen ist methodisch schwierig und kann immer nur annäherungsweise geschehen.[68] Wie schon beim 2Tim möchte ich auch beim 1Kor die Frage der „Etikettierung" offen lassen. Im Mittelpunkt soll die Frage stehen: Wie kamen die Gegner zu der Auffassung, schon zu herrschen? Grundsätzlich sind dabei m.E. solche Erklärungsversuche vorzuziehen, die die gegnerische Position aus paulinischen Aussagen ableiten können.[69] Diesbezüglich erscheinen mir zwei Überlegungen bedenkenswert:

---

[68] Vgl. Berger, Gegner.

[69] In der Forschung finden sich durchaus bedenkenswerte Vorschläge, die diese Prämisse aber nicht erfüllen. Zwei von ihnen sollen kurz skizziert werden:
a) Kuhn (Jesus, 308–318), Robinson (Kerygma, 41f) und Tuckett (1Cor, 607–619) leiten die Auffassung der Gegner aus den Seligpreisungen ab. Dabei ist allerdings bestenfalls eine ungefähre Kenntnis der Seligpreisungen anzunehmen. Denn die Wortwahl differiert. Während 1Kor 4,8 formuliert ἤδη κεκορεσμένοι, heißt es in Lk 6,21 μακάριοι οἱ πεινῶντες νῦν, ὅτι χορτασθήσεσθε. Interessanter noch ist die Beobachtung, dass die Seligpreisungen den Armen gerade nicht den Reichtum in Aussicht stellen, sondern ὅτι ὑμετέρα ἐστὶν ἡ βασιλεία τοῦ θεοῦ (Lk 6,20). 1Kor 4,8 ist aber aus einer ungefähren Kenntnis dieser Seligpreisung gut zu erklären. Denn zum einen lag das Reich-Sein als Pendant zum Arm-Sein nahe. Das zeigt auch der Wehe-Ruf in Lk 6,24. Zum anderen könnte 1Kor 4,8 einen Beleg für die Uminterpretation der Zusage ὑμετέρα ἐστὶν ἡ βασιλεία τοῦ θεοῦ darstellen. Wir hatten gesehen (s.o. unter 2.2.5.), dass Jesus mit dieser Zusage die Bürgerschaft in der βασιλεία verheißt. Eine Uminterpretation im Sinne einer Herrschaftszusage lag aber durchaus nahe. Ähnliches ist ja bei Lk 12,32 zu beobachten. Das Logion zielt bei Jesus auf die Bürgerschaft in der βασιλεία, bei Lukas auf die Herrschaft in ihr (s.o. unter 2.2.5./ 3.3.3.). Die Überzeugung, reich zu sein und zu herrschen, ist also aus Lk 6,20 ableitbar – aber eben mit dem entscheidenden Unterschied, dass Lk 6,20 futurisch, 1Kor 4,8 präsentisch formuliert. Eine zentrale Frage bleibt also bei diesem Erklärungsversuch offen: die Frage nämlich, wie es zur präsentischen Umdeutung kommen konnte.
b) Angesichts dieser Frage führen einige Exegeten das stoisch/ kynische Ideal des Weisen an. Der Weise ist in der Gegenwart satt, reich und Herrscher (Zahlreiche Belege bietet Kuck, Judgment, 217 Anm. 348). Freilich fehlt dem stoisch/ kynischen Weisen die eschatologische Dimension: „Oft werden hier allerdings stoische, philonische und ähnliche Parallelen zitiert, aber die haben mit Eschatologie nichts zu tun und sind nirgends als Zeichen von eschatologischem Vollendungsbewußtsein zu deuten." (Schrage, 1Kor, EKK, 338f). Aber immerhin operiert Paulus mit dem Begriff σοφός. Die Gemeinde unterscheidet sich durch ihre besondere Weisheit von der Welt und soll sich dementsprechend verhalten. Das βασιλεύειν nimmt Paulus hier aus: Die eschatologische Herrschaft ist ein Heilsgut der Zukunft. Vielleicht vollzogen seine Adressaten diese Differenzierung nicht mit. Allerdings liegt dann der entscheidende Aspekt in der fehlenden Differenzierung. Das Ideal des stoisch/ kynischen Weisen wird mehr oder weniger entbehrlich.

1) Wie gesehen ist die Differenzierung zwischen Status und Machtausübung für die paulinische Argumentation wichtig. Vielleicht vollzogen die Korinther diese Differenzierung aber nicht nach. Präsentische Statusaussagen (z.B. 3,21–23) konnten sie als präsentische Machtzusagen verstehen. Geistesgaben wie die Zungenrede konnten als konkrete Ausformung dieser Herrschaft verstanden werden.[70] Für diese fehlende Differenzierung zwischen Status und Machtausübung spricht wirkungsgeschichtlich, dass sie uns im Eph überliefert ist.[71]

2) Paulus setzt in Röm 5,17 eschatologisches Leben und eschatologische Herrschaft gleich. Ob er diese Gleichsetzung auch schon früher vollzogen hat, können wir nur vermuten. In der Forschung ist die Vermutung geäußert worden, dass die Korinther ihren „Heilsenthusiasmus" auf die Überzeugung gründeten, schon auferstanden zu sein (vgl. 15,12.23–28). Die paulinische Widergabe korinthischen Glaubens in 15,12: „Es gibt keine Auferstehung der Toten" wurde im Sinne von „Die Auferstehung ist schon geschehen." interpretiert. Für diese Auslegung spricht zum einen 15,26, wo Paulus betont, dass der Tod der *letzte* Feind sei; zum anderen die weitere Wirkungsgeschichte[72]: Sowohl Kol 2,13 als auch der Eph 2,5f wissen darum, dass die Christen bereits auferstanden sind. 2Tim 2,18 referiert in der Tat die Überzeugung, dass die Auferstehung schon geschehen sei. Vielleicht verbanden die Korinther – gut paulinisch (vgl. Röm 5,17) – die Auferstehung mit der eschatologischen Herrschaft und gelangten so zu der Auffassung, schon zu herrschen. Paulus leistet diesem Verständnis im 1Kor insofern Vorschub, als er sagen kann, dass die Korinther angesichts der göttlichen Erwählung über Tod und Leben stehen (3,22).

4.2.2. Eschatologische Mitherrschaft als zukünftiges Leben (Röm 5–8)

Röm 5–8 bilden eine „Ringkomposition"[73]. Zentrale Begriffe aus Röm 5,1–11 (ἐλπίς, ζωή, ἀγάπη, πνεῦμα, θάνατος) werden in Röm 8 wieder aufgenommen. Diese Struktur ist in unserem Zusammenhang deshalb von Interesse, weil in Röm 5,17 von eschatologischer Machtausübung, in Röm 8,31–39 vom eschatologischen Status der Glaubenden die Rede ist. Die Differenzierung zwischen gegenwärtigem Status und zukünftiger Machtaus-

---

[70] „An over-realized eschatology leads to an ‚enthusiastic' view of the Spirit." (Thiselton, Eschatology, 512; im Original hervorgehoben).
[71] S.u. unter 4.3.
[72] Vgl. Robinson, Kerygma, 32ff.
[73] Schnelle, Einleitung, 130.

übung, die sich schon im 1Kor gezeigt hat, taucht also auch im Röm auf. Diese These soll nun entfaltet werden.

Zukünftige Mitherrschaft als Leben (Röm 5,17)
In Röm 5,17 heißt es: Die Lebenden werden (über den Tod) herrschen.[74] Der Vers nimmt eine überraschende Wendung. Der Parallelismus ließe eigentlich erwarten: Wenn infolge der Übertretung des *einen* der Tod zur Herrschaft gelangt ist durch den *einen*, so wird noch vielmehr das Leben durch den *einen* zur Herrschaft gelangen. Um so mehr fällt auf, dass Paulus in der zweiten Satzhälfte von Röm 5,17 die Metapher der Herrschaft der „Begnadeten" bringt. Nicht das Leben, sondern sie werden überraschend zum Subjekt der Herrschaft.[75] Dadurch bringt Paulus prägnant zum Ausdruck „that they who were reigned over by the tyrant shall themselves reign"[76]. In Röm 5,17 ist das Objekt der Herrschaft der „Begnadeten" nicht bezeichnet. Der Kontext legt nahe, dass die Herrschaft über den Tod gemeint ist, „in Umkehrung ihrer nunmehr vergangenen Situation, wo der Tod über sie herrschte (V 14)"[77]. Mit anderen Worten: „Die ζωή herrscht in der Weise, daß diejenigen, welche im Glauben (und in der Taufe) die Gnade empfangen, selbst als ,Lebendige' ,herrschen' werden."[78]. Auferstehung wird als Herrschaft (über den Tod) expliziert. Die Christen werden also an der Herrschaft über den ärgsten Feind, nämlich den Tod, beteiligt. Ihre Auferstehung zeigt, dass der Tod seine Macht endgültig verloren hat.

Das heißt: Anders als in den bisher analysierten neutestamentlichen Belegen werden hier eschatologische Machtausübung und eschatologisches Leben gleichgesetzt. Damit kommt allen auferstandenen Christen eschatologische Herrschaft zu. Sie ist kein exklusives Heilsgut mehr, das nur einer bestimmten Gruppe unter den Glaubenden zukommt, die sich besonders dafür qualifiziert hat. Insofern begegnet in Röm 5,17 eine neue Ausprägung der Metapher vom Heil als eschatologischer Machtausübung; eine Ausprägung, die sich in 1Kor 15 bereits andeutete: Der Sieg über den Tod (VV 26.54f) wird nunmehr als Herrschaft der Christen über den Tod expliziert. Weiterhin ist 1Kor 15,20ff zu berücksichtigen. Denn Röm 5,17 liest sich insofern wie eine Explikation von 1Kor 15,20ff, als der Vers die Herrschaft der Christen im Rahmen der eschatologischen Konzeption von 1Kor 15 zur Sprache bringt. Die Texte weisen folgende Gemeinsamkeiten auf:

---

[74] Bei βασιλεύσουσιν in Röm 5,17 handelt es sich m.E. um ein eschatologisches, nicht um ein logisches Futur (mit Wilckens, Röm, 325 Anm. 1089; gegen Guttenberger Ortwein, Status, 261 Anm. 3). Dafür spricht entscheidend Röm 5,10.

[75] Zeller, Röm, RNT, 119.

[76] Barrett, Röm, BNTC, 115.

[77] Wilckens, Röm, EKK, 325.

[78] Schlier, Röm, HThK, 172.

– Es geht um die Auferstehung.
– Paulus arbeitet mit der Adam-Christus-Typologie.
– Die Christen verdanken ihre zukünftige Auferstehung Christus, der bereits auferstanden ist.

Der entscheidende Unterschied besteht darin, dass 1Kor 15,20ff die Christen nicht als Herrschende bezeichnet. Es heißt dort (1Kor 15,21f): „Denn da durch einen Menschen der Tod gekommen ist, so kommt auch durch einen Menschen die Auferstehung der Toten. Denn wie sie in Adam alle sterben, so werden sie in Christus alle lebendig gemacht werden." Die Christen sind hier die Menschen, die dank Christi auferstehen. Davon, dass sie herrschen, ist nicht die Rede. Aber schon in 1Kor 15,26 wird der Tod als der Feind vorgestellt, der als letzter vernichtet wird (καταργέω). 1Kor zitiert ein „Wort, das geschrieben steht": „Der Tod ist verschlungen in Sieg. Tod, wo ist dein Sieg? Tod, wo ist dein Stachel?" (1Kor 15,54f).[79] Das Besondere an Röm 5,17 liegt nun darin, dass der Sieg über den personifizierten Tod nicht nur Christus, sondern auch den Christen zugeschrieben wird: Insofern werden sie über den Tod herrschen.[80]

Die Gleichsetzung von eschatologischer Herrschaft mit eschatologischem Leben bringt es mit sich, dass Machtausübung nicht mehr als Lohn in Aussicht gestellt wird, den es sich zu verdienen gilt. Eschatologische Herrschaft wird in Röm 5,17 zum Bestandteil der Soteriologie.

Von Röm 5,17 legt sich die Vermutung nahe, dass Christen, die in paulinischer Tradition standen, die Auffassung, schon auferstanden zu sein, mit derjenigen, schon zu herrschen, verbinden konnten. Für den 2Tim haben wir gesehen, dass das nicht der Fall war; im Hinblick auf die Vorstellung eschatologischer Machtausübung wurde vielmehr die synoptisch-apokalyptische Linie weitergeführt. Zumindest für den Eph lässt sich aber wahrscheinlich machen, dass die hinter dem Brief stehende Gemeinde nicht nur meinte, schon auferstanden zu sein, sondern auch, schon zu herrschen (Eph 2,5f).[81]

---

[79] Der Tod als personifizierter Feind begegnet auch in Offb 6,8; 20,6.13f und im Alten Testament bei Jes 25,8 und Hos 13,14.

[80] „Ihre [der Todesmacht] völlige Niederlage aber erleidet sie, wenn die mit Christus Verbundenen auch zur leiblichen Auferstehung gelangen (vgl. V. 54f. 57); sie verliert gänzlich ihre Herrschaft, wenn die Christen ‚im Leben herrschen' (vgl. Röm 5, 17). Das ist im gesamten paulinischen Denken ein so klarer Zusammenhang (vgl. noch Röm 8, 11; 2Kor 5, 4), daß die Vernichtung der Todesmacht kein anderer Akt sein kann als die Auferweckung der Toten." (Schnackenburg, Herrschaft, 207).

[81] S.u. unter 4.3.

Gegenwärtiger Status (Röm 8,31–39)
Einige Exegeten sehen in 8,31–39 einen weiteren Beleg eschatologischer
Machtausübung durch die Glaubenden. Entscheidend sind dabei V 32 und
V 37.[82] Der These, dass 8,31–39 als Beleg für die Vorstellung von eschatologischer Machtausübung zu bewerten ist, möchte ich die These entgegen-
setzen, dass es hier um den eschatologischen Status der Glaubenden geht,
der von der paulinischen Erwartung eschatologischer Herrschaft zu unterscheiden ist.
    Ausschlaggebend für diese Interpretation sind m.E. die Parallelen zu
1Kor 3,18–23; 4,1–21:

1Kor	Röm
„es sei Welt oder *Leben* oder *Tod*, es sei *Gegenwärtiges* oder *Zukünftiges*" (3,22)	„weder *Tod* noch *Leben*, weder Engel noch Mächte, weder *Gegenwärtiges* noch *Zukünfti-ges*, weder Gewalten der Höhe oder Tiefe..." (8,38f)
„wir haben *Hunger* und Durst und sind *nackt* (γυμνιτεύομεν) und werden ge-schlagen und haben *keine feste Bleibe*" (4,11)	„Trübsal oder Angst oder *Verfolgung* oder *Hunger* oder *Blöße* (γυμνότης) oder Gefahr oder Schwert" (8,35)
„Alles (πάντα) ist euer." (3,21.23)	„wie sollte er uns nicht mit ihm gütig das Uni-versum (τὰ πάντα) geben?"[83] (8,32)

In 1Kor 3;4 unterscheidet Paulus – wie dargelegt – zwischen dem gegenwärtigen Status der Glaubenden und der Frage eschatologischer Herrschaft.
Die Parallelen zwischen Röm 8,31–39 und 1Kor 3;4 beziehen sich alle auf
Statusaussagen. M.E. ist Röm 8,31–39 daher in erster Linie im Sinne gegenwärtiger Statusaussagen zu verstehen, von denen die futurische Erwartung eschatologischer Machtausübung zu unterscheiden ist.

---

[82] Stuhlmacher (Röm, NTD, 127) deutet den Aspekt eschatologischer Machtausübung in V 32
an, wenn er interpretiert: „Dieses ‚alles' schließt den vollen Anteil an dem in 8,17 erwähnten ‚Erbe' Christi ein (vgl. außerdem 1. Kor 6,2f)." Jewett (Herabwürdigung, 1.3) übersetzt V 32b mit „...
wie sollte er uns nicht mit ihm auch gütig das Universum geben?" und charakterisiert die Thematik des Abschnitts 8,31–39 als die Rede von „der Herrschaft der Heiligen über das Universum und
ihrer Herrlichkeit inmitten von Unglück". Das Verb ὑπερνικῶμεν in V 37 erinnert an die Siegersprüche aus der Offb (2,7.11.17.26; 3,5.12.21). (Stuhlmacher, Röm, NTD, 128). Dort wird der
Sieger mit eschatologischer Herrschaft belohnt (vgl. 5,10; 20,4–6; 22,5). (s.o. unter 2.4.). Jewett
(Herabwürdigung, 17) übersetzt das Verb mit Verweis auf 8,35 und 12,3 wörtlich als „über-
siegen".
[83] Eine Schwierigkeit besteht darin, dass 1Kor 2,21.23 präsentisch formuliert, Röm 8,32 aber
das Futur (χαρίσεται) benutzt. Meint Röm 8,32 dann nicht – anders als 1Kor 3,21.23 – die futurische Verleihung eschatologischer Herrschaft? Letzte Sicherheit ist hier nicht zu erlangen, aber
m.E. ist das Futur in 8,32 nicht eschatologisch, sondern logisch zu verstehen. Dafür spricht nicht
nur die inhaltliche Parallelität zu 1Kor 3,21.23, sondern auch das ὑπερνικῶμεν (Präsens!) aus
8,37.

1Kor 3;4 und Röm 8 verhandeln jeweils Statusfragen. In beiden Texten ist das Leiden von Bedeutung.[84] Leiden und Status werden aber in unterschiedlicher Funktion thematisiert:[85]

In 1Kor 4,9ff geht es um die Leiden der Apostel. Sie zeigen den niedrigen Status der Apostel an. Dahinter steht das Problem, dass Gemeindeglieder sich auf einzelne Gruppenleiter berufen und versuchen, sich so gegeneinander auszuspielen. Paulus will demgegenüber darauf hinweisen, dass die Gemeindeleiter und Apostel *unter* den Gemeindegliedern stehen, so dass es unsinnig ist, sich auf sie zu berufen. Paulus benutzt also das Leiden als Statusindikator: Es zeigt den niedrigen Status der Apostel an.

Anders verfährt Paulus dann im 2Kor. Hier steht seine apostolische Autorität zur Debatte. Angesichts dieses Problems wehrt Paulus sich gegen die Auffassung, dass Leiden einen *niedrigen* Status indiziere – eine Auffassung, die er sich in 1Kor 4 noch zunutze gemacht hatte. Im 2Kor urteilt er aber genau entgegengesetzt: Leiden indiziert einen *hohen* Status: „Wenn ich mich denn rühmen soll, will ich mich meiner Schwachheit rühmen." (2Kor 11,30).

In Röm 8 geht es Paulus darum zu zeigen, dass das Leiden um Christi willen *statusirrelevant* sei: Denn der Status gründet in der Liebe Gottes, von der die Glaubenden nichts (Hohes noch Tiefes) trennen kann (8,39). Paulus will hier ausgleichend wirken, wie Jewett m.E. zutreffend formuliert: „Meine Hypothese ist, dass Paulus Rede eine rhetorische Situation reflektiert, in der in Rom Stimmen gegen die ‚Schwachen' erhoben wurden, welche vorherrschend aus Judenchristen bestanden, deren Führer durch das Claudiusedikt aus Rom verbannt worden waren. Diese Kritiker suggerierten, dass die von anderen Glaubenden erlittenen Leiden göttliche Ungnade und unangemessenen Glauben anzeigten. Paulus aber besteht darauf, dass solche von Christen erlittenen Leiden nicht eine Trennung von der Liebe Christi implizieren und dass die, die solcherlei Aussagen machen, fehlgehen."[86]

Die Parallelität zu den Statusaussagen aus 1Kor 3;4 stützt die von Jewett vertretene These, nach der in Röm 8,31–39 in erster Linie nicht etwa Rechtsfragen von Einzelnen, sondern Statusfragen zwischen einzelnen Gruppen zur Debatte stehen.[87] Jewett verwendet zur Interpretation des Röm „anstelle der Augustinischen Tradition, Gerechtigkeit durch Glauben in Ka-

---

[84] Vgl. Pobee, Persecution; Fitzgerald, Cracks; und Ebner, Leidenslisten.

[85] Guttenberger Ortwein, Status, 255–264. Allerdings differenziert die Autorin m.E. nicht klar genug zwischen der Statusrelevanz apostolischer Leiden im 1Kor und derjenigen im 2Kor.

[86] Jewett, Herabwürdigung, 12; zu politischen Anspielungen im Röm vgl. Theißen, Auferstehungsbotschaft. Es ist hier nicht der Ort, den nach wie vor umstrittenen Abfassungszweck des Röm zu diskutieren; vgl. dazu die Übersicht bei Schnelle, Einleitung, 125f. Ich halte die historischen Rekonstruktionen von Wiefel und Wedderburn für plausibel, nach denen führende Mitglieder der judenchristlichen Gemeinden nach dem Tod des Claudius nach Rom zurückkehrten und dort auf den Widerstand der in der Zwischenzeit schnell gewachsenen heidenchristlichen Gruppen stießen. Zumindest *ein* Ziel des Röm bestünde dann darin, diese Zersplitterung zu überwinden (vgl. Wedderburn, Reasons, 44–65; Wiefel, Community, 85–101).

[87] So die Mehrheit der Forschung; vgl. z.B. Balz, Heilsvertrauen, 116–131, bes. 119: „Hatte Paulus schon in V. 32 die traditionelle Thematik der Dahingabe aufgenommen und damit juridische Kategorien anklingen lassen, so wechselt er in V. 33 nach dem Vorbild von Jes 50,8f völlig zur Gerichtsszene über." Ähnlich Zeller, Röm, RNT, 151; Stuhlmacher, Röm, NTD, 125–129.

tegorien individuellen Vergebens zu verstehen, ... die soziologischen Kategorien Ehre und Scham, so dass eher der Status von Gruppen als das Problem individuellen Heils ins Zentrum rückt"[88]. Ἐγκαλεῖν übersetzt er nicht – wie allgemein üblich – forensisch mit „anklagen", sondern mit „herabwürdigen".[89]

Gegenüber der These von Jewett sind m.E. drei Differenzierungen angebracht:

1) Mit ὁ δικαιῶν (8,33) und ὁ κατακρινῶν (8,34) weist der Abschnitt eindeutig juridische Metaphorik auf.[90] Diese juridische Metaphorik wird dann aber durch die Metaphorik der Liebe gesprengt bzw. transzendiert.[91] Das heißt: Röm 8,31–39 ist ambivalent: Es geht um Gericht (Sünde) *und* um Status. Diese Ambivalenz wird dadurch unterstrichen, dass in der Schwebe bleibt, ob es sich um das zukünftige eschatologische oder um ein gegenwärtiges Gericht handelt.

2) Eschatologische Machtausübung und eschatologischer Status dürfen nicht gleichgesetzt werden. 1Kor 6,2f spricht eindeutig vom zukünftigen eschatologischen Gericht und stellt den Glaubenden eine aktive Mitwirkung in Aussicht. Röm 8,31–39 verhandelt gegenwärtige Statusfragen. Der gegenwärtige „Übersieg" bedeutet keine Umkehr der Herrschaftsverhältnisse.

3) In diesem Kontext sind auch Röm 8,17.30b einzuzeichnen. 8,17 verknüpft das gegenwärtige Leiden mit zukünftiger Verherrlichung. Ein ähnliches „Schema" ist uns schon in 2Tim 2,12a begegnet (vgl. auch 1Petr 4,13). Die entscheidende Frage lautet: Meint diese „Verherrlichung" (συνδοξασθῶμεν) bei Paulus auch die eschatologische Mitherrschaft? Zwei Beobachtungen sprechen m.E. dagegen: Zum einen expliziert Paulus die Verherrlichung hier als Freiheit (V 21), als Erlösung des Leibes (V 22) und schließlich als Gemeinschaft mit der Liebe Gottes in Christus (V 39). Zum anderen bezeugt auch 8,30b die Vorstellung der Verherrlichung, hier allerdings präsentisch. Die Verherrlichung wird so in Verbindung mit dem folgenden Abschnitt VV 31–39 als Statusfrage qualifiziert.

Die Differenzierung zwischen Status und Machtausübung (im paulinischen Sinne) wird durch Röm 6,1–11 weiter gestützt. Der Tod in der Taufe begründet den hohen Status des Täuflings: Er ist frei von Sünde (6,2.7) und

---

[88] Jewett, Herabwürdigung, 3. Vgl. zu diesem Ansatz: ders.: Honor, 257–272.

[89] Dies ist die zentrale These, die er in seinem Sozietätsvortrag am 04.05.2001 in Heidelberg vertrat.

[90] Diese juridische Metaphorik weist auf Kap. 5 zurück.

[91] So Theißen in der Diskussion zu Jewetts Vortrag.

steht nicht mehr unter dem Gesetz, sondern unter der Gnade (6,14).[92] Paulus weiß aber auch darum, dass wir noch nicht mit Jesus Christus auferstanden sind. Dieser Heilsaspekt steht noch aus (6,5.8). Für Jesus Christus gilt bereits, dass er auferweckt ist, so dass der Tod nicht mehr über ihn herrschen kann (6,9). Für die Christen liegt die Auferweckung noch in der Zukunft, das heißt: Der Tod herrscht noch über sie. Erst in der eschatologischen Zukunft werden sie zu Herrschern werden: Zu Herrschern über den Tod (5,17).

Der Differenzierung zwischen dem gegenwärtigen Heilsstand der Christen aufgrund des Mit-Sterbens in der Taufe und dem zukünftigen Heilsstand aufgrund der Auferstehung – m.a.W. der Differenzierung zwischen dem Schon und dem Noch-Nicht – scheint demnach die Differenzierung zwischen gegenwärtigem Status und zukünftiger Machtausübung zu entsprechen.[93] Denn nur mit Blick auf die zukünftige Machtausübung verwendet Paulus Verbformen, die Formen der Machtausübung bezeichnen: βασιλεύειν (1Kor 4,8 und Röm 5,17) und κρίνειν (1Kor 6,2f).[94]

Zusammenfassung

Paulus entfernt sich im Römerbrief in zwei Punkten von der synoptischen und der apokalyptischen Tradition. Zum einen stellt er eschatologische Machtausübung nicht als Lohn für ein bestimmtes Verhalten in Aussicht, sondern spricht sie indikativisch (und futurisch) zu. Zum anderen setzt Paulus in Röm 5,17 eschatologische Herrschaft mit eschatologischem Leben gleich. Machtausübung ist also nicht mehr Privileg einer Gruppe, die sich in besonderer Weise qualifiziert hat, sondern kommt jedem Auferstandenen als Geschenk zu.

---

[92] Wenn die These von Berger (Theologiegeschichte, 328) zutreffen sollte, nach der Röm 6 das Martyrium in Verbindung mit der überkommenen Taufe metaphorisiert, dann läge auch eine Metaphorisierung des Herrschaftsaspekts, der sich traditionell mit dem Märtyrerschicksal verbinden konnte, vor: Das Mitsterben des Märtyrers führt zur Herrschaft, das Mitsterben des Täuflings zur Gnade.

[93] Es geht mir nicht um eine soziologisch fundierte Unterscheidung zwischen Status und Machtausübung, sondern um die Beobachtung, dass Paulus offenbar zwischen dem gegenwärtigen und dem zukünftigen Heilsstand der Glaubenden differenziert, und zwar auch in Fragen der Macht. Diese Differenzierung wird mit den Begriffen von Status und Machtausübung zum Ausdruck gebracht.

[94] Eine Ausnahme bildet allerdings das ὑπερνικῶμεν aus Röm 8,37.

4.2.3. Eschatologische Machtausübung im Kontext paulinischer Theologie

Abschließend sollen 1Kor 4,8; 6,2f und Röm 5,17 zusammen betrachtet und – wo möglich – im Kontext der paulinischen Theologie verortet werden.

1) Auffällig ist, dass Paulus – anders als die synoptische und apokalyptische Tradition – eschatologische Machtausübung nicht als Lohn für bestimmte Verhaltensweisen qualifiziert. Auch in 1Kor 4, wo eine solche Qualifizierung angesichts des traditionsgeschichtlichen Hintergrundes und (z.T.) des inhaltlichen Duktus nahe gelegen hätte, kommt es nicht zu einer konditionalen Verknüpfung von Leiden und Herrschaft. Vielmehr stellt der Apostel eschatologische Herrschafts- und Richterfunktionen indikativisch in Aussicht und leitet bestimmte ethische Forderungen aus ihnen ab. Diese Abfolge von indikativischer Zusage und ethischer Forderung ist aus anderen Briefen und im Rahmen anderer Themen bekannt. Als vielleicht bekanntestes Beispiel sei Gal 5,25 angeführt: „Wenn wir im Geiste leben, so lasst uns auch im Geiste wandeln!"

(2) Der 1Kor relativiert – angesichts des Anspruchs der Gegner – die Bedeutung eschatologischer Machtausübung: Irgendwann werden die Herrschaftskategorien ausgedient haben. Was dann zählt, ist die Zugehörigkeit zu Gott und Christus (1Kor 3,21–23; 15,23–28). Vielleicht bleibt diese Relativierung der Herrschaftskategorien auch im Röm gültig, ohne dort eigens thematisiert zu werden. Denn sie entspricht einer generellen Tendenz paulinischer Theologie: Der βασιλεία-Begriff rückt bei Paulus bekanntlich aus dem Zentrum der Verkündigung. Mit dem Begriff tritt auch die βασιλεία-Konzeption an den Rand, wie wir sie aus dem alttestamentlich-jüdischen Bereich kennen und wie sie Jesus verkündet hat. Der Grund für diesen Bedeutungsverlust liegt wohl nicht darin, dass Paulus die jesuanische βασιλεία-Konzeption unbekannt war. Vielmehr findet zwischen Jesus und Paulus ein theologischer „Paradigmenwechsel"[95] statt.[96] Die grundlegende theologische Akzentverlagerung fasst Becker prägnant zusammen:

„Sicherlich rückt bei Paulus in der Enderwartung das Gottesreich ganz aus dem Zentrum der Verkündigung heraus. Aber der 1. Thess läßt noch erahnen, wie die Hoffnung auf eine endgültige Erfüllung in der Gottesherrschaft in der frühen Verkündigung Antiochias noch lebendig war (1. Thess 2,12), dann aber durch die Erwartung der ‚Parusie des Herrn' (1. Thess 2,19; 3,13; 4,15; 5,23) und des anschließenden immerwährenden Zusammen-

---

[95] Becker, Paulus, 120.
[96] Das umstrittene Verhältnis Jesus – Paulus kann hier nicht umfassend behandelt werden. Vgl. zur Diskussion Walter, Paulus; Klausner, Jesus; Dunn, Jesus; Blank, Jesus; Bruce, Paul.

seins mit ihm (4,17; 5,10) umgestaltet wurde. Weil seit Ostern die Heilsgestalt Jesu Christi als entscheidender Inhalt des Gottesreiches gilt, ist diese Veränderung einsichtig: Jedoch bleibt in der Missions- und Taufsprache die Rede von der Gottesherrschaft in geprägter Sprache erhalten (z.B. 1. Kor 6,9f.), ohne dass allerdings jemals darauf hingewiesen würde, dies sei einmal die charakteristische Sprache Jesu gewesen."[97]

Paulus füllt den βασιλεία-Begriff also nicht in erster Linie neu, etwa indem er die Israel-Zentrierung aufhebt und sie durch eine Weltherrschaft ersetzt, sondern an die Stelle der Rede von der βασιλεία tritt die Rede von der Zugehörigkeit der Christen zu Christus. Insbesondere die Taufsprache ist von partizipatorischer Christologie geprägt. Es geht um „die Totalität der Gemeinschaft zwischen Christus und den Seinen"[98]. Diese Partizipation verleiht den Glaubenden gegenwärtig einen hohen Status; dort, wo es um die Teilhabe an der Herrschaft Christi geht, steht sie unter dem eschatologischen Vorbehalt.

4.2.4. Zusammenfassung und Weiterführung

Mit der paulinischen Theologie tritt eine neue Verwendungsart der Metapher von der eschatologischen Machtausübung auf den Plan. Die früheren Belege aus dem 1Kor stehen noch im Kontext der Tradition vom leidenden Gerechten. Die eschatologischen Machtzusagen werden allerdings schon hier neu funktionalisiert:

In 1Kor 6,2f verwendet Paulus die Tradition vom Gericht der Gerechten über die Welt (Dan 7,22 LXX, ϑ), um deutlich zu machen: Wer einst über die Welt richten wird, darf sich nicht durch die Welt richten lassen. Pagane Richter gelten in der Gemeinde nichts. Die Gemeinde hat also gegenüber der Welt nach göttlichem Maßstab einen höheren Status. Die Machtausübung über die Welt steht ihr aber noch nicht zu (vgl. 5,12f).

1Kor 4,8 ist sowohl von einem ethischen als auch von einem eschatologischen Anliegen des Paulus her zu verstehen. Für die *ethische* Auslegung von 4,6–21 im Licht von 3,18–23 ist der Begriff des Status wichtig. Dieser Status ist ein Element präsentischer Eschatologie: Die Christen gehören bereits in der Gegenwart zu Christus (3,23). Aus dieser präsentisch-eschatologischen Zusage leitet Paulus die ethische Forderung ab, keine unsinnigen Parteienstreitigkeiten durch die Berufung auf einzelne Gruppenleiter zu schüren.

---

[97] Becker, Paulus, 128f.
[98] Schnelle, Einleitung, 143.

Für die *eschatologische* Auslegung von 4,6–21 im Licht von 15,23–28.29–34 ist der Begriff der Machtausübung wichtig. Diese Machtausübung bleibt – wie die Auferstehung der Christen – der eschatologischen Zukunft vorbehalten (4,8; vgl. 15,26). Die zukünftige eschatologische Herrschaft wird einst allen Christen – nicht nur einigen Auserwählten – zukommen. Daher kritisiert Paulus nicht nur die Vorstellung, schon zur Herrschaft gelangt zu sein, sondern auch diejenige, *„ohne uns"* zur Herrschaft gelangt zu sein.

Im Röm verliert die Tradition vom leidenden Gerechten für die Zusage eschatologischer Machtausübung ganz an Bedeutung. Das Herrschaftsmotiv kommt im Kontext der paulinischen Soteriologie zu stehen, die von der Herrschaft der Sünde, des Todes und des Lebens sprechen kann. Dadurch kommt es zu einer Gleichsetzung von eschatologischer Mitherrschaft und eschatologischem Leben (Röm 5,17). Eschatologische Machtausübung ist also kein Lohn für ein bestimmtes Verhalten, sie ist nicht mehr Privileg einer Gruppe, die sich in besonderer Weise qualifiziert hat, sondern kommt jedem Auferstandenen zu.

Der skizzierte Umgang mit dem Motiv eschatologischer Mitherrschaft fügt sich gut in die paulinische Theologie: Die Abfolge von indikativischer Zusage und ethischer Forderung (1Kor 6,2f) ist aus anderen Briefen und im Rahmen anderer Themen bekannt (vgl. Gal 5,25). Die Relativierung der Herrschaftskategorien (1Kor 15,23–28) bei gleichzeitiger Aufwertung der Rede von der Zugehörigkeit zu Christus fügt sich zur paulinischen Tendenz, an die Stelle der Rede von der βασιλεία die Rede von der Zugehörigkeit der Christen zu Christus (partizipatorische Christologie) treten zu lassen. Diese Partizipation verleiht den Glaubenden gegenwärtig einen hohen Status; dort, wo es um die Teilhabe an der Herrschaft Christi geht, steht sie unter dem eschatologischen Vorbehalt.

Der Eph führt die Gleichsetzung von eschatologischem Leben und eschatologischer Herrschaft weiter, bezieht aber beides – anders als Paulus – schon auf die Gegenwart.

4.3. Eschatologische Mitherrschaft als gegenwärtiges Leben (Eph)

Paulus setzt in Röm 5,17 eschatologisches Leben mit eschatologischer Herrschaft gleich. Sobald sich – beispielsweise im Gefolge von Aussagen wie in 1Kor 3,22 – die Überzeugung Bahn gebrochen hatte, „die Auferstehung sei schon geschehen" (2Tim 2,18), konnte sich mit ihr die Auffassung verbinden, schon zu herrschen. Vielleicht haben die hinter dem Zitat aus 2Tim 2,18 stehenden Christen oder auch die in 1Kor 4,8 anvisierten Gegner diesen Weg beschritten. Selbstverständlich war er aber nicht. Die Verbindung von eschatologischem Leben und eschatologischer Herrschaft konnte sich in der deuteropaulinischen Tradition nicht allgemein durchsetzen – und zwar auch dort nicht, wo Christen meinten, schon auferstanden zu sein. Das zeigt der Kolosserbrief. Er geht davon aus, dass die Auferstehung der ἐκκλησία bereits zurückliegt: „Mit ihm [Christus] wurdet ihr in der Taufe begraben, mit ihm auch auferweckt..." (2,12). Der Vers lehnt sich an Röm 6,4ff an, wobei die Zeitform wechselt: Während Paulus die Auferweckung mit Christus für die Zukunft in Aussicht stellt, versetzt der Verfasser des Kol dieses Geschehen in die Vergangenheit. Die Gemeinde *ist* bereits auferweckt.[99] So schreibt auch der Verfasser des Eph (2,6).[100] Allerdings wird diese Auferweckung nicht explizit – wie beispielsweise in Röm 5,17 – in Herrschaftskategorien expliziert. Die Christen werden auch nicht auferweckt, um dann über die Welt, die Feinde etc. zu richten (so etwa Offb 20,4–6).[101]

Der Weg, den der Eph beschreitet, um vom gegenwärtigen eschatologischen Leben zur gegenwärtigen eschatologischen Herrschaft zu gelangen, führt nicht direkt über Röm 5,17, sondern – „komplizierter" – über die Metapher von der Gemeinde als Leib Christi in Verbindung mit Elementen aus 1Kor 15,24–28. Dieser Weg, der sich – mit einem von H. Merklein geprägten Begriff[102] – als „Paulinisierung" charakterisieren lässt, führt über mehrere „Stationen" (1Kor/ Röm, Kol)[103] im Eph zur neuen Konzeption eines „herrschenden Leibes".

---

[99] Vgl. z.B. Conzelmann, Kol, NTD, 190f.

[100] Nicht nur hinsichtlich der Auferweckung, auch hinsichtlich des Sterbens kommt es im Vergleich zu Röm 6,4ff zu einer bedeutsamen Verschiebung: Nach Röm 6 stirbt der Mensch in der Taufe, nach Kol 2,12f und Eph 2,5–7 ist er schon vorher aufgrund seiner Sünden tot. Diese Auffassung findet sich auch in PHerm sim 9,16,4 (vgl. Berger/ Nord, NT, 900 Anm. 40). Für unseren Zusammenhang ist jedoch allein der Aspekt der Auferweckung von Bedeutung.

[101] S.o. unter 3.4.

[102] „Paulinisierung" findet dort statt, wo „Gedanken und Traditionen vorwiegend hellenistisch-judenchristlichen Ursprungs bzw. gottesdienstlicher Verwendung mit Hilfe paulinischer Gedanken gedeutet [werden]". Merklein, Paulinische Theologie, 63.

[103] Die einzelnen „Stationen" dieses Weges habe ich in einem separaten Aufsatz nachgezeichnet (Roose, Hierarchisierung). An dieser Stelle geht es um die im Eph erreichte Konzeption, da sie den Gedanken impliziert, dass die Gemeinde über die Welt herrscht.

4.3.1. Die Gemeinde als Leib Christi

Die Metapher von der Gemeinde als Leib Christi hat eine komplizierte Traditionsgeschichte, die hier nicht vollständig aufgearbeitet werden kann.[104] Wichtig ist, dass die Rede vom Leib sehr unterschiedliche Funktionen haben kann.[105] Für unseren Zusammenhang reicht es, zwei Funktionen zu unterscheiden:

1) Die Metapher kann „demokratisch" verwendet werden. Die Pointe liegt darin, dass ein Organismus nur dann gesund ist, wenn alle Glieder und Organe zusammenarbeiten. Daher sind alle Teile des Leibes notwendig.[106]

2) Die Metapher kann „monarchisch"[107] verwendet werden. Die Pointe liegt darin, dass das Haupt über den Leib herrscht. „Dort, wo das Haupt dem übrigen Körper gegenübergestellt wird, dient das Bild als ganzes in erster Linie dazu, eine hierarchische Ordnung – konkret vor allem: die herrscherliche Funktion eines einzelnen – zu legitimieren."[108] In dieser Funktion ist das Bild sowohl bei antiken[109] als auch bei jüdisch-hellenistischen Schriftstellern belegt.

Die zweite Ausformung der Metapher ist für uns die interessantere. Doch auch sie führt noch nicht zu dem Gedanken, dass der *Leib* herrscht. In diese Richtung deutet erst die Differenzierung zwischen Gemeinde und Welt, die

---

[104] „Die metaphorische Rede vom ‚Leib' zur Bezeichnung eines gesellschaftlichen Organismus und deren ‚Gliedern' als den innerhalb dieser gesellschaftlichen Größe existierenden Individuen ist in der Antike seit ältester Zeit geläufig." (Lindemann, Kirche, 134; dort mit weiteren Literaturhinweisen und Belegen.). Zur Traditionsgeschichte des Motivs vgl. außerdem Schweizer, Art. σῶμα, 1024–1091; Schweizer, Art. σῶμα, Sp. 770–779.

[105] Lindemann unterscheidet vier Vorstellungstypen, um zu zeigen, „daß das Bild sehr verschiedenartig gebraucht werden kann" (Kirche, 138). In der „Multifunktionalität" der Metapher liegt die eigentliche Pointe des Aufsatzes von Lindemann: „Die vorgestellte ‚Typologie' der unterschiedlichen Verwendungsmöglichkeiten des Leib-Glieder-Bildes ist nicht schematisch gemeint, und sie erhebt vor allem keinen Anspruch auf Vollständigkeit. Im Grunde kommt es nur auf die Beobachtung an, daß das Bild sehr verschiedenartig gebraucht werden kann." (ebd.). Diese funktionale Differenzierung kommt in der Literatur tatsächlich oft zu kurz (vgl. z.B. den Exkurs von Wolff: „Die Gemeinde als ‚Leib'", 1Kor, ThHK, 301–305, dort auch weitere Literaturhinweise; Wolff trägt ebenfalls eine Fülle antiker Belege zusammen, ohne jedoch hinsichtlich ihrer jeweiligen Funktion zu differenzieren.). Die funktionale Differenzierung ist jedoch gerade für unsere Fragestellung nach einer möglichen eschatologischen Herrschaft der Gemeinde unerlässlich.

[106] Politisch gesprochen geht es also um die Mitwirkung aller Bürger an der Gestaltung des Staates. In diesem Sinne benutzen Platon (Politeia V 462d) und Aristoteles (Politeia V 1302b 33–40) das Bild.

[107] Mit „monarchisch" ist auf die Herrschaft eines einzelnen abgehoben – unabhängig davon, ob er sich als monarchischen König bezeichnet oder nicht.

[108] Lindemann, Kirche, 138.

[109] Z.B. Seneca, De clementia I 2,1 (nach der Zählung bei Rosenbach); weitere Belege liefert Faust, Pax Christi, 283–287.

sowohl der Kol als auch der Eph vornehmen: Während die Gemeinde Leib Christi ist, kommt der Welt diese Bezeichnung nicht zu. Da die Rede vom Leib Christi insofern hierarchisch geprägt ist, als Christus das Haupt von Gemeinde und Welt ist, liegt es nahe, auch das Verhältnis von Gemeinde und Welt hierarchisch zu denken: Die Gemeinde steht als Leib *über* der Welt. Das passt außerdem zu der Vorstellung, dass die auferweckte Gemeinde einen Platz im Himmel bei Christus hat. Der Gedanke, dass die Gemeinde über die Welt herrscht, wird dann im Eph durch die Kombination der Leib-Metaphorik mit der Tradition aus Ps 8,7 erreicht: Die Welt liegt unter den Füßen des Herrschers Christus (Eph 1,22) – also unter dem Leib. Christus, das Haupt, und die Gemeinde, der Leib, herrschen über die Welt.

4.3.2. Christus das Haupt, die Gemeinde der Leib, die Welt unter den Füßen Christi

Den theologischen Schwerpunkt des Briefes bildet die Ekklesiologie. „Das zentrale Thema unseres Briefs ist die *Lehre von der Kirche als Leib Christi.*"[110] Der Epheserbrief greift dabei auf die Konzeption des Kolosserbriefes zurück und verleiht ihr eigene Akzente. Gerade im Hinblick auf die Frage, ob die Gemeinde als Herrscherin über die Welt auftritt, ergibt sich eine bedeutende Verschiebung. Mit seiner Ekklesiologie verfolgt der Verfasser zwei Grundanliegen: „... die innere *Einheit* der Gemeinden, die mit dem Motiv der einen, durch Jesus Christus begründeten und untrennbar mit ihm verbundenen Kirche eingeschärft wird, und die aus der Berufung Gottes erwachsende Verpflichtung zu einer entschieden christlichen Lebensführung, die sich von der unchristlichen Lebensweise der Umwelt unterscheiden und *abheben* muß."[111]

Die im ethischen Sinne angestrebte *Abgrenzung (Abhebung)* von der Welt und die damit zusammenhängende *Einheit* der Gemeinde findet – so die hier vertretene These – ihren eschatologisch-ekklesiologischen Niederschlag in der Konzeption, nach der Christus das Haupt und die Gemeinde der Leib ist, während die Welt unter den Füßen Christi liegt. Die Leib-Metapher, die in Herrschaftskategorien ausgelegt wird, dient zur Vermittlung sozialer Identität.[112] Herrschaft wird als eschatologischer Zustand expliziert. Diese Konzeption ist nun genauer zu beleuchten.

---

[110] Ernst, Eph, RNT, 245; Hervorhebung im Original.
[111] Schnackenburg, Eph, EKK, 31, eigene Hervorhebungen.
[112] „Die Adressaten des Eph sehe ich nicht als Gnostiker, sondern als Heidenchristen (2,11), denen durch den Eph eine soziale Identität vermittelt wird. Dazu dient insbesondere der Leib-Gedanke." (Berger, Art. Gnosis, 524f).

Von zentraler Bedeutung für die Frage nach einer möglichen Herrschaftsfunktion der ἐκκλησία über die Welt sind die VV 1,20b–23. Sie bilden den
Abschluss einer „Eucharistie"[113], die die VV 15–23 umfasst. Die „Eucharistie" gliedert sich in: 1. die Danksagung (VV 15.16a), 2. die Fürbitte (VV
16b–20a) und 3. das Bekenntnis (VV 20b–23).[114]

Hinsichtlich des Bekenntnisses wird in der Forschung diskutiert, ob ihm
ein traditioneller Hymnus zu Grunde liege. Deichgräber versucht eine Rekonstruktion, die aber „mit vielen Unsicherheiten belastet"[115] ist. Für eine
klare Trennung von Tradition und Redaktion, die die Rekonstruktion eines
Hymnus erlauben würde, fehlen die Kriterien.[116] Die neuere Forschung urteilt daher meist zurückhaltend: „In den Versen 20–23 wollte man öfter einen zugrunde liegenden Hymnus erkennen. Aber das bleibt recht fraglich.
Wir sprechen lieber von einem christologisch-ekklesiologischen Exkurs, zu
dem sich der Verf. vielleicht durch kerygmatische und katechetische Formulierungen anregen ließ."[117]

Das Bekenntnis Eph 1,20b–23
Welche Gedanken werden in dem Bekenntnis entfaltet?
In V 20b fällt auf, dass die Kreuzigung nicht erwähnt wird. Die Auferweckung dient lediglich als Voraussetzung für die Erhöhung.[118] Auf Letzterer
liegt das ganze Gewicht, denn sie wird – in der Tradition von Ps 110,1 –
expliziert als Einsetzung Christi zur Rechten Gottes.[119] Bemerkenswert ist
dabei, dass durch Ps 110 die Thronsaalmetaphorik ins Spiel kommt.[120] Über
Ps 110,1 hinausgehend fügt der Verfasser allerdings hinzu: ἐν τοῖς ἐπουρα-
νίοις. Dieser Zusatz zeigt, wie wichtig im Epheserbrief die räumlichen Kategorien sind (vgl. 1,3; 2,6): „Diese räumliche Vorstellung beherrscht sein
Denken (vgl. Kol 3,1; Hebr 1,3; 8,1) ..."[121] Die Linie wird in 2,6 verlängert
und auf die Christen übertragen: Sie sind mit Christus auferweckt und mit
eingesetzt im Himmel.[122]

---

[113] Lindemann, Aufhebung, 204.

[114] Ernst, Eph, RNT, 284.

[115] Deichgräber, Gotteshymnus, 161–165; Zitat 164; vgl. Sanders, Hymnic Elements, 221.

[116] Lindemann, Aufhebung, 205.

[117] Schnackenburg, Eph, EKK, 70f; vgl. Gnilka, Eph, HThK, 94 und Lindemann, Aufhebung,
205.

[118] Ernst, Eph, RNT, 289.

[119] „Es geht dem Verf. vor allem um die Einsetzung Christi ‚zur Rechten Gottes' ..." (Schnackenburg, Eph, EKK, 75).

[120] Vgl. Berger, Theologiegeschichte, 334. Vgl. dazu schon Phil 2,9–11 und dann Eph 1,20–22;
1 Petr 3,21f; Hebr 1,4–14.

[121] Schnackenburg, Eph, EKK, 75.

[122] Zu Eph 2,6f (auch im Vergleich mit Kol 2,12f) vgl. Lona, Eschatologie, 360–374; Lindemann, Aufhebung, 121–144.

1,21a zählt auf, worüber Christus gesetzt ist: „über alle Reiche, Gewalt, Macht, und Herrschaft (κυριότητος) und über jeden Namen". Diese Aufzählung erinnert zum einen an 1Kor 15,24, wo es heißt, dass einst „alle Herrschaft und alle Macht und alle Gewalt" vernichtet werden, zum anderen an Kol 1,16; 2,10.15.[123]

1,21b fügt der Liste hinzu: „nicht allein in dieser Welt, sondern auch in der Zukünftigen". Für die Frage nach dem Geschichtsverständnis, das der Verfasser des Epheserbriefes vertritt, ist dieser Halbvers von großer Bedeutung. Einig ist sich die Forschung darin, dass räumliche Kategorien im Epheserbrief eine große Rolle spielen: Christus und die Christen sind „im Himmel", also „oben" eingesetzt (vgl. 1,3.20; 2,6).[124] Wie passt nun dazu die Rede von diesem und dem zukünftigen Äon?

Fischer betont auf redaktioneller Ebene den futurischen Aspekt. Er sieht in V 21b eine „nachträgliche Glosse", die „Korrektur an einem Denken ..., das nichts mehr von einer eschatologischen Hoffnung weiß. Der Verfasser meldet also mit seiner Glosse den eschatologischen Vorbehalt an."[125] Lindemann streicht demgegenüber im Hinblick auf den Verfasser gerade den präsentischen Aspekt heraus. Der Verfasser des Epheserbriefes ergänzte „seine eigene theologische Aussage durch einen aus gemeinchristlicher Tradition genommenen Zusatz ... Das Gewicht liegt dabei nicht auf der Erwartung einer Zukunft, sondern es geht dem Autor gerade darum, die Endgültigkeit der bestehenden Verhältnisse auszusagen: der ‚kommende Äon' bringt nichts Neues, er unterscheidet sich – jedenfalls in Bezug auf Christus – nicht vom gegenwärtigen Äon."[126] Soweit möchte ich Lindemann folgen. Da er jedoch „die Aufhebung der Zeit" (vgl. den gleichlautenden Titel seiner Monographie) zum theologischen Programm des Epheserbriefs erklärt, muss er „alle – gewiß nicht im Vordergrund stehenden aber doch durchaus vorhandenen – zeitlich geschichtlichen Aussagen" weginterpretieren und „dem Eph jedes situationsbezogene Anliegen bestreiten"[127]. Umsichtiger urteilt m.E. Fischer in seiner Rezension: „Das Zurücktreten einer geschichtlichen Perspektive ist leichter zu begreifen als eine unbeabsichtigte Folge der Überbetonung der Gegenwart, denn als ein bewußtes Programm, die Zeit aufzuheben."[128]

Grundsätzlich ist zu berücksichtigen: Die Eschatologie des Epheserbriefes wird „nach einem grundsätzlich vom apokalyptisch-forensischen Modell verschiedenen Entwurf gedacht: als Wachstum, Erfülltwerden, Hingelangen zu einem Ziel in stetigem Prozeß, Auferbautwerden, Erreichen des Vollmaßes. Man sollte diesem Typ eschatologischen Denkens angesichts der Es-

---

[123] Im Hintergrund stehen wahrscheinlich Engelspekulationen (Ernst, Eph, RNT, 290).

[124] „Ein charakteristisches Merkmal des Epheserbriefs ist die Verlagerung des Zeitdenkens in räumliche Kategorien." (Ernst, Eph, RNT, 306).

[125] Fischer, Tendenz, 118f.

[126] Lindemann, Aufhebung, 210f.

[127] Fischer, Rezension, Sp. 747.

[128] A.a.O.

chatologie Jesu und der Apk seinen Eigenwert zugestehen und nicht versuchen, hier von lediglich ‚präsentischem Heil' oder von Aufhebung der Zeit
zu reden."[129] Interessant ist nun, dass in diesen anderen Entwurf „alte" Herrschaftstradition eingepasst wird, die so eine neue Bedeutung erhält.

Soviel ist m.E. deutlich: Hinsichtlich der Herrschaftsverhältnisse wird
der neue Äon keine entscheidenden Veränderungen bringen: Christus ist
und bleibt Herrscher über alle Mächte und Gewalten. Dass beim Sitzen zur
Rechten Gottes tatsächlich an Herrschaft gedacht ist, verdeutlicht auch die
Aufnahme von Ps 8,7 (in der Form, die 1Kor 15,27 bietet) in Eph 1,22a.[130]

Das Haupt Jesus Christus in seinem Verhältnis zur Gemeinde und zum All
Welche Rolle sollen die Christen in dieser Konzeption spielen? Der Schluss
des Bekenntnisses lenkt den Blick auf die ἐκκλησία. Die Formulierung in
V 22b (καὶ αὐτὸν ἔδωκεν κεφαλὴν ὑπὲρ πάντα τῇ ἐκκλησίᾳ) lässt zwei
Übersetzungen zu:
1) Das ὑπὲρ πάντα könnte modale Beifügung zu κεφαλήν sein. Dann
   wäre zu übersetzen: „alles überragendes Haupt". Inhaltlich legt sich diese Übersetzung jedoch nicht nahe. Denn „der Kirche gegenüber soll
   schwerlich der Abstand, die Überlegenheit ihres ‚Hauptes', viel eher
   doch das Hineinwirken in sie, das gnadenhafte Erfüllen betont werden"[131].
2) Möglich ist auch die Übersetzung: „Haupt über alles", also über das
   All.[132] Für diese Deutung spricht 1,21, denn dort wurde ja betont, dass
   Christus über alle Reiche, Gewalt, Macht, Herrschaft und alles, was
   sonst einen Namen hat, gesetzt ist.
Wahrscheinlich liegt in V 22 durch das zweimalige καί eine bewusst stili-
sierte Doppelaussage vor: „Gott hat Christus einerseits ‚alles', alle kosmischen Mächte und damit das All (vgl. 1,10 und 4,10), unterworfen und andererseits diesen Allherrscher der Kirche gegeben."[133]

V 23 schließt mit einer doppelten ekklesiologischen Bestimmung ab: Die
ἐκκλησία ist zum einen Leib, zum anderen πλήρωμα. Die Bezeichnung

---

[129] Berger, Art. Gnosis, 529.
[130] Vgl. Hebr 2,6b–8a, wo m.E. ebenfalls ein christologisch-eschatologisches Verständnis von
Ps 8 vorliegt, ohne dass auf eine eschatologische Herrschaftsstellung des Menschen abgehoben
wäre (zur Diskussion vgl. Gräßer, Hebr, EKK XVII/ 1, 116–120). Wie auch immer man hier entscheidet – das Eschaton wird nicht in Herrschaftskategorien dargestellt, sondern mit Begriffen wie
„Ruhe" (4,3–11), „Haus" (3,6; 10,21), „Stadt" (11,10.16; 12,22; 13,14) und „Vaterland" (11,14)
umschrieben.
[131] Schnackenburg, Eph, EKK, 79.
[132] Vgl. Lindemann, Aufhebung, 212; Gnilka, Eph, HThK, 97.
[133] Schnackenburg, Eph, EKK, 78. Schnackenburg fügt hinzu, dass der fehlende Artikel nicht
gegen diese Auslegung spreche, „weil auch im Schriftzitat der Artikel fehlt" (a.a.O., 79).

der ἐκκλησία als „Leib" lag von der Bezeichnung Christi als „Haupt" her nahe.[134] „Christus, das Haupt, und die Kirche, sein Leib, sind konstitutiv für die Kirchenkonzeption des Verf. (vgl. 4,15f; 5,23)."[135] An diesem Punkt zeigt der Eph eine große Nähe zum Kolosserbrief (vgl. Kol 1,18; 2,19). Im Blick ist auch hier das Verhältnis des Hauptes zum Leib. Wiederum kommt nur der ἐκκλησία, nicht aber der Welt die Bezeichnung „Leib" zu. Gegenüber der Welt ist die ἐκκλησία also privilegiert. Die Selbstverständlichkeit, mit der der Verfasser die Metapher einbringt, lässt vermuten, dass er bei seinen Adressaten die ekklesiologische Konzeption aus dem Kolosserbrief in Grundzügen voraussetzt.[136]

Die zweite Bestimmung geht über die Konzeption des Kolosserbriefes hinaus: Die ἐκκλησία ist „die Fülle (πλήρωμα) dessen, der alles in allem erfüllt". Dem religionsgeschichtlichen Hintergrund des πλήρωμα-Begriffs kann hier nicht weiter nachgegangen werden.[137] Was aber bedeutet der Halbvers unter Berücksichtigung des unmittelbaren Kontextes? Zunächst ist zu beachten, dass in doppelter Hinsicht vom πλήρωμα die Rede ist: zum einen heißt es, dass die ἐκκλησία die Fülle Christi ist, zum anderen, dass Christus derjenige ist, „der alles in allem erfüllt".

Wenden wir uns zunächst dem zweiten Aspekt zu: Christus wird abschließend vorgestellt als der, der alles in allem erfüllt.[138] Der Ausdruck τὰ πάντα ἐν πᾶσιν erinnert an das zweimalige πάντα aus V 22. Gemeint ist wiederum das All (so auch 1Kor 15,28). Christus ist also derjenige, der das All erfüllt. Der Bezug zu 1,22 legt nahe, das „Erfüllen" des Alls durch Christus im Sinne von Herrschaft zu verstehen. Die räumlichen Kategorien spielen wiederum eine große Rolle: „Wenn Gott Christus alles unterworfen hat, dann muß Christus in allen Räumen herrschen, die zuvor von den Mächten und Gewalten ‚besetzt' gehalten worden waren."[139] Diese Vermutung wird durch 4,10 entscheidend gestützt. Auch in diesem Vers werden die Fülle und das All aufeinander bezogen. Dort heißt es von Christus: „Der hinabgefahren ist, das ist derselbe, der aufgefahren ist über alle Himmel, damit er das All (τὰ πάντα) erfüllt."

---

[134] Ebd.

[135] Ebd.

[136] Ebd.

[137] Vgl. z.B. Ernst, Eph, RNT, 297–300; Schnackenburg, Eph, EKK, 79–83; Lindemann, Aufhebung, 217: „Der Unterschied zwischen dem Verhältnis Christus – Kirche einerseits und dem Verhältnis Christus - Kosmos andererseits besteht darin, dass die *Kirche* die ‚Fülle' Christi ist, also die *Anwesenheit Christi manifestiert*, während das *All* von Christus ‚erfüllt' ist und, wie V. 21f. betonen, *von ihm beherrscht wird*." (Hervorhebungen im Original).

[138] Bei dieser Übersetzung ist τὸ πλήρωμα als Apposition zu σῶμα verstanden. Zur Diskussion vgl. Schnackenburg, Eph, EKK, 80f.

[139] Lindemann, Aufhebung, 216.

Christus erfüllt also das All als derjenige, der aufgefahren ist in die Himmel. Diese Position ist – so zeigt 1,20ff – eine Herrschaftsposition. Das heißt: Die Aussage, nach der Christus das All erfüllt, ist gleichbedeutend mit derjenigen, nach der Christus als Haupt über das All herrscht.[140]

Kennt diese eschatologische πλήρωμα-Konzeption neben dem räumlich-statischen auch ein zeitlich-dynamisches Element?[141] M.E. ist es notwendig, bei dieser Frage zwischen dem Verhältnis Christus – All und dem Verhältnis Christus – Kirche zu differenzieren. Im Hinblick auf das Verhältnis Christus – All ist mit Lindemann zu konstatieren, dass keine weitere „Entwicklung" avisiert ist. Denn Christus erfüllt schon jetzt das All.

Nimmt man das Verhältnis Christus-Kirche in den Blick, so ist hingegen Schnackenburg Recht zu geben: Wenn es heißt, dass die ἐκκλησία die Fülle Christi ist (1,23), dann ist damit ein noch nicht abgeschlossener Prozess gemeint. Denn der Verfasser des Epheserbriefes kann sagen (3,19): Ihr könnt die Liebe Christi begreifen, ἵνα πληρωθῆτε εἰς πᾶν τὸ πλήρωμα τοῦ θεοῦ. Hier scheint mir impliziert zu sein, dass die Kirche noch nicht mit der *ganzen* Fülle Christi erfüllt ist (vgl. 4,13). Diese These wird durch eine weitere Beobachtung gestützt: Das dynamische Element findet sich nicht nur dort, wo von der ἐκκλησία als dem πλήρωμα die Rede ist, sondern auch dort, wo sie als σῶμα bezeichnet wird. Die ἐκκλησία ist noch nicht mit der ganzen Fülle erfüllt (3,19) und sie wächst als Leib auf das Haupt zu (4,15). „Wie sie als Leib Christi auf Christus, ihr Haupt, hinwächst (4,15f), so strebt sie auch noch zum Vollmaß der Fülle Christi hin (4,13)."[142] Die Kirche ist der Raum, wo „sich diese Fülle Christi niedergelassen hat und anwesend ist"[143].

Diese eschatologische Konzeption lässt sich durch einen Vergleich mit 1Kor 15,24–28 noch schärfer profilieren. Der Vergleich legt sich nahe, weil Eph 1,21–23 und 1Kor 15,24–28 einige Berührungspunkte aufweisen.[144]

---

[140] Die Einheitsübersetzung gibt 4,10 folgendermaßen wieder: „Derselbe, der herabstieg, ist auch hinaufgestiegen bis zum höchsten Himmel, um das All zu beherrschen."

[141] Lindemann lehnt das ab. Schnackenburg (Eph, EKK, 81) hingegen folgert: „Das scheinbar ,räumliche' Erfüllen ist in Wirklichkeit ein dynamisches, in herrscherlicher Funktion gegenüber den Mächten und Gewalten (1,21), in gnadenhafter Weise in Bezug auf die Kirche (1,23; vgl. 4,13.15f.)." Er sieht also einen dynamischen Prozess sowohl im Verhältnis Christus – All als auch im Verhältnis Christus – Kirche.

[142] Schnackenburg, Eph, EKK, 81.

[143] Schlier, Eph, Ein Kommentar, 99.

[144] Schnackenburg (Herrschaft, 207) sieht ebenfalls einen Zusammenhang zwischen 1Kor 15,25.27 und Eph 1,20.22 und regt dazu an, beide Belege in „eine einheitliche Linie" einzuordnen ohne aber das Verhältnis beider Stellen genauer zu klären.

- Die Aufzählung aus Eph 1,21a erinnert an 1 Kor 15,24, wo es heißt, dass einst „alle Herrschaft und alle Macht und alle Gewalt" vernichtet werden.
- Sowohl 1Kor 15,24–28 als auch Eph 1,21f kombinieren Ps 8,7 und 110,1. Der Wortlaut von Ps 8,7 weicht dabei in Eph 1,22 von der LXX ab.[145] Der Verfasser des Epheserbriefes lehnt sich vielmehr an die paulinische Formulierung aus 1Kor 15,27 an. Dieser Umstand unterstreicht, dass Eph 1,21f 1Kor 15,27 benutzt[146] und vor dem Hintergrund von 1Kor 15,24–28 zu lesen ist.
- 1Kor 15,28 weist insofern eine Nähe zu Eph 1,23b auf, als auch hier die Formulierung τὰ πάντα ἐν πᾶσιν benutzt wird.

Vor dem Hintergrund dieser Gemeinsamkeiten treten nun jedoch die Unterschiede in der eschatologischen Konzeption um so deutlicher hervor:

- „Während dort [1Kor 15,24–28] Unterwerfung und Triumph ausschließlich von der Zukunft erwartet werden, ist hier [Eph 1,21–23] der Sieg Christi schon in der Gegenwart verwirklicht."[147]
- Mit Blick auf 1Kor 15,24 ist zu ergänzen: „Der Verfasser des Epheserbriefes betont, daß Christus ‚immer' herrscht, an eine Übergabe seiner Herrschaft an Gott ist offenkundig nicht mehr gedacht ... V. 21b betont vielmehr die Zeitlosigkeit und Ewigkeit des schon realisierten Heils."[148]

Der Vergleich von 1Kor 15,28 mit Eph 1,23b ergibt zwei wesentliche Unterschiede:[149]

1) Die All-Formel bezieht sich im Epheserbrief auf Christus und nicht auf Gott.

2) Während 1Kor 15,28 von der eschatologischen Zukunft spricht, bezieht sich Eph 1,23 auf die Gegenwart.

Sowohl in 1Kor 15,28 als auch in Eph 1,23b ist von einem unüberbietbaren Zustand die Rede. Allerdings wird dieser Zustand durch den jeweiligen Kontext unterschiedlich charakterisiert: In 1Kor 15,28 folgt er auf die Herrschaftsübergabe Christi an den Vater. Jegliche Herrschaft, Macht und Gewalt sind vernichtet (15,24). Das heißt: Die Aussage, dass Gott alles in allem sei, *überbietet* hier die Herrschaftskategorien. Im Epheserbrief hingegen haben wir zwei parallele Aussagen: Christus ist als Herrscher über alles

---

[145] Die LXX formuliert: πάντα ὑπέταξας ὑποκάτω τῶν ποδῶν αὐτοῦ.

[146] Der Epheserbrief benutzt den 1. Korintherbrief auch an mehreren anderen Stellen: Eph 3,18/ 1Kor 15,9; Eph 4,11f/ 1Kor 12,5.28f; 14,26; Eph 4,15f; 5,23/ 1Kor 11,3. Vgl. Schenk, Art. Korintherbriefe, 632; van Kooten, Christology, 229–232.

[147] Ernst, Eph, RNT, 290.

[148] Lindemann, Aufhebung, 211.

[149] A.a.O., 215f.

gesetzt und er erfüllt alles. Das heißt: Die Aussage, dass Christus das All erfülle, *beinhaltet* hier die Herrschaftskategorien.[150]

Die Gemeinde in ihrem Verhältnis zum All
Nach diesem exegetischen Durchgang durch Eph 1,20b–23 und der Erhellung der eschatologischen und ekklesiologischen Konzeption des Verfassers gilt es, sich einer letzten, für unseren Zusammenhang entscheidenden, Frage zuzuwenden: Wie steht es mit dem Verhältnis zwischen der ἐκκλησία und dem All?

Wir haben bereits gesehen, dass die ἐκκλησία dem All gegenüber privilegiert ist: Nur ihr kommen die Bezeichnungen „Leib" und „Fülle" zu. Beinhaltet diese Privilegierung auch die Teilhabe an der Herrschaft über das All? Vier Aspekte weisen m.E. in diese Richtung:

1) Die Christen sind nicht nur – wie im Kolosserbrief (2,13) – mit Christus auferweckt, sondern Gott hat ihnen „zusammen mit ihm [Christus] einen Platz im Himmel gegeben" (2,6; vgl. 1,20).[151] Christus thront als Herrscher zur Rechten Gottes im Himmel (1,20). Wenn 2,6 die Verbundenheit der Christen mit Christus herausstreicht, die sich auch auf die Einsetzung im Himmel erstreckt, dann lässt das darauf schließen, dass die Christen ebenfalls eine Herrschaftsposition im Himmel bekleiden.[152] Diese Herrschaftsposition ist – wie diejenige Christi – unüberbietbar (vgl. aber Punkt 3.). Der Epheserbrief vollzieht damit klar die Explikation der Auferstehung in Machtkategorien: Die Auferstandenen herrschen über die Welt.

2) Während für die ἐκκλησία gilt, dass sie der Leib Christi ist (1,23), gilt für das All, dass Gott alles unter Christi Füße getan und ihn zum Haupt über alles gesetzt hat (1,22). Daraus ergibt sich ein hierarchisches Verhältnis zwischen Gemeinde und Welt: Die Gemeinde ist der Leib, die Welt liegt unter ihren Füßen. Dieses Verhältnis könnte eine herrschaftliche Stellung der Gemeinde im Hinblick auf die Welt implizieren. Freilich ergibt sich diese hierarchische Dreierkonstellation zunächst nur aus der Kombination zweier Traditionen (der Leib-Metaphorik und Ps 8,7). Doch weist einiges darauf hin, dass hier in der Tat eine Herrschaft der Gemeinde über die Welt impliziert ist. Neben 2,6 ist in diesem Zusam-

---

[150] Diese Differenzierung fehlt in der Einheitsübersetzung. Sie übersetzt sowohl 1Kor 15,28 als auch Eph 1,23; 4,10 in Herrschaftskategorien.

[151] Zwar kann es auch im Kolosserbrief heißen, dass Gott „uns in das Reich seines lieben Sohnes versetzt hat" (1,13), aber diese Position bedeutet Erlösung, Vergebung der Sünden (1,14). Eine Position zur Rechten Christi, die Herrschaft beinhalten kann, ist nicht erkennbar impliziert.

[152] „By raising Christ from the dead and seating him at his right hand God has inaugurated the ruler of a new age. In union with Christ believers participate in this divine eschatological act and have entered with Christ into the heavenly regions." (Allen, Exaltation, 106).

menhang die Hinzufügung τῇ ἐκκλησίᾳ beachtenswert. Hierbei handelt es sich m.E. um einen Dativus commodi, „der angibt, *für wen*, d.h. in wessen *Interesse*, zu wessen Vorteil oder Nachteil etwas da ist oder geschieht"[153]. Das heißt: Gott hat *im Interesse der Gemeinde* alles unter die Füße Christi gelegt. Das lässt sich so deuten, dass auch der Gemeinde eine Herrschaftsstellung im Hinblick auf die Welt zukommt.[154]

3) Wenn für 1,23 gilt, dass die Kirche der Raum ist, in der sich „die Fülle Christi niedergelassen hat und anwesend ist" und wenn ferner gilt, dass die Fülle Christi der Welt gegenüber im Sinne von Herrschaft auszulegen ist, dann liegt der Gedanke zumindest nahe, dass die Kirche an der Fülle – und damit auch an der Herrschaft Christi – partizipiert.[155] Allerdings ist hier die Dynamik des Prozesses zu beachten: Christus herrscht schon vollständig über das All. Die Kirche hingegen hat noch nicht die ganze Fülle Christi erlangt – sie partizipiert also noch nicht voll an der Herrschaft.

4) Vor diesem Hintergrund wirkt auch 6,10ff nicht mehr wie ein eschatologischer Fremdkörper im Epheserbrief, sondern wird verständlich als eine Passage, die die Unvollkommenheit eschatologischer Mitherrschaft

---

[153] Bornemann/ Risch, Grammatik, § 188; Hervorhebungen im Original; vgl. Blaß/ Debrunner/ Rehkopf, Grammatik, § 188.

[154] Schnackenburg (Eph, EKK) kommt dieser Deutung recht nahe, ohne jedoch auf die Kombination zweier Bilder zu verweisen. „Im Hinblick auf die späteren Stellen, an denen Christus als Haupt der Kirche bezeichnet wird (4,15f; 5,23), und auf die gleich folgende Aussage, daß sie sein Leib ist, wird man mitzuhören haben, daß Christus der Kirche als Haupt geschenkt ist." (A.a.O., 79). In der Zusammenfassung zu 1,15–23 wird Schnackenburg dann noch deutlicher: „In Jesus Christus, in seiner Auferweckung und himmlischen Inthronisation, hat Gott die Unheilsmächte überwältigt und auch den Christen den Sieg in ihrem irdischen Kampf verbürgt (1,20–22a). An der Herrschaft Christi partizipieren die Christen durch ihre Zugehörigkeit zur Kirche; denn Gott hat Jesus Christus, dem das All unterworfen ist, der Kirche als Haupt gegeben. Sie ist als sein ‚Leib' in besonderer Weise mit Christus verbunden; in sie strömen seine Segens- und Heilkräfte ein." (A.a.O., 84).
Anders van Kooten, Christology, 156–157. Er versteht 1,22 als Einschränkung der Herrschaft Christi: „Christ's cosmic rule ... does not yet extend over the entire physical cosmos. ... The benefit of his rule ... is still limited to the church because Christ has only been given as cosmic head to the church." (157). Van Kooten nimmt also an, dass im Verhältnis Christus – Welt eine weitere Entwicklung avisiert ist, nicht aber im Verhältnis Christus – Gemeinde. 3,19; 4,13.15–16 einerseits und 1,20–22 andererseits sprechen jedoch m.E. dafür, dass es sich genau andersherum verhält: Christus herrscht bereits vollständig über das All, die Kirche ist aber noch nicht mit der ganzen Fülle Christi erfüllt. Das heißt natürlich nicht, dass die Gemeinde ein soteriologisches Defizit gegenüber dem All hat. Im Gegenteil: Die Gemeinde ist als Leib zur Mitherrscherin über das All eingesetzt, das ihr zu Füßen liegt. Insofern ist Christus Haupt für die Gemeinde.

[155] Wenn der Verfasser des Epheserbriefes in traditioneller Diktion vom „Erben der βασιλεία" spricht (1,11.14.18; 3,6; 5,5), dann klingt m.E. auch in dieser Formulierung die Partizipation an der Herrschaft Christi an. Denn eschatologisches Heil bedeutet im Epheserbrief grundsätzlich *auch* Teilhabe an der eschatologischen Macht. Inwieweit hier noch ein futurischer Aspekt mitschwingt, ist aufgrund der stark traditionellen Prägung schwer zu sagen.

in traditioneller Sprache zum Ausdruck bringt. „In dem Text selbst kreuzen sich zwei verschiedene Anschauungen: die Vorstellung vom apokalyptischen Endkampf und der gegenwärtige Kampf gegen die kosmischen Mächte. Man hat den Eindruck, daß eine apokalyptische Vorstellung vergegenwärtigt worden ist, aber erst nachträglich und in ein schon geformtes Schema."[156] Der traditionsgeschichtliche Prozess könnte folgendermaßen ausgesehen haben:[157] Am Anfang steht ein sehr altes Taufverständnis, das die Taufe als Ausrüstung für den apokalyptischen Endkampf ansieht. Hier scheint die alttestamentlich-jüdische Tradition durch, nach der das Volk Gottes bzw. ein Teil von ihm aktiv am eschatologischen Endkampf teilnimmt (vgl. z.B. Mi 4,11–13; 5,7f; Sach 10,3ff; 12,6; Ri 6,34; Jes 41,14–16; und vor allem 1QM). Die Rezeption dieses Taufverständnisses durch hellenistische Gemeinden führt zu Veränderungen: Der hellenistische, kosmische Dualismus wird eingetragen. Dadurch verliert der „Tag des Unheils" seine zukünftig-apokalyptische Bedeutung. Das heißt: „Der jüdisch-apokalyptische Gedanke mit seinem temporalen Dualismus ist umgebogen in den kosmisch-dualistischen, wo der Kampf mit den Mächten der Finsternis ein dauernder ist."[158] Schließlich „ist auch die Deutung der einzelnen Waffen nicht mehr am apokalyptischen Endkampf orientiert, sondern an der gewöhnlichen Situation der Christen"[159]. Die Vorstellung, nach der das Christ-Sein ein Kampf ist, findet sich schon in den echten Paulusbriefen (Gal 5,16ff; 2Kor 10,3–6; Röm 6,13; 13,12). Gemeinsam ist den Belegen samt Eph 6,10ff, dass den Christen nur geistige Waffen, also Tugenden, zur Verfügung stehen.

Betten wir nun diese Passage in die Eschatologie des Epheserbriefes ein: Die Herrschaftsposition der ἐκκλησία gegenüber der Welt, die ihr in 2,6 zugesprochen wird, ist insofern unvollendet, als sie von den Christen noch in die Tat umgesetzt werden muss: „Seid stark in dem Herrn und in der Macht seiner Stärke. Zieht an die Waffenrüstung Gottes..." (6,10f). Während für Christus gilt, dass er bereits in der Gegenwart über das All herrscht und es erfüllt (1,21.23; 4,10), scheinen die Christen noch von den Mächten und Gewalten bedroht zu sein, denn warum sonst bedürften sie der Ermahnung? In der finsteren Welt herrschen anscheinend noch gottfeindliche Gewalten (6,12). Auf der Erde steht der endgültige Sieg über diese Mächte noch aus (6,13). Doch da die Christen bereits als Herrscher im Himmel eingesetzt sind, kann ihr Glaube die „feurigen Pfeile des Bösen auslöschen"

---

[156] Fischer, Tendenz, 165.
[157] Ebd.
[158] A.a.O., 166.
[159] Ebd.

(6,16). Wenn sie nur die bereitstehende Waffenrüstung Gottes ergreifen, können sie „an dem bösen Tag Widerstand leisten und alles überwinden und das Feld behalten" (6,13). Die indikativische Zusage einer präsentischen Herrschaftsposition wird also paränetisch genutzt.[160] Der Erfolg bei der Durchsetzung des endgültigen Heils ist den Christen gewiss, denn schon jetzt thronen sie als eschatologische Herrscher im Himmel.

Vor dem Hintergrund von Eph 6,10ff lässt sich präzisieren, was der ἐκκλησία an der „ganzen Fülle" (3,19; 4,13) (u.a.) noch fehlt: Sie kann durch die „bösen Mächte" noch angefochten werden. Die prinzipielle Macht, sich gegen diese Mächte durchzusetzen, besitzt sie allerdings schon heute.

4.3.3. Zusammenfassung

Der Eph dringt zu dem Gedanken vor, dass die Gemeinde als Leib Christi über die Welt, die unter den Füßen Christi liegt, herrscht. Die Eschatologie des Eph wird von einem neuen Modell her entworfen, das von Wachstum und Erfülltwerden spricht. In diesen anderen Entwurf wird „alte" Herrschaftstradition eingepasst, die so eine neue Bedeutung erhält. Entscheidend ist dabei der Rückgriff auf 1Kor 15,24–28. In Anlehnung an Ps 8,7 (in der Fassung von 1Kor 15,27) heißt es, dass die Welt unter den Füßen des Herrschers Christus liegt (Eph 1,22). Die Gemeinde wird unmittelbar darauf als Leib Christi bezeichnet (Eph 1,23): Sie steht damit – in herrschaftlichem Kontext – über der Welt und – so kann man m.E. interpretieren – herrscht mit über sie. Allerdings partizipiert die Kirche noch nicht voll an der Herrschaft (Eph 3,19; 4,13ff). Eph 6,10ff bringt diese Unvollkommenheit in traditioneller Sprache zum Ausdruck. Während für Christus gilt, dass er bereits in der Gegenwart über das All herrscht und es erfüllt (Eph 1,21.23; 4,10), scheinen die Christen noch von den Mächten und Gewalten bedroht zu sein. Doch da die Christen bereits als Herrscher im Himmel eingesetzt sind, kann ihr Glaube die „feurigen Pfeile des Bösen auslöschen" (6,16). Diese Konzeption, die zum einen auf die Abgrenzung von der Welt, zum anderen auf die Einheit der Gemeinde zielt, dient dazu, den Adressaten des

---

[160] Das hierarchische Verhältnis zwischen Christus und der Gemeinde wird ebenfalls zu paränetischen Zwecken genutzt: In 5,23 zieht der Verfasser den expliziten Vergleich: „Denn der Mann ist das Haupt der Frau, wie auch Christus das Haupt der Gemeinde ist, die er als seinen Leib erlöst hat." In 5,30 wird die Leib-Metaphorik in anderer Funktion eingesetzt: Der Mann wird hier dazu angehalten, seine Frau zu lieben, sie zu nähren und zu pflegen. „Denn wir sind Glieder eines Leibes." Hier steht nicht mehr die Hierarchie, sondern die Fürsorge im Vordergrund.

Eph eine (soziale) Identität zu vermitteln. Herrschaft ist in erster Linie ein eschatologischer Zustand.

Eph 1,22f greift also auf 1Kor 15,24–28 zurück und dringt so in Verbindung mit der Leib-Metaphorik zu der Aussage vor, dass die Christen schon herrschen. Diese eschatologische Herrschaftskonzeption unterscheidet sich deutlich von derjenigen aus 2Tim 2,12a und wahrscheinlich polemisiert 2Tim 2,18 nicht nur gegen eine „falsche" Auffassung eschatologischen Lebens, sondern auch gegen (diese?) Auffassung eschatologischer Herrschaft. Die Überbietung der Herrschaft durch die Einheit in Gott, wie sie in 1Kor 15,28 bezeugt ist, wird im Eph fallen gelassen. Sie klingt in anderen frühchristlichen Texten wieder an: und zwar die Überbietung der Herrschaft durch die Ruhe.[161]

4.4. Ergebnis: Eschatologische Mitherrschaft als Geschenk

Mit der paulinischen und deuteropaulinischen Theologie tritt eine neue Verwendungsart der Metapher von der eschatologischen Machtausübung auf den Plan. Traditionsgeschichtlich vollzieht sich dabei wiederum ein Wandel: Während die Zusage Jesu an die Zwölf (Mt 19,28*) nach Ostern in das „Fahrwasser" der Tradition des leidenden Gerechten gerät und von dorther neu gedeutet wird – nämlich z.B. als Lohn für diejenigen, die besonders gelitten haben –, ist bei Paulus eine umgekehrte Entwicklung zu verzeichnen.

Die früheren Belege aus dem 1Kor stehen noch im Kontext der Tradition vom leidenden Gerechten (1Kor 4,8; 6,2f). Im Röm jedoch verliert diese Tradition für die Zusage eschatologischer Machtausübung ganz an Bedeutung. Das Herrschaftsmotiv kommt im Kontext der paulinischen Soteriologie zu stehen, die von der Herrschaft der Sünde, des Todes und des Lebens sprechen kann. Das führt zu einer Gleichsetzung von eschatologischer Mitherrschaft und eschatologischem Leben (Röm 5,17). Die eschatologische Mitherrschaft ist also kein Lohn mehr, den sich einzelne verdienen können, sondern sie kommt allen Christen bedingungslos zu.

Diese Linie zieht der Eph weiter aus: Er dringt zu dem Gedanken vor, dass die Gemeinde als Leib Christi über die Welt, die unter den Füßen Christi liegt, herrscht. Während für Christus gilt, dass er bereits in der Ge-

---

[161] S.o. unter 3.7.

genwart über das All herrscht und es erfüllt (Eph 1,21.23; 4,10), scheinen die Christen noch von den Mächten und Gewalten bedroht zu sein. Doch da die Christen bereits als Herrscher im Himmel eingesetzt sind, kann ihr Glaube die „feurigen Pfeile des Bösen auslöschen" (6,16). Diese Konzeption, die zum einen auf die Abgrenzung von der Welt, zum anderen auf die Einheit der Gemeinde zielt, dient dazu, den Adressaten des Eph eine (soziale) Identität zu vermitteln. Herrschaft ist in erster Linie ein eschatologischer Zustand.

5. Ertrag

5.1. Zusammenfassung

Die Erwartung eschatologischer Machtausübung spiegelt ein Stück urchristlicher (Problem-) Geschichte. Sie soll abschließend in ihren großen Linien nochmals nachgezeichnet werden. Zu den Einzelergebnissen sei auf die Zusammenfassungen am Ende der jeweiligen Kapitel verwiesen.

In Mt 19,28* spricht der historische Jesus den Zwölfen exklusiv die heilvolle Herrschaft über Israel zu, wie sie nach PsSal 17,26 der Gesalbte ausübt. Diese Funktionsübertragung lässt sich nicht mit der Kollektivierung des Gesalbtenbegriffs erklären, denn sie führt in der alttestamentlich-jüdischen Tradition nicht zur Ausbildung der Vorstellung, nach der das Volk – oder Teile aus ihm – heilvoll über andere herrschen. In diesem Punkt knüpft der historische Jesus am ehesten an die Tradition der Phylarchen, der zwölf Stammesfürsten aus der alttestamentlichen Tradition, an – und zwar unter Aussparung der priesterlichen Tradition.

Die Nachfolger Jesu haben die Verheißung ihres Herrn nachösterlich maßgeblich uminterpretiert: Aus der exklusiven, bedingungslosen Verheißung an die Zwölf machten sie unter dem Einfluss der Tradition vom leidenden Gerechten und Märtyrer einen eschatologischen Lohn, der Märtyrern zukommt. Je mehr die Bedeutung des Zwölferkreises schwand, je öfter einzelne Christen Opfer sporadischer Verfolgungen wurden oder zumindest von ihnen bedroht waren und je deutlicher die Passion Jesu nach dem Vorbild des leidenden Gerechten und Märtyrers verstanden wurde, um so deutlicher konnte sich diese Uminterpretation durchsetzen.

Das Zebedaidengespräch (Mk 10,35–45) zeugt noch davon, wie konfliktträchtig dieser Prozess sein konnte. Mitglieder des Zwölferkreises (!) streiten darum, ob diejenigen, die den Märtyrertod erlitten bzw. ihm ins Auge gesehen haben, herrschen dürfen. Diese Konzeption wird hier noch abgelehnt, es wird ihr aber auch schon nicht mehr die „jesuanische" Zusage an die Zwölf entgegengehalten. Lukas formuliert die jesuanische Zusage dann so um, dass sie zu einer Verheißung an Märtyrer wird (22,28–30). Der Apokalyptiker Johannes verallgemeinert die Verheißung, insofern er in allen Christen potentielle Märtyrer sieht und ihnen als Siegern eschatologische Herrschaft zusagt. Der 2Tim bezieht die eschatologische Herrschaftsverheißung auf die Gemeindeleiter, von denen er gleichzeitig die Bereitschaft zum Martyrium fordert. Polykarp hingegen „demokratisiert" die Zusage: Er korrigiert 2Tim 2,12a dahingehend, dass er die Verheißung an alle Gläubigen richtet und klarstellt, dass nicht die Martyriumsbereitschaft, sondern das gottgefällige Leben über die Zusage eschatologischer Herrschaft entscheidet (PolPhil 5,2).

Insbesondere im (vorsynoptischen) Zebedaidengespräch, im 2Tim und im PolPhil zeigt sich außerdem, dass sich mit der eschatologischen auch eine *ekklesiologische* Frage verbinden konnte: Sollen die zukünftigen eschatologischen Herrscher auch in der Gemeinde die Leitungsbefugnisse haben?

Das Zebedaidengespräch versucht zu vermitteln: Das Martyrium wird hoch geschätzt, aber es berechtigt nicht zu eschatologischer Machtausübung. Statt sich um Fragen der eschatologischen Machtverteilung zu sorgen, sollen die Zwölf lieber der Gemeinschaft dienen und darin dem Beispiel des Menschensohnes folgen. Dieser Ausgleich scheint geglückt: Auf dem Apostelkonzil begegnen uns die „drei Säulen" (Gal 2,9): Johannes, der wohl dem Märtyrertod ins Auge gesehen hat (Mk 10,38f; vgl. Apg 12,2); Petrus, der der Verfolgung ausgesetzt war, ihr aber entkommen konnte (Apg 12,3ff), und Jakobus der Herrenbruder, der von der Verfolgung durch Agrippa I. verschont blieb. Der 2Tim verlängert die ekklesiologische Herrschaft der Gemeindeleiter ins Eschaton: Auch dort werden sie, die in der Gegenwart lehren (1Tim 2,11f; 4,16) und von Verfolgung bedroht sind (2Tim 4,5), herrschen (2Tim 2,12a). Polykarp – das mag überraschen – korrigiert hier: Nicht nur den Gemeindeleitern, die besonders von Verfolgungen bedroht sind (vgl. Ignatius!), kommt die eschatologische Herrschaft zu, sondern allen Gemeindegliedern, die gottgefällig leben (PolPhil 5,2).

Die ekklesiologische Bedeutung eschatologischer Herrschaft wurde auch im Kontext des Zusammenlebens von sesshaften Christen und Wanderradikalen virulent:

Matthäus deutet an, dass die Wanderradikalen in seiner Gemeinde die eschatologische Herrschaft für sich beanspruchten, da sie – anders als die sesshaften Gemeindeglieder – wie Jesus besitzlos lebten. Während das ewige Leben alle Christen erwarte, bleibe die Herrschaft den Wanderradikalen vorbehalten. Der Evangelist versucht hier zu vermitteln: Er betont die Bedeutung der Besitzlosigkeit (19,16–22), nimmt die Erwartung der Wanderradikalen auf (19,28), betont dann aber um so mehr, dass alle den gleichen

Lohn erhalten werden (20,1–16) und nimmt anschließend das Zebedaidengespräch mit seiner Ablehnung einer eschatologischen Privilegierung auf
(20,20–28).

In der Offb begegnet uns die Perspektive eines Wanderradikalen auf das
Thema der eschatologischen Herrschaft. Anders als die Wanderradikalen
bei Matthäus bringt der Seher die Besitzlosigkeit als eschatologische Herrschaftslegitimation nicht ins Spiel. Vielmehr übernimmt er die Tradition,
nach der diejenigen, die zum Martyrium bereit sind, herrschen werden
(Offb 3,21). Aufgrund seiner verfinsterten Weltsicht sieht Johannes in allen
wahren Christen potentielle Märtyrer. Daher entwirft er das Bild einer eschatologischen Herrschaft ohne Hierarchie: Es wird keine Beherrschten
mehr geben, sondern nur noch Herrschende, nur noch „Sieger" (vgl. Offb
3,21; 22,5). Anders als bei den Wanderradikalen bei Matthäus gibt es keine
Differenzierung zwischen eschatologischem Leben für alle Christen und
eschatologischer Herrschaft für eine kleine privilegierte Gruppe. Diese
Konzeption des Sehers richtet sich nicht gegen andere Wanderradikale,
sondern gegen die sesshaften Gemeindeleiter und (indirekt) gegen die weltlichen Herrscher: Dem entspricht, dass er die Gemeindeleiter ignoriert und
die weltlichen Machthaber dämonisiert.

Mit Paulus begegnet uns eine andere Auffassung von eschatologischer
Herrschaft. Traditionsgeschichtlich vollzieht sich dabei wiederum ein Wandel: Während die Zusage Jesu an die Zwölf (Mt 19,28*) nach Ostern in das
„Fahrwasser" der Tradition des leidenden Gerechten gerät und von dorther
neu gedeutet wird – nämlich z.B. als Lohn für diejenigen, die besonders
gelitten haben –, ist bei Paulus eine umgekehrte Entwicklung zu verzeichnen: Die früheren Belege aus dem 1Kor stehen noch im Kontext der Tradition vom leidenden Gerechten (1Kor 4,8; 6,2f). Im Röm jedoch verliert diese Tradition für die Zusage eschatologischer Machtausübung ganz an
Bedeutung. Das Herrschaftsmotiv kommt im Kontext der paulinischen Soteriologie zu stehen, die von der Herrschaft der Sünde, des Todes und des
Lebens sprechen kann. So kommt Paulus zu der Aussage, dass eschatologische Herrschaft eschatologisches Leben bedeutet (Röm 5,17). Die
Tradition vom leidenden Gerechten verliert damit bei Paulus allmählich
ihren Einfluss auf die Erwartung eschatologischer Herrschaft. Damit ändert
sich auch der Charakter dieses Heilsgutes: Es ist nicht mehr Lohn für ein
bestimmtes Verhalten, sondern kommt allen Christen aufgrund der Heilstat
Christi als Geschenk zu.

Vielleicht steht hinter dieser neuen Ausprägung des eschatologischen
Herrschaftsmotivs u.a. ein bestimmtes historisches Ereignis: Es spricht einiges dafür, dass Paulus auf dem Apostelkonvent mit der jesuanischen

Herrschaftszusage an die Zwölf konfrontiert worden ist. Denn die Israel-zentrierte βασιλεία-Konzeption, die aus dem Logion Mt 19,28* spricht, konnte die Aufteilung ἡμεῖς εἰς τὰ ἔθνη, αὐτοὶ δὲ τὴν περιτομήν (Gal 2,9) aus der Jerusalemer Perspektive rechtfertigen und so erneut Bedeutung erlangen. Das hieße: Paulus wurde in Jerusalem die Heidenmission überlassen und die eschatologische Mitherrschaft vorenthalten. Das ist natürlich nur eine Vermutung. Sie wird aber dadurch gestützt, dass Paulus die Metapher von der eschatologischen Machtausübung auf eine ganz andere Art verwendet.

Der Eph kennt ebenfalls die Vorstellung, nach der eschatologisches Leben eschatologische Herrschaft bedeutet (Eph 1,20–23; 2,5f). Anders als Paulus sieht er diesen eschatologischen Zustand schon in der Gegenwart verwirklicht und formuliert ihn mithilfe der Leib-Metapher. Diese Konzeption eschatologischer Mitherrschaft, die allen Getauften in der Gegenwart zukommt, ohne eigens „verdient" werden zu müssen, ist vielleicht in 2Tim 2,18 avisiert. Sie könnte jedenfalls dem Verfasser des 2Tim ein besonderer Dorn im Auge gewesen sein.

Gegen Ende des ersten Jahrhunderts sind in Kleinasien also zumindest zwei sehr unterschiedliche Konzeptionen eschatologischer Mitherrschaft lebendig: Zum einen die Mitherrschaft als exklusives Privileg, das es sich – vor allem durch Leidensbereitschaft – zu verdienen gilt, zum anderen die Mitherrschaft als ein eschatologisches Heilsgut, das wie das eschatologische Leben alle Getauften verbindet und ihnen bedingungslos zugesprochen wird. Später wurde die eschatologische Herrschaft nicht mehr unbedingt als das höchste Heilsgut angesehen: Es konnte durch die Ruhe überboten werden (POxy 654,5–9; Clemens, Stromateis II 9,45,5; V 14,96,3).

5.2. Die Ergebnisse zu den eingangs gestellten Fragen

Abschließend sollen nochmals die in der Einleitung unter (1.6.) formulierten „Leitfragen" aufgegriffen und knapp beantwortet werden.

1) Welche *Traditionen* können die Erwartung eschatologischer Machtausübung beinhalten?

Hier ist zunächst in negativer Hinsicht festzuhalten, dass die Kollektivierung des Gesalbtenbegriffs *nicht* zu der Vorstellung führt, dass eine Gruppe heilvoll über den Rest des eigenen Volkes herrscht. In Mt 19,28* steht wohl

die jüdische Konzeption eines aus 12 Phylarchen zusammengesetzten Herrschergremiums im Hintergrund. Nach Jesu Tod wird zum einen der irdische, besitzlos lebende und leidende Jesus zum herrschaftslegitimierenden
Vorbild, zum anderen der auferstandene, erhöhte Christus. Im Zuge der
Tradition vom leidenden Gerechten und Märtyrer, nach der das Leidensschicksal Jesu gestaltet wird, erscheint eschatologische Mitherrschaft als
Lohn für Leiden(sbereitschaft). Einige Wanderradikalen haben sich wohl
weniger auf den als Märtyrer leidenden, vielmehr auf den besitzlos lebenden Jesus berufen. Bei Paulus und im Eph wird bei der Frage der eschatologischen Mitherrschaft der auferstandene, erhöhte Christus wichtig. Mit der
Taufe verbindet sich – bei Paulus und im Eph auf je eigene Weise – die
Vorstellung der Herrschaft des Lebens über den Tod. An dieser Herrschaft
partizipieren die auferstandenen Getauften, bei Paulus in der eschatologischen Zukunft, im Eph in der eschatologischen Gegenwart (implizit eine
Herrschaft über die Welt). Am Rande klingt in der Offb außerdem die Vorstellung der Symmachie an: Beim Heiligen Krieg kämpfen die Glaubenden
an der Seite des auferstandenen Kämpfers Jesus Christus. Sie üben so eschatologische Macht aus.

Nachösterlich ist die Verheißung eschatologischer Machtausübung also
durchgehend christologisch verankert: beim besitzlos lebenden Irdischen,
beim als Märtyrer Leidenden, beim Auferstandenen und Erhöhten oder
auch beim Kämpfer im Heiligen Krieg.

2) *Wem* wird eschatologische Mitherrschaft in Aussicht gestellt?
Die alttestamentlich-jüdischen Belege verheißen entweder *dem ganzen Gottesvolk* (z.B. Dan 7) oder *Gruppen* aus ihm (z.B. den *Gerechten*) eschatologische Machtfunktionen. Die Vorstellung, dass ein Teil des Gottesvolkes
heilvoll-messianisch über das übrige Gottesvolk herrschen wird, entwickelt
sich nicht aus der Kollektivierung des Gesalbtenbegriffs, sondern geht auf
die Konzeption der zwölf Phylarchen zurück. Nach der Passion Jesu und im
Zuge der schwindenden Bedeutung des Zwölferkreises setzt offensichtlich
eine Diskussion darüber ein, *wer* herrschen wird. Die Frage wird unterschiedlich beurteilt: Während die Bitte der Zebedaiden zurückgewiesen
wird, befürworten der Apokalyptiker Johannes und der Verfasser des 2Tim
den Anspruch der *Märtyrer* auf eschatologische Herrschaft. Der Verfasser
des 2Tim bezieht diese Tradition auf die *Gemeindeleiter*: Sie müssen zum
Martyrium bereit sein, nehmen dafür aber sowohl in der Gegenwart als
auch in der eschatologischen Zukunft Führungspositionen ein (vgl. 1Tim
4,16; 2Tim 2,1ff). Das MtEv deutet an, dass auch *Wanderradikale*, die wie
Jesus besitzlos lebten, das Privileg eschatologischer Machtausübung für
sich beanspruchten. Der Evangelist nimmt hier eine kritische Position ein.

Polykarp bezieht die Erwartung eschatologischer Machtausübung ausdrücklich auf die ganze *Gemeinde*: Sie soll einen *gottgefälligen Lebenswandel* führen und wird dann herrschen (PolPhil 5,2). Im gnostischen Milieu qualifizieren sich die *Menschen*, die *im Besitz der wahren Erkenntnis* sind, für die eschatologische Herrschaft. Paulus stellt den in Christus *Getauften* eine zukünftige eschatologische Richterfunktion in Aussicht (1Kor 6,2f). Die eschatologischen Herrscher werden mit den Auferstandenen identifiziert (Röm 5,17). Diese Gleichsetzung vollzieht wohl auch der Verfasser des Eph (1,20b–23; 2,5f).

Damit kommen folgende Gruppen als eschatologische Mitherrscher in Frage: die Zwölf, die Märtyrer bzw. diejenigen, die zum Martyrium bereit sind, die Gemeindeleiter, die Wanderradikalen, die gottgefällig lebende Gemeinde, die Menschen mit der wahren Erkenntnis und die in Christus Getauften.

3) *Welche Formen* der Machtausübung werden in Aussicht gestellt?

Die eschatologische Machtausübung besteht bei den neutestamentlichen Belegen vorrangig im Mitherrschen und im Mitrichten. Eine klare gegenseitige Abgrenzung beider Tätigkeiten ist nicht immer möglich. Sie sollte m.E. nicht allein auf terminologischer Ebene erfolgen (κρίνω, βασιλεύω vgl. שׁפט). Wichtiger ist zum einen die Frage, ob es sich um eine Tätigkeit im Rahmen der Durchsetzung der Gottesherrschaft handelt, oder ob die Machtverhältnisse in der vollendeten Gottesherrschaft beschrieben werden, zum anderen die Frage, ob das Verhältnis zwischen den Subjekten und den Objekten der Machtausübung ein freundschaftliches oder ein feindschaftliches ist.

Auch das Märtyrerleid kann eine (indirekte) Form eschatologischer Machtausübung sein. Denn die Märtyrer können dazu beitragen, dass das „eschatologische Maß" schneller voll ist (Offb 6,9–11). Leid ist insofern nicht mehr Ausdruck von Schwäche, sondern von Macht. Die Offb lässt außerdem die alttestamentlich-jüdische Vorstellung anklingen, nach der die Gläubigen Macht ausüben, indem sie mit Gott bzw. Jesus Christus im heiligen Krieg kämpfen (Offb 2,26f; 19,11–21).

Eschatologische Machtausübung kann sich also im Mitherrschen, im Mitrichten, im Leiden und im Mitkämpfen manifestieren.

4) Wie wird die eschatologische Mitherrschaft *legitimiert*?

Die eschatologische Machtausübung wird grundsätzlich als von Gott oder Jesus Christus zugesprochen verstanden. Insofern ist sie göttlich legitimiert. Insbesondere dort, wo nicht der ganzen Gemeinde die eschatologische Machtausübung in Aussicht gestellt wurde, stellte sich aber die Frage, aufgrund welcher Legitimation Gott bzw. Christus dieser bestimmten Gruppe Macht verheißt. Die jüdisch-christliche Tradition findet unterschiedliche Antworten:

Der leidende Gerechte, dem auf der Erde wegen seiner Treue zu Gott Unrecht widerfährt, wird einst von Gott ins Recht gesetzt werden. Die eschatologische Machtausübung ist Zeichen dieser göttlichen Recht-Setzung. Hier entwickelt sich also der Gedanke, nach dem *Leid*, das aus dem treuen Bekenntnis zu Gott resultiert, zu eschatologischer Machtausübung berechtigt. Dieser Gedanke wird auch in die Märtyrertradition aufgenommen und ist im Neuen Testament mehrfach bezeugt (Lk 22,28–30; Offb 3,21; 5,10; 20,4–6; 22,5; 2Tim 2,12a). Allerdings bleibt die eschatologische Machtausübung nur *eine* Form des „Lohnes" neben anderen.

Die Wanderradikalen bei Matthäus haben ihren Anspruch auf eschatologische Herrschaft wohl mit ihrem *Besitzverzicht* legitimiert (Mt 19,27–30).

Der Verfasser des 2Tim legitimiert die eschatologische Herrschaft der Gemeindeleiter nicht nur mit ihrer Leidensbereitschaft, sondern auch mit ihrer *Lehrtätigkeit* (2Tim 2; 1Tim 4,16). Das Lehren ist eine Form der Herrschaft (1Tim 2,11f), die in der zukünftigen Herrschaft der Gemeindeleiter ihre eschatologische „Verlängerung" findet (vgl. die Tradition des königlichen Weisen; Dan 12,3?). Bei Polykarp „reicht" ein *gottgefälliges Leben* aus (PolPhil 5,2). Im gnostischen Milieu ist die *wahre Erkenntnis* entscheidend.

Paulus und der Verfasser des Eph legitimieren die eschatologische Herrschaft nicht durch ein bestimmtes ethisches Verhalten, sondern sie setzen eschatologisches Leben und eschatologische Herrschaft gleich (für die eschatologische Zukunft: Röm 5,17; für die eschatologische Gegenwart: Eph 1,20b–23; 2,5f). Die eschatologische Herrschaft wird hier zum *Geschenk*.

Der Anspruch auf eschatologische Mitherrschaft wird also durch Leiden, Besitzlosigkeit, Lehren und durch ein gottgefälliges Leben legitimiert. Eschatologische Machtausübung kann aber auch bedingungslos (in der Taufe?) zugesprochen werden.

5) Welche *Funktionen* hat die Verheißung eschatologischer Machtausübung?

(a) Die Verheißung eschatologischer Machtausübung kann eine *paränetische* Funktion haben: Dort, wo eschatologische Machtausübung durch erlittenes Leid legitimiert wird, soll sie indirekt zum Durchhalten auffordern und Mut spenden. Etwas anders verfährt Paulus in 1Kor 6,2f: Er ruft die eschatologische Richterfunktion in Erinnerung und leitet daraus die Aufforderung ab, nicht vor weltliche Gerichte zu ziehen.

(b) Die Verheißung eschatologischer Machtausübung kann eine *politische* Funktion haben, und zwar dort, wo die weltlichen Herrscher die negative Folie zu den einstigen eschatologischen Herrschern abgeben (Mk 10,42f; Offb 13; 17; 22,5; vgl. Dan 7). Dabei geht es kaum darum, zu aktivem Widerstand gegen die Staatsgewalt aufzurufen, sondern darum, im Wissen um die bevorstehenden Machtverschiebungen die Gegenwart besser zu ertragen (vgl. oben zu a) und es in der eigenen Gemeinschaft besser zu machen als die weltlichen Könige.

c) Das führt zur *ekklesiologischen* Funktion der Verheißung. Sie kann in einer Stabilisierung oder in einer Destabilisierung der bestehenden Verhältnisse liegen: Wenn der Verfasser des 2Tim den Gemeindeleitern die eschatologische Herrschaft in Aussicht stellt, dann stärkt er damit ihre Führungsposition in der Gemeinde. Der Seher verfährt in der Offb genau umgekehrt: Er ignoriert die Gemeindeleiter und beschreibt ein Eschaton, das keine Beherrschten, sondern nur Herrschende kennt. Wenn die eschatologisch lebendige Gemeinde als Herrscherin über die Welt eingesetzt ist, kann die Metapher eine ekklesiologische Funktion wahrnehmen, die nicht nur nach innen, sondern auch nach außen gerichtet ist: Der Verfasser des Eph vermittelt seinen Adressaten durch die Rede vom auferstandenen Leib, dessen Haupt Christus ist und dem die Welt zu Füßen liegt, soziale Identität: Sie bildet eine Einheit in (überlegener) Abgrenzung zur Welt (1,20b–23; 2,5f).

d) Bei Lukas hat die Metapher eine *heilsgeschichtliche* Funktion: Gott wird einst – nachdem er aus den Heiden ein Volk gemacht hat (Apg 15,14) – die „Hütte Davids wieder aufrichten" (Apg 15,16f). Dann werden die, die Jesus nachgefolgt sind, (heilvoll) über Israel herrschen (Lk 22,30).

6) Wie verhält sich die eschatologische Machtausübung durch einzelne, Gruppen und Kollektive zur eschatologischen Machtausübung Gottes und Jesu Christi? Kommt es hier möglicherweise zu einer Konkurrenz, die die Erwartung eschatologischer Mitherrschaft zurückdrängt?

Die von Wehnert in Verbindung mit Mk 12,1–11 vorgetragenen Thesen, nach der die fortschreitende Christologisierung dazu führt, dass die Erwartung eschatologischer Mitherrschaft zurückgedrängt wird, hat sich mir nicht allgemein bestätigt. Lediglich bei der Übertragung der Thronmetapher auf die Sieger ist der Seher Johannes vorsichtig. Vielleicht ist die christologische Tendenz, die Göttlichkeit Christi immer stärker herauszustreichen, genau umgekehrt zu werten: Christus ist so erhaben, dass er Konkurrenz vonseiten der Glaubenden nicht fürchten muss. Die durchgehende christologische Verankerung der Zusage eschatologischer Mitherrschaft (s.o.) wahrt die Einzigartigkeit Jesu Christi und erlaubt gleichzeitig, dass bestimmte Gruppen an seiner Macht partizipieren.

5.3. Verknüpfungen

Zielsetzung der Arbeit war der Nachweis eines geschichtlich zusammenhängenden Motivkomplexes, der in seiner Geschichte und seinen Varianten
im Zeitraum vom historischen Jesus bis zum Ende des Urchristentums
nachgezeichnet werden sollte. Die ausführliche Analyse hat die einschlägigen Belege in ihrem je eigenen Profil dargestellt. Die Verknüpfungen, die
sich dabei zwischen Einzelbelegen ergaben, sollen abschließend nochmals
überblicksartig zusammengestellt werden.

5.3.1. Traditionsgeschichtliche Verknüpfungen

Die Tradition des leidenden Gerechten wird in der neutestamentlichen
Überlieferung verbunden mit der Märtyrertradition (vgl. Passionsberichte
bei Mk und Lk). Diese „kombinierte" Tradition vom leidenden Gerechten
und Märtyrer prägt maßgeblich eine ganze Reihe von neutestamentlichen
Belegen (vgl. Kap. 3). Die Offb greift dabei zusätzlich auf die Vorstellung
der „königlichen Priesterschaft" (Ex 19,6; vgl. Offb 1,6; 5,10; 20,6), Dan 7
(Offb 20,4–6) und die Tradition vom Heiligen Krieg (Offb 19,11–21; 2,26–
28) zurück.

Paulus löst sich im Rahmen seiner eschatologischen Herrschaftszusagen
allmählich vom traditionsgeschichtlichen Hintergrund des leidenden Gerechten bzw. des Gerichts der Gerechten und ersetzt ihn durch die Ein-
zeichnung eschatologischer Herrschaft in die Kategorien der Herrschaft von
Sünde/ Gnade, Tod/ Leben. Eschatologische Herrschaft wird gleichgesetzt
mit eschatologischem Leben. Daran knüpft der Verfasser des Eph an.

Von der Tradition des leidenden Gerechten bzw. des Gerichts der Gerechten ist der traditionsgeschichtliche Hintergrund des ursprünglichen Logions aus Mt 19,28* deutlich abzuheben. Der historische Jesus knüpft hier
zum einen an die Gesalbtentradition an. Die Untersuchung der alttestamentlich-jüdischen Belege, die den Gesalbtenbegriff kollektivieren, hat gezeigt,
dass die Übertragung einer Gesalbtenfunktion auf eine Gruppe erstaunlich
ist. Sie ist wahrscheinlich dadurch veranlasst, dass messianische Erwartungen an Jesus herangetragen wurden, mit denen er sich – z.T. distanzierend –
auseinander setzt. Dazu greift er zum anderen in Mt 19,28* die Tradition
der Stammesfürsten/ Phylarchen auf.

5.3.2. Zeitgeschichtliche Verknüpfungen

Neben den traditionsgeschichtlichen zeigen sich auch zeitgeschichtliche Verknüpfungen. Die eschatologische Zusage Jesu an die Zwölf (Mt 19,28*) wird (u.a.) in eben diesem Kreis umgedeutet und hinterfragt (Mk 10,35–45). Neue Bedeutung erlangt sie vielleicht auf dem Apostelkonvent, da die Verheißung die Beschränkung der Jerusalemer auf die Israelmission bei gleichzeitiger exklusiver Inanspruchnahme des Herrschaftsprivilegs rechtfertigen kann. So verwundert es nicht, dass Paulus bei der Frage der eschatologischen Mitherrschaft eigene Wege sucht.

Im Kleinasien des ersten ausgehenden Jahrhunderts bilden sich – zum einen im Gefolge synoptischer Märtyrertradition, zum anderen im Gefolge paulinischer Tradition – zwei unterschiedliche Konzeptionen eschatologischer Herrschaft aus, die wahrscheinlich auch direkt aufeinander prallen (2Tim; Eph).

Mit Mt und der Offb werden uns eine Außen- und eine Innenperspektive auf die Stellungnahme von Wanderradikalen zur Frage eschatologischer Herrschaft geboten.

5.3.3. „Konfliktgeschichtliche" Verknüpfungen: Urchristliche Fragen zum Mitherrschen und Mitrichten

Die Erwartung eschatologischer Machtausübung hat Kreise des Urchristentums beschäftigt. Die Überlieferung lässt noch erkennen, dass die Verheißungen der Teilhabe an der Herrschaft Jesu Christi Fragen aufwarfen, um die z.T. gestritten wurde. Auch diese Fragen bzw. Konflikte können auf (spannungsreiche) Verbindungen hinweisen:

1) Verdienen Märtyrer den Sonderlohn eschatologischer Mitherrschaft (Zebedaidengespräch)?
2) Verdienen Wanderradikale den Sonderlohn eschatologischer Mitherrschaft (Mt 19,16–20,34)?
3) Stellen die eschatologischen Herrschaftsverhältnisse einen Gegenentwurf oder eine Verlängerung der Herrschaftsverhältnisse in der Welt bzw. in der Gemeinde dar (2Tim/ Offb)?
4) Ist die eschatologische Mitherrschaft als Sonderlohn für wenige zu betrachten oder als bedingungslose Gabe bei der Taufe (2Tim/ Eph)?
5) Ist die eschatologische Mitherrschaft ein gegenwärtiges oder ein zukünftiges, ein allgemeines oder ein exklusives Heilsgut (1Kor 4,8)?

6) Ist die eschatologische Mitherrschaft ein überbietbares oder ein unüber-
bietbares Heilsgut (1Kor 15; POxy 654; Zweite Apokalypse des Jakobus
56; Thomasakten K. 36; Thomas der Kämpfer 145,2–14)?

Diese Übersicht zeigt m.E., dass der Nachweis eines zusammenhängenden
Motivkomplexes zum Thema „Mit Jesus Christus herrschen und richten"
gelungen ist. Dabei ist die Vielfalt der Traditionen und Ausprägungen nicht
zu nivellieren. Das besondere Profil der einzelnen Belege, ihre Vielfalt und
ihre Verknüpfungen, zeigen sich aber erst, wenn sie als Teile eines zusammenhängenden Motivkomplexes gewürdigt werden.

Abstract

This monograph traces some major issues concerning a debate among the
first Christians as to who will share in Christ's rule in the βασιλεία τοῦ
θεοῦ. In Mt 19.28 – a logion which probably goes back to the historical
Jesus – the Twelve are unconditionally appointed as eschatological rulers.
After Easter, due to the influence of the passio-iusti tradition (cf. Wisd 3–
5), ruling with Christ came to be understood, among some Christian groups,
as a reward for martyrs (Rev 20.4–6; 22.5; Lk 22.28; 2 Tim 2.12a; critical
of this view is Mk 10.35–45). Paul, by contrast, characterizes eschatological
rule as a gift for all who are baptized. In Romans, eschatological life and
eschatological reign are blended together (Rom 5.17) and linked with Paul's
participationist understanding of baptism (Rom 6.1–4). Ephesians further
develops this idea (1.23; 2.6). Thus there is in early Christianity a diversity
of views, and some controversy, concerning the hope of sharing in Christ's
rule.

Literaturverzeichnis

Die Abkürzungen in den Literaturangaben folgen dem Abkürzungsverzeichnis der TRE, IATG[2], zusammengestellt von S. Schwertner, Berlin/ New York [2]1994; zu weiteren Abkürzungen siehe das Abkürzungsverzeichnis am Ende der Arbeit.

Hilfsmittel

Aland, K.: Synopsis Quattuor Evangeliorum, Stuttgart, 15. Auflage 2. Druck 1997.

– : Vollständige Konkordanz zum griechischen Neuen Testament, Berlin 1983.

Bauer, Walter: Griechisch-Deutsches Wörterbuch zu den Schriften des Neuen Testaments und der übrigen urchristlichen Literatur, Berlin/ New York [5]1971; sowie: 6., völlig neu bearb. Auflage, Aland, K. und B. (Hg.), Berlin/ New York 1988 (Bauer/ Aland).

Berger, K./ Colpe, C.: Religionsgeschichtliches Textbuch zum Neuen Testament, NTD Textreihe 1, Göttingen 1987.

Blaß, F./ Debrunner, A./ Rehkopf, F.: Grammatik des neutestamentlichen Griechisch, Göttingen [17]1990 (BDR).

Bornemann, E./ Risch, E.: Griechische Grammatik, Frankfurt a.M./ Berlin/ München [2]1978.

Denis, A.-M.: Concordance Grèque des Pseudépigraphes d'Ancien Testament, Louvain-la-Neuve 1987.

Gesenius, W.: Hebräisches und Aramäisches Handwörterbuch über das Alte Testament, bearb. von Buhl, F., Nachdr. der 17. Aufl. (1915), Berlin u.a. 1962.

– / Kautzsch, E./ Bergsträsser, G. (Hg.): Hebräische Grammatik, 7. Nachdruckaufl. der 28. Aufl., Hildeheim 1995 (Gesenius – Kautzsch – Bergsträsser).

Konkordanz zum Novum Testamentum Graece von Nestle-Aland, 26. Aufl., und zum Greek New Testament, 3rd Edition, hg. vom Institut für Neutestamentliche Textforschung und vom Rechenzentrum der Universität Münster, Berlin/ New York [3]1987.

Kuhn, K.G.: Konkordanz zu den Qumrantexten, Göttingen 1960.

– : Nachträge zur Konkordanz zu den Qumrantexten, RdQ 4, 1963, 163–234.

Lampe, G.W.H.: A Patristic Greek Lexicon, Oxford 1961.

Liddel, H.G./ Scott, R.: Greek-English Lexicon. Revised ... by H.S. Jones. With a Revised Supplement, Oxford 1996.

Rengstorf, K.H. (Hg.): A Complete Concordance of Flavius Josephus, 4 Bd., Leiden 1973–1983.

Siegert, F.: Nag Hammadi-Register: Wörterbuch zur Erfassung der Begriffe in den koptisch-gnostischen Schriften von Nag Hammadi, mit einem dt. Index, WUNT 26, Tübingen 1982.
Stemberger, G.: Einleitung in Talmud und Midrasch, 8. neubearb. Aufl., München 1992.

Primärquellen samt Übersetzungen

Sammelausgaben

ALTES TESTAMENT: Elliger, K.: Biblia Hebraica Stuttgartensia, Stuttgart 1990 (BHS).
APOKRYPHE APOSTELAKTEN: Lipsius, R.A./ Bonnet, M.: Acta Apostolorum Apocrypha, 3 Bd., 1891/ 1898/ 1903 (repr. Darmstadt 1959).
APOKRYPHEN, ALTTESTAMENTLICHE:
- Charlesworth, J.H.: The Old Testament Pseudepigrapha, 2 Bd., New York u.a. 1983 und 1985.
- Dupont-Sommer, A./ Philonenko, M.: La Bible. Écrits Intertestamentaires, Paris 1987.
- Kautzsch, E.: Die Apokryphen und Pseudepigraphen des Alten Testamentes. I–II, Tübingen (1900) 1962.
APOKRYPHEN, NEUTESTAMENTLICHE:
- Lührmann, D.: Fragmente der apokryph gewordenen Evangelien. In griechischer und lateinischer Sprache, MThSt 59, Marburg 2000.
- Michaelis, W.: Die Apokryphen Schriften zum Neuen Testament, Bremen 1956.
- Schneemelcher, W.: Neutestamentliche Apokryphen in deutscher Übersetzung, Bd. 1: Evangelien, Tübingen [6]1990; Bd. 2: Apostolisches, Apokalypsen und Verwandtes, Tübingen [5]1989 (NTApo 1/ 2).
APOLOGETEN:
- Goodspeed, E.J.: Die ältesten Apologeten. Texte mit kurzen Einleitungen, Göttingen 1914 (Nachdruck 1984).
- Rauschen, G. u.a.: Frühchristliche Apologeten und Märtyrerakten, 2 Bd., BKV 12/14, Kempten/ München 1913.
APOSTOLISCHE VÄTER: Lindemann, A./ Paulsen, H.: Die Apostolischen Väter. Griechisch-deutsche Parallelausgabe auf der Grundlage der Ausgaben von Funk, F.X./ Bihlmeyer, K./ Whittaker, M. mit Übers. von Dibelius, M. und Koch, D.-A. neu übers. und hg., Tübingen 1992.
GRIECHISCHE UND RÖMISCHE AUTOREN: Stern, M.: Greek and Latin Authors on Jews and Judaism, Edited with Introductions, Translations and Commentary, Bd. 1 (From Herodotus to Plutarch), Jerusalem 1974; Bd. 2 (From Tacitus to Simplicius), Jerusalem 1980; Bd. 3 (Appendices and Indices), Jerusalem 1984.
JÜDISCHE SCHRIFTEN AUS HELLENISTISCH-RÖMISCHER ZEIT: Kümmel, W.G./ Lichtenberger, H.: Jüdische Schriften aus hellenistisch-römischer Zeit, in Einzellieferungen, Gütersloh 1973ff. (JSHRZ)

NAG HAMMADI:
- Robinson, J.M.: The Nag Hammadi Library in English, Leiden 1977.
- Böhlig, A./ Labib, P.: Koptisch-gnostische Apokalypsen aus Codex 5 von Nag Hammadi im Koptischen Museum zu Alt-Kairo, Wissenschaftliche Zeitschrift der Martin-Luther Universität Wittenberg, Sonderband 1963, Halle-Wittenberg 1963.

NEUES TESTAMENT:
- Aland, B. und K.: Novum Testamentum Graece, Stuttgart [27]1993.
- Berger, K./ Nord, C.: Das Neue Testament und frühchristliche Schriften, Frankfurt a.M./ Leipzig 1999. (Berger/ Nord, NT)

QUMRAN:
- Beyer, K.: Die aramäischen Texte vom Toten Meer samt den Inschriften aus Palästina, dem Testament Levis aus der Kairoer Genisa, der Fastenrolle und den alten talmudischen Zitaten, Hauptband, Göttingen 1984.
- Beyer, K.: Die aramäischen Texte vom Toten Meer, Ergänzungsband, Göttingen 1994.
- Charlesworth, J.H.: The Dead Sea Scrolls. Hebrew, Aramaic and Greek Texts with English Translations, Vol. 2: Damascus Document, War Scroll, and Related Documents, Tübingen 1995.
- Maier, J.: Die Qumran-Essener: Die Texte vom Toten Meer, Bd 1: Die Texte der Höhlen 1–3 und 5–11, Bd. 2: Die Texte der Höhle 4, Bd. 3: Einführung, Zeitrechnung, Register und Bibliographie, München 1995–1996 (= Maier, Texte).
- Maier, J.: Die Texte vom Toten Meer, Bd. 2 Anmerkungen, München/ Basel 1960.
- Tov, E. (Hg.): Discoveries in the Judean Desert, 39 Bde, Oxford 1955–2002.
- Vermes, G.: The Dead Sea Scrolls in English, Harmondsworth 1962. = Vermez, G.: The Dead Sea Scrolls in English, Penguin Books 1968.

SEPTUAGINTA: Rahlfs, A.: Septuaginta. Id est Vetus Testamentum graece iuxta LXX interpretes eddidit A. Rahlfs, Stuttgart 1979 (LXX).

TALMUD, BABYLONISCH: Der Babylonische Talmud, Nach der ersten zensurfreien Ausgabe unter Berücksichtigung der neueren Ausgaben und handschriftlichen Materials neu übertragen durch Goldschmidt, L., 12 Bd., Berlin 1929–1936.

TALMUD, JERUSALEM: Le Talmud de Jérusalem, Traduit … en Francais par Moise Schwab, 6 Bd., Paris o.J. (1871–1889/ Nachdruck 1969).

WETTSTEIN: Strecker, G./ Schnelle, U.: Neuer Wettstein. Texte zum Neuen Testament aus Griechentum und Hellenismus, Bd. 2: Texte zur Briefliteratur und zur Johannesapokalypse, 2 Teilbd., Berlin/ New York 1996.

Einzelausgaben

ABRAHAM, APOKALYPSE: Philonenko-Sayar, B./ Philonenko, M.: Die Apokalypse Abrahams, Apokalypsen, JSHRZ V/ 5, Gütersloh 1982, 415–460.

ABRAHAM, TESTAMENT:
– Delcor, M.: Le Testament d'Abraham. Introduction, Traduction du Texte Grec et Commentaire de la Recension grèque longue, Studia in Veteris Testamenti Pseudepigrapha, Leiden 1973.
– James, M.R.: The Testament of Abraham. The Greek Text now first Edited with an Introduction and Notes, with an Appendix Containing Extracts from the Arabic Version of the Testament of Abraham, Isaac and Jacob, Text and Studies II 2, Cambridge 1892.
– Schmidt, F.: Le Testament grec d'Abraham. Introduction, édition critique des deux recensions greques, traduction, TSAJ 11, Tübingen 1986.
– Stone, M.E.: The Testament of Abraham. The Greek Recensions, SBL, Missoula 1972.

APULEIUS: Hanson, J.A.: Apuleius Madaurensis, 2 Bd., LCL, Harvard 1989.

ARISTEASBRIEF: Meisner, N.: Aristeasbrief, Unterweisung in erzählender Form, JSHRZ II/ 1, Gütersloh 1973, 35–85.

BARTHOLOMÄUS: Scheidweiler, F.: Die Fragen des Bartholomäus, in: Schneemelcher, W.: Neutestamentliche Apokryphen in deutscher Übersetzung, Bd. 1: Evangelien, Tübingen [6]1990, 425–437.

BARUCH-APOKALYPSE, GRIECHISCH: Hage, W.: Die griechische Baruch-Apokalypse, Apokalypsen, JSHRZ V/ 1, Gütersloh 1976, 15–44.

BARUCH-APOKALYPSE, SYRISCH: Klijn, A.F.J.: Die syrische Baruch-Apokalypse, Apokalypsen, JSHRZ V/ 2, Gütersloh 1976, 103–191.

CICERO: Kasten, H.: Marcus Tullius Cicero, Atticus-Briefe. Lateinisch-deutsch, München [3]1980.

COMMODIAN: Martin, J.: Commodianus Gazaeus, CChr.SL 128, Turnholti 1960.

CYRILL VON JERUSALEM: Gifford, E.H.: The Catechetical Lectures of S. Cyril, Archbishop of Jerusalem, with a Revised Translation, Introduction, Notes, and Indices, in: Schaff, P./ Wace, H. (Hg.): Nicene and Post-Nicene Fathers, Bd. 7, Second Series, A Select Library of the Christian Church, Massachusetts 1995, i–183.

CYPRIAN: Coxe, A.C.: Fathers of the Third Century: Hippolytus, Cyprian, Caius, Novatian (1886), Nachdruck in: Roberts, A./ Donaldson, J. (Hg.): Ante-Nicene Fathers, Bd. 5, Massachusetts 1995, 267–596.

DANIEL: Plöger, O.: Zusätze zu Daniel, Historische und legendarische Erzählungen, JSHRZ I/ 1, Gütersloh 1973, 63–87.

DIO CHRYSOSTOMOS: Elliger, W.: Dio Chrysostomos: Sämtliche Reden, BAW.GR, Zürich 1967.

ELIA, HEBRÄISCH: Buttenwieser, M.: Die hebräische Elias-Apokalypse und ihre Stellung in der apokalyptischen Litteratur des rabbinischen Schrifttums und der Kirche, Leipzig 1897.

ELIA, KOPTISCH:
- Rosenstiehl, J.-M.: L'apocalypse d'Élie. Introduction, Traduction et Notes (Textes et Études pour servir à l'histoire du Judaisme intertestamentaire, I), Paris 1972.
- Schrage, W.: Die Elia-Apokalypse, Apokalypsen, JSHRZ V/ 3, Gütersloh 1980, 195–288.
- Steindorff, G.: Die Apokalypse des Elias. Eine unbekannte Apokalypse und Bruchstücke der Sophonias-Apokalypse (TU 17,3a), 1899.
EPIKTET: Oldfather, W.A.: Epictetus, The Discourses as Reported by Arrian, the Manual, and Fragments, LCL, 2 Bd., Bd. 1 (Discourses, Books I–III), London/ Cambridge, Mass. 1925/ ³1956, Bd. 2 (Discourses, Books III–IV; the Manual, and Fragments), 1928/ ³1959.
EPISTULA APOSTOLORUM: Duensing, H.: Epistula Apostolorum, in: Schneemelcher, W.: Neutestamentliche Apokryphen in deutscher Übersetzung, Bd. 1: Evangelien, Tübingen ⁶1990, 126–155.
ESRA, GRIECHISCH (3Esra): Müller, U.B.: Die griechische Esra-Apokalypse, Apokalypsen, JSHRZ V/ 2, Gütersloh 1976, 85–102.
ESRA, SYRISCH (4Esra): Schreiner, J.: Das 4. Buch Esra, Apokalypsen, JSHRZ V/ 4, Gütersloh 1981, 291–412.
ESRA, 5/ 6 (5/ 6 Esra):
- Duensing, H./ Santos Otero, A. de: Das fünfte und sechste Buch Esra, in: Schneemelcher, Wilhelm: Neutestamentliche Apokryphen in deutscher Übersetzung, Bd. 2: Apostolisches, Apokalypsen und Verwandtes, Tübingen ⁵1989, 581–590.
- Wolter, M.: 5. Esra-Buch, 6. Esra-Buch, Unterweisung in lehrhafter Form, JSHRZ III, Gütersloh 2001, 767–880.
EUPOLEMUS: Walter, N.: Fragmente jüdisch-hellenistischer Historiker, JSHRZ I/ 2, Gütersloh, 93–108.
EUSEB VON CAESAREA:
- Schwartz, E. (Hg.): Eusebius Werke. Die Kirchengeschichte, die lateinische Übersetzung des Rufinus bearbeitet von T. Mommsen (GCS Eusebius II/ 1–3), Leipzig 1903–1909.
- Kraft, H. (Hg.): Eusebius von Caesarea, Kirchengeschichte, übersetzt von P. Haeuser, durchgesehen von H.A. Gärtner, München ³1989.
EZECHIEL, TRAGIKER:
- Snell, B.: Tragicorum Greacorum Fragmenta (TrGF), Bd. 1, Göttingen 1971, 288–301.
- Stählin, O.: Clemens Alexandrinus, Bd. 2, Stromata Buch I–VI, GCS 52, Berlin 1960; daraus: Die Zitate der Exagoge von Ezechiel, 96–98.
- Vogt, E.: Tragiker Ezechiel, Poetische Schriften, JSHRZ IV/ 3, Gütersloh 1983, 113–133.
HEBRÄEREVANGELIUM: Vielhauer, P./ Strecker, G.: Das Hebräerevangelium, in: Schneemelcher, Wilhelm: Neutestamentliche Apokryphen in deutscher Übersetzung, Bd. 1: Evangelien, Tübingen ⁶1990, 142–147.

HENOCH, ÄTHIOPISCHER:
- Caquot, A.: Hénoch. Textes traduits; présentés et annotés, in: Dupont-Sommer, A./ Philonenko, M. (Hg.): La Bible. Écrits intertestamentaires, Paris 1987.
- Uhlig, S.: Das Äthiopische Henochbuch, Apokalypsen, JSHRZ V/ 6, Gütersloh 1984, 461–780.

HENOCH, ARMENISCH: Issaverdens, J.: The uncanonical writings of the Old Testament found in the Armenian Mss. of the Library of St. Lazarus translated into English, Venice 1907, 209–218: The Vision of Henoch the Just.

HENOCH, HEBRÄISCH:
- Hofmann, H.: Das sogenannte hebräische Henochbuch (3 Henoch), BBB 58, Königstein 1984.
- Odeberg, H.: 3 Henoch or The Hebrew Book of Enoch, Cambridge 1928.

HENOCH, SLAVISCH: Böttrich, C.: Das slavische Henochbuch, JSHRZ V, Gütersloh 1996, 783–1040.

HERMAS: Whittaker, M.: Der Hirt des Hermas, Die Apostolischen Väter 1, GCS 48, Berlin ²1967.

HIOB, TESTAMENT:
- Schaller, B.: Das Testament Hiobs, Unterweisung in lehrhafter Form, JSHRZ III/ 3, Gütersloh 1979, 303–387.
- Spittler, R.P.: Testament of Job, in: Charlesworth, J.H. (Hg.): The Old Testament Pseudepigrapha, Bd. 1, New York u.a. 1983, 829–868.

HIPPOLYT:
- Bonwetsch, G.N.: Hippolytos Romanus. Kommentar zu Daniel, GCS NF 7, Berlin ²2000.
- Coxe, A.C.: Fathers of the Third Century: Hippolytus, Cyprian, Caius, Novatian, (1886) Nachdruck in: Roberts, A./ Donaldson, J. (Hg.): Ante-Nicene Fathers, Bd. 5, Massachusetts 1995, 9–259.
- Wendland, P.: Hippolytus. Refutatio omnium haeresium, GCS 26, Leipzig 1916.

IRENÄUS: Brox, N.: Irenäus von Lyon, Gegen die Häresien, 5 Bd., FC 8, Freiburg/ Basel/ Wien 1993–2001.

ISAAK, TESTAMENT:
- Kuhn, K.H.: An English Translation of the Testament of Isaac, JThS NS 18, 1967, 325–336.
- Kuhn, K.H.: The Sahidic Version of the Testament of Isaac, JThS NS 8, 1957, 225–239.
- Stinespring, W.F.: Testament of Isaac, in: Charlesworth, J.H. (Hg.): The Old Testament Pseudepigrapha, Bd. 1, New York u.a. 1983, 903–911.

JAKOBUS (EpJak):
- Kirchner, D.: Epistula Iacobi Apokrypha. Die zweite Schrift aus Nag Hammadi-Codex I, TU 136, Berlin 1989.
- Malinine, M. u.a.: Epistula Iacobi Apokrypha. Codex Jung F.Ir-F. VIII^v, Zürich/ Stuttgart 1968, 1–16.

JESAJA, HIMMELFAHRT: Müller, C.D.G.: Die Himmelfahrt des Jesaja, in: Schneemelcher, W.: Neutestamentliche Apokryphen in deutscher Übersetzung, Bd. 2: Apostolisches, Apokalypsen und Verwandtes, Tübingen ⁵1989, 547–562.

JESAJA, MARTYRIUM: Hammershaimb, E.: Das Martyrium Jesajas, Unterweisung in erzählender Form, JSHRZ II/ 1, Gütersloh 1973, 15–34.

JESUS SIRACH: Sauer, G.: Jesus Sirach (Ben Sira), Unterweisung in lehrhafter Form, JSHRZ III/ 5, Gütersloh 1981, 483–644.

JOSEPH UND ASENETH: Burchard, C.: Joseph und Aseneth, Unterweisung in erzählender Form, JSHRZ II/ 4, Gütersloh 1983, 579–735.

JOSEPHUS FLAVIUS:
– Clementz, H.: Des Flavius Josephus jüdische Altertümer, 2 Bd., Antiquitates Iudaicae. Jüdische Altertümer, Wiesbaden [2]1994.
– Marcus, R.: Jewish Antiquities, 9 Bd., LCL, Cambrigde 1957–1965.
– Michel, O./ Bauernfeind, O.: De Bello Judaico/ Der Jüdische Krieg. Zweisprachige Ausgabe der sieben Bücher, Bd. 1–3, Darmstadt 1959–1969.

JUBILÄENBUCH: Berger, K.: Das Buch der Jubiläen, Unterweisung in erzählender Form, JSHRZ II/ 3, Gütersloh 1981, 275–575.

JUSTIN: Haeusner, P.: Des Hl. Philosophen und Märtyrers Justinus Dialog mit dem Juden Tryphon, BKV 33, Kempten/ München 1917.

LACTANZ: Perrin, M.: Lactantius Firmianus, Lucius C.: Épitomé des Institutions Divines, Epitome Divinarum institutionum (lat./ franz.), SC 35, Paris 1987.

LUKIAN: Mras, K.: Die Hauptwerke des Lukian, München 1954.

MAKKABÄERBÜCHER, 1. (1Makk): Schunck, K.-D.: 1. Makkabäerbuch, Historische und legendarische Erzählungen, JSHRZ I/ 4, Gütersloh 1980, 289–373.

MAKKABÄERBÜCHER, 2. (2Makk): Habicht, C.: 2. Makkabäerbuch, Historische und legendarische Erzählungen, JSHRZ I/ 3, Gütersloh 1976, 167–285.

MAKKABÄERBÜCHER, 4. (4Makk): Klauck, H.-J.: 4. Makkabäerbuch, Unterweisung in lehrhafter Form, JSHRZ III/ 6, Gütersloh 1989, 647–763.

MOSES, HIMMELFAHRT: Brandenburger, E.: Himmelfahrt Moses, Apokalypsen, JSHRZ V/ 2, Gütersloh 1976, 59–84.

MOSES, TESTAMENT: Priest, J.: Testament of Moses, in: Charlesworth, J.H. (Hg.): The Old Testament Pseudepigrapha Bd. 1, New York u.a. 1983, 919–934.

ORIGENES:
– Sieben, H.-J.: Origenes: In Lucam Homiliae/ Homilien zum Lukasevangelium, 2 Bd., FC 4, Freiburg 1991f.
– Marcovic, M.: Origenes: Contra Celsum, Supplements to Vigiliae Christianae 54, Leiden/ Boston/ Köln 2001.

PATRIARCHEN, TESTAMENTE (Test12Patr):
– Becker, J.: Die Testamente der Zwölf Patriarchen. Unterweisung in lehrhafter Form, JSHRZ III/ 1, Gütersloh 1974, 17–163.
– Charles, R.H.: The Greek Versions of the Testaments of the Twelve Patriarchs, Edited from nine MSS together with the Variants of the Armenian and Slavonic Versions and some Hebrew Fragments, Oxford 1908, 2. Aufl. Nachdruck Darmstadt 1960.
– Jonge, M. de et al: The Testaments of the Twelve Patriarchs. A Critical Edition of the Greek Text, PVTG I 2, Leiden, editio maior, 1978.

PAULUSAKTEN:
– Schmidt, C.: Acta Pauli aus der Heidelberger koptischen Papyrushandschrift Nr. 1. Übersetzung, Untersuchungen und koptischer Text, [2]1905.
– Schneemelcher, W.: Paulusakten, in: ders.: Neutestamentliche Apokryphen in deutscher Übersetzung, Bd. 2: Apostolisches, Apokalypsen und Verwandtes, Tübingen [5]1989, 193–243; darin: Martyrium des hlg. Apostels Paulus, 238–241.

PAULUSAPOKALYPSE: Duensing, H./ Santos Otero, A. de: Apokalypse des Paulus, in: Schneemelcher, W.: Neutestamentliche Apokryphen in deutscher Übersetzung, Bd. 2: Apostolisches, Apokalypsen und Verwandtes, Tübingen ⁵1989, 644–675.

PETRUS, ÄTHIOPISCH: Müller, C.D.G.: Offenbarung des Petrus, in: Schneemelcher, W.: Neutestamentliche Apokryphen in deutscher Übersetzung, Bd. 2: Apostolisches, Apokalypsen und Verwandtes, Tübingen ⁵1989, 562–578.

PETRUS, KOPTISCH: Werner, A.: Koptisch-gnostische Apokalypse des Petrus, in: Schneemelcher, W.: Neutestamentliche Apokryphen in deutscher Übersetzung, Bd. 2: Apostolisches, Apokalypsen und Verwandtes, Tübingen ⁵1989, 633–643.

PHILO VON ALEXANDRIEN:
– Beckaert, A.: Philon d'Alexandrie : De Praemiis et Poenis de Exsecrationibus, Les Oeuvres de Philon d'Alexandrie 27, Paris 1961.
– Cohn, L. u.a.: Die Werke Philos von Alexandrien, Schriften der jüdisch-hellenistischen Literatur in deutscher Übersetzung, 6 (–7) Bd., Breslau (1918) ²1962 (–1964).
– Daniel, S.: Philon d'Alexandrie: De specialibus legibus I et II, Les Oeuvres de Philon d'Alexandrie 24, Paris 1975.
– Mercier, C.: Philon d'Alexandrie. Quaestiones et Solutiones in Genesim I et II e versione armenica, Les Oeuvres de Philon d'Alexandrie 34A, Paris 1979.
– Mosès, A.: De specialibus legibus III et IV, 25, Paris 1970.
– Petit, F.: Quaestiones in Genesim et in Exodum fragmenta graeca, Les Oeuvres de Philon d'Alexandrie 33, Paris 1978.
– Petit, M.: Philon d'Alexandrie: Quod omnis probus liber sit, Les Oeuvres de Philon d'Alexandrie 28, Paris, 1974.
– Terian, A.: Quaestiones et Solutiones in Exodum I et II, Les Oeuvres de Philon d'Alexandrie 34c, Paris 1992.

PISTIS SOPHIA: Puech, H.-C.: Pistis Sophia, bearbeitet von Blatz, B., in: Schneemelcher, W.: Neutestamentliche Apokryphen in deutscher Übersetzung, Bd. 1: Evangelien, Tübingen ⁶1990, 290–297.

PLUTARCH:
– Babbitt, F.C. u.a.: Plutarch's Moralia, 16 Bd., With an English Translation, LCL, Cambridge/ London 1927–1976.
– Ziegler, K.: Plutarch: Große Griechen und Römer I-VI, BAW.GR, Zürich/ Stuttgart 1954–1965.

POLYKARP: Camelot, P.-T.: Ignatius Antiochenus. Polycarpus Smyrnaeus: Lettres; beigefügt: Martyre de Polycarpe, SC 10, Paris ⁴1998.

PSEUDO-PHILO: Dietzfelbinger, C.: Pseudo-Philo. Antiquitates Biblicae (Liber Antiquitatum Biblicarum), Unterweisung in erzählender Form, JSHRZ II/ 2, Gütersloh 1975, 91–271.

PSEUDOKLEMENTINEN: Rehm, B./ Strecker, G.: Die Pseudoklementinen II, Rekognitionen in Rufins Übersetzung, GCS 51, Berlin ²1994.

SALOMO, ODEN:
– Charlesworth, J.H.: Odes of Solomon, in: ders. (Hg.): The Old Testament Pseudepigrapha, Bd. 2, New York 1985, 725–771.
– Harris, J.R./ Mingana, A.: The Odes and Psalms of Solomon, 2 Bd., London 1920.

SALOMO, PSALMEN: Holm-Nielsen, S.: Die Psalmen Salomos, Poetische Schriften, JSHRZ IV/ 2, Gütersloh 1977, 51–112.

SALOMO, WEISHEIT: Georgi, D.: Weisheit Salomos, Unterweisung in lehrhafter Form, JSHRZ III/ 4, Gütersloh 1980, 391–478.

SANHEDRIN: Shachter, J./ Freedman, H.: The Babylonian Talmud: Sanhedrin, London 1935.

SENECA (der Jüngere): Rosenbach, M.: L. Annaeus Seneca. Philosophische Schriften. Lateinisch und Deutsch, Bd. 3: Ad Lucilium epistulae morales I–LXIX, Darmstadt ⁴1995.

TERTULLIAN: Becker, C.: Tertullian. Apologeticum – Verteidigung des Christentums, Lateinisch und Deutsch, München 1952.

Kommentare

Die Kommentare werden in den Fußnoten mit dem Autor, der kommentierten Schrift und der Reihe angegeben.

Allo, E.-B.: Saint Jean. L'Apocalypse, ÉtBib, Paris 1921.

Bachmann, P.: Der erste Brief des Paulus an die Korinther, mit Nachträgen von E. Stauffer, KNT VII, Leipzig ⁴1936.

Barrett, C.K.: A Commentary on the Epistle to the Romans, Black's New Testament Commentaries (BNTC), London 1962.

– : A Commentary on the First Epistle to the Corinthians, BNTC, London 1968.

Bauer, J.B.: Die Polykarpbriefe, KAV V, Göttingen 1995.

Beasley-Murray, G.R.: The Book of Revelation, NCB, ²1978.

Becker, J.: Der Brief an die Galater, in: ders./ Conzelmann, H./ Friedrich, G.: Die Briefe an die Galater, Epheser, Philipper, Thessalonicher und Philemon, NTD VIII, Göttingen ³1985, 86–124.

– : Das Evangelium nach Johannes, ÖTK IV, 2 Bd., Gütersloh ³1991.

Bernard, J.H.: The Pastoral Epistles, CGTC, Cambridge 1899.

Bock, D.L.: Luke. Vol. 2. 9:51–24:53, BECNT III, Grand Rapids ²1998.

Borse, U.: Der Brief an die Galater, RNT, Regensburg 1984.

Bovon, F.: Das Evangelium nach Lukas, EKK III, 3 Bd., Zürich/ Neukirchen-Vluyn 1989/ 1996/ 2001.

Brox, N.: Der erste Petrusbrief, EKK XXI, Zürich/ Neukirchen-Vluyn ²1986.

– : Der Hirt des Hermas, KAV VII, Göttingen 1991.

– : Die Pastoralbriefe, RNT, Regensburg 1969.

Brütsch, C.: Die Offenbarung Jesu Christi. Johannes-Apokalypse, 3 Bd., ZBK o.B., Zürich ²1970.

Buschmann, G.: Das Martyrium des Polykarp, KAV VI, Göttingen 1998.

Charles, R.H.: A Critical and Exegetical Commentary on the Revelation of St. John the Divine, 2 Bd., ICC, Edinburgh 1920 (mehrere Nachdrucke).

Conzelmann, H.: Der Brief an die Epheser, in: Becker, J./ ders./ Friedrich, G.: Die Briefe an die Galater, Epheser, Philipper, Thessalonicher und Philemon, NTD VIII, Göttingen [3]1985, 176–202.

– : Der erste Brief an die Korinther, KEK V, Göttingen [12]1981.

Dibelius, M.: An die Kolosser, Epheser, an Philemon, bearb. von H. Greeven, HNT XII, Tübingen [3]1953.

– : Der Brief des Jakobus, KEK XV, Göttingen [11]1964.

– / Conzelmann, H.: Die Pastoralbriefe, HNT 13, Tübingen [3]1955.

Elliott, J.H.: 1 Peter, AncB XXXVII B, New York u.a. 2000.

Engel, H.: Das Buch der Weisheit, Neuer Stuttgarter Kommentar AT XVI, 1998.

Ernst, J.: Die Briefe an die Philipper, an Philemon, an die Kolosser, an die Epheser, RNT, Regensburg 1974.

– : Das Evangelium nach Lukas, RNT, 6. überarb. Aufl. Regensburg 1993.

– : Das Evangelium nach Markus, RNT, Regensburg 1981.

Fascher, E.: Der erste Brief des Paulus an die Korinther, ThHK VII, Berlin, 2 Bd., Bd. 1: [3]1984, Bd. 2: [2]1982.

Fichtner, J.: Weisheit Salomos, HAT III/ 6, Tübingen 1938.

Fieger, M.: Das Thomasevangelium. Einleitung, Kommentar und Systematik, NTA NF 22, Münster 1991.

Fitzmyer, J.A.: The Gospel According to Luke (X–XXIV), AncB XXVIII, New York u.a. 1986.

Giesen, H.: Die Offenbarung des Johannes, RNT, Regensburg 1997.

Gnilka, J.: Der Epheserbrief, HThK X/ 2, Freiburg/ Basel/ Wien [4]1990.

– : Das Evangelium nach Markus, EKK II, 2 Bde, Zürich/ Neukirchen-Vluyn [3]1989.

– : Das Matthäusevangelium, HThK 1, 2 Bd., Freiburg/ Basel/ Wien 1986/ 1988.

– : Der Kolosserbrief, HThK X/ 1, Freiburg/ Basel/ Wien [2]1991.

Godet, F.: Kommentar zu dem ersten Brief an die Korinther, Hannover, Teil 1: 1886, Teil II: 1888.

Goldstein, J.A.: II Maccabees, AncB XLI A, New York u.a. 1983.

Goppelt, L.: Der Erste Petrusbrief, KEK XII/ 1, Göttingen [8]1978.

Gräßer, E.: An die Hebräer, EKK XVII, 3 Bde, Zürich/ Neukirchen-Vluyn, Bd. 1: 1990, Bd. 2: 1993, Bd. 3: 1997.

Grimm, C.L.W.: Das Buch der Weisheit, KEH Apokr 6, Leipzig 1860.

Grundmann, W.: Das Evangelium nach Lukas, ThHK III, Leipzig [10]1984.

Gunkel, H.: Die Psalmen, HAT II, Göttingen 1926 = 1986.

Haacker, K.: Der Brief des Paulus an die Römer, ThHK VI, Leipzig 1999.

Haag, E.: Daniel, NEB XXX, Würzburg 1993.

Haenchen, E.: Die Apostelgeschichte, KEK, Göttingen [7]1977.

Harrington, W.J.: Revelation, Sacra Pagina 16, 1993.

Hartman, L.F.: The Book of Daniel. Chapters 1–9, AncB XXIII, New York u.a. 1978.

Hasler, V.: Die Briefe an Timotheus und Titus. Pastoralbriefe, ZBK XII, Zürich 1978.

Holtz, G.: Die Pastoralbriefe, ThKNT XIII, Berlin 1965.

Holtzmann, H.J.: Die Pastoralbriefe. Kritisch und exegetisch behandelt, Leipzig 1880.

Hossfeld, F.-L./ Zenger, E.: Die Psalmen I. Psalm 1–50, NEB XXIX, Würzburg 1993.

– / – : Psalmen 51–100, HThK.AT, Freiburg/ Basel/ Wien 2000.

Hübner, H.: Die Weisheit Salomons, ATD Apokr 4, Göttingen 1999.

Hultgren, A. J.: I–II Timothy, Titus, Augsburg Commentary on the New Testament, Minneapolis, MN/ Augsburg 1984.

Jeremias, J.: Der Brief an Timotheus und Titus, NTD IX, Göttingen [11]1975.

Klauck, H.-J.: 1. Korintherbrief, NEB VII, Würzburg [2]1987.

Klostermann, E.: Das Lukasevangelium, HNT V, Tübingen [2]1929.

Knight, G.W.: The Pastoral Epistles, NIGTC, Grand Rapids 1992.

Knopf, R.: Die Lehre der zwölf Apostel. Die zwei Clemensbriefe, HNT Erg.-Bd. Die Apostolischen Väter I, Tübingen 1920.

– / Bauer, W./ Windisch, H./ Dibelius, M.: Die Apostolischen Väter, HNT Ergänzungsbände I–IV, 1920–1923.

Kraus, H.-J.: Psalmen, BKAT XV, 2 Bd., Neukirchen-Vluyn [6]1989.

Kremer, J.: Der erste Brief an die Korinther, RNT, Regensburg 1997.

– : Lukasevangelium, NEB.NT III, Würzburg [2]1992.

Lang, F.: Die Briefe an die Korinther, NTD VII, Göttingen [16]1986 (1. Auflage dieser neuen Bearbeitung).

Lebram, J.-C.: Das Buch Daniel, ZBK XXIII, Zürich 1984.

Lella, A. di: The Book of Daniel. Chapters 10–12, AncB XXIII, New York u.a. 1978.

Lock, W.: A Critical and Exegetical Commentary on the Pastoral Epistles (I & II Timothy and Titus), ICC XIII, Edinburgh 1924, [3]1952.

Lohmeyer, E.: Das Evangelium des Markus, KEK II, Göttingen [15]1959.

– : Die Offenbarung des Johannes, NTD XI, [14]1988.

Lohse, E.: Die Briefe an die Korinther und an Philemon, KEK IX/ 2, Göttingen [14]1968 (1. Auflage dieser Neuauslegung).

Luck, U.: Das Evangelium nach Matthäus, ZBK I, Zürich 1993.

Lührmann, D.: Das Markusevangelium, HNT III, Tübingen 1987.

Luz, U.: Das Evangelium nach Matthäus, EKK I, 4 Bd., Zürich/ Neukirchen-Vluyn Bd. 1: [3]1992/ Bd. 2: [2]1996/ Bd. 3: 1997/ Bd. 4: 2002.

Marcus, J.: Mark, AncB XXVII, New York u.a., Bd. 1: 2000.

Marshall, I.H.: The Gospel of Luke: A Commentary on the Greek Text, New International Greek Testament Commentary (NIGTC), Grand Rapids, Eerdmans 1978.

McKenzie, J.L.: Second Isiah, AncB XX, New York u.a. 1978.

Merkel, H.: Die Pastoralbriefe, NTD IX/ 1, Göttingen [13]1991 (1. Auflage dieser neuen Bearbeitung).

Merklein, H.: Der erste Brief an die Korinther, ÖTK VII, 2 Bd., Gütersloh 1992/ 2000.

Michel, O.: Der Brief an die Römer, KEK IV, Göttingen [5]1978.

Müller, U.B.: Die Offenbarung des Johannes, ÖTK XIX, Gütersloh [2]1995.

Niederwimmer, K.: Die Didache, KAV I, Göttingen 1993.

Oberlinner, L.: Die Pastoralbriefe. Erste Folge: Kommentar zum Ersten Timotheusbrief, HThK XI 2/ 1, Freiburg/ Basel/ Wien 1994.

– : Die Pastoralbriefe. Zweite Folge: Kommentar zum Zweiten Timotheusbrief, HThK XI 2/ 2, Freiburg/ Basel/ Wien 1995.

– : Die Pastoralbriefe. Dritte Folge: Kommentar zum Titusbrief, HThK XI 2/ 3, Freiburg/ Basel/ Wien 1996.

Paulsen, H.: Die Briefe des Ignatius von Antiochia und der Brief des Polykarp von Smyrna, Die Apostolischen Väter II, HNT XXVIII, 2., neubearb. Aufl. der Auslegung von W. Bauer, Tübingen 1985.

Pesch, R.: Die Apostelgeschichte, EKK V, 2 Bd., Zürich/ Neukirchen-Vluyn 1986.

– : Das Markusevangelium HThK II, 2 Bd., Freiburg/ Basel/ Wien, Bd. 1: [5]1989, Bd. 2: [3]1984.

Pfammatter, J.: Epheserbrief, Kolosserbrief, NEB X.XII, Würzburg [2]1990.

Plöger, O.: Das Buch Daniel, KAT XVIII, Gütersloh 1965.

Plummer, A.: The Gospel According to St. Luke, ICC, Edinburgh [5]1922, Nachdruck 1953.

Reider, J.: The Book of Wisdom, JAL, New York 1957.

Robertson, A./ Plummer, A.: 1 Corinthians, Critical Exegetical Commentary, ICC, Edinburgh 1955.

Roloff, J.: Die Apostelgeschichte, NTD V, Göttingen [2]1988.

– : Der Erste Brief an Timotheus, EKK XV, Zürich/ Neukirchen-Vluyn 1988.

– : Die Offenbarung des Johannes, ZBK XVIII, Zürich 1984.

Rudolph, W.: Micha/ Nahum/ Habakuk/ Zephanja, KAT XIII/ 3, Gütersloh 1975.

Sand, A.: Das Evangelium nach Matthäus, RNT, Regensburg 1986.

Schelkle, K.H.: Die Petrusbriefe. Der Judasbrief, HThK XIII, Freiburg/ Basel/ Wien [6]1988.

Schierse, F.J.: Die Pastoralbriefe, Kleinkommentar, Düsseldorf 1968.

Schlier, H.: Der Brief an die Epheser, Ein Kommentar, Düsseldorf [7]1971.

– : Der Römerbrief, HThK VI, Freiburg/ Basel/ Wien [2]1979.

Schmithals, W.: Das Evangelium nach Lukas, ZBK III/ 1, Zürich 1980.

– : Das Evangelium nach Markus, ÖTK II, 2 Bd., Gütersloh [2]1986.

Schnackenburg, R.: Der Brief an die Epheser, EKK X, Zürich/ Neukirchen-Vluyn 1982.

Schneider, G.: Die Apostelgeschichte, HThK V/ 1, Freiburg/ Basel/ Wien 1980.

– : Das Evangelium nach Lukas, ÖTK III, 2 Bd., Gütersloh [2]1984.

Schoedel, W.R.: Die Briefe des Ignatius von Antiochien (übers. von G. Koester), München 1990.

Schrage, W.: Der erste Brief an die Korinther, EKK VII, 4 Bd., Zürich/ Neukirchen-Vluyn, 1991/ 1995/ 1999/ 2001.

Schweizer, E.: Der Brief an die Kolosser, EKK XII, Zürich/ Neukirchen-Vluyn [2]1980.

– : Das Evangelium nach Lukas, NTD 3, Göttingen/ Zürich [2]1986.

– : Das Evangelium nach Markus, NTD 1, Göttingen 1968.

– : Das Evangelium nach Matthäus, NTD 2, Göttingen [16]1986.

Seybold, K.: Nahum/ Habakuk/ Zephanja, ZBK XXIV/ 2, Zürich 1991.

– : Die Psalmen, HAT XV, Tübingen 1996.

Strack, H.L./ Billerbeck, P.: Kommentar zum Neuen Testament aus Talmud und Midrasch, 6 Bd., München [5]1969. (= Strack-Billerbeck).

Strobel, A.: Der erste Brief an die Korinther, ZBK VI/ 1, Zürich 1989.

Stuhlmacher, P.: Der Brief an die Römer, NTD VI, Göttingen [2]1998.

Taylor, V.: The Gospel According to St. Mark, London 1952.

Weiser, A.: Die Apostelgeschichte, ÖTK V, Gütersloh 1985.

Wiefel, W.: Das Evangelium nach Lukas, HNT III, Berlin 1987.

– : Das Evangelium nach Matthäus, ThHK I, Leipzig 1998.

Wilckens, U.: Der Brief an die Römer, EKK VI, 3 Bd., Zürich/ Neukirchen-Vluyn 1978/ 1980/ 1982.

Wildberger, H.: Jesaja, BKAT X/ 1–3, Bd. 1: Kap. 1–12; Bd. 2: Kap. 13–27; Bd. 3: Kap. 28-39, Neukirchen-Vluyn 1972/ 1978/ 1982.

Winston, D.: The Wisdom of Solomon, AncB XLIII, New York u.a. 1979, [3]1982.

Wolff, C.: Der erste Brief des Paulus an die Korinther, ThHK VII, 2 Bde, 2. verb. Aufl. Berlin 2000.

Wolter, M.: Der Brief an die Kolosser. Der Brief an Philemon, ÖTK XII, Gütersloh 1993.

Zahn, T.: Das Evangelium des Lucas, KNT III, Leipzig [4]1930.

– : Das Evangelium des Matthäus, KNT I, Leipzig 1903.

Zeller, D.: Der Brief an die Römer, RNT, Regensburg 1985.

– : Kommentar zur Logienquelle, SKK.NT 21, Stuttgart 1984.

Zmijewski, J.: Die Apostelgeschichte, RNT, Regensburg 1994.

Monographien und Zeitschriftenaufsätze

Adna, J.: Jesu Stellung zum *Tempel*. Die Tempelaktion und das Tempelwort als Ausdruck seiner messianischen Sendung, WUNT 2/ 119, Tübingen 2000.

Albanese, C.L.: *Inwardness*: A Study of Some Gnostic Themes and Their Relation to Early Christianity with Specific Reference to the Gospel According to Thomas, Recherches de théologie ancienne et médiévale 43, 1976, 64–88.

Albertz, R.: *Religionsgeschichte* Israels in alttestamentlicher Zeit, Grundrisse zum Alten Testament 8, ATD Ergänzungsreihe, 2 Bd., durchgehend paginiert, Göttingen 1992.

Alexandre, M.: La *culture* prophane chez Philon, in: Philon d'Alexandrie, Colloques du CNRS Lyon 1966, Paris 1967, 105–129.

Allen, T.G.: *Exaltation* and Solidarity with Christ. Ephesians 1.20 and 2.6, JSNT 28, 1986, 103–120.

Arx, U. von: Studien zur Geschichte des alttestamentlichen *Zwölfersymbolismus*, Bd. 1: Fragen im Horizont der Amphiktyoniehypothese von Martin Noth, Europäische Hochschulschriften 23/397, Frankfurt a.M. u.a. 1990.

Attridge, H.W.: The Greek *Fragments* (P. Oxy. 1, 654, 655), in: Layton, B. (Hg.): Nag Hamadi Codex II,2–7 together with XIII,2*, Brit. Lib. Or. 4926 (1), and P. Oxy. 1, 645, 655, NHS XX/1, Leiden u.a. 1989, 95–128.

Aune, D.E.: *Art. „Chiliasmus*. II Neues Testament", RGG[4], Bd. 2, Tübingen 1999, Sp. 136f.

Baillet, M.: Textes de Caractère mal défini. Un *apocryphe* mentionnant l'ange de la présence [3Q 7], Les 'Petites Grottes' de Qumrân, DJD 3, Oxford 1962, 99.

Balch, D.L.: Let *Wives* be Submissive: The Domestic Code in I Peter, SBL MS 26, Chico, California 1981.

Baldwin, H.S.: 'A *Difficult Word*: αὐθεντέω in 1Timothy 2:12', in: Köstenberger, A./ Schreiner, T.R./ ders. (Hg.): Women in the Church: A Fresh Analysis of 1 Timothy 2:9–15, Grand Rapids 1997, 65–80.

– : Appendix 2: αὐθεντέω in Ancient Greek Literature, in: Women in the Church (s.o.), 269–305.

Balz, H.: *Art.* συντρίβω, EWNT III, Stuttgart/ Berlin/ Köln [2]1992, Sp. 743f.

– : *Heilsvertrauen* und Welterfahrung. Strukturen der paulinischen Eschatologie nach Römer 8,18–39, BET 59, München 1971.

Bammel, E.: Das *Ende* von Q, in: Böcher, Otto (Hg.): Verborum Veritas, FS G. Stählin, Wuppertal 1970, 39–50.

– : *Rest* and Rule, VigChr 23, 1969, 88–90.

Barnard, L.W.: The *Problem* of St. Polycarp's Epistle to the Philippians, in: ders.: Studies in the Apostolic Fathers and Their Backgrounds, Oxford 1966, 31–39.

Barnett, A.E.: *Paul* Becomes a Literary Influence, Chicago 1941.

Barth, G.: Das Gesetzesverständnis des Evangelisten Matthäus, in: Bornkamm, G./ ders./ Held, H.J.: Überlieferung und Auslegung im Matthäusevangelium, WMANT 1, Neukirchen-Vluyn 1960, 54–154.

Barth, H./ Steck, O.H.: *Exegese* des Alten Testaments, Neukirchen-Vluyn ⁸1978.

Bassler, J.M.: "*He Remains Faithful*" (2Tim 2:13a), in: Lovering Jr., E.H./ Sumney, J.L. (Hg.): Theology & Ethics in Paul and His Interpreters, FS Victor Paul Furnish, Nashville 1996, 173–183.

Batiffol, P.: Trois *notes* exégétiques, RB 9, 1912, 541f.

Bauckham, R.: The *Book* of Revelation as a Christian War Scroll, Neotest. 22, 1988, 17–40.

Bauer, J.B.: Der erste Petrusbrief und die *Verfolgung* unter Domitian, in: Schnackenburg, R./ Ernst, J./ Wanke, J. (Hg.): Die Kirche des Anfangs, FS H. Schürmann, Freiburg/ Basel/ Wien 1978, 513–527.

Bauer, W.: *Art.* „Chiliasmus", RAC II, Stuttgart 1954, Sp. 1073–1078.

– : *Rechtgläubigkeit* und Ketzerei im ältesten Christentum, 2., durchg. Aufl. mit einem Nachtrag von G. Strecker, BHTh 10, Tübingen 1964.

Baumeister, T.: Die *Anfänge* der Theologie des Martyriums, MBTh 45, Münster 1980.

– : *Genese* und Entfaltung der altkirchlichen Theologie des Martyriums, TC 8, Zürich 1991.

Baumgarten, J.M.: The Duodecimal *Courts* of Qumran, Revelation, and the Sanhedrin, JBL 95, 1976, 59–78 = – : Studies in Qumran Law, Leiden 1977, 145–171.

Becker, J.: Die kollektive *Deutung* der Königspsalmen, ThPh 52, 1977, 561–578 = Struppe, U. (Hg.): Studien zum Messiasbild im Alten Testament, SBAB 6, Stuttgart 1989, 291–318.

Becker, J.: Das *Heil* Gottes. Heils- und Sündenbegriffe in den Qumrantexten und im Neuen Testament, StUNT 3, Göttingen 1964.

– : *Jesus* von Nazaret. Ein Lehrbuch, Berlin/ New York 1996.

– : *Johannes* der Täufer und Jesus von Nazareth, BSt 62, Neukirchen-Vluyn 1972.

– : *Paulus*. Der Apostel der Völker, Tübingen ²1992.

– : *Untersuchungen* zur Entstehungsgeschichte der Testamente der zwölf Patriarchen, AGJU 8, Leiden 1970.

– : *Wunder* und Christologie, in: Suhl, Alfred (Hg.): Der Wunderbegriff im Neuen Testament, WdF 295, Darmstadt 1980, 435–463.

Berding, K.: *Polycarp* of Smyrna's View of the Authorship of 1 and 2 Timothy, VigChr 53, 1999, 349–360.

Berger, K.: Die *Amen-Worte* Jesu. Eine Untersuchung zum Problem der Legitimation in apokalyptischer Rede, BZNW 39, Berlin/ New York 1970.

– : *Art.* „Gnosis/ Gnostizismus. I. Vor- und außerchristlich", TRE 13, Berlin/ New York 1984, 519–535.

– : Die *Auferstehung* des Propheten und die Erhöhung des Menschensohnes. Traditionsgeschichtliche Untersuchungen zur Deutung des Geschickes Jesu in frühchristlichen Texten, StUNT 13, Göttingen 1976.

– : *Einführung* in die Formgeschichte, UTB 1444, Tübingen 1987.

– : *Exegese* des Neuen Testaments. Neue Wege vom Text zur Auslegung, Heidelberg/ Wiesbaden [3]1991.

– : Die *Gesetzesauslegung* Jesu. Ihr historischer Hintergrund im Judentum und im Alten Testament, Teil 1: Markus und die Parallelstellen, Neukirchen-Vluyn 1972.

– : *Hermeneutik* des Neuen Testaments, Gütersloh *1988*.

– : *Hermeneutik* des Neuen Testaments, Tübingen/ Basel *1999*.

– : Die impliziten *Gegner*. Zur Methode des „Erschließens" von Gegnern in neutestamentlichen Texten, in: Lührmann, D./ Strecker, G. (Hg.): Kirche, FS G. Bornkamm, Tübingen 1980, 373–400.

– : *Jesus* als Pharisäer und frühe Christen als Pharisäer, NT 30, 1988, 231–262.

– : Die königlichen *Messiastraditionen* des Neuen Testaments, NTS 20, 1974, 1–44.

– : *Qumran*. Funde – Texte – Geschichte, Stuttgart 1998.

– : *Qumran und Jesus*. Wahrheit unter Verschluß? Stuttgart 1993.

– : *Theologiegeschichte* des Urchristentums. Theologie des Neuen Testaments, 2., überarb. und erw. Aufl., Tübingen/ Basel 1995.

– : Zum Problem der *Messianität* Jesu, ZThK 71, 1974, 1–30.

Berkey, R.F.: *EΓΓΙZEIN, ΦΘANEIN* and Realized Eschatology, JBL 82, 1963, 177–187.

Betz, O.: Der *Paraklet*. Fürsprecher im häretischen Judentum, im Johannesevangelium und in neugefundenen gnostischen Schriften, AGSU 2, 1963.

Beutler, J.: *Martyria*. Traditionsgeschichtliche Untersuchungen zum Zeugnisthema bei Johannes (FTS 10) Frankfurt a.M. 1972.

Binder, H.: Die historische *Situation* der Pastoralbriefe, in: Fry, F.C. (Hg.): Geschichtswirklichkeit und Glaubensbewährung, FS F. Müller, Stuttgart 1967, 70–83.

Black, M.: The *Messianism* of the Parables of Enoch. Their Date and Contribution to Christological Origins, in: Charlesworth, James H. (Hg.): The Messiah, Minneapolis 1992, 145–168.

Blank, J.: *Paulus* und Jesus. Eine theologische Grundlegung, StANT 18, München 1968.

– : Die *Sendung* des Sohnes. Zur christologischen Bedeutung des Gleichnisses von den bösen Winzern Mk 12,1–12, in: Gnilka, J. (Hg.): Neues Testament und Kirche, FS R. Schnackenburg, Freiburg u.a. 1974, 11–41.

Blech, M.: Studien zum *Kranz* bei den Griechen, RVV 38, Berlin 1982.

Blevins, J.L.: The Messianic *Secret* in Markan Research, 1901–1976, Washington DC 1981.

Blomberg, C.L.: Die *Gleichnisse* Jesu. Ihre Interpretation in Theorie und Praxis, Wuppertal 1998.

– : *Interpreting* the Parables, Downers Grove 1990.

Blum, G.G.: *Art.* „Chiliasmus" II. Alte Kirche", TRE 7, Berlin/ New York 1981, 729–733.

Böcher, O.: *Art.* „Chiliasmus" I. Judentum und Neues Testament", TRE 7, Berlin/ New York 1981, 723–729.

– : Die *Johannesapokalypse*, EdF 41, Darmstadt [3]1988.

Boll, F.: Aus der *Offenbarung* Johannis. Hellenistische Studien zum Weltbild der Apo-
    kalypse, in: ders. (Hg.): ΣΤΟΙΧΕΙΑ, Studien zur Geschichte des antiken Welt-
    bildes und der griechischen Wissenschaft, Heft 1, Amsterdam 1967.

Boring, M.E.: *Sayings* of the Risen Jesus. Christian Prophecy in the Synoptic Tradition,
    MSSNTS 46, Cambridge 1982.

Bornkamm, G.: *Art. πρέσβυς κτλ.*, ThWNT 6, Stuttgart 1959, 651–683.

– : *Jesus* von Nazareth, Stuttgart ¹¹1977.

– : Der *Lohngedanke* im Neuen Testament, in: ders.: Studien zu Antike und Urchristen-
    tum, Gesammelte Aufsätze Band II, München 1959, 69–92.

Bousset, W.: *Kyrios* Christos. Geschichte des Christusglaubens von den Anfängen des
    Christentums bis Irenäus, Göttingen ⁵1965.

Bovon-Thurneysen, A.: *Ethik* und Eschatologie im Philipperbrief des Polykarp von
    Smyrna, ThZ 29, 1973, 241–256.

Brandenburger, E.: *Adam* und Christus. Exegetisch-religionsgeschichtliche Untersu-
    chung zu Röm 5,12–21 (1. Kor. 15), WMANT 7, Neukirchen-Vluyn 1962.

Branick, V.P.: Source and Redaction Analysis of 1 Corinthians 1–3, JBL 101, 1982,
    251–269.

Braumann, G.: *Leidenskelch* und Todestaufe (Mk 10,38f), ZNW 56, 1965, 178–183.

Brekelmans, C.H.W.: The *Saints* of the Most High and Their Kingdom, OTS 14, 1940–
    1965, 305–329.

Bornkamm, G.: Der *Paraklet* im Johannesevangelium, Gesammelte Aufsätze III/ 1,
    BEvTh 48, 1968, 68–89.

Breytenbach, C.: *Nachfolge* und Zukunftserwartung nach Markus, AThANT 71, Zürich
    1984.

Broer, I.: Das *Ringen* der Gemeinde um Israel. Exegetischer Versuch über Mt 19,28, in:
    Pesch, R. (Hg.): Jesus und der Menschensohn, FS A. Vögtle, Freiburg/ Basel/
    Wien 1975, 148–165.

Brox, N.: *Suchen* und Finden. Zur Nachgeschichte von Mt 7,7b/ Lk 11,9b, in: Hoffmann,
    P. (Hg.): Orientierung an Jesus. Zur Theologie der Synoptiker, FS J. Schmid,
    Freiburg/ Basel/ Wien 1973, 17–36.

Bruce, F.F.: *Paul* and Jesus, London 1974.

Büchsel, F.: *Art. κρίνω*. A. Sprachliches, ThWNT 3, Stuttgart 1938, 920–922.

Büschges, G./ Abraham, M./ Funk, W.: *Grundzüge* der Soziologie, Wolls Lehr- und
    Handbücher der Wirtschafts- und Sozialwissenschaften, München/ Wien 1995.

Bultmann, R.: Die *Geschichte* der synoptischen Tradition. Mit einem Nachwort von G.
    Theißen, Göttingen ¹⁰1995.

Burnett, F.W.: *Παλιγγενεσία* in Matt. 19:28: A Window to the Matthean Community?
    JSNT 17, 1983, 60–72.

Buschmann, G.: *Martyrium* Polykarpi – Eine formkritische Studie. Ein Beitrag zur Frage
    der Entstehung der Gattung Märtyrerakte, BZNW 70, Berlin/ New York 1994.

Butterweck, C.: „*Martyriumssucht*" in der alten Kirche. Zur Darstellung und Deutung
    frühchristlicher Martyrien, Tübingen 1995.

Cameron, P.S.: *Violence* and the Kingdom. The Interpretation of Matthew 11,12, ANTJ
    5, Frankfurt a.M. 1984.

Campenhausen, H.F. von: Die *Idee* des Martyriums in der Alten Kirche, Göttingen
    ²1964.

– : *Polykarp* von Smyrna und die Pastoralbriefe, in: ders.: Aus der Frühzeit des Christentums. Studien zur Kirchengeschichte des ersten und zweiten Jahrhunderts, Tübingen 1963, 197–252.

Camponovo, O.: *Königtum*, Königsherrschaft und Reich Gottes in den frühjüdischen Schriften, Freiburg (Schweiz) 1984.

Caquot, A.: *Hénoch*, in: La Bible. Écrits Intertestamentaires, Bibliothèque de la Pléiade, Paris 1987, 469–625.

Carmignac, J.: La *Règle* de la Guerre, in: ders./ Guilbert, P.: Les Textes de Qumran traduits et annotés. La Règle de la Communauté, La Règle de la Guerre, Les Hymnes, Paris 1958.

– : Les *citations* de l'Ancien Testament dans 'La Guerre des Fils de la Lumière contre les Fils de Ténèbre', RB 63, 1956, 234–260.375–390.

Carter, W.: *Parable* of the Householder in Matthew 20:1–16, in: ders./ Heil, J.P.: Matthew's Parables. Audience-Oriented Perspectives, CBQ.MS 30, Washington DC 1998, 124–146.

Charlesworth, J.H.: From Jewish *Messianology* to Christian Christology. Some Caveats and Perspectives, in: Neusner, J. (Hg.): Judaisms and Their Messiahs (s. dort), 225–264.

– : The *Dead Sea Scrolls*. Hebrew, Aramaic and Greek Texts with English Translations, Bd. 2: Damascus Document, War Scroll, and Related Documents, Tübingen 1995.

– : The *Messiah*. Developments in Earliest Judaism and Christianity, Minneapolis 1992.

– : The pseudepigrapha and modern *research*, Ann Arbor 1981.

Chilton, B./ Evans, C.A. (Hg.): *Studying* the Historical Jesus. Evaluations of the State of Current Research, NTTS 19, Leiden/ New York/ Köln 1994.

Collins, A.Y.: *Crisis* and Catharsis: The Power of the Apocalypse, Philadelphia 1984.

– : *Dating* the Apocalypse of John, BR 26, 1981, 33–45.

Collins, J.J.: The *Mythology* of Holy War in Daniel and the Qumran Scroll: A Point of Transition in Jewish Apocalyptic, VT 25, 1975, 596–610.

– : *Messianism* in the Maccabean Period, in: Neusner, J. (Hg.): Judaisms and Their Messiahs (s. dort), 97–109.

– : *Son of Man*, NTS 38, 1992, 448–466.

– : The Heavenly *Representative*. The „Son of Man" in the Similitudes of Henoch, in: Nickelsburg, G.W./ Collins, J.J. (Hg.): Ideal Figures in Ancient Judaism: Profiles and Paradigms, Scholars, Chico/ CA 1980, 111–133.

– : The *Scepter* and the Star. The Messiahs of the Dead Sea Scrolls and other Ancient Literature, AncB Reference Library, New York u.a. 1995.

– : The Sibylline *Oracles* of Egyptian Judaism, SBL.DS 13, Missoula Mont. 1974.

Colpe, C.: *Art.* ὁ υἱὸς τοῦ ἀνθρώπου, ThWNT 8, Stuttgart 1969, 403–481.

Conzelmann, H.: *Geschichte* des Urchristentums, Grundrisse zum Neuen Testament, NTD 5, Göttingen [6]1989.

– : Die *Mitte* der Zeit. Studien zur Theologie des Lukas, Beiträge zur historischen Theologie 17, 6. Nachdruck der 4. Aufl., Tübingen 1977.

– : Die *Schule* des Paulus, in: Andresen, C. (Hg.): Theologia Crucis – Signum Crucis, FS E. Dinkler, Tübingen 1979, 85–96.

– / Lindemann, A.: *Arbeitsbuch* zum Neuen Testament, Tübingen (1975) [12]1998.

Couroyer, B.: Le ,*doigt* de Dieu' (Exode 8,15), RB 63, 1956, 481–495.

Cross, F.M.: The Divine *Warrior* in Israels' Early Cult, in: Altmann, A. (Hg.): Biblical Motifs, Harvard 1966, 11–30.

Crossan, J.D.: The Historical Jesus, San Francisco 1991; deutsch: Der historische *Jesus*, München 1994.

Cullmann, O.: *Königsherrschaft* Christi und Kirche im Neuen Testament, ThSt 10, Zollikon-Zürich ³1950.

Cunningham, S.: „Through Many *Tribulations*". The Theology of Persecution in Luke-Acts, JSNT.S 142, Sheffield 1997.

Dautzenberg, G.: *Art. ἀγών κτλ.*, EWNT 1, Stuttgart/ Berlin/ Köln 1992, Sp. 59–64.

Dehandschutter, B.: *Martyrium* und Agon. Über die Wurzeln der Vorstellung vom ΑΓΩΝ im vierten Makkabäerbuch, in: Henten, J.W. van (Hg.): Die Entstehung der jüdischen Martyrologie, StPB 38, Leiden u.a. 1989, 215–219.

– : Polykarp's *Epistle* to the Philippians. An Early Example of „Reception", in: Sevrin, J.-M. (Hg.): The New Testament in Early Christianity, Leiden 1989, 275–291.

Deichgräber, R.: *Gotteshymnus* und Christushymnus in der frühen Christenheit. Untersuchungen zu Form, Sprache und Stil der frühchristlichen Hymnen, StUNT 5, Göttingen 1967.

Derrett, J.D.M.: *Judgement* and 1 Corinthians 6, NTS 37, 1991, 22–36.

– : *Palingenesia* (Matthew 19.28), JSNT 20, 1984, 21–58.

Dhanis, E.: De *Filio* hominis in Vetere Testamento et in Iudaismo, Gr. 45, 1964, 5–59.

Dibelius, M.: *Formgeschichte* des Neuen Testaments, Tübingen ⁶1971.

Dobschütz, E. von: Die urchristlichen *Gemeinden*, Leipzig 1902.

Dodd, C.H.: The *Parables* of the Kingdom, überarb. Dingswell 1965.

Doering, K: *Exemplum* Socratis. Studien zur Sokratesnachwirkung in der lyrischstoischen Popularphilosophie der frühen Kaiserzeit und im frühen Christentum, Wiesbaden 1979.

Downing, F.G.: Christ and the *Cynics*, JSOT Manuals 4, Sheffield 1988.

Draper, J.A.: The Twelve Apostles as Foundation *Stones* of the Heavenly Jerusalem and the Foundation of the Qumran Community, Neot 22, 1988, 41–61.

Dunn, J.G.: *Jesus*, Paul and the Law. Studies in Mark and Galatians, London 1990.

Dupont, J.: Le *logion* des douze trônes (Mt 19,28; Lc 22,28–30), Bib. 45, 1964, 355–392.

– : La parabole des *ouvriers* de la vigne (Mt 20,1–16), NRTh 79, 1957, 785–797.

Ebertz, M.N.: Das *Charisma* des Gekreuzigten, WUNT 45, Tübingen 1987.

Ebner, M.: *Leidenslisten* und Apostelbrief. Untersuchungen zu Form, Motivik und Funktion der Peristasenkataloge bei Paulus, FzB 66, Würzburg 1991.

Eckert, J.: *Art.* „*Urchristentum*", LThK 10, Freiburg u.a. 2001, Sp. 463–467.

Eichholz, G.: *Gleichnisse* der Evangelien. Form, Überlieferung, Auslegung, Neukirchen-Vluyn ⁴1984.

Elliger, K.: *Studien* zum Habakuk-Kommentar vom Toten Meer, Tübingen 1953.

Elliott, J.H.: A *Home* for the Homeless. A Sociological Exegesis of 1 Petr, Its Situation and Strategy, Philadelphia 1981.

– : The *Elect* and the Holy. An Exegetical Examination of 1 Peter 2:4–10 and the Phrase βασίλειον ἱεράτευμα, NT.S 12, Leiden 1966.

Ernst, J.: Das sogenannte *Messiasgeheimnis* – kein „Hauptschlüssel" zum Markusevangelium, in: Hainz, J. (Hg.): Theologie im Werden. Studien zu den theologischen Konzeptionen im Neuen Testament, Paderborn u.a. 1992, 21–56.

Evans, C.A.: The Twelve *Thrones* of Israel: Scripture and Politics in Luke 22:24–30, in: ders./ Sanders, J.R.: Luke and Scripture. The Function of Sacred Tradition in Luke Acts, Minneapolis, 1993, 154–170.

Fallon, F.T./ Cameron, R.: The *Gospel* of Thomas: A Forschungsbericht and Analysis, ANRW II 25.6, Berlin/ New York 1988, 4195–4251.

Faust, E.: *Pax* Christi et Pax Caesaris. Religionsgeschichtliche, traditionsgeschichtliche und sozialgeschichtliche Studien zum Epheserbrief, NTOA 24, Freiburg (Schweiz)/ Göttingen 1993.

Feldmeier, R.: Die Christen als *Fremde*. Die Metapher der Fremde in der antiken Welt, im Urchristentum und im 1. Petrusbrief, WUNT 64, Tübingen 1992.

Feldtkeller, A.: *Identitätssuche* des syrischen Urchristentums. Mission, Inkulturation und Pluralität im ältesten Heidenchristentum, NTOA 25, Freiburg (Schweiz)/ Göttingen 1993.

Fendler, F.: *Studien* zum Markusevangelium. Zur Gattung, Chronologie, Messiasgeheimnistheorie und Überlieferung des zweiten Evangeliums, GTA 49, Göttingen 1991.

Fiedler, P.: *Art. „Haustafel"*, RAC 13, Stuttgart 1986, Sp. 1063–1073.

Fischer, K.M.: *Tendenz* und Absicht des Epheserbriefes, FRLANT 111, Göttingen 1973.

– : *Rezension* zu Lindemann, A.: Die Aufhebung der Zeit. Geschichtsverständnis und Eschatologie im Epheserbrief, StNT, Gütersloh 1975, ThLZ 103, 1978, Sp. 746–748.

Fitschen, K.: *Art. „Chiliasmus*. III. Kirchengeschichtlich", RGG[4] 2, Tübingen 1999, Sp. 137f.

Fitzgerald, J.T.: *Cracks* in an Earthen Vessel: An Examination of the Catalogues of Hardships in the Corinthian Correspondence, SBLDS 99, Atlanta 1988.

Fitzmyer, J.A.: The *Oxyrhynchus* Logoi of Jesus and the Coptic Gospel According to Thomas, in: ders.: Essays on the Semitic Background of the New Testament, SBLSBS 5, Missoula 1971, 355–433.

Flusser, D.: Jesus, *Qumran*, Urchristentum, Entdeckungen im Neuen Testament Bd. 2, Neukirchen-Vluyn 1999.

– : The *Pesher* of Isiah and the Twelve Apostles, FS E.L. Sukenik, Eretz-Israel 8, Jerusalem 1967, 52–62.

Focke, F.: Die *Entstehung* der Weisheit. Ein Beitrag zur Geschichte des jüdischen Hellenismus, FRLANT 5 / NF 22, Göttingen 1913.

Förster, W.: *Art.* κληρονόμος κτλ., ThWNT 3, Stuttgart 1938, 766–767.776–786.

– : *Art.* κυριεύω, ThWNT 3, Stuttgart 1938, 1097f.

Galling, K./ Altaner, B.: *Art. „Babylon"*, RAC I, Stuttgart 1950, Sp. 1118–1134.

Garland, D.E.: The *Intention* of Matthew 23, NT.S 52, Leiden 1979.

George, A.: *Note* sur quelques traits lucaniens de l'expression ‚Par le doigt de Dieu' (Luc 11,20), ScEc 18, 1966, 461–466.

Gerhardt, V.: *Art. „Macht*. I Philosophisch", TRE 21, Berlin/ New York 1991, 648–652.

Gerstenberger, E.S./ Schrage, W.: *Leiden*, Biblische Konfrontationen, Stuttgart u.a. 1977.

Gese, H.: *Erwägungen* zur Einheit der biblischen Theologie, ZThK NF 67, 1970, 417–436 = in: ders.: Vom Sinai zum Zion. Alttestamentliche Beiträge zur biblischen Theologie, BEvTh 64, München 1974, 11–30.

– : Zur biblischen *Theologie*, Alttestamentliche Vorträge, Tübingen [3]1989.

Glasson, T.F.: The *Gospel* of Thomas, Saying 3, and Deuteronomy xxx. 11–14, ET 78, 1966/ 67, 151–152.

– : Die frühen *Christen*. Ursprünge und Anfang der Kirche, HThK.S VII, Freiburg/ Basel/ Wien 1999.

– : *Jesus* von Nazaret. Botschaft und Geschichte, HThK.S III, durchg. und erw. Sonderausg., Freiburg/ Basel/ Wien ⁵1997.

– : *Theologie* des Neuen Testaments, HThK.S V, Freiburg/ Basel/ Wien 1994.

Goguel, M.: L'*église* primitive, Bibliothèque historique, Paris 1947.

Goldstein, H.: *Art. ποιμήν κτλ.*, EWNT 3, Stuttgart/ Berlin/ Köln ²1992, Sp. 301–304.

Goldstein, J. A.: How the *Authors* of 1 and 2 Maccabees Treated the „Messianic" Promises, in: Neusner, J. (Hg.): Judaisms and Their Messiahs (s. dort), 69–96.

Goppelt, L.: *Art. ποτήριον* ThWNT 6, Stuttgart 1965, 148–158.

Gornatowski, A.: *Rechts* und Links im antiken Aberglauben, Breslau 1936.

Goudoever, J. van: The *Place* of Israel in Luke's Gospel, NT 8, 1966, 111–123.

Gourgues, M.: A la *Droite* de Dieu. Résurrection de Jésus et actualisation du Psaume 110,1 dans le Nouveau Testament, EtB 1978.

Gräßer, E.: Zum Verständnis der *Gottesherrschaft*, ZNW 65, 1974, 3–26.

Grundmann, W.: *Art. δεξιός*, ThWNT 2, Stuttgart 1935, 37–39.

– : *Art. στέφανος κτλ.*, ThWNT 7, Stuttgart 1966, 615–635.

– : *Art. σύν-/μετά κτλ.*, ThWNT 7, Stuttgart 1966, 766–798.

Gundry, R.H.: *Mark*. A Commentary on His Apology for the Cross, Grand Rapids, Eerdmans 1993.

Guttenberger Ortwein, G.: *Status* und Statusverzicht im Neuen Testament und seiner Umwelt, NTOA 39, Freiburg (Schweiz)/ Göttingen 1999.

Haenchen, E.: Die *Botschaft* des Thomas-Evangeliums, Berlin 1961.

– : *Literatur* zum Thomasevangelium, ThR NF 27, 1961/ 62, 147–178 und 306–338.

– : Der *Weg* Jesu, Berlin 1966.

Hahn, F.: Christologische *Hoheitstitel*. Ihre Geschichte im frühen Christentum, Göttingen ⁵1995.

– : Frühjüdische und urchristliche *Apokalyptik*. Eine Einführung, BThSt 36, Neukirchen-Vluyn 1998.

– : Jüdische und christliche *Messias-Erwartung*, in: Becker, M./ Fenske, W. (Hg.): Das Ende der Tage und die Gegenwart des Heils. Begegnungen mit dem Neuen Testament und seiner Umwelt, FS H.-W. Kuhn, Leiden 1999, 131–144.

Hampel, V.: *Menschensohn* und historischer Jesus. Ein Rätselwort als Schlüssel zum messianischen Selbstverständnis Jesu, Neukirchen-Vluyn 1990.

Hanson, A.T.: *Studies* in the Pastoral Epistles, London 1968.

Harnack, A.: Die *Geschichte* der altchristlichen Litteratur bis Eusebius, 2 Bde, Leipzig 1893/ 1897/ 1904.

– : *Sprüche* und Reden Jesu, Beiträge zur Einleitung in das Neue Testament II, Leipzig 1907.

Harnisch, W.: *Verhängnis* und Verheißung der Geschichte. Untersuchungen zum Zeit- und Geschichtsverständnis im 4. Buch Esra und in der syrischen Baruchapokalypse, FRLANT 97, Göttingen 1969.

– : Die *Gleichniserzählungen* Jesu, Göttingen 1985.

Harvey, A.E.: *Jesus* on Trial, London 1976.

Hay, D.M.: *Glory* at the Right Hand. Psalm 110 in Early Christianity, SJBL.MS 18, Nashville 1973.

Hedrick, C.W.: *Kingdom* Sayings and Parables of Jesus in the Apocryphon of James: Tradition and Redaction, NTS 29, 1983, 1–24.

Hegermann, H.: Der geschichtliche *Ort* der Pastoralbriefe, in: Rogge, J./ Schille, G. (Hg.): Theologische Versuche II, Berlin 1970, 47–64.

Heiligenthal, R.: *Art. „Staat/* Staatsphilosophie. II. Neues Testament", TRE 32, Berlin/ New York 2000, 9–19.

Helderman, J.: Die *Anapausis* im ‚Evangelium Veritatis', NHS 19, Leiden 1984.

Hellholm, D. (Hg.): *Apocalypticism* in the Mediterranean World and in the Near East, Proceedings of the International Colloquium on Apocalypticism, Tübingen ²1989.

Hemer, C.J.: The *Letters* to the Seven Churches of Asia in Their Local Setting, JSNT.S 11, Sheffield 1986.

Henecka, H.P.: Grundkurs *Soziologie*, Opladen ⁷2000.

Hengel, M.: *Christus* und die Macht, Stuttgart 1974.

– : *Entstehungszeit* und Situation des Markusevangeliums, in: Cancik, H. (Hg.): Markus-Philologie. Historische, literargeschichtliche und stilistische Untersuchungen zum zweiten Evangelium, WUNT 33, Tübingen 1984, 1–45.

– : Der *Finger* und die Herrschaft Gottes in Lk 11,20, in: Kieffer, R./ Bergman, J. (Hg.): La Main de Dieu. Die Hand Gottes, WUNT 94, Tübingen 1997, 87–106.

– : Das *Gleichnis* von den Weingärtnern Mc 12,1–12 im Lichte der Zenonpapyri und der rabbinischen Gleichnisse, ZNW 59, 1968, 1–39.

– : Der *Gottessohn*. Die Entstehung der Christologie und die jüdisch-hellenistische Religionsgeschichte, Tübingen 1975.

– : *Judentum* und Hellenismus. Studien zu ihrer Begegnung unter besonderer Berücksichtigung Palästinas bis zur Mitte des 2. Jh.s v.Chr., WUNT 10, Tübingen ²1973.

– : Zur urchristlichen *Geschichtsschreibung*, Stuttgart ²1984.

– / Charlesworth, J.H./ Mendels, D.: The Polemical *Character* of ‚On Kingship' in the Temple Scroll. An Attempt at Dating 11Q Temple, JJS 37, 1986, 28–38.

– / Markschies, C.: The ‚*Hellenization*' of Judea in the First Century after Christ, London 1989.

– / Schwemer, A.M.: *Paul* Between Damascus and Antioch, London 1997.

Henten, J.W. van (Hg.): Die *Entstehung* der jüdischen Martyrologie, StPB 38, Leiden u.a. 1989.

Herntrich, V.: *Art.* κρίνω, B , ThWNT 3, Stuttgart 1938, 922–933.

Hezser, C.: *Lohnmetaphorik* und Arbeitswelt in Mt 20,1–16. Das Gleichnis von den Arbeitern im Weinberg im Rahmen rabbinischer Lohngleichnisse, NTOA 15, Freiburg (Schweiz)/ Göttingen 1990.

Hilhorst, A.: *Sémitismes* et latinismes dans le Pasteur d'Hermas, Nijmwegen 1976.

Hoffmann, P.: *Herrschaftsverzicht*: Befreite und befreiende Menschlichkeit, in: ders.: Studien zur Frühgeschichte der Jesus-Bewegung, SBAB 17, Stuttgart 1994, 139–168.

– : *Herrscher* oder Richter über Israel? Mt 19,28/ Lk 22,28–30 in der synoptischen Überlieferung, in: Wengst, K./ Saß, G. (Hg.): Ja und nein. Christliche Theologie im Angesicht Israels, FS W. Schrage, Neukirchen-Vluyn 1998, 253–264.

– (u.a.): *Q 22:28,30* You Will Judge the Twelve Tribes of Israel, Documenta Q, Leuven 1998.

– : *Studien* zur Theologie der Logienquelle, Münster [3]1982.

– : *Tradition* und Situation. Studien zur Jesusüberlieferung in der Logienquelle und den synoptischen Evangelien, NTA NF 28, Münster 1995.

Hofius, O.F.: Das koptische *Thomasevangelium* und die Oxyrhynchus-Papyri Nr. 1. 654 und 655, EvTh 20, 1960, 21–42 und 182–192.

Holmén, T.: The *Alternatives* of the Kingdom. Encountering the Semantic Restrictions of Luke 17,20–21 (ἐντὸς ὑμῖν), ZNW 87, 1996, 204–229.

Holtz, T.: Die *Christologie* der Apokalypse des Johannes, TU 85, Berlin [2]1971.

– : *Rezension* zu Satake, A., Die Gemeindeordnung der Johannesapokalypse (s. dort), ThLZ 93, 1968, Sp. 262–264.

Horbury, W.: The *Twelve* and the Phylarchs, NTS 32, 1986, 503–527.

Horn, F.W.: *Christentum* und Judentum in der Logienquelle, EvTh 51, 1991, 244–364.

– : Die *Haltung* des Lukas zum Römischen Staat im Evangelium und in der Apostelgeschichte, in: Verheyden, J. (Hg.): The Unity of Luke-Acts, BEThL 142, Leuven 1999, 203–224.

Horrell, D.G. (Hg.): Social-Scientific *Approaches* to New Testament Interpretation, Edinburgh 1999.

Hübner, H.: *Art. „Israel* III. Neues Testament", TRE 16, Berlin/ New York 1987, 383–389.

Hultgard, A.: *L'eschatologie* des Testaments des Douze Patriarches, Bd. 1, Uppsala 1977.

Iersel, B.M.F. van: *„Der Sohn"* in den synoptischen Jesusworten. Christusbezeichnung der Gemeinde oder Selbstbezeichnung Jesu? Leiden 1961.

Janowski, B./ Lichtenberger, H.: *Enderwartung* und Reinheitsidee. Zur eschatologischen Deutung von Reinheit und Sühne in der Qumrangemeinde, JJS 34, 1983, 31–62.

Jeremias, J.: Die *Gleichnisse* Jesu, Göttingen [10]1984.

– : Die *Sprache* des Lukasevangeliums. Redaktion und Tradition im Nicht-Markusstoff des dritten Evangeliums, KEK.S, Göttingen 1980.

– : Neutestamentliche *Theologie*. Erster Teil: Die Verkündigung Jesu, Gütersloh [2]1973.

Jervell, Jacob: *Luke* and the People of God: A New Look at Luke-Acts, Minneapolis 1979.

– : The *Twelve* on Israel's Thrones. Luke's Understanding of the Apostolate, in: ders.: Luke and the People of God. A New Look at Luke-Acts, Minneapolis 1972, 75–112.

Jewett, R.: *Honor* and Shame in the Argument of Romans, in: Brown, A./ Snyder G.F./ Wiles, V. (Hg.): Putting Body and Soul together, FS R. Scroggs, Valley Forge 1997, 257–272.

– : *Response*: Exegetical Support from Romans and Other Letters, in: Horsley, R.A. (Hg.): Paul and Politics: Ekklesia – Israel – Imperium – Interpretation, FS K. Stendahl, Harrisburg 2000, 58–71.

– : Die *Herabwürdigung* der Erwählten Gottes. Röm 8,33–37 in seinem rhetorischen Kontext, Skript zum Vortrag vom 04.05.2001 in der neutestamentlichen Sozietät in Heidelberg.

Jörns, K.-P.: Das hymnische *Evangelium*. Untersuchungen zu Aufbau, Funktion und Herkunft der hymnischen Stücke in der Johannesoffenbarung, StNT 5, Gütersloh 1971.

Johnson, L.T.: The Lukan *Kingship* Parable (Lk. 19:11–27), NT 24, 1982, 139–159.

– : II Timothy and *Polemic* Against False Teachers. A Re-Examination, JRSt 6/ 7, 1978/ 79, 1–26.

Johnston, G.: „Kingdom of God" *Sayings* in Paul's Letters, in: Richardson, P./ Hurd, J.C. (Hg.): From Jesus to Paul, FS F.W. Beare, Waterloo/ Canada 1984, 143–156.

Jonge, M. de: Two *Messiahs* in the Testaments of the Twelve Patriarchs? in: Henten, J.W. van u.a. (Hg.): Tradition and Re-Interpretation in Jewish and Early Christian Literature, Leiden 1986, 150–162.

Jongeling, B.: Le *Rouleau* de la Guerre. Des manuscrits de Qumrân, Assen 1962.

Jülicher, A.: Die *Gleichnisreden* Jesu, 2 Bd., Neudruck Darmstadt 1963.

Kalberg, S.: Einführung in die historisch-vergleichende *Soziologie* Max Webers, Wiesbaden 2001.

Kanarfogel, E.: *Art.* „Martyrium II. Judentum", TRE 22, Berlin/ New York 1992, 203–207.

Kang, S.-M.: *Divine War* in the Old Testament and in the Ancient Near East, BZAW 177, Berlin/ New York 1989.

Karrer, M.: *Der Gesalbte*. Die Grundlagen des Christustitels, FRLANT 151, Göttingen 1991.

– : Die Johannesoffenbarung als *Brief*. Studien zu ihrem literarischen, historischen und theologischen Ort, FRLANT 140, Göttingen 1986.

Kegler, J.: Politisches *Geschehen* und theologisches Verstehen. Zum Geschichtsverständnis der frühen Königszeit, CTM Reihe A Bd. 8, 1977, 255–299.

Kertelge, K.: Der dienende *Menschensohn* (Mk 10,45), in: Pesch, R. (Hg.): Jesus und der Menschensohn, FS A. Vögtle, Freiburg i.Br. 1975, 225–239.

Kirchhoff, R.: Die *Sünde* gegen den eigenen Leib, StUNT 18, Göttingen 1994.

Kirchner, D.: *Epistula* Jacobi Apocrypha. Die zweite Schrift aus Nag Hammadi-Codex I, TU 136, Berlin 1989.

Klaauw, J. van der: *Diskussion*, in: Henten, J.W. van (Hg.): Die Entstehung der jüdischen Martyrologie, StPB 38, Leiden u.a. 1989, 220–261.

Klauck, H.-J.: *Allegorie* und Allegorese in synoptischen Gleichnistexten, NTA NF 13, Münster 1986.

– : *Gemeinde* ohne Amt? Erfahrungen mit der Kirche in den johanneischen Schriften, BZ 29, 1985, 193–220.

– : *Judas* – ein Jünger des Herrn, QD 111, Freiburg/ Basel/ Wien 1987, 33–40.

– : Das *Sendschreiben* nach Pergamon und der Kaiserkult in der Johannesoffenbarung, Bib. 73, 1992, 153–182; = ders.: Alte Welt und neuer Glaube. Beiträge zur Religionsgeschichte, Forschungsgeschichte und Theologie des Neuen Testaments, NTOA 29, Freiburg (Schweiz)/ Göttingen 1994, 115–143.

Klausner, J.: Die messianischen *Vorstellungen* des jüdischen Volkes im Zeitalter der Tannaiten, Berlin 1904.

– : Von *Jesus* zu Paulus, Jerusalem 1980.

Klein, G.: *Gal 2,6–9* und die Geschichte der Jerusalemer Urgemeinde (1960), in: ders.: Rekonstruktion und Interpretation. Gesammelte Aufsätze zum Neuen Testament (BEvTh 50), München 1969, 99–118 (mit Nachtrag 118–128).

– : Die zwölf *Apostel*. Ursprung und Gehalt einer Idee, FRLANT 77, Göttingen 1961.

Kleinknecht, K.T.: *Der* leidende *Gerechtfertigte*. Die alttestamentlich-jüdische Tradition vom „leidenden Gerechten" und ihre Rezeption bei Paulus, WUNT 2/ 13, Tübingen ²1988.

Klijn, A.F.J.: Das Hebräer- und das *Nazoräerevangelium*, ANRW 25.5, Berlin/ New York 1988, 3997–4033.

Klinzing, G.: Die *Umdeutung* des Kultus in der Qumrangemeinde und im Neuen Testament, StUNT 7, Göttingen 1971.

Kloppenborg, J.S. u.a. (Hg.): *Q Thomas Reader*, Sonoma 1990.

Koch, K.: Das Buch *Daniel*, EdF 144, Darmstadt 1980.

Köstenberger, A.: Syntactical Background *Studies* to 1 Timothy 2.12 in the New Testament and Extrabiblical Greek Literature, in: Porter, S.E./ Carson, D.A. (Hg.): Discourse Analysis and Other Topics in Biblical Greek, JSNT.S 113, Sheffield 1995, 156–179.

Koester, H.: The *Gospel* of Thomas (II,2), The Nag Hammadi Library in English, Leiden/ New York/Köln 1996.

– : Synoptische *Überlieferung* bei den apostolischen Vätern, TU 10, Berlin 1957.

– / Robinson, J.M.: *Entwicklungslinien* durch die Welt des frühen Christentums, Tübingen 1971.

Kooten, George H. van: Cosmic *Christology* in Paul and the Pauline School. Colossians and Ephesians in the Context of Graeco-Roman Cosmology, with a New Synopsis of the Greek Texts, WUNT 2/171, Tübingen 2003.

Koschorke, K.: *„Suchen* und Finden" in der Auseinandersetzung zwischen gnostischem und kirchlichem Christentum, WuD 14, 1977, 51–65.

Kos-Schaap, P.: *„Metaphors* We Live By" im Lukasevangelium 10–20, in: Noppen, J.-P. van (Hg.): Erinnern, um Neues zu sagen. Die Bedeutung der Metapher für die religiöse Sprache, Frankfurt a.M. 1988, 258–274.

Krafft, E.: *Christologie* und Anthropologie im 1. Petrusbrief, EvTh 10, 1950/51, 120–126.

Kraft, R.A.: Reassessing the ‚Recensional *Problem'* in the Testament of Abraham, in: Nickelsburg, G.W.E. (Hg.): Studies on the Testament of Abraham (s. dort), 121–137.

Kragerud, A.: Der *Lieblingsjünger* im Johannesevangelium, Oslo 1959.

Kreitzer, L.J.: *Jesus* and God in Paul's Eschatology, JSNT.S 19, Sheffield 1987.

Kuck, D.W.: *Judgment* and Community Conflict. Paul's Use of Apocalyptic Judgment Language in 1 Corinthians 3:5–4:5, SSNT 66, Leiden u.a. 1992.

Kümmel, W.G.: *Heilsgeschehen* und Geschichte 1, Gesammelte Aufsätze 1933-64, MThSt 3, Marburg 1965.

Kugler, R.A.: The *Testaments* of the Twelve Patriarchs, Guides to Apocrypha and Pseudepigrapha, Sheffield 2001.

Kuhn, H.-W.: Der irdische *Jesus* bei Paulus als traditionsgeschichtliches und theologisches Problem, ZThK 67, 1970, 295–320.

Kurz, G.: *Metapher*, Allegorie, Symbol, Göttingen ⁴1997.

Kurz, W.S.: *Luke 22:14–38* and Greco-Roman and Biblical Farewell Addresses, JBL 104, 1985, 251–268.

Laato, A.: A *Star* is Rising. The Historical Development of the Old Testament Royal Ideology and the Rise of the Jewish Messianic Expectations, International Studies in Formative Christianity and Judaism 5, Georgia 1997.

Lakoff, G./ Johnson, M.: *Metaphors* We Live By, Chicago [11]1996.

Lampe, P.: Die *Apokalyptiker* – ihre Situation und ihr Handeln, in: Luz, U. u.a.: Eschatologie und Friedenshandeln. Exegetische Beiträge zur Frage nach christlicher Friedensverantwortung, SBS 101, Stuttgart 1981, 59–114.

– : Die *Parteien* in Korinth (1–4), in: Link, C./ Luz, U./ Vischer, L.: Sie aber hielten fest an der Gemeinschaft ... Einheit der Kirche als Prozeß im Neuen Testament und heute, Zürich 1988, 107–108.

– : Die stadtrömischen *Christen* in den ersten beiden Jahrhunderten. Untersuchungen zur Sozialgeschichte, WUNT 2/18, Tübingen [2]1989.

– : Theological *Wisdom* and the "Word About the Cross". The Rhetorical Scheme in I Corinthians 1–4, Interpretation. A Journal of Bible and Theology 44, 1990, 117–131.

Lausberg, H.: Handbuch der literarischen *Rhetorik*, München [5]1976.

Lattke, M.: *Art.* κεφαλή, EWNT 2, Stuttgart/ Berlin/ Köln [2]1992, Sp. 701–708.

Légasse, S.: L'appel du *riche*. Contribution à l'étude des fondements scripturaires de l'état religieux, Vsal.CA, 1966, 113–214.

Liedke, G.: *Art.* שׁפט, THAT 2, München 1976, Sp. 999–1009.

Lindemann, A.: Die *Aufhebung* der Zeit. Geschichtsverständnis und Eschatologie im Epheserbrief, StNT, Gütersloh 1975.

– : *Bemerkungen* zu den Adressaten und zum Anlaß des Epheserbriefes, in: – : Paulus, Apostel und Lehrer der Kirche (s. dort), 211–227.

– : Die *Gemeinde* von „Kolossä". Erwägungen zum „Sitz im Leben" eines pseudopaulinischen Briefes, in: ders.: Paulus, Apostel und Lehrer der Kirche (s. dort), 187–210.

– : Die *Kirche* als Leib. Beobachtungen zur „demokratischen" Ekklesiologie bei Paulus, in: ders.: Paulus, Apostel und Lehrer der Kirche (s. dort), 132–157.

– : Paulus, *Apostel* und Lehrer der Kirche. Studien zu Paulus und zum frühen Paulusverständnis, Tübingen 1999.

– : *Paulus* im ältesten Christentum. Das Bild des Apostels und die Rezeption der paulinischen Theologie in der frühchristlichen Literatur bis Marcion, BHTh 58, Tübingen 1979.

– : Paulus und die korinthische *Eschatologie*. Zur These von einer „Entwicklung" im paulinischen Denken, in: ders.: Paulus, Apostel und Lehrer der Kirche (s. dort), 64–90.

Lipp, W.: *Stigma* und Charisma. Über soziales Grenzverhalten, Schriften zur Kultursoziologie 1, Berlin 1985.

Lips, H. von: Von den „*Pastoralbriefen*" zum „Corpus Pastorale". Eine Hallische Sprachschöpfung und ihr modernes Pendant als Funktionsbestimmung dreier neutestamentlicher Briefe, in: Schnelle, U. (Hg.): Reformation und Neuzeit. 300 Jahre Theologie in Halle, Berlin/ New York 1994, 49–71.

Loader, W.R.G.: *Christ* at the Right Hand – Ps CX.1 in the New Testament, NTS 24, 1978, 199–217.

Loh, I.-J.: A *Study* of an Early Christian Hymn in II Tim 2:11–13, Princeton 1968.

Lohfink, G.: Paulinische *Theologie* in der Rezeption der Pastoralbriefe, in: Kertelge, K. (Hg.): Paulus in den neutestamentlichen Spätschriften. Zur Paulusrezeption im Neuen Testament, QD 89, Freiburg/ Basel/ Wien 1981, 70–121.

– : Die *Sammlung* Israels. Eine Untersuchung zur lukanischen Eschatologie, StANT 39, München 1975.

– : Die *Vermittlung* des Paulinismus zu den Pastoralbriefen, BZ NF 32, 1988, 169–188.

Lohse, E.: Das apostolische *Vermächtnis*. Zum paulinischen Charakter der Pastoralbriefe, in: Schrage, W. (Hg.): Studien zum Text und zur Ethik des Neuen Testaments, FS H. Greeven, Berlin/ New York 1986, 266–281.

– : *Christusherrschaft* und Kirche im Kolosserbrief, NTS 11, 1964/ 65, 203–216.

– : *Märtyrer* und Gottesknecht, FRLANT 46, Göttingen 1963.

Lona, H.: Die *Eschatologie* im Kolosser- und Epheserbrief, FzB 48, Würzburg 1984.

Lorenzen, T.: Der *Lieblingsjünger* im Johannesevangelium, SBS 55, Stuttgart 1971.

Lorenzmeier, T.: Zum *Logion* Mt 12,28; Lk 11,20, in: Betz, H.D./ Schottroff, L. (Hg.): Neues Testament und christliche Existenz, FS H. Braun, Tübingen 1973, 289–304.

Lührmann, D.: *Fragmente* der apokryph gewordenen Evangelien. In griechischer und lateinischer Sprache, MThSt 59, Marburg 2000.

– : Die *Redaktion* der Logienquelle, WMANT 33, Neukirchen-Vluyn 1969.

Lütgert, W.: Die *Irrlehrer* der Pastoralbriefe, BFChTh 13/ 3, Gütersloh 1909.

Lutz, H.-M.: *Jahwe*, Jerusalem und die Völker. Zur Vorgeschichte von Sach 12,1–8 und 14,1–4, WMANT 27, Neukirchen-Vluyn 1968.

Luz, U.: Der *Antijudaismus* im Matthäusevangelium als historisches und theologisches Problem. Eine Skizze, EvTh 53, 1993, 310–328.

– : Das *Geheimnismotiv* und die markinische Christologie, ZNW 56, 1965, 9–30.

Mach, M.: *Art. „Philo“*, TRE 26, Berlin/ New York 1996, 523–531.

Macky, P.W.: St. Paul's Cosmic *War* Myth. A Military Version of the Gospel, New York 1998.

– : The Centrality of *Metaphors* to Biblical Thought. A Method of Interpreting the Bible, Studies in the Bible and Early Christianity, Bd. 19, New York u.a. 1990.

Maier, J.: Jüdische *Auseinandersetzung* mit dem Christentum in der Antike, EdF 117, Darmstadt 1982.

– : Die *Tempelrolle* vom Toten Meer und das „Neue Jerusalem“, München ³1997.

– : *Zwischen* den Testamenten. Geschichte und Religion in der Zeit des Zweiten Tempels, NEB, Würzburg 1990.

– / Schubert, K.: Die *Qumran-Essener*. Texte der Schriftrollen und Lebensbild der Gemeinde, München 1973.

Maluschke, G.: *Art. „Macht/* Machttheorien“, in: Nohlen, D. (Hg.): Wörterbuch Staat und Politik, Bonn 1991, 351–355.

Mandt, H.: *Art. „Politische Herrschaft* und Macht“, in: Mickel, W.W. (Hg.): Handlexikon zur Politikwissenschaft, Schriftenreihe der Bundeszentrale für politische Bildung, Bd. 237, Bonn 1986, 373–380.

Manson, T.W.: The *Sayings* of Jesus, London 1949.

Marchel, W.: De *resurrectione* et de retributione statim post mortem secundum 2Mack comparandum cum 4Mack, VD 34, 1956, 327–341.

Martin, D.B.: *Slavery* as Salvation, New Haven, 1990.

– : *Tongues* of Angels and Other Status Indicators, JAAR 59, 1991, 547–589.

Matthewson, D.: A Note on the Foundation *Stones* in Revelation 21.14, 19-20, JSNT 25, 2003, 487–498.

McFague, S.: Metaphorical *Theology*. Models of God in Religious Language, Philadelphia 1996.

Meade, D.G.: *Pseudonymity* and Canon: An Investigation into the Relationship of Authorship and Authority in Jewish and Earliest Christian Tradition, Grand Rapids 1986.

Meeks, W.A.: The Temporary *Reign* of the Son: 1 Cor 15:23–28, in: Fornberg, T./ Hellholm, D. (Hg.): Texts and Contexts. Biblical Texts in Their Textual and Situational Contexts, FS L. Hartman, Oslo 1995, 801–811.

– : *Urchristentum* und Stadtkultur. Die soziale Welt der paulinischen Gemeinden, Gütersloh 1993.

Mell, U.: Die „anderen" *Winzer*. Eine exegetische Studie zur Vollmacht Jesu Christi nach Markus 11,27–12,34, WUNT 77, Tübingen 1994.

Ménard, J.-É.: L'*Évangile* selon Thomas, NHS V, Leiden 1975.

– : La *Sagesse* et le logion 3 de l'Évangile selon Thomas, StPatr 10, TU 107, Berlin 1970, 137–140.

Merkel, H.: Der *Epheserbrief* in der neueren Diskussion, ANRW II 25.4, Berlin/ New York 1987, 3156–3246.

Merklein, H.: Die *Gottesherrschaft* als Handlungsprinzip, fzb 34, Würzburg ³1984.

– : Jesu *Botschaft* von der Gottesherrschaft. Eine Skizze, SBS 111, Stuttgart ³1989.

– : *Paulinische Theologie* in der Rezeption des Kolosser- und Epheserbriefes, in: Kertelge, K. (Hg.): Paulus in den neutestamentlichen Spätschriften, QD 89, Freiburg/ Basel/ Wien 1981, 25–69.

Merz, A.: Der intertextuelle und historische *Ort* der Pastoralbriefe, Diss. Microfiche, Heidelberg 2000.

Michel, O.: *Prophet* und Märtyrer, BFChTh 37.2, Gütersloh 1932.

Milik, J.T.: *Écrits* préesséniens de Qumrân: d'Hénoch à Amram, in: Delcor, M. (Hg.): Qumrân. Sa piété, sa théologie et son milieu, BEThL 46, Leuven 1978, 91–106.

Miller, B.F.: A *Study* of the Theme of „Kingdom": The Gospel according to Thomas: Logion 18, NT 9, 1967, 52–60.

Mitchell, A.C.: *Rich* and Poor in the Courts of Corinth: Litigiousness and Status in 1 Corinthians 6.1-11, NTS 39, 1993, 562–586.

Mitchell, M.: *Paul* and the Rhetoric of Reconciliation. An Exegetical Investigation of the Language and Composition of 1 Corinthians, HUTh 28, Tübingen 1991.

Mödritzer, H.: *Selbststigmatisierung* im Neuen Testament und seiner Umwelt: Eine Studie zur Wechselbeziehung von Stigma und Charisma als Beitrag zu einer Soziologie des Urchristentums als charismatischer Bewegung, NTOA 28, Freiburg (Schweiz)/ Göttingen 1994.

Moessner, D.P.: *Lord* of the Banquet. The Literary and Theological Significance of the Lukan Travel Narrative, Minneapolis 1989.

Moulder, W.J.: The Old Testament *Background* and the Interpretation of Mark x.45, NTS 24, 1978, 120–127.

Müller, K.: Beobachtungen zur *Entwicklung* der Menschensohnvorstellung in den Bilderreden und im Buche Daniel, in: Suttner, E.C. (Hg.): Wegzeichen, FS H.M. Biedermann, Das östliche Christentum NF 25, Würzburg 1971, 253–261.

Müller, M.: Der Ausdruck „*Menschensohn*" in den Evangelien. Voraussetzung und Bedeutung, AThD XVII, Leiden 1984.

Müller, S.: Weh euch, ihr *Heuchler*! Zur Herkunft und Bedeutung der pharisäischen
Bewegung im Judentum, in: Henze, D. u.a.: Antijudaismus im Neuen Testament? Grundlagen für die Arbeit mit biblischen Texten, Gütersloh 1997, 138–
150.

Müller, U.B.: *Apokalyptik* im Neuen Testament, in: Horn, F.W. (Hg.): Bilanz und Per-
spektiven gegenwärtiger Auslegung des Neuen Testaments, FS G. Strecker,
BZNW 75, Berlin/ New York 1995, 144–169.

– : Die *Entstehung* des Glaubens an die Auferstehung Jesu. Historische Aspekte und
Bedingungen, SBS 172, Stuttgart 1998.

– : *Messias* und Menschensohn in jüdischen Apokalypsen und in der Offenbarung des
Johannes, StNT 6, Gütersloh 1972.

– : *Prophetie* und Predigt im Neuen Testament, Formgeschichtliche Untersuchungen zur
urchristlichen Prophetie, StNT 10, Gütersloh 1975.

– : *Vision* und Botschaft, ZThK 74, 1977, 416–448.

– : Zur frühchristlichen *Theologiegeschichte*. Judenchristentum und Paulinismus in
Kleinasien an der Wende vom ersten zum zweiten Jahrhundert n.Chr., Gütersloh
1976.

Murphy-O'Connor, J.: *2 Timothy* Contrasted with 1 Timothy and Titus, RB 98, 1991,
403–418.

Mussner, F.: Die *Stellung* zum Judentum in der „Redenquelle" und ihrer Verarbeitung
bei Matthäus, in: Schenke, L. (Hg.): Studien zum Matthäusevangelium, FS W.
Pesch, SBS, Stuttgart 1988, 209–225.

Nagel, P.: Zur sahidischen *Version* des Testaments Isaaks, WZ (H) 12, 3–4, 259–263.

Neugebauer, F.: *Jesus* und der Menschensohn. Ein Beitrag zur Klärung der Wege historischer Wahrheitsfindung im Bereich der Evangelien, AzTh I/ 50, Stuttgart
1972.

Neusner, J. (Hg.): *Judaisms* and Their Messiahs at the Turn of the Christian Era, Cambridge 1987.

Nickelsburg, G.W.: *Eschatology* in the Testament of Abraham. A Study of the Jugdment
Scene in the two Recensions, in: ders. (Hg.): Studies on the Testament of Abraham (s. dort), 23–64.

– : *Resurrection*, Immortality and Eternal Life in Intertestamental Judaism, Cambridge,
Massachusetts 1972.

– : *Salvation* without and with a Messiah: Developing Beliefs in Writings Ascribed to
Enoch, in: Neusner, J. (Hg.): Judaisms and Their Messiahs at the Turn of the
Christian Era (s. dort), 49–68.

– : Social *Aspects* of Palestinian Jewish Apocalypticism, in: David H. (Hg.): Apocalypticism in the Mediterranean World and the Near East, Tübingen [2]1989, 641–654.

– : *Structure* and Message in the Testament of Abraham, in: ders. (Hg.): Studies on the
Testament of Abraham, SCSt 6, Missoula 1976, 85–93.

– : The Apocalyptic *Message* of 1 Enoch 92–105, CBQ 39, 1977, 309–328.

– : *Studies* on the Testament of Abraham, SCSt 6, Missoula 1976.

Niehr, H.: Art שפט, ThWAT 8, Stuttgart/ Berlin/ Köln 1995, Sp. 408–428.

– : *Herrschen* und Richten. Die Wurzel *špt* im Alten Orient und im Alten Testament, fzb
54, Würzburg 1986.

Nielsen, E.: La *Guerre* considérée comme une religion et la Religion comme une guerre. Du chant de Débora au Rouleau de la Guerre de Qumrân, StTh 15, 1961, 93–112.

Noppen, J.-P. van: *Einleitung*: Metapher und Religion, in: ders. (Hg.): Erinnern, um Neues zu sagen. Die Bedeutung der Metapher für die religiöse Sprache, Frankfurt a.M. 1988, 7–51.

Noth, M.: Das *Amt* des ‚Richters Israels', in: Baumgartner, Walter u.a. (Hg.): FS A. Bertholet, Tübingen 1950, 404–417.

– : *Die Heiligen* des Höchsten, in: ders.: Gesammelte Studien zum Alten Testament, TB 6, München ²1960, 274–290.

– : Zur *Komposition* des Buches Daniel, in: ders.: Gesammelte Studien zum Alten Testament II, TB 39, München 1970, 11–28.

Nützel, J.M.: „*Darf ich* mit dem Meinen nicht tun, was ich will?" (Mt 20,15a), in: Oberlinner, L./ Fiedler, P. (Hg.): Salz der Erde – Licht der Welt. Exegetische Studien zum Matthäusevangelium, FS Anton Vögtle, Stuttgart 1991, 267–284.

Nussbaum, O.: Die *Bewertung* von Rechts und Links in der römischen Liturgie, JAC 5, 1962, 158–171.

Oberlinner, L.: Die „*Epiphaneia*" des Heilswillens Gottes in Christus Jesus. Zur Grundstruktur der Christologie der Pastoralbriefe, ZNW 71, 1980, 192–213.

Ochel, W. Die *Annahme* einer Bearbeitung im Epheserbrief in einer Analyse des Epheserbriefes untersucht, Diss. Marburg 1934.

Oegema, G.S.: The Anointed and his People. Messianic Expectations from the Maccabees to Bar Kochba, JSPE.S 27, Sheffield 1998; deutsch: *Der Gesalbte* und sein Volk. Untersuchungen zum Konzeptualisierungsprozeß der messianischen Erwartungen von den Makkabäern bis Bar Kosiba, SIJD 2, Göttingen 1994.

O'Hagan, A.: The *Martyr* an the Fourth Book of Maccabees, SBFLA 24, 1974, 94–120.

Osten-Sacken, P. von der: *Gott* und Belial. Traditionsgeschichtliche Untersuchungen zum Dualismus in den Texten aus Qumran, StUNT 6, Göttingen 1969.

Overbeck, F.: Über die *Anfänge* der patristischen Literatur, 1882, Neudruck, Libelli XV 1966.

Patterson, S.J./ Robinson, J.M.: The Fifth *Gospel*. The Gospel of Thomas Comes of Age. With a New English Translation by Hans-Gebhard Bethge u.a., Harrisburg 1998.

Paulsen, H.: *Überlieferung* und Auslegung in Römer 8, WMANT 43, Neukirchen-Vluyn 1974.

Perdelwitz, R.: Die *Mysterienreligion* und das Problem des 1. Petrusbriefes. Ein literarischer und religionsgeschichtlicher Versuch (RVV XI/ 3), Gießen 1911.

Perler, O.: Das vierte *Makkabäerbuch*, Ignatius von Antiochien und die ältesten Märtyrerberichte, RivAC 25, 1949, 47–72.

Perry, J.M.: Exploring the Messianic *Secret* in Mark's Gospel, Kansas City 1997.

Pesch, R.: Jesu ureigene *Taten*? Ein Beitrag zur Wunderfrage, QD 52, Freiburg/ Basel/ Wien 1970.

– (Hg.): Das *Markus-Evangelium*, WdF 161, Darmstadt 1979.

– : *Paulus* kämpft um sein Apostolat: Drei weitere Briefe an die Gemeinde Gottes in Korinth: Paulus – neu gesehen, Fribourg 1987.

Pesch, W.: Der *Lohngedanke* in der Lehre Jesu verglichen mit der religiösen Lohnlehre des Spätjudentums, MThSt I,7, München 1955.

– : Theologische *Aussagen* der Redaktion von Matthäus 23, in: Hoffmann, P. (Hg.): Orientierung an Jesus. Zur Theologie der Synoptiker, FS J. Schmid, Freiburg/ Basel/ Wien 1973, 286–299.

Pfleiderer, O.: Das *Urchristentum*, seine Schriften und Lehren, 2 Bd., 2. neu bearb. und erw. Aufl. Berlin 1902.

Pfitzner, V.C.: *Paul* and the Agon Motif, Leiden 1967.

Pines, S.: *Notes* on the Twelve Tribes in Qumran, Early Christianity and Jewish Tradition, in: Gruenwald, I. (Hg.): Messiah and Christos. Studies in the Jewish Origins of Christianity, FS D. Flusser, TSAJ 32, Tübingen 1992, 151–154.

Ploeg, J. van der: La *Guerre* Sainte dans la „Règle de Guerre" de Qumrân, in: Mélanges bibliques, Travaux de l'Institut Catholique de Paris, FS A. Robert, Paris 1957, 326–333.

– : Le *Rouleau* de la Guerre traduit et annoté avec une introduction, Leiden 1959.

Pobee, J.S.: *Persecution* and Martyrdom in the Theology of Paul, JSNT.S 6, Sheffield 1985.

Porsch, F.: *Pneuma* und Wort, FTS 16, Frankfurt a.M. 1974.

Pratscher, W.: Der *Herrenbruder* Jakobus und die Jakobustradition, FRLANT 139, Göttingen 1987.

Prostmeier, F.-R.: *Handlungsmodelle* im ersten Petrusbrief, fzb 63, Würzburg 1990.

Puech, É.: *538. 4QTestament de Juda ar*, Qumrân Grotte 4 XXII, DJD 31, Oxford 2001, 191–199.

Quispel, G.: The ‚*Gospel* of Thomas' and the ‚Gospel of the Hebrews', NTS 12, 1965/ 66, 371–382.

Rad, G. von: Der Heilige *Krieg* im alten Israel, Zürich [5]1969.

Radl, W.: *Rettung* in Israel, in: Bussmann, C./ Radl, W. (Hg.): Der Treue Gottes trauen, FS Gerhard Schneider, Freiburg 1991, 53–57.

Räisänen, H.: Das *Messiasgeheimnis* im Markusevangelium. Ein redaktionskritischer Versuch, Suomen Eksegeettisen Seuran julkaisuja 28, Helsinki 1976.

– : Neutestamentliche *Theologie*? Eine religionswissenschaftliche Alternative, SBS 186, Stuttgart 2000.

– : Die *Parabeltheorie* im Markusevangelium, Schriften der Finnischen Exegetischen Gesellschaft 26, Helsinki 1973.

– : The „*Messianic Secret*" in Mark's Gospel, SNTW, Edinburgh 1990.

Rau, E.: *Kosmologie*, Eschatologie und Lehrautorität Henochs. Traditions- und formgeschichtliche Untersuchungen zum äthiopischen Henochbuch und verwandten Schriften, Hamburg 1974.

Ravens, D.: *Luke* and the Restoration of Israel, JSNT.S 119, Sheffield 1995.

Rebell, W.: Das *Leidensverständnis* bei Paulus und Ignatius von Antiochien, NTS 32, 1986, 457–465.

– : Neutestamentliche *Apokryphen* und Apostolische Väter, München 1992.

Reddish, M.G.: The *Theme* of Martyrdom in the Book of Revelation, Ann Arbor 1982.

Reichert, A.: Eine urchristliche *praeparatio* ad martyrium. Studien zur Komposition, Traditionsgeschichte und Theologie des 1. Petrusbriefes, BET 22, Frankfurt a.M. 1989.

Reiling, J.: *Hermas* and Christian Prophecy. A Study of the Eleventh Mandate, NT.S 37, Leiden 1973.

Reiser, M.: Die *Gerichtspredigt* Jesu: Eine Untersuchung zur eschatologischen Verkündigung Jesu und ihrem frühjüdischen Hintergrund, NTA NF 23, Münster 1990.

Rengstorf, K.H. (Hg.): *Johannes* und sein Evangelium, WdF 82, Darmstadt 1973.

Rese, M.: Die „*Juden*" im lukanischen Doppelwerk, in: Bussmann, C./ Radl, W. (Hg.): Der Treue Gottes trauen, FS G. Schneider, Freiburg 1991, 61–80.

Resenhöft, W.: Jesu *Gleichnis* von den Talenten, ergänzt durch die Lukas-Fassung, NTS 26, 1980, 318–331.

Richardson, P./ Hurd, J.C. (Hg.): From *Jesus* to Paul, FS F.W. Beare, Waterloo/ Canada 1984.

Riesenfeld, H.: *Emboleuein-Entos*, NSNU 2, 1949, 11–12.

– : Le *Règne* de Dieu, parmi vous ou en vous? (Luc 17,20–21), RB 98, 1991, 190–198.

– : The *Meaning* of the Verb ἀρνεῖσϑαι, in: In honorem Antonii Fridrichsen sexagenarii, CB.NT 11, Lund/ Kopenhagen 1947, 207–219.

Riesner, R.: Die *Frühzeit* des Apostels Paulus. Studien zur Chronologie, Missionsstrategie und Theologie, WUNT 71, Tübingen 1994.

– : *Jesus* als Lehrer. Eine Untersuchung zum Ursprung der Evangelien-Überlieferung, WUNT 2/ 7, Tübingen [3]1988.

Riniker, C.: Die *Gerichtsverkündigung* Jesu, Europäische Hochschulschriften, Reihe XXIII Theologie, Bd. 653, Bern u.a. 1999.

Rissi, M.: Die *Zukunft* der Welt. Eine exegetische Studie über Johannesoffenbarung 19,11 bis 22,15, Basel o.J.

– : *Was ist* und was geschehen soll danach. Die Zeit- und Geschichtsauffassung der Offenbarung des Johannes, AThANT 46, Zürich/ Stuttgart [2]1965.

Robinson, J.M.: Kerygma and History in the New Testament, in: Koester, H./ ders.: Trajectories through Early Christianity, Philadelphia 1971, 20–70; dt.: *Kerygma* und Geschichte im Neuen Testament, in: Köster, H./ ders.: Entwicklungslinien durch die Welt des frühen Christentums, Tübingen 1971, 20–66.

– : On Bridging the *Gulf* From Q to the Gospel of Thomas (Or Vice Versa), in: Hedrick, C.W./ Hodgson, R. (Hg.): Nag Hammadi, Gnosticism, & Early Christianity, Massachusetts 1986, 127–175.

Rodd, C.S.: Spirit or *Finger*, ET 72, 1960–1961, 157f.

Roesaeg, N.A.: *Jesus* from Galilee and Political Power. A Socio-Historical Investigation, Diss. masch., Oslo 1990.

Rösel, C.: Die messianische *Redaktion* des Psalters. Studien zur Entstehung und Theologie der Sammlung Psalm 2–89*, CThM BW, Reihe A, Bd. 19, Stuttgart 1999.

Roloff, J.: *Anfänge* der soteriologischen Deutung des Todes Jesu (Mk x.45 und Lk xxii.27), NTS 19,1973, 38–64.

– : *Art.* „*Apostel*/ Apostolat/ Apostolizität", I. Neues Testament, TRE 3, Berlin/ New York 1978, 430–445.

– : *Art.* „*Pastoralbriefe*", TRE 26, Berlin/ New York 1996, 50–68.

– : *Apostolat* – Verkündigung – Kirche. Ursprung, Inhalt und Funktion des kirchlichen Apostelamtes nach Paulus, Lukas und den Pastoralbriefen, Gütersloh 1965.

– : Der johanneische *Lieblingsjünger* und der Lehrer der Gerechtigkeit, NTS 15, 1968/ 69, 129–151.

– : Die *Kirche* im Neuen Testament, Grundrisse zum Neuen Testament, NTD Ergänzungsband 10, Göttingen 1993.

– : *Neues Testament*, Neukirchener Arbeitsbücher, Neukirchen-Vluyn [7]1999.

– : Der *Weg* Jesu als Lebensnorm. Ein Beitrag zur Christologie der Pastoralbriefe, in: Breytenbach, C. (Hg.): Anfänge der Christologie, FS F. Hahn, Göttingen 1991, 155–167.

Roose, H.: *Dienen* und Herrschen. Zur Charakterisierung des Lehrens in den Pastoralbriefen, NTS 49, 2003, 440–446.

– : Die *Hierarchisierung* der Leib-Metapher im Kolosser- und Epheserbrief als „Paulinisierung": Ein Beitrag zur Rezeption paulinischer Tradition in pseudopaulinischen Briefen, NT 2004 (im Erscheinen).

– : *Teilhabe* an JHWHs Macht. Alttestamentlich-jüdische Hoffnungen in der Zeit des zweiten Tempels, Beiträge zum Verstehen biblischer Texte, Münster (im Erscheinen).

– : „Das *Zeugnis* Jesu". Seine Bedeutung für die Christologie, Eschatologie und Prophetie in der Offenbarung des Johannes, TANZ 32, Tübingen 2000.

Rudolph, K.: *Gnosis* und Gnostizismus. Ein Forschungsbericht, ThR 34, 1969, 121–175.181–231.359–361.

– : Die *Gnosis*. Wesen und Geschichte einer spätantiken Religion, Göttingen [3]1990.

Rüstow, A.: *ENTOΣYMIN EΣTIN*. Zur Deutung von Lukas 17,20–21, ZNW 51, 1960, 197–224.

Ruppert, L.: *Der* leidende *Gerechte*. Eine motivgeschichtliche Untersuchung zum Alten Testament und zwischentestamentlichen Judentum, Forschung zur Bibel 5, Würzburg [5]1972.

– : Der leidende (bedrängte, getötete) Gerechte nach den *Spätschriften* des Alten Testaments (inclusive Septuaginta) und der (nichtrabbinischen) Literatur des Frühjudentums unter besonderer Berücksichtigung des Gottesbildes, in: Henten, J.W. van der: Die Entstehung der jüdischen Martyrologie, StPB 38, Leiden 1989, 76–87.

– : Der leidende Gerechte und seine *Feinde*. Eine Wortfelduntersuchung, Würzburg 1973.

– : *Jesus* als der leidende Gerechte? Der Weg Jesu im Lichte eines alt- und zwischentestamentlichen Motivs, Stuttgart 1972.

– : *Zusammenfassung* der Diskussion, in: Henten, J.W. van (Hg.): Die Entstehung der jüdischen Martyrologie (s. dort), 220–261.

Sacchi, P.: Jewish *Apocalyptic* and its History, JSPE.S 20, Sheffield 1990.

Sänger, D.: *Art. ϑρόνος*, EWNT II, Stuttgart/ Berlin/ Köln [2]1992, Sp. 387–391.

Sand, A.: „Am Bewährten festhalten". Zur *Theologie* der Pastoralbriefe, in: Hainz, J. (Hg.): Theologie im Werden. Studien zu den theologischen Konzeptionen im Neuen Testament, Paderborn 1992, 351–376.

Sanders, E.P.: *Jesus* and Judaism, SCM, London [2]1987.

Sanders, J.T.: *Hymnic Elements* in Ephesians 1–3, ZNW 56, 1965, 214–232.

Satake, A.: Die *Gemeindeordnung* in der Johannesapokalypse, WMANT 21, Neukirchen-Vluyn 1966.

Scharff, A./ Seidl, E.: *Einführung* in die Ägyptische Rechtsgeschichte bis zum Ende des Neuen Reiches, Glückstadt [3]1957.

Schendel, E.: *Herrschaft* und Unterwerfung Christi: 1 Korinther 15,24–28 in Exegese und Theologie der Väter bis zum Ausgang des 4. Jahrhunderts, BGBE 12, Tübingen 1971.

Schenk, W.: *Art. „Korintherbriefe"*, TRE 19, Berlin/ New York 1990, 620–640.

– : Die *Briefe* an Timotheus I und II und an Titus (Pastoralbriefe) in der neueren Forschung (1945–1985), ANRW II 25.4, Berlin/ New York 1987, 3404–3438.

Schenke, H.-M.: Der *Jakobusbrief* aus dem Codex Jung, OLZ 66, 1971, 117–130.

– : Das *Weiterwirken* des Paulus und die Pflege seines Erbes durch die Paulus-Schule, NTS 21, 1975, 505–518.

– / Fischer, K.M.: *Einleitung* in die Schriften des Neuen Testaments, 2 Bde, Gütersloh 1978f.

Schenke, L.: Die *Interpretation* der Parabel von den „Arbeitern im Weinberg" (Mt 20,1–15) durch Matthäus, in: ders. (Hg.): Studien zum Matthäusevangelium, FS W. Pesch, SBS, Stuttgart 1988, 245–268.

– : Das *Markusevangelium*, Stuttgart u.a. 1988.

– : Die *Urgemeinde*. Geschichtliche und theologische Entwicklung, Stuttgart/ Berlin/ Köln 1990.

Schierse, F.J.: *Kennzeichen* gesunder und kranker Lehre. Zur Ketzerpolemik der Pastoralbriefe, Diak. 4, 1973, 76–86.

Schiffman, L.H.: Sectarian *Law* in the Dead Sea Scrolls – Courts, Testimony and the Penal Code, Brown Judaic Studies 33, Chico CA 1983.

Schille, G.: Frühchristliche *Hymnen*, Berlin 1965.

– : Die urchristliche *Kollegialmission*, AThANT 48, Zürich 1967.

Schlarb, E.: Die gesunde *Lehre*. Häresie und Wahrheit im Spiegel der Pastoralbriefe, MThSt 28, Marburg 1990.

Schlier, H.: *Art. κεφαλή, ἀνακεφαλαιόομαι*, ThWNT III, Stuttgart 1938, 672–682.

– : *Mächte* und Gewalten im Neuen Testament, QD 3, Freiburg u.a. 1958, [3]1963.

Schluchter, W. (Hg.): Max Webers *Sicht* des antiken Christentums, Frankfurt a.M. 1985.

Schmeller, T.: *Brechungen*. Urchristliche Wandercharismatiker im Prisma soziologisch orientierter Exegese, SBS 136, Stuttgart 1989.

Schmidt, F.: The Two *Recensions* of the Testament of Abraham: In Which Way did the Transformation Take Place? in: Nickelsburg, G.W. (Hg.): Studies on the Testament of Abraham (s. dort), 65–83.

Schmitt, A.: Stammt der sogenannte ˝ϑ˝-Text bei *Daniel* wirklich von Theodotion? NAWG (1966), 279–392 (= MSU 9, 1966).

– : *Wende* des Lebens. Untersuchungen zu einem Situations-Motiv der Bibel, BZAW 237, Berlin/ New York 1996.

Schmitz, O.: *Art. ϑρόνος*, ThWNT 3, Stuttgart 1938, 160–167.

Schnackenburg, R.: Gottes *Herrschaft* und Reich. Eine biblisch-theologische Studie, Freiburg 1959.

– : Die johanneische *Gemeinde* und ihre Geisterfahrung, in: ders. (Hg.): Die Kirche des Anfangs, FS H. Schürmann, Freiburg/ Basel/ Wien 1978, 277–306.

– : *Macht*, Gewalt und Friede nach dem Neuen Testament, in: ders.: Maßstab des Glaubens, Freiburg 1978, 231–255.

Schneemelcher, W.: Das *Urchristentum*, Stuttgart u.a. 1981.

Schnelle, U.: *Einleitung* in das Neue Testament, Göttingen [4]2002.

– : *Wandlungen* im paulinischen Denken, SBS 137, Stuttgart 1989.

Schoedel, W.R.: *Polykarp* of Smyrna and Ignatius of Antioch, ANRW II 27.1, Berlin/ New York 1993, 272–358.

Schottroff, L.: Die *Güte* Gottes und die Solidarität von Menschen, in: Schottroff, W. u.a. (Hg.): Der Gott der kleinen Leute II, München/ Gelnhausen 1979, 71–93.

Schrage, W.: *Evangelienzitate* in den Oxyrhynchus-Logien und im koptischen Thomas-Evangelium, in: Eltester, W. (Hg.): Apophoreta, FS E. Haenchen, BZNW 30, Berlin/ New York 1964, 251–268.

– : Das *Verhältnis* des Thomas-Evangeliums zur synoptischen Tradition und zu den koptischen Evangelienübersetzungen, BZNW 29, Berlin/ New York 1964.

– : Zur *Ethik* der neutestamentlichen Haustafeln, NTS 21, 1975, 1–22.

Schreiber, S.: *Gesalbter* und König. Titel und Konzeptionen der königlichen Gesalbtenerwartung in frühjüdischen und urchristlichen Schriften, BZNW 105, Berlin/ New York 2000.

Schrey, H.-H.: *Art.* „*Gewalt*/ Gewaltlosigkeit I. Ethisch", TRE 13, Berlin/ New York 1984, 168–178.

– : *Art.* „*Macht* II. Ethisch", TRE 21, Berlin/ New York 1991, 652–657.

Schröter, J.: *Erinnerung* an Jesu Worte. Studien zur Rezeption der Logienüberlieferung in Markus, Q und Thomas, WMANT 76, Neukirchen-Vluyn 1997.

Schüpphaus, J.: Die *Psalmen* Salomos. Ein Zeugnis Jerusalemer Theologie und Frömmigkeit in der Mitte des vorchristlichen Jahrhunderts, ALGHJ VII, Leiden 1977.

Schürer, E.: *Geschichte* des jüdischen Volkes im Zeitalter Jesu Christi, 3 Bde + Register, mehrere Auflagen, Hildesheim u.a. 1890–1911; neu hg. und übersetzt von Vermes, G.: The *History* of the Jewish People in the Age of Jesus Christ, Edinburgh 1973–1987 (Schürer/ Vermes, History).

Schürmann, H.: Jesu *Abschiedsrede* Lk 22,21–38. III. Teil einer quellenkritischen Untersuchung des lukanischen Abendmahlsberichts Lk 22,7–38, NTA XX/5, Münster 1957.

– : Der *Jüngerkreis* Jesu als Zeichen für Israel (1963), in: ders.: Ursprung und Gestalt. Erörterungen und Besinnungen zum Neuen Testament, Düsseldorf 1970, 45–60.

Schüssler-Fiorenza, E.: *Apokalypsis* und Propheteia: The Book of Revelation in the Context of Early Christian Porphecy, in: Lambrecht, J. u.a. (Hg.): L'Apocalypse johannique et l'Apocalyptique dans le Nouveau Testament, BEThL 53, Leuven 1980, 105–128 = dies.: The Book of Revelation. Justice and Judgment, Philadelphia 1985, 133–156.

– : In *Memory* of Her. A Feminist Reconstruction of Christian Origins, New York 1983.

– : *Priester* für Gott. Studien zum Herrschafts- und Priestermotiv in der Apokalypse, NTA NF 7, Münster 1972.

Schulz, A.: *Nachfolgen* und Nachahmen. Studien über das Verhältnis der neutestamentlichen Jüngerschaft zur urchristlichen Vorbildethik, StANT 6, München 1962.

Schulz, S.: *Q*. Die Spruchquelle der Evangelisten, Zürich 1972.

Schwartz, D.R.: *Agrippa I*. The Last King of Judea, TSAJ 23, Tübingen 1990.

Schweizer, E.: *Art.* „*Jesus Christus* I. Neues Testament", TRE 16, Berlin/ New York 1987, 670–726.

– : *Art.* σῶμα, EWNT III, Stuttgart/ Berlin/ Köln ²1992, Sp. 770–779.

– : *Art.* σῶμα, ThWNT 7, Stuttgart 1966, 1024–1091.

– : Matthäus und seine *Gemeinde*, SBS 71, Stuttgart 1974.

– : Zur *Christologie* des ersten Petrusbriefs, in: Breytenbach, C./ Paulsen, H. (Hg.): Anfänge der Christologie, FS F. Hahn, Göttingen 1991, 369–382.

– : 1. Korinther 15,20–28 als *Zeugnis* paulinischer Eschatologie und ihrer Verwandtschaft mit der Verkündigung Jesu, in: Ellis, E.E./ Gräßer, E. (Hg.): Jesus und Paulus, FS W.G. Kümmel, Göttingen 1975, 301–314.

Schwier, H.: *Tempel* und Tempelzerstörung. Untersuchungen zu den theologischen und ideologischen Faktoren im ersten jüdisch-römischen Krieg (66–74 n.Chr.), NTOA 11, Freiburg (Schweiz)/ Göttingen 1989.

Seeley, D.: Jesus' *Death* in Q, NTS 38, 1992, 222–234.

– : *Rulership* and Service in Mark 10:41–45, NT 35, 1993, 234–250.

Sellin, G.: „Die *Auferstehung* ist schon geschehen." Zur Spiritualisierung apokalyptischer Terminologie im Neuen Testament, NT 25, 1983, 220–237.

– : *Hauptprobleme* des Ersten Korintherbriefes, ANRW II 25.4, Berlin/ New York 1987, 2940–3044.

Seybold, K.: *Studien* zur Psalmenauslegung, Stuttgart/ Berlin/ Köln 1998.

Sim, D.C.: The *Meaning* of παλιγγενεσία in Matthew 19.28, JSNT 50, 1993, 3–12.

Simonis, W.: *Jesus* von Nazaret. Seine Botschaft vom Reich Gottes und der Glaube der Urgemeinde, Düsseldorf 1985.

Sjöberg, E.: *Gott* und die Sünder im palästinischen Judentum nach dem Zeugnis der Tannaiten und der apokryphisch-pseudepigraphischen Literatur, BWANT 79, Stuttgart/ Berlin 1939.

Slusser, M.: *Art.* „*Martyrium* III. Christentum", TRE 22, Berlin/ New York 1992, 207–212.

Smallwood, E.M.: The *Jews* under Roman Rule, SJLA 20, Leiden 1976.

Soards, M.L.: The *Passion* According to Luke. The Special Material of Luke 22, JSNT.S 14, Sheffield 1987.

Söding, T.: Das *Erscheinen* des Retters. Zur Christologie der Pastoralbriefe, in: Scholtissek, K. (Hg.): Christologie in der Paulus-Schule. Zur Rezeptionsgeschichte des paulinischen Evangeliums, SBS 181, Stuttgart 2000.

– : *Mysterium* fidei. Zur Auseinandersetzung mit der „Gnosis" in den Pastoralbriefen, Communio 26, 1997, 502–524.

– : *Wege* der Schriftauslegung. Methodenbuch zum Neuen Testament, Freiburg/ Basel/ Wien 1998.

Stadelmann, H.: *Ben Sira* als Schriftgelehrter. Eine Untersuchung zum Berufsbild des vor-makkabäischen Sofer unter Berücksichtigung seines Verhältnisses zu Priester-, Propheten- und Weisheitslehrertum, WUNT 2/ 6, Tübingen 1980.

Standiford, J.W.: A Theological and Hermeneutical Understanding of the Messianic *Secret* in the Gospel of Mark, Ann Arbor, Michigan 1975.

Starcky, J.: Les quatres *étapes* du messianisme à Qumrân, RB 70, 1963, 481–505.

Steck, O.H.: *Exegese* des Alten Testaments: Leitfaden der Methodik; ein Arbeitsbuch für Proseminare, Seminare und Vorlesungen, Neukirchen, 12. überarb. und erw. Aufl. des Titels: Barth, H./ Steck, O.: Exegese des Alten Testaments (s. dort), 1989.

– : *Israel* und das gewaltsame Geschick der Propheten. Untersuchungen zur Überlieferung des deuteronomistischen Geschichtsbildes im Alten Testament, Spätjudentum und Urchristentum, WMANT 23, Neukirchen-Vluyn 1967.

Stegemann, E.W./ Stegemann, W.: Urchristliche *Sozialgeschichte*. Die Anfänge im Judentum und die Christusgemeinde in der mediterranen Welt, Stuttgart/ Berlin/ Köln ²1997.

Stegemann, H.: Die *Essener*, Qumran, Johannes der Täufer und Jesus. Ein Sachbuch, Freiburg ²1993.

– : Some *Remarks* to 1QSa, to 1QSb, and to Qumran Messianism, RdQ 17, 1996, 479–505.

Steinmetz, P.: *Polykarp* von Smyrna über die Gerechtigkeit, Hermes 100, 1972, 63–75.

Stettler, H.: Die *Christologie* der Pastoralbriefe, WUNT 2/ 105, Tübingen 1998.

Steward, Z.: Greek *Crowns* and Christian Martyrs, in: Luccesi, Enzo (Hg.): Antiquité paienne et chrétienne, FS A.J. Festugière, Genève 1984, 119–124.

Stolz, F.: Jahwes und Israels *Kriege*. Kriegstheorien und Kriegserfahrungen im Glauben des Alten Israel, AThANT 60, Zürich 1972.

Stone, M.E.: *Features* of the Eschatology of 4Ezra, HSS 35, Atlanta 1989.

– : The *Testament of Abraham*. The Greek recensions, Texts and Translations. Pseudepigrapha Series 2, Missoula/ Montana 1972.

Stuhlmacher, P.: *Jesus* von Nazaret und die neutestamentliche Christologie im Lichte der Heiligen Schrift, in: Klopfenstein, M. u.a. (Hg.): Mitte der Schrift? Ein jüdisch-christliches Gespräch. Texte des Bremer Symposions vom 6.–12. Januar 1985, JudChr 11, Bern u.a. 1987, 81–95.

Stuhlmann, R.: Das eschatologische *Maß* im Neuen Testament, FRLANT 132, Göttingen 1983.

Swanson, D.: The Temple *Scroll* and the Bible. The Methodology of 11 QT, Studies on the Texts of the Desert of Judah XIV, Leiden/ New York/ Köln 1995.

Sweeney, M.A.: Midrashic *Perspective* in the Torat ham-melek of the Temple Scroll, HS 28, 1987, 51-66.

Taeger, J.-W.: „*Gesiegt*! O himmlische Musik des Wortes!“ – Zur Entfaltung des Siegesmotivs in den johanneischen Schriften, ZNW 85, 1994, 23–46.

– : *Johannesapokalypse* und johanneischer Kreis. Versuch einer traditionsgeschichtlichen Ortsbestimmung am Paradigma der Lebenswasser-Thematik, BZNW 51, Berlin/ New York 1989.

Tarja, H.W.: The *Martyrdom* of St. Paul, WUNT 2/ 67, Tübingen 1994.

Theisohn, J.: Der auserwählte *Richter*. Untersuchungen zum traditionsgeschichtlichen Ort der Menschensohngestalt der Bilderreden des Äthiopischen Henoch, StUNT 12, Göttingen 1975.

Theißen, G.: *Auferstehungsbotschaft* und Zeitgeschichte. Über einige politische Anspielungen im ersten Kapitel des Römerbriefs, in: Bieberstein, S./ Kosch, D. (Hg.): Auferstehung hat einen Namen. Biblische Anstöße zum Christsein heute, FS H.-J. Venetz, Luzern 1998, 59–68.

– : *Evangelienschreibung* und Gemeindeleitung. Pragmatische Motive bei der Abfassung des Markusevangeliums, in: Kollmann, B. (Hg.): Antikes Judentum und Frühes Christentum, FS H. Stegemann, BZNW 97, Berlin/ New York 1999, 389–414.

– : *Gruppenmessianismus*. Überlegungen zum Ursprung der Kirche im Jüngerkreis Jesu, JBTh 7, 1992, 101–123; stark überarbeitet in: ders.: Jesus als historische Gestalt. Beiträge zur Jesusforschung, FRLANT 202, Göttingen 2003, 255–281.

– : Jesusbewegung als charismatische *Wertrevolution*, NTS 35, 1989, 343–360.

– : *Jünger* als Gewalttäter (Mt 11,12f; Lk 16,16). Der Stürmerspruch als Selbststigmatisierung einer Minorität, in: Hellholm, D./ Moxnes, H./ Seim, T.K. (Hg.): Mighty Minorities? Minorities in Early Christianity – Positions and Strategies, FS J. Jervell, StTh 1,49, 1995, 183–200.

– : *Lokalkolorit* und Zeitgeschichte in den Evangelien. Ein Beitrag zur Geschichte der synoptischen Tradition, NTOA 8, Freiburg (Schweiz)/ Göttingen ²1992.

– : *Methodenkonkurrenz* und hermeneutischer Konflikt. Pluralismus in Exegese und Lektüre der Bibel, in: Mehlhausen, J. (Hg.): Pluralismus und Identität, Gütersloh 1995, 127–140.

– : Die pragmatische *Bedeutung* der Geheimnismotive im Markusevangelium. Ein wissenssoziologischer Versuch, in: Kippenberg, H.G./ Stroumsa, G.G. (Hg.): Secrecy and Concealment. Studies in the History of Mediterranean and Near Eastern Religions, SHR 65, Leiden/ New York/ Köln 1995, 225–245.

– : Psychologische *Aspekte* paulinischer Theologie, FRLANT 131, Göttingen 1983.

– : Die *Religion* der ersten Christen. Eine Theorie des Urchristentums, Gütersloh 2000.

– : Soziale *Schichtung* in der korinthischen Gemeinde. Ein Beitrag zur Soziologie des hellenistischen Urchristentums, in: ders.: Studien zur Soziologie des Urchristentums, WUNT 19, Tübingen [3]1989, 230–271.

– : Die *Tempelweissagung* Jesu. Prophetie im Spannungsfeld von Stadt und Land [1976], in: ders.: Studien zur Soziologie des Urchristentums, WUNT 19, Tübingen [3]1989, 142–159.

– : The *Ambivalence* of Power in Early Christianity, in: Rigby, C.L. (Hg.): Power, Powerlessness and the Divine. New Inquiries in Bible and Theology, Georgia 1997, 21–36.

– : Theoretische *Probleme* religionssoziologischer Forschung und die Analyse des Urchristentums, in: ders.: Studien zur Soziologie des Urchristentums, WUNT 19, Tübingen [3]1989, 55–76.

– : Urchristliche *Wundergeschichten*. Ein Beitrag zur formgeschichtlichen Erforschung der synoptischen Evangelien, StNT 8, Gütersloh 1974.

– : *Verfolgung* unter Agrippa I. – Mk 10,35–45, in: Mell, U./ Müller, U.B. (Hg.): Das Urchristentum in seiner literarischen Geschichte, FS J. Becker, BZNW 100, Berlin/ New York 1999, 263–289.

– : *Wanderradikalismus*. Literatursoziologische Aspekte der Überlieferung von Worten Jesu im Urchristentum, in: ders.: Studien zur Soziologie des Urchristentums, WUNT 19, Tübingen [3]1989, 79–105.

– : *Wir haben alles verlassen*, NT 19, 1977, 161–196.

– : Zur forschungsgeschichtlichen *Einordnung* der soziologischen Fragestellung, in: ders.: Studien zur Soziologie des Urchristentums, WUNT 19, Tübingen [3]1989, 3–34.

– /Merz, A.: Der historische *Jesus*. Ein Lehrbuch, Göttingen [2]1998.

– /Winter, D.: Die *Kriterienfrage* in der Jesusforschung. Vom Differenzkriterium zum Plausibilitätskriterium, NTOA 34, Freiburg (Schweiz)/ Göttingen 1997.

Thießen, W.: *Christen* in Ephesus. Die historische und theologische Situation in vorpaulinischer und paulinischer Zeit und zur Zeit der Apostelgeschichte und der Pastoralbriefe, TANZ 12, Tübingen/ Basel, 1995.

Thiselton, A.C.: Realized *Eschatology* at Corinth, NTS 24, 1978, 510–526.

Thüsing, W.: *Per Christum* in Deum. Studien zum Verhältnis von Christozentrik und Theozentrik in den paulinischen Hauptbriefen, NTA 1, Münster 1965.

Thyen, H.: *Art. „Johannesevangelium"*, TRE 17, Berlin/ New York 1988, 200–225.

– : *Entwicklungen* innerhalb der johanneischen Theologie und Kirche im Spiegel von Johannes 21 und der Lieblingsjüngertexte des Evangeliums: Jonge, M. de (Hg.): L'Évangile de Jean, BEThL 44, Leiden 1977, 259–300.

Tödt, H.E.: Der *Menschensohn* in der synoptischen Überlieferung, Gütersloh [5]1984.

Towner, P.H.: *Gnosis* and Realized Eschatology in Ephesus (of the Pastoral Epistles) and the Corinthian Enthusiasm, JSNT 31, 1987, 94–124.

– : Paulins *Theology* or Pauline Tradition in the Pauline Epistles: The Question of Method, TynB 46, 1995, 287–314.

– : The *Goal* of Our Instruction. The Structure of Theology and Ethics in the Pastoral Epistles, JSNT.S 34, Sheffield 1989.

– : The Present *Age* in the Eschatology of the Pastoral Epistles, NTS 32, 1986, 427–448.

Trafton, J.L.: *Psalms* of Solomon in Recent Research, JSP 12, 1994, 3–19.

Trautmann, M.: Zeichenhafte *Handlungen* Jesu. Ein Beitrag zur Frage nach dem geschichtlichen Jesus, fzb 37, Würzburg 1980.

Trilling, W.: Zur *Entstehung* des Zwölferkreises. Eine geschichtskritische Überlegung, in: Schnackenburg, R./ Ernst, J./ Wanke, J. (Hg.): Die Kirche des Anfangs, FS H. Schürmann, Freiburg/ Basel/ Wien 1978, 201–222.

Trobisch, D.: Die *Entstehung* der Paulusbriefsammlung, NTOA 10, Freiburg (Schweiz)/ Göttingen 1989.

Troeltsch, E.: Die *Soziallehren* der christlichen Kirchen und Gruppen (1912), Gesammelte Schriften I, 3. Neudruck der Ausgabe Tübingen 1922, Aalen 1977.

Trudinger, L.P.: Some *Observations* Concerning the Text of the Old Testament in the Book of Revelation, JThS 17, 1966, 82–88.

Trummer, P.: Die *Paulustradition* der Pastoralbriefe, BET 8, Frankfurt a.M./ Bern/ Las Vegas 1978.

– : *Corpus Paulinum* – Corpus Pastorale. Zur Ortung der Paulustradition in den Pastoralbriefen, in: Kertelge, K. (Hg.): Paulus in den neutestamentlichen Spätschriften. Zur Paulusrezeption im Neuen Testament, QD 89, Freiburg/ Basel/ Wien 1981, 122–145.

Tuckett, C.M.: *1Cor* and Q, JBL 102, 1983, 607–619.

– : *Q* and the History of Early Christianity, Edinburgh 1996.

– : *Q 22:28–30*, in: Horrell, D.G./ ders. (Hg.): Christology, Controversy and Community. New Testament Essays, FS D.R. Catchpole, NT.S 99, Leiden/ Boston/ Köln 2000, 99–116.

– : The Messianic *Secret*, IRT 1, Philadelphia: Fortress 1983.

– : *Thomas* and the Synoptics, NT 30, 1988, 132–157.

Turner, J.D.: The Book of *Thomas* the Contender from Codex II of the Cairo Gnostic Library from Nag Hammadi, SBL.DS 23, Missoula/ Montana 1975.

Turner, V.: Das *Ritual*. Struktur und Anti-Struktur, Frankfurt a.M./ New York 1989.

Ulrichsen, J.H.: Die *Grundschrift* der Testamente der Zwölf Patriarchen. Eine Untersuchung zu Umfang, Inhalt und Eigenart der ursprünglichen Schrift, Acta Universitatis Upsaliensis, Historia Religionum 10, Uppsala 1991.

Unnik, W.C. van: Der *Ausdruck* ἕως ἐσχάτου τῆς γῆς (Apostelgeschichte I 8) und sein alttestamentlicher Hintergrund, in: ders.: Sparsa Collecta 1, NT.S 29, Leiden 1973, 386–401.

Urbach, E.: The *Sages*. Their Concepts and Beliefs [Hebrew], Jerusalem 1969.

Uro, R.: *Sheep* among the Wolves. A Study on the Mission Instructions of Q, AASF.DHL 47, Helsinki 1987.

Veijola, T.: *Verheißung* in der Krise. Studien zur Literatur und Theologie der Exilszeit anhand des 89. Psalms, AASF.B 220, Helsinki 1982.

Vielhauer, P.: *ANAΠAΥΣIΣ*: Zum gnostischen Hintergrund des Thomasevangeliums, in: Eltester, W. (Hg.): Apophoreta, FS E. Haenchen, BZNW 30, Berlin/ New York 1964, 215–234.

– : *Geschichte* der urchristlichen Literatur. Einleitung in das Neue Testament, die Apokryphen und die apostolischen Väter, Berlin/ New York [4]1985.

– : *Gottesreich* und Menschensohn in der Verkündigung Jesu (1957), in: ders.: Gesammelte Aufsätze zum Neuen Testament, TB 31, München 1965, 55–91.

Vögtle, A.: Das Neue Testament und die *Zukunft* des Kosmos, Düsseldorf 1970.

– / Pesch, R.: Wie kam es zum *Osterglauben*? Düsseldorf 1975.

Völter, D.: *Polykarp* und Ignatius und die ihnen zugeschriebenen Briefe neu untersucht, Leiden 1910.

Volz, P.: Die *Eschatologie* der jüdischen Gemeinde im neutestamentlichen Zeitalter nach Quellen der rabbinischen und apokryphen Literatur, Tübingen [2]1934.

Vouga, F.: *Geschichte* des frühen Christentums, Tübingen/ Basel 1994.

Wacholder, B.Z.: *Eupolemus*. A Study of Judeo-Greek Literature, Cincinnati 1974.

Wainwright, A.W.: *Luke* and the Restoration of the Kingdom to Israel, ET 89, 1977, 76–78.

Walter N.: *Paulus* und die urchristliche Jesustradition, NTS 31, 1985, 498–522.

Walters, J.C.: Ethnic *Issues* in Paul's Letter to the Romans: Changing Self-Definitions in Earliest Roman Christianity, Valley Forge 1994.

Wander, B.: *Trennungsprozesse* zwischen Frühem Christentum und Judentum im 1. Jh. n. Chr., TANZ 16, Tübingen/ Basel 1994.

Wanke, J.: Der verkündigte *Paulus* der Pastoralbriefe, in: Ernst, W. u.a. (Hg.): Dienst der Vermittlung, Leipzig 1977, 165–189.

Weber, M.: Das antike *Judentum*. Gesammelte Aufsätze zur Religionssoziologie III (1921), UTB 1490, Tübingen [8]1988.

– : Soziologische *Grundbegriffe*, mit einer Einführung von J. Winckelmann, Tübingen [6]1984.

– : *Wirtschaft* und Gesellschaft. Grundriß der verstehenden Soziologie, Johannes Winckelmann (Hg.), 5. rev. Aufl., Tübingen 1976 (1922).

Wedderburn, A.J.M.: *Paul* and Jesus. Collected Essays, JSNT.S 37, Sheffield 1989.

– : The *Reasons* for Romans, Edinburgh/ Minneapolis 1991.

Weeden, T.J.: The *Heresy* that necessitated Mark's Gospel, ZNW 59, 1968, 145–158.

Wehnert, J.: Die *Reinheit* des „christlichen Gottesvolkes" aus Juden und Heiden. Studien zum historischen und theologischen Hintergrund des sogenannten Aposteldekrets, FRLANT 173, Göttingen 1997.

– : Die *Teilhabe* der Christen an der Herrschaft mit Christus – eine eschatologische Erwartung des frühen Christentums, ZNW 88, 1997, 81–96.

Weinert, F.D.: 4Q 159: *Legislation* for an Essene Community outside of Qumran? JSJ 5, 1979, 179–207.

Weinfeld, M.: The Organizational *Pattern* and the Penal Code of the Qumran Sect. A Comparison with Guilds and Religious Associations of the Hellenistic-Roman Period, NTOA 2, Freiburg (Schweiz)/ Göttingen 1986.

Weippert, M.: „Heiliger *Krieg*" in Israel und Assyrien. Kritische Anmerkungen zu Gerhard von Rads Konzept des „Heiligen Krieges im alten Israel", ZAW 84, 1972, 460–493.

Weiser, A.: Die *Knechtsgleichnisse* der synoptischen Evangelien, StANT XXIX, München 1971.

Wengst, K.: *Demut* – Solidarität der Gedemütigten. Wandlung eines Begriffes und seines sozialen Bezugs in griechisch-römischer, alttestamentlich-jüdischer und urchristlicher Tradition, München 1987.

– : *Didache*, Schriften des Urchristentums 2, Darmstadt 1984.

– : *Pax* Romana. Anspruch und Wirklichkeit. Erfahrungen und Wahrnehmungen des Friedens bei Jesus und im Urchristentum, München 1986.

Wiefel, W.: The Jewish *Community* in Ancient Rome and the Origins of Roman Christianity, in: Donfried, K.P. (Hg.): The Romans Debate: Revised and Expanded Edition, Peabody, Hendrickson 1991, 85–101.

Wikenhauser, A.: Die *Herkunft* der Idee des tausendjährigen Reiches in der Johannes-Apokalypse, RQ 45, 1937, 1–24.

Wilcke, H.-A.: Das *Problem* eines messianischen Zwischenreichs bei Paulus, AThANT 51, Zürich 1967.

Wilcox, M.: *Jesus* in the Light of his Jewish Environment, ANRW 2.25.1, Berlin/ New York 1982, 145–147.

Wilson, B.R.: *Magic* and the Millennium, A Sociological Study of Religious Movements of Protest Among Tribal and Third-World Peoples, New York 1973

Wilson, R.M.: *Art.* „Gnosis/ Gnostizismus. II. Neues Testament, Alte Kirche", TRE 13, Berlin/ New York 1984, 535–550.

Wilson, W.J.: The *Career* of the Prophet Hermas, HThR 20, 1927, 21–62.

Windisch, H.: Die fünf johanneischen *Parakletensprüche*, in: FS Adolf Jülicher, Tübingen 1927, 110–137.

Winter, B.W.: Civil *Litigation* in Secular Corinth and the Church: The Forensic Background to 1 Corinthians 6.1–8, NTS 37, 1991, 559–572.

Wischmeyer, O.: *Herrschen* als Dienen – Mk 10,41–45, ZNW 90, 1999, 28–44.

– : *Macht*, Herrschaft und Gewalt in den frühjüdischen Schriften, in: Mehlhausen, J. (Hg.): Recht – Macht – Gerechtigkeit, VWGTh 14, Gütersloh 1998, 355–369.

Wohlenberg, G.: *Bilder* aus dem altkirchlichen Leben einer heidnischen Großstadt, NKZ 11, 1900, 904–918.957–984.

Wolf, P.: Liegt in den Logien von der „*Todestaufe*" (Mk 10,38f; Lk 12,49f) eine Spur des Todesverständnisses Jesu vor? (Diss. theol. masch.) Freiburg i.Br. 1973.

Woll, D.B.: Johannine *Christianity* in Conflict. Authority, Rank and Succession in the First Farewell Discourse, SBL.DS 60, Chico, California 1981.

– : The *Departure* of „The Way". The First Farewell Discourse in the Gospel of John, JBL 99, 1980, 225–239.

Wolter, M.: Die *Pastoralbriefe* als Paulustradition, FRLANT 146, Göttingen 1988.

– : *Reich* Gottes, NTS 41, 1995, 541–563.

Wrede, W.: Das *Messiasgeheimnis* in den Evangelien. Zugleich ein Beitrag zum Verständnis des Markusevangeliums, Göttingen (1901) [4]1969.

Wyrwa, D.: Die christliche *Platonaneignung* in den Stromateis des Clemens von Alexandrien, Berlin/ New York 1983.

Yadin, Y.: A *Note* on 4Q 159 (Odinances), IEJ 18, 1968, 250–252.

– : The *Scroll* of the War of the Sons of Light against the Sons of Darkness, Oxford 1962.

Yorke, G.L.: The *Church* as the body of Christ in the Pauline corpus. A Re-Examination, Lanham/ New York/ London 1991.

Zager, W.: *Begriff* und Wertung der Apokalyptik in der neutestamentlichen Forschung, Frankfurt a.M. u.a. 1989.

Zenger, E.: *Art.* „*Herrschaft* Gottes/ Reich Gottes II", TRE 15, Berlin/ New York 1986, 176–189.

Zmijewski, J.: Die *Pastoralbriefe* als pseudepigraphische Schriften – Beschreibung, Erklärung, Bewertung, in: ders.: Das Neue Testament – Quelle christlicher Theologie und Glaubenspraxis, Stuttgart 1986, 197–219.

Zöckler, T.: Jesu *Lehren* im Thomasevangelium, Nag Hammadi and Manichean Studies 47, Leiden/ Boston/ Köln 1999.

Zumstein, J.: Die johanneische Auffassung von *Macht*, gezeigt am Beispiel der Fußwaschung (Joh 13,1–17), in: Mehlhausen, J. (Hg.): Recht – Macht – Gerechtigkeit, VWGTh 14, Gütersloh 1998, 370–385.

Abkürzungsverzeichnis

Die Abkürzungen folgen in der Regel denjenigen des TRE-Abkürzungsverzeichnisses, IATG2, zusammengestellt von Siegfried M. Schwertner, Berlin/ New York [2]1993. Abweichend bzw. zusätzlich werden folgende Abkürzungen verwendet:

1) alttestamentliche Schriften

Ri	Richter
1/ 2Sam	1. und 2. Samuel
1/ 2Kön	1. und 2. Könige
1/ 2Chr	1. und 2. Chronikbuch

2) neutestamentliche Schriften

Apg	Apostelgeschichte
1/ 2Kor	1./ 2. Korinther
1/ 2Thess	1./ 2. Thessalonicher
1/ 2Tim	1./ 2. Timotheus
1/ 2Petr	1. und 2. Petrusbrief
1/ 2/ 3Joh	1., 2., 3. Johannesbrief
Offb	Offenbarung des Johannes

3) außerkanonische Schriften neben dem Alten Testament

1/ 2/ 3/ 4Makk	1.–4. Makkabäerbuch
TestAbr	Testament Abraham
Test12Patr	Testamente der 12 Patriarchen
TestBen	Testament Benjamin
TestJud	Testament Juda
TestLev	Testament Levi
TestSeb	Testament Sebulon
TestSim	Testament Simeon

4) außerkanonische Schriften neben dem Neuen Testament

EpJak	1. apokrypher Jakobusbrief von Nag Hammadi
PolPhil	Philipperbrief des Polykarp
ThomEv	Koptisches Thomas-Evangelium von Nag Hammadi

5) Zeitschriften, Serien, Lexika, Quellenwerke

ar ApkPetr II	Mignana, A. (Hg.): The Apocalypse of Peter (Woodbrooke Studies 3,2) Cambridge 1931, 93–152.209–282.349–407.
BDR	Blaß, F./ Debrunner, A./ Rehkopf, F.: Grammatik des neutestamentlichen Griechisch, Göttingen [17]1990.
BHS	Elliger, K. (Hg.): Biblia Hebraica Stuttgartensia, Stuttgart 1990.
BNTC	Black's New Testament Commentaries, London.
LXX	Rahlfs, A. (Hg.): Septuaginta, Stuttgart 1979.
NEB	Neue Echter Bibel
NTApo 1/ 2	Schneemelcher, W. (Hg.): Neutestamentliche Apokryphen, Bd. 1: Evangelien, Tübingen [6]1990; Bd. 2: Apostolisches, Apokalypsen und Verwandtes, Tübingen [5]1989.
ÖTK	Ökumenischer Taschenbuchkommentar, Gütersloh.
Strack-Billerbeck	Strack, H.L./ Billerbeck, P.: Kommentar zum Neuen Testament aus Talmud und Midrasch, München [5]1969.

Stellenregister

3.2. Außerkanonische
Literatur

Acta Petri et Pauli, Kap.
    70 112

Apokrypher Jakobus-
brief